시집전상설(詩集傳詳說) 9

-시집전상설 18권 (詩集傳詳說 卷之十八)·
시서변설상설(상) (詩序辨說詳說 卷上)·
시서변설상설(하) (詩序辨說詳說 卷下)-

이 저서는 2017년 대한민국 교육부와 한국연구재단의 지원을 받아 수행된 연구임
(NRF-2017S1A5B4056044)

호산 박문호의 칠서주상설 28

시집전상설(詩集傳詳說) 9
-시집전상설 18권 (詩集傳詳說 卷之十八)·
시서변설상설(상) (詩序辨說詳說 卷上)·
시서변설상설(하) (詩序辨說詳說 卷下)-

책임역주(주저자): 신창호
전임역주: 김학목·빈동철·조기영
공동역주: 김언종·임헌규·허동현

일러두기

1. 본서는 1921년 풍림정사(楓林精舍)에서 간행된 박문호의 『칠서주상설(七書註詳說)』(한국학중앙연구원 장서각 소장)을 저본으로 하였다. 아울러 아세아문화사(亞細亞文化社)에서 간행한 『호산전서(壺山全書)』(1~8, 1987~1990)를 참고하였고, <호산 박문호의 『칠서주상설』 연구번역총서>의 번호 순서는 『호산전서』(제4~5책)의 목차에 따랐다.

2. 원전(原典)은 직역(直譯)을 원칙으로 하되, 필요한 경우에는 현대적 의미를 고려하여 의역(意譯)하며 풀이하였다. 원문은 번역문과 함께 제시하되, 원문을 앞에 번역문을 뒤에 배치하였다.

3. 역주(譯註)의 경우 각주(脚註)로 처리하고, 간단한 용어나 개념 설명은 본문에서 그대로 병기하여 노출하였다(예: 잡기(雜記: 잡다하게 기록함)). 주석은 인용 출처 및 근거를 찾아 제시하고, 관련 자료의 원문 또는 번역문을 수록하였다. 내용이 중복되는 부분일지라도 편장이 달라질 경우에는 다시 수록하여 연구 토대 자료로서의 편리성을 도모하였다.

4. 원전의 원문은 칠서의 '경문(經文)', 주자의 주석인 '주주(朱註)', 박문호의 주석인 '상설(詳說)'로 구분하되, '경문-주주-상설'순으로 글자의 모양과 크기를 달리 하였다. 경문의 경우, 별도로 경문이라는 표시 없이 편장별로 번호를 붙였다(예: 『논어』「선진」 1장 첫 구절은 「선진」이 『논어』의 제11편이므로 [11-1-1]로 표시; 나머지 경전도 편-장-절의 순서에 따라 번호를 매김).

5. 경전의 맨 앞부분에 '별도의 권(卷)으로 나누어져 있지 않는 부분'은 편의상 <권0>으로 표기하여 구분하였다.

6. 박문호의 주석인 '상설(詳說)'은 모든 구절에 ○를 붙여 의미를 분명하게 하였다.

7. 원문의 표점 작업은 연구번역 저본과 참고로 활용한 판본을 대조하여 정돈하였다. 『칠서주상설』 편제의 특성상, 혼란의 소지가 있는 부분은 번역에서 원전을 다시 제시하였다. 필요한 경우에는 원문이나 각주에서 경전(經傳;『 』)이나 편명(篇名;「 」), 구두(句讀; , ; : .) 인용문(따옴표; " "; ' ') 강조점(따옴표; ' ') 등을 구분하여 표시하였다.

8. 원전의 특성상, 경문의 바로 아래에 제시되어 있는 음운(音韻)이나 음가(音價)는 호산이 주자의 주석을 재인용한 것이 대부분이므로 상설(詳說)로 되어 있더라도 주주(朱註)로 처리하였다.

9. 원문이나 역주 가운데, 인명이나 개념어는 기본적으로 한글과 한문을 병기하되, 상황에 맞추어서 정돈하였다(예: 주자(朱子)의 경우, 때로는 주희(朱熹)로 표기하고, 개념어는 원문을 그대로 노출하기도 하고 풀이하기도 하였는데, 도(道)의 경우, 도리(道理), 이치(理致), 방법(方法) 등으로 해석함).

시집전상설 총 목차

시집전상설 1   시집전서상설(詩集傳序詳說)
                   시강령상설(詩綱領詳說)
                   시집전상설 1권 (詩集傳詳說 卷之一)
                   시집전상설 2권 (詩集傳詳說 卷之二)

시집전상설 2   시집전상설 3권 (詩集傳詳說 卷之三)
                   시집전상설 4권 (詩集傳詳說 卷之四)

시집전상설 3   시집전상설 5권 (詩集傳詳說 卷之五)
                   시집전상설 6권 (詩集傳詳說 卷之六)

시집전상설 4   시집전상설 7권 (詩集傳詳說 卷之七)
                   시집전상설 8권 (詩集傳詳說 卷之八)

시집전상설 5   시집전상설 9권 (詩集傳詳說 卷之九)
                   시집전상설 10권 (詩集傳詳說 卷之十)

시집전상설 6   시집전상설 11권 (詩集傳詳說 卷之十一)
                   시집전상설 12권 (詩集傳詳說 卷之十二)

시집전상설 7   시집전상설 13권 (詩集傳詳說 卷之十三)
                   시집전상설 14권 (詩集傳詳說 卷之十四)

시집전상설 8   시집전상설 15권 (詩集傳詳說 卷之十五)
                   시집전상설 16권 (詩集傳詳說 卷之十六)
                   시집전상설 17권 (詩集傳詳說 卷之十七)

시집전상설 9   시집전상설 18권 (詩集傳詳說 卷之十八)
                   시서변설상설(상) (詩序辨說詳說 卷上)
                   시서변설상설(하) (詩序辨說詳說 卷下)

차례

일러두기 / 4

시집전상설 18권 (詩集傳詳說 卷之十八)
4-4. 노송 (魯頌 四之四) / 10
[4-4-1-1] 駉駉牡馬, 在坰之野. / 19
[4-4-1-2] 駉駉牡馬, 在坰之野, 薄言坰者. 有騅有駓. / 26
[4-4-1-3] 駉駉牡馬, 在坰之野, 薄言坰者. 有驒有駱. / 29
[4-4-1-4] 駉駉牡馬, 在坰之野, 薄言駉者. 有駰有騢. / 31
[4-4-2-1] 有駜有駜 駜彼乘黃. / 37
[4-4-2-2] 有駜有駜, 駜彼乘牡. 夙夜在公, 在公飲酒. 振振鷺, 鷺于飛. 鼓咽咽, 醉言歸, 于胥樂兮. / 41
[4-4-2-3] 有駜有駜 駜彼乘駽. / 42
[4-4-3-1] 思樂泮水, 薄采其芹. / 44
[4-4-3-2] 思樂泮水, 薄采其藻. 魯侯戾止, 其馬蹻蹻. / 48
[4-4-3-3] 思樂泮水, 薄采其茆. / 50
[4-4-3-4] 穆穆魯侯, 敬明其德. 敬愼威儀, 維民之則. 允文允武, 昭假烈祖. / 53
[4-4-3-5] 明明魯侯, 克明其德. 旣作泮宮, 淮夷攸服. / 55
[4-4-3-6] 濟濟多士, 克廣德心. / 58
[4-4-3-7] 角弓其觩 束矢其搜. / 62
[4-4-3-8] 翩彼飛鴞, 集于泮林. / 64
[4-4-4-1] 閟宮有侐 實實枚枚. / 68
[4-4-4-2] 后稷之孫, 實維大王. / 75
[4-4-4-3] 乃命魯公, 俾侯于東, 錫之山川, 土田附庸. 周公之孫, 莊公之子. / 81
[4-4-4-4] 秋而載嘗, 夏而福衡. / 86
[4-4-4-5] 公車千乘, 朱英綠縢. / 94
[4-4-4-6] 泰山巖巖, 魯邦所詹. / 105
[4-4-4-7] 保有鳧繹, 遂荒徐宅. / 108
[4-4-4-8] 天錫公純嘏 眉壽保魯. / 110
[4-4-4-9] 徂來之松, 新甫之柏. / 114

4-5. 상송(商頌 四之五)/ 123
    [4-5-1-1] 猗與那與, 置我鞉鼓,/ 128
    [4-5-2-1] 嗟嗟烈祖, 有秩斯祜,/ 150
    [4-5-3-1] 天命玄鳥, 降而生商, 宅殷土芒芒, 古帝命武湯, 正域彼四方./ 164
    [4-5-4-1] 濬哲維商, 長發其祥. 洪水芒芒, 禹敷下土方,/ 178
    [4-5-4-2] 玄王桓撥, 受小國是達,/ 183
    [4-5-4-3] 帝命不違, 至于湯齊, 湯降不遲. 聖敬日躋,/ 188
    [4-5-4-4] 受小球大球, 爲下國綴旒,/ 193
    [4-5-4-5] 受小共大共, 爲下國駿厖,/ 196
    [4-5-4-6] 武王載斾 有虔秉鉞,/ 201
    [4-5-4-7] 昔在中葉, 有震且業, 允也天子, 降于卿士,/ 206
    [4-5-5-1] 撻彼殷武, 奮伐荊楚,/ 212
    [4-5-5-2] 維女荊楚, 居國南鄉,/ 217
    [4-5-5-3] 天命多辟, 設都于禹之績,/ 221
    [4-5-5-4] 天命降監, 下民有嚴,/ 225
    [4-5-5-5] 商邑翼翼, 四方之極. 赫赫厥聲, 濯濯厥靈, 壽考且寧, 以保我後生./ 229
    [4-5-5-6] 陟彼景山, 松柏丸丸,/ 231

시서변설상설(상) (詩序辨說詳說 卷上)

대서(大序)/ 244
소서(小序)/ 250
    주남(周南)「關雎」, 后妃之德也,/ 250
    소남(召南)「鵲巢」, 夫人之德也. 國君積行累功, 以致爵位, 夫人起家而居之, 德如鳲鳩, 乃可以配焉./ 268
    패(邶)「柏舟」, 言仁而不遇也. 衛頃公之時, 仁人不遇, 小人在側./ 280
    용(鄘)「柏舟」, 共妻自誓也. 衛世子共伯蚤死, 其妻守義, 父母欲奪而嫁之, 誓而弗許. 故作是詩以絶之./ 297
    위(衛)「淇奧」, 美武公之德也. 有文章, 又能聽其規諫, 以禮自防. 故能入相于周, 美而作是詩也./ 309
    왕(王)「黍離」, 閔宗周也. 周大夫行役, 至于宗周, 過故宗廟宮室, 盡爲禾黍, 閔周室之顛覆, 彷徨不忍去而作是詩也./ 318
    정(鄭)「緇衣」, 美武公也. 父予竝爲周司徒, 善於其職, 國人宜之. 故美其德, 以明有國善善之功焉./ 325
    제(齊)「雞鳴」, 思賢妃也. 哀公荒淫怠慢, 故陳賢妃·貞女夙夜警戒, 相成之道焉./

위(魏) 「葛屨」, 刺褊也. 魏地陿隘, 其民機巧趨利, 其君儉嗇褊急, 而無德以將之./ 354

당(唐) 「蟋蟀」, 刺晉僖公也. 儉不中禮, 故作是詩以閔之, 欲其及時 以禮自娛樂也. 此晉也而謂之'唐', 本其風俗, 憂深思遠, 儉而用禮, 乃有堯之遺風焉./ 359

진(秦) 「車鄰」, 美秦仲也. 秦仲始大, 有車馬・禮樂・侍御之好焉./ 370

진(陳) 「宛丘」, 刺幽公也. 淫荒昏亂, 遊蕩無度焉./ 377

회(檜) 「羔裘」, 大夫以道去其君也. 國小而迫, 君不用道, 好潔其衣服, 逍遥遊燕, 而不能自強於政治. 故作是詩也./ 384

조(曹) 「蜉蝣」, 刺奢也. 昭公, 國小而迫, 無法以自守, 好奢而任小人, 將無所依焉./ 386

빈(豳) 「七月」, 陳王業也. 周公遭變, 故陳后稷・先公, 風化之所由, 致王業之艱難也./ 389

시서변설상설(하) (詩序辨說詳說 卷下)

소아(小雅) 「鹿鳴」, 燕羣臣嘉賓也. 旣飲食之, 又實幣帛筐篚 以將其厚意, 然後忠臣嘉賓, 得盡其心矣./ 398

대아(大雅) 「文王」, 文王受命作周也./ 444

주송(周頌) 「清廟」, 祀文王也. 周公旣成洛邑, 朝諸侯, 率以祀文王焉./ 468

노송(魯頌) 「駉」, 頌僖公也. 僖公能遵伯禽之法, 儉以足用, 寬以愛民, 務農重穀, 牧于坰野, 魯人尊之. 於是, 季孫行父, 請命於周, 而史克作是頌./ 488

상송(商頌) 「那」, 祀成湯也. 微子至于戴公, 其間禮樂廢壞, 有正考甫者, 得「商頌」十二篇於周之大師, 以那爲首./ 491

시집전상설 18권
詩集傳詳說 卷之十八

4-4. 노송 (魯頌 四之四)

朱註

魯, 少皞之墟, 在禹貢徐州蒙羽之野, 成王以封周公長子伯禽, 今襲慶東平府沂密海等州卽其地也. 成王以周公有大勳勞於天下, 故賜伯禽以天子之禮樂, 魯於是乎有頌, 以爲廟樂,

노(魯)나라는 소호(少皞)씨의 옛 터이니, 우공의 서주(徐州) 몽우(蒙羽)의 들에 있었고, 성왕(成王)이 이곳을 주공(周公)의 맏아들 백금(伯禽)에게 봉해주었는데, 지금의 습경부(襲慶府)와 동평부(東平府) 기주(沂州), 밀주(密州), 해주(海州) 등이 바로 그 지역이다. 성왕은 주공이 천하에 큰 공로가 있기 때문에 백금에게 천자의 예악을 하사하니, 노(魯)나라가 이에 송(頌)을 두어서 종묘(宗廟)의 음악으로 삼았고,

詳說

○ 去聲.[1]
'소(少)'는 거성이다.

○ 二山.
'몽우(蒙羽)'는 두 산이다.

○ 上聲.
'장(長)'은 상성이다.

○ 二府.
'부(府)'는 두 부이다.

○ 伯禽之時, 必自有祀周公廟之頌樂而亡矣.
백금 당시에는 반드시 본랠 주공의 사당에 제사하는 송과 음악이 있었는데, 사라졌다.

---

1) 徐履反: 『시전대전(詩傳大全)』에도 동일하게 되어 있다.

朱註

其後, 又自作詩以美其君, 亦謂之頌.

그 뒤에 또 스스로 시를 지어 그 임금을 찬미한 것을 또한 송(頌)이라고 하였다.

詳說

○ 去聲.

'호(嫭)'는 거성이다.

○ 今之魯頌, 皆是也.

지금의 노송이 모두 여기에 해당한다.

○ 朱子曰 : "魯頌是頌禱之詞."[2)]

주자가 말하였다 : "노송은 기리고 기원하는 말이다."[3)]

○ 新安王氏曰 : "魯頌, 皆以美其君於宗廟, 無預其詩, 似用以燕樂, 此頌之變也."[4)]

신안 왕씨가 말하였다 : "노송은 모두 종묘에서 그 임금을 기리는 것인데, 그 시에 참여함이 없어지면서 비슷하게 연락에서 사용했으니, 이것은 송의 변화이다."

○ 華谷嚴氏曰 : "周之衰, 風變而雅頌亡, 頌聲之息, 前乎風雅之變矣. 越桓莊僖惠至襄而魯乃有頌. 是故雅變而亾, 頌亾而變, 雅之亾, 甚於變, 頌之變, 甚於亾也."

화곡 엄씨가 말하였다 : "주나라가 쇠약해지면서 풍(風)이 변질되고 아(雅)와 송(頌)이 없어졌으니, 송성(頌聲)의 그침이 풍(風)과 아(雅)의 변화보다 앞서 있다. 환공·장공·희공·혜공을 넘어 양공에 와서 노나라에 그야말로 송이 있었다. 이 때문에 아가 변질되어 없어지고, 송이 없어져 변질되었는데, 아의 없어짐은 변질보다 심하고, 송의 변질은 없어짐보다 심한 것이다."[5)]

---

2) 『시전대전(詩傳大全)』에 주자와의 문답으로 실려 있다.
3) 『시전대전(詩傳大全)』에는 "물었다 : '송은 ….' 주자가 말하였다 : '기리고 기원말이다.(問 : 頌…. 朱子曰 : 是頌禱之詞耳.)"라고 되어 있다.
4) 『시전대전(詩傳大全)』에 신안 왕씨의 말로 거의 비슷하게 실려 있다.

○ 按, 伯禽之頌亡, 然後僖公之變頌作, 故云頌亡而變.

살펴보건대, 백금의 송이 없어진 다음에 희공의 변송이 만들어졌기 때문에 송이 없어져 변질되었다고 하는 것이다.

朱註
舊說皆以爲伯禽十九世孫僖公申之詩

구설에서는 모두 백금(伯禽)의 19대손(代孫)인 희공(僖公) 신(申)의 시(詩)로 여겼으나,

詳說
○ 孔氏曰 : "從周公數之, 故爲十九世."6)

공씨가 말하였다 : "주공에서부터 헤아렸기 때문에 19대인 것이다."

朱註
今無所考, 獨閟宮一篇, 爲僖公之詩無疑耳.

지금 상고할 곳이 없고, 비궁(閟宮) 한 편만은 희공(僖公)의 시(詩)임을 의심이 없다.

詳說
○ 以時中莊公之子四字, 而可知耳.

시 속에서의 장공의 자식이라는 말을 가지고 알 수 있을 뿐이다.

朱註
夫以其詩之僭, 如此,

그 시의 참람함이 이와 같았으나

---

5) 『시전대전(詩傳大全)』에는 ""노송은 송의 변화이다. 주나라가 쇠약해지면서 풍(風)이 변질되고 아(雅)와 송(頌)이 없어졌으니, 송성(頌聲)의 그침이 풍(風)과 아(雅)의 변화보다 앞서 있다. 환공·장공·희공·혜공을 넘어 양공에 와서 노나라에 그야말로 송이 있었다. 이 때문에 아가 변질되어 없어지고, 송이 없어져 변질되었는데, 아의 없어짐은 변질보다 심하고, 송의 변질은 없어짐보다 심한 것이다..(魯頌, 頌之變也. 周之衰也, 風變而雅頌亡, 頌聲之息, 前乎風雅之變矣. 越桓莊僖惠至襄, 而魯乃有頌. 是故雅變而亾, 頌亾而變, 雅之亾, 甚於變, 頌之變, 甚於亾也.)"라고 되어 있다.

6) 『시전대전(詩傳大全)』에 공씨의 말로 동일하게 실려 있다.

詳說

○ 夫, 音扶.
'부(夫)'의 음은 '부(扶)'이다.

○ 魯之有頌, 已非正禮, 而今僖公無周公之德與勳, 乃有廟樂. 且以非廟樂之詩, 亦謂之頌, 其僭爲何如哉.
노나라에 송이 있는 것은 이미 올바른 예법이 아닌데, 이제 희공이 주공의 덕과 공훈이 없으면서 그야말로 종묘 음악을 두었다. 게다가 종묘 음악의 시가 아닌 것을 가지고 또한 송이라고 하였으니 그 참람함이 어떠하였겠는가?

朱註

然夫子猶錄之者, 蓋其體固列國之風,
공자께서 오히려 기록한 것은 그 체(體)가 진실로 열국(列國)의 풍(風)이지만

詳說

○ 魯亦侯國, 則其詩固當同歸於國風之體. 首二篇是也.
노나라도 제후의 나라이니, 그 시가 진실로 국풍의 체로 동일하게 돌아가야 한다. 처음 두 편이 여기에 해당한다.

朱註

而所歌者, 乃當時之事, 則猶未純於天子之頌,
노래한 한 것은 바로 당시의 일이니, 아직도 천자(天子)의 송(頌)에 순수하지 못하지만,

詳說

○ 孔氏曰:"頌詠魯公功德, 纔如變風之美者耳."[7]
공씨가 말하였다 : "송에서 노공의 공덕을 노래한 것이 겨우 변풍의 아름다움과 같을 뿐이다."[8]

---

[7] 『시전대전(詩傳大全)』에 공씨의 말로 실려 있다.
[8] 『시전대전(詩傳大全)』에는 "공씨가 말하였다 : '이름은 송일지라도 체는 국풍으로 신에게 고하는 노래가 아니었다.' 또 말하였다 : '송에서 노공의 공덕을 노래한 것이 겨우 변풍의 아름다움과 같을 뿐이다.'(孔氏曰 : 雖名爲頌, 而體實國風, 非告神之歌. 又曰 : 頌詠魯公功德纔如變風之美者耳.)"라고 되어 있다.

○ 曹氏曰 : "分章斷句, 實國風之流耳."9)
　　조씨가 말하였다 : "장을 나누고 구를 끊은 것이 실로 국풍의 흐름일 뿐이다."10)

○ 按, 其頌禱之事, 與篇章之體, 只如變小雅之美者耳.
　　살펴보건대, 기리면서 비는 일과 편장의 체로는 변소아의 아름다움과 같을 뿐이다.

朱註
若其所歌之事,
그러나 그 노래한 일에

詳說
○ 猶然也.
　　'약(若)'은 '연(然)'과 같다.

朱註
又皆有先王禮樂敎化之遺意焉, 則其文疑若猶可予也.
또 모두 선왕의 예악과 교화의 남은 뜻이 있으니, 그 글은 아마도 오히려 허여할 수 있을 것 같았던 것이다.

詳說
○ 音與.
　　'여(予)'의 음은 '여(與)'이다.

○ 一當錄.
　　첫 번째로 기록해야 했던 것이다.

---

9) 『시전대전(詩傳大全)』에 조씨의 말로 실려 있다.
10) 『시전대전(詩傳大全)』에는 "조씨가 말하였다 : '이제 그 체로 보면 장을 나누고 구를 끊은 것이 실로 국풍의 흐름일 뿐이다.'(曹氏曰 : 今以其體觀之, 分章斷句實國風之流耳.)"라고 되어 있다.

朱註

況夫子魯人, 亦安得而削之哉

하물며 공자가 노나라 사람이었으니, 또한 어떻게 삭제할 수 있었겠는가? 것이 없으니, 그 말은 통할 수가 없다.

詳說

○ 二當錄.

두 번째로 기록해야 했던 것이다.

朱註

然因其實

그러나 그 실제에 따라

詳說

○ 本文本事.

본문의 본래 일이다.

朱註

而著之, 而其是非得失, 自有不可者, 亦春秋之法也.

이것을 드러냈는데, 그 시비와 득실은 본래 가릴 수 없는 것이 있었던 것으로 또한 『춘추(春秋)』의 필법이었던 것이다.

詳說

○ 朱子曰:"著之於篇, 所以見其僭也. 春秋書郊禘大雩雉門兩觀, 猶是意也. 削之, 則没其實矣."[11]

주자가 말하였다:"책에 기록한 것은 그 참람함을 드러내기 위한 것이다. 『춘추』라는 책에서 교체(郊禘)·대우(大雩)·치문(雉門)·양관(兩觀)은 여전히 이런 의미이니, 없애면 그 사실이 사라지기 때문이다."[12]

---

11) 『시전대전(詩傳大全)』에 주자의 말로 실려 있다.
12) 『시전대전(詩傳大全)』에는 "주자가 말하였다: '책에 기록한 것은 그 참람함을 드러내기 위한 것이다. 『춘추』라는 책에서 교체(郊禘)·대우(大雩)·치문(雉門)·양관(兩觀)은 여전히 이런 의미이니, 없애면 그 사실이 사

○ 考索曰 : "亦如存滛亂之詩, 使後世有見其非耳."13)
『고색』에서 말하였다 : "음란한 시를 보존하는 것과 같으니, 후세에 그 잘못을 보게 하는 것이다."14)

朱註
或曰, 魯之無風, 何也. 先儒以爲時王褒周公之後, 比於先代.
어떤 사람이 "노나라에 풍이 없음은 어째서인가?"라고 하자, 선대의 학자들은 "당시의 왕들이 주공의 후손을 표창하여 선대에 비유하였다.

詳說
○ 杞宋.
기나라와 송나라이다.

朱註
故巡守不陳其詩,
그러므로 순수할 때에 그 시를 진열하지 아니하여

詳說
○ 音狩.
'수(守)'의 음은 '수(狩)'이다.

○ 有詩而不之陳.
시가 있는데도 그것을 진열하지 않았던 것이다.

朱註
而其篇第

라지기 때문이다. 그 글로는 허여했으나 사실에서는 허여하지 않은 것이다.'(朱子曰 : 著之於篇, 所以見其僭也. 春秋書郊禘大雩雉門兩觀, 猶是意也, 削之則没其實矣. 蓋其文予之, 而實則不予也.)라고 되어 있다.
13) 『시전대전(詩傳大全)』에 『고색(考索)』의 말로 실려 있다.
14) 『시전대전(詩傳大全)』에는 『고색』에서 말하였다 : '음란한 시를 보존하는 것과 같으니, 후세에 그 잘못을 보게 하는 것일 뿐이지 그 말이 당연하다는 것을 말하는 것이 아니다.(考索曰 : 亦如存滛亂之詩, 使後世有見其非耳, 非謂其言之當也.)"라고 되어 있다.

그 편제가

> 詳說
> ○ 一作序.
> '제(第)'는 어떤 판본에는 '서(序)'로 되어 있다.
>
> ○ 如鄭齊之次序.
> 정재의 차서와 같다.

> 朱註
> **不列於大師之職. 是以宋魯無風, 其或然歟.**
> 태사의 직책에 나열되지 아니하였다. 이 때문에 송(宋)나라와 노(魯)나라는 풍(風)이 없다."라고 하였으니, 아마 그럴 수도 있을 것이다.

> 詳說
> ○ 音泰.
> '태(大)'의 음은 '태(泰)'이다.
>
> ○ 鄭氏曰 : "宋, 王者之後, 魯, 聖人之後. 是以天子巡守, 不陳其詩, 所以禮之也."15)
> 정씨가 말하였다 : "송나라는 왕의 후예이고, 노나라는 성인의 후예이다. 이 때문에 천자가 순수할 때 그 시를 진열하지 않는 것은 예우라는 것이기 때문이다."16)

> 朱註
> **或謂夫子有所諱,**

---

15) 『시전대전(詩傳大全)』에 미산소씨가 정씨의 말을 인용한 것으로 실려 있다.
16) "미산 소씨가 말하였다 : '춘추 시대에 큰 나라에는 모두 변풍이 있었는데, 송나라와 노나라만 풍이 없고 송이 있었으니, 정씨는 「나라는 왕의 후예이고, 노나라는 성인의 후예이다. 이 때문에 천자가 순수할 때 그 시를 진열하지 않는 것은 예우라는 것이기 때문이다.」라고 하였다.(眉山蘇氏曰 : 春秋之際, 大國皆有變風, 宋魯獨無風有頌, 鄭氏云, 宋, 王者之後, 魯, 聖人之後, 是以天子巡守, 不陳其詩, 所以禮之也.)"라고 되어 있다.

어떤 이는 "공자가 휘(諱)한 것이 있어서

> 詳說
>
> ○ 諱其惡也. 蓋謂魯, 則爲尊者諱, 宋則爲親者諱, 夫子宋之後也.
> 그 악함을 휘한 것이다. 대개 말하자면 노나라는 존귀한 자를 위해 휘한 것이고, 송나라는 친한 자를 휘한 것인데, 부자는 송나라의 후손이다.

朱註
而削之. 則左氏所記當時列國大夫賦詩
 삭제했다."라고 한다. 그렇다면, 좌씨가 기록한 것으로 당시의 열국 대부들이 읊은 시와

> 詳說
>
> ○ 多在夫子之前也.
> 대부분 공자의 앞에 있었다.

朱註
及吳季子觀周樂,
오계자가 주나라의 음악을 관찰한 것에는

> 詳說
>
> ○ 見左襄二十九年.
> 『좌전』 양공 29년에 있다.
>
> ○ 與夫子同時.
> 공자와 같은 시대이다.

朱註
皆無曰魯風者
모두 노풍(魯風)이라고 한 것이 없으니,

詳說

○ 亦無宋風.
　　또한 송풍도 없다.

朱註

其說
그 설은

詳說

○ 諱而削之之說.
　　휘해서 없앴다는 설이다.

朱註

不得通矣
통할 수 없다.

[4-4-1-1]

駉駉牡馬, 在坰之野,

살찌고 살찐 수말이 먼들에 있으니,

詳說

○ 音扃.
　　'경(駉)'의 음은 '경(扃)'이다.

○ 叶, 滿補反.17)
　　'마(馬)'의 음은 '만(滿)'과 '보(補)'의 반절이다.

○ 音扃.

---

17) 叶, 滿補反:『시전대전(詩傳大全)』에도 동일하게 되어 있다.

'경(坰)의 음은 '경(扃)'이다.

○ 叶, 上與反.18)
'야(野)'는 협운으로 음은 '상(上)'과 '여(與)'의 반절이다.

薄言駉者. 有驕有皇,

잠깐 살찐 말을 들겠노라. 사타구니 흰 말도 있고 황백마도 있으며,

詳說
○ 叶, 章與反.19)
'자(者)'는 협운으로 음은 '장(章)'과 '여(與)'의 반절이다.

○ 戶橘反.20)
'율(驈)'의 음은 '호(戶)'와 '귤(橘)'의 반절이다.

有驪有黃, 以車彭彭.

검은 말도 있고 누런 말도 있으니 수레에 사용하기에 성하고 성하도다.

詳說
○ 音離.
'려(驪)'의 음은 '리(離)'이다.

○ 叶, 鋪郎反.21)
'팽(彭)'의 음은 '포(鋪)'와 '랑(郎)'의 반절이다.

思無疆, 思馬斯臧.

생각함이 그지없으니, 말을 생각함에 이에 좋도다.

---

18) 叶, 上與反 : 『시전대전(詩傳大全)』에도 동일하게 되어 있다.
19) 叶, 章與反 : 『시전대전(詩傳大全)』에도 동일하게 되어 있다.
20) 戶橘反 : 『시전대전(詩傳大全)』에도 동일하게 되어 있다.
21) 叶, 鋪郎反 : 『시전대전(詩傳大全)』에도 동일하게 되어 있다.

朱註

賦也. 駉駉, 腹幹肥張貌.
부(賦)이다. 경경(駉駉)은 배와 등줄기가 살찌고 퍼진 모양이다.

詳說

○ 大全曰 : "幹馬脊也."22)
『대전』에서 말하였다 : "'한(幹)'은 말의 등마루이다."23)

朱註

邑外, 謂之郊, 郊外, 謂之牧, 牧外謂之野, 野外謂之林, 林外謂之坰.
읍(邑)밖을 교(郊)라 하고, 교(郊)밖을 목(牧)이라 하며, 목(牧)밖을 야(野)라 하고, 야(野)밖을 임(林)이라 하며, 임(林)밖을 경(坰)이라 한다.

詳說

○ 五者, 可總謂之野, 故云坰之野.
다섯 가지를 전부 야라고 할 수 있기 때문에 '먼들(坰之野)'라고한 것이다.

○ 鄭氏曰 : "必牧於坰野者, 避民居與良田也."24)
정씨가 말하였다 : "반드시 먼들에서 기르는 것은 백성들의 거주지와 좋은 농토를 피하기 위한 것이다."

朱註

驪馬白跨曰駽,
검은 말에 사타구니가 흰 것을 율(駽)이라 하고,

詳說

○ 苦化反.
'과(跨)'의 음은 '고(苦)'와 '화(化)'의 반절이다.

---

22) 『시전대전(詩傳大全)』에 육씨의 말로 다소 다르게 실려 있다.
23) 『대전』에는 "'한(幹)'은 말의 옆구리이다.(幹, 馬脅也.)"라고 되어 있다.
24) 『시전대전(詩傳大全)』에 정씨의 말로 동일하게 실려 있다.

○ 孔氏曰 : "跨, 髀間, 所跨據之處."25)
　　공씨가 말하였다 : "'과(跨)'는 넓적다리 사이로 사타구니가 있는 곳이다."26)

朱註
黃白曰皇,
황백색(黃白色)인 것을 황(皇)이라 하고,

詳說
○ 孔氏曰 : "黃而微白."27)
　　공씨가 말하였다 : "누런색이면서 살짝 흰 것이다."28)

朱註
純黑曰驪, 黃騂曰黃.
순전히 흑색인 것을 여(驪)라 하고, 황적색인 것을 황(黃)이라 한다.

詳說
○ 孔氏曰 : "黃而微赤."29)
　　공씨가 말하였다 : : "누런색이면서 살짝 붉은 것이다."30)

朱註
彭彭
팽팽(彭彭)은

詳說

---

25) 『시전대전(詩傳大全)』에 공씨의 말로 실려 있다.
26) 『시전대전(詩傳大全)』에는 "공씨가 말하였다 : '려(驪)'는 흑색이다. '과(跨)'는 넓적다리 사이이니, '과(跨)' 사타구니가 있는 곳이다.(孔氏曰 : 驪, 黑色. 跨, 髀間也, 跨者, 所跨據之處.)"라고 되어 있다.
27) 『시전대전(詩傳大全)』에 공씨의 말로 실려 있다.
28) 『시전대전(詩傳大全)』에는 "공씨가 말하였다 : '누런색이면서 살짝 흰 것이 섞인 것을 황이라고 한다.(孔氏曰 : 黃而微白雜, 名皇.)'라고 되어 있다.
29) 『시전대전(詩傳大全)』에 공씨의 말로 실려 있다.
30) 『시전대전(詩傳大全)』에는 "공씨가 말하였다 : '성([騂])'은 붉은 색으로, 누런색이면서 살짝 붉은 것을 말한다.(孔氏曰 : 騂者, 赤色, 謂黃而微赤者也.)"라고 되어 있다.

○ 諺音用叶.

'팽(彭)'은 『언해』의 음이 협운으로 사용되었다.

朱註

盛貌.

성한 모양이다.

詳說

○ 以車, 用於車也

본문의 '이거(以車)'는 수레에 사용한다는 것이다.

朱註

思無疆, 言其思之深廣無窮也. 臧, 善也 ○ 此詩言僖公

사무강(思無疆)은 그 생각이 깊고 넓어서 무궁함을 말한 것이다. 장(臧)은 좋음이다. ○ 이 시(詩)는 희공(僖公)이

詳說

○ 慶源輔氏曰 : "僖公當作魯侯, 前云惟閟宮一篇, 爲僖公之詩. 餘則無所考, 則不應於此定以爲僖公也."31)

경원 보씨가 말하였다 : "희공은 노나라 제후로 해야 하고, 앞에서 「비궁(閟宮)」한 편만 희공의 시이다.'라고 하였다. 나머지는 상고할 곳이 없으니 여기에서 희공으로 여긴 것과 호응하지 않는다."32)

朱註

牧馬之盛,

그 말을 기르는 성함이

---

31) 『시전대전(詩傳大全)』에 경원 보씨의 말로 실려 있다.
32) 『시전대전(詩傳大全)』에는 "경원 보씨가 말하였다 : '희공은 노나라 제후로 해야 하고, 앞에서 「비궁(閟宮)」한 편만 희공의 시이라고 하였다. 나머지는 상고할 곳이 없으니 여기에서 희공으로 여긴 것과 호응하지 않는다. 사람이 마음을 확립함이 이미 원대하면 이루는 것도 반드시 후덕하고 크다. 풍부하고 중후한 일은 대개 경솔하고 가벼운 것으로 이룰 수 있는 것이 아니다.(慶源輔氏曰 : 僖公當作魯侯, 前云, 唯閟宮一篇爲僖公之詩. 餘則無所考, 則不應於此定以爲僖公也. 夫人立心旣遠, 則所成必厚大. 凡富厚之事, 率非輕易浮淺者之所能致.)"라고 되어 있다.

詳說
○ 安成劉氏曰：“駉而牡者, 有十六種之毛色.”33)
안성 유씨가 말하였다 : "살찐 수말에는 16종의 털색이 있다."34)

○ 再言駉者者, 詠歎之辭也.
거듭 경자(駉者)라고 한 것은 영탄하는 말이다.

朱註
由其立心之遠. 故美之
그 마음을 확립하는 원대(遠大)함에서 말미암았음을 말하였다. 그러므로 찬미하여

詳說
○ 小序曰 :"頌僖公也. 季孫行父請命于周, 而史克作是頌."
「소서」에서 말하였다 : "희공을 기린 것이다. 계손행보가 주에 명을 청해 사극이 이 송을 지은 것이다."

朱註
曰思無疆,
"생각함이 그지없으니,

詳說
○ 汎言其所思.
그가 생각하는 것을 넓게 말한 것이다.

朱註
則思馬,
말을 생각함에

---

33) 『시전대전(詩傳大全)』에 안성 유씨의 말로 실려 있다.
34) 『시전대전(詩傳大全)』에는 "안성 유씨가 말하였다 : '문공의 말을 찬미함에 키 큰 암말로 삼천의 무리가 있고, 희공의 말을 찬미함에 열여섯 종의 털색이 있다는 것은 각기 그 성대함을 극도로 해서 말한 것으로 모두 그 나라의 부유함을 드러내는 것이다.(安成劉氏曰 : 美文公之馬, 則言其騋而牝者, 有三千之衆, 美僖公之馬, 則言其駉而牡者, 有十六種之毛色, 盖各極其盛而言, 皆以見其國之殷富也.)"라고 되어 있다.

詳說
○ 專言其思馬.
말을 생각하는 것에 대해 오로지 말한 것이다.

朱註
斯臧矣.
이에 좋다."라고 한 것이니,

詳說
○ 藍田呂氏曰 : "僖公修政以誠心行之臧其效也."35)
남전 여씨가 말하였다 : "희공이 정사를 닦음에 성심으로 행해 그 효과가 좋은 것이다."36)

朱註
衛文公, 秉心塞淵而, 騋牝三千
위문공(衛文公)이 마음을 잡기를 착실하고 깊게 함에 큰 암말이 3천필이라는 것도

詳說
○ 見定之方中.
안정시킨 것이 중도임을 드러낸 것이다.

朱註
亦此意也.
또한 이러한 뜻이다.

詳說
○ 論也.

---

35) 『시전대전(詩傳大全)』에 남전 여씨의 말로 실려 있다.
36) 『시전대전(詩傳大全)』에는 "남전 여씨가 말하였다 : '희공이 정사를 닦음에 성심으로 행했기 때문에 생각함이 그지없고, 생각함이 기한이 없으며, 생각함에 싫음이 없고, 생각함에 간사함이 없으니, 말이 좋고 재주가 있으며 떨쳐 일어나고 가는 것은 그 효과이다. ….(藍田呂氏曰 : 僖公修政以誠心行之, 故言思無疆, 思無期, 思無斁, 思無邪, 馬之所以臧才作徂者其效也. ….)"라고 되어 있다.

경문의 의미설명이다.

○ 埤雅曰 : "百里奚爵祿不入於心, 故飯牛而牛肥, 殆此之謂也.″37)

『비아』에서 말하였다 : "백리혜는 벼슬을 마음에 두지 않았기 때문에 소를 기름에 소가 살찐다는 것이 거의 이것을 말한 것이다."38)

[4-4-1-2]
駉駉牡馬, 在坰之野, 薄言坰者. 有驈有騜,

살찌고 살찐 수말이 먼들에 있으니
잠깐 살찐 말을 들겠노라. 청부루말도 있고 황부루말도 있으며

詳說
○ 音佳.39)
'추(騅)'의 음은 '추(佳)'이다.

詳說
○ 符悲反.40)
'비(駓)'의 음은 '부(符)'와 '비(悲)'의 반절이다.

有騂有騏, 以車伾伾.

붉은 말도 있고 얼룩말도 있으니, 수레에 사용함에 힘차고 힘차도다.

---

37) 『시전대전(詩傳大全)』에 『비아』의 말로 실려 있다.
38) 『시전대전(詩傳大全)』에는 "『비아』에서 말하였다 : '백리혜는 벼슬을 마음에 두지 않았기 때문에 소를 기름에 소가 살쪘으니, 「생각함이 그지없으니 말을 생각함에 이에 좋다.」는 것은 거의 이것을 말한 것이다. (埤雅曰 : 百里奚爵祿不入於心, 故飯牛而牛肥, 思無疆, 思馬斯臧, 殆此之謂也.)"라고 되어 있다.
39) 音佳 : 『시전대전(詩傳大全)』에도 동일하게 되어 있다.
40) 符悲反 : 『시전대전(詩傳大全)』에도 동일하게 되어 있다.

詳說

○ 符丕反.41)

'비(伾)'의 음은 '부(符)'와 '비(丕)'의 반절이다.

思無期, 思馬斯才.

생각함이 기한이 없으니 말을 생각함에 이에 재주 있도다.

詳說

○ 叶, 前西反.42)

'재(才)'는 협운으로 '전(前)'과 '서(西)'의 반절이다.

朱註
賦也.
부(賦)이다.

詳說

○ 上三句重言者, 詠歎之辭也.

위의 세 구를 거듭 말하는 것은 영탄하는 것이다.

倉白雜毛曰騅, 黃白雜毛曰駓
창백색의 털이 섞여 있는 것을 추(騅)라 하고, 황백색의 털이 섞여 있는 것을 비(駓)라 하며,

詳說

○ 蒼通.

'창(倉)'은 '창(蒼)'과 통한다.

○ 孔氏曰 : "雜毛是二色相間雜, 上云黃白黃騂, 止一毛色之中自有淺深, 與此二色者異, 故不言雜毛."43)

---
41) 符丕反 : 『시전대전(詩傳大全)』에도 동일하게 되어 있다.
42) 叶, 前西反 : 『시전대전(詩傳大全)』에도 동일하게 되어 있다.

공씨가 말하였다 : "잡모는 두 색이 서로 사이에 끼어 섞인 것이다. 위에서 말한 황백(黃白)을 황(皇)이라고 하고 황치(黃駓)를 황(黃)이라고 한 것은 단지 한 털색 중에 얕고 깊음이 있어 여기의 두 색과 다르기 때문에 잡색이라고 하지 않은 것이다."44)

朱註

赤黃曰騂

황적색인 것을 성(騂)이라 하고,

詳說

○ 孔氏曰 : "赤而微黃."45)
공씨가 말하였다 : "붉으면서 살짝 누런 것이다."46)

朱註

靑黑曰騏.
청흑색인 것을 기(騏)라 한다.

詳說

○ 孔氏曰 : "靑而微黑."47)
공씨가 말하였다 : "푸르면서 살짝 검은 것이다."48)

朱註

---

43) 『시전대전(詩傳大全)』에 공씨의 말로 실려 있다.
44) 『시전대전(詩傳大全)』에는 "공씨가 말하였다 : '잡모는 두 색이 서로 사이에 끼어 섞인 것이다. 위에서 말한 황백(黃白)과 황치(黃駓)는 한 털색 중에 얕고 깊음이 있어 여기의 두 색과 다르기 때문에 잡색이라고 하지 않은 것이다.'(孔氏曰 : 雜毛, 是二色相間雜. 上云黃白曰皇, 黃駓曰黃, 止一毛色之中, 自有淺深, 與此二色者異, 故不言雜毛也.)"라고 되어 있다.
45) 『시전대전(詩傳大全)』에 공씨의 말로 실려 있다.
46) 『시전대전(詩傳大全)』에는 "공씨가 말하였다 : '주나라 사람들은 붉은 색을 숭상해서 희생에 붉은 것을 사용했으니, 이 붉은 것은 순수하게 붉은 것이다. 적황이라고 하는 것은 붉으면서 누런 것으로 그 색이 선명한 것을 말한다. 위에서 황치(黃駓)를 황(黃)이라고 하는 것은 누르면서 살짝 붉은 것이고, 여기서 황적(赤黃)을 치(騂)라고 하는 것은 붉으면서 살짝 누런 것이다.'(孔氏曰 : 周人尙赤而牲用騂, 是騂爲純赤. 言赤黃者, 謂其赤而黃, 其色鮮明者 上云黃駓曰黃, 謂黃而微赤, 此云赤黃曰騂, 謂赤而微黃.)"라고 되어 있다.
47) 『시전대전(詩傳大全)』에 공씨의 말로 실려 있다.
48) 『시전대전(詩傳大全)』에는 "공씨가 말하였다 : '푸르면서 살짝 검은 것으로 요즘의 총마(驄馬)이다.(孔氏曰 : 靑而微黑, 今之驄馬也.)"라고 되어 있다.

伾伾, 有力也. 無期, 猶無疆也.
비비(伾伾)는 힘이 있는 것이다. 무기(無期)는 무강(無疆)과 같다.

詳說
○ 疆以地言, 期以時言者, 微異耳.
강(疆)은 땅으로 말하고, 기(期)는 시간으로 말했으니, 약간 다를 뿐이다.

朱註
才, 材力也
재(才)는 재주와 힘이다.

[4-4-1-3]
駉駉牡馬, 在坰之野, 薄言坰者. 有驒有駱,

살찌고 살찐 수말이 먼들에 있으니,
잠깐 살찐 말을 들겠노라. 돈짝무늬 말도 있고 낙대말도 있으며,

詳說
○ 音駄.
'탄(驒)'은 '타(駄)'이다.

有騮有雒, 以車繹繹.

월다말도 있고 가리온말도 있으니 수레에 사용함에 끊임없이 이어지도다.

詳說
○ 音留.49)
'류(騮)'의 음은 '류(留)'이다.

○ 叶, 弋灼反.50)

---
49) 音留:『시전대전(詩傳大全)』에도 동일하게 되어 있다.
50) 叶, 弋灼反:『시전대전(詩傳大全)』에도 동일하게 되어 있다.

'역(繹)'은 협운으로 음은 '익(弋)'과 '작(灼)'의 반절이다.

思無斁, 思馬斯作.

생각함에 싫음이 없으니 말을 생각함에 이에 떨쳐 일어나도다.

詳說

○ 叶, 弋灼反.51)

'두(斁)'는 협운으로 음은 '익(弋)'과 '작(灼)'의 반절이다.

朱註

賦也. 靑驪驎

부(賦)이다. 청흑색의 얼룩말을

詳說

○ 良忍良辰二反.52)

'린(驎)'의 음은 '양(良)'과 '인(忍)', '양(良)'과 '진(辰)'의 두 가지 반절이다.

朱註

曰驒. 色有深淺,

타(驒)라 한다. 색에 깊고 얕음이 있고,

詳說

○ 靑而微黑.

푸르면서 살짝 검은 것이다.

朱註

斑駁如魚鱗, 今之連錢驄也. 白馬黑鬣曰駱, 赤身黑鬣曰騂, 黑身白鬣曰雒.

얼룩무늬 반점이 고기의 비늘과 같으니, 지금의 연전총(連錢)이다. 백마에 검은 갈

---

51) 叶, 弋灼反 : 『시전대전(詩傳大全)』에도 동일하게 되어 있다.
52) 良忍良辰二反 : 『시전대전(詩傳大全)』에도 동일하게 되어 있다.

기가 있는 것을 낙(駱)이라 하고, 붉은 몸에 검은 갈기가 있는 것을 유(騮)라 하며, 검은 몸에 흰 갈기가 있는 것을 낙(雒) 이라 한다.

詳說

○ 北角反.53)

'박(駁)'의 음은 '북(北)'과 '각(角)'의 반절이다.

○ 音洛.

'락(雒)'의 음은 '락(洛)'이다.

朱註

繹繹不絶貌. 斁, 厭也.

역역(繹繹)은 끊이지 않는 모양이다. 역(斁)은 싫어함이다.

詳說

○ 無斁, 言思之不已也.

'무역(無斁)'은 생각이 그치지 않는다는 말이다.

朱註

作, 奮起也.

작(作)은 떨쳐 일어남이다.

詳說

○ 方興盛也

흥성하는 것이다.

[4-4-1-4]

駉駉牡馬, 在坰之野, 薄言駉者. 有駰有騢,

살찌고 살찐 수말이 먼들에 있으니,

---

53) 北角反 : 『시전대전(詩傳大全)』에도 동일하게 되어 있다.

詩集傳詳說 卷之十八 31

잠깐 살찐 말을 들겠노라. 은총이 말도 있고 얼룩말도 있으며

詳說

○ 音因.54)
    '인(駰)'의 음은 '인(因)'이다.

○ 音遐, 叶洪孤反.55)
    '하(騢)'의 음은 '하(遐)'이고, 협운으로 음은 '홍(洪)'과 '고(孤)'의 반절이다.

有驔有魚, 以車袪袪.

정갱이 흰 말도 있고 두 눈 흰 말도 있으니 수레에 사용함에 건장하고 건장하도다.

詳說

○ 音簟.56)
    '담(驔)'의 음은 '점(簟)'이다.

○ 起居反.57)
    '거(袪)'의 음은 '기(起)'와 '거(居)'의 반절이다.

思無邪, 思馬斯徂.

생각함에 간사함이 없으니 말을 생각함에 이에 가도다.

詳說

○ 叶, 祥余反.58)
    '조(徂)'는 협운으로 '상(祥)'과 '여(余)'의 반절이다.

---

54) 音因 : 『시전대전(詩傳大全)』에도 동일하게 되어 있다.
55) 音遐叶洪孤反 : 『시전대전(詩傳大全)』에도 동일하게 되어 있다.
56) 音簟 : 『시전대전(詩傳大全)』에도 동일하게 되어 있다.
57) 起居反 : 『시전대전(詩傳大全)』에도 동일하게 되어 있다.
58) 叶, 祥余反. : 『시전대전(詩傳大全)』에도 동일하게 되어 있다.

朱註

賦也. 陰白雜毛曰駰. 陰, 淺黑色, 今泥驄也. 彤白雜毛曰騢, 豪骭曰驔, 毫在骭而白也.

부(賦)이다. 음백색(陰白色)의 털이 섞여 있는 것을 인(駰)이라 한다. 음(陰)은 얕은 흑색이니, 지금의 이총(泥)이다. 적백색의 털이 섞여 있는 것을 하(騢)라 하고, 정강이에 털이 난 것을 역(驛)이라 하니, 털이 정강이에 희게 나있는 것이다.

詳說

○ 毫同.
'호(豪)'는 '호(毫)'와 같다.

○ 閑, 去聲.
'한(骭)'은 '한(閑)'으로 거성이다.

○ 長毛.
'호(毫)'는 긴 털이다.

○ 孔氏曰 : "骭, 膝下."[59]
공씨가 말하였다 : "'한(骭)'은 무릎아래이다."[60]

朱註

二目白曰魚, 似魚目也. 祛祛, 彊健也.

두 눈이 흰 것을 어(魚)라 하니, 고기의 눈과 같기 때문이다. 거거(祛祛)는 강건(強健)함이다.

詳說

○ 鄭氏曰 : "思無邪, 專心無復邪意."[61]

---

[59] 『시전대전(詩傳大全)』에 공씨의 말로 실려 있다.
[60] 『시전대전(詩傳大全)』에는 "공씨가 말하였다 : '한(骭)은 정강이로 대개 무릎아래이다.'(孔氏曰 : 骭, 脚脛, 盖膝下之名.)"라고 되어 있다.
[61] 『시경세본고의(詩經世本古義)』에 정씨의 말로 실려 있다.

정씨가 말하였다 : "생각에 간사함이 없다는 것은 전심으로 해서 다시 간사한 뜻이 없다는 것이다."62)

朱註
徂, 行也.
저(徂)는 감이다.

詳說
○ 善走.
잘 달려가는 것이다.

朱註
孔子曰, 詩三百一言以蔽之, 曰思無邪. 蓋詩之言, 美惡不同, 或勸或懲, 皆有以使人得其情性之正.
공자가 "삼백을 한 마디 말로 덮을 수가 있으니, 생각함에 간사함이 없음이다."라고 하셨다. 시의 말은 좋고 나쁨이 똑같지 아니하여 혹은 권면하고 혹은 징계하여 모두 사람이 그 성정(性情)의 올바름을 얻게 하는 것이다.

詳說
○ 論語爲政.
'공자(孔子)'는 『논어』「위정」이다.

○ 三百篇.
'삼백'은 삼백 편이다.

○ 朱子曰 : "情性, 貼思字, 正貼無邪字."63)
주자가 말하였다 : "'정성(情性)'은 '사(思)'자와 연결되고, '정(正)'은 '무사(無

---

62) 『시경세본고의(詩經世本古義)』에는 "정씨가 말하였다 : '백금의 법을 따를 것을 생각하고, 전심으로 해서 다시 간사한 뜻이 없어 말을 기르는 것에 달려가게 하는 것이다.'(鄭云, 思遵伯禽之法, 專心無復邪意, 牧馬使可走行也.)"라고 되어 있다.
63) 『시전대전(詩傳大全)』에 주자의 말로 실려 있다.

邪)'자와 연결된다."64)

朱註

然其明白簡切通于上下, 未有若此言者. 故特稱之, 以爲可當三百篇之義, 以其要爲不過乎此也. 學者誠能深味其言, 而審於念慮之間, 必使無所思而不出於正, 則日用云爲, 莫非天理之流行矣.

그러나 그 명백하고 간절하여 상하(上下)에 통함은 이 말과 같은 것이 있지 않다. 그러므로 특별히 말하여 "삼백(三百) 편(篇)의 뜻에 해당할 수 있다."라고 하였으니, 그 요점이 이것에 불과하기 때문이다. 배우는 자가 진실로 깊이 그 말을 음미하여 생각하는 사이에서 살펴 반드시 생각하는 것마다 바름에서 나오지 않음이 없게 한다면, 일상생활에서 말하고 행하는 것이 천리(天理)의 유행(流行) 아님이 없을 것이다.

詳說

○ 蔽.

'당(當)'은 덮는다는 것이다.

○ 廬陵彭氏曰 : "夫子敎人學詩之法, 思無邪一言, 乃學者之樞要也."65)

여릉 팽씨가 말하였다 : "공자가 사람들에게 시를 배우는 법을 가르칠 때 생각에 간사함이 없다는 한 마디 말은 그야말로 배우는 자들의 핵심이다."

○ 安成劉氏曰 : "守約施博之道, 誠意正心之方也."66)

안성 유씨가 말하였다 : "요약을 지켜 넓음을 베푸는 도는 성의와 정심의 방법이다."67)

---

64) 『시전대전(詩傳大全)』에는 "주자가 말하였다 : '…….' 또 말하였다 : '이른바 정성의 바름을 얻었다는 것으로 정성(情性)은 사(思)자와 연결되고, 정(正)은 무사(無邪)자와 연결되니, 이것은 바로 당시의 글을 지음이 서로 비슷하다는 것이다.'(朱子曰 : …. 又曰 : 所謂得情性之正者, 情性, 是貼思字, 正是貼無邪字, 此乃倣時文相似.)"라고 되어 있다.
65) 『시전대전(詩傳大全)』에 여릉 팽씨의 말로 동일하게 실려 있다.
66) 『시전대전(詩傳大全)』에 안성 유씨의 말로 실려 있다.
67) 『시전대전(詩傳大全)』에는 "안성 유씨가 말하였다 : '시의 가르침은 사람들에게 성정의 바름이 얻게 하지 않음이 없지만, ……. …… 혹 상하로 통할 수 없기 때문에 공자가 유독 생각에 간사함이 없다는 한 마디 말을 해서 시를 배우는 자들에게 보여주었으니, 요약을 지키고 넓음을 베푸는 도는 성의와 정심의 방법이라는

○ 推而通之, 則此一句, 亦足以盡, 蓋諸經云
미루어서 통하는 것은 여기의 한 구에서도 충분히 다할 수 있으니, 여러 경에서 말한 것이다.

朱註
蘇氏曰, 昔之爲詩者, 未必知此也,
소씨(蘇氏)가 말하였다. "옛날 시(詩)를 공부하는 자들이 반드시 이것을 안 것은 아니었는데,

詳說
○ 本只以專心牧事而言也.
본래 단지 전심으로 기르는 일을 하는 것을 가지고 말한 것이다.

朱註
孔子讀詩至此, 而有合於其心焉. 是以取之, 蓋斷章云爾
공자가 『시경』을 읽으시다가 여기에 와서 그 마음에 부합되는 것이 있으셨다. 이 때문에 이것을 취하였으니, 장(章)을 끊어 뜻을 취한 것이다."

詳說
○ 不取全章牧馬之義
모든 장에서 말을 기르는 의미를 취하지 않았다.

○ 自孔子曰以下, 論也.
'공자왈(孔子曰)' 이하는 경문의 의미설명이다.

朱註
駉四章章八句.
「경」은 4장이고, 장마다 8구이다.

것이다.'(安成劉氏曰 : 詩之爲敎, 無非欲人得其情性之正, …. …, 而或不能通于上下, 故夫子獨稱思無邪之一言, 以示學詩者, 守約施博之道, 誠意正心之方也.)"라고 되어 있다.

詳說

○ 下篇, 亦以馬起興, 且有別種, 可見一時牧馬之盛也.

아래의 편에서도 말로 흥을 일으키고 또 별종이 있는 것은 한 때 말을 기름에 성대함을 드러낸 것이다.

[4-4-2-1]

有駜有駜, 駜彼乘黃.

말이 살찌고 살찌니 살찐 저 네 필의 황마로다.

詳說

○音邲.

'필(駜)'의 음은 '필(邲)'이다.

○去聲.

'승(乘)'은 거성이다.

夙夜在公, 在公明明.

이른 새벽부터 밤늦게까지 공소(公所)에 있으니 그곳에서 일을 분명하게 처리하도다.

詳說

○ 叶, 謨郎反.68)

'명(明)'은 협운으로 '모(謨)'와 '랑(郎)'의 반절이다.

振振鷺, 鷺于下.

떼 지어 날아가는 백로 깃이여 백로가 내려앉는 듯하도다.

詳說

○ 叶, 後五反.69)

---

68) 叶, 謨郎反 : 『시전대전(詩傳大全)』에도 동일하게 되어 있다.
69) 叶, 後五反 : 『시전대전(詩傳大全)』에도 동일하게 되어 있다.

'하(下)'는 협운으로 '후(後)'와 '오(五)'의 반절이다.

鼓咽咽, 醉言舞.
북을 인인(咽咽)히 두들기거늘 취하여 춤을 추니

詳說
○ 音淵.
'연(咽)'의 음은 '연(淵)'이다.

于胥樂兮.
서로 즐거워하도다

詳說
○ 音洛.70)
'락(樂)'의 음은 '락(洛)'이다.

朱註
興也.
흥(興)이다.

詳說
○ 兼賦.
부(賦)를 겸하였다.

○ 二有二在字, 相應.
두 번의 '유(有)'자와 두 번의 '재(在)'자가 서로 호응한다.

○ 慶源輔氏曰：" 因以來燕者, 所乘之馬起興."71)

---
70) 音洛：『시전대전(詩傳大全)』에도 동일하게 되어 있다.
71) 『시전대전(詩傳大全)』에 경원 보씨의 말로 실려 있다.

경원 보씨가 말하였다 : "와서 연회를 하는 자가 타고 온 말로 말미암아 흥을 일으킨 것이다."72)

朱註
駜, 馬肥强貌. 明明, 辨治也.
필(駜)은 말이 살찌고 강한 모양이다. 명명(明明)은 분별하고 다스림이다.

詳說
○ 廬陵歐陽氏曰 : "修明其職.73)
여릉 구양씨가 말하였다 : "그 직분을 닦아 분명하게 하는 것이다."74)

朱註
振振, 羣飛貌. 鷺, 鷺羽, 舞者所持, 或坐或伏, 如鷺之下也.
진진(振振)은 떼지어 나는 모양이다. 노(鷺)는 백로의 깃이니, 춤추는 자가 잡는 것으로, 혹은 앉고 혹은 엎드려 백로(白鷺)가 내려앉는 것과 같은 것이다.

詳說
○ 去聲.
'하(下)'는 거성이다.

朱註
咽, 與淵同,
인(咽)은 연(淵)과 같으니,

詳說
○ 見小雅采芑.

---

72) 『시전대전(詩傳大全)』에는 "경원 보씨가 말하였다 : '「살찐 저 네 필의 황마로다.」라는 것은 아마도 와서 연회를 자가 타고온 말을 가리키는 것인 듯하다. 그러므로 그것으로 말미암아 흥을 일으킨 것이다.(慶源輔氏曰 : 駜彼乘黃, 恐是指來燕者所乘之馬, 故因以起興. ….)"라고 되어 있다.
73) 『시전대전(詩傳大全)』에 여릉 구양씨의 말로 실려 있다.
74) 『시전대전(詩傳大全)』에는 "여릉 구양씨가 말하였다 : '명명(明明)그 직분을 닦아 분명하게 하는 것이다.(廬陵歐陽氏曰 : 明明, 修明其職也.)"라고 되어 있다.

「소아」「채기」에 있다.

朱註

鼓聲之深長也. 或曰, 鷺亦興也.
북소리가 깊고 긴 것이다. 혹자(或者)는 "백로(白鷺)도 흥(興)이다."라고 하였다.

詳說

○ 兼比.
'비(比)'를 겸하였다.

○ 振振, 咽咽, 相應, 句法, 亦整齊. 且下飛二字, 與振鷺相類, 作興, 亦得若其末句, 則咏歎之詞, 故下二章重言之.
'진진(振振)'과 '인인(咽咽)'은 서로 호응하고, 구법에서도 가지런하다. 게다가 '하비(下飛)' 두 글자가 '진로(振鷺)'와 서로 같은 종류로 흥을 일으킴에 또한 그 말구와 같을 수 있는 것은 영탄의 말이기 때문에 아래의 두 장에서 거듭해서 말한 것이다.

○ 毛氏曰 "鷺興, 潔白之士."[75)]
모씨가 말하였다 : "백로가 흥인 것은 결백한 선비라는 것이다."

○ 廬陵歐陽氏曰 : "取其翔集有威儀."[76)]
여릉 구양씨가 말하였다 : "날아감과 앉음에 위의가 있는 것을 취한 것이다."[77)]

○ 鄭氏曰 : "士羣集于朝, 君與之飲酒."[78)]
정씨가 말하였다 : "선비의 무리들이 조정에 모여 임금이 그들과 술을 마시는 것이다."[79)]

---

75) 『시전대전(詩傳大全)』에 모씨의 말로 동일하게 실려 있다.
76) 『시전대전(詩傳大全)』에 여릉 구양씨의 말로 실려 있다.
77) 『시전대전(詩傳大全)』에는 "여릉 구양씨가 말하였다 : '깨끗함과 날아감과 앉음에 위의가 있는 것을 취한 것이다.'(廬陵歐陽氏曰: 取其修潔翔集有威儀也.)"라고 되어 있다.
78) 『시전대전(詩傳大全)』에 정씨의 말로 실려 있다.
79) 『시전대전(詩傳大全)』에는 "정씨가 말하였다 : '깨끗한 선비의 무리들이 조정에 모여 임금이 그들과 술을 마시는데, 북소리의 가락이 인인한 것이다.'(鄭氏曰 : 潔白之士羣, 集于朝, 君與之飲酒, 以鼓節之咽咽然.)"라고 되어 있다.

胥, 相也. 醉而起舞以相樂也. 此燕飮而頌禱之辭也.
서(胥)는 서로이니, 취해서 일어나 춤을 추어 서로 즐거워하는 것이다. 이것은 연음(燕飮)하면서 송축(頌祝)한 말이다.

○ 安成劉氏曰 : "此爲燕飮之詩, 惟末章自今以下, 則頌禱之辭也."80)
안성 유씨가 말하였다 : "이것은 연회에서 술을 마시는 시인데, 단지 끝장의 '지금부터(自今)' 이하는 칭송하면서 비는 말이다."81)

○ 序在釋末, 與桓同.
서(序)에서는 풀이의 끝에서 '환(桓)'과 같다.

[4-4-2-2]

有駜有駜, 駜彼乘牡. 夙夜在公, 在公飮酒. 振振鷺, 鷺于飛.
鼓咽咽, 醉言歸, 于胥樂兮.

말이 살찌고 살찌니 살찐 저 네 필의 수말이로다.
이른 새벽부터 밤늦게까지 공소(公所)에 있으니 그곳에서 술을 마시도다.
떼 지어 나는 백로 깃이여! 백로가 나는 듯하도다.
북을 인인(咽咽)히 두들기는데 취하여 돌아가니,
서로 즐거워하도다.

朱註

興也. 鷺于飛, 舞者振作, 鷺羽如飛也.
흥(興)이다. 노우비(鷺于飛)라는 것은 춤추는 자가 떨쳐 일어남에 백로(白鷺)의 깃이 나는 것과 같은 것이다.

詳說

---
80) 『시전대전(詩傳大全)』에 안성 유씨의 말로 실려 있다.
81) 『시전대전(詩傳大全)』에는 "안성 유씨가 말하였다 : '이것은 연회에서 술을 마시는 시인데, 단지 끝장의 「지금부터 시작하여(自今以始)」 이하는 칭송하면서 비는 말이다.'(安成劉氏曰 : 此爲燕飮之詩, 唯卒章自今以始以下, 則頌禱之辭也.)"라고 되어 있다.

○ 曹氏曰 : "上章醉言舞以樂成之也. 此章醉言, 歸以禮節之也."82)

조씨가 말하였다 : "위의 장에서 '취언(醉言)'은 춤을 추어 즐겁게 되는 것이고, 여기 장에서 '취언(醉言)'은 돌아가서 예절로 하는 것이다."

[4-4-2-3]
有駜有駜, 駜彼乘駽.

말이 살찌고 살찌니 살찐 저 네 필의 철총이 말이로다.

詳說

○ 音絢.

'현(駽)'의 음은 '현(絢)'이다.

夙夜在公, 在公載燕. 自今以始, 歲其有.

이른 새벽부터 밤늦게까지 공소(公所)에 있으니 그곳에서 잔치하도다. 지금부터 시작하여 연사(年事)가 풍년(豊年)이 들리로다.

詳說

○ 叶, 羽己反.83)

'유(有)'는 협운으로 '우(羽)'와 '기(己)'의 반절이다.

君子有穀, 詒孫子.

군자가 선을 두어 자손들에게 물려주니,

詳說

○ 叶, 獎里反.84)

'자(子)'는 협운으로 음은 '장(獎)'과 '리(里)'의 반절이다.

---

82) 『시전대전(詩傳大全)』에 조씨의 말로 동일하게 실려 있다.
83) 叶, 羽己反 : 『시전대전(詩傳大全)』에도 동일하게 되어 있다.
84) 叶, 獎里反 : 『시전대전(詩傳大全)』에도 동일하게 되어 있다.

|于胥樂兮.|

서로 즐거워하도다.

|朱註|

興也. 靑驪曰駽, 今鐵驄也. 載, 則也. 有, 有年也.
흥(興)이다. 청흑색말을 현(駽)이라 하니, 지금의 철총(鐵)이다. 재(載)는 칙(則)이다. 유(有)는 풍년이다.

|詳說|

○ 慶源輔氏曰 : 爲庶民之慮切矣.85)
경원 보씨가 말하였다 : "서민을 위하는 생각이 절실한 것이다."86)

|朱註|

穀, 善也, 或曰, 祿也.
곡(穀)은 선(善)이니, 혹자(或者)는 녹(祿)이라 한다.

|詳說|

○ 以有詒二字觀之, 作祿亦得.
'두어 물려준다[有詒]'는 말로 보면 녹을 만드는 것도 얻을 수 있다는 것이다.

|朱註|

詒, 遺也.
이(詒)는 줌이다.

|詳說|

○ 去聲.
'유(遺)'는 거성이다.

---

85) 『시전대전(詩傳大全)』에 경원 보씨의 말로 실려 있다.
86) 『시전대전(詩傳大全)』에는 "경원 보씨가 말하였다 : '…. 「지금으로부터 시작하여 연사가 풍년이 들리로다.」라는 말은 서민을 위하는 생각이 절실하다는 것이다.'(慶源輔氏曰 : "…. 自今以始歲其有, 爲庶民之慮切矣. ….)"라고 되어 있다.

> 詳說

○ 眉山蘇氏曰 : "願其君富且有後也."87)

미산 소씨가 말하였다 : "임금이 부유해지고 후사가 있기를 기원하는 것이다."

○ 慶源輔氏曰 : "爲後世之慮深矣."88)

경원 보씨가 말하였다 : "후세를 위한 생각이 절실하다는 것이다."89)

> 朱註

頌禱之辭也.

기리면서 기원하는 말이다.

> 詳說

○ 指自今以下四句.

'지금부터' 이하의 네 구를 가리키는 것이다.

> 朱註

有駜, 三章, 章九句.

「유필」은 3장이고, 장마다 9구이다.

[4-4-3-1]

思樂泮水, 薄采其芹.

즐거운 반수(泮水)에 잠깐 미나리를 뜯노라.

> 詳說

○ 音洛.90)

---

87) 『시전대전(詩傳大全)』에 미산 소씨의 말로 동일하게 실려 있다.
88) 『시전대전(詩傳大全)』에 경원 보씨의 말로 실려 있다.
89) 『시전대전(詩傳大全)』에는 "경원 보씨가 말하였다 : '…. 「군자가 선을 두어 자손들에게 물려준다.」는 것은 후세를 위한 생각이 절실하다는 것이다.'(慶源輔氏曰 : …. 君子有穀詒孫子, 爲後世之慮深矣. ….)"라고 되어 있다.
90) 音洛 : 『시전대전(詩傳大全)』에도 동일하게 되어 있다.

'락(樂)'의 음은 '락(洛)'이다.

○ 普半反.91)
'반(泮)'의 음은 '보(普)'와 '반(半)'의 반절이다.

○ 音勤.
'근(芹)'의 음은 '근(勤)'이다.

|魯侯戾止, 言觀其旂.|
노후(魯侯)가 이르시니 그 깃발을 보리로다.

|詳說|
○ 旂, 其斤反.92)
'기(旂)'는 협운으로 음은 '기(其)'와 '근(斤)'의 반절이다.

|其旂茷茷, 鸞聲噦噦,|
그 깃발이 펄럭이며 방울소리 홰홰(噦噦)히 울리니,

|詳說|
○ 音斾.
'패(茷)'의 음은 '패(斾)'이다.

○ 呼會反.93)
'홰(噦)'의 음은 '호(呼)'와 '회(會)'의 반절이다.

|無小無大, 從公于邁.|
작은 사람 큰 사람 없이 공(公)을 따라 가도다.

---

91) 普半反 : 『시전대전(詩傳大全)』에도 동일하게 되어 있다.
92) 旂, 其斤反 : 『시전대전(詩傳大全)』에도 동일하게 되어 있다.
93) 音黃 : 『시전대전(詩傳大全)』에도 동일하게 되어 있다.

朱註
賦其事以起興也.
그 일을 읊어서 흥을 일으킨 것이다.

詳說
○ 詩中興之兼賦者固多, 而於此一見例以該其他.
시에서 흥으로 부를 겸한 것은 진실로 많은데, 여기에서 그 사례를 드러내어 기타까지 포괄한다.

朱註
思, 發語辭也. 泮水, 泮宮之水也. 諸侯之學,
사(思)는 발어사(發語辭)이다. 반수(泮水)는 반궁(泮宮)의 물이다. 제후(諸侯)의 학궁(學宮)과

詳說
○ 國學.
국학이다.

朱註
鄕射之宮,
향사(鄕射)의 집을

詳說
○ 鄕學.
향학이다.

朱註
謂之泮宮, 其東西南方有水,
반궁(泮宮)이라 이르니, 그 동서남방(東西南方)에 물이 있어

詳說

○ 鄭氏曰:"東西門以南通水, 北無也."94)
　　정씨가 말하였다 : "동서의 문으로 물길을 남으로 터놓는 것이니, 북에는 없는 것이다."95)

朱註
形如半璧, 以其半於辟廱, 故曰泮水, 而宮亦以名也.
형체가 반벽(半璧)과 같은데 벽옹(辟廱)의 반이 되기 때문에 반수(泮水)라 이르고 궁(宮)을 또한 반궁(泮宮)이라 이름한 것이다.

詳說
○ 毛氏曰:"天子辟廱, 諸侯泮宮."96)
　　모씨가 말하였다 : "천자는 벽옹(辟廱)이고 제후는 반궁(泮宮)이다."

朱註
芹, 水菜也. 戾, 至也. 茷茷, 飛揚也. 噦噦
근(芹)은 수채(水菜)이다. 여(戾)는 이름이다. 패패(茷茷)는 드날림이요, 홰홰(噦噦)는

詳說
○ 諺音誤.
　　'홰(噦)'는 『언해』의 음이 잘못되었다.

朱註
和也.
화(和)함이다.

詳說

---

94) 『시전대전(詩傳大全)』에 정씨의 말로 실려 있다.
95) 『시전대전(詩傳大全)』에는 "정씨가 말하였다 : '… 반수(泮水)는 동서의 문으로 물길을 남으로 터놓는 것이니, 북에는 없는 것이다.'(鄭氏曰 : …. 泮水者, 盖東西門以南通水, 北無也.)"라고 되어 있다.
96) 『시전대전(詩傳大全)』에 모씨의 말로 동일하게 실려 있다.

○ 三山李氏曰 : "國人無長幼, 皆從公而往, 如漢明帝開辟廱, 冠帶搢紳之人, 圜橋門而觀聽者, 蓋億萬計此."97)

삼산 이씨가 말하였다 : "나라 사람들이 장유 없이 모두 공을 따라가는 것은 한 명제가 벽옹을 열어놓으니, 관대를 하고 비녀를 꽂고 띠를 두른 사람들이 문에 운집해서 보는 것이 억만과 같다는 것이다."98)

朱註
飮於泮宮而頌禱之辭也.
반궁(泮宮)에서 술을 마시면서 송축(頌祝)하는 말이다.

詳說
○ 序附訓末者, 以無釋也.
「서」에서 끝에 풀이를 넣은 것은 해석이 없기 때문이다.

○ 安成劉氏曰 : "首章本其始至泮宮而言, 三章以後, 言飮酒頌禱之事."99)

안성 유씨가 말하였다 : "첫 장에서는 처음에 반궁에 온 것에 근본해서 말한 것이고, 3장 이후로는 술을 마시며 기리고 기원하는 일을 말한 것이다."100)

[4-4-3-2]
思樂泮水, 薄采其藻. 魯侯戾止, 其馬蹻蹻.

즐거운 반수(泮水)에 잠깐 마름을 뜯노라.

---

97) 『시전대전(詩傳大全)』에 삼산 이씨의 말로 실려 있다.
98) 『시전대전(詩傳大全)』에는 '삼산 이씨가 말하였다 : 「작은 사람 큰 사람 없이 공(公)을 따라 간다.」는 것은 나라 사람들이 장유 없이 모두 공을 따라간다는 것으로 나라 사람들이 희공의 즐거움을 따르는 것을 드러낸 것이다.' 또 말하였다 : '한명제가 벽옹을 열어놓으니, 관대를 하고 비녀를 꽂고 띠를 두른 사람들이 문에 운집해서 보는 것이 억만과 같다는 것이다.'(三山李氏曰 : 無小無大, 從公于邁, 國人無長幼, 皆從公而往, 以見國人從僖公之樂也. 又曰, 如漢明帝問辟廱, 冠帶縉紳之人, 圜橋門而觀聽者. 蓋億萬計.)"라고 되어 있다.
99) 『시전대전(詩傳大全)』에 안성 유씨의 말로 실려 있다.
100) 『시전대전(詩傳大全)』에는 '안성 유씨가 말하였다 : '첫 장에서는 처음에 반궁에 온 것에 근본해서 노후가 무리들과 반궁에 온 것을 말한 것이고, 3장 이후에는 그런 다음에 술을 마시며 기리고 기원하는 일을 말한 것이다.'(安成劉氏曰 : 首章本其始, 而言魯侯與其衆至泮宮也, 三章以後, 然後言飮酒頌禱之事.)"라고 되어 있다.

노후(魯侯)가 이르시니 그 말이 성하고 성하도다.

詳說

○ 居表反.101)

'교(驕)'의 음은 '거(居)'와 '표(表)'의 반절이다.

其馬蹻蹻, 其音昭昭.

그 말이 성하고 성하니 그 소리가 밝고 밝도다.

詳說

○ 叶, 之繞反.102)

'소(昭)'는 협운으로 음은 '지(之)'와 '요(繞)'의 반절이다.

載色載笑, 匪怒伊教.

얼굴빛을 화하게 하고 웃으시니 노함이 아니라 가르치심이도다.

朱註

賦其事以起興也. 蹻蹻, 盛貌.

그 일을 읊어 흥을 일으킨 것이다. 교교(蹻蹻)는 성한 모양이다.

詳說

○ 慶源輔氏曰 : "其音昭昭, 集傳遺此一句解, 鄭氏謂僖公之德音是也."103)

경원 보씨가 말하였다 : "'기음소소(其音昭昭)'에 대해 「집전」에서 이 한 구의 해석을 빠뜨렸는데, 정씨가 희공의 덕음이라고 한 것이 옳다."104)

---

101) 居表反 : 『시전대전(詩傳大全)』에도 동일하게 되어 있다.
102) 叶, 之繞反 : 『시전대전(詩傳大全)』에도 동일하게 되어 있다.
103) 『시전대전(詩傳大全)』에 경원 보씨의 말로 실려 있다.
104) 『시전대전(詩傳大全)』에는 "경원 보씨가 말하였다 : 「기음소소(其音昭昭)」에 대해 「집전」에서 이 한 구의 해석을 빠뜨렸는데, 정씨가 희공의 덕음이라고 한 것이 옳다. 그러므로 아래의 「얼굴빛을 화하게 하고 웃으시니 노함이 아니라 가르치심이도다.」라는 말로 사람들을 잘 가르침을 드러낸 것이다. ….'(慶源輔氏曰 : 其音昭昭, 集傳遺此一句解, 鄭氏謂僖公之德音者是也. 故下面說載色載笑匪怒伊教, 以見善於教人. ….)"라고 되어 있다.

○ 昭諺音誤.
『언해』의 음이 잘못되었음이 드러난다.

朱註
色, 和顏色也.
색(色)은 안색을 화(和)하게 하는 것이다.

詳說
○ 慶源輔氏曰：＂載色載笑, 洪範所謂而康而色者也.＂105)
경원 보씨가 말하였다：＂'얼굴빛을 화하게 하고 웃는다.'는 것은 『홍범』에서 이른바 '온화한 낯빛으로'라는 것이다."106)

○ 黃氏曰：＂載色載笑, 卽之也, 溫匪怒伊敎, 循循善誘.＂107)
황씨가 말하였다：＂'얼굴빛을 화하게 하고 웃는다.'라는 것은 그들에게 가까이 다가간 것이고, '노함이 아니라 가르침이다.'라는 것은 차례차례 선으로 인도하는 것이다."108)

○ 安成劉氏曰：＂二章言魯侯至泮, 而和其笑語也.＂109)
안성 유씨가 말하였다：＂2장에서는 노후가 반궁에 와서 웃음과 말을 온화하게 하는 것에 대해 말하였다.＂

[4-4-3-3]
思樂泮水, 薄采其茆.

---

105)『시전대전(詩傳大全)』에 경원 보씨의 말로 실려 있다.
106)『시전대전(詩傳大全)』에는 "경원 보씨가 말하였다：「기음소소(其音昭昭)」에 대해 「집전」에서 이 한 구의 해석을 빠뜨렸는데, 정씨가 희공의 덕음이라고 한 것이 옳다. 그러므로 아래의 「얼굴빛을 화하게 하고 웃으시니 노함이 아니라 가르치심이도다.」라는 말로 사람들을 잘 가르침을 드러낸 것이다. 「얼굴빛을 화하게 하고 웃는다.」는 것에 대해 왕씨가 「홍범」에서 이른바 「온화한 낯빛으로」라고 여겼는데, 또한 옳다.'(慶源輔氏曰, 其音昭昭, 集傳遺此一句解, 鄭氏謂僖公之德音是也. 故下面說載色載笑匪怒伊敎, 以見善於敎人. 載色載笑, 王氏以爲洪範所謂而康而色者, 亦是也.)"라고 되어 있다.
107)『시전대전(詩傳大全)』에 황씨의 말로 실려 있다.
108)『시전대전(詩傳大全)』에는 "황씨가 말하였다：「얼굴빛을 화하게 하고 웃는다.」라는 것은 그들에게 가까이 다가간 것이고, 「노함이 아니라 가르침이다.」라는 것은 가르침을 차례차례 선으로 인도하는 것이니, 희공이 인재를 기름에 대해 알 수 있는 것이다.'(黃氏曰：…. 載色載笑, 即之也, 溫匪怒伊, 敎循循善誘, 僖公之育才可見矣.)"라고 되어 있다.
109)『시전대전(詩傳大全)』에 안성 유씨의 말로 동일하게 실려 있다.

즐거운 반수(泮水)에서 잠깐 순나물을 뜯노라.

詳說

○ 叶, 謨九反.110)

'묘(茆)'는 협운으로 음은 '모(謨)'와 '구(九)'의 반절이다.

魯侯戾止, 在泮飮酒. 旣飮旨酒, 永錫難老.

노후(魯侯)가 이르시니 반궁(泮宮)에서 술을 드시도다.
이미 맛있는 술을 드셨으니 길이 늙지 않음을 주리로다.

詳說

○ 叶, 魯吼反.111)

'노(老)'는 협운으로 '노(魯)'와 '후(吼)'의 반절이다.

順彼長道, 屈此羣醜.

저 긴 여정을 순히 하사 이 여러 무리들을 굴복시키소서.

詳說

○ 叶, 徒吼反.112)

'도(道)'는 협운으로 '도(徒)'와 '후(吼)'의 반절이다.

朱註

賦其事以起興也. 茆, 鳧葵也, 葉大如手, 赤圓而滑, 江南人謂之蓴菜者也.
그 일을 읊어 흥을 일으킨 것이다. 모(茆)는 부규(鳧葵)이니, 잎은 크기가 손과 같고 붉고 둥글며 미끄러우니, 강남 사람들이 순채(蓴菜)라 이르는 것이다.

詳說

○ 諺音誤.

---

110) 叶, 謨九反 : 『시전대전(詩傳大全)』에도 동일하게 되어 있다.
111) 叶, 魯吼反 : 『시전대전(詩傳大全)』에도 동일하게 되어 있다.
112) 叶, 魯吼反 : 『시전대전(詩傳大全)』에도 동일하게 되어 있다.

'모(茆)'는 『언해』의 음이 잘못되었다.

○ 音純.
　'순(蓴)'의 음은 '순(純)'이다.

○ 難老, 謂壽也.
　'난로(難老)'는 장수를 말한다.

朱註
長道, 猶大道也. 屈服醜衆也.
장도(長道)는 대도(大道)와 같다. 굴(屈)은 복종시킴이고, 추(醜)는 무리이다.

詳說
○ 臨川王氏曰 : "順君子之長道, 而屈服此魯國之羣衆也."113)
　임천 왕씨가 말하였다 : "군자의 긴 여정을 따라 이 노나라의 많은 무리를 굴복시킨 것이다."

○ 慶源輔氏曰 : "雖言羣衆, 已含淮夷在其中."114)
　경원 보씨가 말하였다 : "많은 무리를 말한 것일지라도 이미 그 속에 회이를 품고 있는 것이다."115)

朱註
此章以下, 皆頌禱之辭也.
이 장(章) 이하는 모두 송축(頌祝)하는 말이다.

詳說
○ 慶源輔氏曰 : "首祈其壽考, 次祈其功業, 可謂善頌善禱矣."116)

---

113) 『시전대전(詩傳大全)』에 임천 왕씨의 말로 동일하게 실려 있다.
114) 『시전대전(詩傳大全)』에 경원 보씨의 말로 실려 있다.
115) 『시전대전(詩傳大全)』에는 "경원 보씨가 말하였다 : '처음에는 그 장수를 빌었고, 다음에는 그 공업을 빌었으니, 또한 잘 기리고 잘 빌었다고 할 수 있다. 여러 무리는 많은 무리를 말한 것일지라도 이미 그 속에 회이를 품고 있는 것이다.(慶源輔氏曰 : 首祈其壽考, 次祈其功業, 亦可謂善頌善禱矣. 羣醜, 雖言羣衆, 便已含淮夷在其中.)"라고 되어 있다.

경원 보씨가 말하였다 : "처음에는 그 장수를 빌었고, 다음에는 그 공업을 빌었으니, 또한 잘 기리고 잘 빌었다고 할 수 있다."117)

○ 安成劉氏曰 : "三章頌魯侯享壽考而盡君道也."118)

안성 유씨가 말하였다 : "3장에서는 노후가 장수를 누리면서 임금의 도리를 다할 것을 기린 것이다."

[4-4-3-4]

穆穆魯侯, 敬明其德. 敬愼威儀, 維民之則. 允文允武, 昭假烈祖,

목목(穆穆)하신 노후(魯侯)여 그 덕을 공경하여 밝히셨도다.
위의(威儀)를 공경하고 삼가시니 백성의 법(法)이시도다.
진실로 문무겸전하사 열조(烈祖)께 밝게 이르시니,

詳說

○ 音格.119)

'가(假)'의 음은 '격(格)'이다.

靡有不孝, 自求伊祜.

효도(孝道)하지 않음이 없이 스스로 복을 구하시도다.

詳說

○ 音戶.

'호(祜)'의 음은 '호(戶)'이다.

---

116) 『시전대전(詩傳大全)』에 경원 보씨의 말로 실려 있다.
117) 『시전대전(詩傳大全)』에는 "경원 보씨가 말하였다 : '처음에는 그 장수를 빌었고, 다음에는 그 공업을 빌었으니, 또한 잘 기리고 잘 빌었다고 할 수 있다. 여러 무리는 많은 무리를 말한 것일지라도 이미 그 속에 회이를 품고 있는 것이다.(慶源輔氏曰 : 首祈其壽考, 次祈其功業, 亦可謂善頌善禱矣. 羣醜, 雖言羣衆, 便已含淮夷在其中.)"라고 되어 있다.
118) 『시전대전(詩傳大全)』에 안성 유씨의 말로 동일하게 실려 있다.
119) 音格 : 『시전대전(詩傳大全)』에도 동일하게 되어 있다.

朱註

賦也.

부(賦)이다.

詳說

○ 三山李氏曰 : "內能愼其明德, 外能愼其威儀."[120]

삼산 이씨가 말하였다 : "안으로 그 밝은 덕을 삼갈 수 있고, 밖으로는 그 위의를 삼갈 수 있는 것이다."[121]

○ 曹氏曰 : "匪怒伊敎, 允文也, 屈此羣醜, 允武也."[122]

조씨가 말하였다 : "'노함이 아니라 가르치심이다.'라는 것은 진실로 문인 것이고, 「이 여러 무리들을 굴복시키소서.」라는 것은 진실로 무인 것이다."[123]

朱註

昭, 明也. 假, 與格同. 烈祖, 周公魯公也.

소(昭)는 밝음이다. 가(假)은 격(格)과 같다. 열조(烈祖)는 주공(周公)과 노공(魯公)이다.

詳說

○ 伯禽.

'노공(魯公)'은 백금이다.

○ 謂祭而來格其神也.

제사를 지내 그 신을 오게 하는 것을 말한다.

---

120) 『시전대전(詩傳大全)』에 삼산 이씨의 말로 실려 있다.
121) 『시전대전(詩傳大全)』에는 "삼산 이씨가 말하였다 : '안으로 그 밝은 덕을 삼갈 수 있고, 밖으로는 그 위의를 삼갈 수 있어 안팎으로 선을 다하니, 이것이 백성들이 본받는 까닭이다.'(三山李氏曰 : 內能愼其明德, 外能愼其威儀, 表裏盡善, 此民所以則之也.)"라고 되어 있다.
122) 『시전대전(詩傳大全)』에 조씨의 말로 실려 있다.
123) 『시전대전(詩傳大全)』에는 "조씨가 말하였다 : '얼굴빛을 화하게 하고 웃으시니 노함이 아니라 가르치심이다.'라는 것은 이른바 진실로 문인 것이고, 「저 긴 여정을 순히 하사 이 여러 무리들을 굴복시키소서.」라는 것은 이른바 진실로 무인 것이다.'(曹氏曰 : 載色載笑, 匪怒伊敎, 所謂允文也, 順彼長道, 屈此羣醜, 所謂允武也.)"라고 되어 있다.

○ 慶源輔氏曰：“此章全頌魯侯之德, 能盡孝道, 以自求多福."124)
경원 보씨가 말하였다 : "여기의 장에서는 노후의 덕을 전적으로 기렸으니, 효도를 다할 수 있어 스스로 많은 복을 구했다는 것이다."125)

○ 安成劉氏曰：“四章頌公之化其民, 孝其祖以享福祿也."126)
안성 유씨가 말하였다 : "4장에서는 공이 그 백성을 교화시키고 그 조상에게 효도하여 그 복록을 누림을 기렸다."

[4-4-3-5]

明明魯侯, 克明其德. 旣作泮宮, 淮夷攸服.

밝고 밝으신 노후여 능히 그 덕을 밝히셨도다.
이미 반궁을 지으니 회이들이 복종하는 바로다.

詳說
○ 叶, 蒲北反.127)
'복(服)'은 협운으로 음은 '포(蒲)'와 '북(北)'의 반절이다.

矯矯虎臣, 在泮獻馘,

굳세고 굳센 범 같은 신하들이 반궁에서 왼쪽 귀를 바치며,

詳說
○ 音虢, 叶況壁反.128)
'괵(馘)'의 음은 '괵(虢)'이고, 협운으로 음은 '황(況)'과 '벽(壁)'의 반절이다.

淑問如皐陶, 在泮獻囚.

---

124) 『시전대전(詩傳大全)』에 경원 보씨의 말로 실려 있다.
125) 『시전대전(詩傳大全)』에는 "경원 보씨가 말하였다 : '여기의 장에서는 노후의 덕을 전적으로 기리면서 효도를 다할 수 있는 것을 스스로 많은 복을 구하는 것으로 여겼다.위의는 임금의 덕의 부신이고, 문무는 임금의 덕의 갖춤이다.'(慶源輔氏曰 : 此章則專頌魯侯之德, 以爲能盡孝道, 以自求多福. 威儀者, 君德之符, 文武者, 君德之備也)"라고 되어 있다.
126) 『시전대전(詩傳大全)』에 안성 유씨의 말로 동일하게 실려 있다.
127) 叶, 蒲北反 : 『시전대전(詩傳大全)』에도 동일하게 되어 있다.
128) 音虢, 叶況壁反 : 『시전대전(詩傳大全)』에도 동일하게 되어 있다.

고요와 같이 신문을 잘하는 자가 반궁에서 죄수를 바치리로다.

|詳說|
○ 叶, 夷周反.129)
'요(陶)'는 협운으로 '이(夷)'와 '주(周)'의 반절이다.

|朱註|
賦也. 矯矯, 武貌. 馘, 所格者之左耳也.
부(賦)이다. 교교(矯矯)는 힘찬 모양이다. 괵(馘)은 때려잡은 자의 왼쪽 귀이다.

|詳說|
○ 孔氏曰 : "武臣格殺之, 而取其耳."130)
공씨가 말하였다 : "무신들이 때려죽여서 그 귀를 취한 것이다."

|朱註|
淑, 善也. 問, 訊囚也.
숙(淑)은 잘함이고, 문(問)은 죄수를 신문하는 것이다.

|詳說|
○ 音信.
'신(訊)'의 음은 '신(信)'이다.

○ 孔氏曰 : "善聽獄之吏."131)
공씨가 말하였다 : "옥사를 잘 처리하는 관리이다."132)

○ 淑問, 諺釋恐渾圇.

---

129) 叶, 夷周反:『시전대전(詩傳大全)』에도 동일하게 되어 있다.
130) 『시전대전(詩傳大全)』에 공씨의 말로 실려 있다.
131) 『시전대전(詩傳大全)』에 공씨의 말로 실려 있다.
132) 『시전대전(詩傳大全)』에는 "공씨가 말하였다 : '…. 죄수는 죄를 자복한 자이니, 옥사를 보는 관리가 그 말을 받아 그 죄를 판단하기 때문에 고요 같이 옥사를 잘 처리하는 자가 바치는 것이다.'(孔氏曰 : …. 所囚者, 服罪之人, 察獄之吏, 受其詞, 而斷其罪, 故善聽訟, 如皐陶者獻之.)"라고 되어 있다.

심문을 잘 하는 것은 『언해』의 해석이 두루뭉술하다.

朱註
囚, 所虜獲者. 蓋古者出兵, 受成於學,
수(囚)는 사로잡은 자이다. 옛날에 출병(出兵)할 때에는 학궁(學宮)에서 이루어진 법(法)을 받고,

詳說
○ 禮記王制注曰 : "定兵謀也."133)
『예기』「왕제」의 주에서 말하였다 : "용병의 계략을 정한 것이다."

朱註
及其反也, 釋奠於學
돌아옴에 미쳐서는 학궁(學宮)에서 석전(釋奠)하고

詳說
○ 王制注曰 : "釋菜奠幣禮先師也."134)
「왕제」의 주에서 말하였다 : "석채·전폐례가 군사에 앞서는 것이다."135)

朱註
而以訊馘告
신문할 자와 왼쪽 귀를 베어온 것을 고유(告諭)하였다.

詳說
○ 告訊與馘之數.
신문할 자와 베어온 왼쪽 귀의 수를 고하는 것이다.

---

133) 『시전대전(詩傳大全)』에 『예기』의 말로 동일하게 실려 있다.
134) 『시전대전(詩傳大全)』에 『예기』의 말로 실려 있다.
135) 『시전대전(詩傳大全)』에는 "「왕제」의 주에서 말하였다 : '석채·전폐례가 군사에 앞서는 것이다. 신문할 자와 왼쪽 귀를 베어온 것은 생포해서 잡은 자와 베어온 귀이다.'(王制注曰 : 釋菜奠幣禮, 先師也. 訊馘, 所生獲, 斷耳者.)"라고 되어 있다.

○ 安成劉氏曰 : "司馬公曰, 受成獻馘, 莫不在學, 欲其先禮義, 而後勇力也."136)

안성 유씨가 말하였다 : "사마공이 '이미 완성한 계책을 받고 귀를 바치는 것을 학구에서 하지 않음이 없으니, 예의를 앞세우고 용력을 뒤로 하고자 한 것이다.'라고 하였다."137)

朱註
故詩人因魯侯在泮, 而願其有是功也.
그러므로 시인이 노후(魯侯)가 반궁에 있는 것에 따라 이런 공이 있기를 기원한 것이다.

詳說
○ 安成劉氏曰 : "五章頌願魯侯以德服人, 而獻功於學也."138)
안성 유씨가 말하였다 : "5장에서는 노후를 기리면서 덕으로 사람을 복종시켜 학궁에서 공을 바치기를 바란 것이다."

○ 下三章同.
아래의 세 장도 같다.

[4-4-3-6]
濟濟多士, 克廣德心,

제제(濟濟)한 많은 선비들이 능히 덕심(德心)을 넓혀서

詳說
○ 上聲.
'제(濟)'는 상성이다.

---

136) 『시전대전(詩傳大全)』에 안성 유씨의 말로 실려 있다.
137) 『시전대전(詩傳大全)』에는 "안성 유씨가 말하였다 : 사마공이 「이미 완성한 계책을 받고 귀를 바치는 것을 학구에서 하지 않음이 없으니, 그렇게 하는 까닭은 예의를 앞세우고 용력을 뒤로 하고자 한 것이다.」라고 하였다. …'(安成劉氏曰 : 司馬公曰, 受成獻馘, 莫不在學, 所以然者, 欲其先禮義, 而後勇力也. ….)"라고 되어 있다.
138) 『시전대전(詩傳大全)』에 안성 유씨의 말로 동일하게 실려 있다.

|桓桓于征, 狄彼東南,|

굳세고 굳세게 정벌하여 멀리 저 동남지방을 개척하니,

|詳說|

○ 他歷反.139)

'적(狄)'의 음은 '타(他)'와 '력(歷)'의 반절이다.

○ 叶, 尼心反.140)

'남(南)'은 협운으로 '니(尼)'와 '심(心)'의 반절이다.

|烝烝皇皇, 不吳不揚,|

증증(烝烝)하고 황황(皇皇)하며 말하지 아니하고 떠들지 아니하며,

|詳說|

○ 音話.141)

'오(吳)'의 음은 '화(話)'이다.

|不告于訩, 在泮獻功.|

다툼을 고하지 아니하여 반궁(泮宮)에서 공(功)을 바치리로다.

|詳說|

○ 音凶.142)

'흉(訩)'의 음은 '흉(凶)'이다.

|朱註|

賦也. 廣推而大之也. 德心, 善意也.

부(賦)이다. 광(廣)은 미루어 크게 함이다. 덕심(德心)은 선의(善意)이다.

---

139) 他歷反:『시전대전(詩傳大全)』에도 동일하게 되어 있다.
140) 叶, 尼心反:『시전대전(詩傳大全)』에도 동일하게 되어 있다.
141) 音話:『시전대전(詩傳大全)』에도 동일하게 되어 있다.
142) 音凶:『시전대전(詩傳大全)』에도 동일하게 되어 있다.

詳說
○ 承上二章德字而言

朱註
狄, 猶逖也.
적(狄)은 탕(逖)과 같다.

詳說
○ 逖同.
'탕(逖)'은 '적(狄)'과 같다.

○ 臨川王氏曰 : "攘而逖之."143)
임천 왕씨가 말하였다 : "물리쳐서 멀리하는 것이다."

朱註
東南, 謂淮夷也.
동남(東南)은 회이(淮夷)를 이른다.

詳說
○ 蒙上章, 而止云東南.
위의 장을 이어 단지 동남이라고 한 것이다.

○ 孔氏曰 : "淮夷在魯之東南."144)
공씨가 말하였다 : "회이는 노나라의 동남에 있다."

○ 豐城朱氏曰 : "費誓淮夷之患, 自伯禽時已然, 故詩人以狄彼東南, 頌禱其君."145)
풍성 주씨가 말하였다 : "「비서」에서의 회이의 우환은 백금 때부터 이미 그러했

---

143) 『시전대전(詩傳大全)』에 임천 왕씨의 말로 동일하게 실려 있다.
144) 『시전대전(詩傳大全)』에 공씨의 말로 동일하게 실려 있다.
145) 『시전대전(詩傳大全)』에 풍성 주씨의 말로 실려 있다.

기 때문에 시인이 저 동남으로 멀리한 것을 가지고 그 임금을 기리며 빌었던 것이다."146)

朱註

烝烝皇皇, 盛也,
증증황황(烝烝皇皇)은 성(盛)함이고,

詳說

○ 曹氏曰 : "進而烝烝, 合而皇皇."147)
조씨가 말하였다 : "진군하면서 증증하고, 합병하면서 황황한 것이다."148)

朱註

不吳不揚, 肅也, 不告于訩, 師克而和, 不爭功也.
불오불양(不吳不揚)은 엄숙함이며, 불고우흉(不告于訩)은 군대가 승리하고도 화(和)하여 공(功)을 다투지 않는 것이다.

詳說

○ 鄭氏曰 : "訩, 訟也, 無以爭訟之事, 告於治獄之官者."149)
정씨가 말하였다 : "다툼은 송사이니, 쟁송하는 일을 옥사를 다스리는 관리에게 고함이 없는 것이다."

○ 三山李氏曰 : "惟在泮, 獻功而已."150)
삼산 이씨가 말하였다 : "단지 반궁에서 공을 바칠 뿐이다."151)

---

146) 『시전대전(詩傳大全)』에는 "풍성 주씨가 말하였다 : '「지난번에 회이와 서융이 함께 일어났다.」는 것이 「비서」에 있으니, 회이가 노나라의 우환이 된 것은 백금이 봉함을 받은 때부터 이미 그러했던 것이다. 그러므로 시인이 그 임금을 기리고 빌면서 반드시 저 동남으로 멀리한 뒤에 선조와 백금에게 부끄러움이 없을 수 있다는 것이다.'(豐城朱氏曰 : 徂茲淮夷徐戎竝興, 見於費誓之書, 則淮夷之爲魯患, 自伯禽受封之時而已然矣. 故時人頌禱其君, 必至於狄彼東南而後, 可以無愧於烈祖伯禽焉.)"라고 되어 있다.
147) 『시전대전(詩傳大全)』에 조씨의 말로 실려 있다.
148) 『시전대전(詩傳大全)』에는 "조씨가 말하였다 : '함께 진군하며 적을 향하여 증증하고, 합병하고 크게 하여 황황한 것이다.'(曹氏曰 : 其竝進而向敵也, 烝烝然, 其合而大之也, 皇皇然.)"라고 되어 있다.
149) 『시전대전(詩傳大全)』에 정씨의 말로 동일하게 실려 있다.
150) 『시전대전(詩傳大全)』에 삼산 이씨의 말로 실려 있다.
151) 『시전대전(詩傳大全)』에는 "삼산 이씨가 말하였다 : '말하지 않고 떠들지 않으며 단지 반궁에서 공을 바칠 뿐이다.'(三山李氏曰 : …. 不吳不揚, 未嘗爭訟, 惟在泮, 獻功而已.)"라고 되어 있다.

○ 于字不必泥.
굳이 글자에 구애를 받을 필요가 없다.

○ 安成劉氏曰 : "六章頌願公之臣士, 皆有才德以立功也."152)
안성 유씨가 말하였다 : "6장에서는 공의 신하와 선비들이 모두 재덕을 가지고 공을 세우기를 기리며 비는 것이다."

[4-4-3-7]
角弓其觩, 束矢其搜.

각궁이 힘차니 속시(束矢)가 그 빠르기도 하도다.

詳說

○ 音求.153)
'구(觩)'의 음은 '구(求)'이다.

○ 色留反.154)
'수(搜)'의 음은 '색(色)'과 '류(留)'의 반절이다.

戎車孔博, 徒御無斁.

융거가 매우 크니 도어(徒御)들이 싫증냄이 없도다.

詳說

○ 叶, 弋灼反.155)
'역(斁)'의 음은 '익(弋)'과 '작(灼)'의 반절이다.

旣克淮夷, 孔淑不逆.

이미 회이를 이기니 심히 선하여 명령을 어기지 않도다.

---
152) 『시전대전(詩傳大全)』에 안성 유씨의 말로 동일하게 실려 있다.
153) 音求 : 『시전대전(詩傳大全)』에도 동일하게 되어 있다.
154) 色留反 : 『시전대전(詩傳大全)』에도 동일하게 되어 있다.
155) 叶, 弋灼反 : 『시전대전(詩傳大全)』에도 동일하게 되어 있다.

詳說

○ 叶, 宜脚反.156)

'역(逆)'은 협운으로 음은 '의(宜)'와 '각(脚)'의 반절이다.

式固爾猶, 淮夷卒獲.

그대의 계책을 견고히 한다면 회이(淮夷)들을 끝내 사로잡으리로다.

詳說

○ 叶, 黃郭反.157)

'획(獲)'은 협운으로 음은 '황(黃)'과 '곽(郭)'의 반절이다.

朱註

賦也. 觩, 弓健貌.

부(賦)이다. 구(觩)는 활이 힘찬 모양이다.

詳說

○ 鄭氏曰 : "言持弦急也."158)

정씨가 말하였다 : "활시위를 당기기에 빠르다는 말이다."

朱註

五十矢爲束, 或

50개의 화살을 속(束)이라 하니, 혹자(或者)는

詳說

○ 周禮大司寇注.

『주례』「대사관」의 주이다.

朱註

---

156) 叶, 宜脚反:『시전대전(詩傳大全)』에도 동일하게 되어 있다.
157) 叶, 黃郭反:『시전대전(詩傳大全)』에도 동일하게 되어 있다.
158) 『시전대전(詩傳大全)』에 정씨의 말로 동일하게 실려 있다.

曰百矢也. 搜, 疾聲也. 博, 廣大也. 無斁.
백 개의 화살이라 한다. 수(搜)는 화살이 빨리 가는 소리이다. 박(博)은 광대함이다. 무역(無斁)은

詳說
○ 音亦.
'역(斁)'의 음은 '역(亦)'이다.

朱註
言競勸也. 逆, 違命也. 蓋能審固其謀猶, 則淮夷終無不獲矣.
다투어 일을 권면함을 말한다. 역(逆)은 명령을 어김이다. 그 꾀와 계책을 살피고 견고히 한다면 회이(淮夷)들을 끝내 사로잡지 못함이 없을 것이다.

詳說
○ 慶源輔氏曰 : "章末又致戒如此. 以詩意觀之, 是時魯國想必爲淮夷所擾, 而未有以勝之也.."159)
경원 보씨가 말하였다 : "장의 끝에서 또 이처럼 경계하였다. 시의 의미로 보면, 이때에 노나라가 아마 회이에게 어지럽혀지면서도 승리한 적이 없을 것이다."160)

○ 安成劉氏曰 : "七章願公之精好謀慮審固, 而終服淮夷也.161)
안성 유씨가 말하였다 : "7장에서는 공의 훌륭하고 좋은 계책과 생각을 살피고 견고하게 하여 마침내 회이를 복종시키기를 원하였다."

[4-4-3-8]
翩彼飛鴞, 集于泮林,
이리저리 나는 저 올빼미여 저 반궁의 숲에 모여 앉아

---

159) 『시전대전(詩傳大全)』에 경원 보씨의 말로 실려 있다.
160) 『시전대전(詩傳大全)』에는 "경원 보씨가 말하였다 : '장의 끝에서 또 경계하면서 「그 꾀와 계책을 살피고 견고히 한다면 회이들을 어찌 끝내 사로잡지 못할 것인가?」라고 여긴 것이다. 시의 의미로 보면, 이때에 노나라가 아마 회이에게 어지럽혀지면서도 승리한 적이 없을 것이다.'(慶源輔氏曰 : …. 章末又致戒, 以爲苟能審固其謀猷, 則淮夷, 豈終不可獲哉. 以詩意觀之, 是時魯國, 想必爲淮夷所擾, 而未有以勝之也.)"라고 되어 있다.
161) 『시전대전(詩傳大全)』에 안성 유씨의 말로 동일하게 실려 있다.

詳說

○ 音梟.

'효(鴞)'의 음은 '효(梟)'이다.

食我桑黮, 懷我好音.

우리 뽕나무 오디를 먹고 나를 좋은 목소리로 회유하도다.

詳說

○ 音甚.

'심(黮)'의 음은 '심(甚)'이다.

憬彼淮夷, 來獻其琛,

깨달은 저 회이들이 와서 좋은 보물을 바치니,

詳說

○ 音耿.

'경(憬)'의 음은 '경(耿)'이다.

○ 勅金反.162)

'침(琛)'의 음은 '칙(勅)'과 '금(金)'의 반절이다.

元龜象齒, 大賂南金.

큰 거북과 상아와 남쪽 지방에서 나는 금을 크게 바치도다.

朱註
興也.
흥(興)이다.

---

162) 音黃:『시전대전(詩傳大全)』에도 동일하게 되어 있다.

詳說

○ 兼比.

'비(比)'를 겸하였다.

朱註

鴞, 惡聲之鳥也. 葚, 桑實也.

효(鴞)는 소리가 나쁜 새이다. 심(葚)은 뽕나무 열매이다.

詳說

○ 曹氏曰 : "傳曰, 桑葚甚甜, 鴟鴞革響. 泮林有葚, 鴞來食之, 則其音變而美, 則淮夷被泮宮禮義之化, 其有不革面而柔服者哉."163)

조씨가 말하였다 : "『전』에서 '뽕나무의 오디가 아주 다니, 솔개와 부엉새가 소리를 바꾼다.'고 말하였다. 반궁의 숲에 오디가 있어 부엉새가 와서 먹고는 우는 소리가 바뀌어 아름다워졌으니, 회이가 반궁에서의 예의의 교화를 입는다면, 어찌 낯을 바꾸어 유순하게 복종하지 않음이 있겠는가?"164)

朱註

憬, 覺悟也. 琛, 寶也. 元龜, 尺二寸.

경(憬)은 깨달음이다. 침(琛)은 보배이다. 원구(元龜)는 한 자 두 치이다.

詳說

○ 史記龜策傳曰, "龜千歲, 滿尺二寸."165)

『사기』「구책전」에서 말하였다 : "거북이는 천년을 살며 한 자 두 치를 채운다."

---

163) 『시전대전(詩傳大全)』에 조씨의 말로 실려 있다.
164) 『시전대전(詩傳大全)』에는 "조씨가 말하였다 : '『전』에서 「뽕나무의 오디가 아주 다니, 솔개와 부엉새가 소리를 바꾼다.」고 하였으니, 부엉새가 뽕나무의 오디를 먹으면 그 소리가 변하여 아름답게 된다는 것을 안 것이다. 반궁의 숲에 오디가 있어 부엉새가 와서 먹고 나에게 좋은 소리를 돌린다면, 회이가 반궁에서의 예의의 교화를 입을 것이니 어찌 낯을 바꾸어 유순하게 복종하지 않음이 있겠는가?'(曹氏曰 : 傳云, 桑葚甘甜, 鴟鴞革響, 是知鴞食桑葚, 則其音變而美也. 泮林有葚, 鴞來食之, 歸我好音, 則淮夷被泮宮禮義之化, 其有不革面而柔服者哉.)"라고 되어 있다.
165) 『시전대전(詩傳大全)』에 『사기』의 말로 동일하게 실려 있다.

朱註

賂, 遺也.
뇌(賂)는 줌이다.

詳說

○ 諺音誤.
'뇌(賂)'는 『언해』의 음이 잘못되었다.

○ 去聲.
'유(遺)'는 거성이다.

○ 大, 猶厚也.
'대(大)'는 '후(厚)'와 같다.

朱註

南金, 荊揚之金也.
남금(南金)은 형주(荊州)와 양주(揚州)에서 생산된 금이다.

詳說

○ 孔氏曰 : "獻龜象南金, 非謂淮夷之地出此物也."166)
공씨가 말하였다 : "거북과 상아와 남쪽 지방의 금을 바친다는 것은 회의의 땅에서 이런 것들이 난다는 것을 말하는 것이 아니다."167)

朱註

此章前四句, 興後四句, 如行葦首章之例也.
이 장(章)의 앞의 네 구가 뒤의 네 구를 흥한 것은 「행위(行葦)」 수장(首章)에서의 사례와 같다.

---

166) 『시전대전(詩傳大全)』에 공씨의 말로 실려 있다.
167) 『시전대전(詩傳大全)』에는 "공씨가 말하였다 : '⋯. 그 땅이 형양에 속하지 않는데, 거북과 상아와 남쪽 지방의 금을 바친다는 것은 회의의 땅에서 이런 것들이 난다는 것을 말하는 것이 아니다.'(孔氏曰 : ⋯, 其國不屬荊揚, 而獻龜象南金者, 非謂淮夷之地出此物也.)"라고 되어 있다.

詳說

○ 罕例, 故特論之

드문 사례이기 때문에 특별히 거론한 것이다.

○ 安成劉氏曰 : "卒章, 又願魯公常使淮夷順服而來獻也."168)

안성 유씨가 말하였다 : "끝장에서 또 노공이 항상 회이를 순종시켜 와서 바치도록 할 것을 바란 것이다."

朱註

泮水, 八章, 章八句.

「반수」는 8장이고, 장마다 8구이다.

詳說

○ 安成劉氏曰 : "春秋僖十三年, 嘗從齊桓會于鹹, 爲淮夷之病杞, 十六年嘗從齊桓會于淮, 爲淮夷之病鄫矣. 但此詩所言, 不無過其實者, 當爲頌禱之溢辭也."169)

안성 유씨가 말하였다 : "『춘추』희공 13년에 일찍이 제나라의 환공을 따라 함에서 회맹하였으니, 회이가 기를 고통스럽게 하였기 때문이고, 16년에 일찍이 제나라 환공을 따라 회에서 회맹하였으니, 회이가 정을 고통스럽게 하였기 때문이다. 다만 여기의 시에서 하는 말이 그 사실을 지나치지 않는 것이 없는 것은 과분하게 기리고 기원하기 때문인 것이다."170)

[4-4-4-1]

閟宮有侐, 實實枚枚.

깊게 닫혀있는 사당 고요하기도 하니 견실하고 치밀하도다.

---

168) 『시전대전(詩傳大全)』에 안성 유씨의 말로 동일하게 실려 있다.
169) 『시전대전(詩傳大全)』에 안성 유씨의 말로 실려 있다.
170) 『시전대전(詩傳大全)』에는 "안성 유씨가 말하였다 : '…. 심지어 흐공이 회이를 이겼는데, 비록 또한 『춘추』에서 드러내지 않았을지라도 『춘추』희공 13년에 일찍이 제나라의 환공을 따라 함에서 회맹한 것은 회이가 기를 고통스럽게 하였기 때문이고, 16년에 일찍이 제나라 환공을 따라 회에서 회맹한 것은 회이가 정을 고통스럽게 하였기 때문이다. 다만 여기의 시에서 하는 말이 그 사실을 지나치지 않는 것이 없는 것은 과분하게 기리고 기원해야 하기 때문인 것이다.'(安成劉氏曰 : …. 至於僖公克服淮夷, 雖亦不見於春秋, 而僖公十三年, 嘗從齊桓會于鹹, 爲淮夷之病杞, 十六年, 嘗從齊桓會于淮, 爲淮夷之病鄫矣. 但此詩所言, 不無過其實者, 要當爲頌禱之溢詞也.)"라고 되어 있다.

|詳說|

○ 音祕

'비(閟)'의 음은 '비(祕)'이다.

○ 音洫.

'혁(洫)'의 음은 '혁(洫)'이다.

|赫赫姜嫄, 其德不回,|

혁혁한 강원은 그 덕이 사특하지 아니하사

|詳說|

○ 音元.171)

'원(嫄)'의 음은 '원(元)'이다.

|上帝是依, 無災無害,|

상제가 이에 돌보시니, 재앙이 없고 해가 없어서

|詳說|

○ 叶, 音隈.172)

'의(依)'는 협운으로 음은 '외(隈)'이다.

|彌月不遲, 是生后稷,|

날을 달을 채우자 더디지 아니하여 이 후직을 낳으시고,

|詳說|

○ 叶, 陳回反.173)

'지(遲)'은 협운으로 음은 '진(陳)'과 '회(回)'의 반절이다.

---

171) 音元 :『시전대전(詩傳大全)』에도 동일하게 되어 있다.
172) 叶, 音隈 :『시전대전(詩傳大全)』에도 동일하게 되어 있다.
173) 叶, 陳回反 :『시전대전(詩傳大全)』에도 동일하게 되어 있다.

降之百福, 黍稷重穆,

백복(百福)을 내리시니, 늦고 이른 기장과 피며

詳說

○ 叶, 筆力反.174)
　　'복(福)'은 협운으로 음은 '필(筆)'과 '력(力)'의 반절이다.

○ 平聲
　　'중(重)'은 평성이다.

○ 音六, 叶六直反.175)
　　'륙(穆)'의 음은 '육(六)'이고, 협운으로 음은 '육(六)'과 '직(直)'의 반절이다.

稙穉菽麥. 奄有下國,

이르고 늦은 콩과 보리로다. 곧 하국을 소유하사

詳說

○ 徵力反.176)
　　'직(稙)'의 음은 '징(徵)'과 '력(力)'의 반절이다.

○ 叶, 訖力反.177)
　　'맥(麥)'은 협운을 음은 '흘(訖)'과 '력(力)'의 반절이다.

○ 叶, 于逼反.178)
　　'국(國)'은 협운으로 '우(于)'와 '핍(逼)'의 반절이다.

---

174) 叶, 筆力反 :『시전대전(詩傳大全)』에도 동일하게 되어 있다.
175) 音六, 叶六直反 :『시전대전(詩傳大全)』에도 동일하게 되어 있다.
176) 徵力反 :『시전대전(詩傳大全)』에도 동일하게 되어 있다.
177) 叶, 訖力反 :『시전대전(詩傳大全)』에도 동일하게 되어 있다.
178) 叶, 于逼反 :『시전대전(詩傳大全)』에도 동일하게 되어 있다.

|俾民稼穡, 有稷有黍, 有稻有秬, 奄有下土,|

백성들로 하여금 심고 거두게 하시니, 피가 있고 기장이 있으며 벼가 있고 검은 기장이 있으며 곧 하토를 소유하사

|詳說|

○ 音巨.
　'거(秬)'의 음은 '거(巨)'이다.

|纘禹之緖.|

우임금의 전통을 이으셨도다.

|詳說|

○ 音序.
　'서(緖)'의 음은 '서(序)'이다.

|朱註|

|賦也. 閟, 深閉也. 宮, 廟也.|

부(賦)이다. 비(閟)는 깊이 닫혀있는 것이다. 궁(宮)은 사당이다.

|詳說|

○ 藍田呂氏曰 : "魯廟, 非姜嫄廟也."179)
　남전 여씨가 말하였다 : "노나라의 사당은 강원의 사당이 아니다."

|朱註|

|侐, 淸靜也. 實實, 鞏固也, 枚枚, 礱密也.|

혁(侐)은 맑고 고요함이다. 실실(實實)은 공고함이고, 매매(枚枚)는 치밀함이다.

|詳說|

○ 音拱.

---

179) 『시전대전(詩傳大全)』에 남전 여씨의 말로 동일하게 실려 있다.

'공(鞏)'의 음은 '공(拱)'이다.

○ 盧紅反.180)
'롱(礱)'의 음은 '로(盧)'와 '홍(紅)'의 반절이다.

○ 孔氏曰 : "晉語及書傳說, 天子廟飾, 皆云斲其材而礱之, 加密石焉, 是礱密之事."181)
공씨가 말하였다 : "『진어』와 『서전』의 설에서 천자의 사당 꾸밈에는 모두 '그 서까래를 다듬어 깎고서는 문질러 광을 낸 다음 결이 고운 돌로 곱게 갈아낸다.'고 하였으니, 바로 세밀하게 하는 일이다."182)

朱註
時蓋修之, 故詩人歌詠其事, 以爲頌禱之辭
이 때 사당을 중수(重修)하였기 때문에 시인이 그 일을 노래로 읊어서 송축하는 말로 삼고,

詳說
○ 因訓而序其本事.
훈에 따라 그 본래의 일에 차례를 매기었다.

朱註
而推本后稷之生, 而下及于僖公耳.
후직(后稷)의 탄생을 미루어 근본해서 아래로 희공(僖公)에 미친 것이다.

詳說
○ 孔氏曰 : "將美僖公, 追述遠祖, 言其所以有魯之由."183)

---

180) 盧紅反 : 『시전대전(詩傳大全)』에도 동일하게 되어 있다.
181) 『시전대전(詩傳大全)』에 공씨의 말로 실려 있다.
182) 『시전대전(詩傳大全)』에는 "공씨가 말하였다 : '매매(枚枚)는 세밀하게 한다는 의미이다. 그러므로 「농밀(礱密)」이라고 한 것이다. 『진어』와 『서전』의 설에서 천자의 사당 꾸밈에는 모두 「그 서까래를 다듬어 깎고서는 문질러 광을 낸 다음 결이 고운 돌로 곱게 갈아낸다.」고 하였으니, 바로 세밀하게 하는 일이다.'(孔氏曰 : 枚枚者, 細密之意. 故云礱密. 晉語及書傳說, 天子廟飾, 皆云斲其材而礱之, 加密石焉, 是礱密之事也.)"라고 되어 있다.

공씨가 말하였다 : "희공을 찬미하려고 먼 조상을 찾아 기술했으니, 노나라가 있게 된 까닭을 말한 것이다."184)

朱註
回, 邪也.
회(回)는 사특함이다.

詳說
○ 是指姜嫄.
이것을 강원을 가리키는 것이다.

朱註
依, 猶眷顧也, 說見生民篇.
의(依)는 권고(眷顧)와 같으니, 해설은 「생민편(生民篇)」에 있다.

詳說
○ 音現.
'현(見)'의 음은 '현(現)'이다.

○ 大雅.
「생민(生民)」은 「대아(大雅)」이다.

朱註
先種曰稙, 後種曰稺.
먼저 심는 것을 직(稙)이라 하고, 나중에 심는 것을 치(稺)라고 한다.

詳說
○ 孔氏曰 : "重穋稙稺, 生熟早晚之異稱, 非穀名".185)

---

183) 『시전대전(詩傳大全)』에 공씨의 말로 실려 있다.
184) 『시전대전(詩傳大全)』에는 "공씨가 말하였다 : '작자가 희공을 찬미하려고 먼 조상을 찾아 기술하면서 강원·후직부터 태왕·문무에 이르기까지 진술했으니, …, 노나라가 있게 된 까닭을 말한 것이다.孔氏曰 : 作者, 將美僖公, 追述遠祖上, 陳姜嫄后稷, 至于太王文武, …, 言其所以有魯之由.)"라고 되어 있다.

공씨가 말하였다 : "'늦고 이른 이르고 늦은'은 덜 익고 익은 것에 대한 이르고 늦은 것에 대한 표현이지 곡식의 이름이 아니다."

○ 黍稷之重穋者, 及稙穉者之菽麥, 互言之耳.
'늦고 이른 기장과 피'와 '이르고 늦은 콩과 보리'는 바꿔가며 말한 것일 뿐이다.

○ 重穋, 見七月.
'중륙(重穋)'은 「칠월」에 있다.

朱註
奄有下國, 封於邰也.
곧 하국(下國)을 소유했다는 것은 태(邰)나라에 봉해진 것이다.

詳說
○ 華谷嚴氏曰 : "奄有下國, 所以原其始, 奄有下土, 所以要其終."186)
화곡 엄씨가 말하였다 : "'곧 곧 하국(下國)을 소유하사'는 그 처음에 근본하려는 것이고, '곧 하토(下土)를 소유하사'는 그 끝을 구하는 것이다."

朱註
緖, 業也. 禹治洪水旣平, 后稷乃始播百穀.
서(緖)는 업(業)이다. 우(禹)임금이 홍수를 다스려 이미 평(平)해지자, 후직(后稷)이 마침내 백곡(百穀)을 파종한 것이다.

詳說
○ 二字, 一作播種.
'시파(始播)' 두 글자는 어떤 판본에는 '파종(播種)'으로 되어 있다.

---

185) 『시전대전(詩傳大全)』에 공씨의 말로 동일하게 실려 있다.
186) 『시전대전(詩傳大全)』에 화곡 엄씨가 유씨(劉氏)의 말로 인용한 것으로 동일하게 실려 있다.

○ 孔氏曰 : "種禹所治之地, 故謂之繼."187)
공씨가 말하였다 : "우 임금이 다스린 땅에 파종했기 때문에 이었다고 한 것이다."188)

○ 慶源輔氏曰 : "奄有下土, 指敎民稼穡之事而言也. 使天下之民, 皆得以稼穡於其土地, 則是后稷奄有其土也. 禹稷之功, 相爲終始, 相繼以相成, 無稷, 則禹之平水土, 何益, 無禹, 則稷之敎稼穡, 何施."189)
경원 보씨가 말하였다 : "'곧 하토(下土)를 소유하사'는 백성들에게 농사의 일을 가르친 것을 가리켜서 한 말이다. 천하의 백성들이 모두 그 토지에서 농사를 지을 수 있게 한 것은 바로 후직이 곧 하토(下土)를 소유한 것이다. 우와 후직의 공은 서로 종시가 되고 서로 이어지며 서로 이루는 것이니, 후직이 없다면 우가 물과 흙을 평정한 것이 무슨 이익이 되겠으며, 우가 없다면 후직이 농사를 가르친 것이 어떻게 시행되겠는가?"

○ 安成劉氏曰 : "首章推本僖公所奉閟宮之祖上出於后稷也."190)
안성 유씨가 말하였다 : "첫 장에서는 희공이 받드는 비궁의 조상이 후직에서 나왔음을 미뤄 근본한 것이다."

[4-4-4-2]

后稷之孫, 實維大王,

후직의 손자가 실로 태왕이시니,

詳說

○ 音泰.191)

---

187) 『시전대전(詩傳大全)』에 공씨의 말로 실려 있다.
188) 『시전대전(詩傳大全)』에는 "공씨가 말하였다 : '우 임금이 물과 흙을 평정할 수 있어 직이 파종할 수 있었으니, 두 분은 모두 백성들을 이롭게 한 것이다. 그러므로 우임금의 일을 이었다고 한 것이다. 직의 파종은 우 임금이 다스린 땅에 파종한 것이다.'(孔氏曰 : 禹能平水土, 稷能播種, 二者, 俱以利民, 故謂之繼禹之事. 稷之播種, 種禹所治之地也.)"라고 되어 있다.
189) 『시전대전(詩傳大全)』에 경원 보씨의 말로 동일하게 실려 있다.
190) 『시전대전(詩傳大全)』에 안성 유씨의 말로 동일하게 실려 있다.
191) 音泰 : 『시전대전(詩傳大全)』에도 동일하게 되어 있다.

'태(大)'의 음은 '태(泰)'이다.

居岐之陽, 實始翦商. 至于文武, 纘大王之緒, 致天之屆, 于牧之野,

기산의 남쪽에 있으면서 진실로 비로소 상나라를 쳤도다.
문왕과 무왕에 와서 태왕의 전통을 이으사
하늘의 극을 이루기를 목야에서 하시니,

詳說

○ 叶, 上與反.192)

'야(野)'는 협운으로 음은 '상(上)'과 '여(與)'의 반절이다.

無貳無虞, 上帝臨女.

의심하지 말고 염려하지 말라 상제가 너에게 임하여 계시니라.

詳說

○ 音汝.193)

'여(女)'의 음은 '여(汝)'이다.

敦商之旅, 克咸厥功.

상나라의 무리를 다스려서 능히 그 공을 함께 하도다.

詳說

○ 音堆.

'퇴(敦)'의 음은 '퇴(堆)'이다.

○ 叶, 居古反.194)

---

192) 叶, 上與反 : 『시전대전(詩傳大全)』에도 동일하게 되어 있다.
193) 音汝 : 『시전대전(詩傳大全)』에도 동일하게 되어 있다.
194) 叶, 居古反 : 『시전대전(詩傳大全)』에도 동일하게 되어 있다.

'공(功)'은 협운으로 음은 '거(居)'와 '고(古)'의 반절이다.

|王曰叔父, 建爾元子,|

왕께서 숙부야 너의 원자를 세워

|詳說|

○ 叶, 子古反.195)

'자(子)'는 협운으로 음은 '자(子)'와 '고(古)'의 반절이다.

|俾侯于魯, 大啓爾宇, 爲周室輔.|

노나라의 임금이 되게 하고, 너의 거처하는 곳을 크게 열어서
주나라 왕실의 보필이 되게 하라 하노라.

|朱註|

賦也. 翦, 斷也. 大王自豳徙居岐陽, 四方之民, 咸歸往之.
부(賦)이다. 전(翦)은 끊음이다. 태왕이 빈 땅에서 기산 남쪽에 옮겨 거주하였는데,
사방의 백성들이 모두 돌아와 따라갔다.

|詳說|

○ 音短.196)

'단(斷)'의 음은 '단(短)'이다.

○ 蓋見豳人之從之而皆歸也.

빈땅의 사람들이 그를 따라 모두 돌아갔음을 나타내었다.

|朱註|

於是而王迹始著, 蓋有翦商之漸矣
이에 왕의 자취가 비로소 드러났으니, 이때부터 상나라를 칠 조짐이 있었던 것이다.

---

195) 叶, 子古反 : 『시전대전(詩傳大全)』에도 동일하게 되어 있다.
196) 音短 : 『시전대전(詩傳大全)』에도 동일하게 되어 있다.

詳說

○ 雙峯饒氏曰 : "非謂大王有翦商之志也. 大王實基王迹, 乃武王翦商之所從始耳."197)

쌍봉 요씨가 말하였다 : "태왕이 상을 칠 뜻이 있었다는 말이 아니다. 태왕이 실로 왕의 자취를 토대지어 이에 무왕이 상을 치는 것이 여기에서 시작되었던 것이다."198)

○ 南豊曾氏曰 : "所謂實始翦商者, 殆因肇基王迹之語而言之過耳."199)

남풍 증씨가 말하였다 : "이른바 실로 비로소 상을 치는 것이 시작되었다는 것은 거의 왕의 자취를 토대짓는 것에서 시작되었다는 말에 따라 지나치게 말한 것일 뿐이다."200)

○ 按, 以泰伯不從之至德論之, 雖謂大王有翦商之志, 恐未爲不可耳.

살펴보건대, 「태백」에서의 '따르지 않는 지극한 덕으로 말하면, 태왕에게 상을 치려는 뜻이 있었을지라도 아마 불가하지 않은 것일 뿐이었을 것이다.

朱註

屆, 極也, 猶言窮極也.

계(屆)는 극(極)이니, 궁극(窮極)이라는 말과 같다.

詳說

---

197) 『시전대전(詩傳大全)』에 쌍봉 요씨의 말로 실려 있다.
198) 『시전대전(詩傳大全)』에는 "쌍봉 요씨가 말하였다 : '태왕이 상을 칠 뜻이 있었다는 말이 아니다. 상을 친 것이 무왕의 때일지라도 태왕이 실로 왕의 자취를 토대지어 이에 상을 치는 것이 여기에서 시작되었다는 말이다.'(雙峯饒氏曰 : 非謂太王有翦商之志也. 言翦商雖在武王之時, 而太王實基王迹, 乃翦商之所從始爾.)"라고 되어 있다.
199) 『시전대전(詩傳大全)』에 남풍 증씨의 말로 실려 있다.
200) 『시전대전(詩傳大全)』에는 "남풍 증씨가 말하였다 : '태왕은 제후들 중에서 나라를 부흥시킨 분이니, 본래 굳이 왕의 흔적을 토대지었다고 할 것까지는 없다. 무왕은 이미 천하를 소유하고 점차로 성대하게 되는 연유를 미룬 것이기 때문에 「왕의 흔적을 비로소 토대지었다고 한 것이니, 이른바 실로 상을 치는 것이 시작되었다는 것은 비로소 왕의 자취를 토대지었다는 말에 따라 지나치게 말한 것일 뿐이다.'(南豐曾氏曰 : 太王, 盖諸侯之能興邦者, 本不必云肇基王迹也. 武王既有天下, 推其寖盛之由, 故曰, 肇基王迹, 所謂實始翦商者, 始因肇王迹之語, 而言之過耳.)"라고 되어 있다.

○ 鄭氏曰：" 屈殛也."
정씨가 말하였다 : "계(屈)는 극(極)이다."

○ 猶言天討也.
하늘이 토벌한다고 하는 것과 같다.

朱註
虞, 慮也. 無貳無虞, 上帝臨女, 猶大明云上帝臨女, 無貳爾心也.
우(虞)는 염려함이다. 의심하지 말고 염려하지 말라, 상제(上帝)가 너에게 임하여 계시다는 것은 「대명(大明)」에서 "상제(上帝)가 너에게 임하여 계시니, 너의 마음을 의심하지 말라."는 말과 같은 것이다.

詳說
○ 此二句及上章無災二句, 皆取用大雅中語
여기에서의 두 구와 의 장에서 무재(無災) 두 구는 모두 「대아」 중의 말을 취하여 사용한 것이다.

朱註
敦, 治之也.
퇴(敦)는 다스림이다.

詳說
○ 慶源輔氏曰 : "能治商之衆."201)
경원 보씨가 말하였다 : "상의 무리를 다스릴 수 있다는 것이다."202)

○ 謂勝而服之也.
이겨서 복종하게 한다는 말이다.

---

201) 『시전대전(詩傳大全)』에 경원 보씨의 말로 실려 있다.
202) 『시전대전(詩傳大全)』에는 "경원 보씨가 말하였다 : '…. 이른바 상의 무리를 다스릴 수 있다는 것은 모두 군신과 상하가 한 덕과 한 마음으로 이룬 공이니, 주나라 왕실을 돕는다는 것은 노공을 봉해 노공을 위한 계책이 되게 할 뿐만 아니라 바로 주나라 왕가를 위한 계책이 되게 하는 것이다.'(慶源輔氏曰 : …. 所謂能治商之衆, 皆君臣上下, 一德一心之功, 爲周室輔, 則封魯公不特爲魯計, 乃所以爲周家計矣.)"라고 되어 있다.

朱註

咸, 同也. 言輔佐之臣, 同有其功, 而周公亦與焉也.

함(咸)은 함께이니, 보좌(輔佐)하는 신하들이 함께 그 공(功)을 소유하여 주공(周公) 또한 거기에 참여함을 말한 것이다.

詳說

○ 去聲

'여(與)'는 거성이다.

朱註

王, 成王也. 叔父, 周公也. 元子, 魯公伯禽也.

왕은 성왕이다. 숙부는 주공이고, 원자는 노공 백금이다.

詳說

○ 三山李氏曰 : "謂長子."203)

삼산 이씨가 말하였다 : "장자를 말한다."204)

朱註

啓開宇居也

계(啓)는 엶이요, 우(宇)는 거함이다.

詳說

○ 安成劉氏曰 : "此章推言后稷以下至于周公伯禽也."205)

안성 유씨가 말하였다 : "여기의 장에서는 후직 이하 주공과 백금까지 미뤄 말하였다."

---

203) 『시전대전(詩傳大全)』에 삼산 이씨의 말로 실려 있다.
204) 『시전대전(詩傳大全)』에는 "삼산 이씨가 말하였다 : '장자가 원자라는 말이다.'(三山李氏曰 : 謂長子爲元子.)"라고 되어 있다.
205) 『시전대전(詩傳大全)』에 안성 유씨의 말로 동일하게 실려 있다.

[4-4-4-3]

乃命魯公, 俾侯于東, 錫之山川, 土田附庸. 周公之孫, 莊公之子,

이에 노공을 명하사 동쪽의 임금이 되게 하시고,
산천과 토전과 부용(附庸)을 하사하도다.
주공의 손자이고 장공의 아들이

詳說

○ 叶, 獎里反.206)
'자(子)'는 협운으로 음은 '장(獎)'과 '리(里)'의 반절이다.

龍旂承祀, 六轡耳耳.

용 깃발로 제사를 계승하시니 여섯 고삐가 부드럽고 부드럽도다.

詳說

○ 叶, 養里反.207)
'사(祀)'는 협운으로 '양(養)'과 '리(里)'의 반절이다.

春秋匪解, 享祀不忒,

봄과 가을로 제사를 게을리 하지 아니하사 향사를 올림에 어그러지지 아니하사

詳說

○ 音懈, 叶訖力反.208)
'해(解)'의 음은 협운으로 '흘(訖)'과 '력(力)'의 반절이다.

皇皇后帝, 皇祖后稷, 享以騂犧, 是饗是宜,

황황(皇皇)하신 후제(后帝)와 황조(皇祖)이신 후직(后稷)께

---

206) 叶, 獎里反 :『시전대전(詩傳大全)』에도 동일하게 되어 있다.
207) 叶, 養里反 :『시전대전(詩傳大全)』에도 동일하게 되어 있다.
208) 音懈, 叶訖力反 :『시전대전(詩傳大全)』에도 동일하게 되어 있다.

제향을 올리되 붉은 희생으로 하시니 이에 흠향하며 이에 마땅하여

詳說

○ 虛冝虛何二反.209)

'희(犧)'의 음은 '허(虛)'와 '의(冝)', '허(虛)'와 '하(何)'의 두 가지 반절이다.

詳說

○ 牛奇牛何二反.210)

'의(冝)'의 음은 '우(牛)'와 '기(奇)', '우(牛)'와 '하(何)'의 두 가지 반절이다.

降福旣多, 周公皇祖,

복을 내림이 이미 많으며 주공과 황조도

詳說

○ 章移當何二反.211)

'다(多)'의 음은 '장(章)'과 '이(移)', '지'와 '당(當)'의 두 가지 반절이다.

亦其福女.

또한 너에게 복을 내리시도다.

詳說

○ 音女.212)

'여(女)'의 음은 '여(女)'이다.

○ 子祀之於耳, 乃其本韻, 而例云叶, 未詳.

'자(子)'와 '사(祀)'는 '이(耳)'에 대해 바로 본래의 운인데, 대부분 협운이라고 하는 것은 자세하지 않다.

---

209) 虛冝虛何二反 : 『시전대전(詩傳大全)』에도 동일하게 되어 있다.
210) 牛奇牛何二反 : 『시전대전(詩傳大全)』에도 동일하게 되어 있다.
211) 章移當何二反 : 『시전대전(詩傳大全)』에도 동일하게 되어 있다.
212) 音汝 : 『시전대전(詩傳大全)』에도 동일하게 되어 있다.

朱註

賦也. 附庸, 猶屬城也, 小國不能自達於天子, 而附於大國也.
부(賦)이다. 부용(附庸)은 속성(屬城)과 같으니, 작은 나라는 스스로 천자의 나라에 통할 수가 없어서 큰 나라에 붙어서 하는 것이다.

詳說

○ 蓋以貢獻告請等事而言也
공물을 갖다 바치고, 청탁하는 일을 가지고 말한 것이다.

○ 安成劉氏曰 : "邾須句顓臾, 皆魯附庸也."213)
안성 유씨가 말하였다 : "주(邾)와 수구(須句)와 전유(顓臾)는 모두 노나라의 부용국이다."214)

朱註

上章既告周公以封伯禽之意, 此乃言其命魯公而封之也. 莊公之子, 其一閔公, 其一僖公, 知此是僖公者, 閔公在位不久, 未有可頌. 此必是僖公也
위의 장에서는 이미 주공에게 백금을 봉하는 뜻을 말하였고, 여기에서는 마침내 노공을 명하여 봉해줌을 말하였다. 장공의 아들이 그 하나는 민공이고, 그 하나는 희공인데, 여기에 있는 사람이 희공임을 아는 것은 민공이 재위한지 오래지 아니하여 칭송할 만한 것이 있지 않을 것이기 때문이다. 그러니 여기에 있는 사람은 반드시 희공일 것이다.

詳說

○ 安成劉氏曰 : "閔公名啓方, 在位二年, 僖公以庶兄繼立, 在位三十三年."215)
안성 유씨가 말하였다 : "민공은 이름이 계방으로 재위 2년이었고, 희공이 서형

---

213) 『시전대전(詩傳大全)』에 안성 유씨의 말로 실려 있다.
214) 『시전대전(詩傳大全)』에는 "안성 유씨가 말하였다 : '…. 주(邾)나 수구(須句)나 전유(顓臾)는 또 모두 노나라의 부용국으로 곧 이른바 부용을 하사했다는 것은 또 백리 전재의 밖이니, 바로 노나라의 강역이 진실로 백리에 그치지 않았다는 것이다. ….'(安成劉氏曰 : …. 若邾若須句若顓臾, 又皆魯之附庸, 即所謂錫之附庸者, 蓋亦在百里田制之外, 是魯之疆域, 固不止百里矣. ….)"라고 되어 있다.
215) 『시전대전(詩傳大全)』에 안성 유씨의 말로 동일하게 실려 있다.

으로 이어서 즉위하여 재위 33년이었다."

朱註

耳耳, 柔從也. 春秋, 錯擧四時也.
이이(耳耳)는 부드럽게 따름이다. 춘추(春秋)는 사시(四時)를 번갈아 든 것이다.

詳說

○ 以該夏冬.
봄과 가을로 여름과 겨울을 함께 한 것이다.

○ 解諺音誤.
『언해』의 음은 잘못되었다.

朱註

忒, 過差也. 成王, 以周公有大功於王室, 故命魯公以夏正音征孟春郊祀上帝配, 以后稷牲用騂牡.
특(忒)은 과차(過差)이다. 성왕은 주공이 왕실에 큰 공이 있기 때문에 노공에게 명하여 하정(夏正)인 맹춘(孟春)에 상제께 교제사를 지내게 하고, 후직으로서 배향하여 희생으로 붉은 짐승을 쓰게 한 것이다.

詳說

○ 曹氏曰 : "司常言, 日月爲常, 王建之, 交龍爲旂, 諸侯建之. 僖公雖僭郊禮, 而猶以龍旂承祀, 不敢全僭天子禮也. 明堂位乃曰, 魯公乘大路日月之常, 祀帝于郊, 則過矣."216)
조씨가 말하였다 : "「사상」에서 '일월을 그린 깃발로 하는 것은 왕이 세우고, 교룡을 깃발로 하는 것은 제후가 세운다.'고 하였다. 희공이 참람하게 교례를 행했을지라도 여전히 용의 깃발로 제사를 계승한 것은 감히 천자의 예를 완전히 참람하게 행한 것이 아니다. 「명당위」에서 이에 '노공이 일월을 그린 태로를 타고 교에서 천제께 제사를 지낸 것은 지나치다.'고 한 것이다."217)

---

216) 『시전대전(詩傳大全)』에 조씨의 말로 실려 있다.
217) 『시전대전(詩傳大全)』에는 "조씨가 말하였다 : 「「사상」에서 '일월을 그린 깃발로 하는 것은 왕이 세우고, 교룡을 깃발로 하는 것은 제후가 세운다.」고 하였다. 희공이 참람하게 교례를 행했을지라도 여전히 용의

朱註
皇祖, 謂羣公.
황조(皇祖)는 여러 공(公)들을 이른다.

詳說
○ 安成劉氏曰 : 上言皇祖在后稷上, 則是指后稷爲皇祖, 此言皇祖在周公下, 故知是指羣公.218)
안성 유씨가 말하였다 : "위에서 황조가 후직의 위에 있음을 말하였으니, 바로 후직이 황조임을 가리킨 것이고, 여기에서 황조가 주공의 아래에 있음을 말하였기 때문에 여러 공을 가리킨 것임을 알겠다."

○ 妥, 安也.
'의(妥)'는 편안하다는 것이다.

朱註
此章以後, 皆言僖公致敬郊廟, 而神降之福, 國人稱願之如此也
여기의 장 이후로는 모두 희공이 교교(郊廟)에 공경을 지극히 하여 신이 복을 내림을 말하였으니, 나라사람들이 칭송하여 이와 같이 하기를 원한 것이다.

詳說
○總提七章.
7장을 총괄해서 제시한 것이다.

○ 安成劉氏曰 : "此章言自伯禽封魯至僖公, 致敬郊廟而獲福也."219)
안성 유씨가 말하였다 : "여기의 장에서는 백금을 노나라에 봉한 것에서 희공까지 교묘에 공경을 지극하게 해서 복을 얻었다는 것을 말하였다."

깃발로 제사를 계승한 것은 감히 천자의 예를 완전히 참람하게 행한 것이 아니다. 「명당위」에서 이에 「노공이 일월을 그린 태로를 타고 활과 활전대를 싣고, 교룡의 기 열 둘과 일월의 기를 세우고 교에서 천제께 제사를 지낸 것은 지나치다.」라고 한 것이다.'(曹氏曰 : 司常言, 日月爲常, 王建之, 交龍爲旂, 諸侯建之. 僖公雖僭郊禮, 而猶以龍旂承祀, 不敢全僭天子禮也. 明堂位乃曰, 魯公乘大路, 載弧韣, 旂十有二, 旒日月之常, 祀帝于郊, 則過矣.)"라고 되어 있다.
218) 『시전대전(詩傳大全)』에 안성 유씨의 말로 동일하게 실려 있다.
219) 『시전대전(詩傳大全)』에 안성 유씨의 말로 동일하게 실려 있다.

[4-4-4-4]
秋而載嘗, 夏而楅衡,

가을에 상제사를 올려야 하는지라 여름에 소뿔에 가로댄 나무를 대니

詳說

○ 叶, 戶郞反.220)

'형(衡)'은 협운으로 '호(戶)'와 '랑(郞)'의 반절이다.

白牡騂剛, 犧尊將將,

흰 숫짐승과 붉은 희생이며 희존(犧尊)이 엄정하며,

詳說

○ 音搶.

'장(將)'의 음은 '창(搶)'이다.

毛炰胾羹, 籩豆大房,

털을 그슬려서 굽고 산적을 만들고 국을 올리며 변두(豆)와 대방(大房)이 있거늘,

詳說

○ 音庖.

'포(炰)'의 음은 '포(庖)'이다.

○ 音恣.

'자(胾)'의 음은 '자(恣)'이다.

○ 叶, 盧當反.221)

'갱(羹)'은 협운으로 '노(盧)'와 '당(當)'의 반절이다.

---

220) 音黃:『시전대전(詩傳大全)』에도 동일하게 되어 있다.
221) 叶, 盧當反:『시전대전(詩傳大全)』에도 동일하게 되어 있다.

○ 此下當脫一句, 如鐘鼓喤喤之類.222)

여기의 아래는 한 구가 빠졌으니, '종고황황(鐘鼓喤喤 : 종과 북이 화락하게 울린다)'과 같은 것이다.

|萬舞洋洋, 孝孫有慶.|

만(萬)으로 춤춤이 양양(洋洋)하니 효손에게 경사가 있도다.

詳說

○ 叶, 祛羊反.223)

'경(慶)'은 협운으로 음은 '거(祛)'와 '양(羊)'의 반절이다.

|俾爾熾而昌, 俾爾壽而臧, 保彼東方, 魯邦是常, 不虧不崩, 不震不騰, 三壽作朋, 如岡如陵.|

네가 치성하고 번창하도록 하며 네가 장수하고 좋도록 하여
저 동방을 보전하여 노나라를 이에 항상 소유하게 하시며,
이지러지지 아니하고 무너지지 아니하며 진동하지 아니하고 놀래지 아니하여
삼수(三壽)로 벗을 지어 뫼와 같고 구릉과 같으소서.

詳說

○ 鐘鼓喤喤見執競

朱註

賦也. 嘗, 秋祭名. 楅衡, 施於牛角, 所以止觸也. 周禮封人

부(賦)이다. 상(嘗)은 가을제사 이름이다. 복형(衡)은 소의 뿔에 설치하는 것이니, 소가 떠받는 것을 저지 하는 것이다.『주례(周禮)』「봉인(封人)」에서

詳說

○ 音福.

---

222) 此下當脫一句如鐘鼓喤喤之類 :『시전대전(詩傳大全)』에도 동일하게 되어 있다.
223) 叶, 祛羊反 :『시전대전(詩傳大全)』에도 동일하게 되어 있다.

'복(福)'의 음은 '복(福)'이다.

○ 地官.
봉인은 지관이다.

朱註
云凡祭飾其牛牲, 設其福衡, 是也.
"제사에서 희생(犧牲)인 소를 꾸미며 복과 형을 설치한다."라고 한 것이 여기에 해당한다.

詳說
○ 孔氏曰 : "福設於角, 衡設於鼻."224)
공씨가 말하였다 : "복은 뿔에 설치하고 형을 코에 설치한다."

○ 蓋以備傷毀也.
대개 그것을 갖추어 해치는 것이다.

朱註
秋將嘗, 而夏福衡其牛, 言夙前期戒也. 白牡, 周公之牲也, 騂剛, 魯公之牲也. 白牡, 殷牲也, 周公有王禮, 故不敢與文武同.
가을에 장차 상제사(嘗祭祀)를 지낼 터인데 여름에 소에게 복형(衡)을 하는 것은 미리 챙김을 말한 것이다. 백모(白牡)는 주공의 희생이고, 성강(騂剛)은 노공의 희생이다. 백모(白牡)는 은(殷)나라의 희생이니, 주공에게는 왕자(王者)의 예(禮)가 있기 때문에 감히 문왕·무왕과 똑같게 하지 못하는 것이고,

詳說
○ 避逼嫌也.
핍박한다는 의심을 피한 것이다.

○ 安成劉氏曰 : "用殷人所尚之色."225)

---

224) 『시전대전(詩傳大全)』에 공씨의 말로 동일하게 실려 있다.

안성 유씨가 말하였다 : "은나라 사람들이 숭상하는 색을 사용한 것이다."226)

朱註
魯公則無所嫌, 故用騂剛.
노공은 혐의하는 바가 없기 때문에 성강을 쓰는 것이다.

詳說
○ 孔氏曰 : "剛, 特也, 白牡, 謂白特, 騂剛, 赤特也."227)
공씨가 말하였다 : "강(剛)은 뛰어난 것이니, 백모는 희게 뛰어난 것이고, 성강은 붉게 뛰어난 것이다."228)

朱註
犧尊, 畫牛於尊腹也. 或曰, 尊作牛形, 鑿其背以受酒也.
희존(犧尊)은 소를 술동이의 배에 그리는 것이다. 어떤 이는 "술동이를 소의 모양으로 만들고 그 등을 파서 술을 담는 것이다."라고 하였다.

詳說
○ 素何反. 諺音恐誤.
'희(犧)'의 음은 '소(素)'와 '하(何)'의 반절이다. 『언해』의 음은 잘못된 것 같다.

○ 樽同.
'존(尊)'은 '준(樽)'과 같다.

○ 音話.

---

225) 『시전대전(詩傳大全)』에 안성 유씨의 말로 실려 있다.
226) 『시전대전(詩傳大全)』에는 "안성 유씨가 말하였다 : '감히 문왕·무왕과 같게 할 수 없기 때문에 희생으로 은나라 사람들이 숭상하는 색을 사용한 것이다.'(安成劉氏曰 : 不敢使與文武同, 故牲用殷人所尙之色.)"라고 되어 있다.
227) 『시전대전(詩傳大全)』에 공씨의 말로 실려 있다.
228) 『시전대전(詩傳大全)』에는 "공씨가 말하였다 : '『공양전』에서 「주공은 백모를 사용하였고, 노공은 성강을 사용하였다. 여러 공은 잡색을 사용하였으니, 잡색은 순수하지 않은 것이다. 강(剛)은 뛰어난 것이니, 백모는 희게 뛰어난 것이고, 성강은 붉게 뛰어난 것이다.(孔氏曰 : 公羊傳云, 周公用白牡, 魯公用騂剛, 羣公不毛, 不毛, 不純色也. 剛, 特也, 白牡, 謂白特, 騂剛, 赤特也.)"라고 되어 있다.

'화(畫)'의 음은 '화(話)'이다.

○ 將將, 嚴正也.
'장장(將將)'은 엄정한 것이다.

朱註
毛炰, 周禮封人, 祭祀有毛炰之豚, 注云, 爓去其毛而炰之也. 胾, 切肉也. 羹, 大羹, 鉶羹也.
모포(毛炰)는 『주례(周禮)』「봉인(封人)」에 "제사할 때에 털을 그슬려서 구워 올리는 돼지가 있는데, 주(註)에 이르기를 "그 털을 그슬려 제거하며 굽는 것이다."라고 하였다. 자(胾)는 고기를 잘라 놓는 것이다. 갱(羹)은 태갱(大羹)과 형갱(鉶羹)이다.

詳說
○ 似鹽反. 湯中爓肉.
'섬(爓)'의 음은 '사(似)'와 '염(鹽)'의 반절이다.

○ 上聲.
'거(去)'는 상성이다.

○ 諺音誤.
'자(胾)'는 『언해』의 음이 잘못되었다.

○ 音泰, 下並同.
'태(大)'의 음은 '태(泰)'로 아래에서도 모두 같다.

○ 音刑.
'형(鉶)'의 음은 '형(刑)'이다.

朱註
大羹, 大古之羹, 湆煮肉汁不和, 盛之以登, 貴其質也.

태갱(大羹)은 태고(太古)의 국이니, 육즙(肉汁)을 축축히 지지고는 간맞추지 아니하고 그릇에 담으니, 그 질박함을 귀중히 여기는 것이다.

詳說

○ 音泣.
'읍(湆)'의 음은 '읍(泣)'이다.

○ 儀禮特牲曰 : "設大羹湆于鹽北."229)
『의례』「특생」에서 말하였다 : "태경을 염북에 축축하게 하는 것이다."

○ 去聲, 下同.
'화(和)'는 거성으로 아래에서도 같다.

○ 音成, 下同.
'성(盛)'의 음은 '성(成)'으로 아래에서도 같다.

○ 音登, 器名.
'등(登)'의 음은 '등(登)'으로 그릇의 이름이다.

朱註
鉶羹, 肉汁之有菜和者也.
형갱(羹)은 육즙(肉汁)에 채소와 간을 맞춤이 있는 것이니,

詳說

○ 有菜且有和
채소가 있고 또 간을 맞춤이 있는 것이다.

朱註
盛之鉶器, 故曰鉶羹. 大房, 半體之俎,

---

229) 『시전대전(詩傳大全)』에 『의례』의 말로 동일하게 실려 있다.

이것을 국그릇에 담기 때문에 형갱(鉶羹)이라 한 것이다. 대방(大房)은 희생(犧牲)의 반 토막을 올리는 도마이니,

詳說

○ 孔氏曰 : "周語有全烝, 房烝, 殽烝. 全烝, 謂全載牲體, 殽烝, 謂體解節析, 房烝, 是半體."230)

공씨가 말하였다 : "『주어』에 전증·방증·효증이 있다. 전증은 온전하게 희생을 올리는 것을 말하고, 효증은 몸을 해체해 마디로 갈라서 올리는 것을 말하니, 방증은 반 토막을 올리는 것이다."231)

朱註
足下有跗,
발아래에 받침이 있어

詳說

○ 音敷.
'부(跗)'의 음은 '부(敷)'이다.

朱註
如堂房也.
당방(堂房)과 같다.

詳說

○ 孔氏曰 : "上下相間, 有似於堂房然."232)

공씨가 말하였다 : "상하 서로들 사이에는 당방과 같은 것이 있다."233)

---

230) 『시전대전(詩傳大全)』에 공씨의 말로 실려 있다.
231) 『시전대전(詩傳大全)』에는 "공씨가 말하였다 : 『주어』에서 「교제사의 일에서는 전증이 있고, 왕공이 서서 먹는 것에서는 방증이 있으며, 친척들이 잔치를 할 때에는 효증이 있다.」고 하였다. 전증은 온전하게 희생을 올리는 것을 말하고, 효증은 몸을 해체해 마디로 갈라서 올리는 것을 말하니, 방증은 반 토막을 올리는 것임을 알 수 있다.'(孔氏曰 : …. 周語云, 郊禘之事, 則有全烝, 王公立飫, 則有房烝, 親戚燕享, 則有殽烝. 全烝, 謂全載牲體, 殽烝, 謂體解節析, 則房烝, 是半體, 可知.)"라고 되어 있다.
232) 『시전대전(詩傳大全)』에 공씨의 말로 실려 있다.
233) 『시전대전(詩傳大全)』에는 "공씨가 말하였다 : 「명당위」에서 「주방은 조방이다.」라고 하였으니, 발아래의

朱註
萬, 舞名.
만(萬)은 춤의 이름이다.

詳說
○ 常謂是保也

朱註
震騰, 驚動也
진(震)과 등(騰)은 놀라 동하는 것이다.

詳說
○ 曹氏曰：″不虧, 如日常盈, 不崩, 如山常固, 不震, 如地常靜, 不騰, 如水常平. 自俾爾熾而昌以下, 皆嘏辭.″234)
조씨가 말하였다 : "이지러지지 않는 것이 해가 항상 차있는 것과 같고, 무너지지 않은 것이 산이 항상 견고한 것과 같으며, 진동하지 않는 것이 땅이 항상 고요한 것과 같고, 놀래지 않는 것이 물이 항상 평평한 것과 같다. '네가 치성하고 번창하도록 한다.'는 말 이하는 모두 복을 받는다는 말이다."

朱註
三壽未詳. 鄭氏曰, 三卿也,
삼수(三壽)는 미상(未詳)이다. 정씨(鄭氏)는 "삼경(三卿)"이라 하였고,

詳說
○ 華谷嚴氏曰：″願有壽考之三卿, 爲朋友, 祝其君臣同慶也.″235)

받침을 말한다. 상하 서로들 사이에는 당방과 같은 것이 있으니, 반 토막임을 알겠다. 『주어』에서 「교제사의 일에서는 전증이 있고, 왕공이 서서 먹는 것에서는 방증이 있으며, 친척들이 잔치를 할 때에는 효증이 있다.」고 하였다. 전증은 온전하게 희생을 올리는 것을 말하고, 효증은 몸을 해체해 마디로 갈라서 올리는 것을 말하니, 방증은 반 토막을 올리는 것임을 알 수 있다.'(孔氏曰：明堂位云, 周房, 俎房, 謂足下跗也. 上下相間, 有似於堂房然, 知是半體者. 周語云, 郊禘之事, 則有全烝, 王公立飫, 則有房烝, 親戚燕享, 則有殽烝. 全烝, 謂全載牲體, 殽烝, 謂體解節析, 則房烝, 是半體, 可知.)"라고 되어 있다.
234) 『시전대전(詩傳大全)』에 공씨의 말로 동일하게 실려 있다.
235) 『시전대전(詩傳大全)』에 공씨의 말로 실려 있다.

화곡 엄씨가 말하였다 : "장수하는 삼경이 있어 붕우가 되기를 원하니, 그 군신에게 똑같은 경사를 기원하는 것이다."236)

朱註
或曰, 願公壽與岡陵等, 而爲三也.
어떤 이는 "공(公)의 수(壽)가 뫼와 언덕과 똑같아서 셋이 되기를 원함이다."라고 하였다.

詳說
○ 此說, 恐傷巧, 或又云, 上中下三壽, 則亦未必然.
여기의 설명은 생각이 교묘한 듯하다. 어떤 이가 "또 상중하 세 가지의 수이다."라고 한 것은 굳이 그럴 것까지는 없을 듯하다.

○ 崩騰岡陵句, 又取用天保詩中語
무너진다는 구절과 뫼와 언덕의 구절은 또 「천보」시 중에서의 말을 취해 사용한 것이다.

○ 安成劉氏曰 : "此章專言僖公致敬宗廟, 而祝願其獲福壽也."237)
안성 유씨가 말하였다 : "여기에서는 오로지 희공이 종묘에 공경을 다해 그가 복과 장수 얻기를 축원한다는 말이다."

[4-4-4-5]
公車千乘, 朱英綠縢,
공의 수레가 천승이니 붉은 창 꾸밈과 푸른 끈이며

詳說
○ 去聲, 叶神陵反.238)

---

236) 『시전대전(詩傳大全)』에는 "화곡 엄씨가 말하였다 : '장수하는 삼경이 있어 붕우가 되기를 모두 뫼와 구릉과 같기를 원하니, 그 군신에게 똑같은 경사를 기원하는 것이다.'(華谷嚴氏曰 : 願有壽考之三卿爲朋友, 皆如岡陵之固, 祝其君臣同慶也.)"라고 되어 있다.
237) 『시전대전(詩傳大全)』에 안성 유씨의 말로 동일하게 실려 있다.

'승(乘)'은 거성이고 협운으로 음은 '신(神)'과 '릉(陵)'의 반절이다.239)

○ 音滕
'등(滕)'의 음은 '등(滕)'이다.

二矛重弓. 公徒三萬,
두 창과 겹친 활이로다. 공의 보병이 삼만이니,

詳說
○ 平聲.
'중(重)'은 평성이다.

○ 叶, 姑弘反.240)
'궁(弓)'은 협운으로 '고(姑)'와 '홍(弘)'의 반절이다.

貝冑朱綅, 烝徒增增.
자개로 꾸민 투구와 붉은 끈이며, 모든 무리가 많고 많도다.

詳說
○ 音纖, 叶息稜反.241)
'침(綅)'의 음은 '섬(纖)'이고, 협운으로 음은 '식(息)'과 '릉(稜)'의 반절이다.

戎狄是膺, 荊舒是懲, 則莫我敢承. 俾爾昌而熾, 俾爾壽而富,
黃髮台背,
융적을 이에 막으며, 형서를 이에 징계하니,

---

238) 去聲叶神陵反:『시전대전(詩傳大全)』에는 다소 다르게 되어 있다.
239) 『시전대전(詩傳大全)』에는 '승(乘)'은 '승(繩)'과 '증(證)'의 반절이고, 협운으로 음은 '신(神)'과 '릉(陵)'의 반절이다.(繩證反, 叶神陵反.)"라고 되어 있다.
240) 叶, 姑弘反:『시전대전(詩傳大全)』에도 동일하게 되어 있다.
241) 音纖, 叶息稜反:『시전대전(詩傳大全)』에는 다소 다르게 되어 있다.

우리를 감히 막을 이가 없도다. 네가 창성하고 치성하도록 하고
네가 장수하고 부유하도록 하여 누런 머리와 복어등을 한 사람이

|詳說|

○ 叶, 方未反.242)

 '부(富)'는 협운으로 '방(方)'과 '미(未)'의 반절이다.

○ 叶, 蒲寐反.243)

 '배(背)'는 협운으로 '포(蒲)'와 '매(寐)'의 반절이다.

|壽胥與試, 俾爾昌而大,|

장수하여 서로 더불어 쓰여지며, 네가 창성하고 크게 되도록 하며

|詳說|

○ 叶, 特計反.244)

 '태(大)'는 협운으로 '특(特)'과 '계(計)'의 반절이다.

|俾爾耆而艾, 萬有千歲,|

네가 장수하도록 하여 만년이요 또 천년에

|詳說|

○ 吾蓋反, 叶, 五計反.245)

 '애(艾)'의 음은 '오(吾)'와 '개(蓋)'의 반절이고, 협운으로 음은 '오(五)'와 '계(計)'의 반절이다.

|眉壽無有害.|

미수(眉壽)하여 해가 없게 하소서.

---

242) 叶, 方未反 :『시전대전(詩傳大全)』에도 동일하게 되어 있다.
243) 叶, 蒲寐反 :『시전대전(詩傳大全)』에도 동일하게 되어 있다.
244) 叶, 特計反 :『시전대전(詩傳大全)』에도 동일하게 되어 있다.
245) 吾蓋反, 叶五計反 :『시전대전(詩傳大全)』에도 동일하게 되어 있다.

詳說

○ 叶, 暇憩反.246)

'해(害)'는 협운으로 음은 '가(暇)'와 '게(憩)'의 반절이다.

朱註

賦也. 千乘, 大國之賦也. 成, 方十里

부(賦)이다. 천승(千乘)은 대국(大國)의 군대이다. 성(成)은 방(方)이 10리인데,

詳說

○ 三山李氏曰 : "井十爲通, 通十爲成."247)

삼산 이씨가 말하였다 : "정(井) 십이 통(通)이고, 통 십이 성(成)이다."248)

朱註

出革車一乘. 甲士三人, 左

혁거(革車) 일승(一乘)을 낸다. 여기에 갑사(甲士)가 3인이니, 왼쪽에 있는 자는

詳說

○ 左人.

'좌(左)'는 왼쪽의 사람이다.

朱註

持弓, 右

활을 잡고, 오른쪽에 있는 자는

詳說

○ 右人.

---

246) 叶, 暇憩反 : 『시전대전(詩傳大全)』에도 동일하게 되어 있다.
247) 『시전대전(詩傳大全)』에 삼산 이씨의 말로 실려 있다.
248) 『시전대전(詩傳大全)』에는 "삼산 이씨가 말하였다 : '살펴보건대, 사마법에서는 육척이 보(步)이고, 보 백이 묘(畝)이며, 묘 백이 부(夫)이고, 부 삼이 옥(屋)이며, 옥 삼이 정(井)이고, 정 십이 통(通)이며, 통 십이 성(成)이다. ….'(三山李氏曰 : 按, 司馬法, 六尺爲步, 步百爲畝, 畝百爲夫, 夫三爲屋, 屋三爲井, 井十爲通, 通十爲成. ….)"라고 되어 있다.

'우(右)'는 오른쪽의 사람이다.

朱註
持矛, 中人御. 步卒七十二人, 將重車者
창을 잡고, 중앙에 있는 사람은 수레를 몬다. 보졸(步卒)이 72명이요, 치중거(輜重車)를 잡고 있는 자가

詳說
○ 牛車, 載器物.
소 수레로 기물을 싣고 있는 것이다.

朱註
二十五人.
25명이다.

詳說
○ 安成劉氏曰 : "炊家子十人, 固守衣裝五人, 廐養五人, 樵汲五人."249)
안성 유씨가 말하였다 : "취사병이 10명이고, 의복과 행낭을 굳게 지키는 자가 5명이며, 말 관리하는 자가 5명이고, 나무하고 물 긷는 자가 5명이다."250)

朱註
千乘之地, 則三百十六里有奇也.
천승(千乘)의 땅은 3백 16리가 넘는 것이다.

詳說
○ 音箕.

---

249) 『시전대전(詩傳大全)』에 안성 유씨의 말로 실려 있다.
250) 『시전대전(詩傳大全)』에는 "안성 유씨가 말하였다 : '…. 취사병이 10명이고, 의복과 행낭을 굳게 지키는 자가 5명이며, 말 관리하는 자가 5명이고, 나무하고 물 긷는 자가 5명이니, 모두 25명이다. …. (安成劉氏曰 : …. 炊家子十人, 固守衣裝五人, 廐養五人, 樵汲五人, 合二十五人也. ….)"라고 되어 있다.

'기(奇)'의 음은 '기(箕)'이다.

○ 地以方言.
땅은 사방으로 말한 것이다.

○ 安成劉氏曰 : "三百十六里餘六十步有奇."251)
안성 유씨가 말하였다 : "3백 16리 외에 60십보가 넘는 것이다."252)

○ 按, 此註, 與孟子首章註不同, 當以此爲定論, 不復計其說之先後矣.
살펴보건대, 여기의 주는 『맹자』 첫 장의 주와 같지 않으니, 이것을 정론으로 하고 다시 그 설의 선후를 따지지 말아야 한다.

朱註

朱英, 所以飾矛, 綠縢, 所以約弓也
주영(朱英)은 창을 꾸미는 것이고, 녹등(綠縢)은 활을 묶는 것이다.

詳說

○ 安成劉氏曰 : "如緄縢之縢."253)
안성 유씨가 말하였다 : "'곤등(緄縢)'의 '등(縢)'과 같다."254)

朱註

二矛, 夷矛酋矛也. 重弓備折壞也. 徒, 步卒也. 三萬, 舉成數也. 車千乘,
이모(二矛)는 이모(夷矛)와 추모(酋矛)이다. 활을 이중(二重)으로 놓는 것은 활이 부러지고 파괴됨을 대비해서 위함이다. 도(徒)는 보졸(步卒)이다. 삼만(三萬)은 성수(成數)를 든 것이다. 수레가 천승(千乘)이면

---

251) 『시전대전(詩傳大全)』에 안성 유씨의 말로 실려 있다.
252) 『시전대전(詩傳大全)』에는 "안성 유씨가 말하였다 : '…, 3백 16리 외에 60십보가 넘지만 그 이(里)의 수치를 더하여 많게 하는 것이 제후를 백리에 봉한다는 제도와 합하지 않는다. ….'(安成劉氏曰 : …, 爲方三百十六里餘六十步有奇, 然其里數增多, 不合於侯封百里之制. ….)"라고 되어 있다.
253) 『시전대전(詩傳大全)』에 안성 유씨의 말로 실려 있다.
254) 『시전대전(詩傳大全)』에는 "안성 유씨가 말하였다 : '등(縢)은 곤등(緄縢)의 등(縢)과 같다.'(安成劉氏曰 : 縢, 如緄縢之縢.)"라고 되어 있다.

詳說

○ 句.

구두해야 한다.

朱註

法當用十萬人, 而爲步卒者, 七萬二千人. 然大國之賦, 適滿千乘, 燮無餘者 苟盡用之是擧國而行也. 故其用之

법에 마땅히 10만 명을 써야 하고 보졸(步卒)은 7만 2천명이다. 그러나 대국(大國)의 군대는 천승(千乘)에 꽉 차니, 만일 이들을 다 쓴다면 이는 온 나라를 총동원하여 출동하는 것이다. 그러므로 그들을 쓰면

詳說

○ 其用之者.

그들을 쓸 경우이다.

朱註

大國, 三軍而已.

큰 나라에서는 세 군으로 할 뿐이다.

詳說

○ 三分之一而强.

삼분의 일로 해서 강하게 하는 것이다.

朱註

三軍, 爲車三百七十五乘, 三萬七千五百人. 其爲步卒不過二萬七千人, 擧其中

삼군(三軍)은 수레가 3백 7십 5승이고, 병력이 3만 7천 5백명이다. 그 중에 보졸은 2만 7천명에 불과한데 그 중간을 들어

詳說

○ 三萬七千五百與二萬七千之中也.
3만 7천 5백과 2만 7천의 중간이다.

朱註

而以成數言, 故曰三萬也.
성수(成數)로 말했기 때문에 3만이라고 말한 것이다.

詳說

○ 華谷嚴氏曰 : "魯頌多夸大之詞曰千乘曰三萬, 不必求其數之盡合也."255)
화곡 엄씨가 말하였다 : "노송은 대부분 과대하게 말하여 천승이라고 하고 삼만이라고 하였으니, 굳이 그 수치가 모두 합하기를 구할 필요는 없다."

朱註

貝冑, 貝飾冑也.
패주(貝冑)는 자개로 꾸민 투구이다.

詳說

○ 孔氏曰 : "貝水蟲甲有文章."256)
공씨가 말하였다 : "패(貝)는 바다 조개에 무늬가 있는 것이다."257)

朱註

朱綅, 所以綴也.
주침(朱)은 투구를 묶는 것이다.

詳說

○ 孔氏曰 : 以朱綫綴甲.258)

---

255) 『시전대전(詩傳大全)』에 화곡 엄씨의 말로 동일하게 실려 있다.
256) 『시전대전(詩傳大全)』에 공씨의 말로 실려 있다.
257) 『시전대전(詩傳大全)』에는 "공씨가 말하였다 : '패(貝)는 바다 조개에 무늬가 있는 것이고, 주(冑)는 투구에 패(貝)로 꾸민 것이다. ….'(孔氏曰 : 貝者, 水蟲甲有文章, 冑, 謂兜鍪以貝爲飾. ….)"라고 되어 있다.
258) 『시전대전(詩傳大全)』에 공씨의 말로 실려 있다.

공씨가 말하였다 : "주침으로 갑주를 묶는 것이다."259)

朱註
增, 增衆也. 戎, 西戎. 狄, 北狄. 膺, 當也. 荊
증(增)은 무리를 더함이다. 융(戎)은 서융(西戎)이고, 적(狄)은 북적(北狄)이다. 응(膺)은 막음이다. 형(荊)은

詳說
○ 諺音誤.
『언해』의 음은 잘못되었다.

朱註
楚之別號,
초(楚)나라의 별칭이고,

詳說
○ 安成劉氏曰 : "楚本號以荊山得名, 春秋莊十年始書荊, 僖元年乃改稱楚."260)
안성 유씨가 말하였다 : "초나라는 본래 형산으로 이름을 얻었는데, 『춘추』장공 10년에 비로소 형이라고 기록하였고, 희공 원년에야 초나라로 고쳤다."261)

朱註
舒, 其與國也.
서(舒)는 그 동맹국이다.

---

259) 『시전대전(詩傳大全)』에는 "공씨가 말하였다 : '패(貝)는 바다 조개에 무늬가 있는 것이고, 주(冑)는 투구에 패(貝)로 꾸민 것이다. 『설문』에서 실을 말한다고 했다. 주침은 붉은 실이니, 그것으로 갑주를 묶는 것을 말한다.'(孔氏曰 : 貝者, 水蟲甲有文章, 冑謂兜鍪以貝爲飾. 說文云, 綅綫. 朱綅, 赤綫也, 謂以朱綫綴甲.)"라고 되어 있다.
260) 『시전대전(詩傳大全)』에 안성 유씨의 말로 실려 있다.
261) 『시전대전(詩傳大全)』에는 "안성 유씨가 말하였다 : '형은 초의 본래 호이니, 형산으로 이름을 얻었던 것이다. 『춘추』장공 10년에 비로소 형이라고 기록해 이적의 호를 바르게 했고, 희공 원년에서야 초나라로 고쳤다. …'(安成劉氏曰 : 荊者, 楚之本號, 盖以荊山而得名. 春秋莊公十年始書荊, 以正其夷狄之號. 至僖公元年乃改稱楚. ….)"라고 되어 있다.

詳說

○ 指楚.

'기(其)'는 초를 가리킨다.

○ 相和好之國也.

서로 화목하게 우호적인 나라이다.

朱註

懲, 艾, 承, 禦也. 僖公, 嘗從齊桓公伐楚.

징(懲)은 다스림이요, 승(承)은 막음이다. 희공(僖公)이 일찍이 제환공(齊桓公)을 따라 초(楚)나라를 정벌하였다.

詳說

○ 見左僖四年.

『좌전』 희공 4년에 있다.

朱註

故以此美之,

그러므로 이것으로써 찬미하고

詳說

○ 安成劉氏曰 : "僖公雖不得專其功, 而詩人之辭容有溢美, 讀者當不以辭害意."262)

안성 유씨가 말하였다 : "희공은 그 공을 오로지 하지 못했는데도 시인의 말에 과도한 찬미가 있는 것 같으니, 독자들은 말로 뜻을 해치지 말아야 한다."263)

---

262) 『시전대전(詩傳大全)』에 안성 유씨의 말로 실려 있다.
263) 『시전대전(詩傳大全)』에는 "안성 유씨가 말하였다 : '형은 초의 본래 호이니, 형산으로 이름을 얻었던 것이다. 『춘추』 장공 10년에 비로소 형이라고 기록해 이적의 호를 바르게 했고, 희공 원년에서야 초나라로 고쳤다. 4년에는 희공이 제를 따라 초를 정벌하고 소릉에서 맹약을 이루었다. 희공이 그 공을 오로지 하지 못했는데도 시인의 말에 과도한 찬미가 있는 것 같으니, 독자들은 말로 뜻을 해치지 말아야 한다.'(安成劉氏曰 : 荊者, 楚之本號, 盖以荊山而得名. 春秋莊公十年始書荊, 以正其夷狄之號, 至僖公元年乃改稱楚. 四年僖公從齊伐楚, 遂盟召陵. 僖公雖不得專其功, 而詩人之詞容有溢美, 讀者當不以詞害意.)"라고 되어 있다.

詩集傳詳說 卷之十八

○ 孔氏曰 : "其伐戎狄, 則無文."264)

공씨가 말하였다 : "그가 융적으로 정벌한 것으로는 기록이 없다."265)

○ 三山李氏曰 : "泮水服淮夷, 無其事而美之, 則膺戎狄懲荊舒, 蓋祝頌之辭."266)

삼산 이씨가 말하였다 : "「반수(泮水)」에서 회이(淮夷)를 복종시킨 것은 그 사실이 없음에도 찬미한 것이니, 융적(戎狄)을 정벌하고 형서(荊舒)를 응징했다는 것은 대개 축원하는 말이다."267)

朱註

而祝其昌大壽考也. 壽胥與試之義, 未詳. 王氏曰, 壽考者, 相與爲公用也. 蘇氏曰, 願其壽而相與, 試其才力以爲用也.

창대(昌大)하고 수고(壽考)하기를 축원한 것이다. 수서여시(壽胥與試)의 뜻은 자세하지 않다. 왕씨(王氏)는 "수고(壽考)하는 자들이 서로 더불어 공(公)의 쓰임이 되는 것이다."라고 하였고, 소씨(蘇氏)는 "그 장수하여 서로 더불어 재주와 힘을 시험해서 등용되기를 원한 것이다."라고 하였다.

詳說

○ 曹氏曰 : "老壽者, 相與試用, 則不特三壽作朋而已, 所用皆老成也."268)

조씨가 말하였다 : "고수(考壽)하는 자들이 서로 더불어 시험해서 쓰면 삼수가 벗을 지을 뿐만이 아니라 쓰여지는 자들이 모두 노성하게 되는 것이다."

---

264) 『시전대전(詩傳大全)』에 공씨의 말로 실려 있다.
265) 『시전대전(詩傳大全)』에는 "공씨가 말하였다 : '희공 4년에 제후등과 회합해 초를 정벌하였다. 초는 한편으로 형서라고도 하니, 바로 초의 동맹국이기 때문에 이어서 형서라고 하는 것이다. 그가 융적으로 정벌한 것으로는 기록이 없다.'(孔氏曰 : 僖四年公會齊侯等伐楚. 楚一名荊舒, 是楚之與國, 故連言荊舒, 其伐戎狄, 則無文.)"라고 되어 있다.
266) 『시전대전(詩傳大全)』에 삼산 이씨의 말로 실려 있다.
267) 『시전대전(詩傳大全)』에는 "삼산 이씨가 말하였다 : '「반수(泮水)」에서 희공이 회이(淮夷)를 복종시킨 것을 찬미한 것은 모두 그 사실이 없음에도 찬미한 것이다. 그렇다면 융적(戎狄)을 정벌하고 형서(荊舒)를 응징했다는 것은 반드시 회이를 복종시켰다는 것만 못한 것이 아니니, 대개 축원하는 말의 본보기가 이와 같은 것이다.'(三山李氏曰 : 泮水美僖公能服淮夷, 皆無是事而美之. 則膺戎狄懲荊舒, 未必不如其服淮夷也, 蓋祝頌之詞例如此.)"라고 되어 있다.
268) 『시전대전(詩傳大全)』에 조씨의 말로 거의 비슷하게 실려 있다.

○ 六十日耆, 五十日艾.

　　육십을 기(耆)라고 하고 오십을 애(艾)라고 한다.

○ 華谷嚴氏曰 : "萬有千歲, 猶曰千歲萬歲也."269)

　　화곡 엄씨가 말하였다 : "'만년이요 또 천년에'는 '천년이요, 만년이요'라고 하는 것과 같다."

○ 安成劉氏曰 : "此章承前章祭祀獲福之意, 而美公以武功, 祝公以福壽也."270)

　　안성 유씨가 말하였다 : "여기의 장에서는 앞장의 제사를 지내 복을 얻는다는 의미를 이어서 전쟁의 공으로 공을 찬미하면서 복과 장수를 공에게 빌었다."

[4-4-4-6]

泰山巖巖, 魯邦所詹.

태산이 높고 높으니 노나라가 우러러보는 바로다.

詳說

○ 叶, 魚枕反.271)

　　'암(巖)'은 협운으로 음은 '어(魚)'와 '험(枕)'의 반절이다.272)

奄有龜蒙, 遂荒大東, 至于海邦, 淮夷來同,

곧 구산과 몽산을 소유하고 마침내 동쪽 끝까지 확장하여 해방에 이르니, 회이(淮夷)가 와서 함께 하여

詳說

○ 叶, 卜工反.273)

---

269) 『시전대전(詩傳大全)』에 화곡 엄씨의 말로 동일하게 실려 있다.
270) 『시전대전(詩傳大全)』에 안성 유씨의 말로 동일하게 실려 있다.
271) 叶, 魚枕反 : 『시전대전(詩傳大全)』에는 다소 다르게 되어 있다.
272) 『시전대전(詩傳大全)』에는 "'암(巖)'은 협운으로 음은 '어(魚)'에서의 'ㅇ'과 '함(咸)'에서의 'ㅁ'을 합한 '암'이다.(叶, 魚咸反.)"라고 되어 있다.
273) 叶, 卜工反 : 『시전대전(詩傳大全)』에도 동일하게 되어 있다.

'방(邦)'은 협운으로 음은 '복(卜)'과 '공(工)'의 반절이다.

|莫不率從, 魯侯之功.|
따르지 않는 이가 없는 것은 노후의 공이시도다.

|詳說|
○ 于, 一作於.
'우(于)'는 어떤 판본에는 '어(於)'로 되어 있다.

|朱註|
賦也. 泰山, 魯之望也.
부(賦)이다. 태산은 노나라에서 바라보이는 것이다.

|詳說|
○ 孔氏曰 : "魯齊, 皆以爲望也."274)
공씨가 말하였다 : "노나라와 제나라에서 모두 바라보이는 것이다."275)

○ 望而祭之.
바라보면서 제사하는 것이다.

|朱註|
詹, 與瞻同. 龜蒙, 二山名.
첨(詹)은 첨(瞻)과 같다. 구(龜), 몽(蒙)은 두 산의 이름이다.

|詳說|
○ 孔氏曰 : "魯之境內, 有此二山, 故言奄有."276)
공씨가 말하였다 : "노나라의 경내에 이 두 산이 있기 때문에 '곧 소유하였다.'

---

274) 『시전대전(詩傳大全)』에 공씨의 말로 실려 있다.
275) 『시전대전(詩傳大全)』에는 "공씨가 말하였다 : '태산은 제나라와 노나라의 경계에 있다. 그 북쪽은 노나라이고, 그 남쪽은 제나라이니, 노나라와 제나라에서 모두 바라보이는 것이다.'(孔氏曰 : 泰山在齊魯之界. 其陽則魯, 其陰則齊, 二國皆以爲望也.)"라고 되어 있다.
276) 『시전대전(詩傳大全)』에 공씨의 말로 실려 있다.

고 한 것이다."277)

○ 曹氏曰 : "龜, 則鄒之龜山, 蒙則費之東蒙山."278)
　　조씨가 말하였다 : "구는 추의 구산이고, 몽은 비의 동몽산이다."

○ 鄭氏曰 : "奄, 覆也"279)
　　정씨가 말하였다 : "'엄(奄)'은 '복(覆)'이다."

朱註
荒, 奄也.
황(荒)은 큼이다.

詳說
○ 已見樛木.
　　이미 「규목」에 있다.

朱註
大東, 極東也.
대동(大東)은 극동(極東)이다.

詳說
○ 與小雅大東不同.
　　「소아」「대동」과는 같지 않다.

朱註
海邦, 近海之國也.
해방(海邦)은 바다에 가까운 나라이다.

---

277) 『시전대전(詩傳大全)』에는 "공씨가 말하였다 : 『논어』에서 전유를 설명하면서 '「옛날에 선왕이 동몽산의 제주로 삼았다.」고 하였으니, 바로 노나라의 경내에 이 두 산이 있었던 것이다. 그러므로 「곧 소유하였다.」고 한 것이다.'(孔氏曰 : …. 論語說顓臾云, 昔者先王以爲東蒙主, 是魯之境內, 有此二山, 故言奄有.)"라고 되어 있다.
278) 『시전대전(詩傳大全)』에 조씨의 말로 동일하게 실려 있다.
279) 『시집(詩緝)』 '전(箋)'의 말로 동일하게 실려 있다.

詳說

○ 鄭氏曰 : "來同盟, 從中國."
정씨가 말하였다 : "와서 동맹하고 중국을 따랐다."

○ 安成劉氏曰 : "此亦承上章祭祀獲福之意, 而言願公治其境內, 以服遠國也, 遂荒以下, 皆期望之詞. 下章放此."280)
안성 유씨가 말하였다 : "여기에서도 위의 장의 제사를 지내 복을 얻는다는 의미를 이어 공이 그 경내를 다스려 먼 나라까지 복종시키기를 원하는 것에 대해 말한 것이니, '마침내 동쪽 끝까지 확장하여' 이하는 모두 기대하여 바라는 말이다. 아래의 장에서도 이와 같다."

[4-4-4-7]
保有鳧繹, 遂荒徐宅,

부산과 역산을 보유하여 마침내 서택을 크게 하여

詳說

○ 叶, 弋灼反.281)
'역(繹)'은 협운으로 음은 '익(弋)'과 '작(灼)'의 반절이다.

○ 叶, 達各反.282)
'택(宅)'은 협운으로 음은 '달(達)'과 '각(各)'의 반절이다.

至于海邦, 淮夷蠻貊,

해방에 이르니, 회이와 만맥과

詳說

○ 叶, 莫博反.283)

---
280) 『시전대전(詩傳大全)』에 안성 유씨의 말로 동일하게 실려 있다.
281) 叶, 弋灼反 : 『시전대전(詩傳大全)』에도 동일하게 되어 있다.
282) 叶, 達各反 : 『시전대전(詩傳大全)』에도 동일하게 되어 있다.
283) 叶, 莫博反 : 『시전대전(詩傳大全)』에도 동일하게 되어 있다.

'맥(貊)'은 협운으로 음은 '막(莫)'과 '박(博)'의 반절이다.

> 及彼南夷, 莫不率從, 莫敢不諾, 魯侯是若.

저 남쪽의 오랑캐들이 따르지 않는 이가 없으며,
감히 응하지 않는 이가 없어서 노후를 이에 순히 하도다.

朱註

賦也. 鳧繹, 二山名.
부(賦)이다. 부(鳧), 역(繹)은 두 산의 이름이다.

詳說

○ 三山李氏曰 : "繹卽嶧陽."284)
삼산 이씨가 말하였다 : "'역(繹)'은 곧 '역양(嶧陽)'이다."285)

朱註

宅, 居也, 謂徐國也.
택(宅)은 거함이니, 서국(徐國)을 이른다.

詳說

○ 淮夷所指狹, 南夷所指廣.
회이는 좁음을 가리키는 것이고, 남이는 넓음을 가리키는 것이다.

朱註

諾, 應辭. 若, 順也. ○ 泰山龜蒙鳧繹, 魯之所有, 其餘, 則國之東南, 勢相連屬,
낙(諾)은 응하는 말이다. 약(若)은 순함이다. ○ 태산(泰山)과 구산(龜山), 몽산(蒙山), 부산(鳧山), 역산(繹山)은 노나라에 있는 것이고, 그 나머지는 노나라의 동남쪽에 기세가 서로 연속되어 있어서

---

284) 『시전대전(詩傳大全)』에 삼산 이씨의 말로 실려 있다.
285) 『시전대전(詩傳大全)』에는 '삼산 이씨가 말하였다 : '여기에서의 역(繹)은 곧 역양(嶧陽)이다.'(三山李氏曰 : …. 此繹, 卽嶧陽也.)"라고 되어 있다.

詳說

○ 音燭.

'촉(屬)'의 음은 '촉(燭)'이다.

朱註

可以服從之國也.

복종시킬 수 있는 나라이다.

詳說

○ 安成劉氏曰 : "其餘非魯所有, 則皆以遂荒總發其詞, 而致其願望於公也."286)

안성 유씨가 말하였다 : "그 나머지는 노나라가 소유한 것이 아니니, 모두 마침내 거칠게 총괄해서 말해 공에게 기원하는 것을 이루려는 것이다."287)

[4-4-4-8]

天錫公純嘏, 眉壽保魯,

하늘이 공에게 큰 복을 내려주시니 미수하여 노나라를 보전하사

詳說

○ 叶, 果五反.288)

'하(嘏)'는 협운으로 음은 '과(果)'와 '오(五)'의 반절이다.

居常與許, 復周公之宇. 魯侯燕喜, 令妻壽母.

상 땅과 허 땅에 거처하여 주공의 옛 터를 회복하시리로다.
노후가 잔치하여 기뻐하시니 훌륭한 아내와 장수한 어머니가 계시도다.

---

286) 『시전대전(詩傳大全)』에 안성 유씨의 말로 실려 있다.
287) 『시전대전(詩傳大全)』에는 "안성 유씨가 말하였다 : '「태산은 우러러보는 바로다.」라고 하고, 「곧 구산과 몽산을 소유하고.」라고 하며, 「부산과 역산을 보유하여」라고 한 것은 모두 노나라의 토지를 가지고 말한 것이고, 그 나머지는 노나라가 소유한 것이 아니니, 모두 마침내 거칠게 총괄해서 말해 공에게 기원하는 것을 이루려는 것이다.'(安成劉氏曰 : 泰山曰所詹, 龜蒙曰奄有, 鳧繹曰保, 皆以魯地而言也其餘非魯所有, 則皆以遂荒總發其詞, 而致其願望於公也.)"라고 되어 있다.
288) 叶, 果五反 : 『시전대전(詩傳大全)』에도 동일하게 되어 있다.

> 詳說

○ 叶, 滿委反.289)

'모(母)'는 협운으로 음은 '만(滿)'과 '위(委)'의 반절이다.

宜大夫庶士, 邦國是有.

대부와 서사들에게 마땅하사 방국을 소유하시니,

> 詳說

○ 叶, 羽己反.290)

'유(有)'는 협운으로 음은 '우(羽)'와 '기(己)'의 반절이다.

既多受祉, 黃髮兒齒.

이미 복을 많이 받으사 누런 머리와 아이 이빨이 나셨도다.

> 朱註

賦也.
부(賦)이다.

> 詳說

○ 純, 大也.
본문의 '순(純)'은 '대(大)'이다.

> 朱註

常或作嘗, 在薛之旁.
상(常)은 혹 상(嘗)으로도 쓰니, 설(薛)나라의 곁에 있다.

> 詳說

○ 曹氏曰 : "孟嘗君食邑於薛."291)

---

289) 叶, 滿委反 :『시전대전(詩傳大全)』에도 동일하게 되어 있다.
290) 叶, 羽己反 :『시전대전(詩傳大全)』에도 동일하게 되어 있다.

조씨가 말하였다 : "맹상군이 설을 식읍으로 하였다."292)

朱註
許, 許田也, 魯朝, 宿之邑也,

허(許)는 허전(許田)이니, 노(魯)나라가 조회할 때에 유숙하는 고을로

詳說
○ 音潮.

'조(朝)'의 음은 '조(潮)'이다.

○ 見左桓元年.

『좌전』 환공 원년에 있다.

○ 左傳注曰, "成王營王城, 賜周公許田, 以爲魯國朝宿之地, 其地近鄭.293)

『좌전』의 주에서 말하였다 : "성왕이 왕성을 경영하면서 주공에게 허전을 하사해서 노나라가 조회할 때 유숙하는 땅으로 삼았는데, 그 땅이 정나라에 가까이 있었다."294)

○ 喜, 樂也.

본문의 '희(喜)'는 '락(樂)'이다.

朱註
皆魯之故地, 見侵於諸侯, 而未復者. 故魯人以是願僖公也. 令妻, 令善之妻,

---

291) 『시전대전(詩傳大全)』에 조씨의 말로 실려 있다.
292) 『시전대전(詩傳大全)』에는 "조씨가 말하였다 : '한나라의 지리지에서 노나라에 설현이 있어 제나라 맹상군이 설을 식읍으로 하였다고 하였으니, 일찍이 먼저 노나라에 속해야 하는 것이다.'(曹氏曰 : 漢地理志, 魯有薛縣, 而齊孟嘗君食邑於薛, 則嘗先當屬魯.)"라고 되어 있다.
293) 『시전대전(詩傳大全)』에 공씨가 두예의 주를 인용한 것으로 실려 있다.
294) 『시전대전(詩傳大全)』에는 "공씨가 말하였다 : '환공 원년에 정백이 옥으로 허전을 바꾸었다. 두예의 주에는 성왕이 왕성을 경영하였기 때문에 주공에게 허전을 하사하여 노나라가 조회할 때 유숙하는 땅으로 삼았는데, 그 땅이 정나라에 가까이 있었기 때문에 정나라에서 바꾸었던 것이다.'(孔氏曰 : 桓元年, 鄭伯以璧假許田. 杜預注, 成王營王城, 故賜周公許田, 以爲魯朝宿之地. 其地近鄭, 故鄭易之也.)"라고 되어 있다.

聲姜也, 壽母, 壽考之母, 成風也. 閔公, 八歲被弑,
이는 모두 노나라의 옛 땅이었는데, 제후들에게 침탈을 당하여 아직 회복하지 못하였다. 그러므로 노나라 사람들이 이로써 희공에게 원한 것이다. 영처(令妻)는 훌륭한 아내이니, 성강(聲姜)이고, 수모(壽母)는 수고(壽考)하신 어머니이니, 성풍(成風)이다. 민공(閔公)은 8세에 시해(弑害)를 당했으니,

詳說

○ 安成劉氏曰 : "爲慶父所弑."295)
안성 유씨가 말하였다 : "경보에게 시해되었다."296)

朱註

必是未娶, 其母叔姜, 亦應未老, 此言令妻壽母, 又可見公爲僖公無疑也.
반드시 장가들지 않았을 것이요, 그 어머니인 숙강(叔姜)도 응당 늙지 않았을 것인데, 여기에서 영처(令妻), 수모(壽母)라고 말했으니, 또 공이 희공임은 의심할 나위가 없음을 알 수 있다.

詳說

○ 平聲.
'응(應)'은 평성이다.

○ 又以爲僖公, 詩之一證.
또 희공으로 여기는 시의 한 증거이다.

○ 冝, 和也.
'의(冝)'는 '화(和)'이다.

朱註

---

295) 『시전대전(詩傳大全)』에 안성 유씨의 말로 실려 있다.
296) 『시전대전(詩傳大全)』에는 "안성 유씨가 말하였다 : '민공은 재위 2년에 경보에게 시해되었다. 그 어머니는 숙강으로 장공의 부인이고, 애강의 동생이다.'(安成劉氏曰 : 閔公在位二年, 爲慶父所弑. 其母叔姜, 莊公夫人, 哀姜之娣也..)"라고 되어 있다.

有, 常有也. 兒齒, 齒落更生細者, 亦壽徵也.
유(有)는 항상 소유함이다. 아치(兒齒)는 이가 빠지고 다시 작은 것이 난 것이다. 또한 장수할 징조이다.

詳說

○ 眉山蘇氏曰 : 願公壽考以復魯之侵地, 㚇其室家臣庶以保有其國也.297)

미산 소씨가 말하였다 : "공이 장수해서 노나라의 빼앗긴 땅을 회복하고, 당연히 그 실가와 신민들이 그 나라를 소유하기를 기원한 것이다."

○ 安成劉氏曰 : "此章稱願僖公享壽富康寧之福有夫妻子母之樂, 皆承前章祭祀獲福之意也."298)

안성 유씨가 말하였다 : "여기의 장에서 희공이 장수하고 부유하며 편안한 복을 누리고 처자의 즐거움이 있기를 찬양하고 기원한 것은 모두 앞의 장에서 제사를 지내 복을 받는다는 의미를 이어받은 것이다."

[4-4-4-9]

徂來之松, 新甫之柏,

저래산의 소나무와 신보산의 잣나무를

詳說

○ 叶, 逋莫反.299)

'백(柏)'은 협운으로 '포(逋)'와 '막(莫)'의 반절이다.

是斷是度, 是尋是尺,

이에 자르고 이에 헤아리며 이에 재고 이에 자질하여

---

297) 『시전대전(詩傳大全)』에 미산 소씨의 말로 동일하게 실려 있다.
298) 『시전대전(詩傳大全)』에 안성 유씨의 말로 동일하게 실려 있다.
299) 叶, 逋莫反 : 『시전대전(詩傳大全)』에도 동일하게 되어 있다.

詳說

○ 音短.300)
  '단(斷)'의 음은 '단(短)'이다.

○ 入聲
  '도(度)'는 입성이다.

○ 叶, 尺約反.301)
  '척(尺)'은 협운으로 '척(尺)'과 '약(約)'의 반절이다.

松桷有鳥, 路寢孔碩.

소나무로 만든 서까래가 크기도 하니, 노침(路寢)이 매우 크도다

詳說

○ 音角.302)
  '각(桷)'의 음은 '각(桷)'이다.

○ 叶, 七約反.303)
  '석(舄)'은 협운으로 음은 '칠(七)'과 '약(約)'의 반절이다.

○ 叶, 常約反.304)

新廟奕奕, 奚斯所作.

새 사당이 혁혁(奕奕)하니 해사(奚斯)가 지은 바로다 .

詳說

---

300) 音短 : 『시전대전(詩傳大全)』에도 동일하게 되어 있다.
301) 叶, 尺約反 : 『시전대전(詩傳大全)』에도 동일하게 되어 있다.
302) 音角 : 『시전대전(詩傳大全)』에도 동일하게 되어 있다.
303) 叶, 七約反 : 『시전대전(詩傳大全)』에도 동일하게 되어 있다.
304) 叶, 常約反 : 『시전대전(詩傳大全)』에도 동일하게 되어 있다.

○ 叶, 弋灼反.305)

'혁(奕)'은 협운으로 음은 '익(弋)'과 '작(灼)'의 반절이다.

孔曼且碩, 萬民是若.

심히 길고 또 크니 만민(萬民)의 기대에 이에 순히 하도다.

詳說

○ 音萬.306)

'만(曼)'의 음은 '만(萬)'이다.

○ 同上.307)

'석(碩)'의 음은 위와 같다.

朱註

賦也. 徂來新甫, 二山名. 八尺, 曰尋.

부(賦)이다. 저래(徂來), 신보(新甫)는 두 산의 이름이다. 팔척(八尺)을 심(尋)이라 한다.

詳說

○ 慶源輔氏曰 : "斷而度之, 或長或短."308)

경원 보씨가 말하였다 : "잘라서 재어보면 길기도 하고 짧기도 하다."309)

朱註

舃, 大貌. 路寢, 正寢也.

석(舃)은 큰 모양이다. 노침(路寢)은 정침(正寢)이다.

---

305) 叶, 弋灼反 : 『시전대전(詩傳大全)』에도 동일하게 되어 있다.
306) 音萬 : 『시전대전(詩傳大全)』에도 동일하게 되어 있다.
307) 同上 : 『시전대전(詩傳大全)』에도 동일하게 되어 있다.
308) 『시전통석(詩傳通釋)』에 경원 보씨의 말로 실려 있다.
309) 『시전통석(詩傳通釋)』에는 "보씨가 말하였다 : '9장에서는 이 송을 지은 것에 근본하여 말하였다. 두 산에서 가져다가 잘라서 재어보면 길기도 하고 짧기도 한데, 서까래로 만든 소나무가 큼직하게 커면 들보가 되고 기둥이 될 것이 이미 만들어졌음을 알 수 있다. …'輔氏曰 : 九章, 則本其所以作是頌言者. 取于二山, 斷而度之, 或長或短, 而松之爲椽桷者, 猶舃然而大, 則其爲梁爲柱者可知既成. ….)"라고 되어 있다.

詳說

○ 安成劉氏曰 : "路亦訓大."310)
안성 유씨가 말하였다 : "'로(路)'도 '대(大)'로 풀이한다."

○ 慶源輔氏曰 : "廟後之正寢."311)
경원 보씨가 말하였다 : "사당의 뒤에 있는 정침이다."312)

朱註
新廟, 僖公所修之廟.
신묘(新廟)는 희공(僖公)이 중수(重修)한 사당이다.

詳說
○ 安成劉氏曰 : "卽所謂閟宮也."313)
안성 유씨가 말하였다 : "곧 이른바 비궁이다."314)

○ 至末章始及修廟之本事.
끝의 장에서야 비로소 종묘를 개수하는 본래의 일을 언급한 것이다.

○ 定宇陳氏曰 : "以其新修, 故曰新廟. 毛鄭以閟宮爲姜嫄廟者, 固非. 毛又以新廟爲閔公廟者, 尤非也."315)
정우 진씨가 말하였다 : "새롭게 개수하였기 때문에 '새 사당'이라고 했던 것이다. 모씨와 정씨가 비궁을 강원의 사당으로 여기는 것은 진실로 틀렸다. 모씨가 또 새 사당을 민공의 사당으로 여긴 것은 더욱 잘 틀린 것이다."316)

---

310) 『시전대전(詩傳大全)』에 안성 유씨의 말로 동일하게 실려 있다.
311) 『시전대전(詩傳大全)』에 경원 보씨의 말로 실려 있다.
312) 『시전대전(詩傳大全)』에는 "보씨가 말하였다 : '…. 두 산에서 가져다가 잘라서 재어보면 길기도 하고 짧기도 한데, 서까래로 만든 소나무가 큼직하게 커면 들보가 되고 기둥이 될 것이 이미 만들어졌음을 알 수 있다. 사당 뒤의 정침이 또 이미 아주 넓고 크다면, 희공이 개수한 사당이 큰 것이다. ….'(慶源輔氏曰 : 九章, 則本所以作是頌者言之. 取木於二山, 斷以度之, 或長或短, 而松之爲榱桷者, 猶昜然而大, 則其爲梁爲柱者, 可知旣成. 廟後之正寢, 又甚宏大, 則僖公所修之廟大矣. ….)"라고 되어 있다.
313) 『시전대전(詩傳大全)』에 안성 유씨의 말로 실려 있다.
314) 『시전대전(詩傳大全)』에는 "안성 유씨가 말하였다 : '곧 앞의 이른바 비궁이다.'(安成劉氏曰 : 卽前所謂閟宮也.)"라고 되어 있다.
315) 『시전대전(詩傳大全)』에 정우 진씨의 말로 실려 있다.
316) 『시전대전(詩傳大全)』에는 "정우 진씨가 말하였다 : '희공이 비궁을 개수하여 새롭게 수리하였기 때문에 「새 사당」이라고 했던 것이고, 노침은 곧 사당 가운데의 정침이다. 모씨와 정씨가 비궁을 강원의 사당으로

○ 奚, 諺音誤.
    '혁(奚)'은 『언해』의 음이 잘못되었다.

朱註
奚斯, 公子魚也. 作者, 敎護屬功課章程也.
해사(奚斯)는 공자(公子) 어(魚)이다. 작(作)이라는 것은 공장(工匠)들을 교호(敎護)하여 공사의 진도[功課]와 규정[章程]을 맡기는 것이다.

詳說
○ 諺音誤.
    '해(奚)'는 『언해』의 음이 잘못되었다.

○ 音燭.
    '촉(屬)'의 음은 '촉(燭)'이다.

○ 見鄭箋.
    「정전(鄭箋)」에 있다.

○ 孔氏曰 : "令工匠監護其事, 屬付工役, 課其章程."317)
    공씨가 말하였다 : "공장들이 그 일을 보살피고 보호하여 공역을 맡고 규정대로 진행하게 하였다."318)

朱註
曼, 長, 碩, 大也.
만(曼)은 깊이요, 석(碩)은 큼이다.

여기는 것은 진실로 틀렸다. 모씨가 도 새 사당을 민공의 사당으로 여긴 것은 더욱 잘 틀린 것이다.'(定宇 陳氏曰 : 僖公修閟宮以其新修, 故又曰新廟, 而路寢即廟中之正寢也. 毛鄭以閟宮爲姜嫄廟者, 固非. 毛又以新廟爲閔公廟者, 尤非也.)"라고 되어 있다.
317) 『시전대전(詩傳大全)』에 공씨의 말로 실려 있다.
318) 『시전대전(詩傳大全)』에는 "공씨가 말하였다 : '공자가 어가 그 주사(主帥)가 되어 공장들이 그 일을 보살피고 보호하여 공역을 맡고 규정대로 맡고 진행하게 하였다.(孔氏曰 : 公子魚爲之主帥, 敎令工匠監護其事, 屬付工役, 課其章程.)"라고 되어 있다.

詳說

○ 慶源輔氏曰 : "其制度甚長且大"319)

경원 보씨가 말하였다 : "그 제도가 장차대한 것이다."320)

朱註

萬民是若, 順萬民之望也.

만민시약(萬民是若)은 만민(萬民)의 소망을 순히 하는 것이다.

詳說

○ 慶源輔氏曰 : "有興作而不順民心, 則興怨讟矣, 安能致如斯之頌禱乎."321)

경원 보씨가 말하였다 : "흥기했는데, 민심을 따르지 않는 것이 있다면 원망이 생길 것이니, 어떻게 이처럼 기리며 기원할 수 있겠는가?"322)

○ 安成劉氏曰 : "此章復詳言修廟之事, 與篇首兩句之意, 相首尾也."323)

안성 유씨가 말하였다 : "여기의 장에서는 사당을 개수한 일을 다시 자세하게 말하였는데, 편에서 앞의 두 구의 의미와 서로 수미가 된다."

朱註

閟宮, 九章, 五章章十七句,

「비궁」은 9장으로 다섯 장은 장이 17구이고,

---

319) 『시전대전(詩傳大全)』에 경원 보씨의 말로 실려 있다.
320) 『시전대전(詩傳大全)』에는 "경원 보씨가 말하였다 : '…. 사당 뒤의 정침이 또 이미 아주 넓고 크다면, 희공이 개수한 사당이 큰 것이다. ….' 또 말하였다 : '그 일을 맡겨 공역하는 사람들을 감독하도록 교호하면서 「이것은 실로 해사가 지은 바로다.」라고 하였다면, 그 제도가 장차대한 것으로 백성들의 소망을 따른 것이다.'(慶源輔氏曰 : …. 廟後之正寢, 又甚宏大, 則僖公所修之廟大矣. 又言其教護屬功, 董其功役之人而曰, 此實奚斯所作, 其制度甚長且大, 以順萬民之望也. ….)"라고 되어 있다.
321) 『시전대전(詩傳大全)』에 경원 보씨의 말로 실려 있다.
322) 『시전대전(詩傳大全)』에는 "경원 보씨가 말하였다 : '…' 또 말하였다 : '그 일을 맡겨 공역하는 사람들을 감독하도록 교호하면서 「이것은 실로 해사가 지은 바로다.」라고 하였다면, 그 제도가 장차대한 것으로 백성들의 소망을 따른 것이다. 흥기했는데, 민심을 따르지 않는 것이 있다면 원망이 생길 것이니, 어떻게 이처럼 기리며 기원할 수 있겠는가?'(慶源輔氏曰 : …. 又言其教護屬功, 董其功役之人而曰, 此實奚斯所作, 其制度甚長且大, 以順萬民之望也. 有所興作而不順民心, 則興怨讟矣, 安能致彼如斯之頌禱哉.)"라고 되어 있다.
323) 『시전대전(詩傳大全)』에 안성 유씨의 말로 동일하게 실려 있다.

詳說

○ 內第四章, 脫一句.
4장 안에서 한 구가 탈락되었다.

朱註

二章章八句, 二章章十句.
두 장은 장이 8구이며, 두 장은 장이 10구이다.

詳說

○ 新安胡氏曰：“閟宮, 是依倣殷武而作. 殷武首言伐荊楚, 次言侯國服從, 方及於壽考, 結之以作寢廟. 閟宮首原家世, 次及承祭祀攘夷狄復境土, 極頌其壽考, 結之以作新廟. 與殷武, 如出一手, 特殷武簡而嚴, 閟宮張而夸耳. 故朱子於殷武之末, 謂與閟宮卒章, 文意略同.”324)

신안 호씨가 말하였다 : "「비궁」은 「은무(殷武)」를 모방해서 지은 것이다. 「은무」의 첫머리에서 '형초를 정벌하였다.'고 하고, 이어 후국들이 복종한다고 하며, 바야흐로 장수하는 것을 언급하면서 침묘를 지은 것으로 맺었다. 「비궁」의 첫머리에서 집안의 계보에 근원하고, 이어 제사를 계승해 지내고 이적을 물리쳐 영토를 회복한 것을 언급하고 장수를 극도로 기리면서 새 사당을 지은 것으로 맺었다. 그러니 「은무」가 한 사람의 손에서 나온 것과 같은데, 다만 「은무」는 간결하면서 엄숙하고, 「비궁」은 장대하면서 과장된 것일 뿐이다. 그러므로 주자가 「은무」의 끝에서 「비궁」의 끝장과 문의가 서로 같다고 했던 것이다."325)

---

324) 『시전대전(詩傳大全)』에 신안 호씨의 말로 실려 있다.
325) 『시전대전(詩傳大全)』에는 "신안 호씨가 말하였다 : '곰곰히 생각해보니, 「비궁」은 「은무(殷武)」를 모방해서 지은 것이다. 「은무」의 첫머리에서 고종이 형초를 정벌한 것을 말하였고, 이어 후국들이 복종하는 것을 말하면서 바야흐로 장수하고 편안한 것을 언급하면서 느닷없이 침묘를 지은 것으로 맺었다. 주자가 사당 가운데의 침소를 고종의 신을 편안히 하는 것으로 해석한 것은 옳다. 「비궁」의 첫머리에서 집안의 계보에 근원하고, 이어 제사를 계승해 지내고 이적을 물리쳐 영토를 회복한 것을 언급하고 장수를 극도로 기리면서 새 사당을 지은 것으로 맺었다. 그러니 「은무」가 한 사람의 손에서 나온 것과 같은데, 다만 「은무」는 간결하면서 엄숙하고, 「비궁」은 장대하면서 과장된 것일 뿐이다. 그러므로 주자가 「은무」의 끝에서 「비궁」의 끝장과 문의가 서로 같다고 했던 것이고, 선대의 학자들은 이 시가 회와 맥을 복종시킨 등의 일과 관련시켰던 것이다.'(新安胡氏曰：竊謂閟宮是依倣殷武而作. 殷武首言高宗伐荊楚, 次言侯國服從, 方及於壽考且寧, 遽結之以作寢廟. 朱子釋廟中之寢所, 以安高宗之神, 得之矣. 閟宮首原僖公家世, 次及承祭祀攘夷狄復境土, 極頌其壽考, 亦遽結之以作新廟. 與殷武如出一手, 特殷武簡而嚴, 閟宮張而夸耳. 故朱子於殷武之末, 謂與閟宮卒章文意畧同, 但先儒因此詩服淮夷蠻貊等事.)"라고 되어 있다.

朱註

舊說, 八章, 二章, 章十七句, 一章十二句, 一章三十八句
구설(舊說)에는 '8장으로 두 장은 장이 17구이고, 한 장은 12구이며, 한 장은 38구이고,

詳說

○ 享以騂犧至眉壽無有害, 蓋見陵乘上下韻叶, 而遂合之, 拖長至此耳.
'제향을 올리되 붉은 희생으로 한다.'는 것에서 '미수(眉壽)하여 해가 없게 하소서.'까지는 릉(陵)이 상하의 운과 협운을 타다가 마침내 합하는 것을 길게 풀어 놓은 것이 여기까지임을 드러낸 것이다.

朱註

二章, 章八句, 二章, 章十句. 多寡不均, 雜亂無次, 蓋不知第四章有脫句而然. 今正其誤
두 장은 장이 8구이고, 두 장은 장이 10구이다.'로 되어 있다. 다소가 균등하지 않고 뒤섞여 차례가 없는 것은 4장에 빠진 구(句)가 있음을 알지 못하여 그러했던 것이다. 이제 그 잘못을 바로잡는다.

詳說

○ 知有脫句, 則五章章十七句, 井井無糸差其分章, 自不費力矣.
탈락된 구절이 있음을 알았다면 정리에 그 분장을 뒤섞는 잘못이 없어 힘을 빼지 않을 것이다.

朱註

魯頌四篇에 二十四章이요 二百四十三句.
「노송」은 4편에 24장이고, 243구이다.

詳說

○ 考索曰 : "駉言牧馬, 有駜言宴飲, 泮水言服淮夷, 其事猶爲可褒. 至於閟宮, 則毀譽失眞, 且言姜嫄后稷至於文武, 與夫郊天

之祭, 魯以諸侯, 而乃盛稱以示誇耀, 不亦過乎."326)
『고색』에서 말하였다 : "「경」에서는 말을 기르는 것에 대해 말하였고, 「유필」에서는 연회에서 술을 마시는 것에 대해 말하였으며, 「반수」에서는 회이를 복종시킨 것에 대해 말하였으니, 그 일을 여전히 기릴 수 있다. 그런데 「비궁」에서는 비하하고 기리는 것이 참됨을 잃었고, 또 강원과 후직부터 문무와 제천제까지 말한 것은 노나라가 제후인데도 그야말로 성대하게 칭해 뽐내고 자랑함을 드러냈으니, 또한 지나치지 않은 것이겠는가!"327)

○ 臨川王氏曰 : "周頌之辭約約, 所以爲嚴盛德故也, 魯頌之詞侈侈, 所以爲夸德不足故也."328)
임천 왕씨가 말하였다 : "「주송」의 말이 간략한 것은 성대한 덕을 엄숙하게 하기 위한 까닭이고, 「노송」의 말이 사치스러운 것은 자랑할 덕이 부족하기 때문이다.

---

326) 『시전대전(詩傳大全)』에 『고색』의 말로 실려 있다.
327) 『시전대전(詩傳大全)』에는 "『고색』에서 말하였다 : '「경」에서는 말을 기르는 일에 대해 말하였고, 「유필」에서는 임금과 신하가 연회에서 술을 마시는 것에 대해 말하였으며, 「반수」에서는 반궁을 개수하고 회이를 복종시킨 일에 대해 말하였으니, 기리는 일들이 여전히 기려야 하는 것들이다. 그런데 「비궁」에서는 비하하고 기리는 것이 참됨을 잃었고, 또 이를테면 강원과 후직부터 문무와 제천제까지 말한 것은 노나라가 제후인데도 그야말로 성대하게 칭해 뽐내고 자랑함을 드러낸 것이니, 또한 지나치지 않은 것이겠는가!'(考索曰 : 駉詩言牧馬之事, 有駜言君臣宴飮, 泮水言其修泮宮服淮夷, 所褒之事, 猶爲可褒也. 至於閟宮, 則毁譽失眞, 且如言姜嫄后稷至於文武, 與夫郊天之祭, 魯以諸侯而乃盛稱, 以示誇耀, 不亦過乎.)"라고 되어 있다.
328) 『시전대전(詩傳大全)』에 임천 왕씨의 말로 동일하게 실려 있다.

4-5. 상송 (商頌 四之五)

朱註

契爲舜司徒而封於商
설이 순임금의 사도로 상에 봉해졌는데,

詳說

○ 音薛, 後幷同.
'설(契)'의 음은 '설(薛)'로 뒤에서도 모두 같다.

○ 曹氏曰 : "今上雒商, 是也."329)
조씨가 말하였다 : "지금 상락의 상이 여기에 해당한다."330)

朱註

傳十四世, 而湯有天下. 其後三宗迭興,
14대를 전하여 탕임금이 천하를 소유하였다. 그 뒤에 삼종이 차례로 일어났는데,

詳說

○ 孔氏曰 : "有五敎之功, 乃賜姓曰子."331)
공씨가 말하였다 : "오교(五敎)의 공이 있어 이에 성을 하사받아 자(子)라고 하였다."332)

○ 安成劉氏曰 : "湯後九世至大戊, 廟號中宗, 大戊後十三世至武丁, 廟號高宗, 武丁再傳而至祖甲, 商人宗之, 皆爲百世不遷之

---

329) 『시전대전(詩傳大全)』에 조씨의 말로 실려 있다.
330) 『시전대전(詩傳大全)』에는 "조씨가 말하였다 : '설이 상에 봉해졌다는 것은 지금 상락의 상이 여기에 해당한다. ….'(曹氏曰 : "契封商, 今上雒商, 是也. ….")라고 되어 있다.
331) 『시전대전(詩傳大全)』에 공씨의 말로 실려 있다.
332) 『시전대전(詩傳大全)』에는 "공씨가 말하였다 : '설이 사도가 되어 오교(五敎)의 공이 있어 이에 성을 하사받아 자(子)라고 하였다. 설에서 탕까지 14대이다.'(孔氏曰 : 契爲司徒, 有五敎之功, 乃賜姓曰子, 而封於商. 從契至湯, 爲十四世也.)"라고 되어 있다.

廟, 故無逸歷言之, 但祖甲親盡之際, 適國亡, 故未有宗號也 歟."333)

안성 유씨가 말하였다 : "탕 뒤에 9대로 대무에 와서 사당에서 중종이라고 하였고, 대무 뒤에 13대로 무정에 와서 사당에서 고종이라고 하였으며, 무정에서 재전되어 조갑에 와서 상나라 사람들이 종주로 한 것은 모두 영원히 옮기지 않는 사당이기 때문에 없애지 않고 차례로 말한 것인데, 다만 조갑이 친진하는 사이에 가져간 나라에서 없어졌기 때문에 종주의 호가 없는 것 같다."334)

○ 太甲爲太宗.
태갑은 태종이다.

朱註

及紂無道, 爲武王所滅, 封其庶兄微子啓於宋, 修其禮樂以奉商後,
주왕이 무도하게 되자 무왕에게 멸망당했고, 그 서형 미자계를 송나라에 봉해 그 예악을 닦아 상나라의 후사를 받들게 하였으니,

詳說

○ 吳氏曰 : "武王克殷, 封武庚於殷墟, 封微子於宋. 及武庚叛死, 始卽微子已封之宋, 建之爲上公, 以奉湯祀, 作微子之命以申之."335)

오씨가 말하였다 : "무왕이 은을 멸망시키고 무경을 은허에 봉하고 미자를 송에 봉하였다. 무씨와 유씨가 모반으로 죽자 비로소 곧 미자를 송에 봉한 다음에 상공으로 세워 탕의 제사를 받들게 하고, 미자의 명을 만들어 거듭하게 하였다."336)

---

333) 『시전대전(詩傳大全)』에 안성 유씨의 말로 실려 있다.
334) 『시전대전(詩傳大全)』에는 "안성 유씨가 말하였다 : "탕 뒤에 9대로 대무에 와서 상나라의 도가 흥기해서 사당에서 중종이라고 하였고, 대무 뒤에 13대로 무정에 와서 상나라의 도가 다시 흥기해서 사당에서 고종이라고 하였으며, 무정에서 재전되어 조갑에 와서 이른바 삼종이 번갈아 일어났다. 상나라 사람들이 종주로 한 것은 모두 영원히 옮기지 않는 사당이기 때문에 주공이 없어지지 않는 것으로 만들어 차례로 말한 것인데. 다만 조갑이 친진하는 사이에 가져간 나라에서 없어졌기 때문에 종주의 호가 없는 것 같다.(安成劉氏曰 : 湯後九世至大戊, 而商道興, 廟號中宗, 大戊後十三世至武丁, 商道復興, 廟號高宗, 武丁再傳而至祖甲, 所謂三宗迭興也. 蓋商人宗之, 皆爲百世不遷之廟, 故周公作無逸歷擧言之, 但祖甲親盡之際, 適以國亡, 故未有宗號也歟.)"라고 되어 있다.
335) 『시전대전(詩傳大全)』에 오씨의 말로 실려 있다.
336) 『시전대전(詩傳大全)』에는 "오씨가 말하였다 : '무왕이 은을 멸망시키고 무경을 은허에 봉하고 미자를 송에 봉하였다. 무씨와 유씨가 모반해서 무왕이 죽여버리자 비로소 곧 미자를 송에 봉한 다음에 상공으로 세워 탕의 제사를 받들게 하고, 미자의 명을 만들어 거듭하게 하였다.'(吳氏曰 : 武王克殷. 封武庚於殷墟,

朱註

其地在禹貢徐州泗濱, 西及豫州盟豬之野. 其後政衰, 商之禮樂, 日以放失. 七世至戴公時

그 지역이 우공의 서주 사빈에 있어 서쪽으로는 예주 맹저의 들에까지 미쳤었다. 그 뒤에 정사가 쇠하여 상나라의 예악이 날로 사라졌다. 7세 대공의 때에

詳說

○ 音孟.

'맹(盟)'의 음은 '맹(孟)'이다.

○ 澤名.

'저(豬)'는 못의 이름이다.

○ 孔氏曰 : "凡十君除二兄弟同世, 是七世也."337)

공씨가 말하였다 : "모두 열 임금에 두 형제가 같은 세대인 것을 제외하면 7대이다."338)

朱註

大夫正考甫,

대부 정고보가

詳說

○ 鄭氏曰 : 祖弗父何, 以有宋而授厲公.339)

정씨가 말하였다 : "조불보하가 송나라를 소유해서 여공에게 주었다."

封微子於宋. 及武庚叛, 成王殺之, 始即微子已封之宋, 建之爲上公, 以奉湯祀, 作微子之命以申之.)"라고 되어 있다.
337) 『시전대전(詩傳大全)』에 공씨의 말로 실려 있다.
338) 『시전대전(詩傳大全)』에는 "공씨가 말하였다 : '미자에서 대공까지 모두 열 임금인데 두 형제가 같은 세대인 것을 제외하면 7대에 대공에 이른다.'(孔氏曰 : 自微子至戴公, 凡十君, 除二兄弟同世外, 是七世至戴公也.)"라고 되어 있다.
339) 『모시주소(毛詩注疏)』에 정씨의 말로 동일하게 실려 있다.

○ 孔氏曰 : "孔子之七世祖."340)
　　공씨가 말하였다 : "공자의 7대 조상이다."341)

朱註

得商頌十二篇於周大師
상송 12편을 주나라의 태사에게 얻어

詳說

○ 音泰.
　　'태(大)'의 음은 '태(泰)'이다.

○ 鄭氏曰 : "周用六代禮樂, 故有商頌."342)
　　정씨가 말하였다 : "주나라에서는 육대의 음악을 사용하기 때문에 상송이 있었던 것이다."343)

○ 商時祀先王之樂歌.
　　상나라에서는 사시로 선왕의 악가에 제사를 지냈다.

朱註

歸以祀其先王,
돌아와 선왕에게 제사를 지냈는데,

詳說

---

340) 『시전대전(詩傳大全)』에 공씨의 말로 실려 있다.
341) 『시전대전(詩傳大全)』에는 "공씨가 말하였다 : '정고보가 공보가를 낳고, 공보가가 목금보를 낳았으며, 목금보가 초보를 낳았으며, 초보가 방숙을 낳았으며, 방숙이 노나라로 가서 방태부가 되었다. 그러므로 방숙이 백하를 낳았으며, 방숙이 숙량흘을 낳았으며, 숙량흘이 중니를 낳았다고 하니, 정고보는 바로 공자의 7대 조상이다. 주나라에서는 육대의 음악을 사용하기 때문에 상송이 있었던 것이다.'(孔氏曰 : 正考甫, 生孔父嘉, 孔父嘉, 生木金父, 木金父, 生初父, 初父, 生防叔, 防叔遷魯, 爲防太夫. 故曰防叔生伯夏, 伯夏生叔梁紇, 叔梁紇生仲尼, 則正考甫, 是孔子七世之祖. 周用六代之樂, 故有商頌.)"라고 되어 있다.
342) 『시전대전(詩傳大全)』에 공씨의 말로 실려 있다.
343) 『시전대전(詩傳大全)』에는 "공씨가 말하였다 : '…. 그러므로 방숙이 백하를 낳았으며, 방숙이 숙량흘을 낳았으며, 숙량흘이 중니를 낳았다고 하니, 정고보는 바로 공자의 7대 조상이다. 주나라에서는 육대의 음악을 사용하기 때문에 상송이 있었던 것이다.'(孔氏曰 : …. 故曰防叔生伯夏, 伯夏生叔梁紇, 叔梁紇生仲尼, 則正考甫, 是孔子七世之祖. 周用六代之樂, 故有商頌.)"라고 되어 있다.

○ 先公之祭, 則無頌, 不比魯之僭.
　선공의 제사에서는 송이 없었으니, 노나라의 참람함에는 비교되지 않는다.

朱註
至孔子編詩, 而又亡其七篇, 然其存者, 亦多闕文疑義, 今不敢强通也.
공자가 시를 엮을 때에 또 7편이 망실되었는데, 그 남아 있는 것마저도 또한 빠진 글과 의심스러운 의미가 많으니, 감히 억지로 통하게 해서는 안된다.

詳說
○ 上聲.
　'강(强)'은 상성이다.

○ 總提於此.
　여기에 총체적으로 제시했다.

○ 朱子曰 : "商頌周頌文勢自別. 周頌雖簡文自平易, 商頌自是奧古, 非宋人所能作."344)
　주자가 말하였다 : "상송과 주송은 문세가 본래 구별된다. 주송은 간결한 문체일지라도 본래 평이하고, 상송은 본래 심오하고 고박해서 송나라 사람들이 지을 수 있는 것이 아니다."345)

○ 鄭氏曰 : "列國政衰, 則變風作, 宋何獨無乎. 曰有焉, 乃不錄之. 王者之後, 時王所客也, 巡狩不陳其詩."346)
　정씨가 말하였다 : "열공의 정사가 쇠약해지니, 변풍이 일어났는데, 송나라에는 무엇 때문에 유독 없는가? 대답하자면 있었는데 기록하지 않았던 것이다. 왕자의 뒤에 당시의 왕들은 객이었으니, 순수할 때에 그 시를 진열하지 않았던 것이다."

---

344) 『시전대전(詩傳大全)』에 주자와 문답의 말로 실려 있다.
345) 『시전대전(詩傳大全)』에는 "말하였다 : '상송이 주송과 대부분 같을지라도 문세에는 본래 구별이 있음을 알 수 있다. 주송은 간결한 문체일지라도 본래 평이하고, 상송은 본래 심오하고 고박해서 송나라 사람들이 지을 수 있는 것이 아니다.(問 : …. 曰 : 商頌雖多如周頌, 覺得文勢自別. 周頌雖簡文自平易, 商頌自是奧古, 非宋人所能作.)"라고 되어 있다.
346) 『시전대전(詩傳大全)』에 정씨의 말로 동일하게 실려 있다.

○ 與魯同. 杞之無風, 蓋亦倣此云.
노나라에서도 같다. 기나라에 풍이 없는 것은 대개 또한 이와 같다.

朱註
商都亳, 宋都商丘, 皆在今應天府亳州界.
상나라는 호땅에 도읍하였고, 송나라는 상구에 도읍하였는데, 모두 지금의 응천부 호주의 경계에 있었다.

詳說
○ 府與州之界.
부와 여의 경계이다.

○ 曹氏曰 : "契至湯凡八遷, 湯至盤庚五遷. 或稱商或稱殷, 或兼稱殷商."347)
조씨가 말하였다 : "설에서 탕까지 모두 8대를 옮겼고, 탕에서 반경까지 5대를 옮겼으니, 혹 상이라고 하기도 하고 은이라고 하기도 하며 아울러 은상이라고 하기도 한다."348)

[4-5-1-1]
猗與那與, 置我鞉鼓,

아, 많은지라 우리 작은 북과 큰 북을 설치하고

詳說
○ 音醫.
'의(猗)'의 음은 '의(醫)'이다.

○ 音余.349)

---

347) 『시전대전(詩傳大全)』에 조씨의 말로 실려 있다.
348) 『시전대전(詩傳大全)』에는 "조씨가 말하였다 : '탕에서 19대로 반경에 오는데, 그 사이에 또 다섯 번 옮겨 뒤에 하남의 호와 은에 거하였으니, 곧 탕의 고향이다. 그러므로 후대에 혹 상이라고 하기도 하고 은이라고 하기도 하며 아울러 은상이라고 하기도 한다.'(曹氏曰 : … . 湯十九世至盤庚, 其間又五遷, 後居河南亳殷, 即湯故都. 故後世或稱商, 或稱殷, 或兼稱殷商.)"라고 되어 있다.

'여(與)'의 음은 '여(余)'이다.

○ 音桃.350)
'도(鞉)'의 음은 '도(桃)'이다.

奏鼓簡簡, 衎我烈祖.
북을 연주하기를 간간(簡簡)히 해서 우리 열조(烈祖)를 즐겁게 하도다.

朱註
賦也. 猗, 歎辭. 那, 多.
부(賦)이다. 의(猗)는 감탄사이다. 나(那)는 많음이고,

詳說
○ 臨川王氏曰 : "美商之樂, 歎而多之也."351)
임천 왕씨가 말하였다 : "상의 음악을 아름답게 여겨 노래하면서 중요하게 여기는 것이다."

○ 曹氏曰 : "美之不足, 故嗟歎而多之."352)
조씨가 말하였다 : "아름답게 여기는 것으로는 부족하기 때문에 감탄하며 노래하면서 중요하게 여기는 것이다."

朱註
置, 陳也.
치(置)는 베풂이다.

詳說
○ 廬陵歐陽氏曰 : "陳鞉與鼓."353)

---

349) 音余 : 『시전대전(詩傳大全)』에도 동일하게 되어 있다.
350) 音桃 : 『시전대전(詩傳大全)』에도 동일하게 되어 있다.
351) 『시전대전(詩傳大全)』에 임천 왕씨의 말로 동일하게 실려 있다.
352) 『시전대전(詩傳大全)』에 조씨의 말로 거의 비슷하게 실려 있다.

여릉 구양씨가 말하였다 : "작은 북과 큰 북을 두들기는 것이다."354)

○ 旣陳而乃奏.
진열한 다음에야 연주하는 것이다.

朱註
簡簡, 和大也.
간간(簡簡)은 화(和)하고 큼이다.

詳說
○ 和且大也
조화롭고 또 큼이다.

朱註
衎, 樂也.
간(衎)은 즐거움이다.

詳說
○ 苦旦反.
'간(衎)'의 음은 '고(苦)'와 '단(旦)'의 반절이다.

○ 音洛
'락(樂)'의 음은 '락(洛)'이다.

烈祖, 湯也.
열조(烈祖)는 탕왕(湯王)이다.

詳說

---

353) 『시전대전(詩傳大全)』에 여릉 구양씨의 말로 실려 있다.
354) 『시전대전(詩傳大全)』에는 "여릉 구양씨가 말하였다 : '작은 북과 큰 북을 두들기는 것이다. 『서』에서 「당아래에 관악기와 작은 북과 큰 북을 진열한다.」라고 하였으니, 대개 우하(虞夏) 이후의 옛 것을 상용한다는 것이다.'(廬陵歐陽氏曰 : 陳鞉與鼓. 書曰, 下管鞉鼓, 盖虞夏以來舊物常用之.)"라고 되어 있다.

○ 毛氏曰 : "有功烈之祖."355)
모씨가 말하였다 : "공열이 있는 선조이다."

○ 按, 有功烈之祖, 皆可冠以烈號, 故周以文王爲烈考, 魯以周公爲烈祖, 商以湯爲烈祖.
살펴보건대 공열이 있는 선비는 모두 열(烈)이라는 말을 앞에 두기 때문에 주나라에서는 문왕을 열고로 하였고, 노나라에서는 주공을 열조로 하였으며, 상나라에서는 탕을 열조로 하였다.

朱註
記曰, 商人尙聲
『기(禮記)』에서 "상(商)나라 사람들은 음악을 숭상하여

詳說
○ 禮記郊特牲.
『기』는 『예기』「교특생」이다.

○ 安成劉氏曰 : "聲屬陽. 商人祭祀尙聲, 所以先求諸陽也."356)
안성 유씨가 말하였다 : "소리는 양에 속한다. 상나라 사람들이 제사에서 소리를 숭상하는 것은 먼저 양에서 구하기 때문이다."357)

朱註
臭味未成,
희생의 냄새와 맛이 이루어지지 않았거든

詳說
○ 禮記注曰 : "牲未殺."

---

355) 『시전대전(詩傳大全)』에 모씨의 말로 거의 비슷하게 실려 있다.
356) 『시전대전(詩傳大全)』에 안성 유씨의 말로 실려 있다.
357) 『시전대전(詩傳大全)』에는 "안성 유씨가 말하였다 : '소리는 양에 속하기 때문에「음악은 양에서 온다.」고 한다. 상나라 사람들이 제사에서 소리를 숭상하는 것은 먼저 양에서 구하기 때문이다.'(安成劉氏曰 : 凡聲屬陽, 故曰樂由陽來. 商人祭祀尙聲, 所以先求諸陽者也.)"라고 되어 있다.

『예기』의 주에서 말하였다 : "희생을 아직 죽이지 않은 것이다."

朱註
滌蕩其聲, 樂三関
그 소리를 드날려 음악이 세 번 연주되고,

詳說
○ 音狄.
'척(滌)'의 음은 '적(狄)'이다.

○ 禮記注曰 : "滌蕩, 猶搖動也."358)
『예기』의 주에서 말하였다 : "드날리는 것은 진동시키는 것과 같다."

○ 苦穴反.
'결(関)'의 음은 '고(苦)'와 '혈(穴)'의 반절이다.

朱註
然後出迎牲, 即此是也. 舊說以此爲祀成湯之樂也.
그렇게 한 뒤에 나가서 희생을 맞이한다."라고 하였으니, 바로 이것이다. 구설(舊說)에 이것을 성탕(成湯)을 제사하는 음악이라 하였다.

詳說
○ 無釋, 故因訓而序本事.
해석이 없기 때문에 훈에 따라 본래의 일을 차례대로 하였다.

湯孫奏假, 綏我思成.
탕임금의 손자가 연주하여 조고께 이르니 우리를 편안히 하되 생각하여 이룸으로 하시도다.

詳說

---

358) 『시전대전(詩傳大全)』에 『예기』「교특생」 주의 말로 동일하게 실려 있다.

○ 音格.359)

'격(假)'의 음은 '격(格)'이다.

鞉鼓淵淵, 嘒嘒管聲,

작은 북과 큰 북이 연연(淵淵)히 울리며 혜혜(嘒嘒)히 울리는 피리소리가

詳說

○ 叶, 於巾反.360)

'연(淵)'의 음은 '어(於)'와 '건(巾)'의 반절이다.

旣和且平, 依我磬聲, 於赫湯孫, 穆穆厥聲.

이미 화하고 이미 고르게 되어 우리 옥경(玉磬) 소리에 의지하니 아, 빛나는 탕의 후손이여 맑고 맑은 그 소리시도다.

詳說

○ 音烏.361)

'오(於)'의 음은 '오(烏)'이다.

○ 叶, 思倫反.362)

'손(孫)'은 협운으로 '사(思)'와 '륜(倫)'의 반절이다.

朱註

湯孫, 主祀之時王也.

탕의 후손은 제사를 주관할 당시의 왕이다.

詳說

○ 廬陵歐陽氏曰 : 太甲至紂, 皆可爲湯孫, 但不知所斥者, 何王

---

359) 音格:『시전대전(詩傳大全)』에도 동일하게 되어 있다.
360) 叶, 於巾反:『시전대전(詩傳大全)』에도 동일하게 되어 있다.
361) 音烏:『시전대전(詩傳大全)』에도 동일하게 되어 있다.
362) 叶, 思倫反:『시전대전(詩傳大全)』에도 동일하게 되어 있다.

耳."363)
여릉 구양씨가 말하였다 : "태갑에서 주까지 모두 당의 후손인데, 다만 가리키는 것이 어떤 왕인지 모를 뿐이다."

朱註
假, 與格同, 言奏樂以格于祖考也.
격(假)은 격(格)과 같으니, 음악을 연주하여 조고(祖考)에게 이름을 말한 것이다.

詳說
○ 格如格于上帝之格
'격(格)'은 상제께 이른다고 할 때의 '이른다'는 것과 같다.

朱註
綏, 安也. 思成, 未詳. 鄭氏曰, 安我以所思而成之人, 謂神明來格也.
수(綏)는 편안함이다. 사성(思成)은 자세하지 않다. 정씨(鄭氏)는 말하기를 "우리를 편안히 함에 생각하여 이룬 사람으로써 하니, 신명이 와서 이름을 말한 것이다."라고 하였다.

詳說
○ 添人字
'인(人)'자를 더하였다.

○ 與上格字, 有主此主彼之小異.
위에서의 '격(格)'와 이것을 주로 하고 저것을 주로 한다는 약간의 차이가 있다.

朱註
禮記曰, 齊之日, 思其居處,
『예기(禮記)』에서 말하였다 : "제계(齊戒)하는 날에 거처하시던 것을 생각하고

---

363) 『시전대전(詩傳大全)』에 여릉 구양씨의 말로 동일하게 실려 있다.

詳說

○ 祭義
『예기』의 「제의」이다.

○ 音齋, 下並同.
'제(齊)'의 음은 '재(齋)'로 아래에서도 모두 같다.

○ 指親.
'기(其)'는 어버이를 가리킨다.

○ 上聲.
'처(處)'는 상성이다.

朱註

思其笑語, 思其志意, 思其所樂,
웃고 말씀하시던 것을 생각하며 뜻을 생각하고 좋아 하시던 바를 생각하며

詳說

○ 五敎反
'요(樂)'의 음은 '오(五)'와 '교(敎)'의 반절이다.

朱註

思其所嗜
즐기시던 바를 생각하여

詳說

○ 孔氏曰 : "先思居處, 後思樂嗜者, 先粗而後精, 自外而入內也."364)
공씨가 말하였다 : "먼저 거처를 생각하고 뒤에 좋아하고 즐기던 것을 생각하는

---

364) 『시전대전(詩傳大全)』에 공씨의 말로 실려 있다.

것은 거친 것을 먼저하고 자세한 것을 나중에 하면서 밖에서부터 안으로 들어가는 것이다."365)

朱註
齊三日, 乃見其所爲齊者
재계한 지 3일 만에야 그 재계하는 분이 보이는 것처럼 하며,

詳說
○ 去聲.
'위(爲)'는 거성이다.

○ 朱子曰 : "思之熟, 若見其所爲齊之親也."366)
주자가 말하였다 : "생각을 익숙하게 하여 재계하는 어버이가 눈앞에 보이는 것처럼 하는 것이다."367)

朱註
祭之日入室, 僾然必有見乎其位
제사하는 날에 방에 들어가서는 애연히 반드시 그 자리에 보이는 것이 있고,

詳說
○ 音愛.
'애(僾)'의 음은 '애(愛)'이다.

○ 孔氏曰 : "入室, 初入廟室, 僾然彷彿見也, 如見親之在神位也."368)

---

365) 『시전대전(詩傳大全)』에는 "공씨가 말하였다 : '생각하는 다섯 가지 일은 먼저 거처를 생각하고 뒤에 좋아하고 즐기던 것을 생각하는 것이니, 거친 것을 먼저하고 자세한 것을 나중에 하면서 밖에서부터 안으로 들어가는 것이다.'(孔氏曰 : 所思五事, 先思居處, 後思樂嗜者, 先粗而後精, 自外而入內也.)"라고 되어 있다.
366) 『시전대전(詩傳大全)』에는 주자의 말로 실려 있다.
367) 『시전대전(詩傳大全)』에는 "주자가 말하였다 : '그 재계하는 분이 보이는 것처럼 한다는 것은 생각을 익숙하게 하여 재계하는 어버이가 눈앞에 보이는 것처럼 하는 것이다.'(朱子曰 : 見所爲齊者, 思之熟, 若見其所爲, 齊之親也.)"라고 되어 있다.
368) 『시전대전(詩傳大全)』에 공씨의 말로 동일하게 실려 있다.

공씨가 말하였다 : "입실은 처음 사당의 방에 들어갔을 때 애연히 뵙는 듯이 하기를 마치 어버이께서 신위에 계신 듯이 한다는 것이다."

朱註
周旋出戶
주선(周旋)하여 문을 나옴엔

詳說
○ 孔氏曰 : "孝子薦俎酌獻, 行步周旋或出戶."369)
공씨가 말하였다 : "효자가 도마에 희생을 올리고 술을 따라 바치면서 걸어 다니고 주선하며 혹 문을 나온다."370)

朱註
肅然必有聞乎其容聲,
엄숙하여 반드시 그 모양과 소리를 들음이 있으며,

詳說
○ 孔氏曰 : "擧動容止之聲."371)
공씨가 말하였다 : "거동하는 의용과 행동거지의 소리를 듣는 듯이 한다."372)

朱註
出戶而聽
문을 나가 들음에

---

369) 『시전대전(詩傳大全)』에 공씨의 말로 실려 있다.
370) 『시전대전(詩傳大全)』에는 "공씨가 말하였다 : '효자가 도마에 희생을 올리고 술을 따라 바치면서 걸어 다니고 주선하며 혹 문을 나온다. 그런데 이때에 반드시 숨을 죽이고 엄숙하게 해서 거동하는 의용과 행동거지의 소리를 듣는 듯이 한다.'(孔氏曰 : 孝子薦俎酌獻, 行步周旋或出戶. 當此時必有悚息肅肅然, 如聞擧動容止之聲也.)"라고 되어 있다.
371) 『시전대전(詩傳大全)』에 공씨의 말로 실려 있다.
372) 『시전대전(詩傳大全)』에는 "공씨가 말하였다 : '… 이때에 반드시 숨을 죽이고 엄숙하게 해서 거동하는 의용과 행동거지의 소리를 듣는 듯이 한다.'(孔氏曰 : …. 當此時必有悚息肅肅然, 如聞擧動容止之聲也.)"라고 되어 있다.

詳說

○ 朱子曰 : "設祭旣畢出戶"373)

주자가 말하였다 : "제물을 진설이 다한 후에 문을 나가는 것이다."374)

朱註
愾然必有聞乎其歎息之聲,
개연히 반드시 그 탄식하는 소리를 들음이 있다 하였으니,

詳說

○ 音嘅.

'개(愾)'의 음은 '개(嘅)'이다.

○ 馬氏曰 : "僾然, 言其貌, 肅然, 言其容, 愾然, 言其氣."375)

마씨가 말하였다 : "애연은 그 모양을 말하고, 숙연은 그 용모를 말하며, 개연은 그 기운을 말한다."

○ 慶源輔氏曰 : "旣曰必有, 又曰僾然肅然愾然, 蓋誠之不可掩也.."376)

경원 보씨가 말하였다 : "'반드시 ~함이 있다.'고 하고 나서 또 '애연·숙연·개연'이라고 한 것은 정성을 가릴 수 없다는 것이다."

朱註
此之謂思成. 蘇氏曰, 其所見聞本非有也
이것을 일러 사성(思成)이라 한다." 소씨(蘇氏)가 "그 보고 듣는 바는 본래 있는 것이 아니고,

詳說

---

373) 『시전대전(詩傳大全)』에 주자의 말로 실려 있다.
374) 『시전대전(詩傳大全)』에는 "주자가 말하였다 : '제물을 진설이 다한 후에 효자가 문을 나가 소리를 듣는 것이다.'(朱子曰 : 設祭旣畢, 孝子出戶而聽也.)"라고 되어 있다.
375) 『시전대전(詩傳大全)』에 건안 하씨가 마씨의 말을 인용한 것으로 동일하게 실려 있다.
376) 『시전대전(詩傳大全)』에 건안 하씨가 경원 보씨의 말을 인용한 것으로 동일하게 실려 있다.

○ 建安何氏曰 : "非有實也."377)
건안 하씨가 말하였다 : "실제로 있는 것은 아니다."378)

朱註

生於思耳, 此二說近是. 蓋齊而思之, 祭而如有見聞, 則成此人矣.
생각에서 나온 것이다."라고 하였으니, 이 두 설명은 거의 옳다. 제계(齊戒)하여 생각해서 제사할 때에 보이고 들리는 것이 있는 듯하다면 이 사람을 이룬 것이다.

詳說

○ 華谷嚴氏曰 : "若神不來格, 則所思不遂. 今神明來格, 是安我以所思而成之人也."379)
화곡 엄씨가 말하였다 : "신이 오지 않는다면 생각하는 것이 이루어지지 않은 것이다. 이제 신명이 왔다면 나를 편안하게 해서 생각하던 것을 이룬 사람이다."

○ 慶源輔氏曰 : "綏我思成, 可見殷人尚鬼."380)
경원 보씨가 말하였다 : "나를 편안하게 해서 생각대로 이루었으니, 은나라 사람들이 귀신을 숭상함을 알 수 있다."381)

朱註

鄭註頗有脫誤, 今正之.
정주(鄭註)에 자못 탈오(脫誤)가 있기에 이제 바로잡노라.

詳說

○ 蓋鄭箋, 所引禮記此文, 間有脫誤, 故朱子依本文, 正之如此註.

---

377) 『시전대전(詩傳大全)』에 건안 구씨의 말로 실려 있다.
378) 『시전대전(詩傳大全)』에는 "건안 하씨가 말하였다 : '어버이의 거처와 웃고 말씀하시던 것과 뜻과 좋아하시던 것과 즐기시던 것은 떠나가서 돌아오는 것이 아니니 실제로 있는 것은 아니다. …'(建安何氏曰 : 慕容氏云 : 親之居處笑語志意樂嗜, 往而不反, 非有實也. ….)"라고 되어 있다.
379) 『시전대전(詩傳大全)』에 화곡 엄씨의 말로 동일하게 실려 있다.
380) 『시전대전(詩傳大全)』에 경원 보씨의 말로 실려 있다.
381) 『시전대전(詩傳大全)』에는 "경원 보씨가 말하였다 : '은나라 사람들이 나(那)에서 소리를 숭상한 것으로는 나를 편안하게 하여 생각대로 이룬 것을 알 수 있고, 또 귀신을 숭상함을 알겠다.'(慶源輔氏曰 : 商人尚聲於邦, 可見綏我思成, 又見其尚鬼.)"라고 되어 있다.

정전(鄭箋)에서 『예기』의 이 글을 인용함에 사이에 탈오가 있기 때문에 주자가 본문에 따라 여기의 주와 같이 바로 잡은 것이다.

朱註

淵淵, 深遠也. 嘒嘒, 淸亮也. 磬, 玉磬也, 堂上升歌之樂, 非石磬也.

연연(淵淵)은 깊고 멂이고, 혜혜(嘒嘒)는 맑고 밝음이다. 경(磬)은 옥경(玉磬)으로 당상(堂上)에 올라가 노래하는 음악이고, 석경(石磬)이 아니다.

詳說

○ 呼惠反.

'혜(嘒)'의 음은 '호(呼)'와 '혜(惠)'의 반절이다.

○ 孔氏曰 : "磬非樂之主, 而云依我磬聲, 明此異於常磬非石磬也."382)

공씨가 말하였다 : "석경은 음악의 주가 아닌데, '우리 옥경에 의지하여.'라고 한 것은 이것이 일상적인 석경과 다른 것이어서 석경이 아님을 밝힌 것이다."

○ 張子曰 : "玉磬聲之最和平者, 其聲一定, 始終如一, 無隆殺也.."383)

장자가 말하였다 : "옥경의 소리는 가장 화평한 것으로 그 소리가 일정해서 시종이 한결같고 가감이 없는 것이다."384)

○ 臨川王氏曰 : "依我磬聲, 言與堂上之樂諧也."385)

임천 왕씨가 말하였다 : "'우리 옥경에 의지한다.'는 것은 당상의 음악과 잘 어울린다는 것이다."

朱註

---

382) 『시전대전(詩傳大全)』에 공씨의 말로 동일하게 실려 있다.
383) 『시전대전(詩傳大全)』에 장자의 말로 실려 있다.
384) 『시전대전(詩傳大全)』에는 "장자가 말하였다 : '옥경의 소리는 가장 화평한 것으로 마음을 기를 수 있으니, 그 소리가 일정해서 시종이 한결같고 가감이 없는 것이다.'(張子曰 : 玉磬聲之最和平者, 可以養心, 其聲一定, 始終如一, 無隆殺也.)"라고 되어 있다.
385) 『시전대전(詩傳大全)』에 임천 왕씨의 말로 동일하게 실려 있다.

穆穆, 美也.
목목(穆穆)은 아름다움이다.

詳說

○ 慶源輔氏曰 : "穆穆厥聲, 亦是言樂, 言於赫哉之湯孫, 其樂聲甚美也."386)

경원 보씨가 말하였다 : "'맑고 맑은 그 소리시도다.'라는 것도 역시 즐거움을 말하는 것으로 '아, 빛나는 탕의 후손이여'라고 말한 것은 그 음악의 소리가 아주 아름답다는 것이다."

○ 安成劉氏曰 : "連叶三聲字, 見商人之質也."387)

안성 유씨가 말하였다 : "연속해서 세 번의 '성(聲)'자를 협운으로 한 것에서 상나라 사람들의 질박함을 알겠다."388)

庸鼓有斁, 萬舞有奕, 我有嘉客, 亦不夷懌.
쇠북과 북이 성하게 울려퍼지며 만무(萬舞)가 질서정연하니
우리 아름다운 손님이 또한 기뻐하지 않으실까!

朱註

庸, 鏞通.
용(庸)은 용(鏞)과 통한다.

詳說

○ 毛氏曰大鐘曰庸.389)

모씨가 말하였다 : "큰 종을 용이라고 한다."

---

386) 『시전대전(詩傳大全)』에 경원 보씨의 말로 동일하게 실려 있다.
387) 『시전대전(詩傳大全)』에 안성 유씨의 말로 실려 있다.
388) 『시전대전(詩傳大全)』에는 "안성 유씨가 말하였다 : '울리는 피리 소리를 말하고 나서 또 옥경의 소리를 말하고 또 「맑고 맑은 그 소리시도다.」라고 말한 것은 소리와 음악을 성대하게 칭한 것으로 상나라 사람들이 소리를 숭상했음을 알겠다. 연속해서 세 번의 '성(聲)'자를 협운으로 한 것에서 또 상나라 사람들의 질박함을 알겠다.(安成劉氏曰 : 既言管聲, 又言磬聲, 又言穆穆厥聲, 盛稱聲樂, 見商人之尚聲. 連叶三聲字, 又見商人之質也.)"라고 되어 있다.
389) 『시전대전(詩傳大全)』에 모씨의 말로 동일하게 실려 있다.

朱註

斁, 斁然盛也, 奕奕然有次序也.

역(斁)은 역연(然)히 성함이고, 혁(奕)은 혁연(奕然)히 차서(次序)가 있는 것이다.

詳說

○ 濮氏曰 : "萬舞, 周人文武, 二舞之總也, 諸侯卿大夫士所得同用, 特佾數有差等耳. 今言萬舞有奕, 豈天下未爲周, 而是舞之名, 已見於前代乎."390)

복씨가 말하였다 : "만무는 주나라 사람들의 문과 무 두 무의 총칭으로 제후와 경대부가 얻어 동일하게 쓰는 것인데, 행렬의 수에 차등이 있을 뿐이다. 이제 '만무가 질서정연하다.'라고 하였으니, 어찌 천하가 주나라가 아닌데 무의 이름이 이미 전대에 나타난 것이겠는가?"391)

朱註

蓋上文言鞉鼓管籥作於堂下, 其聲依堂上之玉磬, 無相奪倫者,

위의 글에서는 작은 북과 큰 북과 관악기가 당하(堂下)에서 일어나니, 그 소리가 당상(堂上)의 옥경(玉磬)을 의지하여 서로 차례를 빼앗음이 없음을 말하였고,

詳說

○ 此句, 見書舜典.

이 구는 『서경』「순전」에 있다.

朱註

至於此則九獻之後,

---

390) 『시전대전(詩傳大全)』에 복씨의 말로 실려 있다.
391) 『시전대전(詩傳大全)』에는 "복씨가 말하였다 : "주나라 음악에서 피리를 가지고 꿩 깃을 잡는 것이 문무이다. 붉은 방패와 옥 장식 도끼를 사용하는 것이 무무이다. 만무는 두 무의 총칭이기 때문에, 「패풍」에 「궁정에서 만무를 춘다.」는 말이 있고, 「노송」에 「만무가 양양하다.」는 말이 있으며, 춘추시대 초자 원이 만무를 떨쳤으니, 대개 당시 왕의 음악이다. 제후와 경대부가 얻어 동일하게 쓰는 것인데, 다만 여덟 이하의 행렬의 수에 차등이 있을 뿐이다. 이제 '만무가 질서정연하다.'라고 한 것은 바로 문과 무가 번갈아 사용되며 질서가 있는 것을 말한 것으로 천하가 주나라가 아닌데 어찌 무의 이름이 이미 전대에 나타난 것이겠는가?(濮氏曰 : 周人之樂, 執籥秉翟者, 文舞也. 朱干玉戚者, 武舞也. 萬舞二舞之總也, 故邶風有公庭萬舞, 魯頌, 有萬舞洋洋, 春秋楚子元有振萬, 蓋時王樂也. 諸侯卿大夫士, 所得同用之, 特自八以下佾, 數有差等耳. 今言萬舞有奕, 正謂文武迭用而有序, 豈天下未爲周而是舞之名, 已見於前代乎.)"라고 되어 있다.

이에 이르러는 아홉 번 술잔을 올린 뒤에

> 詳說

○ 安成劉氏曰 : "周制宗廟九獻. 尸未入, 王祼以降神一也, 后亞祼二也, 尸入, 薦血腥, 王酌泛齊獻尸三也, 后酌醴齊亞獻四也, 薦熟, 王酌盎齊獻尸五也, 后酌緹齊亞獻六也, 尸食訖王, 叟酌泛齊以酳尸七也, 后叟酌緹齊亞酳八也, 又有諸臣爲賓者之一獻, 凡九也. 若商之九獻, 則未有考."392)

안성 유씨가 말하였다 : "주나라의 제도는 종묘에서 구헌(九獻)하는 것이다. 시동이 들어오기 전에 왕이 강신해서 신을 부르는 것이 첫 번째이고, 후가 이어 강신하는 것이 두 번째이며, 시동이 들어오고, 피와 날고기를 올리고 왕이 범제(泛齊)를 따라 시동에게 올리는 것이 세 번째이며, 후가 예제(醴齊)를 따라 이어 올리는 것이 네 번째이고, 익은 고기를 올리고 왕이 앙제(盎齊)를 따라 시동에게 올리는 것이 다섯 번째이며, 후가 제제(緹齊)를 따라 이어 올리는 것이 여섯 번째이고, 시동이 먹기를 마치고 왕이 다시 범제(泛齊)를 따라 시동에게 드리는 것이 일곱 번째이며, 후가 다시 제제(緹齊)를 따라 이어 올리는 것이 여덟 번째이고, 또 여러 신하로 손님이 된 경우에 한 번 올리는 것이 있으니, 모두 아홉 번이다. 상나라의 구헌에 대해서는 고증할 것이 없다."393)

> 朱註

鐘鼓交作, 萬舞陳于庭, 而祀事畢矣. 嘉客, 先代之後,
종고(鍾鼓)가 서로 일어나고 만무(萬舞)가 뜰에 베풀어져서 제사하는 일이 끝난

---

392) 『시전대전(詩傳大全)』에 안성 유씨의 말로 실려 있다.
393) 『시전대전(詩傳大全)』에는 "안성 유씨가 말하였다 : '주나라의 제도는 종묘에서 구헌(九獻)하는 순서가 있다. 시동이 들어오기 전에 왕이 오(奧)에 술을 부어 신을 부르는 것이 일헌, 후가 이어 강신하는 것이 이헌이며, 시동이 들어오고 피와 날고기를 올린 뒤에 왕이 범제(泛齊)를 따라 시동에게 올리는 것이 이른바 조천(朝踐)의 삼헌이며, 후가 예제(醴齊)를 따라 이어 올리는 것도 조천의 사헌이고, 익은 고기를 올리기가 끝나고 왕이 앙제(盎齊)를 따라 시동에게 올리는 것이 오헌이며, 후가 제제(緹齊)를 따라 이어 올리는 것이 육헌으로 모두 이른바 궤헌(饋獻)이다. 시동이 먹기를 마치고 왕이 다시 조천의 범제(泛齊)를 따라 시동에게 드리는 것이 이른바 조천(朝踐)의 칠헌이고, 후가 다시 제제(緹齊)를 따라 이어 올리는 것이 이른바 재헌(再獻)의 팔헌이며, 또 여러 신하로 손님이 된 경우에 한 번 올리는 것이 있으니, 모두 아홉 번이다. 상나라의 구헌에 대해서는 고증할 것이 없다.'(安成劉氏曰 : 周制宗廟九獻之次. 尸未入前, 王祼於奧以降神, 一獻也, 后亞祼, 二獻也, 尸入, 薦血腥後, 王酌泛齊獻尸, 所謂朝踐三獻也, 后酌醴齊亞獻, 亦爲朝踐四獻也, 薦熟畢, 王酌盎齊獻尸, 五獻也后酌緹齊亞獻六獻也, 皆所謂饋獻也. 尸乃食訖, 王更酌朝踐之泛齊以酳尸, 所謂朝踐七獻也, 后更酌饋獻之緹齊以亞酳, 所謂再獻八獻也, 又有諸臣爲賓者之一獻, 凡九也. 若商之九獻, 則未有考.)"라고 되어 있다.

것이다. 가객(嘉客)은 선대(先代)의 후손(後孫)으로

詳說
○ 蓋唐虞夏之後.
대개 당(唐)·우(虞)·하(夏)의 후손이다.

朱註
來助祭者也. 夷, 悅也, 亦不夷懌乎,
와서 제사를 돕는 자이다. 이(夷)는 기뻐함이니, '또한 기뻐하지 않겠는가.'라는 말은

詳說
○ 一作者.
어떤 판본에는 '호(乎)'자가 '자(者)'자로 되어 있다.

○ 添乎字.
'호(乎)'자를 더한 것이다.

朱註
言皆悅懌也.
다 기뻐함을 말한 것이다.

詳說
○ 豊城朱氏曰 : "至此, 則不特幽有以感乎神. 嘉賓在位, 亦無不夷懌者矣. 獨言嘉客者, 尊之也..394)
풍성 주씨가 말하였다 : "여기에 와서는 아주 그윽하게 신을 감동시킬 뿐만 아니라 가빈(嘉賓)이 자리에 있어도 기뻐하지 않음이 없는 것이다. '가객(嘉客)'이라고 말하지 않은 것은 높인 것이다."395)

―――――――――――
394) 『시전대전(詩傳大全)』에 풍성 주씨의 말로 실려 있다.
395) 『시전대전(詩傳大全)』에는 "풍성 주씨가 말하였다 : '…. 만무가 질서정연하게 순서가 있다면 아주 그윽하게 신을 감동시킬 뿐만 아니라 가빈(嘉賓)이 자리에 있어도 기뻐하지 않음이 없는 것이다. 가객(嘉客)이라고 말하지 않은 것은 높인 것이다.'(豊城朱氏曰 : …. 萬舞之奕奕然有次序也, 則不特幽有以感乎神, 而嘉賓

○ 於亦字, 可見其主神而言也.
'역(亦)'자에서 신을 주로해서 말함을 알 수 있다.

|自古在昔, 先民有作, 溫恭朝夕, 執事有恪.|
예로부터 옛날에 선민들이 행함이 있으니,
아침저녁으로 온순하고 공경하여 제사를 행함을 정성스럽게 하니라.

朱註

恪, 敬也. 言恭敬之道,
각(恪)은 공경함이다. 공경하는 도는

詳說

○ 先取恭恪字, 以冠之.
먼저 '공(恭)'자와 '각(恪)'를 취해 앞에 두었다.

朱註

古人所行
옛 사람이 행하신 바이니,

詳說

○ 行之於祭祀.
제사에 행하는 것이다.

○ 國語註曰 : "有作, 言先聖人行此恭敬之道久矣."396)
『국어』의 주에서 말하였다 : "행함이 있다는 것은 선성이 이 공경의 도를 행한 지가 오래되었다는 말이다."397)

　　在位, 亦無不夷懌者矣. 獨言嘉客者, 尊之也.)"라고 되어 있다.
396)『시전대전(詩傳大全)』에 『국어』주의 말로 실려 있다.
397)『시전대전(詩傳大全)』에는 "『국어』의 주에서 말하였다 : '행함이 있다는 것은 선성이 이 공경의 도를 행한지가 오래되었다는 말이다. 자신에게서 시작되었다고 감히 말하지 않고, 선고에게서 받았다고 말했으니, 이것은 감히 오로지하지 않기 위함이다.'(國語注曰 : 有作, 言先聖人行此恭敬之道久矣. 不敢言創之於己, 乃云受之於先古也, 此其不敢專也)"라고 되어 있다.

朱註

不可忘也.

잊을 수 없다는 말이다.

詳說

○ 補此句.

여기의 구를 더하였다.

朱註

閔馬父曰,

민마보(閔馬父)가 말하였다.

詳說

○ 音甫.

'보(父)'의 음은 '보(甫)'이다.

○ 國語註曰 : "魯大夫."398)

『국어』의 주에서 말하였다 : "노나라 대부이다."
『시전대전(詩傳大全)』에는 "『국어』의 주에서 말하였다 : '마보는 노나라 대부이다.'(國語魯語注, 馬父, 魯大夫.)"라고 되어 있다.

朱註

先聖王之傳恭,

"선성왕(先聖王)이 공손(恭遜)을 전해옴을

詳說

○ 指此詩之湯孫.

여기 시에서의 탕의 후손을 가리키는 것이다.

---

398) 『시전대전(詩傳大全)』에 『국어』주의 말로 실려 있다.

○ 能傳得先民恭敬之道.
　선대 백성들의 공경의 도에 대해 얻은 것을 전할 수 있는 것이다.

朱註
猶不敢專稱曰, 自古, 古曰在昔, 昔曰先民.
　오히려 감히 오로지 하지 못하여 칭하기를 '예로부터 했다.' 하고, 옛을 '재석(在昔)'이라 하고, 옛을 '선민(先民)'이라 한 것이다."

詳說
○ 出國語魯語.
　『국어』「노어」가 출처이다.

○ 國語註曰:"不敢言創之於己乃云受之於先古也此其不敢專也."399)
　『국어』의 주에서 말하였다 : "자신에게서 시작되었다고 감히 말하지 않고, 선고에게서 받았다고 말했으니, 이것은 감히 오로지하지 않기 위함이다."400)

○ 古曰在昔, 言旣曰古, 而又曰昔也. 昔曰先民言旣曰昔, 而又曰先也, 謂動輒稱之, 不一稱而已也
　옛날을 '옛날에'라고 한 것은 옛날이라고 하고 나서 또 옛날이라고 말하는 것이다. 옛날에 선민들이 말하기를 이미 옛날이라고 해서 선(先)이라고 말했으니, 움직일 때마다 번번이 칭해 한 번만 칭할 뿐만이 아닌 것이라는 말이다.

○ 慶源輔氏曰:"馬父解自古在, 昔先民有作, 深得其旨, 可以涵泳便見得敬, 是徹頭徹尾成始成終之意.401)
　경원 보씨가 말하였다 : "마보가 '예로부터 옛날에 선민들이 행함이 있다.'는 것을 풀이함에 깊이 그 뜻을 얻어 푹 잠겨 유영하면서 경을 얻은 것이니, 철두철미하게 처음을 이루고 끝을 이루었다는 의미이다."

---

399) 『시전대전(詩傳大全)』에 『국어』주의 말로 실려 있다.
400) 『시전대전(詩傳大全)』에는 "『국어』의 주에서 말하였다 : '행함이 있다는 것은 선성이 이 공경의 도를 행한지가 오래되었다는 말이다. 자신에게서 시작되었다고 감히 말하지 않고, 선고에게서 받았다고 말했으니, 이것은 감히 오로지하지 않기 위함이다.'(國語註曰 : 有作, 言先聖人行此恭敬之道久矣. 不敢言創之於己, 乃云受之於先古也, 此其不敢專也)"라고 되어 있다.
401) 『시전대전(詩傳大全)』에 경원 보씨의 말로 동일하게 실려 있다.

顧予烝嘗, 湯孫之將.

내 상(嘗)제사와 증(烝)제사를 돌아볼진저. 탕의 후손의 받들어 올림이니라.

朱註
將, 奉也. 言湯其尙,
장(將)은 받듦이다. 탕임금은 행여

詳說
○ 庶幾也.
'상(尙)'은 '행여'라는 의미이다.

朱註
顧我烝嘗哉. 此, 湯孫之所奉者, 致其丁寧之意, 庶幾其顧之也.
나의 증(烝)제사와 상(嘗)제사를 돌아보실진저. 이것은 탕손(湯孫)의 받들어 올리는 제사가 그 정녕의 뜻을 지극히 하였으니, 행여 그 돌아보리라고 말한 것이다.

詳說
○ 二句, 論也.
두 구는 경문의 의미 설명이다.

○ 安成劉氏曰 : "章首兩以湯孫, 間稱於聲樂之間者, 所以重歎其樂之美, 所謂尙聲者然也. 章末結之, 以湯孫之將者, 又所以備見其禮之至也."402)
안성 유씨가 말하였다 : "장의 처음에 두 번의 탕의 자손은 성악의 사이에서 끼워서 칭한 것은 그 음악의 아름다움을 거듭 찬미하는 것으로 이른바 소리를 숭상하는 것이 그렇다는 것이다. 장의 끝에 맺으면서 탕의 후손의 받들어 올림이라는 것은 또 예의 지극함을 갖춰 드러내는 것이다."

朱註

---

402)『시전대전(詩傳大全)』에 안성 유씨의 말로 동일하게 실려 있다.

那, 一章二十二句.
「나(那)」는 1장으로 20구이다.

閔馬父曰, 正考甫, 校商之名頌
민마보(閔馬父)가 말하였다. "정고보(正考甫)가 상(商)나라의 유명한 송(頌)을 교정할 적에

詳說

○ 孔氏曰 : "頌之美者, 恐其舛繆, 故就大師校之."403)
공씨가 말하였다 : "송의 아름다움이 잘못될까 염려되기 때문에 태사에게 교정한 것이다."404)

朱註
以那爲首, 其輯之亂, 曰云云.
나(那)를 머리로 삼고 편집하는 끝에 운운(云云)했다는 것이

詳說

○ 二字, 指上節四句, 或云並指上註先聖以下, 恐非.
두 글자는 위의 절에서 네 구를 가리킨다. 어떤 이가 '위의 주에서 선성(先聖) 이하를 아울러 가리킨다.'고 했는데 아닌 것 같다.

○ 亦出魯語.
또한 「노어」가 출처이다.

○ 廬陵羅氏曰 : "輯, 成也. 凡作篇章義, 旣成撮其大要, 以爲亂辭."405)
여릉 나씨가 말하였다 : "편집은 완성이다. 편장의 뜻을 지음에 그 대요를 이루

---
403) 『시전대전(詩傳大全)』에 공씨가 「노어」주의 말을 인용한 것으로 실려 있다.
404) 『시전대전(詩傳大全)』에는 "공씨가 말하였다 : '「노어」의 주에서 「유명한 송은 송의 아름다운 것이니, 고보가 잘못될까 염려했기 때문에 태사에게 교정한 것이다.」라고 하였다.'(孔氏曰 : 魯語注云, 名頌, 頌之美者, 考父恐其舛繆, 故就太師校之.)"라고 되어 있다.
405) 『시전대전(詩傳大全)』에 여릉 나씨의 말로 실려 있다.

고 취해 전편의 의미를 총괄하는 말로 하는 것이다.

朱註
即此詩也.
바로 이 시(詩)이다."

[4-5-2-1]
嗟嗟烈祖, 有秩斯祜,
아, 슬프게도 열조가 떳떳한 이 복을 두사

詳說
○ 音戶
'호(祜)'의 음은 '호(戶)'이다.

申錫無疆, 及爾斯所.
거듭 무강한 후손에게 주신지라 네 이곳에까지 미쳤도다.

朱註
賦也. 烈祖, 湯也.
부(賦)이다. 열조(烈祖)는 탕왕(湯王)이다.

詳說
○ 以殷有三宗者, 推之烈祖, 蓋湯廟號, 故上下篇皆稱之
은나라에 삼종이 있는 것으로 열조에 미룬 것으로 대개 탕의 묘호이기 때문에 상하의 편에서 모두 일컬을 것이다.

朱註
秩, 常, 申, 重也.
질(秩)은 떳떳함이요, 신(申)은 거듭함이다.

詳說

○ 去聲.

'중(重)'은 거성이다.

朱註

爾, 主祭之君, 蓋自歌者, 指之也.

이(爾)는 제사를 주관하는 임금이니, 노래하는 자의 입장에서 가리킨 것이다.

詳說

○ 安成劉氏曰：“歌工自己身, 而指主祭者, 則曰爾, 自先祖之身, 而指主祭者, 則曰湯孫. 自主祭者之身而言, 則曰我曰予, 立言雖殊, 所指之人則一.”406)

안성 유씨가 말하였다：“가수 그 자신에게서 제사를 주제하는 자를 가리키면, 너라고 하고, 선조의 자신에서 제사를 주제하는 자를 가리키면 탕의 후손이라고 하며, 제사를 주제하는 자신에서 말하면 우리라고 하고 나라고 하니, 말을 하는 것이 다를지라도 가리키는 사람은 동일하다.”407)

朱註

斯所. 猶言此處也 ○ 此, 亦祀成湯之樂. 言嗟嗟烈祖

사소(斯所)는 차처(此處)라는 말과 같다. ○ 이 또한 성탕(成湯)을 제사한 음악이다. 슬프게도 열조(烈祖)가

詳說

○ 華谷嚴氏曰：“言烈祖而云嗟嗟, 以簡朴故也. 若周頌, 則言於穆於皇, 近於文矣.”408)

---

406) 『시전대전(詩傳大全)』에 안성 유씨의 말로 실려 있다.
407) 『시전대전(詩傳大全)』에는 "안성 유씨가 말하였다：'시를 송하는 것은 성대한 덕을 찬미하고 성공을 고하기 위한 것인데, 모두 가수로부터 제사를 주제하는 자의 뜻을 인도하여 이르고자 하는 것이다. 가수 그 자신에게서 제사를 주제하는 자를 가리키면, 너라고 하고, 선조의 자신에서 제사를 주제하는 자를 가리키면 탕의 후손이라고 하며, 제사를 주제하는 자신에서 말하면 우리라고 하고 나라고 하니 말을 하는 것이 다를지라도 가리키는 사람은 동일하다. ….'(安成劉氏曰：頌詩, 所以美盛德告成功, 而皆自歌工, 以導達主祭者之意也. 歌工自己身而指主祭者, 則曰爾, 自先祖之身而指主祭者, 則曰湯孫, 自主祭者之身而言, 則曰我曰予, 立言雖殊, 所指之人則一. ….)"라고 되어 있다.

화곡 엄씨가 말하였다 : "열조를 말하면서 슬프다고 한 것은 단순하고 질박하기 때문이다. 주송이라면 '아 심원하여' '아 풍성해라'라고 하는 것은 문식에 가깝기 때문이다."

朱註
有秩秩無窮之福,
질질(秩秩)한 무궁한 복을 두어서

詳說
○ 慶源輔氏曰 : "湯以盛德受天命, 故有秩然無窮之福."
경원 보씨가 말하였다 : "탕이 성대한 덕을 천명을 받았기 때문에 질서정연히 끝없는 복이 있는 것이다."

朱註
可以申錫於無疆,
무강(無疆)함에 거듭 주셨으니,

詳說
○ 烈祖錫之也.
열조들께서 주신 것이다.

朱註
是以及於爾今王之所,
이 때문에 네 지금 왕이 계신 곳에까지 미쳐서

詳說
○ 猶言今王之身.
지금 왕 자신이라고 하는 것과 같다.

朱註

---

408) 『시전대전(詩傳大全)』에 화곡 엄씨의 말로 비슷하게 실려 있다.

而修其祭祀, 如下所云也.
그 제사를 닦으니, 아래에 말한 것과 같다는 말이다.

詳說

○ 補二句.
두 구를 더하였다.

○ 豐城朱氏曰 : "爾得入烈祖之廟, 以奉祭, 是卽其福之所及也, 言此以起下文之意."409)
풍성 주씨가 말하였다 : "네가 열조의 사당에 들어가서 제사를 받드는 것이 바로 복이 미치는 것이니, 이것을 말해 아래 글의 의미를 일으킨 것이다."410)

旣載淸酤, 賚我思成,
이미 맑은 술을 담아 올리니 나에게 주는데 생각하여 이룬 분으로 하며,

詳說

○ 叶, 候五反.411)
'고(酤)'는 협운으로 음은 '후(候)'와 '오(五)'의 반절이다.

○ 叶, 音常.412)
'성(成)'은 협운으로 음은 '상(常)'이다.

亦有和羹, 旣戒旣平,
또한 간을 맞춘 국이 이미 챙겨지고 이미 고르거늘

---

409) 『시전대전(詩傳大全)』에 풍성 주씨의 말로 실려 있다.
410) 『시전대전(詩傳大全)』에는 "풍성 주씨가 말하였다 : '성탕이 성대한 덕으로 천명을 받았기 때문에 질서정연하게 무궁한 복이 있는 것이니, 무궁에서 거듭 줄 수 있는 것이다. 너 후인들이 열조의 사당에 들어가서 그 분들의 제사를 받드는 것이 바로 복이 미치는 것이니, 이것을 말해 아래 글의 의미를 일으킨 것이다.' (豐城朱氏曰 : 成湯以盛德, 而受天命, 故有秩秩無窮之福, 可以申錫於無窮. 爾後人所以得入烈祖之廟, 以奉烈祖之祭者, 是卽其福之所及也, 言此以起下文之意.)"라고 되어 있다.
411) 叶, 候五反 : 『시전대전(詩傳大全)』에도 동일하게 되어 있다.
412) 叶, 音常 : 『시전대전(詩傳大全)』에도 동일하게 되어 있다.

詳說

○ 叶, 音郎.
　'갱(羹)'은 협운으로 음은 '랑(郞)'이다.

○ 叶, 音旁.413)
　'평(平)'은 협운으로 음은 '방(旁)'이다.

戱假音格無言, 時靡有爭,
연주하여 조고께 이름에 말이 없어서 때에 다툼이 없으니,

詳說

○ 中庸作奏, 今從之.414)
　'종(鬷)'은 『중용』에서 '주(奏)'로 되어 있으니, 이제 그것을 따른다.

○ 叶, 音昂.415)
　'언(言)'은 협운으로 음은 '앙(昂)'이다.

○ 叶, 音章.416)
　'쟁(爭)'은 협운으로 음은 '장(章)'이다.

綏我眉壽, 黃耉無疆.
나를 편안히 하는데, 미수(眉壽)하여 황구(黃耉)가 무궁함으로 하도다.

詳說

○ 酤之叶, 通上節而言, 是叶之變例也. 蓋節雖分, 而章則一, 故可如此爲叶也.
　'고(酤)'의 협운은 위의 절과 통하여 말한 것이니, 이것은 협운의 변례로 대개

---
413) 叶, 音旁: 『시전대전(詩傳大全)』에도 동일하게 되어 있다.
414) 中庸作奏, 今從之: 『시전대전(詩傳大全)』에도 동일하게 되어 있다.
415) 叶, 音昂: 『시전대전(詩傳大全)』에도 동일하게 되어 있다.
416) 叶, 音章: 『시전대전(詩傳大全)』에도 동일하게 되어 있다.

절은 나눌 수 있으나, 장은 하나이기 때문에 이처럼 협운이 될 수 있는 것이다.

朱註
酤, 酒,
고(酤)는 술이고,

詳說
○ 曹氏曰 : "淸酒冬釀夏成".417)

조씨가 말하였다 : "청주로 겨울에 빚어 여름에 만드는 것이다."

朱註
賚, 與也. 思成, 義見上篇.
뢰(賚)는 줌이다. 사성(思成)은 뜻이 위의 편에 있다.

詳說
○ 音現
'현(見)'의 음은 '현(現)'이다.

○ 思成一事, 是殷人祭祀之所尙故上下篇皆言之
'사성(思成)'의 한 일은 은나라 사람들이 제사에서 숭상하는 것이기 때문에 상하의 편에서 모두 말하는 것이다.

朱註
和羹, 味之調節也.
화갱(和羹)은 맛이 조절됨이다.

詳說
○ 鄭氏曰 : "五味調腥熟得節也."418)

---
417) 『시전대전(詩傳大全)』에 조씨의 말로 동일하게 실려 있다.
418) 『시전대전(詩傳大全)』에 정씨의 말로 실려 있다.

詩集傳詳說 卷之十八 155

정씨가 말하였다 : "오미는 날 것과 익힌 것을 조절하는 것이다."419)

○ 曹氏曰 : "鉶羹也."420)
조씨가 말하였다 : "그릇에 간이 조절된 국이다."

|朱註|
戒, 夙戒也.
계(戒)는 미리 챙김이고,

|詳說|
○ 前期.
'숙(夙)'은 미리이다.

|朱註|
平, 猶和也. 儀禮
평(平)은 화(和)와 같다.『의례(儀禮)』에

|詳說|
○ 飮射燕大射公食少牢.
향음례·향사례·연례·대사례·공사례·소뢰이다.

|朱註|
於祭祀燕享之始, 每言羹定,
제사와 연향(燕享)하는 처음에는 매번 갱정(羹定)이라 말했으니,

|詳說|
○ 音訂, 下同.
'정(定)'의 음은 '정(訂)'으로 아래에서도 같다.

---

419)『시전대전(詩傳大全)』에는 "정씨가 말하였다 : '화갱은 오미로 생고기와 익힌 것을 조절하는 것이다.'(鄭氏曰 : 和羹者, 五味, 調腥熟得節也.)"라고 되어 있다.
420)『시전대전(詩傳大全)』에 조씨의 말로 동일하게 실려 있다.

○ 鄭氏曰 : "定猶熟也."421)
정씨가 말하였다 : "'정(定)'은 '숙(熟)'과 같다."

朱註

蓋以羹熟爲節, 然後行禮,
국이 익음을 절도(節度)로 삼은 연후에 예(禮)를 행하였으니,

詳說

○ 廬陵李氏曰 : "不敢預勞賓, 故以羹定爲速賓行禮之節.422)
여릉 이씨가 말하였다 : "감히 미리 손님들에게 수고롭게 하지 않기 때문에 갱정을 가지고 손님들이 예를 행하는 절차를 빠르게 하는 것으로 한다."

朱註

定, 卽戒平之謂也. 奏, 中庸作奏, 正與上篇義同.
정(定)은 바로 챙기고 고름을 말한 것이다. 주(奏)는 중용(中庸)에 주(奏)로 되어 있으니, 바로 위의 편에서와 뜻이 같다.

詳說

○ 義則同, 而所指小異, 上以奏樂言, 此以進酒羹言.
의미는 같지만 가리키는 것이 다소 달라 위에서는 음악을 연주하는 것으로 말하였고, 술과 국을 올리는 것으로 말하였다.

朱註

蓋古聲奏族相近, 族聲轉平
옛 음은 주(奏)와 족(族)이 서로 비슷하였으니, 족(族)의 음이 평성(平聲)으로 바뀌어

詳說

---

421) 『시전대전(詩傳大全)』에 정씨의 말로 동일하게 실려 있다.
422) 『시전대전(詩傳大全)』에 여릉 이씨의 말로 동일하게 실려 있다.

○ 自入轉爲平.
입성에서 평성으로 바뀐 것이다.

朱註

而爲韻耳.
주(韻)가 된 것이다.

詳說

○ 引族以證韻.
'족(族)'을 끌어다가 '주(韻)'를 증명하였다.

朱註

無言無爭, 肅敬而齊一也.
말이 없고 다툼이 없다는 것은 엄숙하고 공경하며 한결같은 것이다.

詳說

○ 慶源輔氏曰 : "無言是肅敬, 無爭是齊一."[423]
경원 보씨가 말하였다 : "말이 없는 것은 엄숙하고 공경하는 것이고, 다툼이 없는 것은 제일한 것이다."[424]

○ 廬陵歐陽氏曰 : "執事總無誼譁, 又不交侵其職位."[425]
여릉 구양씨가 말하였다 : "집사가 모두 시끄럽게 하지 않고 또 그 직위를 서로 침해하지 않는 것이다."[426]

○ 豐城朱氏曰 : "旣戒旣平, 誠意之寓於物也, 無言無爭, 誠意之

---

[423] 『시전대전(詩傳大全)』에 경원 보씨의 말로 실려 있다.
[424] 『시전대전(詩傳大全)』에는 "경원 보씨가 말하였다 : '술을 먼저하고 국을 나중에 하는 것도 그 순서이다. 말이 없는 것은 엄숙하고 공경하는 것이고, 다툼이 없는 것은 제일한 것으로 모든 복이 모이는 것이다.' (慶源輔氏曰 : 先酒而後羹, 亦其序也. 無言則是肅敬, 無爭則是齊一是, 乃諸福之所會也.)"라고 되어 있다.
[425] 『시전대전(詩傳大全)』에 여릉 구양씨의 말로 실려 있다.
[426] 『시전대전(詩傳大全)』에는 "여릉 구양씨가 말하였다 : '…, 집사가 모두 시끄럽게 하지 않고 또 그 직위를 서로 침해하지 않아 사당에 있는 사람들이 모두 엄숙하고 경건해서 행동거지에 예의를 얻은 것에 대해 드러냈으니, 신명이 미수와 황구의 복을 주는 까닭이다.'(廬陵歐陽氏曰 : …, 而執事總無誼譁, 又不交侵其職位, 以見在廟之人, 皆肅敬而擧動得禮, 所以神明錫以眉壽黃耈之福也.)"라고 되어 있다.

存乎人也."427)

풍성 주씨가 말하였다 : "이미 챙겨지고 이미 고르다는 것은 성의가 사물에 의지하여 있는 것이고, 말이 없고 다툼이 없는 것은 성의가 사람들에게 있는 것이다."428)

朱註

言其載淸酤, 而旣醓與我以思成矣, 及進和羹,

맑은 술을 올리니, 이미 나에게 생각하여 이룬 분을 주고, 조화한 국을 올림에 미쳐서는

詳說

○ 慶源輔氏曰 : "先酒後羹, 其序也."429)

경원 보씨가 말하였다 : "술을 먼저하고 국을 나중에 하는 것은 그 순서이다"430)

○ 豐城朱氏曰 : "酒之淸者, 方載而在樽, 則未獻時也, 而烈祖之神, 已與我以所思而成之人, 言應之疾也. 至羹定, 則薦熟時也."431)

풍성 주씨가 말하였다 : "맑은 술을 싣고 와서 술통에 두었다면 아직 올리지 않은 때인데, 열조의 신이 이미 나에게 생각하여 이룬 분을 주었다는 것은 응함이 빠르다는 말이다. 갱정에 이르게 되었다면 익힌 것을 올리는 때이다."432)

---

427) 『시전대전(詩傳大全)』에 풍성 주씨의 말로 실려 있다.
428) 『시전대전(詩傳大全)』에는 "풍성 주씨가 말하였다 : '…. 갱정에 이르면 익힌 것을 올릴 때로 이미 챙겨지고 이미 고르다는 것은 성의가 사물에 의지하여 있는 것이고, 말이 없고 다툼이 없는 것은 성의가 사람들에게 있는 것이다.'(豐城朱氏曰 : …. 至於羹定, 則薦熟之時也, 旣戒旣平, 誠意之寓於物也, 無言無爭, 誠意之存乎人也.)"라고 되어 있다.
429) 『시전대전(詩傳大全)』에 경원 보씨의 말로 실려 있다.
430) 『시전대전(詩傳大全)』에는 '경원 보씨가 말하였다 : '술을 먼저하고 국을 나중에 하는 것도 그 순서이다. 말이 없는 것은 엄숙하고 공경하는 것이고, 다툼이 없는 것은 제일한 것으로 모든 복이 모이는 것이다.' (慶源輔氏曰 : 先酒而後羹, 亦其序也. 無言則是肅敬, 無爭則是齊一是, 乃諸福之所會也.)"라고 되어 있다.
431) 『시전대전(詩傳大全)』에 풍성 주씨의 말로 실려 있다.
432) 『시전대전(詩傳大全)』에는 "풍성 주씨가 말하였다 : '맑은 술을 싣고 와서 술통에 두었다면 아직 올리지 않은 때인데, 열조의 신이 이미 나에게 생각하여 이룬 분을 주었다는 것은 응함이 빠르다는 말이다. 갱정에 이르게 되었다면 익힌 것을 올리는 때로 이미 챙겨지고 이미 고르다는 것은 성의가 사물에 의지하여 있는 것이고, 말이 없고 다툼이 없는 것은 성의가 사람들에게 있는 것이다.'(豐城朱氏曰 : 酒之淸者, 方載而在樽, 則未獻之時也, 而烈祖之神, 已與我以所思而成之人, 言應之疾也. 至羹定, 則薦熟之時也, 旣戒旣平, 誠意之寓於物也, 無言無爭, 誠意之存乎人也.)"라고 되어 있다.

> 朱註

而肅敬之至, 則又安我以眉壽黃耇之福也.

엄숙하고 공경함이 지극하니, 그렇다면 또 나를 미수(眉壽)와 황구(黃耇)의 복(福)으로써 편안하게 한다는 말이다.

約軝錯衡, 八鸞鶬鶬.

묶어놓은 수레바퀴와 문채(文彩)나는 형(衡)이며 여덟 방울이 창창(鶬鶬)히 울리는지라,

> 詳說

○ 祈支反.433)

'기(軝)'의 음은 '기(祈)'와 '지(支)'의 반절이다.

○ 叶, 戶郎反.434)

'형(衡)'은 협운으로 음은 '호(戶)'와 '랑(郎)'의 반절이다.

○ 音搶.

'창(鶬)'의 음은 '창(搶)'이다.

以假以享, 我受命溥將.

이르러 제향을 올리니 내 명을 받음이 넓고 크도다.

> 詳說

○ 音格.435)

'격(假)'의 음은 '격(格)'이다.

○ 叶, 虛良反.436)

---

433) 祈支反:『시전대전(詩傳大全)』에도 동일하게 되어 있다.
434) 叶, 戶郎反:『시전대전(詩傳大全)』에도 동일하게 되어 있다.
435) 音格:『시전대전(詩傳大全)』에도 동일하게 되어 있다.
436) 叶, 虛良反:『시전대전(詩傳大全)』에도 동일하게 되어 있다.

'향(享)'의 음은 '허(虛)'와 '량(良)'의 반절이다.

自天降康, 豐年穰穰, 來假來饗, 降福無疆.

하늘로부터 편안함을 내리사 풍년이 많고 많으니,
와서 이르시며 와서 흠향하사 복을 내림이 무강하도다.

詳說

○ 叶, 虛良反.437)

'향(享)'의 음은 '허(虛)'와 '량(良)'의 빈절이다.

朱註

約軝錯衡八鸞見采芑篇, 鶬見載見篇,

약기(約軝), 착형(錯衡), 팔란(八鸞)은「채기편(采芑篇)」에 있고, 창(鶬)은「재견편(載見篇)」에 있으니,

詳說

○ 音現, 下並同.

'현(見)'의 음은 '현(現)'으로 아래에서도 모두 같다.

○ 安成劉氏曰 : "采芑, 作八鸞瑲瑲, 烝民韓奕作鏘鏘, 此詩作鶬鶬. 載見曰, 鞗革有鶬, 字雖不同, 皆言其聲也."438)

안성 유씨가 말하였다 : "「채기」에는 '여덟 방울이 창창히 울리도다.'로 되어 있고, 「증민」과 「한혁」에는 '장장히 울리도다.'로 되어 있으며, 여기의 시에서는 '창창히 울리도다.'로 되어 있고 「재현」에서는 '고삐에 달린 방울이 화하게 울린다.'라고 했으니, 글자는 다를지라도 모두 그 소리를 말하는 것이다."

朱註

言助祭之諸侯, 乘是車以假以享于祖宗之廟也. 溥,

제사를 돕는 제후(諸侯)가 이 수레를 타고서 조종(祖宗)의 사당에 이르러 제향을

---

437) 叶, 虛良反 :『시전대전(詩傳大全)』에도 동일하게 되어 있다.
438)『시전대전(詩傳大全)』에 안성 유씨의 말로 동일하게 실려 있다.

올림을 말한 것이다. 부(溥)는

> 詳說
> ○ 以假之以享之.
> 　　이르러서 제향하는 것이다.

> ○ 諺音誤.
> 　　'부(溥)'는 『언해』의 음이 잘못되었다.

朱註
廣, 將, 大也, 穰穰, 多也, 言我受命旣廣大
넓음이고, 장(將)은 큼이며, 양양(穰穰)은 많음이니, 내 명(命)을 받음이 이미 넓고 크거늘

> 詳說
> ○ 富有四海, 尊爲天子.
> 　　부유하기로는 사해를 소유했고, 존귀하기로는 천자가 되었다.

朱註
而天降以豊年
하늘이 풍년(豊年)에

> 詳說
> ○ 康, 亦豊也.
> 　　본문의 '강(康)'도 풍년이다.

朱註
黍稷之多使得以祭也.
많은 서직(黍稷)을 내려서 제사할 수 있게 함을 말한 것이다.

詳說

○ 東萊呂氏曰 : "祭禮可以備物."439)
　　동래 여씨가 말하였다 : "제례에서는 제물을 갖출 수 있다."440)

朱註
假之而祖考來假享之而祖考來饗
이르게 함에 조고가 와서 이르시고, 제향을 올림에 조고가 와서 흠향하시니,

詳說

○ 廬陵歐陽氏曰 : "上言以享者, 謂諸侯助致享於神也, 下云來享者, 謂神來至歆享也. 以假來假, 其義亦然."
　　여릉 구양씨가 말하였다 : "위에서 '제향을 누린다.'는 것은 제후가 신에게 흠향하게 돕는다는 말이고, 아래에서 '와서 흠향한다.'는 것은 신이 와서 기쁘게 받아 흠향한다는 말이다. '이르러'와 '와서 이르시며'도 그 의미가 또한 그렇다."

朱註
則降福無疆矣
복(福)을 내림이 무강(無疆)한 것이다.

顧予烝嘗湯孫之將

朱註
說見前篇
해설은 앞의 편에 있다.

詳說

---

439) 『시전대전(詩傳大全)』에 동래 여씨의 말로 실려 있다.
440) 『시전대전(詩傳大全)』에는 "동래 여씨가 말하였다 : '풍년이 많고 많다.'는 것은 사시가 화창하고 곡식이 풍년이어서 제례에 완성을 얻으니 이른바 제물을 갖출 수 있다는 것이다.(東萊呂氏曰 : 豐年穰穰, 言時和歲豐, 祭禮得成, 所謂可以備物者也.)"라고 되어 있다.

○ 此三篇, 皆一章二十二句, 而文亦多相類, 可通看.

여기의 세 편은 모두 1장 22구인데, 글이 또한 대부분 서로 유사해서 꿰뚫어 볼 수 있다.

朱註

烈祖一章二十二句

「열조」는 1장 22구이다.

詳說

○ 慶源輔氏曰 : "那詩專言樂聲, 烈祖則及夫酒饌, 商人尙聲, 豈始作樂之時, 則歌那, 旣祭而後, 歌烈祖歟. 大抵商頌, 簡古難看, 辭斷而義續, 熟讀自見."441)

경원 보씨가 말하였다 : "「나(那)」 시에서는 음악의 소리에 대해 오로지 말하였고, 「열조」에서는 술과 음식에 대해 언급했으니, 상나라 사람들이 소리를 숭상하는 것이 어찌 처음 음악을 만들 때에는 「나(那)」를 노래하고, 제사가 끝난 이후에 「열조」를 노래한 것이겠는가? 대체로 「상송」은 질박하고 예스러워 보기 어렵고 말이 끊어지지만 뜻이 이어지니, 숙독하면 저절로 알게 된다."442)

[4-5-3-1]

天命玄鳥, 降而生商, 宅殷土芒芒, 古帝命武湯, 正域彼四方.

하늘이 현조에게 명하사 내려와 상나라를 탄생시켜
은나라 땅의 크고 큰 곳에 거주하게 하시거늘 옛날 상제께서 무탕을 명하사
국경을 저 사방에 바로잡게 하시니라.

朱註

---

441) 『시전대전(詩傳大全)』에 경원 보씨의 말로 실려 있다.
442) 『시전대전(詩傳大全)』에는 "경원 보씨가 말하였다 : 「「나(那)」와 「열조」는 모두 성탕의 음악으로 제사하는 것이다. 그런데 「나」 시에서는 음악의 소리에 대해 오로지 말하였고, 「열조」에서는 술과 음식에 대해 언급했으니, 상나라 사람들이 소리를 숭상하는 것이 어찌 처음 음악을 만들 때에는 「나(那)」를 노래하고, 제사가 끝난 이후에 「열조」를 노래한 것이겠는가? 대체로 「상송」은 질박하고 예스러워 보기 어렵고 말이 끊어지지만 뜻이 이어지니, 숙독하면 저절로 알게 된다.'(慶源輔氏曰 : 那與烈祖, 皆祀成湯之樂. 然那詩, 則專言樂聲, 至烈祖, 則及夫酒饌焉. 商人尙聲, 豈始作樂之時, 則歌那, 旣祭而後, 歌烈祖歟. 大抵商頌, 簡古難看, 辭斷而意續, 熟讀自見.)"라고 되어 있다.

賦也. 玄鳥, 鳦也, 春分玄鳥降.
부(賦)이다. 현조(玄鳥)는 제비이니, 춘분(春分)에 현조(玄鳥)가 내려온다.

詳說

○ 音壹.
'을(鳦)'의 음은 '일(壹)'이다.

○ 孔氏曰 : "玄鳥來而謂之降者, 重之, 若自天來然."443)
공씨가 말하였다 : "현조가 와서 내려왔다고 하는 것이니, 거듭되면 하늘에서 온 것 같은 것이다."444)

朱註

高辛氏之妃, 有娀氏女簡狄, 祈于郊禖,
고신씨(高辛氏)의 비(妃)이며, 유융씨(有娀氏)의 딸인 간적(簡狄)이 교매(郊禖)에 기도할 적에

詳說

○ 音松.
'융(娀)'의 음은 '송(松)'이다.

○ 見生民註.
「생민」의 주에 있다.

朱註

鳦遺卵, 簡狄吞之, 而生契, 其後世遂爲有商氏, 以有天下, 事見史記.
제비가 알을 떨어뜨려 주었는데, 간적(簡狄)이 이를 삼키고 설(契)을 낳았는데, 그 후세에 마침내 유상씨가 되어 천하를 소유했으니, 이 사실이 『사기(史記)』에 있다.

---

443) 『시전대전(詩傳大全)』에 공씨의 말로 실려 있다.
444) 『시전대전(詩傳大全)』에는 "공씨가 말하였다 : '현조가 오는 날에 태뢰를 교매에서 지내 그 복을 비는 날을 기록했기 때문에 하늘이 현조에게 명했다고 한 것이다. 현조가 와서 내려왔다고 하는 것이니, 거듭되면 하늘에서 온 것 같은 것이다.(孔氏曰 : 玄鳥至日, 以太牢祀郊禖, 記其祈福之時, 故言天命玄鳥. 玄鳥來而謂之降者, 重之若自天來然.)"라고 되어 있다.

詳說

○ 音現.

'현(見)'의 음은 '현(現)'이다.

○ 殷紀.

『사기』「은기」이다.

○ 華谷嚴氏曰 : "契封於商, 言生商, 謂生契也. 生契, 所以生商也."445)

화곡 엄씨가 말하였다 : "설이 상이 봉해져서 상나라를 탄생시켰다고 말한 것은 설을 낳았음에 대해 말하는 것으로 설을 낳았기 때문에 상나라가 탄생되었다는 것이다."446)

○ 史記三代世表曰 : "稷契之父. 皆黃帝子孫. 詩言契生於卵, 后稷人迹者, 見其有天命精誠之意耳, 奈何無父而生乎. 故詩人美契曰, 天命玄鳥, 降而生商, 美稷曰, 厥初生民."447)

『사기』「삼대세표」에서 말하였다 : "직과 설의 아비는 모두 황제의 자손이다. 시에서 설은 알에서 태어났다고 말하고, 후직이라는 사람의 흔적에는 하늘이 정성에 명한 의미가 있을 뿐이다. 어찌 아비 없이 태어났겠는가? 그러므로 시인이 설을 찬미하여 '하늘이 현조에게 명하사 내려와 상나라를 탄생시켰다.'고 하고, 후직을 찬미하여 '처음 백성을 낳았다.'고 한 것이다."

朱註

宅, 居也. 殷, 地名. 芒芒,

택(宅)은 거주함이다. 은(殷)은 지명(地名)이다. 망망(芒芒)은

詳說

---

445) 『시전대전(詩傳大全)』에 화곡 엄씨의 말로 실려 있다.
446) 『시전대전(詩傳大全)』에는 "화곡 엄씨가 말하였다 : '설이 상이 봉해지고, 후에 그 때문에 1대의 호가 되었다. 상나라를 탄생시켰다고 말한 것은 설을 낳았음에 대해 말하는 것으로 설을 낳았기 때문에 상나라가 탄생되었다는 것이다.'(華谷嚴氏曰 : 契封於商, 後因以爲一代之號. 言生商, 謂生契也. 生契所以生商也.)"라고 되어 있다.
447) 『시전대전(詩傳大全)』에 『사기』「삼대세표」의 말로 동일하게 실려 있다.

○ 茫同.
'망(茫)'은 '망(茫)'과 같다.

朱註
大貌
큰 모양이다.

詳說
○ 豐城朱氏曰：" 契受天命, 而奄有一國."448)
풍성 주씨가 말하였다 : "설이 천명을 받아 한 나라를 소유하였다."

朱註
古, 猶昔也. 帝, 上帝也.
고(古)는 석(昔)과 같다. 제(帝)는 상제(上帝)이다.

詳說
○ 古者, 上帝.
옛날의 상제이다.

朱註
武湯, 以其有武德號之也.
무탕(武湯)은 무덕(武德)이 있는 것으로 이름붙인 것이다.

詳說
○ 曹氏曰："湯曰, 吾甚武自號曰武王, 故此稱爲武湯."449)
조씨가 말하였다 : "탕이 '내가 아주 무용이 뛰어나서 스스로 호를 지어 무왕이라고 한다.'고 하였기 때문에 이 칭호로 무탕이 된 것이다."450)

---

448) 『시전대전(詩傳大全)』에 풍성 주씨의 말로 실려 있다.
449) 『시전대전(詩傳大全)』에 조씨의 말로 실려 있다.
450) 『시전대전(詩傳大全)』에는 "조씨가 말하였다 : 『서』에서 「우리 무왕이 성스러운 무용을 폈다.」라고 하고, 「장발」에서 「무왕이 깃발을 싣으시고 경건히 도끼를 잡으셨다.」라고 하였다. 탕이 '내가 아주 무용이 뛰어나서 스스로 호를 지어 무왕이라고 한다.'고 하였기 때문에 이 칭호로 무탕이 된 것이다."(曹氏曰：書曰,

朱註

正, 治也. 域, 封境也.

정(正)은 다스림이다. 역(域)은 국경이다.

詳說

○ 眉山蘇氏曰 : "始受命, 正域於四方之諸侯."451)

미산 소씨가 말하였다 : "처음 명을 받아 사방의 제후에게 경계를 정하였다."

朱註

○ 此, 亦祭祀宗廟之樂,

○ 이 또한 종묘(宗廟)에 제사하는 음악이니,

詳說

○ 鄭氏曰 : "于契之廟."

정씨가 말하였다 : "설의 사당에서 무정을 합해서 제사지낸다."

朱註

而追敍商人之所由生, 以及其有天下之初也.

상(商)나라 사람이 말미암아 태어난 바를 추서(追敍)하여 그 천하를 소유하게 된 시초에 미친 것이다.

詳說

○ 安成劉氏曰 : "推本商人之生於玄鳥, 猶生民推本周人生於帝武."452)

안성 유씨가 말하였다 : "상나라 사람들이 현조에게서 태어났다고 근본을 미루는 것은 「생민」에서 주나라 사람들이 제무에게서 태어났다고 근본을 미루는 것과 같다."453)

惟我商王, 布昭聖武, 長發曰, 武王載旆, 有虔秉鉞. 湯曰, 吾甚武自號曰武王, 故此稱爲武湯也.)"라고 되어 있다.
451) 『시전대전(詩傳大全)』에 미산 소씨의 말로 동일하게 실려 있다.
452) 『시전대전(詩傳大全)』에 안성 유씨의 말로 실려 있다.
453) 『시전대전(詩傳大全)』에는 "안성 유씨가 말하였다 : '여기의 시에서 상나라 사람들이 현조에게서 태어났

○ 豐城朱氏曰 : "契開之於前, 湯繼之於後, 此詩人所以必並敍其尊美而無異辭也."454)

풍성 주씨가 말하였다 : "설이 앞에서 개척하고 탕이 뒤에서 이어받았으니, 여기의 시인이 존귀함과 아름다움을 아울러 서술하면서 다른 말이 없었던 까닭이다."455)

方命厥后, 奄有九有,

사방으로 그 제후들에게 명하사 곧 구유를 소유하시니,

詳說

○ 叶, 羽己反.456)

'유(有)'는 협운으로 음은 '우(羽)'와 '기(己)'의 반절이다.

商之先后, 受命不殆,

상나라의 선왕들이 명을 받음이 위태롭지 않은지라

詳說

○ 叶, 養里反.457)

'태(殆)'는 협운으로 음은 '양(養)'과 '리(里)'의 반절이다.

在武丁孫子.

무정의 손자에게 하셨도다.

다고 근본을 미루는 것은 「생민」에서 주나라 사람들이 제무에게서 태어났다고 근본을 미루는 것과 같다. 여기의 시에서 설의 탄생을 서술하면서 탕이 천하를 소유한 것에 미치는 것은 「비궁」에서 후직의 탄생을 서술하면서 문무에 미치는 것과 같다.'(安成劉氏曰 : 此詩推本商人生於玄鳥, 猶生民推本周人生於帝武. 此詩追叙契之生, 以及於湯有天下, 猶閟宮追叙后稷之生, 以及文武也.)"라고 되어 있다.

454) 『시전대전(詩傳大全)』에 풍성 주씨의 말로 실려 있다.
455) 『시전대전(詩傳大全)』에는 "풍성 주씨가 말하였다 : '…. 설이 앞에서 개척한 것이 있지 않았다면 상나라가 명을 받는 기틀을 있게 되지 않았을 것이고, 탕이 뒤에서 이어받지 않았다면, 상나라가 왕을 일으키는 업을 이루지 못했을 것이니, 여기의 시인이 설과 탕에 대해 존귀함과 아름다움을 아울러 서술하면서 다른 말이 없었던 까닭이다.'(豐城朱氏曰 : …. 非有契開之於前, 無以爲有商受命之基, 非有湯以繼之於後, 無以成有商興王之業, 此詩人於契與湯, 所以必竝致其尊美而無異辭也.)"라고 되어 있다.
456) 叶, 羽己反 : 『시전대전(詩傳大全)』에도 동일하게 되어 있다.
457) 叶, 養里反 : 『시전대전(詩傳大全)』에도 동일하게 되어 있다.

詳說

○ 吇, 獎里反.458)

'자(子)'는 협운으로 음은 '장(獎)'과 '리(里)'의 반절이다.

朱註

方命厥后, 四方諸侯, 無不受命也. 九有, 九州也.

방명궐후(方命厥后)는 사방의 제후들이 명을 받지 않음이 없는 것이다. 구유(九有)는 구주이다.

詳說

○ 華谷嚴氏曰:"域彼四方, 則九州在其中. 天命湯, 以四方爲域, 湯能命其諸侯, 而奄有九, 有成天意矣."459)

화곡 엄씨가 말하였다:"저 사방으로 경계를 하였다면, 구주는 그 가운데 있다. 하늘이 탕에게 명해 사방을 경계로 하고, 탕이 제후들에게 명할 수 있어 구주를 소유했으니, 하늘의 뜻을 이룬 것이다."

朱註

武丁, 高宗也.

무정(武丁)은 고종(高宗)이다.

詳說

○ 鄭氏曰:"武丁修德, 殷道復興, 故表顯之號爲高宗."460)

정씨가 말하였다:"무정이 덕을 닦아 은나라의 도가 다시 부흥했기 때문에 표현해서 고종으로 호를 붙인 것이다."

朱註

言商之先后,

상나라의 선후들이

---

458) 吇, 獎里反:『시전대전(詩傳大全)』에도 동일하게 되어 있다.
459) 『시전대전(詩傳大全)』에 화곡 엄씨의 말로 거의 동일하게 실려 있다.
460) 『시전대전(詩傳大全)』에 정씨의 말로 동일하게 실려 있다.

詳說

○ 湯以後后.
　　탕 이후의 후이다.

朱註

受天命不危殆, 故今武丁孫子
천명을 받음이 위태롭지 않기 때문에 지금 무정(武丁)의 손자가

詳說

○ 廬陵歐陽氏曰 : "武丁之孫子."461)
　　여릉 구양씨가 말하였다 : "무정의 손자이다."462)

○ 在, 猶上篇之及字.
　　본문의 '재(在)'자는 위의 편에서의 '급(及)'자와 같다.

朱註

猶賴其福.
아직도 그 복에 의지하고 있다는 말이다.

詳說

○ 添此句.
　　이 구를 더했다.

武丁孫子, 武王靡不勝,
무정(武丁)의 손자인 무왕(武王)이 이기지 않음이 없으시니

詳說

---

461) 『시전대전(詩傳大全)』에 여릉 구양씨의 말로 실려 있다.
462) 『시전대전(詩傳大全)』에는 "여릉 구양씨가 말하였다 : '무정의 손자는 무정의 손자를 말한다.'(廬陵歐陽氏曰 : 武丁孫子, 謂武丁之孫子也.)"라고 되어 있다.

詩集傳詳說 卷之十八　171

○ 音升.463)
'승(勝)'의 음은 '升(승)'이다.

龍旂十乘, 大糦是承.
용기(龍旂)와 십승(十乘)으로 큰 서직을 이에 받들어 올리도다.

詳說
○ 繩證反.464)
'승(乘)'의 음은 '승(繩)'에서의 '승(繩)'과 '증(證)'의 반절이다.

○ 尺志反.465)
'치(糦)'의 음은 '척(尺)'과 '지(志)'의 반절이다.

○ 首句承上.
첫 구가 위를 이어받았다.

朱註
武王, 湯號, 而其後世, 亦以自稱也.
무왕(武王)은 탕왕(湯王)의 칭호인데, 그 후세에서도 또한 자칭하였다.

詳說
○ 有武功者, 豈指祖甲歟.
무용의 공이 있는 자에 대해 어찌 조갑을 가리키겠는가?

朱註
龍旂, 諸侯所建交龍之旂也.
용기(龍旂)는 제후(諸侯)들이 세우는 교룡(交龍)이 그려진 기이다.

---

463) 音升:『시전대전(詩傳大全)』에도 동일하게 되어 있다.
464) 繩證反:『시전대전(詩傳大全)』에도 동일하게 되어 있다.
465) 尺志反:『시전대전(詩傳大全)』에도 동일하게 되어 있다.

|詳說|

○ 華谷嚴氏曰：“龍旂十乘, 擧諸侯之尊者言之.”466)
　화곡 엄씨가 말하였다 : “용기와 십승은 제후의 높은 자로 말한 것이다.”

○ 建龍旂, 從以車十乘.
　용기를 세우고, 수레 십승을 따르게 하는 것이다.

|朱註|

大糦, 黍稷也承奉也 ○ 言武丁孫子, 今襲湯號者, 其武無所不勝.
대희(大)는 서직(黍稷)이다. 승(承)은 받듦이다. ○ 무정의 손자로서 지금 탕왕의 칭호를 세습하고 있는 자들은 그 무(武)가 감당하지 못하는 이가 없었다.

|詳說|

○ 饎同.
　'치(糦)'는 '희(饎)'와 같다.

○ 添武字.
　'무(武)'자를 더하였다.

○ 毛氏曰 : "勝任也."
　모씨가 말하였다 : "'승(勝)'은 감당한다는 것이다."

○ 謂克荷天命.
　천명을 짊어질 수 있다는 말이다.

|朱註|

於是諸侯, 無不奉黍稷, 以來助祭也.
이에 제후들이 서직을 받들어 와서 제사를 돕지 않음이 없음을 말한 것이다.

---

466) 『시전대전(詩傳大全)』에 화곡 엄씨의 말로 거의 동일하게 실려 있다.

詳說

○ 添諸侯字.

제후라는 말을 더했다.

邦畿千里, 維民所止, 肇域彼四海.

나라의 국경 천리는 백성들이 거주하는 곳이니 저 사해에 국경을 비로소 열어 놓도다.

詳說

○ 叶, 虎洧反.467)

'해(海)'는 협운으로 음은 '호(虎)'와 '유(洧)'의 반절이다.

朱註

止, 居, 肇, 開也. 言王畿之內, 民之所止, 不過千里, 而其封域, 則極乎四海之廣也.

지(止)는 거주함이요, 조(肇)는 열어놓는 것이다. 왕기의 안에 백성들이 거주하는 곳은 천리를 지나지 않지만 그 국경은 사해의 넓음까지 다한다는 말이다.

詳說

○ 開域於四海,

사해로 경계를 열어놓은 것이다.

四海來假, 來假祁祁.

사해에서 와서 이르니, 와서 이름을 많이 하고 많이 하도다.

詳說

○ 音格, 下同.468)

'격(假)'의 음은 '격(格)'으로 아래에서도 같다.

---

467) 叶, 虎洧反 : 『시전대전(詩傳大全)』에도 동일하게 되어 있다.
468) 音格, 下同 : 『시전대전(詩傳大全)』에도 동일하게 되어 있다.

景員維河, 殷受命咸宜.

경산(景山)의 둘레에 있는 하수(河水)에 은(殷)나라가 명(命)을 받음이 모두 마땅한지라

詳說

○ 叶, 牛何反.469)

'의(宜)'는 협운으로 '우(牛)'와 '하(何)'의 반절이다.

百祿是何.

온갖 복록을 이에 받도다.

詳說

○ 音荷, 叶如字.470)

'하(何)'의 음은 '하(荷)'이고 협운으로는 본래의 음 대로 읽는다.

朱註

假, 與格同.

가(假)은 격(格)과 같다.

詳說

○ 慶源輔氏曰 : "此又承上, 而言諸侯無不來至."471)

경원 보씨가 말하였다 : "여기에서는 또 위를 이어 제후들이 오지 않음이 없음을 말한 것이다."472)

朱註

祈祈

기기(祈祈)는

---

469) 叶, 牛何反 : 『시전대전(詩傳大全)』에도 동일하게 되어 있다.
470) 音荷, 叶如字 : 『시전대전(詩傳大全)』에도 동일하게 되어 있다.
471) 『시전대전(詩傳大全)』에 경원 보씨의 말로 실려 있다.
472) 『시전대전(詩傳大全)』에는 "경원 보씨가 말하였다 : '여기에서는 또 위를 이어 사해의 제후들이 오지 않음이 없음을 말한 것이다. …(慶源輔氏曰 : 此又承上, 而言四海之遠諸侯, 無不來至而至者. ….)"라고 되어 있다.

詳說
○ 或祁, 傳寫之誤.
기(祁)일 수 있으니, 전하여 베끼면서 생긴 잘못이다.

朱註
衆多貌. 景員維河之義, 未詳. 或曰, 景, 山名, 商所都也, 見殷武卒章
많은 모양이다. 경원유하(景員維河)의 뜻은 자세하지 않다. 어떤 이는 "경(景)은 산(山) 이름으로 상나라가 도읍한 곳이니,「은무(殷武)」의 마지막 장에 있다."라고 하였다.

詳說
○ 音現
'현(見)'의 음은 '현(現)'이다.

○ 亦見定之方中.
또한「정지방중(定之方中)」에 있다.

朱註
春秋傳亦曰, 商湯有景亳之命
『춘추전(春秋傳)』에서 또한 '상탕(商湯)이 경박(景)의 명(命)을 소유했다.'는 것이

詳說
○ 左昭四年.
『좌전』소공 4년이다.

○ 會盟之命.
회맹의 명이다.

朱註
是也. 員, 與下篇幅隕義同, 蓋言周也.

여기에 해당한다. 원(員)은 아래의 편에서 폭운(幅隕)이라는 뜻과 같으니 둘레를 말한 것이다.

詳說
○ 匝也.
둘레이다.

朱註
河, 大河也, 言景山四周, 皆大河也. 何, 任也.
하(河)는 대하(大河)이니, 경산(景山)의 사방 주위가 모두 대하(大河)라는 말이다. 하(何)는 짊어짐이니,

詳說
○ 鄭氏曰 : "擔負天之多福."473)
정씨가 말하였다 : "하늘의 많은 복을 짊어진 것이다."474)

朱註
春秋傳, 作荷.
『춘추전(春秋傳)』에는 하(荷)로 되어 있다.

詳說
○ 左隱三年.
『좌전』은공 3년이다.

○ 上聲.
'하(荷)'는 상성이다.

○ 華谷嚴氏曰 : "負荷百福, 謂湯至高宗以後也."475)

---

473) 『시전대전(詩傳大全)』에 정씨의 말로 실려 있다.
474) 『시전대전(詩傳大全)』에는 "정씨가 말하였다 : '온갖 복록을 이에 받도다.'라는 것은 하늘의 많은 복을 짊어졌다는 말이다.'(鄭氏曰百祿是荷, 謂擔負天之多福.)"라고 되어 있다.

화곡 엄씨가 말하였다 : "온갖 복을 받는다는 것은 탕에서 고종까지 이후를 말하는 것이다."476)

朱註

玄鳥一章二十二句

「현조」는 1장 22구이다.

[4-5-4-1]

濬哲維商, 長發其祥. 洪水芒芒, 禹敷下土方,

깊고 밝으신 상(商)나라에 그 상서가 발현됨이 장구하도다.
홍수가 아득하고 아득하거늘 우임금께서 하토의 지방을 다스리사

詳說

○ 絶句. 楚辭天問禹降省下土方. 蓋用此語.477)

구로 끊는다. 『초사』「천문」에서 우임금께서 하토의 지방을 살폈다는 은 대개 이 말을 사용한 것이다.

外大國是疆, 幅隕旣長,

바깥 대국을 이 국경으로 삼아 폭과 둘레가 이미 길거늘

詳說

○ 音員.478)

'운(隕)'의 음은 '원(員)'이다.

有娀方將, 帝立子生商.

---

475) 『시전대전(詩傳大全)』에 화곡 엄씨의 말로 실려 있다.
476) 『시전대전(詩傳大全)』에는 "화곡 엄씨가 말하였다 : '장의 끝에서 은나라 왕실이 전후로 서로 이어 받으며 천명을 받음에 마땅하지 않음이 없음을 총체적으로 기렸다. 온갖 복을 받을 수 있는 것은 성탕에서 고종까지 이후를 말하는 것이다. 華谷嚴氏曰 : 章末總美殷家, 前後相承, 受天之命, 無有不宜, 能負荷天之百福, 謂成湯至高宗以後也.)"라고 되어 있다.
477) 『시전대전(詩傳大全)』에도 동일하게 되어 있다.
478) 音員 : 『시전대전(詩傳大全)』에도 동일하게 되어 있다.

유융이 바야흐로 커지기에 상제께서 아들을 세워 상나라를 탄생시키시니라.

詳說
○ 息容反.479)
'융(娀)'의 음은 '식(息)'과 '용(容)'의 반절이다.

○ 恐讀者, 以土爲句, 故特著絶句. 省, 悉井反.
독자들이 토로 구두할 것을 염려했기 때문에 구로 끊는다는 말로 특별히 드러낸 것이다. '성(省)'의 음은 '실(悉)'과 '정(井)'의 반절이다.

朱註
賦也. 濬, 深, 哲, 知,
부(賦)이다. 준(濬)은 깊음이고, 철(哲)은 지혜이며,

詳說
○ 去聲.
'지(知)'는 거성이다.

朱註
長, 久也.
장(長)은 오램이다.

詳說
○ 上長字.
위의 '장(長)'자이다.

○ 芒, 茫同. 敷, 布治也.
'망(芒)'은 '망(茫)'과 같다. '부(敷)'는 펴서 다스리는 것이다.

朱註

---

479) 息容反 : 『시전대전(詩傳大全)』에도 동일하게 되어 있다.

方, 四方也. 外大國, 遠諸侯也. 幅, 猶言邊幅也. 隕, 讀作員, 謂周也.
방(方)은 사방(四方)이다. 바깥 대국은 멀리 있는 제후이다. 폭(幅)은 변폭(邊幅)이라는 말과 같다. 운(隕)은 읽을 때에 원(員)으로 하는데 원(圓)과 통하니, 둘레를 이른다.

詳說

○ 圓通.
'원(員)'은 원(圓)과 통한다.

○ 華谷嚴氏曰 : "自其直方言之, 曰幅, 自其周圍言之, 曰員."480)
화곡 엄씨가 말하였다 : "직방(直方)으로 말하면 폭(幅)이라고 하고, 주위(周圍)로 말하면 원(員)이라고 한다."

朱註
有娀, 契之母家也.
유융(有娀)은 설(契)의 외가이다.

詳說

○ 諺音誤.
'융(娀)'은 『언해』의 음이 잘못되었다.

○ 史記正義曰 : "有娀當在蒲州."481)
『사기정의』에서 말하였다 : "유융은 당연히 포주에 있다."

朱註
將, 大也. ○ 言商世世有濬哲之君,
장(將)은 큼이다. ○ 상(商)나라에는 대대로 준철(濬哲)한 임금이서

詳說

---

480) 『시전대전(詩傳大全)』에 화곡 엄씨의 말로 동일하게 실려 있다.
481) 『시전대전(詩傳大全)』에 『사기정의』의 말로 동일하게 실려 있다.

○ 三山李氏曰 : "商之先世, 皆有深智之德."482)
　　삼산 이씨가 말하였다 : "상나라의 선대에는 모두 깊이 아는 덕이 있었다."483)

○ 安成劉氏曰 : "湯以上契以下, 皆是也."484)
　　안성 유씨가 말하였다 : "탕 이상과 설 이하는 모두 이런 분들이다."485)

朱註
其受命之祥發見也久矣.
그 명을 받는 상서의 발현이 장구하였다는 말이다.

詳說
○ 音現.
　　'현(見)'의 음은 '현(現)'이다.

○ 諺釋太泥此註
　　『언해』의 해석은 여기의 주에 너무 얽매였다.

朱註
方禹治洪水, 以外大國爲中國之竟, 而幅員廣大之時
우임금이 홍수를 다스려 바깥 대국을 중국의 경계로 삼아서 폭과 둘레가 광대할 때에

詳說
○ 境同.
　　'경(竟)'은 '경(境)'과 같다.

---
482) 『시전대전(詩傳大全)』에 삼산 이씨의 말로 실려 있다.
483) 『시전대전(詩傳大全)』에는 "삼산 이씨가 말하였다 : '오직 덕이 깊기 때문에 편협한 데에 빠지지 않고, 오직 덕이 밝기 때문에 혼미한 데 이르지 않으니, 상나라의 선대에는 모두 깊이 아는 덕이 있었다.'(三山李氏曰 : 惟其德之深, 故不溺于褊淺, 惟其德之明, 故不至於昏塞, 商之先世, 皆有深智之德.)"라고 되어 있다.
484) 『시전대전(詩傳大全)』에 안성 유씨의 말로 실려 있다.
485) 『시전대전(詩傳大全)』에는 "안성 유씨가 말하였다 : '넓게 준철한 임금을 말한 것으로 탕 이상과 설 이하는 모두 이런 분들이다.'(安成劉氏曰 : 泛言濬哲之君, 蓋自湯以上契以下, 皆是也.)"라고 되어 있다.

○ 經言長, 註言廣, 互見也.
경에서 '장(長)'이라고 하고 주에서는 '광(廣)'이라고 한 것은 서로 드러내는 것이다.

朱註
有娀氏始大.
유융씨가 비로소 커졌다.

詳說
○ 鄭氏曰國廣
정씨가 말하였다 : "나라가 광대해진 것이다."

朱註
故帝立其女之子, 而造商室也. 蓋契於是時, 始爲舜司徒, 掌布五敎于四方, 而商之受命實基於此..
그러므로 상제가 그 딸의 아들을 세워 상나라 왕실을 만들었다고 말한 것이다. 설이 이때에 처음으로 순의 사도가 되어 사방에 오교를 폄을 관장하였으니, 상나라가 명을 받은 것을 실로 여기에서 기초한 것이다.

詳說
○ 生.
'조(造)'는 본문의 '생(生)'이다.

○ 始也.
'기(基)'는 '시(始)'이다.

○ 蓋以下, 論也.
'개(蓋)' 이하는 경문의 의미 설명이다.

[4-5-4-2]

|玄王桓撥, 受小國是達,|

현왕이 굳셈으로 다스리시니 소국을 받음에도 이에 마땅하며

|詳說|

○ 叶, 必烈反.486)

'발(撥)'은 협운으로 음은 '필(必)'과 '열(烈)'의 반절이다.

○ 叶, 他悅反.487)

'달(達)'은 협운으로 음은 '타(他)'와 '열(悅)'의 반절이다.

|受大國是達. 率履不越, 遂視旣發. 相土烈烈,|

대국을 받음에도 이에 마땅하시도다. 예를 따라 지나치지 아니하시니 마침내 백성들을 봄에 이미 호응하도다. 상토가 열렬하시니

|詳說|

○ 叶, 方月反.488)

'발(發)'은 협운으로 음은 '방(方)'과 '월(月)'의 반절이다.

|海外有截.|

해외가 절연히 정제되도다.

|詳說|

○ 息亮反.489)

'상(相)'의 음은 '식(息)'과 '량(亮)'의 반절이다.

---

486) 叶, 必烈反 : 『시전대전(詩傳大全)』에도 동일하게 되어 있다.
487) 叶, 他悅反 : 『시전대전(詩傳大全)』에도 동일하게 되어 있다.
488) 叶, 方月反 : 『시전대전(詩傳大全)』에도 동일하게 되어 있다.
489) 息亮反 : 『시전대전(詩傳大全)』에도 동일하게 되어 있다.

朱註

賦也. 玄王, 契也.

부(賦)이다. 현왕(玄王)은 설(契)이다.

詳說

○ 國語曰, "玄王勤商十四世而興."490)

『국어』에서 말하였다 : "현왕이 상나라의 14대에 부지런히 하여 일어났던 것이다."491)

朱註

玄者, 深微之稱. 或曰, 以玄鳥降而生也.

현(玄)이란 깊고 은미함을 칭한 것이다. 어떤 이는 "현조(玄鳥)가 내려와서 낳았기 때문이다."라고 하였다.

詳說

○ 鄭氏曰 : "黑帝立子, 故曰玄492)

정씨가 말하였다 : "흑제가 자식을 세웠기 때문에 현이라고 하는 것이다."493)

朱註

王者追尊之號.

왕(王)이라는 것은 추존(追尊)한 칭호이다.

詳說

○ 國語曰 : "昔我先王后稷, 我先王不窋. 註曰, 是其爲王之祖, 故呼王非號王也."494)

---

490) 『시전대전(詩傳大全)』에 공씨가 『국어』의 말을 인용한 것으로 실려 있다.
491) 『시전대전(詩傳大全)』에는 "『국어』에서 말하였다 : '현왕이 상나라의 14대에 부지런히 하여 일어났으니, 현왕이 설인 것이 분명하다. ….'(孔氏曰 : 國語玄王勤商十四世而興, 玄王爲契明矣. ….)"라고 되어 있다.
492) 『모시주소(毛詩注疏)』에 『전정의(箋正義)』의 말로 실려 있다.
493) 『모시주소(毛詩注疏)』에는 "…. 흑제가 자식을 세울 것을 이어받았기 때문에 설을 현왕이라고 하는 것이다. ….(…. 以其承黑帝立子, 故謂契爲玄王也. ….)"라고 되어 있다.
494) 『시전대전(詩傳大全)』에 공씨가 『국어』의 말을 인용한 것으로 실려 있다.

『국어』에서 말하였다 : "옛날에 우리 선왕 후직과 우리 선왕 불줄에 대해 주에서 '이 분들은 왕의 조상이기 때문에 왕이라고 불러도 왕이라고 부른 것이 아니다.'라고 하였다."495)

|朱註|

桓, 武, 撥, 治.
환(桓)은 굳셈이고, 발(撥)은 다스림이며,

|詳說|

○ 慶源輔氏曰 : "撥卽撥亂之撥, 乃武德之驗也. 旣有武德, 又能撥亂以爲治."496)

경원 보씨가 말하였다 : "'발(撥)'은 곧 '발란(撥亂)'의 '발(撥)'이니, 바로 무덕의 증험이다. 이미 무덕이 있고, 또 어지러움을 다스릴 수 있어 다스려지게 하는 것이다."497)

|朱註|

達, 通也. 受小國大國,
달(達)은 통함이다. 소국과 대국을 받음에

|詳說|

○ 任而治之.
맡겨놓고 다스리는 것이다.

---

495) 『시전대전(詩傳大全)』에는 "공씨가 말하였다 : 『국어』. 현왕이 상나라의 14대에 부지런히 하여 일어났으니, 현왕이 설인 것이 분명하다.' 또 말하였다 : '옛날에 우리 선왕 후직과 우리 선왕 불줄에 대해 「위소」의 주와 「상송」. 또한 설이 현왕인 것은 바로 왕의 조상이기 때문에 왕이라고 불러도 왕이라고 부른 것이 아니다.'라고 하였다."(孔氏曰 : 國語. 玄王勤商十四世而興, 玄王爲契明矣. 又云, 昔我先王后稷, 我先王不窋韋昭注商頌. 亦以契爲玄王, 是其爲王之祖, 故呼王非號王也.)"라고 되어 있다.
496) 『시전대전(詩傳大全)』에 경원 보씨의 말로 실려 있다.
497) 『시전대전(詩傳大全)』에는 "경원 보씨가 말하였다 : '설이 사도가 되었을 때에는 애초에 무가 있는 일이 나타나지 않았다. 그런데 문무는 바로 임금의 덕으로 이미 봉함을 받아 임금이 되었다면 이것은 무덕이 있어야 하는 것이다. 발(撥)은 곧 발란(撥亂)의 발(撥)이니, 바로 무덕의 증험이다. 이미 무덕이 있고, 또 어지러움을 다스릴 수 있어 다스려지게 하였으니, 받은 나라를 대소에 따라 마땅하게 하지 않음이 없는 것이다. ….'(慶源輔氏曰 : 契爲司徒, 初不見有武之事. 然文武君之德, 旣封爲國君, 則是當有武德也. 撥卽撥亂之撥, 乃武德之驗也. 旣有武德, 又能撥亂以爲治, 則其所受之國, 隨大小而無所不宜. ….)"라고 되어 있다.

朱註
無所不達, 言其無所不宜也. 率, 循. 履, 禮. 越, 過. 發, 應也. 言契能循禮不過越

통하지 않음이 없다는 것은 그 마땅하지 않음이 없다는 말이다. 솔(率)은 따름이고, 이(履)는 예(禮)이며, 월(越)은 지나침이고, 발(發)은 응함이다. 설(契)이 능히 예를 따라 지나치게 넘어가지 아니하니,

詳說
○ 倫理以身敎之.
　　자신을 윤리로 해서 다스리는 것이다.

朱註
遂視其民, 則旣發以應之矣. 相土, 契之孫也.

마침내 그 백성들을 봄에 이미 발(發)하여 호응함을 말한 것이다. 상토(相土)는 설(契)의 손자(孫子)이다.

詳說
○ 考驗其民
　　그 백성들에게 상고하고 증험하는 것이다.

○ 孔氏曰 : "契子昭明, 昭明子相土."[498]
　　공씨가 말하였다 : "설의 자식이 소명이고, 소명의 자식이 상토이다."

朱註
截, 整齊也. 至是而商益大,
절(截)은 정제(整齊)함이다. 이때에 이르러 상나라가 더욱 커져서

詳說
○ 慶源輔氏曰 : "烈烈然光大."[499]

─────────────
[498] 『시전대전(詩傳大全)』에 공씨의 말로 동일하게 실려 있다.

경원 보씨가 말하였다 : "열렬하고 광대한 것이다."500)

[朱註]
四方諸侯歸之, 截然整齊矣.
사방(四方)의 제후(諸侯)들이 귀의하여 절연(截然)히 정제된 것이다.

[詳說]
○ 慶源輔氏曰 : "極于海外."501)
경원 보씨가 말하였다 : "해외까지 다하였다."502)

[朱註]
其後湯以七十里起,
그 뒤에 탕왕(湯王)은 70리로써 일어났으니,

[詳說]
○ 見孟子公孫丑.
『맹자』「공손추」에 있다.

[朱註]
豈嘗中衰也與.
아마도 일찍이 중간에 쇠했던 것일 것이다.

[詳說]
○ 平聲.

---

499) 『시전대전(詩傳大全)』에 경원 보씨의 말로 실려 있다.
500) 『시전대전(詩傳大全)』에는 "경원 보씨가 말하였다 : '…. 그 손자 상토에 때에 오면 상나라가 더욱 열렬하고 광대하니 제후들이 모두 귀의해서 해외까지 다하여 절연히 정제되지 않음이 없었다. 여기의 장에서는 또 설과 상의 일에 대해 서술했다.'(慶源輔氏曰 : …. 至于其孫相土之時, 則商益以烈烈然光大, 諸侯率皆歸之而極于海外, 莫不截然齊整也. 此章, 又叙契及相土之事.)"라고 되어 있다.
501) 『시전대전(詩傳大全)』에 경원 보씨의 말로 실려 있다.
502) 『시전대전(詩傳大全)』에는 "경원 보씨가 말하였다 : '…. 제후들이 모두 귀의해서 해외까지 다하여 절연히 정제되지 않음이 없었다. 여기의 장에서는 또 설과 상의 일에 대해 서술했다.'(慶源輔氏曰 : …. 諸侯率皆歸之而極于海外, 莫不截然齊整也. 此章, 又叙契及相土之事.)"라고 되어 있다.

'여(與)'는 평성이다.

○ 二句, 論也.
두 구는 경문의 의미설명이다.

[4-5-4-3]
帝命不違, 至于湯齊, 湯降不遲. 聖敬日躋,

상제의 명이 어그러지지 아니하사 탕임금에 이르러 부합되시니, 탕(湯)임금의 탄강(誕降)이 늦지 않으시며 성경(聖敬)이 날로 올라가사

詳說
○ 子兮反.503)
'제(躋)'의 음은 '자(子)'와 '혜(兮)'의 반절이다.

昭假遲遲, 上帝是祗,

하늘에 밝게 이름을 오래하고 오래하사 상제를 이에 공경하시니

詳說
○ 音格.504)
'격(假)'의 음은 '격(格)'이다.

帝命式于九圍.

상제께서 명하셔서 구위에 모범이 되게 하시니라.

朱註
賦也. 湯齊之義, 未詳. 蘇氏曰, 至湯而王業成, 與天命會也.
부(賦)이다. 탕제(湯齊)의 뜻은 자세하지 않다. 소씨(蘇氏)가 "탕왕에 와서 왕업이 이루어져서 천명과 부합된 것이다."라고 하였다.

---

503) 子兮反:『시전대전(詩傳大全)』에도 동일하게 되어 있다.
504) 音格 :『시전대전(詩傳大全)』에도 동일하게 되어 있다.

詳說

○ 齊.

'회(會)'는 본문의 '제(齊)'이다.

○ 華谷嚴氏曰 : "王業至此成, 天命至此集, 天人適相符合也."505)

화곡 엄씨가 말하였다 : "왕업이 여기에 와서 이루어지고 천명이 여기에 와서 모이니, 하늘과 사람이 마침내 서로 부합한 것이다."506)

朱註

降, 猶生也. 遲遲, 久也. 祇, 敬, 式, 法也. 九圍, 九州也.

강(降)은 생(生)과 같다. 지지(遲遲)는 오램이다. 지(祇)는 공경함이고, 식(式)은 법받음이다. 구위(九圍)는 구주(九州)이다.

詳說

○ 音支.

'지(祇)'의 음은 '지(支)'이다.

○ 孔氏曰 : "九分天下, 各爲九處, 若規圍然, 故謂之九圍."507)

공씨가 말하였다 : "천하를 아홉으로 나눠 각기 아홉 곳으로 한 것이 규위와 같기 때문에 구위라고 하는 것이다."508)

朱註

○ 商之先祖, 旣有明德,
○ 상(商)나라의 선조가 이미 명덕(明德)을 소유하였는데,

---

505) 『시전대전(詩傳大全)』에 화곡 엄씨의 말로 실려 있다.
506) 『시전대전(詩傳大全)』에는 "화곡 엄씨가 말하였다 : '상나라가 설 이후로 천명이 향하는 것이었는데, 탕 이후에야 하늘과 부합해 왕업이 여기에 와서 이루어지고 천명이 여기에 와서 모이니, 하늘과 사람이 마침내 서로 부합하였다고 하는 것이다.'(華谷嚴氏曰 : 商自契以來, 天命所向, 至湯而後, 與天齊, 謂王業至此成, 天命至此集, 天人遂相符合也.)"라고 되어 있다.
507) 『시전대전(詩傳大全)』에 공씨의 말로 실려 있다.
508) 『시전대전(詩傳大全)』에는 "공씨가 말하였다 : '구위를 구주라고 하는 것은 천하를 아홉으로 나눠 각기 아홉 곳으로 한 것이 규위와 같기 때문에 구위라고 하는 것이다.'(孔氏曰 : 謂九圍爲九州者, 盖九分天下, 各爲九處, 若規圍然, 故謂之九圍也.)"라고 되어 있다.

> 詳說

○ 承上二章.
위의 두 장을 이어받았다.

> 朱註

天命未嘗去之, 以至於湯, 湯之生也應期, 而降適當其時,
천명이 일찍이 떠나지 아니하여 탕왕에 이르렀고, 탕왕의 탄생함이 시기에 따라 내려와서 마침 그 때를 만났으니,

> 詳說

○ 違.
'거(去)'는 본문의 '위(違)'이다.

○ 不遲.
본문의 '부지(不遲)'이다.

○ 朱子曰 : "天之生湯, 恰好到合生時節."509)
주자가 말하였다 : "하늘이 탕임금을 내심이 시절에 딱 맞게 태어났다는 것이다."510)

> 朱註

其聖敬, 又日躋升
그 성경(聖敬)이 또 날로 올라가

> 詳說

○ 華谷嚴氏曰 : "日新又新, 純亦不已也."511)

---

509) 『흠정시경전설휘찬(欽定詩經傳說彙纂)』에 주자의 말로 실려 있다.
510) 『흠정시경전설휘찬(欽定詩經傳說彙纂)』에는 "주자가 말하였다 : '「탕(湯)임금의 탄강(誕降)이 늦지 않으시며 성경(聖敬)이 날로 올라갔다.」는 것은 하늘이 탕임금을 내심이 시절에 딱 맞게 태어났다는 것이다. 탕임금이 덕을 닦음이 또한 하루도 중간에 끊긴 적이 없었다.'(朱子曰 : 湯降不遲, 聖敬日躋, 天之生湯恰好, 到合時時節, 湯之修德, 又無一日間斷)"라고 되어 있다.
511) 『시전대전(詩傳大全)』에 화곡 엄씨의 말로 실려 있다.

화곡 엄씨가 말하였다 : "날로 새롭게 되고 또 새로우니, 순수함이 또한 그치지 않은 것이다."512)

○ 朱子曰 : "湯工夫全在敬字上, 看來大段, 修飭底人. 稱湯德者, 有曰以義制事, 以禮制心, 有曰檢身若不及. 此皆其日新之實, 所謂聖敬日躋云者, 則言愈約, 而意愈切矣."513)

주자가 말하였다 : "탕의 공부는 오로지 경자에 있었으니, 대체를 보면 닦고 삼간 사람이다. 탕의 덕을 칭할 경우에 의로 일을 제재하고 예로 마음을 제재했다는 것이 있고, 자신을 점검함에 미치지 못할 듯이 했다는 것이 있다. 이것들이 날마다 새롭게 되는 실질로 이른바 성경이 날로 올라간다는 것을 말하는 것이니, 말이 더욱 요약되었지만 의미는 더욱 절실한 것이다."514)

朱註

以至昭格于天,
밝게 하늘에 도달하고

詳說

○ 補天字.
'천(天)'자를 더하였다.

○ 慶源輔氏曰 : "與天爲一."515)
경원 보씨가 말하였다 : "하늘과 하나가 된 것이다."516)

---

512) 『시전대전(詩傳大全)』에는 "화곡 엄씨가 말하였다 : '진실로 날로 새롭고 나날이 새로우며, 또 날로 새로우니, 성경이 날로 올라가는 실질로 곧 문왕의 순수함이 또한 그치지 않은 것이다.'(華谷嚴氏曰 : 苟日新, 日日新, 又日新, 是聖敬日躋之實, 即文王之純, 亦不已也.)"라고 되어 있다.
513) 『시전대전(詩傳大全)』에 주자의 말로 실려 있다.
514) 『시전대전(詩傳大全)』에는 "주자가 말하였다 : '탕의 공부는 오로지 경자에 있었으니, 대체를 보면 닦고 삼간 사람이다.' 또 말하였다 : '성탕의 성스러움으로 그 덕을 칭한 경우는 음악과 여색을 가까이 하지 않고 재물과 이익을 불려나가지 않았다고 하는 것이 있다.' 또 말하였다 : '의로 일을 제재하고 예로 마음을 제재한 것으로는 간함을 따르고 어기지 않고 잘못을 고침에 머뭇거리지 않았다는 것이 있다.' 또 말하였다 : '사람들과 함께 함에 갖추어진 것을 구하지 않고, 자신을 점검함에 미치지 못할 듯이 했다는 것이 있다. 이런 것들로 모두 그가 날마다 새롭게 되는 실질을 충분히 알 수 있으니, 이른바 성경이 날로 올라간다고 말하는 것에서는 말이 더욱 요약되었지만 의미가 더욱 절실한 것이다.'(朱子曰 : 湯工夫全在敬字上, 看來大段, 是一箇脩飭人. 又曰 : 成湯之聖, 稱其德者, 有曰, 不邇聲色不殖貨利. 又曰 : 以義制事, 以禮制心, 有曰, 從諫弗咈改過不吝. 又曰 : 與人不求備, 檢身若不及. 此皆足以見其日新之實, 至于所謂, 聖敬日躋云者, 則其言愈約, 而意愈切矣.)"라고 되어 있다.
515) 『시전대전(詩傳大全)』에 경원 보씨의 말로 실려 있다.

朱註
久而不息,
오래되어도 쉬지 아니하며

詳說
○ 釋遲遲義
'지지(遲遲)'의 뜻을 풀이한 것이다.

朱註
惟上帝是敬. 故帝命之, 使爲法於九州也.
오직 상제(上帝)를 이에 공경하였다. 그러므로 상제가 명하여 구주에 법이 되게 한 것이다.

詳說
○ 一作以.
'사(使)'는 어떤 판본에는 '이(以)'로 되어 있다.

○ 慶源輔氏曰 : "敬之一字, 乃入聖之門, 而學者, 成始成終之道."517)
경원 보씨가 말하였다 : "경이라는 말은 바로 성인으로 들어가는 문으로 학자들이 처음을 이루고 끝을 이루는 도이다."518)

○ 定宇陳氏曰 : "湯之敬, 卽契率履不越之心也. 率履不越之心, 卽舜命之, 以敬敷五敎之心也."519)

---

516) 『시전대전(詩傳大全)』에는 "경원 보씨가 말하였다 : '성경이라고 말한 것은 탕의 경이야말로 조금이 흠결이 없고 잠시도 간단이 없기 때문에 하늘과 하나가 된 것이라는 말이다. 이렇게 보면 경이라는 말은 바로 성인으로 들어가는 문이니, 학자들이 처음을 이루고 끝을 이루는 도를 알 수 있는 것이다.'(慶源輔氏曰 : 聖敬云者, 言湯之敬, 乃聖人之敬也, 無一毫虧缺, 無一息間斷, 故能昭假于天, 與天爲一也. 以此觀之, 則敬之一字, 乃入聖之門, 而學者, 成始成終之道, 可見矣.)"라고 되어 있다.
517) 『시전대전(詩傳大全)』에 경원 보씨의 말로 실려 있다.
518) 『시전대전(詩傳大全)』에는 "경원 보씨가 말하였다 : '…. 이렇게 보면 경이라는 말은 바로 성인으로 들어가는 문이니, 학자들이 처음을 이루고 끝을 이루는 도를 알 수 있는 것이다.'(慶源輔氏曰 : …. 以此觀之, 則敬之一字, 乃入聖之門, 而學者, 成始成終之道, 可見矣.)"라고 되어 있다.
519) 『시전대전(詩傳大全)』에 정우 진씨의 말로 실려 있다.

정우 진씨가 말하였다 : "탕의 경은 곧 설이 예를 따르고 넘어서지 않는 마음이다. 예를 따르고 넘어서지 않는 마음은 순이 명한 것에 따라 경으로 오교를 펴는 마음이다."520)

[4-5-4-4]

受小球大球, 爲下國綴旒,

소구(小球)와 대구(大球)를 받으사 하국(下國)의 체류(綴旒)가 되시어

詳說

○ 音求.521)
  '구(球)'의 음은 '구(求)'이다.

○ 音贅.
  '체(綴)'의 음은 '췌(贅)'이다.

○ 音流.522)
  '류(旒)'의 음은 '유(流)'이다.

何天之休. 不競不絿,

하늘의 아름다움을 받으셨도다. 강하지도 않고 느슨하지도 않으시며,

詳說

○ 音賀.523)
  '하(何)'의 음은 '하(賀)'이다.

---

520) 『시전대전(詩傳大全)』에는 "정우 진씨가 말하였다 : '여기의 시에서는 탕이 일어남을 기리면서 시작인 설에게서 근본을 미룬 것이다. 그런데 탕의 무덕의 성대함이 이와 같고 그가 성인이 된 근본은 경을 뛰어넘지 않을 것일 뿐이니, 이 경은 곧 설이 예를 따르고 넘어서지 않는 마음인 것이다. 예를 따르고 넘어서지 않는 마음은 아마도 순이 명한 것에 따라 경으로 오교를 펴는 마음일 것이다.'(定宇陳氏曰 : 此詩頌湯之興, 而推本於契之始. 然湯武德之盛, 如此, 本其所以聖者, 不越乎敬而已, 是敬也, 即契率履不越之心也. 率履不越之心, 其即舜命之, 以敬敷五教之心歟.)"라고 되어 있다.
521) 音求 : 『시전대전(詩傳大全)』에도 동일하게 되어 있다.
522) 音流 : 『시전대전(詩傳大全)』에도 동일하게 되어 있다.
523) 音賀 : 『시전대전(詩傳大全)』에도 동일하게 되어 있다.

○ 音求.524)

'구(絿)'의 음은 '구(求)'이다.

不剛不柔, 敷政優優, 百祿是遒.

강하지도 않고 부드럽지도 아니하사 정사를 펴기를 너그럽고 너그럽게 하시니 온갖 복록이 이에 모이도다.

詳說

○ 子由反.525)

'주(遒)'의 음은 '자(子)'와 '유(由)'의 반절이다.

朱註

賦也. 小球大球之義, 未詳. 或曰小國大國

부(賦)이다. 소구(小球), 대구(大球)의 뜻은 자세하지 않다. 어떤 이는

詳說

○ 蒙前章國字.

앞 장의 '국(國)'자를 이어받은 것이다.

朱註

所贄之玉也, 鄭氏曰, 小球, 鎭圭, 尺有二寸, 大球, 大圭三尺也,

"소국(小國)과 대국(大國)에서 폐백으로 바치는 바의 옥(玉)이다."라고 하고, 정씨(鄭氏)는 말하기를 "소구(小球)는 진규(鎭圭)로 한 자 두 치이고, 대구(大球)는 대규(大圭)로 세 자이니,

詳說

○ 見周禮典瑞.

『주례』「전서」에 있다.

---

524) 音求 : 『시전대전(詩傳大全)』에도 동일하게 되어 있다.
525) 子由反 : 『시전대전(詩傳大全)』에도 동일하게 되어 있다.

朱註

皆天子之所執也.
모두 천자가 잡는 것이다."라고 하였다.

詳說

○ 禮記玉藻曰："笏, 天子以球玉."526)
『예기』「옥조」에서 말하였다："천자의 홀은 둥근 옥을 사용한다."527)

朱註

下國, 諸侯也. 綴, 猶結也, 旒, 旗之垂者也, 言爲天子, 而爲諸侯所係屬,
하국(下國)은 제후(諸侯)이다. 체(綴)는 결(結)과 같고, 유(旒)는 기(旗)가 아래로 늘어져 있는 것이니, 천자가 되어 제후들에게 매이고 소속되는 것으로,

詳說

○ 綴音誤
'체(綴)'는 『언해』의 음이 잘못되었다.

○ 音燭.
'속(屬)'의 음은 '촉(燭)'이다.

朱註

如旗之縿爲旒所綴著也
기(旗)의 기폭이 기의 술에 매여 있고 붙어있는 바와 같은 것이다.

詳說

○ 音衫.
'삼(縿)'의 음은 '삼(衫)'이다.

---

526) 『시전대전(詩傳大全)』에 조씨가「옥조(玉藻)」의 말을 인용한 것으로 실려 있다.
527) 『시전대전(詩傳大全)』에는 "조씨가 말하였다 : '「옥조」에서 말하였다 : 천자의 홀은 둥근 옥과 아름다운 옥을 사용한다.'(曹氏曰 : 玉藻云, 笏, 天子以球玉美玉也.)"라고 되어 있다.

○ 直略反

'착(著)'의 음은 '직(直)'과 '략(略)'의 반절이다.

○ 華谷嚴氏曰：“旗所垂爲旒, 衆旒所著爲縿.”528)

화곡 엄씨가 말하였다：“기를 늘어뜨린 것이 유(旒)이고, 늘어져 있는 것들이 붙어 있는 것이 삼(縿)이다.”

朱註

何, 荷, 競, 强, 絿, 緩也. 優優, 寬裕之意. 遒, 聚也.

하(何)는 하(荷)요, 경(競)은 강함이요, 구(絿)는 느슨함이다. 우우(優優)는 관유(寬裕)의 뜻이다. 주(遒)는 모임이다.

詳說

○ 慶源輔氏曰：“湯之負荷天休者, 非有他也, 本其聖敬, 只中道上行, 叓無偏倚. 故其爲政, 不强不弱, 不剛不柔, 此固百福之所聚也.”529)

경원 보씨가 말하였다：“탕이 하늘의 아름다움을 짊어진 것은 다른 것이 아니라 그 성경에 근본해서 중도에서 행하면서 다시 치우침이 없는 것이다. 그러므로 그가 정사를 행함에 강하지도 않고 약하지도 않으며 굳세지도 않고 부드럽지도 않으니, 이것이 진실로 온갖 복록이 모이는 것이다.”530)

[4-5-4-5]

受小共大共, 爲下國駿厖,

소공(小共)과 대공(大共)을 받아 하국의 준방(駿厖)이 되사

---

528) 『시전대전(詩傳大全)』에 화곡 엄씨의 말로 동일하게 실려 있다.
529) 『시전대전(詩傳大全)』에 경원 보씨의 말로 실려 있다.
530) 『시전대전(詩傳大全)』에는 "경원 보씨가 말하였다：'…. 탕이 하늘의 아름다움을 짊어진 것은 다른 것이 아니라 그 성경에 근본해서 중도에서 행하면서 다시 치우침이 없는 것이다. 그러므로 그가 정사를 행함에 강하지도 않고 약하지도 않으며 굳세지도 않고 부드럽지도 않아 여유있고 관대하였으니, 이것이 진실로 온갖 복록이 모이는 것이다.'(慶源輔氏曰：…. 然湯之負荷天休者, 非有他也, 本其聖敬, 只中道上行, 更無偏倚. 故其爲政, 不强不弱, 不剛不柔, 優游寬裕, 此固百福之所聚也.)"라고 되어 있다.

詳說

○ 音恭, 叶居勇反.531)

‘공(共)’의 음은 ‘공(恭)’이고, 협운으로 음은 ‘거(居)’와 ‘용(勇)’의 반절이다.

○ 音峻.532)

‘준(駿)’의 음은 ‘준(峻)’이다.

○ 莫邦反, 叶莫孔反.533)

‘방(厖)’의 음은 ‘막(莫)’과 ‘방(邦)’의 반절이다.

何天之龍. 敷奏其勇,

하늘의 영광을 받으셨도다. 그 용맹을 크게 바치사

詳說

○ 叶, 丑勇反.534)

‘용(龍)’은 협운으로 음은 ‘축(丑)’과 ‘용(勇)’의 반절이다.

不震不動, 不戁不竦,

진동하지 않으시며 두려워하지 않으시니,

詳說

○ 叶, 德總反.535)

‘동(動)’은 협운으로 음은 ‘덕(德)’과 ‘총(總)’의 반절이다.

○ 音赧.

‘난(戁)’의 음은 ‘난(赧)’이다.

---

531) 音恭, 叶居勇反:『시전대전(詩傳大全)』에도 동일하게 되어 있다.
532) 音峻:『시전대전(詩傳大全)』에도 동일하게 되어 있다.
533) 莫邦反, 叶莫孔反:『시전대전(詩傳大全)』에도 동일하게 되어 있다.
534) 叶, 丑勇反:『시전대전(詩傳大全)』에도 동일하게 되어 있다.
535) 叶, 德總反:『시전대전(詩傳大全)』에도 동일하게 되어 있다.

○ 小勇反.536)

'송(竦)'의 음은 '소(小)'와 '용(勇)'의 반절이다.

百祿是總.

온갖 복록이 이에 다하시도다.

詳說
○ 子孔反.537)

'총(總)'의 음은 '자(子)'와 '공(孔)'의 반절이다.

朱註
賦也. 小共大共駿厖之義, 未詳. 或曰, 小國大國, 所共之貢也.
부(賦)이다. 소공(小共), 대공(大共), 준방(駿厖)의 뜻은 자세하지 않다. 어떤 이는 "소국(小國)과 대국(大國)에서 바친 바의 공물이다."라고 하고,

詳說
○ 諺音誤.

'방(厖)'은 『언해』의 음이 잘못되었다.

○ 供同.

'공(共)'은 '공(供)'과 같다.

朱註
鄭氏曰, 共, 執也, 猶小球大球也.
정씨(鄭氏)는 "공(共)은 잡는 것이니, 소구(小球), 대구(大球)와 같다."라고 하고,

詳說
○ 音拱

---

536) 小勇反 : 『시전대전(詩傳大全)』에도 동일하게 되어 있다.
537) 子孔反 : 『시전대전(詩傳大全)』에도 동일하게 되어 있다.

'공(共)'의 음은 '공(拱)'이다.

○ 安成劉氏曰 : "鄭意以爲所執之圭也."538)
안성 유씨가 말하였다 : "정씨의 의도는 잡고 있는 규로 여기는 것이다."539)

朱註

蘇氏曰, 共, 珙通, 合珙之玉也.
소씨(蘇氏)는 "공(共)은 공(珙)과 통하니, 합공(合珙)의 옥(玉)이다."라고 하였다.

詳說

○ 以玉相合, 蓋謂所贄之玉也.
옥으로 서로 합한 것이니, 폐백으로 하는 옥을 말한다.

朱註

傳曰, 駿, 大也, 厖, 厚也.
『전(傳)』에서 "준(駿)은 큼이요, 방(厖)은 후함이다."라고 하였고,

詳說

○ 毛傳
'『전(傳)』'은 『모전』이다.

○ 華谷嚴氏曰 : "湯受小國大國之共貢, 惟薄取之, 所以大厚天下也."540)
화곡 엄씨가 말하였다 : "탕이 소국과 대국의 받치는 공물을 받음에 오직 가볍게 취했을 뿐이니, 천하를 크게 두텁게 하기 위한 것이다."541)

---

538) 『시전대전(詩傳大全)』에 안성 유씨의 말로 실려 있다.
539) 『시전대전(詩傳大全)』에는 "안성 유씨가 말하였다 : '정씨의 의도는, 소공은 왕이 잡고 있는 진규로 여기는 것이고, 대공은 왕이 잡고 있는 대규로 여기는 것이다.'(安成劉氏曰 : 鄭意以小共爲王所執鎭圭, 大共爲王所執之大圭也.)"라고 도어 있다.
540) 『시전대전(詩傳大全)』에 화곡 엄씨의 말로 실려 있다.
541) 『시전대전(詩傳大全)』에는 "화곡 엄씨가 말하였다 : '탕이 소국과 대국의 받치는 공물을 받은 것을 보면 오직 가볍게 취했을 뿐이니, 천하를 크게 두텁게 하기 위한 것이다.'(華谷嚴氏曰 : 視受小國大國之共貢, 惟薄取之, 所以大厚天下也.)"라고 되어 있다.

朱註

董氏曰, 齊詩作駿厖, 謂馬也.

동씨(董氏)는 "제시(齊詩)에는 준방(駿厖)으로 되었으니, 말을 말한다."라고 하였다.

詳說

○ 慶源輔氏曰 : "作大厚, 無意味, 當謂馬也. 如此, 則與上章綴旒義相類, 皆是譬喩. 綴旒以喩爲諸侯附著, 駿厖, 以喩能乘載諸侯也."542)

경원 보씨가 말하였다 : "대후(大厚)로 하는 것이 무의미하니, 말을 말한다고 해야 하는 것이다. 이렇게 하면 위의 장에서 체류(綴旒)의 서로 비슷하게 되니, 모두 비유인 것이다. 체류로 제후가 되어 부착하는 것을 비유한 것이고, 준방(駿厖)으로 제후를 태워 실어줄 수 있는 것을 비유한 것이다."543)

○ 新安胡氏曰 : 喩其有力量, 能負重致遠之意, 下國皆於我乎負載也."544)

신안 호씨가 말하였다 : "그 역량이 있어 짐을 지고 멀리 갈 수 있음을 깨닫는다는 의미이다. 하국은 모두 나에게서 지고 싣는 것이다."545)

朱註

龍, 寵也, 敷奏其勇, 猶言大進其武功也. 戁, 恐, 竦, 懼也.

용(龍)은 총(寵)[영광]이다. 부주기용(敷奏其勇)은 그 무공(武功)을 크게 바친다는 말과 같다. 난(戁)은 두려움이고, 송(竦)은 두려워함이다.

---

542) 『시전대전(詩傳大全)』에 경원 보씨의 말로 실려 있다.
543) 『시전대전(詩傳大全)』에는 "경원 보씨가 말하였다 : '준방(駿厖)은 대후(大厚)로 하는 것이 무의미하니, 동씨가 준방은 말을 말한다고 하는 말을 따라야 했던 것이다. 이렇게 하면 위의 장에서 체류(綴旒)의 의미와 서로 비슷하게 되니, 모두 비유인 것이다. 체류로 제후가 되어 부착하는 것을 비유한 것이고, 준방으로 제후를 태워 실어줄 수 있는 것을 비유한 것이다. ….'(慶源輔氏曰 : 駿厖作大厚, 無意味. 當從董氏說作駿厖謂馬也. 如此則與上章綴旒義相類, 皆是譬喩. 綴旒以喩爲諸侯附著, 駿厖以喩能乘載諸侯也. ….)"라고 되어 있다.
544) 『시전대전(詩傳大全)』에 신안 호씨의 말로 실려 있다.
545) 『시전대전(詩傳大全)』에는 "신안 호씨가 말하였다 : '준방(駿厖)은 그 역량이 있어 짐을 지고 멀리 갈 수 있음을 깨닫는다는 의미이다. 하국은 모두 나에게서 지고 싣는 것이다.'(新安胡氏曰 : 駿厖, 是喩其有力量, 能負重致遠之意, 下國皆於我乎負載也.)"라고 되어 있다.

詳說

○ 敷.
'대(大)'는 본문에서 '부(敷)'이다.

○ 奏.
'진(進)'은 본문에서 '주(奏)'이다.

○ 一無恐字.
어떤 판본에는 '공(恐)'자가 없다.

○ 總, 亦聚也.
총괄하면 또한 모인다는 것이다.

○ 慶源輔氏曰 : "上章, 言政事, 此章, 言武功. 先能自治, 然後能進其武功也. 不震動, 不戁竦, 即周頌無貳無虞之意."546)
경원 보씨가 말하였다 : "위의 장에서는 정사를 말하였고, 여기의 장에서는 무공을 말하였으니, 먼저 스스로 다스릴 수 있은 다음에 그 무공으로 나아갈 수 있다는 것이다. 진동하지 않고 두려워하지 않으면 곧 「주송」에서의 '두 마음 없애고 헤아림도 마소서.'라는 의미이다."547)

[4-5-4-6]
武王載斾, 有虔秉鉞,

무왕이 깃발을 실으사 경건히 부월을 잡으시니,

---

546) 『시전대전(詩傳大全)』에 경원 보씨의 말로 실려 있다.
547) 『시전대전(詩傳大全)』에는 "경원 보씨가 말하였다 : '…. 이것은 오직 덕이 두터운 자가 할 수 있는 것이다. 위의 장에서는 정사를 말하였고, 여기의 장에서는 무공을 말하였다. 먼저 스스로 다스릴 수 있은 다음에 그 무공으로 나아갈 수 있는 것이다. 진동하지 않고 두려워하지 않으면 곧 「주송」에서의 「두 마음 없애고 헤아림도 마소서.」라는 의미이다. 큰일에서 두려워하지 않아서는 안되지만 신묘한 무로 불살하는 것은 본래 진동하지 않고 두려워하지 않는 것이다. 하늘의 아름다움을 받으면 정사를 닦고, 하늘의 영광을 받으면, 무공으로 나아가는 것이 또한 마땅한 것이다.'(慶源輔氏曰 : …. 此維德厚者能之. 上章言政事, 此章言武功, 先能自治, 然後能進其武功也. 不震動不戁竦, 即周頌所謂無貳無虞之意. 臨大事, 固不可懼, 然神武不殺者, 自能不震動不戁竦. 荷天之休, 則修政事, 荷天之寵, 則進武功, 亦其宜也.)"라고 되어 있다.

詳說
○ 音越.548)
'월(鉞)'의 음은 '월(越)'이다.

如火烈烈, 則莫我敢曷.
불을 열렬(烈烈)히 타오르는 듯하여 나를 감히 막을 이가 없도다.

詳說
○ 漢書作遏, 阿葛反, 叶阿竭反.549)
『한서』에는 '알(遏)'로 되어 있고, 음은 '아(阿)'와 '갈(葛)'의 반절이고, 협운으로 음은 '아(阿)'와 '갈(竭)'의 반절이다.

苞有三蘖, 莫遂莫達,
한 뿌리에 세 싹이 났는데 뜻을 이루지 못하고 통달하지 못하여

詳說
○ 五葛反, 叶五竭反.550)
'얼(蘖)'의 음은 '오(五)'와 '갈(葛)'의 반절이고, 협운으로 음은 '오(五)'와 '갈(竭)'의 반절이다.

○ 叶, 他悅反.551)
'달(達)'은 협운으로 음은 '타(他)'와 '열(悅)'의 반절이다.

九有有截, 韋顧旣伐,
구유(九有)가 절연(截然)히 돌아오거늘 위(韋)와 고(顧)를 이미 정벌하시고

詳說

---

548) 音越 : 『시전대전(詩傳大全)』에도 동일하게 되어 있다.
549) 『시전대전(詩傳大全)』에도 동일하게 되어 있다.
550) 五葛反, 叶五竭反 : 『시전대전(詩傳大全)』에도 동일하게 되어 있다.
551) 叶, 他悅反 : 『시전대전(詩傳大全)』에도 동일하게 되어 있다.

○ 叏, 房越反.552)

'벌(伐)'은 협운으로 음은 '방(房)'과 '월(越)'의 반절이다.

|昆吾夏桀.|

곤오(昆吾)와 하걸(夏桀)이도다.

|詳說|

○ 漢書刑法志.

『한서』「형법지」이다.

|朱註|

賦也. 武王, 湯也. 虔, 敬也. 言恭行天討也.

부(賦)이다. 무왕은 탕왕이다. 건(虔)은 공경함이니, 공손히 하늘의 토벌을 행한다는 말이다.

|詳說|

○ 見書甘誓.

『서경』「감서」에 있다.

○ 顏氏師古曰 : 雖秉鉞, 以敬爲先.553)

안씨 사고가 말하였다 : "부월을 잡고 있을지라도 공경을 앞세웠다."554)

○ 慶源輔氏曰 : "所謂臨事而懼也, 與不震竦並行, 而不相悖, 如火烈烈, 言其氣勢之盛也."555)

경원 보씨가 말하였다 : "이른바 일에 임해 두려워하는 것이 진동하지 않고 두

---

552) 叏, 房越反 : 『시전대전(詩傳大全)』에도 동일하게 되어 있다.
553) 『시전대전(詩傳大全)』에 삼산 이씨가 안사고의 말을 인용한 것으로 실려 있다.
554) 『시전대전(詩傳大全)』에는 "삼산 이씨가 말하였다 : '안씨 사고가 「부월을 잡고 있을지라도 공경을 앞세웠다.」라고 하였다.'(三山李氏曰 : 顏師古云, 湯雖秉, 鉞以敬爲先.)"라고 되어 있다.
555) 『시전대전(詩傳大全)』에 경원 보씨의 말로 실려 있다.

려워하지 않은 것과 병행해서 서로 어그러지지 않아 불을 열렬히 타오르는 듯이 하였으니, 그 기세가 성대했다는 말이다."556)

朱註
曷, 遏通. 或曰, 曷, 誰何也.
갈(曷)은 알(遏)과 통한다. 어떤 이는 "갈(曷)은 수하(誰何)이다."라고 한다.

詳說
○ 如此, 則從本音.
이와 같이 하면 그 본래의 음을 따르는 것이다.

朱註
苞, 本也, 櫱, 旁生萌櫱也, 言一本生三櫱也. 本則夏桀, 櫱則韋也顧也昆吾也, 皆桀之黨也. 鄭氏曰, 韋, 彭姓, 顧昆吾, 己姓.
포(苞)는 뿌리이고, 얼(櫱)은 옆에서 난 싹이니, 한 뿌리에 세 싹이 남을 말한다. 뿌리는 하걸(夏桀)이고, 얼(櫱)은 위(韋), 고(顧), 곤오(昆吾)이니, 모두 걸(桀)의 당(黨)이다. 정씨(鄭氏)가 "위(韋)는 팽성(彭姓)이고, 고(顧)와 곤오(昆吾)는 기성(己姓)이다."라고 하였다.

詳說
○ 紀杞, 二音.
'기(己)'는 '기(紀)'와 '기(杞)' 두 음이다.

○ 國語鄭語曰 : "祝融, 其後八姓. 己彭, 則商滅之."557)
『국어』「정어」에서 말하였다 : "축융은 그 후로 여덟 성이었다. 기와 팽은 상이 멸했다."558)

---

556) 『시전대전(詩傳大全)』에는 "경원 보씨가 말하였다 : '깃발을 싣고 부월(鉞)을 잡았다는 것은 곧 이른바 일에 임해 두려워하는 것이다. 이것을 진동하지 않고 두려워하지 않은 것과 병행해서 서로 어그러지지 않아 불을 열렬히 타오르는 듯이 하였으니, 그 기세가 성대했다는 말이다. ….(慶源輔氏曰 : 載旆秉鉞, 不敢不虔, 卽所謂臨事而懼也. 此與不震動不戁竦, 幷行而不相悖, 如火烈烈, 言其氣勢之盛也. ….)"라고 되어 있다.
557) 『시전대전(詩傳大全)』에 공씨가 「정어」의 말을 인용한 것으로 실려 있다.
558) 『시전대전(詩傳大全)』에는 "공씨가 말하였다 : '「정어」에서 「축융은 그 후로 여덟 성이었다. 기성은 곤오

朱註

○ 言湯旣受命, 載旆秉鉞, 以征不義, 桀與三蘖, 皆不能遂其惡,
○ 탕왕이 이미 천명을 받으사 깃발을 싣고 부월을 잡아 불의한 자들을 정벌하시니, 걸과 삼얼들이 모두 그 악을 이루지 못하여

詳說

○ 有.
'여(與)'는 본문에서의 '유(有)'이다.

○ 遂則達.
이루면 통달한다.

○ 添惡字.
'악(惡)'자를 더하였다.

朱註

而天下截然歸商矣.
천하가 절연히 상나라로 돌아온다는 말이다.

詳說

○ 段氏曰 : "截者定于一之謂也."559)
단씨가 말하였다 : "'절(截)'은 하나로 정해진다는 말이다."

朱註

初伐韋, 次伐顧, 次伐昆吾, 乃伐夏桀,
처음에는 위(韋)나라를 정벌하고, 다음에 고(顧)를 정벌하고, 다음에 곤오(昆吾)를 정벌하고, 마침내 하걸(夏桀)을 정벌하였으니,

─────────

와 고와 온이고, 팽성은 시와 위이었으니, 상이 멸했으.(孔氏曰 : 鄭語云, 祝融, 其後八姓, 己姓昆吾顧温, 彭姓豕韋, 則商滅之.)"라고 되어 있다.
559) 『시전대전(詩傳大全)』에 단씨의 말로 동일하게 실려 있다.

詩集傳詳說 卷之十八　205

> 詳說

○ 本文末句, 蒙上伐字.
  본문의 끝 구는 위의 '벌(伐)'자를 이어받은 것이다.

○ 如周武王之先伐黎, 乃伐紂也.
  주의 무왕이 먼저 여를 정벌한 것처럼 바로 주를 정벌한 것이다.

> 朱註

當時用師之序如此.
당시에 군대를 쓴 차례가 이와 같다는 말이다.

[4-5-4-7]

> 昔在中葉, 有震且業, 允也天子, 降于卿士,

옛날 중엽에 두렵고 또 위태로워
진실로 천자께 경사를 내려주시니,

> 詳說

○ 叶獎里反.
  '자(子)'는 협운으로 음은 '장(獎)'과 '리(里)'의 반절이다.

> 實維阿衡, 實左右商王.

진실로 아형이 상왕을 좌우에서 도왔도다.

> 詳說

○ 叶, 戶郎反.
  '형(衡)'은 협운으로 '호(戶)'와 '랑(郎)'의 반절이다.

○ 音佐.
  '좌(左)'의 음은 '좌(佐)'이다.

○ 音又.

'우(右)'의 음은 '우(又)'이다.

朱註

賦也. 葉, 世, 震, 懼, 業, 危也. 承上文而言昔在, 則前乎此矣,

부(賦)이다. 엽(葉)은 세(世)이고, 진(震)은 두려움이며, 업(業)은 위태로움이다. 위의 글을 이어 석재(昔在)라고 말한 것은 이보다 앞이라는 뜻이니,

詳說

○ 指湯.

탕을 가리키는 것이다.

○ 若汎言昔在中葉, 則當爲湯後, 故特言承上文

'옛날 중엽에'라고 범범하게 말했다면 탕의 뒤가 되어야 하기 때문에 특별히 위의 글을 계승하는 것으로 말하였다.

朱註

豈謂湯之前世, 中衰時與.

아마도 상(商)나라의 전세(前世)에 중간에 쇠했을 때를 이르는가 보다.

詳說

○ 猶或也.

'기(豈)'는 '혹(或)'과 같다.

○ 平聲.

'여(與)'는 평성이다.

○ 慶源輔氏曰 : "相土之後."560)

경원 보씨가 말하였다 : "상토의 뒤이다."561)

---

560) 『시전대전(詩傳大全)』에 경원 보씨의 말로 실려 있다.
561) 『시전대전(詩傳大全)』에는 "경원 보씨가 말하였다 : '옛날 중엽에 두렵고 위태로웠다는 것은 분명히 상토

朱註

允也天子, 指湯也.
윤야천자(允也天子)는 탕왕(湯王)을 가리킨다.

詳說

○ 慶源輔氏曰：＂言湯之爲天子, 當乎人心也.＂562)
경원 보씨가 말하였다：＂탕이 천자가 된 것은 사람들의 마음에 합당하다는 말이다.＂563)

○ 猶言君哉.
군재(君哉)라고 말하는 것과 같다.

朱註

降, 言天賜之也.
강(降)은 하늘이 내려줌을 말한 것이다.

詳說

○ 于字不必泥.
'우(于)'자에 구애될 필요가 없다.

朱註

卿士, 則伊尹也, 言至於湯, 得伊尹, 而有天下也. 阿衡, 伊尹官號也.
경사(卿士)는 이윤이니, 탕왕이 이윤을 얻어서 천하를 소유함을 말한 것이다. 아형(阿衡)은 이윤(伊尹)의 관호(官號)이다.

詳說

의 뒤 성탕의 이전 중간에 쇠한 때를 가리켜서 말한 것이다. ….'(慶源輔氏曰：昔在中葉, 有震且業, 分明是指相土之後成湯以前中衰之時言也. ….)＂라고 되어 있다.
562) 『시전대전(詩傳大全)』에 경원 보씨의 말로 실려 있다.
563) 『시전대전(詩傳大全)』에는 ＂경원 보씨가 말하였다：'「옛날 중엽에 두렵고 위태로웠다.」는 것은 분명히 상토의 뒤 성탕의 이전 중간에 쇠한 때를 가리켜서 말한 것이다. 「진실로 천자께 경사를 내려준다.」는 것은 탕이 천자가 된 것은 사람들의 마음에 합당하다는 말이다. ….'(慶源輔氏曰：昔在中葉, 有震且業, 分明是指相土之後成湯以前中衰之時言也. 允也天子, 言湯之爲天子, 當乎人心. ….)＂라고 되어 있다.

○ 孔氏曰 : "阿, 依, 衡, 平, 湯所倚以取平, 故以爲官名."564)
공씨가 말하였다 : "'아(阿)'는 의지하는 것이고, '형(衡)'은 평평하게 하는 것으로 탕이 의지해서 평평하게 함을 취한 것이기 때문에 관명으로 한 것이다."565)

○ 九峯蔡氏曰 : "言天下之所取平也."566)
구봉 채씨가 말하였다 : "천하에서 평평하게 함을 취하는 것이라는 말이다."567)

○ 豐城朱氏曰 : "尹之生, 亦不先不後, 而適當革命之際, 天賜以爲興王之佐也. 已上四章, 皆頌湯功烈, 至此乃以左右商王, 一語歸之阿衡. 湯固爲百世不遷之烈祖, 而伊尹以佐命元臣, 得與享無疑矣."568)
풍성 주씨가 말하였다 : "이윤의 태어남도 앞서지도 않고 뒤서지도 않아 혁명의 시기에 마침 해당하니, 하늘이 그를 왕업을 일으키는 보좌로 삼았다. 이상의 네 장에서는 모두 탕의 공열을 기렸고, 여기에서야 상왕을 보좌한 것을 한마디로 아형에게 돌렸다. 탕은 진실로 백세에도 옮길 수 없는 열조이고, 이윤은 좌명원신이니, 함께 제사되는 것은 의심할 것이 없다."569)

朱註

---

564) 『시전대전(詩傳大全)』에 공씨의 말로 실려 있다.
565) 『시전대전(詩傳大全)』에는 "공씨가 말하였다 : '향사라고 말한 것은 삼공이 향사를 겸하기 때문이다. 아(阿)는 의지하는 것이고, 형(衡)은 평평하게 하는 것으로 이윤은 탕이 의지해서 평평하게 함을 취한 것이기 때문에 관명으로 한 것이다.'(孔氏曰 : 言卿士者, 三公兼卿士也. 阿依衡平, 伊尹湯所依倚而取平, 故以爲官名.)"라고 되어 있다.
566) 『시전대전(詩傳大全)』에 구봉 채씨의 말로 실려 있다.
567) 『시전대전(詩傳大全)』에는 "구봉 채씨가 말하였다 : '천하에서 평평하게 함에 의지한다는 말이다. 어떤 이는 「이윤의 호이다.」라고 하였다.'(九峯蔡氏曰 : 言天下之所倚平也. 或曰, 伊尹之號.)"라고 되어 있다.
568) 『시전대전(詩傳大全)』에 풍성 주씨의 말로 실려 있다.
569) 『시전대전(詩傳大全)』에는 "풍성 주씨가 말하였다 : '…. 여기의 장에서 「경사를 내려주었다.」는 것은 이윤의 태어남도 앞서지도 않고 뒤서지도 않아 하와 상의 혁명의 시기에 마침 해당하니, 그야말로 하늘에서 실로 그를 주어 왕업을 일으키는 보좌로 삼았던 것이다. 탕을 낳고 이윤을 낳지 않았다면 임금만 있고 신하가 없는 것이니, 어떻게 왕을 일으키는 업을 완성했겠는가? 오직 탕이 임금이 되고 또 이윤이 보좌해야 하니, 이것이 천명이 모인 것이고, 왕업이 이루어지는 것이다. 이상의 네 장에서는 모두 탕의 공열을 기렸고, 여기에서야 상왕을 보좌한 것을 한마디로 아형에게 돌렸다. 그렇다면 탕은 진실로 백세에도 옮길 수 없는 열조여서 상의 자손들이 선왕에게 크게 제사하는 것이니, 이윤이 좌명원신으로 함께 제사되는 것은 의심할 것이 없다.'(豐城朱氏曰 : …. 此章言降于卿士, 是尹之生, 亦不先不後, 而適當乎夏商革命之際, 乃天實賜之以爲興王之佐也. 使生湯而不生尹, 則是有君無臣, 而何以成興王之業. 惟有湯以爲之君, 而又有尹以爲之佐, 此天命之所以集, 而王業之所以成也. 已上四章, 皆頌成湯功烈, 至此乃以左右商王, 一語歸之阿衡. 則湯固爲百世不遷之烈祖, 而商之子孫, 凡有大享於先王, 則伊尹以佐命元臣, 得與于享, 無疑矣.)"라고 되어 있다.

長發七章, 一章八句, 四章章七句, 一章九句, 一章六句.
「장발」은 7장인데, 한 장은 8구이고, 네 장은 장이 7구이며, 한 장은 9구이고, 한 장은 6구이다.

序以此爲大禘之詩,
서(序)에서 이것을 대체(大禘)의 시(詩)라 하였으니,

詳說
○ 首章註不序本事者, 以其無明文可徵, 且有論說, 故退而別著於此.
장 첫머리의 주에서 여기의 일을 서하지 않은 것은 징험할 분명한 구절이 없고 또 의론하는 말이 있기 때문에 뒤로 물러 여기에서 별도로 나타내는 것이다.

朱註
蓋祭其祖之所出
그 선조의 나온 곳을 제사하여

詳說
○ 契也.
'조(祖)'는 '설(契)'이다.

○ 張子曰 : "帝嚳也."
장자가 말하였다 : "제곡이다."

朱註
而以其祖配也. 蘇氏曰, 大禘之祭, 所及者遠, 故其詩歷言商之先后, 又及其卿士伊尹, 蓋與祭於禘者也. 商書曰, 茲予大享于先王, 爾祖其從與享之, 是禮也, 豈其起於商之世歟. 今按大禘不及羣廟之主,
그 선조를 배향한 것이다. 소씨가 "대체(大禘)의 제사는 미치는 것이 멀기 때문에 그 시에 상나라의 선왕(先王)들을 일일이 말하였고, 또 그 경사 이윤을 언급하였

으니, 체(禘)에 함께해서 제사한 자이다."라고 하였다.『상서(商書)』에서 "내 크게 선왕(先王)에게 제향할 적에 너의 선조도 따라서 함께 흠향한다."라고 하였으니, 이 예(禮)는 아마도 상(商)나라의 세대에서 시작된 것 같다. 이제 상고해보건대 대체(大禘)에는 여러 사당의 신주(神主)에는 미치지 아니하니,

詳說

○ 去聲, 下同.
'여(與)'는 거성으로 아래에서도 같다.

○ 盤庚.
『상서』는 「반경」이다.

○ 猶或也.
'기(豈)'는 '혹(或)'과 같다.

○ 濮氏曰 : "無因言相土."570)
복씨가 말하였다 : "상토라고 말할 근거가 없다."571)

朱註

此安爲祫祭之詩.
이것은 당연히 협제(祫祭)의 시(詩)가 되어야 할 것이다.

詳說

○ 濮氏曰 : "祫祭, 則羣廟之主在焉, 而言湯特詳, 末乃及伊尹相湯, 嘗疑其爲合祀宗廟, 而以阿衡配食之樂歟."572)
복씨가 말하였다 : "협제라면 여러 사당의 신주가 있고, 탕을 말함이 특히 자세하면서 끝에서 바로 이윤이 탕을 도운 것에 미친 것이니, 아마도 종묘에 합해

---

570)『시전대전(詩傳大全)』에 복씨의 말로 실려 있다.
571)『시전대전(詩傳大全)』에는 "복씨가 말하였다 : '서에서 대체로 여기는 것은 체가 여러 사당의 신주에 미치지 못하여 상토라고 말할 근거가 없다.'(濮氏曰 : 序以爲大禘, 則禘不及羣廟之主, 無因言相土. ….)"라고 되어 있다.
572)『시전대전(詩傳大全)』에 복씨의 말로 실려 있다.

제사하면서 아형을 배향하는 음악인 듯하다."573)

○ 定宇陳氏曰：“此詩頌湯之興, 而推本於契之始."574)
정우 진씨가 말하였다 : "여기의 시에서는 탕의 일어남을 기리면서 시작인 설에게서 근본을 미룬 것이다."575)

朱註

然經無明文不可考也.
그러나 경문에 분명한 글이 없어 상고할 수 없다.

[4-5-5-1]
撻彼殷武, 奮伐荊楚,
신속한 저 은왕의 위무로 형초를 뽐내어 정벌하사

詳說
○ 他達反.576)
'달(撻)'의 음은 '타(他)'와 '달(達)'의 반절이다.

罙入其阻, 裒荊之旅,
그 험한 곳을 무릅쓰고 들어가 형나라의 무리들을 모아놓고

---

573) 『시전대전(詩傳大全)』에는 "복씨가 말하였다 : '서에서 대체로 여기는 것은 체가 여러 사당의 신주에 미치지 못하여 상토라고 말할 근거가 없다. 협제로 여긴다면, 여러 사당의 신주가 있고, 탕의 일을 말한 것이 특히 자세하면서 끝에서 이윤이 탕을 도운 것에 미친 것이니, 아마도 종묘에 합해 제사지내면서 아형을 배향하는 음악인 듯하다.'(濮氏曰 : 序以爲大禘, 則禘不及羣廟之主, 無因言相士. 若以爲祫祭, 則羣廟之主在焉, 而言湯事特詳, 末乃及伊尹相湯, 嘗意其爲合祀宗廟, 而以阿衡配食之樂歟.)"라고 되어 있다.
574) 『시전대전(詩傳大全)』에 정우 진씨의 말로 실려 있다.
575) 『시전대전(詩傳大全)』에는 "정우 진씨가 말하였다 : '여기의 시에서는 탕이 일어남을 기리면서 시작인 설에게서 근본을 미룬 것이다. 그런데 탕의 무덕의 성대함이 이와 같고 그가 성인이 된 근본은 경을 뛰어넘지 않을 것일 뿐이니, 이 경은 곧 설이 예를 따르고 넘어서지 않는 마음인 것이다. 예를 따르고 넘어서지 않는 마음은 아마도 순이 명한 것에 따라 경으로 오교를 펴는 마음일 것이다.'(定宇陳氏曰 : 此詩頌湯之興, 而推本於契之始. 然湯武德之盛, 如此, 本其所以聖者, 不越乎敬而已, 是敬也, 即契率履不越之心也. 率履不越之心, 其即舜命之, 以敬敷五教之心歟.)"라고 되어 있다.
576) 他達反 : 『시전대전(詩傳大全)』에도 동일하게 되어 있다.

詳說

○ 面規反.577)

‘미(采)’의 음은 ‘면(面)’과 ‘규(規)’의 반절이다.

○ 音抔.

‘부(裒)’의 음은 ‘부(抔)’이다.

有截其所, 湯孫之緖

그 곳을 절연(截然)히 한결같게 하니 탕손(湯孫)의 업적이시도다.

詳說

○ 音序

‘서(緖)’의 음은 ‘서(序)’이다.

朱註

賦也. 撻, 疾貌.

부(賦)이다. 달(撻)은 빠른 모양이다.

詳說

○ 曹氏曰：“兵威神速.”578)

조씨가 말하였다：“군대의 위무가 신묘하게 빠른 것이다.”

朱註

殷武, 殷王之武也. 冞, 冒,

은무(殷武)는 은왕의 위무(威武)이다. 미(冞)는 무릅씀이고,

詳說

○ 冒, 犯也, 涉也.

---

577) 面規反：『시전대전(詩傳大全)』에도 동일하게 되어 있다.
578) 『시전대전(詩傳大全)』에 조씨의 말로 거의 비슷하게 실려 있다.

'미(冒)'는 범하는 것이고 미치는 것이다.

朱註
裒, 聚也.
부(裒)는 모음이다.

詳說
○ 一無也字.
어떤 판본에는 '야(也)'자가 없다.

朱註
湯孫, 謂高宗. ○ 舊說, 以此爲祀高宗之樂. 蓋自盤庚沒, 而殷道衰, 楚人叛之.
탕손(湯孫)은 고종을 이른다. ○ 구설에서는 이것을 고종을 제사한 음악이라 하였다. 반경이 별세하면서부터 은나라 도가 쇠하여, 초나라 사람들이 배반하였다.

詳說
○ 取荊楚以冠之.
형초를 앞에 두었다.

○ 三山李氏曰 : "楚爲夷狄之國, 世亂則先叛, 世治則後服, 所以討之."579)
삼산 이씨가 말하였다 : "초나라는 이적의 나라여서 세상이 어지러우면 먼저 배반하고 세상이 다스려지면 나중에 복종하기 때문에 토벌하는 것이다."580)

○ 自唐虞時, 三苗已然矣.
당우의 시대부터 삼묘가 이미 그랬었다.

---

579) 『시전대전(詩傳大全)』에 삼산 이씨의 말로 실려 있다.
580) 『시전대전(詩傳大全)』에는 "삼산 이씨가 말하였다 : '초나라는 이적의 나라여서 세상이 어지러우면 먼저 배반하고 세상이 다스려지면 나중에 복종하였다. 상나라의 왕실이 중도에 쇠미할 때 왕왕 우환거리여서 고종이 토벌한 까닭이다.'(三山李氏曰 : 楚爲夷狄之國, 世亂則先叛, 世治則後服, 商室中微往往爲患, 高宗所以討之.)"라고 되어 있다.

○ 孔氏曰 : "周始封熊繹爲楚子, 於武丁之世不知楚君何人."581)
공씨가 말하였다 : 주나라가 웅역을 봉해 초의 자작으로 하였는데, 무정의 시대에는 초군이 누군지도 몰랐다."

○ 曹氏曰 : "楚蓋荊州之楚地, 故謂之荊楚, 商稱殷商也."582)
조씨가 말하였다 : "초는 대개 형주의 초땅이기 때문에 형초라고 하니, 상을 은상이라고 하는 것과 같다."583)

○ 華谷嚴氏曰 : "詩人以荊楚別荊岐耳, 孰謂商時未有荊楚, 周始有荊楚哉."584)
화곡 엄씨가 말하였다 : "시인은 형초를 형기와 구분한 것일 뿐이니, 누가 상나라 시대에는 형초가 없었고 주나라 때 비로소 형초가 있었다고 하였는가?"585)

朱註

高宗撻然用武,
이에 고종이 재빨리 위무(威武)를 써서

詳說

○ 有武功, 故謂之武丁.
무공이 있기 때문에 무정이라고 한 것이다.

朱註

以伐其國, 入其險阻
그 나라를 정벌하면서 험한 곳에 들어가

---

581) 『시전대전(詩傳大全)』에 공씨의 말로 동일하게 실려 있다.
582) 『시전대전(詩傳大全)』에 조씨의 말로 실려 있다.
583) 『시전대전(詩傳大全)』에는 "조씨가 말하였다 : '초는 대개 형주의 초땅이기 때문에 혹 형초라고도 하니, 상을 은상이라고 하는 것과 같다.'(豐氏曰 : 楚盖荊州之楚地, 故或謂之荊楚, 猶商稱殷商也.)"라고 되어 있다.
584) 『시전대전(詩傳大全)』에 화곡 엄씨의 말로 실려 있다.
585) 『시전대전(詩傳大全)』에는 "화곡 엄씨가 말하였다 : '…. 또 형기가 있는 것은 옹주의 형기이니, 시인이 그 때문에 형초를 형기와 구분한 것일 뿐이다. 누가 주나라 때 비로소 형초가 있었다고 하였는가?'(華谷嚴氏曰 : …. 又有荊岐, 則雍州之荊, 詩人故以荊楚, 別荊岐耳. 孰謂周始有荊楚哉.)"라고 되어 있다.

詳說

○ 冒, 亦同入義, 故略之.
무릅쓰는 것도 들어가는 의미와 같기 때문에 생략한 것이다.

○ 慶源輔氏曰: "深入其阻."586)
경원 보씨가 말하였다: "그 험한 곳에 깊이 들어가는 것이다."587)

朱註

以致其衆, 盡平其地
그 무리들을 오게 하여 그 땅을 모두 평정하고는

詳說

○ 袞.
'치(致)'는 본문의 부(袞)이다.

○ 所.
'지(地)'는 본문의 '소(所)'이다.

朱註

使截然齊一,
절연(截然)히 정제하고 한결같게 하였으니,

詳說

○ 慶源輔氏曰: "使之各居其所也."588)
경원 보씨가 말하였다: "각기 제 자리에 있게 한 것이다."589)

---

586) 『시전대전(詩傳大全)』에 경원 보씨의 말로 실려 있다.
587) 『시전대전(詩傳大全)』에는 "경원 보씨가 말하였다: '「신속한 저 은왕의 위무」는 고종이 군대를 씀에 빠른 것이다. 「형초를 뽐내어 정벌하다.」는 것은 분노할 곳을 아는 것이다. 「험한 곳을 무릅쓴다.」는 것은 노고를 꺼리지 않는 것이다. ….'(慶源輔氏曰: 撻彼殷武, 言高宗能疾于用武也. 奮伐荊楚, 知所怒也. 采入其阻, 不憚勞也. ….)"라고 되어 있다.
588) 『시전대전(詩傳大全)』에 경원 보씨의 말로 실려 있다.
589) 『시전대전(詩傳大全)』에는 "경원 보씨가 말하였다: '…. 「그 곳을 절연(截然)히 한결같게 하다.」는 것은 절연히 제일하게 해서 각기 제 자리에 있게 하는 것이다. 이것이 고종의 공이 되는 것이다.'(慶源輔氏曰: …. 有截其所, 使之截然齊一, 各居其所也. 此其所以爲高宗之功緖也.)"라고 되어 있다.

|朱註|
皆高宗之功也.
모두 고종(高宗)의 공(功)이다.

|詳說|
○ 緒.
'공(功)'은 본문의 '서(緒)'이다.

|朱註|
易曰高宗伐鬼方
『주역(周易)』에서 "고종(高宗)이 귀방(鬼方)을 정벌하여

|詳說|
○ 旣濟卦.
『역(易)』은 「기제괘」이다.

○ 卽荊楚.
곧 형초이다.

|朱註|
三年克之, 蓋謂此歟.
3년만에 이겼다."라고 하였으니, 아마도 이것을 말한 것일 것이다.

|詳說|
○ 引此爲證.
이것을 인용하여 증거로 삼았다.

[4-5-5-2]
|維女荊楚, 居國南鄕,|
너 형초(荊楚)가 나라의 남쪽 지방에 위치해 있으니,

詳說

○ 音汝.590)

'여(女)'의 음은 '여(汝)'이다.

昔有成湯, 自彼氐羌,

옛날 성탕이 계실 적에 저 저강으로부터

詳說

○ 都啼反.591)

'저(氐)'의 음은 '도(都)'와 '제(啼)'의 반절이다.

莫敢不來享, 莫敢不來王,

감히 와서 물건을 바치지 않는 이가 없었으며 감히 와서 뵙지 않는 이가 없어

詳說

○ 叶, 虛良反.592)

'향(享)'은 협운으로 음은 '허(虛)'와 '랑(良)'의 반절이다.

曰商是常.

상나라의 이 떳떳한 예라 하였었느니라.

朱註

賦也. 氐羌, 夷狄, 國在西方. 享, 獻也. 世見曰王.

부(賦)이다. 저강(氐羌)은 이적으로 나라가 서방에 있었다. 향(享)은 올림이다. 한 세대에 한 번 뵙는 것을 왕(王)이라 한다.

詳說

---

590) 音汝 : 『시전대전(詩傳大全)』에도 동일하게 되어 있다.
591) 都啼反 : 『시전대전(詩傳大全)』에도 동일하게 되어 있다.
592) 叶, 虛良反 : 『시전대전(詩傳大全)』에도 동일하게 되어 있다.

○ 諺用華音.
'저(氐)'는 『언해』에서 중국의 음을 사용하였다.

○ 音現.
'현(見)'의 음은 '현(現)'이다.

○ 見周禮大行人.
『주례』「대행인」에 있다.

○ 孔氏曰：" 遠夷一世而一見, 謂父死子卽位, 乃來朝."593)
공씨가 말하였다 : "멀리 있는 오랑캐는 한 세대를 지나 한 번 뵈었으니, 아비가 세상을 떠나 자식이 즉위하면 그제야 와서 알현한 것이다."594)

朱註
○ 蘇氏曰, 旣克之,
○ 소씨(蘇氏)가 말하였다. "이미 이기고는

詳說
○ 承上章.
위의 장을 이어받은 것이다.

朱註
則告之曰, 爾雖遠, 亦居吾國之南耳.
그들에게 고하여 '너 형초(荊楚)가 비록 멀리 있을지라도 또한 내 나라의 남쪽에 위치해 있다.

詳說

---

593) 『시전대전(詩傳大全)』에 공씨의 말로 실려 있다.
594) 『시전대전(詩傳大全)』에는 "공씨가 말하였다 : "멀리 있는 오랑캐는 한 세대를 지나 한 번 공에서 뵈었다. 「추관」「대행인」에서 「구주의 바깥을 번국이라고 하니, 한 세대에 한 번 알현한다.」라고 하였으니, 아비가 세상을 떠나 자식이 계승하여 후임 왕이 즉위하면 그제야 와서 알현하는 것을 말하니, 그것을 한 세대에 알현하는 것이라고 하는 것이다.'(孔氏曰 : 遠夷一世而一見於工. 秋官大行人云, 九州外謂之蕃國, 世一見, 謂其父死子繼, 及嗣王卽位, 乃來朝, 謂之世見也.)"라고 되어 있다.

○ 鄕方也.
시골이다.

朱註
昔成湯之世
옛날 성탕의 시대에는

詳說
○ 有, 猶在也.
본문의 '유(有)'는 '재(在)'와 같다.

朱註
雖氐羌之遠, 猶莫敢不來朝
비록 저강의 먼 자들이라도 감히 내조(來朝)하지 않는 이가 없어

詳說
○ 音潮.
'조(朝)'의 음은 '조(潮)'이다.

○ 一釋享王二字.
한편으로 '향(享)'과 '왕(王)' 두 글자를 풀이한 것이다.

朱註
曰此商之常禮也.
'이것은 상(商)나라의 떳떳한 예이다.'라고 하였으니,

詳說
○ 是.
'지(之)'는 본문의 '시(是)'이다.

○ 添禮字.

'예(禮)'자를 더하였다.

朱註

況汝荊楚, 曷敢不至哉.
하물며 너 형초(荊楚)가 어찌 감히 이르지 않으리오.'라고 한 것이다."

詳說

○ 補此句.
이 구를 보완하였다.

○ 引西戎以證南夷.
서융을 끌어다가 남이에게 증명한 것이다.

○ 孔氏曰 : "首章言伐楚之功, 二章言責楚之義."595)
공씨가 말하였다 : "첫 장에서는 초를 정벌한 공을 말하였고, 2장에서는 초를 책한 의리를 말하였다.

[4-5-5-3]

天命多辟, 設都于禹之績,
하늘이 제후들에게 명하사 우임금의 다스린 곳에 도읍을 세우게 하시니,

詳說

○ 音璧.596)
'벽(辟)'의 음은 '벽(璧)'이다.

歲事來辟, 勿予禍適.
해마다 하는 일로 와서 뵈어 나에게 화(禍)를 내리고 꾸짖지 말지어다.

---

595) 『시전대전(詩傳大全)』에 공씨의 말로 동일하게 실려 있다.
596) 音璧 : 『시전대전(詩傳大全)』에도 동일하게 되어 있다.

詳說
○ 直革反.597)
'적(適)'의 음은 '직(直)'과 '혁(革)'의 반절이다.

稼穡匪解.
농사일을 게으르게 하지 않았나이다.

詳說
○ 音懈, 叶訖力反.
'해(解)'의 음은 '해(懈)'이고, 협운으로 음은 '흘(訖)'과 '력(力)'의 반절이다.

朱註
賦也. 多辟, 諸侯也. 來辟, 來王也.
부(賦)이다. 다벽(多辟)은 제후들이다. 내벽(來辟)은 내왕(來王)이다.

詳說
○ 卽上章之來王.
곧 위의 장에서의 '내왕(來王)'이다.

朱註
適, 讁通. ○ 言天命諸侯, 各建都邑, 于禹所治之地,
적(適)은 적(讁)과 통한다. ○ 하늘이 제후들에게 명하여 각기 우(禹)임금이 다스린 바의 땅에 도읍을 세우게 하여

詳說
○ 績.
'치(治)'는 본문의 '적(績)'이다.

○ 添地字.

―――――――――――――――――――
597) 直革反:『시전대전(詩傳大全)』에도 동일하게 되어 있다.

'지(地)'자를 더하였다.

○ 曹氏曰 : "說命云, 明王奉若天道, 建邦設都, 則多辟, 實天所命也."598)
조씨가 말하였다 : "「열명」에서 '명왕이 천도를 받들어 순히 따르시어 나라를 세우고 도읍을 만들었다.'라고 하였으니, 제후들은 실로 하늘이 명한 것이다."599)

朱註
而皆以歲事來至于商, 以祈王之不譴,
모두 해마다 하는 일로 상나라에 와서 왕이 견책하지 않기를 기원하며

詳說
○ 補祈字.
'기(祈)'자를 더하였다.

○ 禍, 猶過也.
본문의 '화(禍)'는 '과(過)'와 같다.

朱註
曰我之稼穡不敢解也,
"나의 가색(稼穡)을 감히 게으르게 하지 않았으니,

詳說
○ 諺音誤
'해(解)'는 『언해』의 음이 잘못되었다.

---

598) 『시전대전(詩傳大全)』에 조씨의 말로 실려 있다.
599) 『시전대전(詩傳大全)』에는 "조씨가 말하였다 : '「열명」에서 「명왕이 천도를 받들어 순히 따르시어 나라를 세우고 도읍을 만들었다.」라고 하였으니, 제후들이 천자에게 봉함을 받았을지라도 실로 하늘이 명한 것이다. ….'(曹氏曰 : 說命云, 明王奉若天道, 建邦設都, 則多辟雖受封于天子, 實天所命也. ….)"라고 되어 있다.

詳說

○ 三山李氏曰 : "夷狄率服, 則天下無事, 所先者農事耳."600)
삼산 이씨가 말하였다 : "이적이 복종하였다면 천하에 일이 없을 때에 앞세울 것은 농사일뿐이다."601)

○ 豊城朱氏曰 : "田野不闢, 則天子巡守, 而責讓加焉, 稼穡匪解, 則朝貢祭祀, 無不有以供歲事之常, 得免於罪愆矣."602)
풍성 주씨가 말하였다 : "전야가 개간되지 않았으면 천자가 순수하면서 꾸짖으니, 농사에 게으르지 않으면 조공과 제사에 농사의 일정함에 이바지하지 않음이 없어 허물을 면하는 것이다."603)

○ 朱子曰 : "頌中有全篇句句是韻, 如殷武之類, 無兩句不是韻, 到稼穡匪解, 自是欠了一句. 前輩分章全曉不得, 某細讀, 方知是欠了一句."604)
주자가 말하였다 : "송 가운데 전편의 모든 구가 운인 것이 있으니, 이를테면 「은무」 같은 것은 두 구절이 운이 아닌 것이 없는데 '농사일 게을리 하지 않았나이다.'에서 일부러 한 구절을 빠뜨렸다. 앞의 선배들이 장을 나눈 것은 완전히 이해할 수 없었는데 내가 상세히 읽고 나서야 한 구절이 빠진 것을 알았다."

朱註

庶可以免咎矣,
행여 허물을 면할 수 있을 것이다."라고 하였으니,

---

600) 『시전대전(詩傳大全)』에 삼산 이씨의 말로 실려 있다.
601) 『시전대전(詩傳大全)』에는 "삼산 이씨가 말하였다 : '이적이 복종하였다면 천하에 일이 없을 때에 앞세울 것은 농사일뿐이라는 말이다. 『맹자』에 천자가 순수하는 것은 오직 토지와 전야를 상과 문책의 우선으로 삼는 것이라고 실려 있는 것을 보면, 진실로 농사를 중요한 것으로 여긴 것이다.'(三山李氏曰 : 言夷狄率服, 則天下無事, 所先者農事耳. 觀孟子載天子巡守, 惟以土地田野爲慶讓之先, 誠以農事爲重也.)"라고 되어 있다.
602) 『시전대전(詩傳大全)』에 풍성 주씨의 말로 실려 있다.
603) 『시전대전(詩傳大全)』에는 "풍성 주씨가 말하였다 : '…. 임금과 백성의 도에 농사보다 앞서는 것이 없다. 농사가 제대로 되지 않으면 나라의 비용이 넉넉하지 않아 위로는 조공에 이바지하여 신하의 직분을 다할 길이 없고, 아래로는 제사에 이바지하여 효도를 다할 길이 없다. 그러므로 전야가 개간되지 않았으면 천자가 순수하면서 꾸짖으니, 농사에 게으르지 않으면 조공과 제사에 농사의 일정함에 이바지하지 않음이 없어 허물을 면하는 것이다.'(豊城朱氏曰 : …. 蓋君國子民之道, 莫先於稼穡. 農事之不修, 則國用之不給, 上無以供朝貢而盡臣職, 下無以供祭祀而盡孝道. 故田野不闢, 則天子巡守, 而責讓加焉, 稼穡匪懈, 則朝貢祭祀, 無不有以供歲事之常, 其得免於罪愆宜矣.)"라고 되어 있다.
604) 『시전대전(詩傳大全)』에 주자의 말로 동일하게 실려 있다.

詳說

○ 補此句.

이 구를 더하였다.

朱註

言荊楚旣平, 而諸侯畏服也.

형초가 이미 평정된 후에 제후들이 두려워하고 복종하였다는 말이다.

詳說

○ 此, 論也.

이것은 경문의 의미 설명이다.

[4-5-5-4]

天命降監, 下民有嚴,

하늘의 명이 강림하여 굽어보시는지라 하민들에게도 위엄이 있으니,

詳說

○ 下與濫叶.605)

'감(監)'은 아래의 '람(濫)'과 협운이다.

○ 叶, 五剛反.606)

'엄(嚴)'은 협운으로 음은 '오(五)'와 '강(剛)'의 반절이다.

不僭不濫, 不敢怠遑, 命于下國, 封建厥福.

상을 참람하지 않게 하며 형벌을 지나치게 않게 하여 감히 태만하여 안일하지 아니하면, 하국에 명하사 그 복을 크게 세우시느니라.

詳說

---

605) 下與濫叶 : 『시전대전(詩傳大全)』에도 동일하게 되어 있다.
606) 叶, 五剛反 : 『시전대전(詩傳大全)』에도 동일하게 되어 있다.

○ 叶, 越逼反.607)
'국(國)'은 협운으로 '월(越)'과 '핍(逼)'의 반절이다.

○ 叶, 筆力反.608)
'복(福)'은 협운으로 음은 '필(筆)'과 '력(力)'의 반절이다.

朱註
賦也. 監, 視. 嚴, 威也. 僭, 賞之差也, 濫, 刑之過也. 遑, 暇, 封, 大也.
부(賦)이다. 감(監)은 봄이고, 엄(嚴)은 위엄이다. 참(僭)은 상(賞)이 잘못됨이고, 남(濫)은 형벌이 지나침이다. 황(遑)은 한가로움이고, 봉(封)은 큼이다.

詳說
○ 諺音誤.
'참(僭)'은 『언해』의 음이 잘못되었다.

○ 建, 猶培植也.
본문의 '건(建)'은 배식(培植)과 같다.

朱註
○ 言天命降監,
○ 하늘의 명이 강림하여 굽어봄이

詳說
○ 天命之, 且監之.
하늘이 명하고 또 굽어보는 것이다.

○ 慶源輔氏曰 : "天雖高, 而實下其監視, 甚可畏也."609)
경원 보씨가 말하였다 : "하늘이 높이 있을지라도 실제로 아래로 굽어보니, 아

---
607) 叶, 越逼反 : 『시전대전(詩傳大全)』에도 동일하게 되어 있다.
608) 叶, 筆力反 : 『시전대전(詩傳大全)』에도 동일하게 되어 있다.
609) 『시전대전(詩傳大全)』에 경원 보씨의 말로 실려 있다.

주 두려워해야 하는 것이다."610)

朱註
不在乎他, 皆在民之視聽,
다른 데에 있지 아니하여 모두 백성들의 보고 들음에 있으니,

詳說
○ 見書泰誓.
『상서』「태서」에 있다.

○ 補二句.
두 구를 더하였다.

朱註
則下民亦有嚴矣.
하민들에게도 또한 두려워할 것이 있는 것이다.

詳說
○ 書大禹謨曰: "可畏非民."
『상서』「대우모」에서 말하였다: "두려워할 만한 것은 백성이 아니겠는가?"

朱註
惟賞不僭刑不濫, 而不敢怠荒,
오직 상을 참람하지 않게 하고 형벌을 지나치지 않게 하여 감히 태만하고 한가롭지 않게 하면,

詳說

---

610) 『시전대전(詩傳大全)』에는 "경원 보씨가 말하였다: '여기의 장에서는 또 고종이 중흥을 이룬 도를 말하면서 「하늘이 높이 있을지라도 실제로 아래로 굽어보니, 아주 두려워해야 하는 것이고, 백성들이 낮게 있을지라도 하늘이 실로 보고 듣고 있으니 소홀히 해서는 안된다는 것이다.」라고 하였다. ….'(慶源輔氏曰: 此章則又言高宗所以致中興之道, 曰天雖高, 而實下其監視, 甚可畏也, 民雖卑, 而天實以爲視聽, 不可忽也. ….)"라고 되어 있다.

○ 豐城朱氏曰 : "賞不僭, 於其建邦設都見之, 刑不濫, 於其伐鬼方見之, 不怠荒, 又於書之不敢違寧見之."611)
풍성 주씨가 말하였다 : "상을 참람하게 하지 않은 것은 나라를 세우고 도읍을 만든 것에서 드러나고, 형벌을 지나치게 하지 않은 것은 귀방을 정벌한 것에서 드러나며, 태만하고 한가롭게 하지 않은 것은 『서』에서의 감히 태만하고 한가롭게 하지 않았다는 것에서 드러난다."

朱註
則天命之以天下,
하늘이 천하로써 명하여

詳說
○ 天下之國, 與上篇下國微不同.
천하의 나라는 위의 편에서 하국이라는 말과는 조금도 같지 않다.

朱註
而大建其福, 此高宗所以受命而中興也.
그 복을 크게 세워준다고 말했으니, 이것이 고종이 명을 받아 중흥한 까닭이다.

詳說
○ 此句, 論也.
이 구는 경문의 의미 설명이다.

○ 慶源輔氏曰 : "此章則又言高宗所以致中興之道."612)
경원 보씨가 말하였다 : "여기의 장에서는 또 고종이 중흥을 이룬 도를 말하였다."613)

---

611) 『시전대전(詩傳大全)』에 풍성 주씨의 말로 거의 동일하게 실려 있다.
612) 『시전대전(詩傳大全)』에 경원 보씨의 말로 실려 있다.
613) 『시전대전(詩傳大全)』에는 "경원 보씨가 말하였다 : '여기의 장에서는 또 고종이 중흥을 이룬 도를 말하면서 「하늘이 높이 있을지라도 실제로 아래로 굽어보니, 아주 두려워해야 하는 것이고, 백성들이 낮게 있을지라도 하늘이 실로 보고 듣고 있으니 소홀히 해서는 안된다는 것이다.」라고 하였다. …'(慶源輔氏曰 : 此章則又言高宗所以致中興之道, 曰天雖高, 而實下其監視, 甚可畏也, 民雖卑, 而天實以爲視聽, 不可忽也. …)"라고 되어 있다.

[4-5-5-5]

商邑翼翼, 四方之極. 赫赫厥聲, 濯濯厥靈, 壽考且寧, 以保我後生.

상나라 도읍이 잘 정돈되어 있으니 사방의 표준이로다.
혁혁한 그 명성이며 탁탁한 그 위령이로소이니,
수고하고 또 편안하사 우리 후생들을 보호해 주셨도다.

詳說

○ 叶, 桑經反.614)
'생(生)'은 협운으로 '상(桑)'과 '경(經)'의 반절이다.

朱註

賦也. 商邑, 王都也. 翼翼, 整敕貌. 極, 表也.
부(賦)이다. 상읍(商邑)은 왕도(王都)이다. 익익(翼翼)은 정돈된 모양이다. 극(極)은 표준이다.

詳說

○ 華谷嚴氏曰 : "政敎取正於此."615)
화곡 엄씨가 말하였다 : "정교는 여기에서 바름을 취한다."

○ 慶源輔氏曰 : "高宗中興王都, 始復翼翼然, 爲四方之儀表"616)
경원 보씨가 말하였다 : "고종이 왕도를 중흥시키자 비로소 다시 잘 정돈되어 사방의 의표가 되었다."617)

朱註

---

614) 叶, 桑經反 : 『시전대전(詩傳大全)』에도 동일하게 되어 있다.
615) 『시전대전(詩傳大全)』에 화곡 엄씨의 말로 거의 동일하게 실려 있다.
616) 『시전대전(詩傳大全)』에 경원 보씨의 말로 실려 있다.
617) 『시전대전(詩傳大全)』에는 "경원 보씨가 말하였다 : '상나라의 도읍 박은 진실로 유래가 있다. 그러나 반경의 뒤에 은의 도가 이미 쇠미하게 되자 사람들도 홀시하였다. 그런데 고종이 왕도를 중흥시키자 비로소 다시 잘 정돈되어 사방의 의표가 되었다. ….'(慶源輔氏曰 : 商之都亳, 固有自來矣. 然盤庚之後, 殷道旣衰, 則人亦易而視之矣. 至于高宗中興王都, 始復翼翼然, 爲四方之儀表. ….)"라고 되어 있다.

赫赫, 顯盛也, 濯濯, 光明也,
혁혁(赫赫)은 드러나고 성함이고, 탁탁(濯濯)은 광명함이니,

詳說

○ 諺音誤.
'탁(濯)'은 『언해』의 음이 잘못되었다.

○ 慶源輔氏曰 : "高宗有赫赫然風聲之盛, 濯濯然威靈之光."618)
경원 보씨가 말하였다 : "고종에게는 혁혁한 명성의 성대함과 탁탁한 위령의 광명이 있었다."619)

朱註
言高宗中興之盛如此. 壽考, 且寧云者, 蓋高宗之享國, 五十有九年.
고종의 중흥의 성대함이 이와 같다는 말이다. 수고하고 또 편안하다고 한 것은 고종이 나라를 누린 것이 59년이기 때문이다.

詳說

○ 出書無逸.
『서경』「무일」이 출처이다.

朱註
我後生, 謂後嗣子孫也,
아후생(我後生)은 후사(後嗣)의 자손들을 말한다.

---

618) 『시전대전(詩傳大全)』에 경원 보씨의 말로 실려 있다.
619) 시전대전(詩傳大全)』에는 "경원 보씨가 말하였다 : '상나라의 도읍 박은 진실로 유래가 있다. 그러나 반경의 뒤에 은의 도가 이미 쇠미하게 되자 사람들도 홀시하였다. 그런데 고종이 왕도를 중흥시키자 비로소 다시 잘 정돈되어 사방의 의표가 되었으니 바로 그들이 그렇게 되게 한 것으로는 이것뿐만이 아니라 또 혁혁한 명성의 성대함과 탁탁한 위령의 광명이 있는 것이다. ….'(慶源輔氏曰 : 商之都亳, 固有自來矣. 然盤庚之後, 殷道既衰, 則人亦易而視之矣. 至于高宗中興王都, 始復翼翼然, 爲四方之儀表, 是蓋有以使之然者矣, 不獨是也, 又有赫赫然風聲之盛, 濯濯然威靈之光. ….)"라고 되어 있다.

[4-5-5-6]

陟彼景山, 松柏丸丸,

저 경산(景山)에 오르니 소나무와 잣나무가 곧고 곧거늘

詳說

○ 叶, 所旃反.620)

'산(山)'은 협운으로 음은 '소(所)'와 '전(旃)'의 반절이다.

○ 叶, 胡員反.621)

'환(丸)'은 협운으로 음은 '호(胡)'와 '원(員)'의 반절이다.

是斷是遷, 方斲是虔.

이것을 자르고 이것을 옮겨서 방정하게 깎아 이에 자르도다.

詳說

○ 音短.622)

'단(斷)'의 음은 '단(短)'이다.

○ 陟角反.623)

'착(斲)'의 음은 '척(陟)'과 '각(角)'의 반절이다.

松桷有梴, 旅楹有閑,

소나무로 만든 서까래가 길기도 하며 여러 기둥이 크기도 하니,

詳說

○ 音角.624)

---

620) 叶, 所旃反 : 『시전대전(詩傳大全)』에도 동일하게 되어 있다.
621) 叶, 胡員反 : 『시전대전(詩傳大全)』에도 동일하게 되어 있다.
622) 音短 : 『시전대전(詩傳大全)』에도 동일하게 되어 있다.
623) 陟角反 : 『시전대전(詩傳大全)』에도 동일하게 되어 있다.
624) 音角 : 『시전대전(詩傳大全)』에도 동일하게 되어 있다.

'각(桷)'의 음은 '각(角)'이다.

○ 五連反.625)
'천(梴)'의 음은 '오(五)'와 '연(連)'의 반절이다.

○ 叶, 胡田反.626)
'한(閑)'의 음은 '호(胡)'와 '전(田)'의 반절이다.

|寢成孔安.|

침묘가 이루어짐에 심히 편안하도다.

|詳說|

○ 叶, 於連反.627)
'안(安)'은 협운으로 음은 '어(於)'와 '연(連)'의 반절이다.

|朱註|

|賦也. 景, 山名, 商所都也.|

부(賦)이다. 경(景)은 산이름이니, 상(商)나라가 도읍한 곳이다.

|詳說|

○ 朱子曰："衛詩, 亦言景山, 乃商舊都也."628)
주자가 말하였다 : "위나라의 시에서도 경산을 말했으니, 상나라의 옛 도읍이기 때문이다."629)

|朱註|

---

625) 五連反 : 『시전대전(詩傳大全)』에도 동일하게 되어 있다.
626) 叶, 胡田反 : 『시전대전(詩傳大全)』에도 동일하게 되어 있다.
627) 叶, 於連反 : 『시전대전(詩傳大全)』에도 동일하게 되어 있다.
628) 『시전대전(詩傳大全)』에 주자의 말로 실려 있다.
629) 『시전대전(詩傳大全)』에는 "주자가 말하였다 : '『춘추전』에서 「상나라의 탕에게 경박의 명이 있었다.」라고 하였고, 여기에서는 「저 경산에 오른다.」라고 말했으니, 상나라가 도읍한 산의 이름이다. 위나라의 시에서 또한 경산을 말했으니, 상나라의 옛 도읍이기 때문이다.'(朱子曰 : 春秋傳云, 商湯有景毫之命, 而此言陟彼景山, 盖商所都之山名. 衛詩, 亦言景山, 乃商舊都也.)"라고 되어 있다.

丸丸, 直也. 遷, 徙, 方, 正也.
환환(丸丸)은 곧음이다. 천(遷)은 옮김이고, 방(方)은 바룸이다.

[詳說]

○ 疊山謝氏曰 : "以繩墨取方正而斲削之."630)
첩산 사씨가 말하였다 : "승묵으로 방정함을 취해 깎아 다듬는다."631)

○ 斲, 諺音誤.
본문의 '착(斲)'은 『언해』의 음이 잘못되었다.

[朱註]
虔, 亦截也. 梴, 長貌. 旅, 衆也. 閑, 閑然而大也. 寢, 廟中之寢也. 安, 所以安高宗之神也.
건(虔) 또한 자름이다. 연(梴)은 긴 모양이다. 여(旅)는 무리이다. 한(閑)은 한연(閑然)히 큰 것이다. 침(寢)은 묘(廟)가운데의 침(寢)이다. 안(安)은 고종(高宗)의 신(神)을 편안히 하는 것이다.

[詳說]

○ 添神字.
'신(神)'자를 더하였다.

[朱註]
此, 蓋特爲百世不遷之廟, 不在三昭三穆之數,
이것은 아마도 백세(百世)토록 옮기지 않는 사당을 만들어서 삼소(三昭) 삼목(三穆)의 수에 들어 있지 않은 것이니,

[詳說]

---

630) 『시전대전(詩傳大全)』에 첩산 사씨의 말로 실려 있다.
631) 『시전대전(詩傳大全)』에는 "첩산 사씨가 말하였다 : '저 경산에 올라 소나무와 잣나무의 평평하게 곧은 것을 취해 잘라서 옮겨놓고는 승묵으로 방정함을 취해 깎아 다듬으니, 소나무로 긴 서까래를 만들어 는다.'(疊山謝氏曰 : 登也彼景山而選材, 取松柏之易直者, 斲之遷之, 以繩墨取方正, 而斲削之. …)"라고 되어 있다.

○ 安成劉氏曰 : "有功德之君, 親盡不祧. 竊意中宗當穆, 高宗祖甲當昭, 各隨昭穆之位, 特列其廟于太祖廟之兩傍. 三昭三穆之上, 中宗後羣穆, 皆祧于其廟, 高宗祖甲後羣昭, 皆祧于其廟."632)

안성 유씨가 말하였다 : "공덕이 있는 임금은 친진이라도 조천하지 않는다. 곰곰이 생각해 보면, 중종은 목에 해당하고, 고종과 조갑은 소에 해당하니, 각기 소와 목의 지위에 따라 대조묘의 양방에 그 묘를 벌려놓는다. 삼소와 삼목의 이상으로 중종 후의 여러 목은 모두 그 묘에 합하고, 고종과 조갑 후의 여로 소는 모두 그 묘에 합한다."633)

朱註

旣成

이미 이루어짐에

詳說

○ 廟成

'성(成)'은 묘가 이루어진 것이다.

朱註

---

632) 『시전대전(詩傳大全)』에 안성 유씨의 말로 실려 있다.
633) 『시전대전(詩傳大全)』에는 "안성 유씨가 말하였다 : 『상서』에서「칠세의 묘로 덕을 볼 수 있다.」라고 하였다. 대개 천자의 칠묘는 삼소삼목과 태조의 묘에서 칠이다. 팔세·구세 이후는 소와 목에 따라 친진하면 번갈아 그 신주를 옮겨 태조의 묘로 합한다. 공덕이 있는 임금은 후세에 근원으로 하니, 친진하더라도 조천하지 않고, 따로 백세에도 옮기지 않는 묘에 세워 특별히 그 신주를 합한다. 공덕이 있는 경우는 모두 그렇게 한다. 애초에 그 수를 미리 제한해서는 안되는데, 상나라에서는 단지 삼종을 두었으니, 고종이 바로 그 하나이다. 그러나 일찍이 생각건대 고종의 묘를 어디에 세울지 몰랐던 것이고, 삼종의 후에는 소와 목으로 조천할 경우는 어느 묘로 들어갈지 몰랐던 것이다. 곰곰이 생각해 보면, 세운 삼종은 중종은 목에 해당하고, 고종과 조갑은 소에 해당하니, 각기 소와 목의 지위에 따라 특별히 대조묘의 양방에 그 묘를 세운다. 삼소와 삼목의 이상은 이를테면 주나라의 문왕 무왕의 세실의 지위와 같다. 중종 후의 여러 목으로 이어지는 것은 모두 그 묘에 합하고, 고종과 조갑 후의 여로 소로 이어지는 것은 모두 그 묘에 합하니, 주문왕 이후의 여러 목은 문왕의 세실에 합하고, 무왕 이후의 여러 소는 무왕의 세실에 합하는 것과 같다.' (安成劉氏 : 商書曰, 七世之廟可以觀德. 盖天子七廟, 三昭三穆與大祖之廟而七. 八世九世而後, 隨其昭穆, 親盡遞遷其主, 而祔于太祖之廟. 其有功德之君, 則後世宗之, 雖親盡而不祧, 別立百世不遷之廟, 而特祔其主焉. 凡有功德者皆然. 初不可預限其數, 而商則止有三宗, 高宗即其一也. 然嘗疑高宗之廟, 未知立於何所, 三宗之後, 昭穆當祧者, 未知入于何廟. 竊意, 所立三宗, 中宗當穆, 高宗祖甲當昭, 各随昭穆之位, 特立其廟于太祖廟之兩傍. 三昭三穆之上, 如周文武世室之位也. 中宗之後, 則群穆繼之者, 皆祧于其廟, 高宗祖甲之後, 則羣昭繼之者, 皆祧于其廟, 如周自文王以後羣穆, 祧于文世室, 自武王以後, 羣昭祧于武世室也.)"라고 되어 있다.

始祔

처음 부묘(廟)하고

> 詳說
>
> ○ 安主以祔太祖.
>
> 신주를 편안히 하여 태묘에 합한다.

> 朱註
>
> 而祭之之詩也. 然此章, 與閟宮之卒章, 文意略同, 未詳何謂.
>
> 제사한 시(詩)인 듯하다. 그러나 이 장(章)은 「비궁(宮)」의 마지막 장과 글의 뜻이 대략 같은데, 무엇을 말하는지는 상세하지 않다.

> 詳說
>
> ○ 慶源輔氏曰 : "俱爲宗廟始成而祭之詩, 豈作閟宮者, 取法於是詩乎."634)
>
> 경원 보씨가 말하였다 : "모두 종묘에서 처음 이루어 제사하는 지내는 시이니, 아마 「비궁」을 지은 자가 여기의 시에서 법을 취한 것일 것이다."635)

> ○ 安成劉氏曰 : "與閟宮全篇文意, 皆有相似者, 但閟宮爲頌僖公修宗廟而作, 此爲宗武丁特立廟而作. 故閟宮所頌僖公服夷蠻享福壽者, 皆未然之期望, 此所頌武丁服夷夏享福壽者, 皆已然之實事. 卒章, 則皆述其作廟之事以結之."636)
>
> 안성 유씨가 말하였다 : "「비궁」 전편의 문의와 모두 서로 유사한 것이 있고, 다만 「비궁」은 희공이 종묘를 개수한 것을 기리기 위해 지은 것이고, 여기의 것은 무정이 특별히 묘를 세운 것을 근원으로 하기 위해 지은 것이다. 그러므로 「비궁」에서 희공이 이만(夷蠻)을 복종시켜 복과 수를 누린다고 기린 것은 모두

---

634) 『시전대전(詩傳大全)』에 경원 보씨의 말로 실려 있다.
635) 『시전대전(詩傳大全)』에는 '경원 보씨가 말하였다 : '목재의 아름다움과 규모의 넓음, 이것은 고종의 신이 편안히 하는 것이니, 그에게 합당함이 있다는 말이다. 「궐궁」의 끝장과 문의가 대략 같은 것은 대개 모두 종묘에서 처음 이루어 제사하는 지내는 시이니, 아마 「비궁」을 지은 자도 여기의 시에서 법을 취한 것일 것이다.'(慶源輔氏曰 : 材植之美, 規模之宏, 此高宗之神之所安也, 言其有以當之矣. 其與閟宮之卒章, 文義略同者, 蓋俱爲宗廟始成而祭之詩, 豈作閟宮者, 亦取法於是詩乎.)"라고 되어 있다.
636) 『시전대전(詩傳大全)』에 안성 유씨의 말로 실려 있다.

그렇게 하지 못한 것을 바라는 것이고, 여기에서 무정이 이하(夷夏)를 복종시켜 복과 수를 누린다고 기린 것은 모두 이미 그렇게 한 사실이다. 끝의 장에서는 모두 종묘를 지은 일을 기술해서 매듭지었다."637)

○ 此章斲桷榠成字, 在句腰爲韻, 與九罭二章同.
여기의 장에서 착(斲)·각(桷)·영(榠)·성(成)자가 구의 허리에서 운이 된 것은 「구역」 2장과 같다.

朱註

殷武, 六章, 三章章六句, 二章章七句, 一章五句.
「은무」는 6장으로 세 장은 장이 6구이고, 두 장은 장이 7구이며, 한 장은 5구이다.

詳說

○ 安成劉氏曰 : "第三章爲五句, 朱子疑其脫一句, 則此詩當作四章章六句, 二章章七句."638)
안성 유씨가 말하였다 : "제 3장은 5구인데, 주자가 한 구가 빠졌다고 의심하였으니, 이 시는 당연히 네 장은 장이 6구여야 하고, 두 장은 장이 7구여야 하기 때문이다."639)

朱註

---

637) 『시전대전(詩傳大全)』에는 "안성 유씨가 말하였다 : '편 속의 제 3장은 5구인데, 주자가 한 구가 빠졌다고 의심하였으니, 이 시는 당연히 네 장은 장이 6구여야 하고, 두 장은 장이 7구여야 하는 것이다. 그러나 이 시는 「비궁」 전편의 문의와 모두 서로 유사한 것이 있고, 다만 「비궁」은 희공이 종묘를 개수한 것을 기리기 위해 지은 것이고, 「은무」는 무정이 특별히 묘를 세운 것을 근원으로 하기 위해 지은 것이다. 그러므로 「비궁」에서 희공이 이만(夷蠻)을 복종시켜 복과 수를 누린다고 기린 것은 모두 그렇게 하지 못한 것을 바라는 것이고, 여기에서 무정이 이하(夷夏)를 복종시켜 복과 수를 누린다고 기린 것은 모두 이미 그렇게 한 사실이다. 끝의 장에서는 모두 종묘를 지은 일을 기술해서 매듭지었다.'(安成劉氏曰 : 篇內第三章爲五句, 朱子疑其脫一句, 則此詩當作四章章六句, 二章章七句. 然此詩與閟宮全篇文意, 皆有相似者, 但閟宮爲頌僖公修宗廟而作, 殷武爲宗武丁特立廟而作. 故閟所以頌僖公服夷蠻享福壽者, 皆未然之期望, 而此詩所以頌武丁服夷夏享福壽者, 皆已然之實事. 卒章, 則皆述其作廟之事以結之.)"라고 되어 있다.
638) 『시전대전(詩傳大全)』에 안성 유씨의 말로 실려 있다.
639) 『시전대전(詩傳大全)』에는 "안성 유씨가 말하였다 : '편 속의 제 3장은 5구인데, 주자가 한 구가 빠졌다고 의심하였으니, 이 시는 당연히 네 장은 장이 6구여야 하고, 두 장은 장이 7구여야 하는 것이다. 그러나 이 시는 「비궁」 전편의 문의와 모두 서로 유사한 것이 있고, 다만 「비궁」은 희공이 종묘를 개수한 것을 기리기 위해 지은 것이고, 「은무」는 무정이 특별히 묘를 세운 것을 근원으로 하기 위해 지은 것이다. ……' (安成劉氏曰 : 篇內第三章爲五句, 朱子疑其脫一句, 則此詩當作四章章六句, 二章章七句. 然此詩與閟宮全篇文意, 皆有相似者, 但閟宮爲頌僖公修宗廟而作, 殷武爲宗武丁特立廟而作. ……)"라고 되어 있다.

商頌, 五篇十六章, 一百五十四句.
「상송」은 5편에 16장이고 154구이다.

詳說

○ 張子曰 : "商頌之詞粹."640)
장자가 말하였다 : "상송의 말은 순수하다."

○ 濮氏曰 : "商頌後三篇, 但稱述前王功德, 殊不及告祭之意, 亦自與前二篇異耳. 疊章非周頌也, 而其鋪叙事實, 全類大雅諸詩."641)
복씨가 말하였다 : "「상송」 뒤의 세 편은 단지 전왕의 공덕을 칭술한 것이어서 옛날 제사의 의미에 거의 미치지 못하니, 또한 본래 앞의 두 편과는 다르다. 장을 겹치는 것은 「주송」이 아니고, 그 사실을 펴서 서술하는 것은 완전히 대아의 여러 시와 같은 종류이다."642)

○ 通典曰 : "殷周之雅頌, 上本有娀姜嫄契稷相土公劉古公泰伯王季姜女太任太姒之德, 乃及成湯文武受命, 武丁成康宣王中興, 下及輔佐阿衡周召太公申伯召虎仲山甫之屬, 君臣男女有功德者, 靡不褒揚於聲樂之間也."643)
『통전』에서 말하였다 : "은나라와 주나라의 아송은 위로 본래 유융·강원·설·직·상토·고공·공유·고공·태백·왕계·강녀·태임·태사의 덕에 근본하여 이에 성탕과 문왕·무왕이 명을 받은 것과 무정·성왕·강왕·의왕의 중흥에 미쳤고, 아래로 보좌한 아형·주공·소공·태공·신백·소호·중산보의 무리에게 미쳤으니, 군신과 남녀로 공덕이 있는 경우는 음악의 사이에 기려 드날리지 않은 것이 없다."

---

640) 『시전대전(詩傳大全)』에 장자의 말로 동일하게 실려 있다.
641) 『시전대전(詩傳大全)』에 복씨의 말로 동일하게 실려 있다.
642) 『시전대전(詩傳大全)』에는 '복씨가 말하였다 : '일찍이 생각건대, 「노송」이 송이 아닌 것은 공씨가 이미 말했던 것이다. 그리고 「상송」 뒤의 세 편은 단지 전왕의 공덕을 칭술한 것이어서 옛날 제사의 의미에 거의 미치지 못하니, 또한 본래 앞의 두 편과는 다르다. 장을 겹치는 것은 「주송」이 아니고, 그 사실을 펴서 서술하는 것은 완전히 대아의 여러 시와 같은 종류이다. 그러니 매 번 읽으면서 의심하고, 그것으로 말미암아 이것을 생각하는 것이다.'(濮氏曰 : 嘗謂魯頌之非頌, 孔氏已言之. 而商頌後三篇, 但稱述前王功德, 殊不及告祭之意, 亦自與前二篇異耳. 疊章非周頌也, 而其鋪叙事實, 全類大雅諸詩. 每讀而疑, 因志于此.)"라고 되어 있다.
643) 『시전대전(詩傳大全)』에 『통전』의 말로 동일하게 실려 있다.

21

시서변설상설(상)
詩序辨說詳說 卷上

詳說

○ 按,「序辨說」, 亦朱子手筆, 而『大全』本不載, 是闕文也.644)

살펴보건대,「서변설(序辨說)」은 또한 주자가 손수 쓴 것인데『대전(大全)』의 판본에는 싣지 않았으니, 이는 글을 빠뜨린 것이다.

辨說

「詩序」之作, 說者不同. 或以爲孔子, 或以爲子夏, 或以爲國史, 皆無明文可考. 唯『後漢書』「儒林傳」, 以爲"衛宏作「毛詩序」, 今傳於世", 則「序」乃宏作明矣. 然鄭氏又以爲"諸「序」本自合爲一編, 毛公始分以寘諸篇之首", 則是毛公之前, 其傳已久, 宏特增廣而潤色之耳. 故近世諸儒, 多以「序」之首句, 爲毛公所分, 而其下推說云云者, 爲後人所益, 理或有之. 但今考其首句, 則已有不得詩人之本意, 而肆爲妄說者矣, 況沿襲云云之誤哉. 然計其初, 猶必自謂出於臆度之私, 非『經』本文, 故且自爲一編, 別附『經』後. 又以尙有齊・魯・韓氏之說, 並傳於世, 故讀者, 亦有以知其出於後人之手, 不盡信也. 及至毛公引以入『經』, 乃不綴篇後而超冠篇端, 不爲注文而直作『經』字, 不爲疑辭而遂爲決辭. 其後三家之『傳』, 又絶而毛說孤行, 則其抵捂之迹, 無復可見. 故此「序」者, 遂若詩人先所命題, 而『詩』文反爲因「序」以作. 於是讀者, 轉相尊信, 無敢擬議. 至於有所不通, 則必爲之委曲遷就, 穿鑿而附合之, 寧使『經』之本意, 繚戾破碎, 不成文理, 而終不忍明以「小序」爲出於漢儒也. 愚之病此久矣, 然猶以其所從來也遠, 其間容或眞有傳授證驗而不可廢者. 故旣頗采以附『傳』中, 而復並爲一編, 以還其舊, 因以論其得失云.

「시서(詩序)」의 지은이에 대하여 말한 것이 같지 않으니, 어떤 이는 공자(孔子)라 하고, 어떤 이는 자하(子夏)645)라 하고, 어떤 이는 사관(史官)이라고 하였는데, 모두 고증할 만한 명확한 글이 없다. 오직 『후한서(後漢書)』「유림전(儒林傳)」에서 "위굉(衛宏)646)이 「모시서(毛詩序)」를 지었는데 지금 세상에 전한다."라고 하였을

---

644) 박문호(朴文鎬)의 「시강령상설(詩綱領詳說)」에는 "按,「綱領」, 亦朱子手筆, 而『大全』本無之, 是闕文也.(살펴보건대,「강령(綱領)」은 또한 주자(朱子)가 손수 쓴 것인데『대전(大全)』의 판본에는 없으니, 이는 글을 빠뜨린 것이다.)"라고 하였다.

645) 자하(子夏): 자하(B.C.507-B.C.400)는 복상(卜商)의 자이니, 춘추시대 학자로 공문(孔門) 10철(哲) 가운데 한 사람이다. 희성(姬姓)이고, 복씨(卜氏)이며, 이름이 상(商)이다. 자가 자하(子夏)여서 복자(卜子) 또는 복자하(卜子夏)라고도 부른다.

646) 위굉(衛宏): 동한(東漢) 광무제(光武帝: 25-57) 때 주로 활동한 학자로 자가 경중(敬仲)이고, 동해(東海) 사람이다. 젊어서 하남(河南)의 정흥(鄭興)과 함께 고학(古學)을 좋아하였다. 구강(九江) 사만경(謝曼卿)이 『모시(毛詩)』에 훈고(訓詁)를 짓자 그로부터 『모시(毛詩)』를 배우고 『모시서(毛詩序)』를 짓게 되었다. 정중

뿐이니, 곧 「시서」는 바로 위굉이 지은 것이 분명하다. 그러나 정씨(鄭氏: 鄭玄)647)는 또 "여러 「서」들이 본래 한 책으로 되어있었는데, 모공(毛公: 毛亨)648)이 비로소 나누어 여러 편의 첫머리에 두었다."라고 하였으니, 곧 이것은 모공의 이전이어서 그 전해온 지 이미 오래되었으며, 위굉이 다만 불리고 확장하면서 다듬어 좋게 꾸몄을 뿐이다. 그러므로 근세의 여러 유학자들이 대부분 「시서」의 머리구절은 모공이 나눈 것이고, 그 아래에 미루어 말한 것은 후세 사람들이 더한 것이라고 여겼으니, 조리(條理)가 있는 듯하다. 다만 지금 그 머리구절을 살펴보면 이미 시인(詩人)의 본뜻을 알지 못하고 제멋대로 막말을 한 것이 있거늘, 하물며 이러쿵저러쿵 말한 잘못을 그대로 좇았겠는가. 그러나 그 처음을 헤아려보면, 오히려 반드시 스스로 개인의 근거 없는 짐작에서 나와서 『시경(詩經)』 본래의 문장이 아니라고 여겼기 때문에 또 스스로 하나의 책을 만들어 따로 『시경』 뒤에 붙인 것이다. 또 여전히 제씨(齊氏)・노씨(魯氏)・한씨(韓氏)의 말이 함께 세상에 전하고 있었기 때문에 읽는 이들도 또한 「시서」가 후세 사람들의 손에서 나왔음을 알고 다 믿지 않았던 것이다. 모공이 끌어다가 『시경』에 넣음에 이르러서는 이에 편(篇) 뒤에 연잇지 않고, 머리편의 맨 앞에 올려놓았는데, 주해(註解)의 글도 달지 않고 곧바로 『시경』의 글자라고 하였으며, 의문하는 말을 하지 않고 마침내 결단하는 말을 하였다. 그 뒤로 삼가(三家)의 『전(傳)』649)이 다시 끊어지고 모형(毛亨)의 해설만 홀로 유행하여 그 일치하지 않는 궤적을 다시 볼 수 없었다. 그래서 이 「시서」라는 것 때문에 마침내 시인(詩人)이 먼저 주된 요지를 정한 것인데도 『시경』의 문장이 도리어 「시서」에 말미암아 지어진 것처럼 되었다. 이에 읽는 이

(鄭衆)과 가규(賈逵)가 『모시(毛詩)』를 전하자 마융(馬融)이 『모시전(毛詩傳)』을 지었고, 정현(鄭玄)이 『모시전(毛詩箋)』을 지었다. 그 뒤에 대사공(大司空) 두림(杜林)으로부터 『고문상서(古文尙書)』를 받아서 『고문상서훈지(古文尙書訓旨)』를 지었다. 그밖에 저서로는 서경(西京)의 여러 일들을 기록한 『한구의(漢舊儀)』가 있다.

647) 정씨(鄭氏: 鄭玄): 정현(127-200)은 한대의 학자로, 자가 강성(康成)이고, 북해(北海) 고밀(高密) 사람이다. 일찍이 태학에 들어가 『경씨역(京氏易)』・『공양춘추(公羊春秋)』 등을 전공하고, 장공조(張恭祖)로부터 『고문상서(古文尙書)』・『주례(周禮)』・『좌전(左傳)』 등을 배웠으며, 마융(馬融)으로부터 고문경(古文經)을 배웠다. 저서로는 『천문칠정론(天文七政論)』・『중후(中侯)』 외에 『주역(周易)』・『논어(論語)』・『상서(尙書)』・『모시(毛詩)』 등에 주석을 붙인 것으로 유명하다.

648) 모공(毛公: 毛亨): 모형은 서한(西漢) 때 조(趙)나라 사람으로, 『시경(詩經)』학의 원조이다. 자하(子夏)에게 전수받아 『모시고훈전(毛詩詁訓傳)』을 지어서 그의 아들 모장(毛萇)에게 전수하였다. 이에 사람들이 모형(毛亨)을 대모공(大毛公), 모장(毛萇)을 소모공(小毛公)이라 불렀다.

649) 삼가(三家)의 『전(傳)』: 곧 삼가시(三家詩)이니, 제씨(齊氏)・노씨(魯氏)・한씨(韓氏)가 주해한 『시경』을 말한다. 『사기(史記)』「유림열전(儒林列傳)」에 의하면, 노(魯)나라 신배(申培)가 『노시(魯詩)』의 원조가 되고, 제(齊)나라 원고(轅固)가 『제시(齊詩)』의 원조가 되고, 연(燕)나라 한영(韓嬰)이 『한시(韓詩)』의 원조가 된다고 하였다. 서한(西漢) 때 『노시(魯詩)』가 가장 성행하였다가, 삼국시대 위(魏)나라 때 『제시(齊詩)』가 없어졌고, 서진(西晉) 때 『노시(魯詩)』가 없어졌고, 남송(南宋) 이후에 『한시(韓詩)』가 없어지고 『한시외전(韓詩外傳)』만 남아있다.

들이 갈수록 서로 높이고 신뢰하여 감히 이것저것 재고 따짐이 없어졌다. 뜻이 통하지 않는 곳이 있어도 반드시 완곡하게 끌려가고 조리(條理)가 없는데도 꿰맞추어, 차라리 『시경』의 본래 문장으로 하여금 어그러지고 부서져서 조리 있는 글이 되지 못할망정 끝내 「소서(小序)」가 한나라 유학자에게서 나온 것임을 차마 밝히지는 못하였다. 내가 이것을 괴로워한지 오래되었으나 오히려 그것이 전래된 지 오래되었고, 그 사이에 간혹 진실로 증험을 전해주어 버릴 수 없는 것이 있었다. 그러므로 이미 자못 채집하여 『시경집전(詩經集傳)』 가운데 붙이고 다시 아울러서 하나의 책을 만들어 그 옛날로 돌아가 이에 그 옳고 그름을 논하려는 것이다.

詳說

○ 字敬仲, 東海人.
'위굉(衛宏)'은 자(字)가 경중(敬仲)이고, 동해(東海) 사람이다.

○ 如'「關雎」后妃之德也'之類.
'이「서」지구수(以「序」之首句)'에서 볼 때, "「관저(關雎)」는 후비(后妃)의 덕이다."와 같은 부류이다.

○ 分列.
'위모공소분(爲毛公所分)'의 경우, 나누어 늘어놓은 것이다.

○ 後人推說, 沿襲其妄.
'황연습운운지오재(況沿襲云云之誤哉)'에서 볼 때, 후세 사람들이 미루어 말한 것은 그 망령됨을 좇은 것이다.

○ 入聲.
'억탁(臆度)'에서 '탁(度)'은 입성(入聲: 헤아리다)이다.

○ 去聲.
'초관(超冠)'에서 '관(冠)'은 거성(去聲: 머리에 이다, 쓰다)이다.

○ 音悟.
'저오(抵捂)'에서 '오(捂)'는 음이 오(悟)이다.

○ 去聲, 下同.
'무부(無復)'에서 '부(復)'는 거성(去聲: 다시)이니, 아래도 같다.

○ 猶'也'也.
'고차서자(故此序者)'에서 '자(者)'는 '야(也)'와 같다

○ 『集傳』.
'고기파채이부『전』(故旣頗采以附『傳』)'에서 '전(傳)'은 『시경집전(詩經集傳)』이다.

대서(大序)

> '詩'者, 志之所之也, 在心爲志, 發言爲詩.650)

'시(詩)'라는 것은 뜻이 가는 것이니, 마음에 있으면 지(志)가 되고 말로 드러나면 시(詩)가 된다.

> ○情動於中而形於言, 言之不足, 故嗟歎之; 嗟歎之不足, 故永歌之; 永歌之不足, 不知手之舞之·足之蹈之也.651)

정(情)은 마음 가운데서 움직여 말에 나타나는데, 말로 부족하기 때문에 감탄하고 한탄하며, 감탄하고 한탄함으로 부족하기 때문에 길게 노래하며, 길게 노래함으로 부족하기 때문에 자기도 모르게 손으로 춤추고 발로 뛰는 것이다.

> ○情發於聲, 聲成文, 謂之音. 治世之音, 安以樂, 其政和; 亂世之音, 怨以怒, 其政乖; 亡國之音, 哀以思, 其民困.652) 故正得失, 動天地, 感鬼神, 莫近於詩.653)

---

650) 박문호(朴文鎬)의 「시강령상설(詩綱領詳說)·대서(大序)」에는 "「大序」曰"로 시작하며, "朱子曰: 「詩序」, 東漢衛宏作.' ○按, 「大序」在「關雎」「小序」之中間.(주자가 말하였다. '「시서」는 동한의 위굉이 지었다.' ○살펴보건대, 「대서」는 「관저」의 「소서」 중간에 있다.)"라고 하였다. 그리고 이어서 주자의 집전(集傳)에서 "心之所之, 謂之'志'. 而詩所以言志也.(마음이 가는 것을 '지'라고 이르니, 시는 뜻을 말하는 것이다.)"라고 하였으며, 상설(詳說)에서 "此句, 見『書』「舜典」.(이 구절은 『서경』 「순전」에 보인다.)"이라고 하였다.

651) 박문호(朴文鎬)의 「시강령상설(詩綱領詳說)·대서(大序)」에는 먼저 "出「禮記」「禮運」.(『예기』「예운」에 나온다.)"이라 하고, 주자의 집전(集傳)에서 "'情'者, 性之感於物而動者也. 喜·怒·憂·懼·愛·惡·欲, 謂之'七情'. '形', 見. '永', 長也.('정'이라는 것은 심성이 사물을 느껴서 움직이는 것이다. 희·노·우·구·애·오·욕은 '칠정'이라고 이른다. '형'은 나타남이고, '영'은 김이다.)"라고 하였으며, 이어서 상설(詳說)에서 "'惡', 去聲.('오'는 거성이다.) '憂', 「禮運」作'哀'.('우'는 「예기」「예운」에 '애'로 썼다.) '見', 音現.('현'은 음이 현이다.)"이라고 하였다.

652) 박문호(朴文鎬)의 「시강령상설(詩綱領詳說)·대서(大序)」에는 먼저 "'發', 猶形也.('발'은 형과 같다.) '治', 直吏反.('치'는 직(直)과 리(吏)의 반절음이다.) '樂', 音洛.('락'은 음이 락이다.) '思', 息吏反.('사'는 식과 리의 반절음이다.) 亦出「禮運」.(또한 「예기」「예운」에 나온다.)"라 하고, 주자의 집전(集傳)에서 "聲不止於言, 凡嗟歎永歌, 皆是也. '成'者, 謂其淸濁·高下·疾徐·疏數之節, 相應而和也. 然情之所感不同, 則音之所感, 亦異矣.(소리가 말에 그치지 않으며 모두 감탄하고 한탄하며 길게 노래함이 모두 이것이다. '성'이란 그 맑고 탁하며 높고 낮으며 빠르고 느리며 성기고 자주함의 가락이 서로 응하여 조화로운 것을 이른다. 그러나 심정이 느끼는 것이 같지 않으면 음악이 이루어지는 것도 또한 다르다.)"라고 하였으며, 이어서 상설(詳說)에서 "'數', 音朔.('삭'은 음이 삭이다.) '亦異矣', 安樂·怨怒·哀思.('역이의'는 편안하여 즐거워하고, 원망스러워 노여워하고, 슬퍼서 염려하는 것이다.)"라고 하였다.

653) 박문호(朴文鎬)의 「시강령상설(詩綱領詳說)·대서(大序)」에는 먼저 "'動天地', 三字, 出『易』「繫辭」.('동천지(動天地)' 세 글자는 『주역(周易)』「계사전(繫辭傳)」에 나온다.)"라 하고, 주자의 집전(集傳)에서 "事有得失, 『詩』因其實而諷詠之, 使人有所創艾興起. 至其和平怨怒之極, 又足以達於陰陽之氣, 而致祥召災. 蓋其出於自然, 而不假人力, 是以入人深而見功速, 非他敎之所及也.(일마다 득실이 있음에 『시경』이 그 실정에 말

감정이 소리로 나타나고 소리가 문채를 이룬 것을 음악이라고 이르니, 잘 다스려지는 세상의 음악은 편안하여 즐거워하니 그 정치가 화평함이며, 어지러운 세상의 음악은 원망스러워 노여워하니 그 정치가 어그러짐이며, 쇠하는 나라의 음악은 슬퍼서 염려하니 그 백성이 고생하는 것이다. 그러므로 정치의 득실(得失)을 바로잡고, 천지를 감동시키고, 귀신을 감격(感格)시킴에 『시경(詩經)』보다 적합한 것은 없다.

○先王, 以是經夫婦, 成孝敬, 厚人倫, 美教化, 移風俗.654)

선대의 임금이 이로써 부부의 도리를 떳떳하게 하며, 부모 효경(孝敬)을 이루며, 인륜을 도탑게 하며, 교화를 아름답게 하며, 풍속을 변화시켰던 것이다.

○故『詩』有六義焉, 一曰 '風', 二曰 '賦', 三曰 '比', 四曰 '興', 五曰 '雅', 六曰 '頌'.655)

미암아 그것을 읊조려서 사람으로 하여금 꾸짖고 두려워하며 떨쳐 일어나는 것이 있게 한다. 그것이 화평하고 원망하고 분노함의 지극함에 이르고, 또 족히 음양의 기운에 통달하여 길상을 부르고 재앙을 부른다. 대개 그것이 자연에서 나와서 사람의 힘을 빌리지 않으니, 이 때문에 사람에게 들어감이 깊고 공을 봄이 빨라서 다른 가르침이 미칠 바가 아니다.)라고 하였으며, 이어서 상설(詳說)에서 "'事有得失', 得則治, 失則亂也.('사유득실(事有得失)'에서, 얻으면 다스려지고, 잃으면 어지러워지는 것이다.) '艾', 音乂. ○失,('예'는 음이 예이다. ○글자를 잃어버린 것이다.) 起', 得.('기'는 얻음이다.) '和平', 安樂.('화평'은 편안하여 즐거워함이다.) '怨怒', 以該哀怨.('원노'는 슬퍼함과 원망함을 갖춘 것이다.) '陰陽之氣', 天地 · 鬼神.('음양지기'는 천지와 귀신이다.) '致祥召災', 動感.('치상소재'는 감동하고 감격함이다.) 他教', 諸經之教.('타교'는 여러 경전의 가르침이다.)"라고 하였다.

654) 박문호(朴文鎬)의 「시강령상설(詩綱領詳說) · 대서(大序)」에는 주자의 집전(集傳)에서 "'先王', 指文 · 武 · 周公 · 成王, '是', 指「風」「雅」「頌」之正經. '經', 常也. 女正乎內, 男正乎外, 夫婦之常也. '孝'者, 子之所以事父, '敬'者, 臣之所以事君. 『詩』之始作, 多發於男女之間, 而達於父子 · 君臣之際. 故先王, 以『詩』爲教, 使人興於善而戒其失, 所以道夫婦之常而成父子 · 君臣之道也. 三綱旣正, 則人倫厚, 教化美, 而風俗移矣.('선왕'은 문왕 · 무왕 · 주공 · 성왕을 가리킨다. '시'는 「풍」 · 「아」 · 「송」의 올바른 경전을 가리킨다. '경'은 떳떳함이니, 여자는 안에서 바르게 하고 남자는 밖에서 바르게 함이 부부의 떳떳함이다. '효'라는 것은 자식이 부모를 섬기는 것이고, '경'이라는 것은 신하가 임금을 섬기는 것이다. 『시경』이 비로소 지어진 것은 대부분 남자와 여자 사이에서 나와서 부모와 자식 및 임금과 신하 사이에 이른 것이다. 그러므로 선대의 임금은 『시경』으로써 교화의 방편으로 삼아 사람으로 하여금 선에 흥기하여 그 잘못을 경계하고, 부부의 떳떳한 도리를 말하여 부모와 자식 및 임금과 신하의 도리를 이루게 하였던 것이다. 삼강(이) 이미 바르게 됨에 인륜이 도타우며, 교화가 아름다우며, 풍속이 달라졌던 것이다.)라고 하였으며, 이어서 상설(詳說)에서 "'女正乎內, 男正乎外', 二句, 出『易』「家人 · 彖傳」.('여정호내, 남정호외'의 두 구절은 『주역』 「가인 · 단전」에 나온다.)"이라고 하였다.

655) 박문호(朴文鎬)의 「시강령상설(詩綱領詳說) · 대서(大序)」에는 먼저 "興, 虛應反. 後同.('흥'은 허(虛)와 응(應)의 반절음이니, 뒤에도 같다.)"라 하고, 주자의 집전(集傳)에서 "此一條, 本出於『周禮』「大師」之官, 蓋三百篇之綱領管轄也. '風' · '雅' · '頌'者, 聲樂部分之名也. '風'則十五國「風」, '雅'則大 · 小「雅」, '頌'則三「頌」也. '賦' · '比' · '興', 則所以製作「風」 · 「雅」 · 「頌」之體也. '賦'者, 直陳其事, 如「葛覃」 · 「卷耳」之類, 是也. '比'者, 以彼狀此, 如「螽斯」 · 「綠衣」之類, 是也. '興'者, 託物興詞, 如「關雎」 · 「兔罝」之類, 是也. 蓋衆作雖多, 而其聲音之節 · 製作之體, 不外乎此. 故大師之教國子, 必使之以是六者, 三經而三緯之, 則凡「詩」之節奏指歸, 皆將不待講說, 而直可吟詠以得之矣. 六者之序, 以其篇次. 風固爲先, 而「風」則有賦 · 比 · 興矣. 故三者次之, 而「雅」 · 「頌」又次之, 蓋亦以是三者爲之也. 然比 · 興之中, 「螽斯」專於比, 而「綠衣」兼於興; 「兔罝」專於興, 而「關雎」兼於比. 此其例中, 又自有不同者, 學者亦不可以不知也.(이 한 조목은 본래

그러므로 『시경(詩經)』에는 여섯 가지 의미가 있으니, 첫째는 '풍(風)'이라고 하며, 둘째는 '부(賦)'라고 하며, 셋째는 '비(比)'라고 하며, 넷째는 '흥(興)'이라고 하며, 다섯째는 '아(雅)'라고 하며, 여섯째는 '송(頌)'이라고 한다.

○上以風化下, 下以風刺上, 主文而譎諫, 言之者, 無罪; 聞之者, 足以戒, 故曰: '風'. 656)

윗사람은 풍교(風敎)로써 아랫사람을 감화하고, 아랫사람은 풍간(諷諫)으로써 윗사람을 풍자한다. 문장을 위주로 의탁하여 간언(諫言)하니, 말하는 이는 죄가 없으며, 듣는 이는 경계하기에 충분하다. 그러므로 말하기를 '풍(風)'이라고 한다.

『주례』「태사」의 관직에 나오니, 대개 삼백편의 강령이고 관할이다. '풍'·'아'·'송'이라는 것은 소리와 음악 부분의 명칭이다. '풍'은 곧 15나라의 「풍」이고, '아'는 곧 대와 소의 「아」이고, '송'은 곧 세 나라의 「송」이다. '부'·'비'·'흥'은 「풍」·「아」·「송」의 시체를 제작하는 것이다. '부'라는 것은 곧장 그 일을 진술함이니, '갈담'·'권이' 같은 유형이 이것이다. '비'라는 것은 저것으로써 이것을 형용함이니, 「종사」·「녹의」 같은 유형이 이것이다. '흥'이라는 것은 사물에 의탁하여 말을 일으킴이니, 「관저」·「토저」 같은 유형이 이것이다. 대개 대중의 작품이 비록 많으나 그 소리와 음악의 가락 및 제작의 체재가 여기에서 벗어나지 않는다. 그러므로 태사가 나라의 자제들을 가르침에 반드시 그들로 하여금 이 여섯 가지로 하되, 세 개의 세로줄인 풍·아·송으로 하면서 세 개의 가로줄인 부·비·흥으로 하였으니, 곧 무릇 『시경』의 가락과 의향을 모두 장차 강론하여 설명함을 기다리지 않아도 곧장 읊조리면서 해득할 수 있었던 것이다. 여섯 가지의 차례는 그 편차로써 하여 「풍」이 진실로 선두가 되었는데, 「풍」에는 곧 부·비·흥이 있어서다. 그러므로 세 가지가 차례지어져서 「아」와 「송」이 또 뒤를 이었으니, 대개 또한 이 세 가지 부·비·흥으로써 한 것이다. 그러나 비와 흥 가운데 「종사」는 오로지 비만 썼고, 「녹의」는 흥을 아울렀으며, 「토저」는 오로지 흥만 썼고, 「관저」는 비를 아울렀다. 이것은 그 예 가운데도 또 스스로 같지 않은 것이 있으니, 배우는 이가 또한 알지 않아서는 안 된다.)"라고 하였으며, 이어서 상설(詳說)에서 "'大師', '大', 音泰, 下並同.('태사'에서, '태(大)'는 음이 태(泰)이니, 아래도 아울러 같다.) 製作「風」·「雅」·「頌」. 製作, 釋於此.('제작'풍'·'아'·'송'에서, '제작'은 여기서 해석한다.) 如「關雎」·「兔罝」之類, 是也, 皆擧全篇之賦·比·興.('여「관저」·「토저」지류, 시야'에서, 모두 전체 시편의 부·비·흥을 든 것이다.) '三經而三緯'之, 三爲經, 三爲緯.('삼경이삼위지'에서, 세 개는 경이 되고, 세 개는 위가 된다.) '蓋亦以是三者', 賦·比·興.('개역이시삼자'는 부·비·흥이다.) '蓋亦以是三者爲之也', 「頌」無比而興亦罕焉. 此蓋主「雅」與賦而云爾耳.('개역이시삼자위지야'에서, 「송」에는 비가 없고 흥도 또한 드물다. 이는 대개 「아」와 부를 위주로 하여 말했을 뿐이다.) '螽斯'專於比而'綠衣'兼於興', 蓋指第三章之'兮'字相應.('「종사」전어비이'녹의'겸어흥'에서, 대개 제3장의 '혜'자가 서로 호응이 됨을 가리킨 것이다.)"라고 하였다.

656) 박문호(朴文鎬)의 「시강령상설(詩綱領詳說)·대서(大序)」에는 먼저 "'風刺之', '風', 福鳳反.('풍자지'에서, '풍'은 복과 봉의 반절음이다.)"라 하고, 주자의 집전(集傳)에서 "'風'者, 民俗歌謠之詩, 如物被風而有聲, 又因其聲以動物也. '上以風化下'者, 詩之美惡, 其風皆出於上而被於下也. '下以風刺上'者, 上之化有不善, 則在下之人, 又歌詠其風之所自, 以譏其上也. 凡'以風刺上'者, 皆不主於政事而主於文詞, 不以正諫而託意以諫, 若風之被物, 彼此無心而能有所動也.('풍'이라는 것은 민간 풍속에서 노래한 시이니, 사물이 바람을 맞아서 소리를 내고, 또 그 소리로 말미암아 사물을 움직이는 것과 같다. '윗사람은 풍으로써 아랫사람을 교화함'이라는 것은 시가 아름답든 아름답지 못하든 그 풍이 모두 윗사람에게서 나와 아랫사람에게 미치는 것이다. '아랫사람은 풍으로써 윗사람을 풍자함'이라는 것은 윗사람의 교화에 착하지 않음이 있으면 아래 있는 사람이 또 그 풍의 유래를 노래하고 읊어서 그 윗사람을 풍자하는 것이다. 무릇 '풍으로써 윗사람을 풍자함'이라는 것은 모두 정사를 주장하지 않고 문사를 주장하며, 바르게 간언하지 않고 뜻을 의탁하여 간언함이니, 바람이 사물에 미침에 이쪽저쪽 아무 생각 없이 능히 움직이는 것이 있음과 같다.)"라고 하였으며, 이어서 상설(詳說)에서 "'風之所自', 四字, 見『中庸』.('풍지소자'의 네 글자는 『중용』에 보인다.) '託意', 譎.('탁의'는 휼이다.) '能有所動', 戒.('능유소동'은 계이다.)"라고 하였다.

○至于王道衰·禮義廢·政敎失, 國異政, 家殊俗, 而變風·變雅作矣.657)

왕도(王道)가 쇠퇴하고, 예의(禮義)가 폐지되고, 정교(政敎)가 상실됨에 이르러 나라에 정사가 다르고, 집안에 풍속이 끊어져서 변풍(變風)과 변아(變雅)가 지어진 것이다.

○國史明乎得失之迹, 傷人倫之廢, 哀刑政之苛, 吟咏情性, 以風其上, 達於事變, 而懷其舊俗者也.658)

나라의 사관(史官)이 정치의 옳고 그름의 자취를 밝히고, 인륜의 폐지와 변태를 아파하고, 형벌과 정령의 가혹함을 슬퍼하여 정성(情性)을 읊어서 그 윗사람을 풍자하며, 큰 변고에 이르러 그 옛날의 풍속을 생각한 것이다.

○故變風, 發乎情, 止乎禮義. '發乎情', 民之性也; '止乎

---

657) 박문호(朴文鎬)의「시강령상설(詩綱領詳說)·대서(大序)」에는 주자의 집전(集傳)에서 "先儒舊說, 「二南」二十五篇, 爲正風, 「鹿鳴」至「菁莪」二十二篇, 爲正「小雅」, 「文王」至「卷阿」十八篇, 爲正「大雅」, 皆文·武·成王時詩, 周公所定樂歌之詞. 「邶」至「豳」十三國, 爲變風; 「六月」至「何草不黃」五十八篇, 爲變「小雅」; 「民勞」至「召旻」十三篇, 爲變「大雅」, 皆康·昭以後所作, 故其爲說如此. '國異政', '家殊俗'者, 天子不能統諸侯, 故國自爲政; 諸侯不能通大夫, 故家自爲俗也. 然正·變之說, 經無明文可考, 今姑從之, 其可疑者, 則具於本篇云.(선대 유학자의 옛날 설명에, 「이남」 25편이 정풍이 되며, 「녹명」에서 「청아」까지 22편이 정「소아」가 되며, 「문왕」에서 「권아」까지 18편이 정「대아」가 되니, 모두 문왕과 무왕과 성왕 때의 시이고, 주공이 정한 악가의 가사이다. 「패」에서 「빈」까지 13나라가 변풍이 되며; 「유월」에서 「하초불황」까지 58편이 변「소아」가 되며, 「민로」에서 「소민」까지 13편이 변「대아」가 되니, 모두 강왕과 소왕 이후에 지어진 것이기 때문에 그 말함이 이와 같은 것이라고 하였다. '국이정'과 '가수속'이라는 것은 천자가 제후를 통솔할 수 없기 때문에 나라마다 스스로 정령을 만들고, 제후가 대부를 통솔할 수 없기 때문에 집안마다 스스로 풍속을 만드는 것이다. 그러나 정과 변의 말은 경전에 상고할 만한 분명한 글이 없어서 지금 짐짓 좇으니, 의심할 만한 것은 본 시편에 갖추었다.)"라고 하였으며, 이어서 상설(詳說)에서 "'皆康·昭以後所作', 非周公所定. 雖康王時詩, 亦爲變者.('개강·소이후소작'에서, 주공이 정한 것이 아니고, 비록 강왕 때의 시라도 또한 변이 되는 것이다.) '其爲說如此', 衰·廢·失.('기위설여차'에서, 쇠와 폐와 실이다.) '其可疑者', 蓋指詩之時世.('기가의자'에서, 대개 시의 시대를 가리키는 것이다.)"라고 하였다.

658) 박문호(朴文鎬)의「시강령상설(詩綱領詳說)·대서(大序)」에는 먼저 "'傷人倫之廢', '廢', 一作'變'.('상인륜지폐'에서, '폐'는 어떤 판본에는 '변'으로 썼다.) '風', 福鳳反.('풍'은 복(福)과 봉(鳳)의 반절음이다.)"이라 하고, 주자의 집전(集傳)에서 "詩之作, 或出於公卿大夫, 或出於匹夫匹婦, 蓋非一人, 而「序」以爲專出於國史, 則誤矣. 說者, 欲蓋其失, 乃云國史紬繹詩人之情性而歌詠之, 以諷其上, 則不唯文理不通, 而考之『周禮』, 大史之屬, 掌書而不掌詩, 其誦詩以諫, 乃大師之屬, 瞽矇之職也. 故『春秋傳』曰: '史爲書, 瞽爲詩', 說者之云: '兩失之矣.'(시의 작품이 혹은 공경대부에게서 나오거나, 혹은 평범한 남자와 여자에게서 나와서 대개 한 사람이 아닌데, 「서」에서는 오로지 국사에게서 나왔다고 하니, 잘못된 것이다. 설명하는 이가 그 잘못을 덮으려고 하여 이에 말하기를 국사가 시인의 정성을 풀어내어 노래하고 읊어서 그 윗사람을 풍자하였으니, 오직 조리 있는 글로 의미가 통하지 않았을 뿐 아니라, 『주례』을 상고해보니 태사의 관속이 문서를 관장하되 시를 관장하지 않아서 그 시를 외워서 간언함은 바로 태사의 관속인 악관 맹인의 직무였다. 그러므로 『춘추전』에서 '사관은 문서를 맡고, 맹인은 시를 맡았다.'고 말했는데, 말하는 이가 '두 가지가 잘못되었다.'라고 하였다.)"라고 하였으며, 이어서 상설(詳說)에서 "'欲蓋', 掩也.('욕개'에서, '개'는 덮음이다.) '『春秋傳』', 『左』「襄十四年」.('춘추전'은 『좌전』「양공14년」이다.) '兩失之矣', 旣失於文, 又失於事.('양실지의'에서, 이미 글에서 잘못되었고, 또 일에서 잘못되었다.)"라고 하였다.

禮義´, 先王之澤也.659)

그러므로 변풍(變風)은 정(情)에서 나오되 예의(禮義)에서 그친다. '정(情)에서 나온다'는 것은 백성의 성(性)이고, '예의(禮義)에서 그친다'는 것은 선왕의 은택이다.

○是以一國之事, 繫一人之本, 謂之'風'.660) 言天下之事, 形四方之風, 謂之'雅'. '雅'者, 正也, 言王政之所由廢興也. 政有小大, 故有「小雅」焉, 有「大雅」焉.661) '頌'者, 美盛德之形容, 以其成功, 告於神明者也.662) 是謂'四始', 『詩』之至也.663)

이 때문에 한 나라의 일이 한 사람의 근본에 달려 있는 것을 '풍(風)'이라고 한다. 천하의 일을 말하고, 사방의 풍속을 형상하는 것을 '아(雅)'라고 이른다. '아(雅)'라는 것은 바르게 함이니, 왕의 정사가 말미암아 패망하고 흥성하는 것을 말한다. 정사에는 크고 작음이

---

659) 박문호(朴文鎬)의 「시강령상설(詩綱領詳說)·대서(大序)」에는 먼저 "'民之性也', 性之動也.('민지성야'에서, 성의 움직임이다.)"라 하고, 주자의 집전(集傳)에서 "'情'者, 性之動, 而'禮義'者, 性之德也. 動而不失其德, 則以先王之澤入人者深, 至是而猶有不忘者也. 然此言亦其大槩有如此者, 其放逸而不止乎禮義者, 固已多矣.('정'이라는 것은 성의 움직이고, '예의'라는 것은 성의 덕이다. 움직여서 그 덕을 잃지 않으면 선왕의 은택이 사람에게 들어가는 것이 깊으니, 이에 이르러 오히려 잊지 못하는 것이 있다. 그러나 이 말은 또한 그 대개가 이와 같음이 있는 것이고, 그 멋대로 마구 놀아서 예의에 그치지 못하는 것은 진실로 이미 많다.)"라고 하였다.
660) 박문호(朴文鎬)의 「시강령상설(詩綱領詳說)·대서(大序)」에는 먼저 "'本', 猶主也.('본'은 주와 같다.)"라 하고, 주자의 집전(集傳)에서 "所謂'上以風化下'.(이른바 '윗사람이 아랫사람을 풍화한다'는 것이다.)"라고 하였다.
661) 박문호(朴文鎬)의 「시강령상설(詩綱領詳說)·대서(大序)」에는 먼저 "'言王政之所由廢興也', '政'者, 正也.('언왕정지소유폐흥야'에서, '정'이라는 것은 바르게 함이다.)"라 하고, 주자의 집전(集傳)에서 "'形'者, 體而象之謂.「小雅」, 皆王政之小事;「大雅」, 則言王政之大體也.('형'이라는 것은 체득하여 형상함을 이르는 것이다.「소아」는 모두 왕의 정사의 작은 일이고,「대아」는 곧 왕의 정사의 큰 것을 말한다.)"라고 하였다.
662) 박문호(朴文鎬)의 「시강령상설(詩綱領詳說)·대서(大序)」에는 먼저 "'告', 古毒反.('곡'에서, 고와 독의 반절음이다.)"이라 하고, 주자의 집전(集傳)에서 "'頌', 皆天子所制郊廟之樂歌. '頌'·'容'古字通, 故其取義如此.('송'은 모두 천자가 지은 교궁과 종묘의 악가이다. '송'과 '용'은 옛글자가 통했기 때문에 그 뜻을 취함이 이와 같다.)"라고 하였다.
663) 박문호(朴文鎬)의 「시강령상설(詩綱領詳說)·대서(大序)」에는 주자의 집전(集傳)에서 "『史記』曰:「關雎」之亂, 以爲『風』始,「鹿鳴」爲「小雅」始,「文王」爲「大雅」始,「淸廟」爲「頌」始.' 所謂'四始'也. 詩之所以爲『詩』者, 至是無餘蘊矣. 後世雖有作者, 其孰能加於此乎? 邵子曰: '刪詩之後, 世不復有詩矣.' 蓋謂此也.(『사기』에서 말하기를, '관저'의 마지막 장이 '풍'의 시작이 되었고, '녹명'은 '소아'의 시작이 되었고, '문왕'은 '대아'의 시작이 되었고, '청묘'는 '송'의 시작이 되었다.'고 하였으니, 이른바 '사시'이다. 시가 『시경』이 된 까닭이니, 이에 이르러 나머지 쌓아둠이 없었다. 후세에 비록 지은이가 있더라도 그 누가 여기에 더할 수 있겠는가? 소자가 말하기를, '시를 깎아낸 뒤에 세상에 다시 시가 있지 않았다.'고 하였으니, 대개 이것을 이르는 것이다.)"라고 하였으며, 이어서 상설(詳說)에서 "'『史記』.「孔子世家」.('『사기』'는 '공자세가'이다.) '淸廟'爲'頌'始,『史記』止此.('청묘'위'송'시'에서, '『사기』'가 여기서 그친다.) '復', 去聲.('부'는 거성이다.)"라고 하였다.

있기 때문에 「소아(小雅)」가 있고, 「대아(大雅)」가 있는 것이다. '송(頌)'이라는 것은 성대한 덕의 형용을 찬미하여 그 이룬 공덕을 신명에게 아뢰는 것이다. 이것을 일러서 '사시(四始)'라고 하니, 『시경(詩經)』의 지극함이다.

辨說

說見「綱領」.664)
말이 「강령」에 보인다.

詳說

○ 音現.
'현(見)'은 음이 현(現)이다.

---

664) 호광(胡廣) 등 찬, 『시전대전(詩傳大全)』「강령(綱領)」에 실려 있다.

소서(小序)

주남(周南)

「關雎」, 后妃之德也,

「관저(關雎)」는 후비(后妃)의 덕을 노래한 것이고,

辨說

'后妃', 文王之妃太姒也, 天子之妃曰'后'. 近世諸儒, 多辨文王未嘗稱王, 則太姒亦未嘗稱后. 序者, 蓋追稱之, 亦未害也. 但其詩雖若專美太姒, 而實以深見文王之德. 序者徒見其詞而不察其意, 遂壹以后妃爲主, 而不復知有文王, 是固已失之矣. 至於化行中國, 三分天下, 亦皆以爲后妃之所致, 則是禮樂・征伐, 皆出於婦人之手, 而文王者徒擁虛器, 以爲寄生之君也, 其失甚矣. 唯南豐曾氏之言曰 : 「先王之政, 必自內始, 故其閨門之治所以施之家人者, 必爲之師傅・保姆之助, 詩・書・圖・史之戒, 珩・璜・琚・瑀[665]之節, 威儀・動作之度, 其敎之者有此具. 然古之君子, 未嘗不以身化也, 故家人之義, 歸於反身, 二南之業, 本於文王, 豈自外至哉? 世皆知文王之所以興, 能得內助, 而不知其所以然者, 蓋本於文王之躬化. 故內則后妃有關雎之行, 外則羣臣有二南之美, 與之相成. 其推而及遠, 則商辛之昏俗, 江・漢之小國, 免罝之野人, 莫不好善而不自知, 此所謂修身, 故國家・天下治者也. 竊謂此說, 庶幾得之.

'후비(后妃)'는 문왕의 비(妃) 태사(太姒)이니, 천자의 비(妃)를 '후(后)'라고 한다. 근세의 여러 유학자들이 대부분 문왕이 이전에는 왕이라고 부르지 않았기에 곧 태사도 또한 일찍이 '후(后)'라고 부른 적이 없다고 변설하였다. 서문을 쓴 이가 대개 추후에 일컬은 것인데 또한 장애가 되지 않는다. 다만 그 시(詩)가 비록 오로지 태사만 찬미한 것 같지만 실제로는 문왕의 덕을 깊이 드러낸 것이다. 서문을 쓴 이가 다만 그 말만 보고 그 뜻은 살피지 못하여 마침내 줄곧 후비를 위주로

---

[665] 珩・璜・琚・瑀: 패옥(佩玉)의 종류로, 육덕명(陸德明) 찬, 『경전석문(經典釋文)』권5, 「모시음의(毛詩音義)」상」에 의하면, 형은 패옥 중에 최상의 옥이고, 황은 반벽(半璧)의 옥이고, 거는 패옥 이름이고, 우는 석(石) 다음가는 옥이라고 하였다.

하고 다시 문왕이 있음은 알지 못하였으니, 이는 진실로 너무 잘못한 것이다. 교화가 중국에 행해짐에 이르러 천하기 셋으로 나누어진 것도 또한 모두 후비가 이룬 것이라 여긴다면, 이는 예악(禮樂)이나 정벌(征伐)이 모두 부인의 손에서 나와서 문왕은 다만 빈 그릇만 끌어안고 기생하는 임금이 되는 것이니, 그 잘못됨이 심하다. 오직 남풍(南豐) 증씨(曾氏: 曾鞏)666)의 말에 "선왕의 정치는 반드시 안에서부터 시작하기 때문에 그 부녀자의 다스림이 집안사람에게 베풀어지는 것은 반드시 사부(師傅)와 보모(保姆)의 도움을 받으며, 시(詩)・서(書)・도(圖)・사(史)의 경계함, 형(珩)・황(璜)・거(琚)・우(瑀)의 절도, 위의(威儀)와 동작의 법도는 그 가르치는 이가 이것을 갖추고 있다. 그러나 옛날의 군자는 일찍이 자신을 교화하지 않은 적이 없기 때문에 집안사람의 도의가 자기반성으로 돌렸으니, 이남(二南)의 왕업이 문왕에게 근거한 것이지 어찌 밖으로부터 이르는 것이겠는가? 세상에서는 모두 문왕이 왕업을 일으킨 것이 능히 내조를 얻은 데 있음을 알면서도 그렇게 된 까닭이 대개 문왕의 몸소 교화함에 근거한 것임을 알지 못한다. 그러므로 안으로는 후비가「관저(關雎)」의 행실을 지니고 있으며, 밖으로는 여러 신하들이 이남(二南)의 미덕을 지니고 있어서 함께 서로 이룬 것이다. 이를 미루어 멀리 미치면 상신(商辛: 紂王)의 혼란된 풍속과, 강(江)・한(漢)의 작은 나라와, 면치(免罝)의 야인(野人)들이 선(善)을 좋아하지 않음이 없는데도 스스로 알지 못할 것이니, 이것이 이른바 몸을 닦기 때문에 국가와 천하가 다스려지는 것이다."라고 하였다. 가만히 이 말을 생각해보니 거의 맞는 말인 듯하다.

詳說

○ 音現.
'실이심현(實以深見)'에서 '현(見)'은 음이 현(現)이다.

○ 去聲.

---

666) 남풍(南豐) 증씨(曾氏 : 曾鞏): 증공(1019-1083)은 북송의 학자로, 자가 자고(子固)이고, 호가 남풍(南豐)이며, 강우(江右) 사람이다. 남풍(南豐)에서 태어나서 임천(臨川)에서 살았다. 어려서부터 총명하고 지혜로우며 기억력이 뛰어나 한번 시문(詩文)을 읽으면 줄줄 외웠고, 12살부터는 글을 잘 지었다고 한다. 가우(嘉祐) 2년(1057)에 진사에 급제하여 벼슬이 태평주사법참군(太平州司法參軍)을 시작으로 각지의 지주(知州)를 맡았고, 사관수찬(史官修撰)・판태상시겸예의사(判太常寺兼禮儀事) 등을 역임하여 시호 문정(文定)을 받았다. 당송팔대가(唐宋八大家)에 들 정도로 문장에 뛰어나 '고아(古雅)하고 평정(平正)하고 충화(沖和)하다'는 평을 받았으며 세상에서 남풍선생(南豐先生)이라 일컬었다. 저서로는 『원풍유고(元豐類稿)』・『융평집(隆平集)』 등이 있다.

'부부(不復)'에서 '부(復)'는 거성(去聲: 다시)이다.

○ 見『易』「家人·象傳」.667)
'귀어반신(歸於反身)'의 내용은 『주역(周易)』「가인(家人)·상구(上九)·상전(象傳)」에 보인다.

○ 周公·召公之徒.
'군신유이남지미(羣臣有二南之美)'의 경우, 주공(周公)과 소공(召公)의 무리이다.

○ 去聲.
'막불호(莫不好)'에서 '호(好)'는 거성(去聲: 좋아하다)이다.

○ 倒言以便文.
'고국가(故國家)'에서 볼 때, 거꾸로 말하는 것이 글의 흐름에 편하다.

○ 去聲.
'천하치(天下治)'에서 '치(治)'는 거성(去聲: 다스리다)이다.

○ 見『大學』.668)
'천하치자야(天下治者也)'의 내용이 『대학(大學)』에 보인다.

風之始也.

---

667) 호광(胡廣) 등 찬, 『주역전의대전(周易傳義大全)』 권13, 「가인(家人)·상구(上九)·상전(象傳)」. "「象」曰 : 威如之吉, 反身之謂也.'('상전」에서 말하였다. '위엄이 있으면 길다는 것은 자기 몸에 돌이켜 살피는 것을 이른다.')"

668) 『대학장구대전(大學章句大全)』. "古之欲明明德於天下者, 先治其國; 欲治其國者, 先齊其家; 欲齊其家者, 先修其身; 欲修其身者, 先正其心; 欲正其心者, 先誠其意; 欲誠其意者, 先致其知; 致知, 在格物. 物格而后, 知至; 知至而后, 意誠; 意誠而后, 心正; 心正而后, 身修; 身修而后, 家齊; 家齊而后, 國治; 國治而后, 天下平.(옛날에 천하에 밝은 덕을 밝히고자 하는 이는 먼저 그 나라를 다스렸고, 그 나라를 다스리고자 하는 이는 먼저 그 집을 가지런히 하였고, 그 집을 가지런히 하고자 하는 이는 먼저 그 몸을 닦았고, 그 몸을 닦고자하는 이는 먼저 그 마음을 바로 하였고, 그 마음을 바로 하고자 하는 이는 먼저 그 뜻을 정성스럽게 하였고, 그 뜻을 정성스럽게 하고자 하는 이는 먼저 그 앎을 이루었으니, 앎을 이룸은 사물을 궁구함에 있는 것이다. 사물을 궁구한 뒤에 앎이 이르고, 앎이 이른 뒤에 뜻이 정성스러워지고, 뜻이 정성스러운 뒤에 마음이 바루어지고, 마음이 바루어진 뒤에 몸이 닦이고, 몸이 닦인 뒤에 집안이 가지런해지고, 집안이 가지런해진 뒤에 나라가 다스려지고, 나라가 다스려진 뒤에 천하가 평안해지는 것이다.)"

풍(風)의 시작이니,

辨說
所謂「關雎」之亂, 以爲風始', 是也. 蓋謂「國風」篇·章之始, 亦風化之所由始也.
이른바 「관저(關雎)」의 마지막 장이 풍(風)의 시작이 된다.'고 한 것이 이것이다. 대개 「국풍(國風)」의 편(篇)과 장(章)의 시작이 또한 풍화(風化: 風敎)가 말미암아 시작하는 것임을 이른 것이다.

詳說
○ 樂之卒章.
'「관저」지란(「關雎」之亂)'의 경우, 음악의 마지막 장이다.

○ 見『史記』「孔子世家」.669)
'시야(是也)'에서 볼 때, 그 내용이 『사기(史記)』「공자세가(孔子世家)」에 보인다.

所以風天下而正夫婦也, 故用之鄕人焉, 用之邦國焉.
천하를 교화시켜 부부(夫婦)를 바르게 하는 것이기 때문에 시골 사람에게 사용하고 제후의 나라에도 사용하였다.

辨說
說見二南總論. '邦國', 謂諸侯之國, 明非獨天子用之也.
말이 이남(二南)의 총론에 보인다. '방국(邦國)'은 제후의 나라를 이르니, 오직 천자만 사용하는 것이 아님을 밝힌 것이다.

詳說
○ 音現, 下同.
'설현(說見)'에서 '현(見)'은 음이 현(現)이니, 아래도 같다.

───────────────
669) 사마천(司馬遷) 찬, 『사기(史記)』 권47, 「공자세가(孔子世家)제17」.

「'風', 風也, 敎也. 風以動之, 敎以化之.」

'풍(風)'은 바람이고 가르침이니, 바람이 불어 움직이듯이 가르쳐서 변화시키는 것이다.

詳說

○ 「大序」在此下'然則'上.

「대서(大序)」가 이 아래의 '연즉(然則)' 위에 있었다.

辨說

承上文, 解'風'字之義. 以象言, 則曰'風'; 以事言, 則曰'敎'.

위 글을 이어서 '풍(風)'자의 뜻을 해석한 것이다. 모양으로써 말하면 '풍(風)'이라 하고, 일로써 말하면 '교(敎)'라고 하는 것이다.

詳說

○ 物象.

'상(象)'은 사물의 모양이다.

「然則「關雎」 · 「麟趾」之化, 王者之風, 故繫之周公. '南', 言化自北而南也. 「鵲巢」 · 「騶虞」之德, 諸侯之風也, 先王之所以敎, 故繫之召公.」

그렇다면 「관저(關雎)」와 「인지(麟趾)」의 교화는 임금의 풍(風)이기 때문에 주공(周公)과 연계하였고, '남(南)'은 교화가 북쪽부터 남쪽까지 미쳤음을 말한 것이다. 「작소(鵲巢)」와 「추우(騶虞)」의 덕은 제후의 풍(風)이니, 선대의 임금이 교화한 것이기 때문에 소공(召公)과 연계하였다.

詳說

○ 音邵, 下並同.

'소(召)'는 음이 소(邵)이니, 아래도 아울러 같다.

辨說

說見二南卷首.「關雎」·「麟趾」言化者, 化之所自出也.「鵲巢」·「騶虞」言德者, 被化而成德也. 以其被化而後成德, 故又曰: "先王之所以敎." '先王', 則文王也. 舊說, 以爲'大王·王季', 誤矣. 程子曰 : "「周南」·「召南」如「乾」·「坤」,「乾」統「坤」,「坤」承「乾」也."

설명이 이남(二南)의 권 첫머리에 보인다.「관저(關雎)」와「인지(麟趾)」를 교화라고 말한 것은 교화가 거기서부터 나온 것이어서이다.「작소(鵲巢)」와「추우(騶虞)」를 덕이라고 말한 것은 교화를 받은 뒤에 덕을 이루어서이다. 그가 교화를 받은 뒤에 덕을 이루었기 때문에 또 말하기를, "선대의 임금이 교화한 까닭이다."라고 하였다. '선왕(先王)'은 곧 문왕(文王)이다. 예전 설명에 '태왕(太王)과 왕계(王季)'라고 하였는데, 잘못된 것이다. 정자(程子: 程頤)는 말하기를, "「주남(周南)」과「소남(召南)」은「건괘(乾卦)」·「곤괘(坤卦)」와 같으니,「건괘(乾卦)」는「곤괘(坤卦)」를 통솔하고「곤괘(坤卦)」는「건괘(乾卦)」를 받든다."라고 하였다.

詳說

○ 總論與卷首, 皆指「周南」篇題.
'설현이남권수(說見二南卷首)'에서 볼 때, 총론(總論)과 권수(卷首)는 모두「주남(周南)」의 편제(篇題)를 가리킨다.

○ 音泰.
'이위태(以爲大)'에서 '태(大)'는 음이 태(泰)이다.

○ 叔子.
'정자(程子)'는 아우인 정이(程頤, 伊川, 正叔)이다.

○ 『易』之首.
'「건」·「곤」(「乾」·「坤」)'은 『주역(周易)』의 첫머리이다.

「周南」·「召南」, 正始之道, 王化之基.

「주남(周南)」과 「소남(召南)」은 시작을 바르게 하는 도이고, 임금 덕화(德化)의 기초이다.

辨說

王者之道, 始於家, 終於天下, 而二南正家之事也. 王者之化, 必至於法度
彰·禮樂著, 雅·頌之聲作然後, 可以言成. 然無其始, 則亦何所因而立哉.
'基'者, 堂宇之所因而立者也. 程子曰 : "有「關雎」·「麟趾」之意然後, 可以
行『周官』之法度, 其爲是歟."

임금의 도(道)는 집안에서 시작하여 천하에서 끝나는데, 이남(二南)이 집안을 바르게 하는 일이다. 임금의 교화는 반드시 법도가 뚜렷하고 예악(禮樂)이 분명함에 이르고, 아(雅)와 송(頌)의 성악(聲樂)이 지어진 뒤라야 이루어졌다고 말할 수 있다. 그러나 그 시작이 없으면 또한 어디에 말미암아 이룰 것인가. '기(基)'라는 것은 집이 그로 말미암아 세워지는 것이다. 정자(程子: 程顥)가 말하기를, "「관저(關雎)」와 「인지(麟趾)」의 뜻이 있은 뒤에 『주관(周官)』의 법도를 행할 수 있다."라고 하였으니, 이것 때문일 것이다.

詳說

○ 伯子.

'정자(程子)'는 형인 정호(程顥: 明道, 伯淳)이다.

○ 『周禮』.

'『주관』(『周官』)'은 『주례(周禮)』이다.

是以「關雎」, 樂得淑女以配君子, 憂在進賢, 不淫其色. 哀窈
窕, 思賢才, 而無傷善之心焉, 是「關雎」之義也.

그래서 「관저(關雎)」는 정숙한 여인을 얻어 군자의 배필로 삼는 것을 즐거워하고, 근심이 현명한 인재를 진출시킴에 있으며, 그 여색(女色)에 음란하지 않았다. 요조숙녀(窈窕淑女)를 애틋하게 그리고, 현명한 인재를 생각하여 선(善)을 방해하는 마음이 없었으니, 이것이 「관저(關雎)」의 뜻이다.

詳說

○ 音洛.

'락(樂)'은 음이 락(洛)이다.

辨說

按,『論語』, 孔子嘗言, "「關雎」, 樂而不淫, 哀而不傷." 蓋'淫'者, 樂之過; '傷'者, 哀之過. 獨爲是詩者, 得其性情之正. 是以哀樂中節而不至於過耳. 而序者, 乃析哀·樂淫·傷, 各爲一事而不相須, 則已失其指矣. 至於'傷'爲傷善之心, 則又大失其旨, 而全無文理也. 或曰: "先儒多以周道衰, 詩人本諸袵席而「關雎」作." 故揚雄以"周康之時,「關雎」作, 爲傷始亂"670) 杜欽亦曰: "佩玉晏鳴,「關雎」歎之", 說者以爲, "古者, 后夫人雞鳴, 佩玉去君所, 周康后不然, 故詩人歎而傷之." 此『魯詩』說也, 與『毛』異矣. 但以'哀而不傷'之意, 推之, 恐其有此理也, 曰此不可知矣. 但『儀禮』以「關雎」爲鄉樂, 又爲房中之樂, 則是周公制作之時, 已有此詩矣. 若如『魯』說, 『儀禮』不得爲周公之書. 『儀禮』不爲周公之書, 則周之盛時, 乃無鄉射·燕飲·房中之樂, 而必有待乎後世之刺詩也. 其不然也明矣. 且爲人子孫, 乃無故而播其先祖之失於天下, 如此而尚可以爲風化之首乎.

살펴보건대, 『논어(論語)』에서 공자가 "「관저(關雎)」는 즐거워하되 음란(淫亂)하지 않고, 슬퍼하되 상심(傷心)하지 않았다."고 하였다. 대개 '음(淫)'이라는 것은 즐거움이 지나침이고, '상(傷)'이라는 것은 슬픔이 지나침이니, 오직 이 시(詩)를 지은 이만이 그 성정(性情)의 바름을 얻은 것이다. 그래서 슬픔과 즐거움이 절도에 맞아서 지나침에 이르지 않았을 뿐이다. 그런데 서문을 쓴 이가 바로 슬픔과 즐거움 및 음란함과 상심함을 나누어 각각 하나의 일로 만들어 서로 필요로 하지 않으니, 이미 그 지향함을 잃은 것이다. '상(傷)'이 선(善)을 방해하는 마음이 됨에 이르면, 또 크게 그 뜻을 잃어 전혀 조리 있는 글이 되지 못한다. 어떤 이가 말하기를, "선대의 유학자들은 대부분 주나라의 도(道)가 쇠퇴함에 시인(詩人)이 부부(夫婦)의 일에 근거하여 「관저」를 지었다고 여겼다."라고 하였다. 그러므로 양웅(揚雄)은 "주나라 강왕(康王) 때 「관저」가 지어졌으니, 비로소 나라가 어지러워짐을 상심한 것이다."라고 여겼으며, 두흠(杜欽)이 또한 말하기를, "패옥(佩玉)이 늦게 울리니 「관저」에서 탄식한 것이다."라고 하였는데, 설명하는 이가 "옛날에는 제후 부인이 닭이 울면 패옥을 차고 임금의 처소를 떠나갔는데, 주나라 강왕의 후비가 그러하지 않았기 때문에 시인이 탄식하고 상심한 것이다."라고 여겼다. 이것은 『노시(魯詩)』의 해설이니, 『모시(毛詩)』와 다르다. 다만 '애이불상(哀而不傷)'의 뜻으로 미

---

670) 이궤(李軌)·유종원(柳宗元) 주(註)·사마광(司馬光) 중첨주(重添註), 『양자법언(揚子法言)』 권10, 「효지편(孝至篇)」. "周康之時, 頌聲作乎下,「關雎」作乎上, 習治也. … 故習治, 則傷始亂也.(주나라 강왕 때에 송성이 아래에서 지어지고, 「관저」가 위에서 지어졌으니, 잘 다스려진 것이다. … 그러므로 잘 다스려지면 비로소 어지러움을 상심하는 것이다.)" 그리고 주에 "'傷', 悼.('상'은 슬퍼함이다.)"라고 하였다.

루어보면 아마도 이러한 이치가 있을 것 같으나, 이것은 알 수 없는 일이라 하겠다. 다만 『의례(儀禮)』에서 「관저」를 향악(鄕樂)으로 삼고, 또 방중(房中)의 음악으로 삼았다면 이는 주공(周公)이 예악(禮樂)을 제작할 때에 이미 이 시(詩)가 있었던 것이다. 만약 『노시』의 해설과 같다면, 『의례』는 주공의 저서가 될 수 없다. 『의례』가 주공의 저서가 될 수 없다면, 주나라가 왕성한 시기에도 바로 향사(鄕射)와 연음(燕飮)과 방중의 음악이 없고 반드시 후세의 풍자하는 시가 있기를 기다렸다는 것인데, 그 그렇지 않음이 분명하다. 또 사람의 자손으로서 이에 아무런 까닭 없이 그 선조의 잘못을 천하에 퍼뜨린 것이 되니, 이와 같은데도 풍화(風化)의 첫머리가 될 수 있겠는가.

詳說

○ 「八佾」.671)
'『논어』(『論語』)'는 「팔일(八佾)」이다.

○ 作也.
'독위(獨爲)'의 경우, 지은 것이다.

○ 去聲.
'애락중(哀樂中)'에서 '중(中)'은 거성(去聲: 맞추다, 부합하다)이다.

○ 『詩』中, 初無進賢才之意, 後多放此云.
'전무문리야(全無文理也)'에서 볼 때, 『시경(詩經)』 중에는 처음부터 현명한 인재를 진출시키려는 뜻이 없었으니, 뒤에도 대부분 이것에 따른다.

○ 夫婦所居.
'임석(衽席)'은 부부(夫婦)가 거처하는 곳이다.

○ 司馬遷說.
'「관저」작(「關雎」作)'의 경우, 사마천(司馬遷)의 말이다.

---

671) 『논어집주대전(論語集註大全)』권3, 「팔일(八佾)제3」. "子曰: '「關雎」, 樂而不淫, 哀而不傷'."

○ 康王.
  '주강(周康)'은 강왕(康王)이다.

○ 字子夏, 西漢杜衍人.672)
  '두흠(杜欽)'은 자(字)가 자하(子夏)이고, 서한(西漢) 두연(杜衍) 사람이다.

○ 朝也.
  '군소(君所)'는 조정(朝廷)이다.

○ 或說止此.
  '공기유차리야(恐其有此理也)'에서 볼 때, 어떤 이의 말이 여기서 그친다.

○ 如字, 下並同.
  '향악(鄕樂)'에서 '악(樂)'은 본래의 음 대로 읽으니, 아래도 아울러 같다.

○ 見「召南」末.
  '방중지악(房中之樂)'에서 볼 때, 「소남(召南)」의 끝에 보인다.

○ 康后.
  '선조(先祖)'는 강왕(康王)의 후부인(后夫人)이다.

「葛覃」, 后妃之本也. 后妃在父母家, 則志在於女功之事, 躬儉節用, 服澣濯之衣, 尊敬師傅, 則可以歸安父母, 化天下以婦道也.

「갈담(葛覃)」은 후비(后妃)의 근본이다. 후비가 부모님의 집에 있음에 그 뜻이 여자가 종사하는 일에 있어서 몸소 검소하고 절약하여 사용하면서 빨래한 옷을 입고 스승을 존경하였으니, 곧 친정으로 돌아가서 부모님께 문안함으로써 온 세상을 부녀자의 도리로 교화할 수 있

---

672) 두흠(杜欽)은 자가 자하(子夏)이고, 서한(西漢) 두연(杜衍) 사람이다. 어려서부터 애꾸눈이었으나 경서(經書) 읽기를 좋아하고 벼슬에 뜻이 없다가 뒤늦게 천거되어 대장군군무부령(大將軍軍武府令)이 되었다.

었던 것이다.

辨說

此詩之序, 首尾皆是. 但其所謂'在父母家'者一句爲未安. 蓋若謂未嫁之時, 卽詩中不應遽以歸寧父母爲言. 況未嫁之時, 自當服勤女功, 不足稱述以爲盛美. 若謂歸寧之時, 卽詩中先言只刈葛, 而後言歸寧, 亦不相合. 且不常爲之於平居之日, 而暫爲之於歸寧之時, 亦豈所謂'庸行之謹'哉. 序之淺拙, 大率類此.

이 시(詩)의 서문은 처음과 끝이 모두 옳다. 다만 그 이른바 '재부모가(在父母家)'라는 것의 한 구절은 좋지 못하다. 대개 만약 시집가지 않았을 때라고 한다면 곧 시(詩) 가운데에서 응당 갑자기 친정으로 돌아가 부모님께 문안드림으로써 말하지 않아야 한다. 하물며 아직 시집가지 않았을 때에는 스스로 마땅히 여자의 일을 부지런히 해야 하니, 매우 아름답게 여긴다고 칭찬하여 말하기에는 부족한 것이다. 만약 친정으로 돌아가서 부모님께 문안할 때라고 한다면, 곧 시(詩) 가운데에서 먼저 다만 칡넝쿨을 베는 것을 말한 뒤에 친정으로 돌아가서 문안함을 말하는 것이 또한 서로 맞지 않는다. 또 평소 지내는 일상에 항상 하지 않고, 친정으로 돌아가서 문안하는 때에 잠시 하는 것이라고 하면 또한 어찌 이른바 '떳떳한 행실의 삼감'이겠는가. 서문의 얕고 서투름이 대체로 이와 같다.

詳說

○ 猶'之'也.
'소위재부모가자(所謂在父母家者)'에서 '자(者)는 '지(之)'와 같다.

○ 猶'則'也, 下同.
'미가지시, 즉(未嫁之時, 卽)'에서 '즉(卽)'은 '즉(則)'과 같으니, 아래도 같다.

○ 平聲.
'시중불응(詩中不應)'에서 '응(應)'은 평성(平聲: 응당, 모름지기)이다.

○ 在夫家時.
'평거지일(平居之日)'의 경우, 남편 집에 있을 때이다.

○ 見『中庸』.673)

'용행지근(庸行之謹)'의 내용이『중용(中庸)』에 보인다.

○ 音律.

'대율(大率)'에서 '율(率)'은 음이 율(律)이다.

> 「卷耳」, 后妃之志也. 又當輔佐君子, 求賢審官, 知臣下之勤勞, 內有進賢之志, 而無險詖私謁之心, 朝夕思念, 至於憂勤也.

「권이(卷耳)」는 후비(后妃)의 뜻이다. 또 마땅히 군자를 보좌하여 현명한 인재를 구하여 관직을 살피고 신하들의 노고를 알아야 하기에, 마음속으로 현명한 인재를 진출시키려는 뜻을 가지고 있었는데 음험(陰險)하고 바르지 못하며 사사롭게 만나려는 마음이 없이 아침저녁으로 생각하고 염려하며 근심하는 데 이른 것이다.

辨說

此詩之序, 首句得之, 餘皆傅會之鑿說. 后妃雖知臣下之勤勞而憂之, 然曰: "嗟我懷人", 則其言親暱, 非后妃之所得施於使臣者矣. 且首章之'我', 獨爲'后妃', 而後章之'我', 皆爲'使臣', 首尾衡決, 不相承應, 亦非文字之體也.

이 시(詩)의 서문은 머리구절은 맞지만 나머지는 모두 억지로 가져다 맞춘 이치에 닿지 않는 말이다. 후비(后妃)가 비록 신하의 노고를 알아서 걱정하지만 "아, 내가

---

673)『중용장구대전(中庸章句大全)』상(上). "君子之道四, 丘未能一焉. 所求乎子, 以事父未能也; 所求乎臣, 以事君未能也; 所求乎弟, 以事兄未能也; 所求乎朋友, 先施之未能也. 庸德之行, 庸言之謹, 有所不足, 不敢不勉; 有餘, 不敢盡, 言顧行, 行顧言, 君子胡不慥慥爾.(군자의 도가 넷인데 나는 하나도 잘하지 못하니, 아들에게 구하는 것으로써 아버지 섬김을 잘하지 못하며, 신하에게 구하는 것으로써 임금 섬김을 잘하지 못하며, 아우에게 구하는 것으로써 형님 섬김을 잘하지 못하며, 벗에게 구하는 것으로써 먼저 베풂을 잘하지 못한다. 평상시에 덕을 행하며 평상시에 말을 삼가서 부족한 것이 있거든 감히 힘쓰지 아니하지 않으며, 남음이 있거든 감히 다하지 아니하여 말이 행실을 돌아보며 행실이 말을 돌아보니, 군자가 어찌 독실하지 않겠는가.)"; 그리고 호광(胡廣) 등 찬,『주역전의대전(周易傳義大全)』권1, 주역상경(周易上經).「건괘(乾卦)·구이(九二)·문언전(文言傳)에서도 보인다. "九二曰: '見龍在田, 利見大人, 何謂也?' 子曰: '龍德而正中者也. 庸言之信, 庸行之謹, 閑邪存其誠, 善世而不伐, 德博而化.『易』曰: 見龍在田, 利見大人, 君德也.'(구이에서 말하기를, '나타난 용이 밭에 있으니 대인을 보는 것이 이롭다고 한 것은 무엇을 이른 것입니까?' 공자가 말하였다. '용의 덕으로서 정말로 알맞은 자인 것이다. 평상시에 말을 미덥게 하고, 평상시에 행동을 삼가며, 간사함을 막고 그 정성을 보존하여 세상에 좋은 일을 하고서도 자랑하지 않으니, 덕이 넓어서 교화하는 것이다.『주역』에서 말하기를, 나타난 용이 밭에 있으니 대인을 봄이 이롭다고 한 것은 임금의 덕이다.')"

마음속으로 생각하는 사람이여!"라고 한다면 그 말이 친근하겠으나 후비가 부리는 신하에게 베풀어줄 말은 아니다. 또 머릿장의 '아(我)'만 홀로 '후비(后妃)'가 되고, 뒷장의 '아(我)'는 모두 '사신(使臣)'이 되어 처음과 끝이 갈라지고 서로 이어져 호응하지 않으니, 또한 문자를 놓는 체식이 아니다.

詳說

○ 音附.
'부(傅)'는 음이 부(附)이다.

○ 去聲, 下同.
'비후비지소득시어사(非后妃之所得施於使)'에서 '사(使)'는 거성(去聲: 사신)이니, 아래도 같다.

○ 四字, 出「賈誼 · 治安策」.674)
'수미형결(首尾衡決)', 이 네 글자는 「가의전(賈誼傳) · 치안책(治安策)」에 나온다.

○ 「樛木」, 后妃逮下也. 言能逮下而無嫉妒之心焉.

「규목(樛木)」은 후비의 은혜가 아래의 많은 첩에게 미친 것이다. 능히 아랫사람에게 은혜가 미쳐서 질투하는 마음이 없음을 말한 것이다.

詳說

○ 以惠逮衆妾.
'후비체하야(后妃逮下也)'의 경우, 은혜가 많은 첩에게 미친 것이다.

辨說

此序, 稍平. 後不注者, 放此.
이 서문은 조금 공평하다. 뒤에 주석(註釋)을 붙이지 않은 것은 모두 이것에 준거

---

674) 반고(班固) 찬, 『전한서(前漢書)』 권48, 「가의열전(賈誼傳)제18」.; 가의(賈誼) 찬, 『신서(新書)』 권1, 「과진상(過秦上) · 삭녕(數寧)」 "夫本末舛逆, 首尾橫決, 國制搶攘, 非有紀也, 胡可謂治."; 『신서(新書)』 권10, 「가의전(賈誼傳)」. "本末舛逆, 首尾衡決, 國制搶攘, 非甚有紀, 胡可謂治."

한다.

> 詳說

○ '註'同.
　'불주(不注)'에서 '주(注)'는 '주(註)'와 같다.

○ 「螽斯」, 后妃子孫衆多也. 言若螽斯不妬忌, 則子孫衆多也.

「종사(螽斯)」는 후비의 자손이 많은 것이다. 마치 메뚜기처럼 투기하지 않으면 자손이 많게 됨을 말한 것이다.

> 詳說

○ 鄭氏曰: "以色曰'妬', 以行曰'忌'."675)
　'약종사불투기(若螽斯不妬忌)'에 대해, 정씨(鄭氏: 鄭玄)가 말하였다. "여색(女色)으로써 하는 것을 '투(妬)'라 하고, 행동으로써 하는 것을 '기(忌)'라고 한다."

> 辨說

螽斯, 聚處和一而卵育繁多, 故以爲不妬忌, 則子孫衆多之比, 序者不達此詩之體, 故遂以不妬忌者, 歸之螽斯, 其亦誤矣.

메뚜기는 모여 살면서 화합하고 일치하여 알을 낳아 기름이 매우 많다. 그러므로 투기하지 않으면 자손이 많게 되는 비유로 삼은 것인데, 서문을 쓴 이가 이 시의 체식을 꿰뚫지 못하였기 때문에 마침내 투기하지 않은 것을 메뚜기에게 돌렸으니, 그 또한 그릇된 것이다.

> 詳說

○ 上聲.
　'취처(聚處)'에서 '처(處)'는 상성(上聲: 거처하다)이다.

---

675) 『모씨주소(毛詩注疏)』 권2, 「국풍(國風)·소남(召南)·소성(小星)」. "「箋」, '以色曰妬, 以行曰忌'."

○ 后妃.
　'이위불투기(以爲不妒忌)'의 경우, 후비(后妃)이다.

「桃夭」, 后妃之所致也. 不妒忌, 則男女以正, 婚姻以時, 國無鰥民也.

「도요(桃夭)」는 후비가 이룩한 것이다. 투기하지 않으면 남자와 여자가 바르게 되고, 혼인을 때에 맞게 하여 나라에 홀로 사는 백성이 없는 것이다.

詳說
○ 平聲.
　'요(夭)'는 평성(平聲: 아리땁다. =妖)이다.

○ 以正相處.
　'남녀이정(男女以正)'의 경우, 서로 거처하는 곳을 바르게 하는 것이다.

辨說
序, 首句非是. 其所謂'男女以正, 婚姻以時, 國無鰥民'者, 得之. 蓋此以下諸詩, 皆言文王風化之盛, 由家及國之事, 而序者失之, 皆以爲'后妃之所致', 旣非所以正男女之位, 而於此詩又專以爲不妒忌之功, 則其意愈狹而說愈疏矣.

서문에 머리구절은 옳지 않다. 거기서 이른바 '남자와 여자가 바르게 되고, 혼인을 때에 맞게 하여 나라에 홀로 사는 백성이 없는 것이다.'라는 것은 맞게 되었다. 대개 이 아래의 여러 시에서는 모두 문왕(文王)의 풍화(風化)가 성대함이 집안에 말미암아 나라에까지 미친 일이라고 말하였는데, 서문을 쓴 이가 잘못하여 모두 '후비가 이룩한 것'이라고 하였으며, 이미 남자와 여자의 지위를 바르게 한 것이 아닌데도 이 시에서는 또 오로지 투기하지 않은 공으로 여겨서 곧 그 뜻이 더욱 좁아지고 그 말이 더욱 허술해진 것이다.

詳說
○ 是妻道有成也.

'소이정남녀지위(所以正男女之位)'의 경우, 이것은 아내의 도(道)가 이루어짐이 있는 것이다.

「兎罝」, 后妃之化也. 「關雎」之化行, 則莫不好德, 賢人衆多也.

「토저(兎罝)」는 후비의 덕화이다. 「관저(關雎)」의 교화가 행해짐에 곧 덕을 좋아하지 않음이 없고 현명한 인재가 많아진 것이다.

詳說

○ 去聲, 下同.

'호(好)'는 거성(去聲: 좋아하다)이니, 아래도 같다.

辨說

此序, 首句非是, 而所謂'莫不好德, 賢人衆多'者, 得之.

이 서문에 머리구절은 옳지 않으나 이른바 '덕을 좋아하지 않음이 없고 현명한 인재가 많아진 것이다.'라는 것은 맞게 되었다.

詳說

○ 同上.

'비시(非是)'는 위[옳지 않다]와 같다.

「芣苢」, 后妃之美也. 和平, 則婦人樂有子矣.

「부이(芣苢)」는 후비의 아름다움이다. 온 세상이 화평하니 곧 부인이 즐거이 자식을 두는 것이다.

詳說

○ 音洛.

'락(樂)'은 음이 락(洛)이다.

詩序辨說詳說 卷上 265

「漢廣」, 德廣所及也. 文王之道, 被于南國; 美化, 行乎江漢之域, 無思犯禮, 求而不可得也.

「한광(漢廣)」은 덕이 널리 미친 것이다. 문왕의 도(道)가 남쪽 나라에까지 미쳐 아름다운 덕화(德化)가 강수(江水)와 한수(漢水)의 지역에 시행되어 예(禮)를 범하는 생각조차 없으니 구하여도 얻을 수 없는 것이다.

詳說

○ 去聲.

'피(被)'는 거성(去聲: 뒤덮다)이다.676)

○ 無敢思犯禮之事.

'무사범례(無思犯禮)'의 경우, 감히 예(禮)를 범하는 일을 생각함이 없는 것이다.

辨說

此詩, 以篇內有'漢之廣矣'一句, 得名, 而序者謬誤, 乃以'德廣所及'爲言, 失之遠矣. 然其下文復得詩意, 而所謂'文王之化'者, 尤可以正前篇之誤. 先儒嘗謂: "序非出於一人之手者", 此其一驗. 但首句未必是, 下文未必非耳. 蘇氏乃例取首句而去其下文, 則於此類, 兩失之矣.

이 시는 편 안에 '한지광의(漢之廣矣)'라는 한 구절이 있는 것으로써 이름을 얻었는데, 서문을 쓴 이가 어긋나고 그릇되어 이에 '덕이 널리 미친 것'으로써 말하였으니, 잘못함이 많다. 그러나 그 아래 글은 다시 시의 뜻에 맞고, 이른바 '문왕지화(文王之化)'라는 것이 더욱 앞 편의 그릇됨을 바로잡을 수 있었다. 선대의 유학자가 일찍이 이르기를, "서문은 한 사람의 손에서 나온 것이 아니다."라고 하였는데, 이것이 그 하나의 증거이다. 다만 머리구절은 반드시 옳고, 아래 글도 반드시 그른 것이 아닐 뿐이다. 소씨(蘇氏: 蘇轍)677)는 이에 머리구절을 본보기로 취하고

---

676) 이는 거성(去聲: 뒤덮다)이 아니라 상성(上聲: 미치다)이 되어야 한다.
677) 소씨(蘇氏: 蘇轍): 소철(1039-1112)은 북송대 학자로, 자가 자유(子由) 또는 동숙(同叔)이고, 호가 난성(欒城) 또는 영빈유로(潁濱遺老)이고, 시호가 문정(文定)이며, 미주(眉州) 미산(眉山) 사람이다. 1057년에 진사에 급제하여 벼슬이 비서성교서랑(秘書省校書郞)을 시작으로 우사간(右司諫)・어사중승(御史中丞)・상서우승(尙書右丞)・문하시랑(門下侍郞) 등을 거쳐 재상(宰相)에 이르렀다. 당송팔대가(唐宋八大家)의 한 사람으로 시문에 뛰어났으며, 아버지 소순(蘇洵) 및 형 소식(蘇軾)과 함께 삼소(三蘇)로 일컬어졌다. 저서로는 『난성집(欒城集)』외에 『시집전(詩集傳)』・『소씨춘추집해(蘇氏春秋集解)』・『논어습유(論語拾遺)』・『맹자해(孟子解)』・『노자해(老子解)』・『고사(古史)』・『용천약지(龍川略志)』등이 있다.

그 아래의 글은 버렸으니, 곧 이러한 부류에 있어서는 두 가지를 다 잃은 것이다.

詳說

○ 去聲.
'부(復)'는 거성(去聲: 다시)이다.

○ 以此而推其他.
'하문미필비이(下文未必非耳)'의 경우, 이것으로써 그 밖에 다른 것을 미루어본 것이다.

○ 上聲.
'거(去)'는 상성(上聲: 버리다, 제거하다)이다.

「汝墳」, 道化行也. 文王之化, 行乎汝墳之國, 婦人能閔其君子, 猶勉之以正也. 「麟之趾」, 「關雎」之應也. 「關雎」之化行, 則天下無犯非禮, 雖衰世之公子, 皆信厚如麟趾之時也.

「여분(汝墳)」은 도덕(道德)의 교화가 행해진 것이다. 문왕의 교화가 여분(汝墳)의 나라에 시행되어 부인이 그 남편을 제법 걱정하면서도 오히려 올바른 도리로써 권면한 것이다. 「인지지(麟之趾)」는 「관저(關雎)」에 화응(和應)하는 것이다. 「관저(關雎)」의 교화가 시행됨에 곧 온 세상에 예의에 어긋나는 일을 범하는 이가 없으니, 비록 쇠퇴한 세상의 공자라도 모두 미덥고 도타워서 기린의 발과 같은 때인 것이다.

辨說
'之時'二字, 可刪.
'지시(之時)'의 두 글자는 깎아내도 좋다.

詳說
○ 「芣苢」及此序, 亦與 『集傳』微異, 後多放此云.
「부이(芣苢)」 및 이 서문은 또한 『집전(集傳)』과 약간 다르니, 뒤에도 대부분 이것에 준거하였다.

소남(召南)

「鵲巢」, 夫人之德也. 國君積行累功, 以致爵位, 夫人起家而居有之, 德如鳲鳩678), 乃可以配焉.

「작소(鵲巢)」는 부인(夫人)의 덕이다. 나라의 임금이 선행을 쌓고 공적을 쌓아서 벼슬과 지위를 이룩하고, 부인이 집안을 일으켜 차지하고 있는데, 덕이 마치 뻐꾸기와 같으니 이에 배필이 될 만한 것이다.

詳說

○ 上聲.

'루(累)'는 상성(上聲: 쌓다, 모으다, 연속하다)이다.

○ 侯・伯之位.679)

'작위(爵位)'의 경우, 후작(侯爵)과 백작(伯爵)의 지위이다.

○ 鄭氏曰: "嫁諸侯."680)

---

678) 德如鳲鳩: 호광(胡廣) 등 찬, 『시전대전(詩傳大全)』 권7, 「국풍(國風)・조(曹)・시구(鳲鳩)」. "鳲鳩在桑, 其子七兮. 淑人君子, 其儀一兮. 其儀一兮, 心如結兮.(뻐꾸기가 뽕나무에 있으니 그 새끼가 일곱 마리로다. 곱고 어진 인품의 군자는 그 위엄스러움 한결같도다. 그 위엄스러움 한결같으니 마음이 동여맨 듯 굳도다.)" 주자의 집전(集傳)에 의하면, "'鳲鳩, 秸鞠也, 亦名戴勝, 今之布穀也. 飼子, 朝從上下, 暮從下上, 平均如一也.' '如結', 如物之固結而不散也. ○詩人, 美君子之用心均不專一, 故言: '鳲鳩在桑, 則其子七矣, 淑人君子, 則其儀一矣, 其儀一則心如結矣.' 然不知其何所指也. 陳氏曰: '君子動容貌, 斯遠暴慢: 正顏色, 斯近信; 出辭氣, 斯遠鄙倍, 其見於威儀動作之間者, 有常度矣, 豈固爲是拘拘者哉. 蓋和順積中, 而英華發外, 是以由其威儀一於外, 而心如結於內者, 從可知也.'('시구'는 길국이고, 또한 이름이 대승이니, 지금의 포곡이다. 새끼에게 먹이를 먹임에 아침에는 위로부터 내려오고, 저녁에는 아래로부터 올라가는데 공평하고 균일함이 한결같다. '여결'은 물건이 굳게 맺혀서 흩어지지 않음과 같다는 것이다. ○시인이 군자의 마음 씀씀이가 균일하고 공평하며 오로지 한결같음을 아름답게 여겼기 때문에 말하기를, '뻐꾸기가 뽕나무에 있으니 그 새끼가 일곱 마리이고, 곱고 어진 인품의 군자는 곧 그 위엄스러움이 한결같으며, 그 위엄스러움이 한결같으니 마음이 동여맨 것 같다.'고 하였다. 그러나 가리키는 것이 누구인지는 모르겠다. 진씨[陳鵬飛]가 말하였다. '군자가 용모를 움직임에 포악하고 태만함을 멀리하며, 얼굴빛을 바름에 신실함을 가까이 하며, 말씨를 드러냄에 비루하고 어그러짐을 멀리 하여 그 몸가짐과 몸동작 사이에 보이는 것에 떳떳한 법도가 있거늘, 어찌 진실로 이 구차스러운 것을 하겠는가. 대개 화순함이 마음속에 쌓여서 아름다운 빛깔이 밖에 나타나니, 이 때문에 그 몸가짐이 밖에 한결같음으로 말미암아 마음이 안에 동여맨 것과 같음을 좇아서 알 수 있는 것이다.')라고 하였다.
679) 호광(胡廣) 등 찬, 『예기대전(禮記大全)』 권5, 「왕제(王制)제5」. "王者之制祿爵, 公・侯・伯・子・男, 凡五等.(임금의 봉록과 관작을 제정함에 공작・후작・백작・자작・남작의 모두 다섯 등급으로 한다.)"
680) 『모씨주소(毛詩注疏)』 권2, 「국풍(國風)・소남(召南)・소성(小星)」. "箋', '起家而居有之, 謂嫁於諸侯. 夫人有均壹之德, 如鳲鳩然而後, 可配國君.'(「정전」에서, '집안을 일으켜 차지하고 있다는 것은 제후에게 시집감을 이른다. 부인이 균일한 덕을 가지고 있어 뻐꾸기와 같은 뒤라야 나라 임금의 배필이 될 수 있는 것이다.'라고 하였다.)

'부인기가(夫人起家)'에 대해, 정씨(鄭氏: 鄭玄)가 말하였다. "제후에게 시집가는 것이다."

<u>辨說</u>
文王之時,「關雎」之化, 行於閨門之內, 而諸侯蒙化以成德者, 其道亦始於家人. 故其夫人之德如是, 而詩人美之也, 不言所美之人者, 世遠而不可知也. 後皆放此.

문왕(文王)의 시대에 「관저(關雎)」의 교화가 규문(閨門)의 안에서 시행되어 제후로서 교화를 받아서 덕을 이룬 이도 그 도(道)가 또한 아내에게서 시작하였다. 그러므로 그 부인(夫人)의 덕이 이와 같아서 시인이 찬미하였는데, 찬미한 사람을 말하지 않은 것은 시대가 구원(久遠)하여 알 수 없어서이다. 뒤에도 모두 이것에 준거한다.

<u>詳說</u>
○ 如文王之刑681)妻.
'기도역시어가인(其道亦始於家人)'의 경우, 문왕의 아내[태사(太姒)]와 같은 것이다.

「采蘩」, 夫人不失職也. 夫人可以奉祭祀, 則不失職矣.「草蟲」, 大夫妻, 能以禮自防也.

「채번(采蘩)」은 부인(夫人)이 직분을 잃지 않은 것이다. 부인이 제사를 받들 수 있으면 직분을 잃지 않는 것이다. 「초충(草蟲)」은 대부의 아내가 능히 예로써 스스로 방지(防止)한 것이다.

<u>辨說</u>
此恐亦是夫人之詩, 而未見以禮自防之意.
이는 아마도 또한 부인(夫人)의 시(詩)인 듯한데, 예(禮)로써 스스로 방지(防止)한 뜻이 보이지 않는다.

---

681) 刑: '형(荊)'과 같이 쓰였다.

詳說

○ 按, 『集傳』, 仍作'大夫妻'.682)

'차공역시부인지시(此恐亦是夫人之詩)'에서, 살펴보건대, 『집전(集傳)』에는 오히려 '대부(大夫)의 아내'라고 하였다.

「采蘋」, 大夫妻, 能循法度也. 能循法度, 則可以承先祖, 共祭祀矣.

「채빈(采蘋)」은 대부(大夫)의 아내가 능히 법도를 좇은 것이다. 능히 법도를 좇으면 선조를 받들어 제사지낼 수 있는 것이다.

詳說

○ 音恭.

'공(共)'은 음이 공(恭)이다.

「甘棠」, 美召伯也. 召伯之教, 明於南國. 「行露」, 召伯聽訟也. 衰亂之俗微, 貞信之教興, 彊暴之男, 不能侵陵貞女也. 「羔羊」, 「鵲巢」之功致也. 「召南」之國, 化文王之政, 在位皆節儉正直, 德如羔羊也.

「감당(甘棠)」은 소백(召伯)을 찬미한 것이다. 소백의 교화가 남쪽나라에 밝혀진 것이다. 「행로(行露)」는 소백(召伯)이 송사(訟事)를 들은 것이다. 쇠퇴하고 혼란한 풍속이 적어지고, 올곧고 신실한 교화가 일어나 굳세고 사나운 남자가 정숙한 여자를 침범하고 능멸할 수 없는 것이다. 「고양(羔羊)」은 「작소(鵲巢)」의 공이 이룬 것이다. 「소남(召南)」의 나라들이 문왕의 정치에 감화되어 지위에 있는 이들이 모두 절약하고 검소하며 정직하여 덕이 마치 고양(羔羊)과 같은 것이다.

---

682) 호광(胡廣) 등 찬, 『시전대전(詩傳大全)』 권1, 「국풍(國風)·소남(召南)·초충(草蟲)」. "喓喓草蟲, 趯趯阜螽. 未見君子, 憂心忡忡. 亦旣見止; 亦旣覯止, 我心則降.(베짱베짱 우는 베짱이이며, 폴짝폴짝 뛰는 메뚜기로다. 아직 남편을 보지 못한지라, 시름하는 마음 두근거려라. 또한 이미 남편을 만나보며, 또한 이미 남편을 만난다면 내 마음이 그제야 놓이리라.)" 주자의 집전(集傳)에 의하면 "南國, 被文王之化, 諸侯大夫, 行役在外, 其妻獨居, 感時物之變, 而思其君子如此, 亦若「周南」之「卷耳」也.(남쪽나라가 문왕의 교화를 입어서 제후의 대부가 부역을 나가 밖에 있음에 그 아내가 홀로 지내며 시절 풍물의 변화에 감동하여 그 남편을 생각함이 이와 같았던 것이니, 또한 「주남」의 「권이」와 같다.)"라고 하였다.

辨說

此序, 得之, 但 '德如羔羊' 一句, 爲衍說耳.683)

이 서문은 맞았으나 다만 '덕여고양(德如羔羊)'의 한 구절은 쓸데없는 말이 될 뿐이다.

詳說

○ 其謂 '「鵲巢」功致'者, 未必然.684)

그 '「작소」공치(「鵲巢」功致)'라고 이른 것은 반드시 그렇지 않다.

「殷其靁」, 勸以義也. 召南之大夫, 遠行從政, 不遑寧處, 其室家能閔其勤勞, 勸以義也.

「은기뢰(殷其靁)」는 도의(道義)로써 권면한 것이다. 소남(召南)의 대부(大夫)가 멀리 가서 정사에 종사하느라 편안하게 쉴 겨를이 없자, 그의 아내가 그 노고를 잘 달래면서 도의(道義)로써 권면한 것이다.

詳說

○ 音隱.

'은(殷)'은 음이 은(隱)이다.

○ 上聲.

---

683) 호광(胡廣) 등 찬, 『시전대전(詩傳大全)』 권1, 「국풍(國風)·소남(召南)·고양(羔羊)」. "羔羊之皮, 素絲五紽. 退食自公, 委蛇委蛇.(양의 가죽으로 옷을 만듦에 흰 실로 다섯 군데 꿰맸도다. 일마치고 물러나와 식사하니 그 모습 점잖고 의젓하도다.)" 주자의 집전(集傳)에 의하면 "南國, 化文王之政, 在位皆節儉正直. 故詩人美其衣服有常而從容自得, 如此也.(남쪽나라가 문왕의 정사에 교화되어 작위에 있는 이들이 모두 절약하고 검소하며 정직하였다. 그러므로 시인이 그 의복에 떳떳함이 있고, 침착하고 스스로 만족스러움이 이와 같음을 아름답게 여긴 것이다.)"라고 하여 '덕여고양(德如羔羊)'이라는 말을 사용하지 않았다.

684) 호광(胡廣) 등 찬, 『시전대전(詩傳大全)』 권1, 「국풍(國風)·소남(召南)·작소(鵲巢)」. "維鵲有巢, 維鳩居之. 之子于歸, 百兩御之.(까치가 둥지를 지어두니 비둘기가 와서 사는구나. 아가씨가 시집을 가니니 많은 수레로 맞이하도다.)" 주자의 집전(集傳)에 의하면 "南國諸侯, 被文王之化, 能正心修身, 以齊其家, 其女子亦被后妃之化, 而有專靜純一之德. 故嫁於諸侯, 而其家人美之曰: '維鵲有巢, 則鳩來居之. 是以之子于歸, 而百兩迎之'也. 此詩之意, 猶「周南」之有「關雎」也.(남쪽나라의 제후가 문왕의 교화를 입어서 능히 마음을 바르게 갖고 몸을 바르게 닦아서 그 집안을 가지런히 하였으며, 그 여자에게도 또한 후비의 교화가 미쳐서 올곧고 고요하며 순수하고 한결 같은 덕이 있었던 것이다. 그러므로 제후에게 시집가서 그 집안사람들이 아름답게 여겨 말하기를, '까치가 둥지를 지어두니, 곧 비둘기가 와서 사는구나. 이로써 아가씨가 시집을 가노니, 많은 수레로 맞이하도다.'라고 한 것이다. 이 시의 뜻은 「주남」에 「관저」편이 있음과 같다.)"라고 하여 영향이나 관계성에 대한 언급이 없다.

'처(處)'는 상성(上聲: 거처하다, 안주하다, 쉬다)이다.

|辨說|
按, 此詩, 無勸以義之意.
살펴보건대, 이 시(詩)는 도의(道義)로써 권면한 뜻이 없다.

|詳說|
○ 美之也, 非勸之也.685)
'진진(振振)'은 그를 찬미한 것이고 권면한 것이 아니다.

「標有梅」, 男女及時也. 召南之國, 被文王之化, 男女得以及時也.

「표유매(標有梅)」는 남자와 여자가 제때에 이른 것이다. 소남(召南)의 나라들이 문왕의 교화를 받아서 남자와 여자가 제때에 이르러 혼인할 수 있는 것이다.

|辨說|
此序, 末句未安.
이 서문은 끝의 구절이 편안하지 않다.

|詳說|
○ 懼失時也, 非樂及時也.686)

---

685) 호광(胡廣) 등 찬, 『시전대전(詩傳大全)』 권1,「국풍(國風)·소남(召南)·은기뢰(殷其靁)」. "殷其靁, 在南山之陽, 何斯違斯, 莫敢或遑? 振振君子, 歸哉歸哉.(우르르 울리는 천둥소리, 남산의 볕드는 쪽이거늘 어쩌다가 멀리 떠나가서 잠시라도 오질 못하는가? 참되고 믿음직한 군자여! 돌아오소서. 돌아오소서.)" 주자의 집전에 의하면, "'振振', 信厚也. ○南國, 被文王之化, 婦人以其君子從役在外而思念之, 故作此詩. 言: '殷殷然靁聲, 則在南山之陽矣, 何此君子, 獨去此而不敢少暇乎?' 於是, 又美其德, 且冀其早畢事而還歸也.('진진'은 신실하고 돈후함이다. ○남쪽나라가 문왕의 교화를 입어 부인이 그 남편이 부역을 가서 밖에 있음에 그를 생각하고 그리워하였기 때문에 이 시를 지은 것이다. 말하기를, '우르르 울리는 천둥소리는 남산의 볕드는 쪽이거늘, 어쩌다가 우리 남편은 홀로 이곳을 떠나가서 감히 잠시라도 틈을 내지 못하는가?'라고 한 것이다. 이에 그 덕을 아름답게 여기고, 또 일찍 일을 마치고 돌아오기를 바란 것이다.)"라고 하였다.

686) 호광(胡廣) 등 찬, 『시전대전(詩傳大全)』 권1,「국풍(國風)·소남(召南)·표유매(標有梅)」. "摽有梅! 其實七兮. 求我庶士, 迨其吉兮.(떨어지는 매화나무 열매여! 그 매실이 일곱 개뿐이로다. 나를 만나려는 멋진 선비는 좋은 날에 오면 좋으련마는.)" 주자의 집전에 의하면 "南國, 被文王之化, 女子知以貞信自守, 懼其嫁不及時, 而有強暴之辱也. 故曰: '梅落而在樹者少, 以見時過而太晩矣, 求我之衆士, 其必有及此吉日而來者乎.'(남쪽나라가 문왕의 교화를 입어서 여자들이 정절과 신의로써 스스로 지킬 줄 알았는데, 시집감이 때

때를 놓칠까 두려워한 것이고, 때가 이름을 즐거워한 것이 아니다.

> 「小星」, 惠及下也. 夫人無妒忌之行, 惠及賤妾, 進御於君, 知其命有貴賤, 能盡其心矣. 「江有汜」, 美媵也. 勤而無怨, 嫡能悔過也. 文王之時, 江沱之間, 有嫡不以其媵備數, 媵遇勞而無怨, 嫡亦自悔也.

「소성(小星)」은 은혜가 아랫사람에게 미친 것이다. 부인(夫人)이 투기하는 행실이 없고 은혜가 미천한 첩들에게 미치니, 임금에게 나아가 모심에 그 명에 귀하고 천함이 있음을 알고 그 마음을 다할 수 있는 것이다. 「강유사(江有汜)」는 몸종들을 찬미한 것이다. 힘들어도 원망함이 없어서 본부인이 허물을 뉘우칠 수 있었다. 문왕 때에 강수(江水)와 타수(沱水) 사이에 어떤 본부인이 그 몸종을 제대로 두지 못하였는데 몸종이 힘든 일을 만나도 원망함이 없자 본부인이 다만 스스로 뉘우친 것이다.

辨說

詩中, 未見勤勞無怨之意.[687]

시 가운데에는 힘들어도 원망함이 없다는 뜻이 보이지 않는다.

○ 「野有死麕」, 惡無禮也. 天下大亂, 强暴相陵, 遂成淫風,

에 미치지 못하여 마구 덤벼들어 포악하게 해치는 이의 능욕이 있을까 두려워하였다. 그러므로 말하기를, '매실이 떨어져서 매화나무 가지에 있는 것이 적다고 하여 때가 지나서 너무 늦어졌음을 보였고, 나를 만나려는 뭇 선비들은 그 반드시 이 좋은 날에 미쳐서 오는 이가 있을 것이리라.'고 한 것이다.)"라고 하였

687) 호광(胡廣) 등 찬, 『시전대전(詩傳大全)』 권1. 「국풍(國風)·소남(召南)·강유사(江有汜)」. "江有汜, 之子歸, 不我以. 不我以, 其後也悔.(강물에 물갈래가 있거늘 우리 아가씨 시집갈 적에 나를 데려 가지 않았도다. 나를 데려 가지 않았으나 그 뒤에 가서 뉘우쳤도다.) ○江有渚, 之子歸, 不我與. 不我與, 其後也處.(강물에 모래섬이 있거늘 우리 아가씨 시집갈 적에 나와 함께 가지 않았도다. 나와 함께 가지 않았으나 그 뒤에 가서 편안했도다.) ○江有沱, 之子歸, 不我過. 不我過, 其嘯也歌.(강물에 갈래 물길 있거늘 우리 아가씨 시집갈 적에 나와 함께 하지 않았도다. 나와 함께 하지 않았으나 휘파람불다가 노래했도다.)" 주자의 집전에 의하면 "是時, 汜水之旁, 媵有待年於國, 而嫡不與之偕行者, 其後, 嫡被后妃夫人之化, 乃能自悔而迎之. 故媵見江水之有汜, 而因以起興, 言: '江猶有汜, 而之子之歸, 乃不我以, 雖不我以, 然其後也, 亦悔矣.'(이때에 사수의 곁에 잉첩들이 나라 안에서 성년을 기다리고 있는데 적처가 그들과 함께 가지 않은 일이 있었다. 그 뒤에 적처가 후비의 교화를 입어 이에 능히 스스로 뉘우치고 그들을 맞이하였기 때문에 잉첩들이 강물에 터졌다가 합쳐지는 것이 있음을 보고, 이에 말미암아 흥을 일으켜서 말하기를, '강에도 오히려 터졌다가 합쳐짐이 있는데, 우리 아가씨가 시집갈 적에 곧바로 나를 데리고 가지 않았도다. 비록 나를 데리고 가지 않았으나, 그 뒤에 가서 또한 뉘우쳤도다.'라고 한 것이다.)"라고 하여 원망하거나 원망함이 없다는 뜻이 보이지 않는다.

被文王之化, 雖當亂世, 猶惡無禮也.

「야유사균(野有死麕)」은 예의가 없음을 싫어한 것이다. 온 세상이 크게 어지러우니 힘세고 사나운 남자들이 서로 능멸하여 마침내 음란한 풍기(風紀)가 되었으나, 문왕의 교화를 받아서 비록 어지러운 세상을 만났어도 오히려 예의가 없음을 싫어한 것이다.

詳說

○ 去聲, 下同.

'오(惡)'는 거성(去聲: 싫어하다)이니, 아래도 같다.

辨說

此序, 得之, 但所謂'無禮'者, 言淫亂之非禮耳, 不謂無聘幣之禮也.688)

이 서문은 맞게 되었다. 다만 이른바 '예의가 없다'는 것은 음란함이 예(禮)가 아니라고 말하였을 뿐이고, 예물(禮物)을 갖추어 방문하는 예(禮)가 없음을 말하지는 않았다.

「何彼穠矣」, 美王姬也. 雖則王姬, 亦下嫁於諸侯, 車·服不繫其夫, 下王后一等, 猶執婦道, 以成肅雝之德也.

「하피농의(何彼穠矣)」는 왕의 딸을 찬미한 것이다. 비록 왕의 딸이기는 하지만 또한 낮추어 제후에게 시집감에 수레와 복식을 그 남편에 연관시키지 않고 왕후(王后)보다 한 등급을 낮추면서 오히려 여자의 마땅한 도리를 지켜 엄숙하고 화락한 덕을 이룬 것이다.

詳說

○ 去聲.

'하왕후일등(下王后一等)'에서 '하(下)'는 거성(去聲: 내리다, 낮추다)이다.

---

688) 호광(胡廣) 등 찬. 『시전대전(詩傳大全)』 권1, 「국풍(國風)·소남(召南)·야유사균(野有死麕)」. "舒而脫脫兮, 無感我帨兮, 無使尨也吠.(더디 하고 느릿느릿하여 내 수건을 움직이게 하지 말며 삽살개가 놀라 짖게 하지 말라.) 주자의 집전에 의하면 "此章, 乃述女子拒之之辭. 言: '姑徐徐而來, 無動我之帨, 毋驚我之犬', 以甚其不能相及也, 其懍然不可犯之意, 蓋可見矣.(이 장은 바로 여자가 거절하는 말을 표현한 것이니, 말하기를 '우선 천천히 와서 나의 수건을 움직이게 하지 말며, 나의 개가 놀라서 짖게 하지 말라.'고 하였으니, 능히 서로 미칠 수 없음을 심하게 말한 것으로, 꼿꼿하고 의젓하여 침범할 수 없는 뜻을 대개 볼 수 있다.)"라고 하여 예의 없음을 싫어한 뜻이 분명하였다.

辨說

此詩, 時世不可知. 其說, 已見本篇.[689] 但序云: "雖則王姬, 亦下嫁於諸侯", 說者多笑其陋. 然此但讀爲兩句之失耳. 若讀此十字, 合爲一句, 而對下文'車・服不繫其夫, 下王后一等'爲義, 則序者之意, 亦自明白. 蓋曰: "王姬雖嫁於諸侯", 然其車・服制度, 與他國之夫人不同, 所以甚言其貴盛之極, 而猶不敢挾貴以驕其夫家也. 但立文不善, 終費詞說耳. 鄭氏曰: "下王后一等, 謂'車乘厭翟, 勒面繢總, 服則褕翟'." 然則公侯夫人'翟茀'者, 其翟車, 貝面・組總, 有幄也歟.

이 시(詩)는 지어진 시대를 알 수 없다. 그 말은 이미 본 시편[「하피농의(何彼穠矣)」]에 보였다. 다만 서문에서 "비록 왕의 딸이기는 하지만 또한 낮추어 제후에게 시집간다."라고 하였는데, 말하는 이들이 대부분 그 고루함에 대해 비웃는다. 그러나 이것은 다만 두 구절로 삼아서 읽은 잘못일 뿐이다. 만약 이 10글자를 읽음에 합쳐 한 구절로 해서 아래 글의 '수레와 복식을 그 남편에 연관시키지 않고 왕후보다 한 등급을 낮춤'과 상대하여 정의(定義)하면 서문을 쓴 이의 의도가 또한 저절로 명백해진다. 대개 말하기를, "왕의 딸이 비록 제후에게 시집가지만"이라고 하지만, 그 수레와 복식의 제도가 다른 나라의 부인과 같지 않았으며, 그 귀하고 성대한 지극함을 심히 말하되 오히려 감히 귀한 신분을 가지고 그 남편 집에 교만하지 않았다. 다만 글을 이룬 것이 좋지 않아 결국 말을 허비하였을 뿐이다. 정씨(鄭氏: 鄭玄)가 말하였다. "왕후보다 한 등급을 낮춘다는 것은 '수레는 엽적(厭翟)을 타니 말 얼굴의 흑백 가죽장식과 빗살무늬의 비단실띠를 하고, 의복은 유적(褕翟)[690]으로 한다." 그렇다면 공후(公侯) 부인(夫人)의 '적불(翟茀)[691]'이라는 것은 저 적거(翟車)이니 패면(貝面)과 궤총(組總)에 장막이 있었을 것이다.

---

689) 호광(胡廣) 등 찬, 『시전대전(詩傳大全)』 권1, 「국풍(國風)・소남(召南)・하피농의(何彼穠矣)」. 주자의 집전에 의하면 "王姬下嫁於諸侯, 車服之盛如此, 而不敢挾貴以驕其夫家, 故見其車者, 知其敬且和以執婦道. 於是, 作詩以美之曰: '何彼戎戎而盛乎. 乃唐棣之華也. 此何不肅肅而敬雝雝而和乎? 乃王姬之車也.' 此乃武王以後之詩, 不可知其何王之世. 然文王・太姒之敎, 久而不衰, 亦可見矣.(임금의 딸이 제후에게 낮추어 시집감에 수레와 의복의 풍성함이 이와 같았는데, 감히 고귀한 신분을 가지고 그 남편의 집안을 무례하게 대하지 않았기 때문에 그 수레를 본 사람들이 능히 공경스럽고 온화하여 여자의 도리를 잘 지킨다고 알았던 것이다. 이에 시를 지어 아름답게 여겼으니, 말하기를 '어찌하여 저다지도 풍성한가. 바로 당체나무에 활짝 핀 꽃이로다. 이 얼마나 점잖고 공경스러우며, 온화하고 화기애애하신가. 바로 우리 공주님이 타신 수레로다.'라고 하였다. 이는 바로 무왕 이후의 시인데, 그 어떤 왕의 시대인지 정확히 알 수는 없다. 그러나 문왕과 태사의 가르침이 오래되어도 쇠멸하지 않았음을 또한 볼 수 있는 것이다.)"라고 하였다.
690) 유적(褕翟): 왕후의 제복(祭服) 또는 삼공 부인의 명복(命服)으로, 의복 위에 꿩 모양을 새기거나 그려 넣었기 때문에 붙여진 이름이다. 유적(褕狄)이라고도 한다.
691) 적불(翟茀): 옛날에 귀족 부녀자들이 타던 수레로, 수레 양쪽을 꿩 깃털로 가림 장식을 한 것이다. 일명 적거(翟車)이다.

詳說

○ 音現.
'이현(已見)'에서 '현(見)'은 음이 현(現)이다.

○ 只下一等.
'하왕후일등(下王后一等)'의 경우, 다만 한 등급만 낮추는 것이다.

○ 見『周禮』「巾車」.692) '厭翟, 次其羽, 使相迫也. '勒面', 以韋爲馬當面飾. '繢總', 以繒爲車馬之飾.
'늑면궤총(勒面繢總)'의 내용이 『주례(周禮)』「건거(巾車)」에 보인다. '엽적(厭翟)'은 꿩의 깃털을 차례로 이어서 서로 매듭지은 것이다. '늑면(勒面)'은 가죽으로 말의 얼굴을 장식하는 것이다. '궤총(繢總)'은 비단으로 수레와 말의 장식을 한 것이다.

○ 見『周禮』「內服」. 作'揄'.
'복칙유적(服則褕翟)'의 내용이 『주례(周禮)』「내복(內服)」에 보인다. '유(褕)'는 '유(揄)'로도 썼다.

○ 水物.
'패(貝)'는 수산물이다.

○ 亦見「巾車」.693)
'유악야여(有幄也歟)'의 내용이 또한 『주례(周禮)』「건거(巾車)」에 보인다.

---

692) 정현(鄭玄) 주(注)·육덕명(陸德明) 음의·가공언(賈公彦) 소(疏), 『주례주소(周禮注疏)』 권27, 「춘관(春官)·건거(巾車)」. "王后之五路, 重翟, 錫面·朱總; 厭翟, 勒面·繢總; 安車, 彫面·鷖總, 皆有容蓋.(왕후의 다섯 수레 중에, 중적은 말머리 위에 쇠장식과 붉은 꿩 깃의 술 장식을 하고, 엽적은 말 얼굴의 흑백 가죽 장식과 빗살무늬의 비단실띠를 하고, 안거는 말 얼굴의 알록달록한 장식과 검푸른 빛의 술 장식을 하니, 모두 장막과 덮개가 있는 것이다.)"

693) 정현(鄭玄) 주(注)·육덕명(陸德明) 음의·가공언(賈公彦) 소(疏), 『주례주소(周禮注疏)』 권27, 「춘관(春官)·건거(巾車)」. "翟車, 貝面·組總, 有握.(적거는 말 재갈 위의 조개장식과 서로 엮어서 매듭은 술 장식에 장막이 있는 것이다.)" 정현은 「注」: '翟車, 不重於厭, 以翟飾車之側爾. 貝面, 貝勒之當面也. 有握, 則此無蓋矣, 如今軿車, 是也. 后所乘以出桑.(적거는 꿩 깃털을 거듭하지 않고 누르지 않은 채로 수레 옆을 장식하였을 뿐이다. 패면은 조개로 재갈의 앞면을 장식한 것이다. 유악은 이것은 덮개가 없으니, 마치 지금의 병거와 같은 것이 이것이다. 왕후가 타고 나가서 뽕잎을 딴다.)"라고 하였다.

「騶虞」, 「鵲巢」之應也. 「鵲巢」之化行, 人倫旣正, 朝延旣治. 天下純被文王之化, 則庶類蕃殖, 蒐田以時, 仁如騶虞, 則王道成也.

「추우(騶虞)」는 「작소(鵲巢)」에 화응(和應)하는 것이다. 「작소(鵲巢)」의 교화가 시행됨에 인륜이 이미 바르게 되고 조정이 이미 다스려졌다. 온 세상이 모두 문왕의 교화를 받자마자 여러 종류의 동물이 번식하였는데 사냥을 때에 맞게 하여 인자함이 추우(騶虞)와 같았으니, 곧 왕도(王道)가 이루어진 것이다.

詳說

○ 音潮.

'조(朝)'는 음이 조(潮)이다.

○ 去聲.

'치(治)'는 거성(去聲: 다스리다, 다스려지다)이다.

辨說

此序, 得詩之大旨. 然語意亦不分明. 楊氏曰: "二南, 正始之道, 王化之基,694) 蓋一體也. 王者‧諸侯之風, 相須以爲治, 諸侯所以代其終也. 故「召南」之終, 至於'仁如騶虞'然後, 王道成焉. 夫王道成, 非諸侯之事也. 然非諸侯有騶虞之德, 亦何似見王道之成哉." 歐陽公曰: "賈誼『新書』曰: '騶者, 文王之囿名; 虞者, 囿之司獸也'695)." 陳氏曰: "『禮記』「射義」云: '天子以騶虞爲節, 樂官備也'696), 則其爲虞官明矣. 獨以虞爲主, 其實歎文王之仁而不斥言也." 此與舊說不同, 今存於此.

이 서문은 시의 핵심적인 뜻에는 맞지만 말뜻이 역시 분명하지 않다. 양씨(楊氏:

---

694) 복상(卜商) 자하(子夏)의 「모시서(毛詩序)」에서 "「周南」‧「召南」, 正始之道, 王化之基.(「주남」과 「소남」은 시초를 바르게 하는 방도이고, 임금 덕화의 기반이다.)"라고 하였는데, 당나라의 공영달(孔穎達)은 "正其初始之大道, 王業風化之基本也.(그 시초를 바르게 하는 대도이고, 왕업 풍화의 기본이다.)"라 하였고, 명나라의 유량(劉良)은 '정시지도(正始之道)'를 왕도(王道)의 시초를 바르게 하는 것이라고 하였다.

695) 가의(賈誼) 찬, 『신서(新書)』 권6, 「예(禮)」. "『詩』云: '一發五豝, 吁嗟乎騶虞.' 騶者, 天子之囿也; 虞者, 囿之司獸者也."

696) 호광(胡廣) 등 찬, 『예기대전(禮記大全)』 권30, 「사의(射義)제46」. "其節, 天子以騶虞爲節, 諸侯以貍首爲節, 卿大夫以采蘋爲節, 士以采蘩爲節. 騶虞者, 樂官備也; 貍首者, 樂會時也; 采蘋者, 樂循法也; 采蘩者, 樂不失職也. 是故, 天子以備官爲節, 諸侯以時會天子爲節, 卿大夫以循法爲節, 士以不失職爲節."

楊時)697)가 말하였다. "이남(二南)은 시초를 바르게 하는 방도이고, 임금 덕화(德化)의 기반이니, 대개 한 몸이다. 임금과 제후의 풍교(風敎)는 서로 구하여 치도(治道)로 삼으니, 제후는 그 마지막을 대신하는 것이다. 그러므로 「소남(召南)」의 끝에서 '인여추우(仁如騶虞)'에 이른 뒤라야 왕도(王道)가 이루어지는 것이다. 무릇 왕도(王道)가 이루어지는 것은 제후의 일이 아니다. 그러나 제후가 추우(騶虞)의 덕이 있지 않으면 역시 어찌 왕도(王道)의 이름을 보겠는가." 구양공(歐陽公: 歐陽修)698)이 말하였다. "가의(賈誼)699)의 『신서(新書)』에서 말하기를, '추(騶)라는 것은 문왕의 동산 이름이고, 우(虞)라는 것은 동산에서 짐승을 돌보는 관리이다.'라고 하였다. 진씨(陳氏: 陳鵬飛)700)가 말하였다. "『예기(禮記)』「사의(射義)」에서 이르기를, '천자는 추우(騶虞)로써 규칙으로 삼으니, 악관(樂官)이 갖추어진 것이다.'라고 하였다. 그렇다면 우관(虞官)이 되는 것이 분명하다. 사냥은 우(虞)를 위주로 하지만, 그 실제는 문왕의 인(仁)을 찬탄하면서 드러내어 말하지 않았다." 이것은 예전의 말과 같지 않으니, 이제 여기에 남겨둔다.

詳說

○ 代終, 見『易』「坤・文言」.701)

---

697) 양씨(楊氏: 楊時): 양시(1053-1135)는 북송의 학자로 자가 중립(中立)이고, 호가 구산(龜山)이며, 남검주(南劍州) 사람이다. 일찍이 정호(程顥)와 정이(程頤)에게 학문을 배워 유작(游酢)・여대림(呂大臨)・사양좌(謝良佐)와 함께 '정문사대제자(程門四大弟子)'라고 불렸다. 또 나종언(羅從彦)・이동(李侗)과 함께 '남검삼선생(南劍三先生)'이라고도 불렸다. 나중에 벼슬에 나아가 용도각직학사(龍圖閣直學士)에 이르렀으며, 만년에는 구산(龜山)에 은거하여 강학하니 학자들이 구산선생(龜山先生) 또는 구산 양씨(龜山楊氏)라고 불렀다. 시호는 문정(文靖)이다. 저서로는 『구산집(龜山集)』・『구산어록』・『이정수언(二程粹言)』 등이 있다.
698) 구양공(歐陽公: 歐陽修): 구양수(1007-1072)는 송대 학자로, 자가 영숙(永叔)이고, 호가 취옹(醉翁) 또는 육일거사(六一居士)이며, 여릉(廬陵) 사람이다. 벼슬은 권지례부공거(權知禮部貢擧)・개봉 부윤(府尹)・한림학사(翰林學士) 겸 사관수찬(史館修撰)・추밀부사(樞密副使)・참지정사(參知政事) 등을 역임하였으며, 시문이 뛰어나 당송팔대가의 한 사람으로 꼽혔다. 시호는 문충(文忠)이다. 저서로는 『구양문충공전집(歐陽文忠公全集)』과 『집고록(集古錄)』 등이 있다.
699) 가의(賈誼): 가의(B.C.200-168)는 서한(西漢)의 학자로 낙양 사람이다. 어려서부터 글재주가 있어 세상에서 가생(賈生)이라 불렸으며, 일찍이 관직에 오른 뒤에는 가장사(賈長沙), 가태부(賈太傅)라고 불렸다. 그 뒤에 양회왕(梁懷王)의 태부(太傅)가 되었으나 양회왕이 말에서 떨어져서 죽자 자괴감에 괴로워하다가 33세에 죽었다. 사마천(司馬遷)은 굴원(屈原)과 가의(賈誼)에 대해 동정을 보내면서 두 사람을 합쳐 한 편의 전기를 썼는데, 이로 인해 후세에 굴가(屈賈)라는 호칭이 있게 되었다. 대표작으로는 「과진론(過秦論)」・「논적저소(論積貯疏)」・「진정사소(陳政事疏)」・「조굴원부(吊屈原賦)」・「복조부(鵩鳥賦)」 등이 있고, 저서로는 『신서(新書)』와 『가장사집(賈長沙集)』・『가의집(賈誼集)』이 있다.
700) 진씨(陳氏 : 陳鵬飛): 진붕비는 송대 학자로, 자가 소남(少南)이고, 호가 나부(羅浮)이며, 영가(永嘉) 사람이다. 소흥(紹興) 연간에 진사(進士)에 올라 벼슬이 비서소감(秘書少監)・좌적공랑(左迪功郎)・태학박사(太學博士) 겸 숭정전설서(崇政殿說書)・예부시랑(禮部侍郎) 등을 지냈다. 저서로는 『서해(書解)』 30권과 『시해(詩解)』 20권과 『나부집(羅浮集)』 10권 등이 있다.
701) 호광(胡廣) 등 찬, 『주역전의대전(周易傳義大全)』 권2, 「곤괘(坤卦)・문언전(文言傳)」. "陰雖有美, 含之, 以從王事, 弗敢成也. 地道也, 妻道也, 臣道也, 地道, 无成而代有終也.(음(陰)이 비록 아름다움이 있더라도 그것을 품고서 왕의 일에 종사하여 감히 이루지 않으니 땅의 도이며, 아내의 도이며, 신하의 도이니 땅의

'제후소이대기종야(諸侯所以代其終也)'의 경우, '대종(代終)'은 『주역(周易)』「곤괘(坤卦)·문언(文言)」에 보인다.

◯ 音扶.
　'부(夫)'는 음이 부(扶)이다.

◯ 西漢洛陽人.
　'가의(賈誼)'는 서한(西漢)의 낙양 사람이다.

◯ 虞人.
　'유지사수야(囿之司獸也)'의 경우, 산과 못과 궐내 동산을 맡아 관리하는 우인(虞人)이다.

◯ 二說.
　'차(此)'는 두 가지[가의(賈誼)와 진씨(陳氏)]의 설명이다.

　도는 이름이 없지만 대신하여 끝마침이 있는 것이다.)"

패(邶)

「柏舟」, 言仁而不遇也. 衛頃公之時, 仁人不遇, 小人在側.

「백주(柏舟)」는 어질면서 대우받지 못함을 말한 것이다. 위(衛)나라 경공(頃公) 때에 어진 사람이 대우받지 못하고, 소인이 임금 곁에 있었다.

辨說

詩之文意事類, 可以思而得, 其時世名氏, 則不可以強而推, 故凡小序, 唯詩文明白直指其事, 如「甘棠」・「定中」・「南山」・「株林」之屬; 若證驗之切見於書・史, 如「載馳」・「碩人」・「清人」・「黃鳥」之類, 決爲可無疑者. 其次則詞旨大槩, 可知必爲某事, 而不可知其爲某時・某人者, 尙多有之. 若爲小序者, 姑以其意推尋探索, 依約而言, 則雖有所不知, 亦不害其爲不自欺; 雖有未當, 人亦當恕其所不及. 今乃不然, 不知其時者, 必強以爲某王・某公之時; 不知其人者, 必強以爲某甲・某乙之事. 於是傅會書・史, 依託名諡, 鑿空妄語, 以誑後人. 其所以然者, 特以恥其有所不知, 而唯恐人之不見信而已. 且如「柏舟」, 不知其出於婦人, 而以爲男子; 不知其不得於夫, 而以爲不遇於君, 此則失矣. 然有所不及而不自欺, 則亦未至於大害理也. 今乃斷然以爲衛頃公之時, 則其故爲欺罔, 以誤後人之罪, 不可揜矣. 蓋其偶見此詩冠於三衛變風之首. 是以求之『春秋』之前, 而『史記』所書, 莊・桓以上衛之諸君, 事皆無可考者; 諡亦無甚惡者, 獨頃公有賂王請命之事, 其諡亦又爲甄心動懼之名, 如漢諸侯王, 必其嘗以罪謫然後, 加以此諡. 以是, 疑其必有棄賢用佞之失, 而遂以此詩予之. 若將以衒其多知, 而必於取信, 不知將有明者從旁觀之, 則適所以暴其眞不知, 而啓其深不信也. 凡小序之失, 以此推之, 什得八九矣. 又其爲說, 必使詩無一篇不爲美刺時君國政而作, 固已不切於情性之自然. 而又拘於時世之先後, 其或『詩』・傳所載當此之時, 偶無賢君美諡, 則雖有詞之美者, 亦例以爲陳古而刺今. 是使讀者疑於當時之人, 絶無善則稱君, 過則稱己之意. 而一不得志, 則扼腕切齒, 嘻笑冷語, 以懟其上者, 所在而成羣. 是其輕躁險薄, 尤有害於溫柔敦厚之教, 故予不可以不辨.

시(詩)의 글뜻과 일들은 생각하여 알 수 있지만, 그 시대와 성명은 억지로 추정해서는 안 된다. 그러므로 모든 소서(小序)에서 오직 시문(詩文)이 명백하여 그 일을 곧바로 가리킨 것은 「감당(甘棠)」・「정중(定中)」・「남산(南山)」・「주림(株林)」과 같은 등속이고, 증험이 확실하고 적절하며 경서(經書)와 사서(史書)에 나타난 것은 「재치(載馳)」·「석인(碩人)」·「청인(清人)」·「황조(黃鳥)」와 같은 부류이니, 결코 의심할 만한 것이 없다. 그 다음으로는 말뜻이 대강이어도 반드시 어떤 일이 되는지 알 수 있지만, 그 적확하게 어느 때에 어떤 사람이 되는지 알 수 없는 것이 오히려 많이 있다. 만약 소서(小序)를 쓴 이가 우선 그 뜻으로써 미루어 찾고 탐색하여 의거하고 따르면서 말했다면 비록 알지 못하는 것이 있더라도 역시 스스로 속이지 않음이 됨에는 무방하며, 비록 온당하지 못한 것이 있더라도 사람들이 또한 마땅히 그 미치지 못한 것을 용서해 주어야 한다. 지금 이에 그렇지 않아서 그 때를 알지 못하는 이는 반드시 억지로 어떤 왕과 어떤 공의 때라고 하며, 그 사람을 알지 못하는 이는 반드시 억지로 아무개 갑과 아무개 을의 일이라고 하는 것이다. 이에 경서(經書)와 사서(史書)에 억지로 끌어다가 맞추고, 이름과 시호에 의탁하여 쓸데없는 공론을 일삼고 거짓말을 하여 후세 사람들을 속이는 것이다. 그 그렇게 하는 까닭은 다만 알지 못하는 것이 있음을 부끄럽게 여겨서 오직 사람들이 자기를 믿어주지 않을까 염려하기 때문일 따름이다. 또 「백주(柏舟)」 같은 것은 부인에게서 나왔음을 모르고 남자의 것으로 여기고, 남편에게 사랑을 얻지 못하였음을 모르고 임금을 만나지 못한 것으로 여겼으니, 이것이 잘못된 것이다. 그러나 미치지 못한 것이 있는데도 스스로 속이지 않았으니, 곧 역시 크게 도리를 해친 데에는 이르지 않은 것이다. 이제 이에 딱 잘라서 위(衛)나라 경공(頃公)의 때라고 여겼다면 고의로 속여서 후세 사람들을 그르치게 한 죄를 가릴 수 없었을 것이다. 대개 우연히 이 시가 삼위(三衛)[702] 변풍(變風)의 첫머리에서 가장 위에 있는 것을 보았다. 그래서 『춘추(春秋)』 이전에서 찾으니, 『사기(史記)』의 기록된 곳에서 장공(莊公)과 환공(桓公) 이상 위(衛)나라의 여러 임금에게서는 일마다 모두 상고할 만한 것이 없고, 시호(諡號)도 또한 매우 나쁜 것이 없는데, 오직 경공(頃公)이 왕에게 뇌물을 주어 임명(任命)을 청구한 일이 있고, 그 시호도 또한 다시 삼가고 두려워해야 하는 명칭으로, 마치 한(漢)나라 제후왕(諸侯王)[703]이 필시

---

702) 삼위(三衛): 호광(胡廣) 등 찬, 『예기대전(禮記大全)』 권18, 「악기(樂記)제19」에서 "정나라와 위나라의 음악은 어지러운 세상의 음악이니, 방만함과 같은 것이다.(鄭‧衛之音, 亂世之音也, 比於慢矣.)"라고 하였는데, 『논어』「위영공(衛靈公)」에서 공자가 음시(淫詩)로 꼽은 「정풍(鄭風)」과, 위나라 땅이었던 삼위(三衛)인 「패풍(邶風)」·「용풍(鄘風)」·「위풍(衛風)」이 변풍(變風), 바로 난세(亂世)의 음(音)에 해당하는 것이다.
703) 제후왕(諸侯王): 한나라 황제의 아들이 봉해져서 임금이 된 것을 말한다. 채옹(蔡邕)의 『독단(獨斷)』 권하에 의하면 "한자라 제도에 황제의 아들을 봉하여 왕이라고 하였는데 실제는 옛날의 제후이다. 주나라 말에 제후가 간혹 왕이라 칭하고, 한나라 천자가 스스로 황제라고 참칭하였기 때문에 왕이라는 호칭을 더해 주어 총괄하여 제후왕이라고 명명하였다.(漢制皇子封爲王者, 其實古諸侯也. 周末諸侯或稱王, 而漢天子自以皇帝爲稱, 故以王號加之, 總名諸侯王.)"라고 하였다.

일찍이 지은 죄 때문에 유배된 뒤에 이 시호가 더해진 것과 같았다. 이 때문에 의심컨대 필시 현명한 인재를 버리고 아첨꾼을 등용한 잘못이 있었을 것인데, 마침내 이 시로써 그것을 더한 것이다. 장차 그 많이 아는 것을 자랑하여 믿음을 얻을 것이라고 기필하지만, 장차 현명한 이가 옆에서 본다면 다만 진짜로 모르는 것이 폭로(暴露)되어 심히 믿지 않음이 됨을 모르는 것과 같다. 무릇 소서의 잘못을 이것으로써 미루어보면 10에 8, 9인 것이다. 또 그 말한 것이 반드시 시로 하여금 한 편도 당시의 임금과 나라의 정사를 찬미하거나 풍자하여 지은 것이 되지 않게 하였으니, 참으로 이미 정성(情性)의 자연에 적절하지 않다. 그런데 또 시대의 앞뒤에 구애되어 혹시 『시경』이나 주석서에 기재된 이 당시는 우연하게도 현명한 임금이나 아름다운 시호가 없으며, 비록 아름다운 말이라 하더라도 역시 대부분 옛일을 진술하여 지금을 풍자함이라고 여겼다. 이는 읽는 이로 하여금 당시 사람들에게 좋으면 임금을 일컫고 잘못하면 자기를 일컫는 뜻이 절대로 없었음을 의심하게 하는 것이다. 그런데 하나라도 자기 뜻에 맞지 않으면 주먹을 쥐고 이를 갈며 비웃고 냉소하는 말로 그 윗사람을 원망하는 이가 있는 곳마다 무리를 이루었다. 이것은 경솔하고 성급하며 험악하고 야박하여 더욱 온유하고 돈후한 교화를 해침이 있기 때문에 내가 변설하지 않을 수 없는 것이다.

詳說

○ 上聲, 下並同.
'불가이강(不可以强)'에서 '강(强)'은 상성(上聲: 강하다, 억지로 하다)이니, 아래도 아울러 같다.

○ 音訂.
'정(定)'은 음이 정(訂)이다.

○ 猶'及'也.
'약(若)'은 '급(及)'과 같다.

○ 音現.
'절현(切見)'에서 '현(見)'은 음이 현(現)이다.

○ 俱見『左傳』.
'「황조」지류(「黃鳥」之類)'의 내용이 모두 『좌전(左傳)』에 보인다.

○ 山客反.
'탐색(探索)'에서 '색(索)'은 산(山)과 객(客)의 반절이다.

○ 依俙大約.
'의약(依約)'은 핵심적인 것에 의거하고 따르는 것이다.

○ 音附.
'부(傅)'는 음이 부(附)이다.

○ 都玩反.
'단(斷)'은 도(都)와 완(玩)의 반절이다.

○ 去聲.
'관(冠)'은 거성(去聲: 위에 놓다, 얹어놓다, 쓰다)이다.

○ 見「周書 · 諡法解」.704)
'견심동구지명(甄心動懼之名)'의 내용이 「일주서(逸周書) · 시법해(諡法解)」에 보인다.

○ 以罪見責.
'적(謫)'은 지은 죄로써 견책(譴責)을 당하는 것이다.

○ 音與.
'여(予)'는 음이 여(與)이다.

---

704) 『일주서(逸周書)』「시법(諡法)」. "甄心動懼曰頃.": 황간(黃幹) 찬, 『의례경전통해(儀禮經傳通解)』 속권6. 「시뢰의諡議」. ; 『사기정의논례시법해열국분야(史記正義論例諡法解列國分野)』 「당제왕시독율부장사장수절상(唐諸王侍讀率府長史張守節上) · 시법해(諡法解)」 등에도 보인다.

○ 猶言加之.
'여지(予之)'의 경우, '가지(加之)'라고 말하는 것과 같다.

○ 步卜反.
'폭(暴)'은 보(步)와 복(卜)의 반절이다.

○ 經與註, 或曰: "詩經與他書."
'기혹『시』·전(其或『詩』·傳)'의 경우, 『시경(詩經)』과 주석이니, 어떤 이는 말하기를, "『시경(詩經)』과 다른 책이다."라고 하였다.

○ 一作'人'.
'절무선즉칭군(絶無善則稱君)'에서 '군(君)'은 어떤 판본에는 '인(人)'으로 썼다.

○ 見『禮記』「坊記」.705)
'과즉칭기지의(過則稱己之意)'의 내용이 『예기(禮記)』「방기(坊記)」에 보인다.

○ 見『禮記』「經解」.706)
'온유돈후지교(溫柔敦厚之敎)'의 내용이 『예기(禮記)』「경해(經解)」에 보인다.

○「綠衣」, 衛莊姜傷己也. 妾上僭, 夫人失位, 而作是詩也.
「녹의(綠衣)」는 위(衛)나라 장강(莊姜)이 자기 자신을 애처롭게 여긴 것이다. 첩들이 위로 대들고 함부로 함에 부인이 지위를 잃고서 이 시를 지은 것이다.

辨說
此詩下至「終風」四篇, 序皆以爲莊姜之詩, 今姑從之. 然唯「燕燕」一篇詩文, 略可據耳.
이 시(詩) 아래로 「종풍(終風)」까지 네 편을 서문에서 모두 장강(莊姜)의 시라고

---

705) 호광(胡廣) 등 찬, 『예기대전(禮記大全)』 권22, 「제법(祭法)제23」. "善則稱人, 過則稱己, 敎不伐以尊賢也."; 호광(胡廣) 등 찬, 『예기대전(禮記大全)』 권25, 「방기(坊記)제30」. "子云: '善則稱人, 過則稱己, 則民不爭; 善則稱人, 過則稱己, 則怨益亡.'"; "子云: '善則稱人, 過則稱己, 則民讓善.'"; "子云: '善則稱君, 過則稱己, 則民作忠.'"; "子云: '善則稱親, 過則稱己, 則民作孝.'"
706) 호광(胡廣) 등 찬, 『예기대전(禮記大全)』 권23, 「경해(經解)제26」. "其爲人也, 溫柔敦厚, 『詩』敎也."

여겼는데, 이제 잠시 그것을 좇는다. 그러나 오직 「연연(燕燕)」 한 편의 시문만 대략 근거할 수 있을 뿐이다.

詳說

○ 於其詩文.

'시문(詩文)'의 경우, 그 시문(詩文)에 있어서이다.

「燕燕」, 衛莊姜送歸妾也.

「연연(燕燕)」은 위(衛)나라 장강(莊姜)이 친정으로 돌아가는 첩을 전송한 것이다.

詳說

○ 大歸之妾也.

영원히 친정으로 돌아가는 첩이다.

辨說

'遠送于南'一句, 可送戴嬀之驗.707)

'강원우남(遠送于南: 멀리 남쪽으로 보내노라)'의 한 구절은 대규(戴嬀)를 전송하는 증험으로 적합하다.

「日月」, 衛莊姜傷己也. 遭州吁之難, 傷己不見答於先君, 以至困窮之詩也.

「일월(日月)」은 위(衛)나라 장강(莊姜)이 자기 자신을 애처롭게 여긴 것이다. 주우(州吁)의 난(難)을 당하여 자기가 선왕(先王)에게 보답을 받지 못하여 곤궁함에 이른 것을 애처롭게 여긴 시이다.

---

707) 호광(胡廣) 등 찬, 『시전대전(詩傳大全)』 권2, 「국풍(國風)·패(邶)·연연(燕燕)」. "燕燕于飛, 下上其音. 之子于歸, 遠送于南. 瞻望弗及, 實勞我心.(제비와 제비들의 낢이여, 내리 오르는 그 소리로다. 이 여자가 다시 돌아감에 멀리 남쪽에서 보내노라. 바라보나 미치지 못하니 진실로 내 마음 힘들구나.)" 주자의 집전에 의하면 "莊姜無子, 以陳女戴嬀之子完, 爲己子, 莊公卒, 完卽位, 嬖人之子州吁弑之. 故戴嬀大歸于陳, 而莊姜送之, 作此詩也. … '送于南'者, 陳在衛南.(장공에게 아들이 없어 진나라 여자 대규의 아들인 완을 자기 아들로 삼아서 장공이 죽자 완이 즉위하였는데, 귀염 받던 첩의 아들인 주우가 시해하였다. 그러므로 대규가 진나라로 아주 돌아가는데 장강이 전송하면서 이 시를 지은 것이다. … '남쪽에서 전송한다.'는 것은 진나라가 위나라의 남쪽에 있기 때문이다.)"라고 하였다.

辨說

此詩, 序以爲莊姜之作, 今未有以見其不然. 但謂遭州吁之難而作, 則未然耳. 蓋詩言: '寧不我顧', 猶有望之之意; 又云: '德音無良', 亦非所宜施於前人者, 明是莊公在時所作. 其篇次, 亦當在「燕燕」之前也.

이 시는 서문에서 장강(莊姜)의 작품이라고 하였는데, 지금껏 그렇지 않다는 것을 보지 못하였다. 다만 주우(州吁)의 난(難)을 당하여 지었다는 것은 그렇지 않을 뿐이다. 대개 시에서 '영불아고(寧不我顧)[708]'라고 말한 것은 오히려 바라는 뜻이 있고, 또 '덕음무량(德音無良)[709]'이라고 이른 것은 마땅히 이전 사람에게 해야 하는 말이 아니니, 이는 장공(莊公)이 있을 때에 지은 것이 분명하다. 그 편의 차례도 또한 당연히「연연(燕燕)」의 앞에 있어야 한다.

詳說

○ 一作'言'.[710]

'우운(又云)'에서 '운(云)'은 어떤 판본에는 '언(言)'으로 썼다.

「終風」, 衛莊姜傷己也. 遭州吁之暴, 見侮慢而不能正也.

「종풍(終風)」은 위(衛)나라 장강(莊姜)이 자기 자신을 애처롭게 여긴 것이다. 주우(州吁)의 포악함을 당하여 업신여기고 잘난 체함을 보면서도 바로잡을 수 없었던 것이다.

---

708) 덕음무량(德音無良): 호광(胡廣) 등 찬,『시전대전(詩傳大全)』권2,「국풍(國風)·패(邶)·일월(日月) 1장」. "저 하늘의 밝은 해와 달이 이 땅을 두루 내리 비치니 이에 이와 같은 한 사람이 옛날처럼 대해주지 않도다. 어찌 안심할 수 있겠냐마는 어찌 나를 돌아보지 않는가.(日居月諸, 照臨下土, 乃如之人兮, 逝不古處. 胡能有定, 寧不我顧.)" 주자의 집전에 의하면 "장강이 장공에게 은정을 보지 못하였기 때문에 해와 달을 부르면서 하소연하여 말하기를, '해와 달이 하늘 아래 땅을 내리 비침이 오래되었으니, 이제 바로 이와 같은 사람이 있는데 옛날 부부의 도리로써 서로 거처하지 않거늘, 이에 그 마음과 뜻이 헤매고 반하여 빠지니 또한 어찌 안심할 수 있겠냐마는, 어찌 오직 나를 돌아보지 않는 것인가?'라고 하였다. 버림을 받음이 이와 같은데도 오히려 그에게 희망하는 뜻이 있으니, 이는『시경』이 온유돈후함이 되는 까닭이다.(莊姜不見答於莊公, 故呼日月而訴之, 言: '日月之照臨下土久矣, 今乃有如是之人, 而不以古道相處, 是其心志回惑, 亦何能有定哉, 而何爲其獨不我顧也.' 見棄如此, 而猶有望之之意焉, 此『詩』之所以爲厚也.)"라고 하였다.
709) 덕음무량(德音無良): 호광(胡廣) 등 찬,『시전대전(詩傳大全)』권2,「국풍(國風)·패(邶)·일월(日月) 3장」. "저 하늘의 밝은 해와 달이 동쪽으로부터 나와 있도다. 이에 이와 같은 한 사람이 하는 말씀이 어질지 않도다. 어찌 안심할 수 있겠냐마는 나로 하여금 잊도록 하는가.(日居月諸, 出自東方, 乃如之人兮, 德音無良. 胡能有定, 俾也可忘.)" 주자의 집전에 의하면 "'덕음'은 그 말을 아름답게 여긴 것이고, '무량'은 그 실제를 추하게 여긴 것이다. '비야망'은 어찌 홀로 나로 하여금 잊어도 되는 사람으로 여기는 것인가 말한 것이다.('德音', 美其辭. '無良', 醜其實也. '俾也可忘', 言何獨使我爲可忘者耶.)"라고 하였다.
710) 호광(胡廣) 등 찬,『시전대전(詩傳大全)』「시서(詩序)」;『흠정시경전설휘찬(欽定詩經傳說彙纂)』「시서(詩序)」상」;『모시계고편(毛詩稽古編)』권3,「패(邶)」등에는 '言'으로 되어 있다.

辨說

詳味此詩, 有夫婦之情, 無母子之意. 若果莊姜之詩, 則亦當在莊公之世, 而列於「燕燕」之前. 序說誤矣.711)

이 시를 상세하게 음미해보면 부부 사이의 감정만 있고, 어머니와 아들 사이의 뜻은 없다. 만약 장강(莊姜)의 시라면 역시 당연히 장공(莊公)의 시대에 있었던 것이니, 「연연(燕燕)」의 앞에 차례지어야 한다. 서문의 말이 잘못되었다.

「擊鼓」, 怨州吁也. 衛州吁用兵暴亂, 使公孫文仲, 將而平陳與宋, 國人怨其勇而無禮也.

「격고(擊鼓)」는 주우(州吁)를 원망한 것이다. 위나라 주우가 군사를 부려서 사납게 난리를 일으킴에 공손문중(公孫文仲)으로 하여금 군대를 거느려 정(鄭)나라를 치는데 진(陳)나라와 송(宋)나라에 도움을 청하게 하니, 나라 사람들이 그 용맹하되 예의 없음을 원망한 것이다.

詳說

○ 去聲.

'장(將)'은 거성(去聲: 통솔하다, 지휘하다)이다.

辨說

『春秋』隱公四年, 宋·衛·陳·蔡伐鄭, 正州吁自立之時也. 序, 蓋據詩文 '平陳與宋712)', 而引此爲說, 恐或然也. 然『傳』記魯衆仲之言曰: "州吁阻兵而安忍. 阻兵無衆, 安忍無親, 衆叛親離, 難以濟矣. 夫兵, 猶火也, 弗戢, 將

---

711) 호광(胡廣) 등 찬, 『시전대전(詩傳大全)』 권2, 「국풍(國風)·패(邶)·종풍(終風)」. "終風且暴, 顧我則笑, 謔浪笑敖, 中心是悼.(종일 바람 불고 또 사나웠어도 나를 돌아보고 간혹 웃어주나니 웃스갯소리에 멋대로 노는지라 내 마음속이 아프고 슬퍼지도다.)" 주자의 집전에 의하면 "莊公之爲人, 狂蕩暴疾, 莊姜蓋不忍斥言之, 故但以 '終風且暴'爲比. 言: '雖其狂暴如此, 然亦有顧我則笑之時, 但皆出於戲慢之意, 而無愛敬之誠, 則又使我不敢言而心獨傷之耳.' 蓋莊公暴慢無常, 而莊姜正靜自守, 所以忤其意而不見答也.(장공의 사람됨이 지나치게 방탕하고 사납고 모질었는데, 장강이 대개 차마 물리쳐서 말하지 못하였기 때문에 다만 '종풍차포'로써 비유하여 말하기를, '비록 그 지나치게 사납고 모질음이 이와 같으나, 또한 나를 돌아보고 간혹 웃을 때가 있으며, 다만 우스갯소리에 멋대로 노는 뜻을 나타내어 사랑하고 공경하는 성의가 없으니, 이에 나로 하여금 감히 말을 못하고 오직 마음만 아프고 슬프게 할 뿐이다.'라고 한 것이다. 대개 장공은 사납고 거만하여 떳떳한 도리가 없었으나, 장강은 올바름과 고요함으로 스스로 지켰으니, 이 때문에 그 뜻을 거슬러서 은정을 보지 못한 것이다."라고 하였다.

712) 호광(胡廣) 등 찬, 『시전대전(詩傳大全)』 권2, 「국풍(國風)·패(邶)·격고(擊鼓)」. "從孫子仲, 平陳與宋. 不我以歸, 憂心有忡.(손자중 장군님을 뒤따라가면서 진나라와 송나라를 화친했노라. 나를 집으로 돌려보내지 않으니 마음에 시름 생겨 두근거리도다.)"

自焚也. 夫州吁弒其君而虐用其民, 於是乎不務令德而欲以亂成, 必不免矣."
按, 州吁簒弒之賊, 此序, 但譏其'勇而無禮', 固爲淺陋, 而衆仲之言, 亦止於此. 蓋君臣之義, 不明於天下, 久矣, 『春秋』其得不作乎.

『춘추(春秋)』은공(隱公) 4년에 송(宋)나라와 위(衛)나라와 진(陳)나라와 채(蔡)나라가 정(鄭)나라를 정벌하였는데, 바로 주우(州吁)가 스스로 왕위에 오른 때이다. 서문은 대개 시문(詩文)의 '평진여송(平陳與宋)'에 의거하여 이것을 끌어다가 설명하였으니, 아마도 조금은 그럴 듯하다. 그러나 『좌전(左傳)』에서 노(魯)나라 중중(衆仲)의 말을 기록하였으니, "주우(州吁)는 군대를 믿고 잔인한 짓을 즐깁니다. 군대를 믿으면 민중이 없고, 잔인한 짓을 즐기면 친구가 없습니다. 민중이 돌아서고 친구가 떠나가면 성공하기 어렵습니다. 무릇 군대는 불과 같으니, 끄지 않으면 장차 스스로 불탈 것입니다. 저 주우(州吁)는 그 임금을 죽이고 그 백성을 잔학하게 부려서 이에 착한 덕을 힘쓰지 않고 난을 일으켜 성공하고자 하였으니, 반드시 죽음을 면치 못할 것입니다."라고 하였다. 살펴보건대, 주우(州吁)는 임금을 찬시(簒弒)한 역적인데, 이 서문에는 단지 그가 '용맹하되 예의 없음'만 풍자했으니, 참으로 소견이 얕고 좁아서 중중(衆仲)의 말도 역시 이 정도에 그쳤다. 임금과 신하 사이의 의리가 온 세상에 밝지 못한 지 오래되었으니, 『춘추』를 짓지 않을 수 있었겠는가.

詳說

○ 『左氏』.
'『전』(『傳』)'은 『춘추좌씨전(春秋左氏傳)』이다.

○ 恃其兵.
'조병(阻兵)'의 경우, 그 군대를 믿는 것이다.

○ 安其忍.
'안인(安忍)'의 경우, 그 잔인한 짓을 즐기는 것이다.

○ 音扶, 下同.
'부(夫)'는 음이 부(扶)이니, 아래도 같다.

○ 以亂而成其業.
'이난성(以亂成)'의 경우, 난을 일으켜 그 왕업을 이루는 것이다.

○ 言必妃亡.
'필불면의(必不免矣)'의 경우, 반드시 죽음을 말하는 것이다.

「凱風」, 美孝子也. 衛之淫風流行, 雖有七子之母, 猶不能安其室. 故美七子能盡其孝道, 以慰其母心而成其志爾.

「개풍(凱風)」은 효자를 찬미한 것이다. 위나라에 음란한 풍속이 유행하여 비록 일곱 아들을 둔 어머니라도 오히려 그 집에서 편안히 살 수 없었다. 그러므로 일곱 아들이 능히 그 효도를 다하여 그 어머니의 마음을 위안(慰安)하여 그 뜻을 이룬 것을 찬미하였을 뿐이다.

詳說
○ 鄭氏曰 : "成言孝子自責之意."713)
정씨(鄭氏: 鄭玄)가 말하였다. "효자(孝子)가 스스로 책망하는 뜻을 약속하는 것이다."

辨說
以孟子之說證之, 序說亦是. 但此乃七子自責之辭, 非美七子之作也.
맹자의 말로써 입증하면, 서문의 말이 또한 옳다. 단지 이것은 바로 일곱 아들이 스스로 책망하는 말이니, 일곱 아들을 찬미하려고 지은 것이 아니다.

詳說
○ 釋於此.
'미칠자(美七子)'에서 '미(美)'자의 경우, 여기에서 해석한다.

---

713) 정씨(鄭氏) 전(箋)·육덕명(陸德明) 음의·공영달(孔穎達) 소(疏), 『모시주소(毛詩注疏)』 권3, 「국풍(國風)·패(邶)·개풍(凱風)」에 의하면 정현(鄭玄)의 '箋'이 아니라, 모장(毛萇)의 '傳'으로 되어있다. 그 내용은 다음과 같다. "『傳』, '不安其室, 欲去嫁也. 成其志者, 成言孝子自責之意.'(『모전』에서, '불안기실은 시댁을 떠나고자 하는 것이고, 성기지라는 것은 효자가 스스로 뉘우치고 풍자하는 뜻을 약속하는 것이다.'라고 하였다.)"

「雄雉」, 刺衛宣公也. 淫亂不恤國事, 軍旅數起, 大夫久役, 男女怨曠, 國人患之而作是詩.

「웅치(雄雉)」는 위나라 선공(宣公)을 풍자한 것이다. 음란하여 나라의 정사를 보살피지 않고, 군대를 자주 일으켜서 대부들이 오래도록 군역(軍役)에 종사하여 남자와 여자가 오래도록 떨어짐을 원망하니, 나라 사람이 이것을 걱정하여 이 시를 지은 것이다.

詳說

○ 音朔.

'삭(數)'은 음이 삭(朔)이다.

○ 一作'怨'. 714)

'국인환(國人患)'에서 '환(患)'은 어떤 판본에는 '원(怨)'으로 썼다.

辨說

序所爲'大夫久役, 男女怨曠'者, 得之. 但未有以見其爲宣公之時, 與'淫亂不恤國事'之意耳. 兼此詩, 亦婦人作, 非國人之所爲也.

서문에서 말한 바 '대부들이 오래도록 군역(軍役)에 종사하여 남자와 여자가 오래도록 떨어짐을 원망하였다.'라는 말은 맞게 되었다. 다만 그것이 선공(宣公)의 때가 된다고 볼 수 없으나, '음란하여 나라의 정사를 보살피지 않았다'는 뜻만 어울릴 뿐이다. 아울러 이 시는 역시 부인(婦人)이 지었으며, 나라 사람이 지은 것이 아니다.

「匏有苦葉」, 刺衛宣公也. 公與夫人, 竝爲淫亂.

「포유고엽(匏有苦葉)」은 위나라 선공(宣公)을 풍자한 것이다. 선공과 부인이 아울러 음란하였다.

詳說

○ 鄭氏曰 : "夷姜." 715)

---

714) 건융(乾隆) 46년(1781) 10월에 기윤(紀昀) 등이 편찬한 주자(朱子) 변설(辨說), 『시서(詩序)』 권상(卷上) ; 호광(胡廣) 등 찬, 『시전대전(詩傳大全)』 「시서(詩序)·주자변설(朱子辨說)」 등에는 '怨'으로 되어있다.

'부인(夫人)'에 대해, 정씨(鄭氏: 鄭玄)가 말하였다. "이강(夷姜)이다."

辨說

未有以見其爲刺宣公·夫人之詩.
선공(宣公)과 부인(夫人)을 풍자한 시가 된다고 볼 수 없다.

詳說

○ 公與夫人.
'선공·부인(宣公·夫人)'은 선공(宣公)과 부인(夫人)이다.

「谷風」, 刺夫婦失道也. 衛人化其上, 淫於新昏而棄其舊室, 夫婦離絶, 國俗傷敗焉.

「곡풍(谷風)」은 부부(夫婦) 사이의 도리를 잃음을 풍자한 것이다. 위 나라 사람들이 그 윗사람을 좇아서 변하여 갓 결혼한 여인에게 현혹되어 그 옛 아내를 버리니, 부부 관계가 끊어져서 나라의 풍속이 부서지고 무너진 것이다.

辨說

亦未有以見化其上之意.
역시 그 윗사람을 좇아서 변하였다는 뜻을 볼 수 없다.

「式微」, 黎侯寓于衛, 其臣勸以歸也.

「식미(式微)」는 여후(黎侯)가 위나라에 붙어사니, 그 신하가 돌아갈 것을 권고(勸告)한 것이다.

辨說

詩中無'黎侯'字, 未詳是否. 下篇同.716)

---

715) 정씨(鄭氏) 전(箋)·육덕명(陸德明) 음의·공영달(孔穎達) 소(疏), 『모시주소(毛詩注疏)』 권3, 「국풍(國風)·패(邶)·포유고엽(匏有苦葉)」. "『箋』, '夫人, 謂夷姜.'(『정전』에서, '부인은 이강을 말한다.'라고 하였다.)"
716) 호광(胡廣) 등 찬, 『시전대전(詩傳大全)』 권2, 「국풍(國風)·패(邶)·식미(式微)」. "式微式微, 胡不歸. 微君之故, 胡爲乎中露.(식미하며 쇠미해졌거늘 어찌 돌아가지 않으리오. 임금 연고가 아니라면 어찌 찬이슬

시 속에는 '여후(黎侯)'자가 없으니, 옳은지 그른지 자세하지 않다. 아래편도 같다.

「旄丘」, 責衛伯也. 狄人迫逐黎侯, 黎侯寓於衛, 衛不能修方伯連率之職, 黎之臣子以責於衛也.

「모구(旄丘)」는 위백(衛伯)을 책망한 것이다. 적인(狄人)이 여후(黎侯)를 핍박하여 쫓아내어 여후가 위나라에 붙어살았는데, 위나라가 능히 방백(方伯)과 연수(連率)의 직무를 수행하지 못하자 여(黎)나라의 신하가 위나라를 책망한 것이다.

詳說

○ 音帥.

'수(率)'는 음이 수(帥)이다.

辨說

序見詩有'伯兮'二字, 而以爲責衛伯之詞, 誤矣.[717] ○陳氏曰: "說者以此爲宣公之詩. 然宣公之後百餘年, 衛穆公之時, 晉滅赤狄潞氏, 數之以其奪黎氏地, 然則此其穆公之詩乎. 不可得而知也.

서문은 시에 '백혜(伯兮)' 두 글자가 있는 것을 보고서 위백(衛伯)을 책망하는 말이라고 여겼는데 잘못된 것이다. ○진씨(陳氏: 陳鵬飛)가 말하였다. "설명하는 이들이 이것을 선공(宣公)의 시라고 여겼다. 그러나 선공(宣公) 뒤 백여 년인 위나라 목공(穆公) 때에 진(晉)나라가 적적(赤狄) 노씨(潞氏)를 격멸시키면서 여씨(黎氏)의 땅을 빼앗은 죄를 지적하였으니, 그러면 이것이 과연 목공(穆公)의 시이겠는가. 잘

---

[717] 을 맞으리오.)" 주자의 집전 내용은 다음과 같다. "舊說, 以爲: '黎侯失國, 而寓於衛, 其臣勸之曰: 衰微甚矣, 何不歸哉? 我若非以君之故, 則亦胡爲而辱於此哉.'(옛날 말에 이르기를, '여나라 제후가 나라를 잃고 위나라에 붙어사니, 그 신하들이 권고하기를, 쇠미함이 심한데 어찌 돌아가지 않으리오. 내가 만약에 임금님의 연고 때문이 아니라면 또한 어찌하여 여기에서 곤욕을 치르리오. 라고 하였다.')"
호광(胡廣) 등 찬, 『시전대전(詩傳大全)』 권2, 「국풍(國風)·패(邶)·모구(旄丘)」. "旄丘之葛兮, 何誕之節兮. 叔兮伯兮, 何多日也.(기운 언덕에 칡덩굴이여. 어찌 듬성한 마디이던가. 이 신하 저 신하 모두가 어찌 숱한 날을 저러는가.)" 주자의 집전에 의하면 "'叔'·'伯', 衛之諸臣也. ○舊說, 黎之臣子, 自言: '久寓於衛, 時物變矣, 故登旄丘之上, 見其葛長大而節疏闊, 因託以起興曰: 旄丘之葛, 何其節之闊也; 衛之諸臣, 何其多日而不見我也.'" 此詩, 本責衛君, 而但斥其臣, 可見其優柔而不迫也.('숙'과 '백'은 위나라의 여러 신하이다. ○예전 변설에, 여나라의 신하가 스스로 말하기를, '오래도록 위나라에 붙어삶에 철마다 사물이 변하였기 때문에 기운 언덕 위에 올라서 그 칡덩굴이 길고 큰데 마디가 듬성한 것을 보고서 이에 가탁하여 흥을 일으켜서, 기운 언덕에 칡덩굴들이 어찌 그 마디가 듬성듬성한가. 위나라의 여러 신하들이 어찌 그 많은 날을 구원받지 못하는가. 라고 하였다.'는 것이다. 이 시는 본래 위나라의 임금을 책망한 것인데도 다만 그 신하만 가리켰으니, 너그럽고 느긋하며 절박하지 않음을 볼 수 있다.)"

알 수 없다."

▣詳說

○ '叔兮', 又指誰耶.
'오의(誤矣)'에서 볼 때, '숙혜(叔兮)'는 또 누구를 가리키는가.

○ 上聲.
'수(數)'는 상성(上聲: 계산하다. 분변하다. 지적하다)이다.

○ 見『左』「宣十五年」.
'탈여씨지(奪黎氏地)'의 내용이 『좌전(左傳)』「선공(宣公) 15년」에 보인다.

「簡兮」, 刺不用賢也. 衛之賢者, 仕於伶官, 皆可以承事王者也.

「간혜(簡兮)」는 현명한 인재를 등용하지 않음을 풍자한 것이다. 위나라의 현명한 이가 악관(樂官)으로 벼슬살이하였는데, 모두 그것으로써 임금을 받들어 섬길 수 있었다.

▣辨說
此序略得詩意, 而詞不足以達之.[718]
이 서문은 대략 시의 뜻에 맞지만, 말이 그 뜻을 전달하기에는 부족하다.

▣詳說

---

718) 호광(胡廣) 등 찬. 『시전대전(詩傳大全)』 권2, 「국풍(國風)·패(邶)·간혜(簡兮)」. 1장에는 "簡兮簡兮, 方將萬舞. 日之方中, 在前上處.(건정건정 손을 저으며 발로 뛰고 바야흐로 온갖 춤을 추려 하도다. 해가 바야흐로 한복판에 있거늘 임금께서 앞쪽 높은 곳에 있노라.)"라 하고, 주자의 집전에서 "賢者不得志而仕於伶官, 有輕世肆志之心焉, 故其言如此, 若自譽而實自嘲也.(현명한 이가 뜻을 얻지 못하여 영관으로 벼슬살이함에 세상을 업신여기고 뜻을 제멋대로 하는 마음이 있었기 때문에 그 말이 이와 같았으니, 스스로 기뻐하는 것 같지만 실제로는 스스로 비웃은 것이다.)"라고 하였다. 4장에는 "山有榛, 隰有苓. 云誰之思. 西方美人. 彼美人兮. 西方之人兮.(산위에는 개암나무가 있으며, 진펄에는 감초나무가 있도다. 누구를 그렇게도 사모하는가. 서쪽의 아름다운 사람이로다. 저쪽 사는 아름다운 사람이여. 서쪽 나라 훌륭한 사람이로다.)"라 하고, 주자의 집전에서 "賢者不得志於衰世之下國, 而思盛際之顯王, 故其言如此, 而意遠矣.(현명한 이가 쇠망한 시대의 아래 나라에서도 뜻을 이루지 못하자 흥성할 때의 드러났던 임금을 생각했기 때문에 그 말이 이와 같으며, 뜻이 원대한 것이다.)"라고 하였다.

○ 一無'而'字.
어떤 판본에는 '이(而)'자가 없다.

「泉水」, 衛女思歸也. 嫁於諸侯, 父母終, 思歸寧而不得, 故作是詩以自見也.

「천수(泉水)」는 위나라 여인이 친정으로 돌아가 문상(問喪)할 것을 생각한 것이다. 제후에게 시집와서 부모님이 돌아가시자 친정으로 돌아가 문상할 것을 생각하였지만 어찌할 수 없었기 때문에 이 시를 지어서 스스로를 드러낸 것이다.

詳說
○ 音現.
'현(見)'은 음이 현(現)이다.

「北門」, 刺仕不得志也. 言衛之忠臣, 不得其志爾.

「북문(北門)」은 벼슬아치가 뜻을 이루지 못함을 풍자한 것이다. 위나라의 충신이 그 뜻을 이루지 못함을 말하였을 뿐이다.

詳說
○ 君使之不得志.
'자사부득지야(刺仕不得志也)'의 경우, 임금이 그에게 뜻을 이루지 못하게 한 것이다.

「北風」, 刺虐也. 衛國並爲威虐, 百姓不親, 莫不相携持而去焉.

「북풍(北風)」은 포학한 정치를 풍자한 것이다. 위나라의 임금과 신하가 아울러 포학(暴虐)한 정치를 하니, 백성들이 친목하지 않아 서로 손잡고 떠나가지 않는 이가 없었다.

詳說
○ 四字, 出『書』「舜典」.719)

'백성불친(百姓不親)', 이 네 글자는 『서경(書經)』「순전(舜典)」에 나온다.

辨說

衛以淫亂亡國, 未聞其有威虐之政. 如序所云者, 此恐非是.720)
위나라가 음란함으로써 나라를 망쳤으나 포학한 정사가 있음을 듣지 못하였다. 서문에서 말한 바와 같다면 이것은 아마도 옳지 않은 것이다.

「靜女」, 刺時也. 衛君無道, 夫人無德.

「정녀(靜女)」는 시정(時政)을 풍자한 것이다. 위나라 임금은 올바르게 다스리는 도(道)가 없고, 부인(夫人)은 은혜로운 덕(德)이 없었다.

辨說

此序, 全然不似詩意.721)
이 서문은 전혀 시의 뜻과 같지 않다.

「新臺」, 刺衛宣公也. 納伋之妻, 作新臺于河上而要之, 國人惡之而作是詩也.

「신대(新臺)」는 위나라 선공(宣公)을 풍자한 것이다. 선공의 아들 급(伋)이 아내를 맞아들일 때 하수(河水) 가에 새 누대를 지어서 맞이하니, 나라 사람들이 그를 미워하면서 이 시를 지었다.

---

719) 호광(胡廣) 등 찬, 『서경대전(書經大全)』권1, 「우서(虞書)·순전(舜典)」. "帝曰:'契! 百姓不親, 五品不遜, 汝作司徒, 敬敷五教, 在寬.'(순임금이 말하였다. '설아! 백성들이 친목하지 않고 오품을 따르지 않으니, 네가 사도가 되어 공경히 오교를 펼치되 너그럽게 하라.')"
720) 호광(胡廣) 등 찬, 『시전대전(詩傳大全)』권2, 「국풍(國風)·패(邶)·정녀(靜女)」. "北風其涼, 雨雪其雱. 惠而好我, 携手同行. 其虛其邪. 旣亟只且.(뒤울이가 차갑게 불어오고 하늘에서 눈이 펑펑 내려라. 나를 사랑하고 좋아하는 이 손을 잡고 함께 걸어가리라. 느긋하게 천천히 가겠는가. 이미 이 세상이 급해졌거늘.)" 주자의 집전에 의하면 "言'北風雨雪', 以比國家危亂將至, 而氣象愁慘也, 故欲與其相好之人, 去而避之, 且曰:'是尙可以寬徐乎. 彼其禍亂之迫已甚, 而去不可不速矣.'('북풍우설'을 말하여 나라와 집안에 위급하고 어지러움이 장차 이르러 분위기와 상태가 시름겹고 애처로웠기 때문에 서로 좋아하는 사람과 함께 떠나서 피하고자 하였고, 또 말하기를, '이에 오히려 느긋하고 천천히 할 수 있겠는가. 저 화란(禍亂)의 닥침이 이미 심하여 떠나감을 빨리 하지 않으면 안 된다.'고 한 것이다.)"라고 하였다.
721) 호광(胡廣) 등 찬, 『시전대전(詩傳大全)』권2, 「국풍(國風)·패(邶)·정녀(靜女)」. "靜女其姝, 俟我於城隅, 愛而不見, 搔首踟躕.(얌전한 여자가 참 아리땁거늘 성 모퉁이서 날 기다린다더니 사랑하면서도 만나지 못하여 머리 긁으며 서성이고 있도다.)" 주자의 집전에 의하면 "此, 淫奔期會之詩也.(이것은 음란하게 다가가고 만남을 기약한 시이다.)"라고 하였다.

詳說

○ 平聲.

'요(要)'는 평성(平聲: 맞이하다)이다.

○ 去聲.

'오(惡)'는 거성(去聲: 미워하다)이다.

「二子乘舟」, 思伋壽也. 衛宣公之二子, 爭相爲死, 國人傷而思之, 作是詩也.

「이자승주(二子乘舟)」는 급(伋)과 수(壽)를 생각한 것이다. 위나라 선공(宣公)의 두 아들이 다투어 서로를 위하다가 죽으니, 나라 사람들이 애처롭게 여기고 생각하면서 이 시를 지었다.

辨說

二詩說, 已各見本篇.722)
두 시의 설명은 이미 각각 본편에 보였다.

詳說

○ 音現.

---

722) 호광(胡廣) 등 찬, 『시전대전(詩傳大全)』 권2, 「국풍(國風)・패(邶)・신대(新臺)」. "新臺有泚, 河水瀰瀰. 燕婉之求, 籧篨不鮮.(새로 지은 누대가 눈에 선하니 황하의 물줄기 넘실넘실하도다. 편안하고 순한 짝을 구하였건만 꼽추가 원 세상에 적지 않도다.)" 주자의 집전에 의하면 "舊說, 以爲衛宣公爲其子伋, 娶於齊, 而聞其美, 欲自娶之, 乃作新臺於河上, 而要之, 國人惡之, 而作此詩以刺之, 言齊女本求與伋爲燕婉之好, 而反得宣公醜惡之人也.'(예전 변설에, 위나라 선공이 그 아들 급을 위해 제나라에 장가들게 하였는데 그 미색을 듣고 스스로 아내로 삼고자 하여 이에 새 누대를 황하의 가에 짓고 맞이하니 나라 사람들이 그를 미워하면서 이 시를 지어 풍자하였다고 하였으니, '제나라의 여자가 본래 급과 편안하고 순한 좋은 배필이 되려다가 도리어 선공이라는 추악한 사람을 만나게 되었음'을 말한 것이다.)"라고 하였다. ; 호광(胡廣) 등 찬, 『시전대전(詩傳大全)』 권2, 「국풍(國風)・패(邶)・이자승주(二子乘舟)」. "二子乘舟, 汎汎其景. 願言思子, 中心養養.(두 아들이 배를 타고 가나니 둥둥 떠가는 배 아슴푸레하라. 기원하며 아들을 생각하니 마음속이 울렁울렁 거리도다.)" 주자의 집전에 의하면 "'二子', 謂伋・壽也. '乘舟', 渡河如齊也. … 舊說, 以爲宣公納伋之妻, 是爲宣姜, 生壽及朔. 朔與宣姜, 愬伋於公, 公令伋之齊, 使賊先待於隘而殺之. 壽知之, 以告伋, 伋曰: '君命也. 不可以逃.' 壽竊其節而先往, 賊殺之; 伋至曰: '君命殺我. 壽有何罪?' 賊又殺之, 國人傷之而作是詩也.('이자'는 급과 수를 이른다. '승주'는 황하를 건너 제나라로 간 것이다. … 예전 변설에, 선공이 급의 아내를 받아들이니 이가 선강이며, 수와 삭을 낳았는데 삭이 선강과 더불어 급을 선공에게 참소하니 선공이 급으로 하여금 제나라에 가게 한 다음, 적으로 하여금 먼저 좁은 길목에서 기다렸다가 죽이게 하였거늘, 수가 알고서 급에게 알려주자 급이 말하기를, '임금의 명령이다. 도망가서는 안 된다.'고 하여 수가 그 부절을 훔쳐 먼저 가서 적이 그를 죽였고, 급이 이르러 '임금이 나를 죽이라고 명했다. 수가 무슨 죄가 있는가?'라고 하자 적이 또 그를 죽여서 나라 사람들이 마음 아파하면서 이 시를 지었다는 것이다.)"라고 하였다.

'현(見)'은 음이 현(現)이다.

○ 一辨·二序.

'이각현본편(已各見本篇)'에서 볼 때, 하나의 변설(辨說)과 두 개의 서문이다.

용(鄘)

「柏舟」, 共妻自誓也. 衛世子共伯蚤死, 其妻守義, 父母欲奪而嫁之, 誓而弗許. 故作是詩以絶之.

「백주(柏舟)」는 공강(共姜)이 스스로 맹서한 것이다. 위(衛)나라 세자 공백(共伯)이 일찍 죽고 그 아내가 절의(節義)를 지키자 그 부모가 수절(守節)의 뜻을 빼앗아 시집보내려고 하니 공강이 맹세하면서 허락하지 않았다. 그러므로 이 시를 지어 거절한 것이다.

詳說

○ 音恭, 下同.

'공(共)'은 음이 공(恭)이니, 아래도 같다.

辨說

此事無所見於他書. 序者, 或有所傳, 今姑從之.[723]

이 일은 다른 책에 보이는 것이 없다. 서문을 쓴 이가 간혹 주석(註釋)한 것이 있어 지금 우선 그것을 좇는다.

---

[723] 호광(胡廣) 등 찬, 『시전대전(詩傳大全)』 권3, 「국풍(國風)·용(鄘)·백주(柏舟)」. "汎彼柏舟, 在彼中河. 髧彼兩髦, 實維我儀, 之死矢靡他. 母也天只, 不諒人只.(둥둥 떠가는 저 잣나무 배가 저기 황하 가운데 떠 있도다. 다팔거리는 저 더팔머리가 실로 오직 나의 배필이거니와 내가 죽을지언정 맹세코 다른 마음 먹는 일 없을 것이로다. 어머니는 바로 하늘이시거늘 이 사람을 믿지 못하시겠는가.)" 주자의 집전에 의하면 "舊說, 以爲衛世子共伯, 蚤死, 其妻共姜守義, 父母欲奪而嫁之, 故共姜作此以自誓, 言: '柏舟則在彼中河, 兩髦則實我之匹, 雖至於死, 誓無他心. 母之於我, 覆育之恩, 如天罔極, 而何其不諒我之心乎?' 不及父者, 疑時獨母在, 或非父意耳.(옛날 언설에, 위나라의 세자 공백이 일찍 죽고 그의 아내 공강이 절의를 지켰는데, 부모가 그 뜻을 빼앗아 다른 남자에게 시집보내려고 했기 때문에 공강이 이것을 지어 스스로 맹세하여 말하기를, '잣나무 배가 저 황하의 물 가운데 떠 있고, 다팔머리가 실로 나의 배필이거니와, 비록 죽음에 이를지언정 맹세코 다른 마음먹는 일이 없을 것이다. 어머니는 나에게 있어 덮어주고 길러주신 은혜가 하늘과 같이 끝이 없거늘 어찌 그렇게도 나의 마음을 믿지 못하시겠는가?'라고 한 것이다. 아버지를 언급하지 않은 것은 의심하건대 이때 어머니만 홀로 있었거나, 혹은 아버지의 뜻이 아닐 뿐이었을 것이다.)"라고 하였다.

詳說

○ 音現.

'현(見)'은 음이 현(現)이다.

「牆有茨」, 衛人刺其上也. 公子頑通乎君母, 國人疾之而不可道也.724) 「君子偕老」, 刺衛夫人也. 夫人淫亂, 失事君子之道, 故陳人君之德・服飾之盛, 宜與君子偕老也.

「장유자(牆有茨)」는 위(衛)나라 사람이 윗사람을 풍자한 것이다. 공자(公子) 완(頑)이 임금의 어머니와 간통하니, 나라 사람들이 이를 미워하였으나 말할 수 없었다. '군자해로(君子偕老)'는 위(衛)나라 부인(夫人)을 풍자한 것이다. 부인이 음란하여 남편 섬기는 도리를 잃었기 때문에 임금의 덕과 복식(服飾)의 성대함을 진술하면서 마땅히 남편과 함께 늙어야 한다고 한 것이다.

辨說

公子頑事, 見『春秋傳』, 但此詩所以作, 亦未可考. 「鶉之奔奔」放此.

공자(公子) 완(頑)의 일은 『춘추전(春秋傳)』에 보이지만 이 시가 지어진 까닭을 역시 상고할 수 없다. 「순지분분(鶉之奔奔)」도 이에 준거한다.

詳說

○ 音現.

'현(見)'은 음이 현(現)이다.

○ 『左』 「閔二年」.

'『춘추전』(『春秋傳』)'은 『좌전(左傳)』 「민공(閔公) 2년」이다.

---

724) 호광(胡廣) 등 찬, 『시전대전(詩傳大全)』 권3, 「국풍(國風)・용(鄘)・장유자(牆有茨)」. "牆有茨, 不可掃也. 中冓之言, 不可道也. 所可道也, 言之醜也.(담장에 찔레나무 있으니 아예 없애버릴 수 없도다. 방 안에서 주고받은 말은 남에게 말할 수가 없도다. 남에게 말할 수 있겠지만 그 말이 더럽기만 하도다.)" 주자의 집전에 의하면 "舊說, 以爲宣公卒, 惠公幼, 其庶兄頑, 烝於宣姜, 故詩人作此詩以刺之, 言: '其閨中之事, 皆醜惡而不可言.' 理或然也.(옛날 언설에, 선공이 죽음에 혜공이 어렸는데 그 배다른 형 완이 선강과 간통하였기 때문에 시인이 이 시를 지어서 풍자하여 말하기를, '안방의 일은 모두 추악하여 말할 수가 없다.'고 하였는데, 조리(條理)가 늘 그런 것이다.)"라고 하였다.

|「桑中」, 刺奔也. 衛之公室淫亂, 男女相奔, 至于世族·在位, 相竊妻妾, 期於幽遠, 政散民流而不可止.|

「상중(桑中)」은 바람난 이를 풍자한 것이다. 위(衛)나라의 공실(公室)이 음란하고 남자와 여자가 서로 바람나서 세족(世族)과 높은 지위에 있는 사람에 이르기까지 서로 몰래 남의 아내와 첩을 으슥한 곳에서 만나기를 기약하니, 정치가 어지럽고 백성들이 타락해도 막을 수가 없었다.

詳說

○ 之人.
  '제위(在位)'의 경우, 높은 지위에 있는 사람이다.

○ 之地.
  '유원(幽遠)'의 경우, 으슥한 곳이다.

○ 見『禮記』「樂記」.725)
  '불가지(不可止)'의 내용이 『예기(禮記)』「악기(樂記)」에 보인다.

辨說

此詩, 乃淫奔者所自作. 序之首句, 以爲'刺奔', 誤矣. 其下云云者, 乃復得之「樂記」之說, 已略見本篇矣. 而或者以爲"刺詩之體, 固有鋪陳其事, 不加一辭, 而閔惜懲創之意, 自見於言外者, 此類是也. 豈必譙讓質責然後, 爲刺也哉." 此說不然. 夫詩之爲刺, 固有不加一辭而意自見者, 「淸人」・「猗嗟」之屬, 是已. 然嘗試玩之, 則其賦之之人, 猶在所賦之外, 而詞意之間, 猶有賓主之分也, 豈有將欲刺人之惡, 乃反自爲彼人之言, 以陷其身於所刺之中, 而不自知也哉. 其必不然也, 明矣. 又況此等之人, 安於爲惡, 其於此等之詩, 計其平日固已自其口出而無愧矣. 又何待吾之鋪陳而後, 始知其所爲之如此, 亦豈畏吾之閔惜, 而遂幡然遽有懲創之心耶. 以是爲刺, 不唯無益, 殆恐不免

---

725) 호광(胡廣) 등 찬, 『예기대전(禮記大全)』 권18, 「악기(樂記)제19」. "鄭·衛之音, 亂世之音也, 比於慢矣. 「桑間」·「濮上」之音, 亡國之音也. 其政散, 其民流, 誣上行私而不可止也.(정나라와 위나라의 음악은 어지러운 세상의 음악이니, 방만함과 같다. 「상간(桑間)」과 「복상(濮上)」의 음악은 망한 나라의 음악이니, 그 정치가 어지럽고 그 백성들이 타락하여 윗사람을 속이고 사사로이 바람을 피워도 막을 수가 없었다.)"

於鼓之舞之, 而反以勸其惡也. 或者又曰 : "詩三百篇, 皆雅樂也, 祭祀·朝
聘之所用也.「桑間」·「濮上」之音, 鄭·衛之樂也, 世俗之所用也. 雅·鄭不
同部, 其來尚矣. 且夫子答顏淵之問, 於鄭聲亟欲放而絶之, 豈其刪詩, 乃錄
淫奔者之詞, 而使之合奏於雅樂之中乎, 亦不然也. '雅'者, 二雅, 是也. '鄭'
者,「緇衣」以下二十一篇, 是也. '衛'者,「邶」·「鄘」·「衛」三十九篇, 是也.
「桑間」,「衛」之一篇「桑中」之詩, 是也. 二南·雅·頌, 祭祀·朝聘之所用
也;「鄭」·「衛」·「桑」·「濮」, 里巷俠邪之所歌也. 夫子之於鄭·衛, 蓋深絶
其聲, 於樂以爲法; 而嚴立其詞, 於詩以爲戒, 如聖人固不語'亂', 而『春秋』
所記, 無非亂臣賊子之事, 蓋不如是, 無以見當時風俗事變之實, 而垂鑑戒於
後世. 故不得已而存之, 所謂'道並行而不相悖'者也. 今不察此, 乃欲爲之諱
其「鄭」·「衛」·「桑」·「濮」之實, 而文之以雅樂之名; 又欲從而奏之宗廟之
中·朝延之上, 則未知其將以薦之何等之鬼神, 用之何等之賓客, 而於聖人
爲邦之法, 又其不爲陽守而陰叛之耶. 其亦誤矣. 曰 : "然則「大序」所謂'止乎
禮義', 夫子所謂'思無邪'者, 又何謂耶." 曰 : "「大序」指「柏舟」·「綠衣」·
「泉水」·「竹竿」之屬而言, 以爲多出於此耳, 非爲篇篇皆然, 而「桑中」之類,
亦'止乎禮義'也. 夫子之言, 正爲其有邪正·美惡之雜, 故特言此, 以明其皆
可以懲惡勸善, 而使人得其性情之正耳, 非以「桑中」之類, 亦以無邪之思作
之也. 曰 : "荀卿所謂'詩者, 中聲之所止'; 太史公亦謂'三百篇者, 夫子皆絃
歌, 以求合於「韶」·「武」之音726)', 何耶." 曰 : "荀卿之言, 固爲正經而發;
若史遷之說, 則恐亦未足爲據也. 豈有哇淫之曲, 而可以强合於「韶」·「武」
之音也耶."

이 시는 바로 음탕하고 바람난 이가 스스로 지은 것이다. 서문의 머리구절에서
'바람난 이를 풍자한 것'이라고 하였는데 잘못된 것이다. 그 아래에서 이러쿵저러
쿵한 것은 바로 다시 『예기(禮記)』「악기(樂記)」의 설명에 맞으니 이미 대략 본편
(本篇)에 보였다. 그런데 어떤 이가 "풍자하는 시의 문체는 본래 그 일을 펼쳐 늘
어놓고 한 마디도 더하지 않는데 애처롭게 여기고 따끔하게 혼내는 뜻이 저절로
말 밖에 드러나는 것이 있으니 이 부류가 그러하다. 어찌 반드시 꾸짖어 바로잡은
뒤라야 풍자함이 되겠는가."라고 하지만 이것은 그렇지 않다. 무릇 시가 풍자함에

---

726) 武: 『논어집주대전(論語集註大全)』 권3,「팔일(八佾)제3」. "子謂「韶」, '盡美矣, 又盡善也.' 謂「武」, '盡美
矣, 未盡善也.'(공자가 「소」에 대해 이르기를, '다 아름답고, 또 다 좋다.'라 하고,「무」에 대해 이르기를, '다
아름다우나, 다 좋지 않다.'라고 하였다.)"

는 본래 한 마디 말을 더하지 않아도 뜻이 저절로 드러나는 것이 있으니,「청인(淸人)」과「의차(猗嗟)」의 등속이 그러한 것이다. 그러나 일찍이 한번 음미해보았더니, 그 시를 지은 사람이 오히려 그 지은 시 밖에 있어서 말뜻 사이에 오히려 손님과 주인의 구분이 있었다. 어찌 장차 사람들의 악함을 풍자하고자 하면서 이에 도리어 스스로 저 사람의 말을 하여 그 몸이 풍자하는 가운데 빠져서 스스로 알지 못하는가. 그 반드시 그렇지 않아야 하는 것이 분명하다. 또 하물며 이러한 사람들은 악행을 하는 것을 좋아하여 이러한 시에 대하여 그가 평소에 진실로 이미 그 입으로부터 나온 것으로 헤아려서 부끄러워함이 없으니, 또 어찌 나의 펼쳐 늘어놓음을 기다린 뒤에 비로소 그 행위가 이와 같다는 것을 비로소 알고, 또한 어찌 내가 애처롭게 여김을 두려워하여 마침내 갑자기 따끔하게 혼내는 마음을 두겠는가. 이로써 풍자를 한다면 오직 이로울 게 없을 뿐 아니라 아마도 고무시켜 도리어 그 악함을 권장하는 것에서 벗어나지 못할 것이다. 어떤 이가 또 말하기를, "시 삼백 편은 모두 아악(雅樂)이니, 제사와 조빙(朝聘)에서 사용하는 것이고, 「상간(桑間)」과「복상(濮上)」의 음악은 정(鄭)나라와 위(衛)나라의 악(樂)이니 세속에서 사용하는 것이다. 아악(雅樂)과 정악(鄭樂)은 부류가 같지 않고, 그 유래도 오래되었다. 또 부자(夫子)가 안연(顔淵)의 질문에 대답할 때도「정성(鄭聲)」에 대해서는 빨리 내쳐서 없애고자 하였는데, 어찌 시를 깎아내면서 이에 음탕하고 바람난 이의 글을 채집하여 아악(雅樂) 속에 넣어 합주하게 하였는가."라고 하였는데, 역시 그렇지 않다. '아(雅)'라는 것은 이아(二雅)가 그것이다. '정(鄭)'이라는 것은「치의(緇衣)」이하 21편이 그것이다. '위(衛)'라는 것은「패풍(邶風)」과「용풍(鄘風)」과「위풍(衛風)」의 39편이 그것이다.「상간(桑間)」은「위풍(衛風)」의 한 편인「상중(桑中)」의 시가 그것이다. 이남(二南)과 아(雅)와 송(頌)은 제사와 조빙(朝聘)에 사용하는 것이고,「정성(鄭聲)」과「위성(衛聲)」과「상간(桑間)」과「복상(濮上)」은 마을 골목의 창기들이 노래한 것이다. 부자(夫子)는 정(鄭)나라와 위(衛)나라의 음악에 대하여 대개 그 소리를 심하게 끊는 것을 음악에 있어 법으로 삼고, 그 가사를 엄격하게 세운 것을 시에 있어 경계로 삼았다. 예를 들면, 성인(聖人)은 진실로 '난(亂)'을 말하지 않았는데, 『춘추(春秋)』에 기록한 것이 난신적자(亂臣賊子)의 일이 아님이 없으니, 대개 이와 같지 않으면 당시 풍속과 사변(事變)의 실체를 보여서 후세에 감계(鑑戒)를 전할 수 없었던 것이다. 그러므로 부득이 그것을 남겨두었으니, 이른바 '도가 아울러 행해지면서도 서로 어긋나지 않는다.'는 것이다. 이제 이것을 살피지 못하고 이에「정성(鄭聲)」과「위성(衛聲)」과「상간(桑間)」

과 「복상(濮上)」의 실체를 숨기고자 하여 아악(雅樂)의 이름으로써 꾸몄으며, 또 나아가서 종묘 안과 조정 위에서 연주하고자 하였으니, 어떤 그것이 장차 어떠한 귀신에게 올리어지고 어떠한 빈객(賓客)에게 쓰일지 모를지라도 성인(聖人)이 나라를 다스리는 법에 있어 또 겉으로는 지키면서 속으로는 배반함이 되지 않겠는가. 그 또한 잘못인 것이다. 말하기를, "그렇다면 「대서(大序)」에서 이른바 '지호예의(止乎禮義)'와 부자(夫子)가 이른바 '사무사(思無邪)'라는 것은 또 무엇을 이른 것인가?"라고 하면, 말하기를, "「대서(大序)」는 「백주(柏舟)」와 「녹의(綠衣)」와 「천수(泉水)」와 「죽간(竹竿)」의 등속을 가리켜서 말한 것이니, 여기에서 많이 나온다고 여길 뿐이지 편마다 모두 그러하여 「상중(桑中)」의 부류도 역시 '지호예의(止乎禮義)'라고 한 것은 아니다."라고 할 것이다. 부자(夫子)의 말은 바로 사정(邪正)과 미악(美惡)이 섞여있다고 여겼기 때문에 특별히 이를 말하여 그 모두 권선징악(勸善懲惡)하여 사람들로 하여금 그 성정(性情)의 바름을 얻게 할 수 있음을 밝혔을 뿐이니, 「상중(桑中)」의 부류가 아니지만 또한 사특함이 없는 생각으로써 지은 것이다. 말하기를, "순경(荀卿)이 이른바 '시라는 것은 치우치지 않는 소리가 그치는 것이다.'라고 한 것과, 태사공(太史公)이 또한 '삼백편이라는 것은 부자가 모두 현악기에 맞추어 노래하면서 「소(韶)」와 「무(武)」의 음에 맞기를 구하였다.'라고 한 것은 무엇인가?"라고 하면, 말하기를, "순경(荀卿)의 말은 진실로 바른 길을 위하여 말한 것이고, 사마천의 말 같으면 아마도 또한 근거가 되기에 부족할 것 같다. 어찌 시끄럽고 음란한 곡조를 가지고서 억지로 「소(韶)」와 「무(武)」의 소리에 맞출 수가 있겠는가."라고 할 것이다.

詳說

○ 音現, 下並同.
'이약현(已略見)'에서 '현(見)'은 음이 현(現)이니, 아래도 아울러 같다.

○ 音扶.
'부(夫)'는 음이 부(扶)이다.

○ 四字, 出『大學』.727)

---

727) 『대학장구대전(大學章句大全)』, 「秦誓」曰 : '若有一个臣, 斷斷兮, 無他技, 其心休休焉, 其如有容焉. 人之有技, 若己有之; 人之彦聖, 其心好之, 不啻若自其口出, 寔能容之. 以能保我子孫黎民, 尙亦有利哉. 人

'자기구출(自其口出)', 이 네 글자는 『대학(大學)』에 나온다.

◯ 一作 '我'.728)
'역기외오(亦豈畏吾)'에서 '오(吾)'는 어떤 판본에는 '아(我)'로 썼다.

◯ 音潮, 下同.
'조(朝)'는 음이 조(潮)이니, 아래도 같다.

◯ 見『論語』「衛靈公」.729)
'극욕방이절지(亟欲放而絶之)'의 내용이 『논어(論語)』「위영공(衛靈公)」에 보인다.

◯ 一作 '狎'.
'사(邪)'는 어떤 판본에는 '압(狎)'으로 썼다.

◯ 見『論語』「述而」.730)
'성인고불어란(聖人固不語亂)'의 내용이 『논어(論語)』「술이(述而)」에 보인다.

◯ 一作 '固'.731)

有技, 媢疾以惡之; 人之彦聖, 而違之, 俾不通, 寔不能容. 以不能保我子孫黎民, 亦曰殆哉.'(「진서」에 말하기를, '만일 어떤 한 신하가 야무지고 다른 재주는 없으나 그 마음이 너그러워 그 용납함이 있는 듯하였다. 사람이 재주 있음을 자기가 둔 것 같이 하며, 사람이 거룩함을 그 마음이 좋게 여김이 그 입으로부터 나오는 것 같을 뿐 아니면 진실로 능히 용납하는 것이다. 능히 우리 자손과 백성을 안보하리니 거의 또한 이로움이 있을 것이다. 사람이 재주 있음을 시기하고 미워하며, 사람의 거룩함을 거슬러서 통하게 못하게 하면 진실로 능히 용납하지 못하는 것이다. 능히 우리 자손과 백성을 안보하지 못할 것이니, 또한 위태할 것이라고 하였다.')"
728) 주자(朱子) 변설(辨說), 『시서(詩序)』권상. ; 호광(胡廣) 등 찬, 『시전대전(詩傳大全)』「시서(詩序)·주자변설(朱子辨說)」; 『흠정시경전설휘찬(欽定詩經傳說彙纂)』「시서(詩序)상」 등에는 '我'로 되어있다.
729) 『논어집주대전(論語集註大全)』권15, 「위영공(衛靈公)제15」. "顔淵問爲邦, 子曰: '行夏之時, 乘殷之輅, 服周之冕, 樂則韶舞, 放鄭聲, 遠佞人, 鄭聲淫, 佞人殆.'(안연이 나라 다스림을 물었는데, 공자가 말하였다. '하나라의 때를 시행하며, 은나라의 수레를 타며, 주나라의 면류관을 쓰며, 음악은 곧 순임금의 소무이고, 정나라 음악을 내쳐야 하며, 아첨하는 사람을 멀리 해야 하니, 정나라의 소리는 음탕하고, 아첨하는 사람은 위태로운 것이다.')"
730) 『논어집주대전(論語集註大全)』권7, 「술이(述而)제7」. "子不語怪力亂神.(공자는 괴이함과 용맹한 힘과 어그러진 난리와 귀신의 조화로운 자취에 대해서는 말하지 않았다.)"
731) 호광(胡廣) 등 찬, 『시전대전(詩傳大全)』「시서(詩序)·주자변설(朱子辨說)」; 『흠정시경전설휘찬(欽定詩經傳說彙纂)』「시서(詩序)상」 등에는 '固'로 되어있다.

'고부득이이존지(故不得已而存之)'에서, '고(故)'는 어떤 판본에는 '고(固)'로 썼다.

○ 見『中庸』.732)
'도병행이불상패(道並行而不相悖)'의 내용이 『중용(中庸)』에 보인다.

○ 去聲.
'문지이아악지명(文之以雅樂之名)'에서 '문(文)'은 거성(去聲: 문식, 수식하다)이다.

○ 見『論語』「爲政」.733)
'사무사(思無邪)'는 『논어(論語)』「위정(爲政)」에 보인다.

○ 指'止乎禮義'.
'이위다출어차이(以爲多出於此耳)'의 경우, '지호예의(止乎禮義)'를 가리킨다.

○ 『史記』「孔子世家」.
'태사공(太史公)'의 경우, 『사기(史記)』「공자세가(孔子世家)」이다.

○ 上聲.
'강(强)'은 상성(上聲: 강하다, 억지로 하다)이다.

○ 「鶉之奔奔」, 刺衛宣姜也. 衛人以爲宣姜鶉鵲之不若也.

「순지분분(鶉之奔奔)」은 위나라 선강(宣姜)을 풍자한 것이다. 위 나라 사람들이 선강을 메

---

732) 『중용장구대전(中庸章句大全)』 하(下). "仲尼祖述堯·舜, 憲章文·武, 上律天時, 下襲水土. 辟如天地之無不持載, 無不覆幬, 辟如四時之錯行, 如日月之代明. 萬物並育而不相害, 道並行而不相悖. 小德, 川流; 大德, 敦化. 此天地之所以爲大也.(중니는 요임금과 순임금을 으뜸으로 여기고 본받아서 서술하여 밝히고, 문왕과 무왕을 법으로 삼아서 밝히며, 위로는 하늘의 시운을 법 삼고, 아래로는 물과 흙의 이치를 이어 받았다. 비유하건대 하늘과 땅이 가지고 싣지 않음이 없으며, 덮고 덮어주지 않음이 없는 것과 같으며, 비유하건대 네 철이 번갈아 운행함과 같으며, 날과 달이 대신하여 밝음과 같은 것이다. 만물이 아울러 길러짐에 서로 해치지 않으며, 도가 아울러 행해짐에 서로 어그러지지 않는다. 작은 덕은 시내의 흐름이고, 큰 덕은 덕화를 도탑게 하니, 이것이 하늘과 땅의 위대함이 되는 까닭인 것이다.)"

733) 『논어집주대전(論語集註大全)』 권2. 「위정(爲政)」. "子曰 : '詩三百一言以蔽之, 曰思無邪.'(공자가 말하였다. '시 3백편을 한 마디로써 포괄하면 생각함에 사특함이 없다는 것이다.')"

추리와 까치만 못하다고 여긴 것이다.

辨說
見上.
위에서 보였다.

詳說
○ 音現.
'현(見)'은 음이 현(現)이다.

「定之方中」, 美衛文公也. 衛爲狄所滅, 東徙渡河, 野處漕邑, 齊桓公攘戎狄而封之. 文公徙居楚丘, 始建城市而營宮室, 得其時·制, 百姓說之, 國家殷富焉.

「정지방중(定之方中)」은 위나라 문공(文公)을 찬미한 것이다. 위나라가 오랑캐에게 멸망되어 동쪽으로 황하를 건너가서 조읍(漕邑)에 임시로 머물렀는데, 제나라 환공(桓公)이 오랑캐를 물리치고 위나라를 다시 봉해주었다. 문공이 초구(楚丘)로 옮겨서 삶에 비로소 성과 저자를 세우고 궁실을 지었으며, 그 시절과 제도를 맞게 하니 백성들이 기뻐하고 나라가 크게 부유하게 되었다.

詳說
○ 音訂.
'정(定)'은 음이 정(訂)이다.

○ 上聲.
'처(處)'는 상성(上聲: 거주하다, 머물다)이다.

○ 復其封疆.
'제환공양융적이봉지(齊桓公攘戎狄而封之)'의 경우, 그 봉토(封土)와 강토(疆土)를 다시 회복한 것이다.

○ 時與制.
'시・제(時・制)'의 경우, 때와 제도이다.

○ '悅'同.
'열(說)'은 '열(悅)'과 같다.

「蝃蝀」, 止奔也. 衛文公, 能以道化其民, 淫奔之恥, 國人不齒也.

「체동(蝃蝀)」은 음란한 행동을 그친 것이다. 위나라 문공(文公)이 능히 바른 도로써 그 백성들을 교화하니, 음란한 행동을 한 부끄러운 이는 나라 사람들이 상대해주지 않았다.

詳說
○ 鄭氏曰 : "不與相長・稚."734)
정씨(鄭氏: 鄭玄)가 말하였다: "서로 어른이나 아이를 허여하지 않았다."

「相鼠」, 刺無禮也. 衛文公, 能正其羣臣, 而刺在位承先君之化, 無禮儀也.735)

「상서(相鼠)」는 예의 없음을 풍자한 것이다. 위나라 문공(文公)이 능히 그 많은 신하들을 바르게 하였으나, 높은 지위에 있는 이들이 선대 임금의 교화를 받들면서 예의가 없음을 풍자한 것이다.

詳說
○ 去聲.
'상서(相鼠)'에서 '상(相)'은 거성(去聲: 보다)이다.

---

734) 정씨(鄭氏) 전(箋)・육덕명(陸德明) 음의・공영달(孔穎達) 소(疏), 『모시주소(毛詩注疏)』 권4, 「국풍(國風)・용(鄘)・체동(蝃蝀)」. "『箋』, '不齒者, 不與相長・稚.'(『정전』에 '불치라는 것은 서로 어른이나 아이를 허여하지 않은 것이다.'라고 하였다.)"
735) 호광(胡廣) 등 찬, 『시전대전(詩傳大全)』 권3, 「국풍(國風)・용(鄘)・상서(相鼠)」. "相鼠有皮, 人而無儀. 人而無儀, 不死何爲.(쥐를 보면 가죽이 있건만 사람으로서 채신이 없으랴. 사람으로서 채신이 없으면 죽지 아니하고 무얼 하랴.)" 주자의 집전에 의하면 "言: '視彼鼠而猶必有皮, 可以人而無儀乎. 人而無儀, 則其不死亦何爲哉.'(말하기를, '저 쥐를 보면 오히려 반드시 가죽이 있건마는, 사람으로서 채신이 없을 수 있겠는가. 사람으로서 채신이 없다면 죽지 아니하고 또한 무엇을 할 수 있겠는가.'라고 한 것이다.)"라고 하였다.

「干旄」, 美好善也. 衛文公臣子多好善, 賢者樂告以善道也.

「간모(干旄)」는 선행(善行)을 좋아함을 찬미한 것이다. 위나라 문공(文公)의 신하들이 대부분 선행을 좋아하여 현명한 이가 즐거이 바르고 착한 도리를 말해준 한 것이다.

詳說

○ 去聲, 下同.
'미(美)'는 거성(去聲: 찬미하다, 아름답게 여기다)이니, 아래도 같다.

○ 音洛.
'락(樂)'은 음이 락(洛)이다.

辨說

「定之方中」一篇, 經文明白, 故序得以不誤.736) 「蝃蝀」以下, 亦因其在此, 而以爲文公之詩耳, 他未有考也.737)

「정지방중(定之方中)」의 한 편은 경문이 명백하기 때문에 서문이 잘못되지 않은 것이다. 「체동(蝃蝀)」 이하는 역시 여기에 있음에 말미암아 문공(文公)의 시로 여

---

736) 호광(胡廣) 등 찬, 『시전대전(詩傳大全)』 권3, 「국풍(國風)・용(鄘)・상서(相鼠)」. "定之方中, 作于楚宮, 揆之以日, 作于楚室, 樹之榛栗, 椅桐梓漆, 爰伐琴瑟.(정성이 막 가운데로 와서 초구에다 궁궐을 지었으며 땅 헤아리길 해로써 하여 초구에다 궁실을 지었도다. 심어둔 개암나무와 밤나무, 산유자 오동 가래 옻나무 이에 베어서 거문고와 비파 만들도다.)" 주자의 집전에 의하면 "衛爲狄所滅, 文公徙居楚丘, 營立宮室, 國人悅之, 而作是詩以美之.(위나라가 오랑캐에게 멸망당하게 되자, 문공(文公)이 도읍을 옮겨 초구에 살면서 궁실을 경영하여 세우니, 나라 사람들이 기뻐하여 이 시를 지어 찬미한 것이다.)"라고 하였다.

737) 호광(胡廣) 등 찬, 『시전대전(詩傳大全)』 권3, 「국풍(國風)・용(鄘)・체동(蝃蝀)」에서 주자의 집전에 의하면 "此刺淫奔之詩, 言蝃蝀在東, 而人不敢指, 以比淫奔之惡, 人不可道. 況女子有行, 又當遠其父母兄弟, 豈可不顧此而冒行乎.(이는 음란하게 사통함을 풍자한 시이니, 무지개가 동쪽에 있음에 사람이 감히 가리킬 수 없음을 말하여 음란하게 사통함의 악행을 사람들이 말할 수 없음을 비유한 것이다. 하물며 여자가 시집을 가게 되면 또 마땅히 그 부모 형제와 헤어져야 하니, 어찌 이것을 돌아보지 않고 무릅쓰고 시집갈 수 있겠는가.)"라고 하였다. 호광(胡廣) 등 찬, 『시전대전(詩傳大全)』 권3, 「국풍(國風)・용(鄘)・간모(干旄)」에서 주자의 집전에 의하면 "言: '衛大夫乘此車馬, 建此旌旄, 以見賢者, 彼其所見之賢者, 將何以畀之, 而答其禮意之勤乎.'(말하기를, '위(衛)나라의 대부가 이 수레의 말을 타고 이 깃대를 꽂고서 현량한 사람을 만나보는데, 저 만나보는 현량한 사람은 장차 무엇을 주어 그 예의(禮意)의 부지런함에 답례하리오.'라고 한 것이다.)"라 하고, 또 말미에서 "此上三詩, 「小序」, 皆以爲文公時詩, 蓋見其列於「定中」・「載馳」之間故爾, 他無所考也. 然衛本以淫亂無禮, 不樂善道, 而凶其國, 今破滅之餘, 人心危懼, 正其有以懲創往事, 而興起善端之時也. 故其爲詩如此, 蓋所謂'生於憂患・死於安樂'者. 「小序」之言, 疑亦有所本云.(이 위의 세 편의 시는 「소서」에서 모두 문공 때의 시라고 하였으니, 대개 그것이 「정지방중」과 「재치」의 사이에 열거되었음을 보았기 때문일 뿐이고, 달리 살펴볼 것이 없다. 그러나 위나라는 본래 음란하고 무례하여 올바른 도를 즐거워하지 않아서 그 나라를 망하게 하였는데, 이제 파멸된 나머지 사람들 마음이 근심하고 두려워하니, 바로 지난 일을 혼내서 착한 언행의 단초를 흥기할 수 있는 때이다. 그러므로 그 시를 지은 것이 이와 같으니, 대개 이른바 '우환에서 살고, 안락에서 죽는다.'는 것이다. 「소서」의 말도 의심컨대 또한 근본한 것이 있는 듯하다.)"라고 하였다.

겼을 뿐이고, 다른 것은 살펴볼 것이 있지 않다.

詳說

○ 其下.
'기재차(其在此)'의 경우, 그 아래이다.

○ 一辨‧四序.
'타미유고야(他未有考也)'에서 볼 때, 하나의 변설(辨說)과 네 개의 서문이다.

「載馳」, 許穆夫人作也. 閔其宗國顚覆, 自傷不能救也. 衛懿公爲狄人所滅, 國人分散, 露於漕邑, 許穆夫人, 閔衛之亡, 傷許之小, 力不能救, 思歸唁其兄, 又義不得, 故賦是詩也.

「재치(載馳)」는 허나라 목공(穆公)의 부인(夫人)이 지은 것이다. 그 친정의 종묘와 나라가 무너짐을 안타까워하면서 스스로 구원할 수 없음을 마음 아파한 것이다. 위나라 의공(懿公)이 오랑캐에게 멸망함에 나라 사람들이 갈라지고 흩어져서 조읍(漕邑)에 노숙하였는데, 허나라 목공의 부인이 위나라가 망하는 것을 안타까워하면서도 허나라가 작아서 힘써 구원할 수 없음을 마음 아파하였고, 돌아가서 그 오라비를 위문할 것을 생각하였으나 또 의리상 할 수 없었기 때문에 이 시를 지은 것이다.

詳說

○ 宗廟國家.
'종국(宗國)'은 종묘(宗廟)와 국가(國家)이다.

○ 音福.
'복(覆)'은 음이 복(福)이다.

○ 無城而處.
'노어조읍(露於漕邑)'의 경우, 성(城)이 없어서 아무데나 거처하는 것이다.

辨說

此亦經明白, 而序不誤者, 又有『春秋傳』可證.738)
이것은 또한 경문(經文)이 명백하여 서문이 잘못되지 않은 것이고, 또 『춘추전(春秋傳)』에 입증할 만한 것이 있다.

詳說

○ 『左』「閔二年」.
'춘추전(春秋傳)'은 『좌전(左傳)』「민공(閔公) 2년」이다.

위(衛)

「淇奧」, 美武公之德也. 有文章, 又能聽其規諫, 以禮自防. 故能入相于周, 美而作是詩也.

「기욱(淇奧)」은 무공(武公)의 덕을 찬미한 것이다. 재능과 학문이 있고, 또 신하들의 충직한 간언을 잘 들어 좇으며 예(禮)로써 스스로를 방지하였다. 그러므로 주나라에 들어가 도울 수 있었으므로 찬미하여 이 시를 지은 것이다.

詳說

○ 去聲.
'상(相)'은 거성(去聲: 돕다)이다.

○ 爲周卿士.
'고능입상간주(故能入相干周)'의 경우, 주(周)나라의 경사(卿士)가 된 것이다.

---

738) 호광(胡廣) 등 찬, 『시전대전(詩傳大全)』 권3. 「국풍(國風)・용(鄘)・재치(載馳)」에서 주자의 집전에 의하면 "載馳載驅, 歸唁衛侯. 驅馬悠悠, 言至於漕, 大夫跋涉, 我心則憂.(이제 말 달리고 이제 수레 몰아 돌아가 위나라 임금 위문하리라. 말 몰기를 아주 까마아득히 하여 조 마을에 이르리라 생각했건만 대부들이 숲을 지나고 물을 건너 내 마음이 근심스레 가슴 졸여라.)" 주자의 집전에 의하면 "宣姜之女, 爲許穆公夫人, 閔衛之亡, 馳驅而歸, 將以唁衛侯於漕邑, 未至而許之大夫, 有奔走跋涉而來者, 夫人知其必將以不可歸之義, 來告故, 心以爲憂也. 既而終不果歸, 乃作此詩, 以自言其意爾.(선강의 딸이 허나라 목공의 부인이 되었는데, 위나라가 망한 것을 마음 아파하여 말을 달리고 수레를 몰아 돌아가서 장차 조읍에서 위나라 임금을 위로하려고 할 적에 아직 이르지 못했는데 허나라의 대부들이 마구 달려 풀숲을 지나고 물을 건너서 오는 이가 있었으니, 부인이 그들이 반드시 돌아가서는 안 되는 도의로써 가지고 와서 말하려는 것임을 알았기 때문에 마음에 근심이 되었던 것이다. 이윽고 마침내 과연 돌아가지 못하였으니, 이에 이 시를 지어서 스스로 그 뜻을 말하였을 뿐이다.)"

辨說

此序, 疑得之.739)

이 서문은 의심하건대 맞는 것 같다.

> 「考槃」, 刺莊公也. 不能繼先公之業, 使賢者退而窮處.

「고반(考槃)」은 장공(莊公)을 풍자한 것이다. 선공(先公)의 왕업을 잘 계승하지 못하여 현명한 이들로 하여금 물러나 곤궁하게 살도록 하였다.

辨說

此爲美賢者窮處而能安其樂之詩, 文意甚明. 然詩文未有見棄於君之意, 則亦不得爲刺莊公矣. 序蓋失之, 而未有害於義也. 至於鄭氏遂有'誓不忘君之惡'・'誓不過君之朝'・'誓不告君以善之說', 則其害義又有甚焉. 於是程子易其訓詁, 以爲陳其不能忘君之意, 陳其不得過君之朝, 陳其不得告君以善, 則其意忠厚而和平矣. 然未知鄭氏之失, 生於序文之誤. 若但直據詩詞, 則與其君初不相涉也.740)

이것은 현명한 이가 곤궁하게 살면서 능히 그 즐거움에 안주(安住)하는 것을 찬미한 시가 되니, 글의 뜻이 매우 분명하다. 그러나 시문에 임금에게 버림받은 뜻이 없으니, 그렇다면 역시 장공(莊公)을 풍자한 것이 될 수 없다. 서문이 대개 잘못되어도 뜻을 해치는 적은 없다. 정씨(鄭氏: 鄭玄)가 마침내 '임금의 악행을 잊지 않으리라 맹서한 것'과, '임금의 조정에 나아가지 않으리라 맹서한 것'과, '임금에게

---

739) 호광(胡廣) 등 찬, 『시전대전(詩傳大全)』 권3, 「국풍(國風)・위(衛)・기욱(淇奧)」. "瞻彼淇奧, 綠竹猗猗. 有匪君子! 如切如磋, 如琢如磨. 瑟兮僩兮, 赫兮喧兮, 有匪君子! 終不可諼兮.(저기 기수 물굽이 바라보니 푸른 대나무 참 아름답도다. 보란 듯이 멋들어진 군자여! 동자는 듯하고 되간 듯하며 쫀 듯하고 갈듯은 듯하도다. 그 위의 엄숙하고 점잖으며 그 거동 훤칠하고 훌륭하니 보란 듯이 멋들어진 군자여! 끝끝내 잊을 수 없으리로다.)" 주자의 집전 내용은 다음과 같다. "衛人, 美武公之德, 而以綠竹始生之美盛, 興其學問・自修之進益也. 『大學』「傳」曰: '如切如磋, 道學也; 如琢如磨, 自修也.' '瑟兮僩兮'者, 恂慄也; '赫兮喧兮'者, 威儀也. '有斐君子, 終不可諼兮'者, 道盛德・至善, 民之不能忘也.(위나라 사람들이 무공의 덕을 아름답게 여겨서 푸른 대나무가 비로소 생겨남에 아름답게 그득한 것으로써 그 학문과 자기수양의 나아감과 보탬을 일으킨 것이다. 『대학』의 「전」에서 말하기를, '여절여차는 학문을 말함이고, 여탁여마는 자기수양이며, 슬혜한혜는 두려워하고 조심함이며, 혁혜훤혜는 위엄 있고 엄숙함이며, 보란 듯이 멋들어진 군자여! 끝끝내 잊을 수 없으리로다함은 성대한 덕과 지극한 선을 백성들이 잊을 수 없음을 말한 것이다.'라고 하였다.)"

740) 호광(胡廣) 등 찬, 『시전대전(詩傳大全)』 권3, 「국풍(國風)・위(衛)・고반(考槃)」. "考槃在澗, 碩人之寬. 獨寐寤言, 永矢弗諼.(즐거운 삶이 시냇가에 있으니 훌륭한 사람의 넉넉함이로다. 홀로 자고 일어나서 말하지만 길이 잊지 않기로 맹세하도다.)" 주자의 집전에 의하면 "詩人, 美賢者隱處澗谷之間, 而碩大寬廣, 無戚戚之意, 雖獨寐而寤言, 猶自誓其不忘此樂也.(시인이 현명한 사람이 시내골짜기 사이에 숨어살면서도 마음이 크직하고 널찍하여 근심하는 뜻이 없어서, 비록 홀로 자고 깨어나서 말하지만 오히려 이 즐거움을 잊지 않으리라 스스로 맹세하였음을 찬미한 것이다.)"라고 하였다.

착한 말로써 아뢰지 않으리라 맹서한 것'이 있다고 함에 이르면 뜻을 해침이 또 심함이 있다. 이에 정자(程子: 程頤)는 그 훈고(訓詁)를 바꾸어 임금을 잊을 수 없는 뜻을 진술하고, 임금의 조정에 나아갈 수 없음을 진술하고, 임금에게 선함으로써 아뢸 수 없음을 진술한 것이라고 하였으니, 곧 그 뜻이 충실하고 후덕하며 화목하고 평온한 것이다. 그러나 정씨(鄭氏)의 잘못이 서문의 잘못에서 생겼는지는 모르겠다. 다만 시의 말에만 근거한다면 그 임금과는 애당초 서로 관계가 없는 것이다.

詳說

○ 上聲.
   '처(處)'는 상성(上聲: 거주하다, 머무르다)이다.

○ 音洛.
   '락(樂)'은 음이 락(洛)이다.

○ 音潮, 下同.
   '조(朝)'는 음이 조(潮)이니, 아래도 같다.

○ 叔子.
   '정자(程子)'는 아우인 정이(程頤, 伊川)이다.

○ 夫陳也.
   '진기부득고군이선(陳其不得告君以善)'의 경우, 무릇 진술(陳述)하는 것이다.

「碩人」, 閔莊姜也. 莊公惑於嬖妾, 使驕上僭, 莊姜賢而不答, 終以無子, 國人閔而憂之.

'석인(碩人)'은 장강(莊姜)을 불쌍하게 여긴 것이다. 장공(莊公)이 사랑하는 첩(妾)에게 홀려서 첩으로 하여금 교만하여 위로 참람하게 하고, 장강은 현량해도 맞춰주지 않아 끝내 자식이 없으니, 나라 사람들이 불쌍하게 여기고 걱정한 것이다.

辨說

此序, 據『春秋傳』, 得之.741)
이 서문은 『춘추전(春秋傳)』에 근거하였는데, 사실과 맞게 된 것이다.

詳說

○ 『左』「隱三年」.
　'『춘추전』(『春秋傳』)'은 『좌전(左傳)』「은공(隱公) 3년」이다.

「氓」, 刺時也. 宣公之時, 禮義消亡, 淫風大行, 男女無別, 遂相奔誘, 華落色衰, 復相棄背, 或乃困而自悔喪其妃耦, 故序其事以風焉. 美反正, 刺淫泆也.

「맹(氓)」은 시정(時政)을 풍자한 것이다. 선공(宣公) 때에 예의(禮義)가 사라져버려 음란한 풍속이 크게 유행하니, 남자와 여자가 분별함이 없어 마침내 서로 좇아가 유혹하고 꽃이 지듯이 기색(氣色)이 쇠퇴하면 다시 서로 버리고 등졌는데, 간혹 바로 곤궁해져서 스스로 그 짝을 잃은 것을 후회하였기 때문에 그 일을 서술하면서 풍자한 것이다. 바른 데로 돌아오는 것을 찬미하고, 마음껏 방탕하게 노는 것을 풍자한 것이다.

詳說

○ 彼列反.
　'별(別)'은 피(彼)와 열(列)의 반절이다.

○ 去聲.
　'부(復)'는 거성(去聲: 다시)이다.

---

741) 호광(胡廣) 등 찬, 『시전대전(詩傳大全)』 권3, 「국풍(國風) · 위(衛) · 석인(碩人)」. "碩人其頎, 衣錦褧衣. 齊侯之子, 衛侯之妻, 東宮之妹, 邢侯之姨, 譚公維私.(훌륭한 사람 풍채 헌걸차니 비단옷 입고 홑옷 걸쳤도다. 제나라 임금의 따님이시고 위나라 임금의 아내이시며 동궁마마의 누이동생이시고 형나라 임금의 처제이시며 담나라 임금의 처형이로다.)" 주자의 집전에 의하면 "莊姜事, 見「邶風 · 綠衣」等篇, 『春秋傳』曰: "莊姜美而無子, 衛人爲之賦「碩人」", 卽謂此詩, 而其首章, 極稱其族類之貴, 以見其爲正嫡小君, 所安親厚, 而重歎莊公之昏惑也.(장강의 일은 「패풍 · 녹의」 등의 시편에 보인다. 『춘추전』에 이르기를, "장강이 아름다웠는데도 아들이 없어 위나라 사람들이 그를 위해서 「석인」을 노래하였다."고 하여 곧 이 시를 말하였는데, 그 머릿장에서 귀족들의 존귀함을 극진히 칭송하여 정적의 소군에게도 마땅히 친절하고 후대해야 함을 보이면서 장공의 어둡고 미혹됨을 거듭 탄식한 것이다.)"라고 하였다.

○ 音佩.

    '패(背)'는 음이 패(佩)이다.

○ 去聲, 下同.

    '상(喪)'은 거성(去聲: 잃다)이니, 아래도 같다.

○ '配'同.

    '비(妃)'는 '배(配)'와 같다.

○ 去聲.

    '풍(風)'은 거성(去聲: 풍자, 풍교)이다.

辨說

此非刺詩. 宣公未有考, '故序其事'以下, 亦非是, 其曰'美反正'者, 尤無理.[742]

이것은 풍자하는 시가 아니다. 선공(宣公)은 살펴볼 것이 아직 있지 않기 때문에 '고서기사(故序其事)' 이하도 역시 옳지 않고, '미반정(美反正)'이라고 한 것은 더욱 조리(條理)가 없다.

詳說

○ 句.

---

742) 호광(胡廣) 등 찬,『시전대전(詩傳大全)』권3,「국풍(國風)·위(衛)·맹(氓)」. "氓之蚩蚩, 抱布貿絲, 匪來貿絲, 來卽我謀, 送子涉淇, 至于頓丘. 匪我愆期, 子無良媒. 將子無怒, 秋以爲期.(백성 가운데 어리어리한 사람이 비단을 안고서 실을 사려 했는데 실을 사러 저자에 온 게 아니라 저자에 와서 곧장 나를 꾀이더라. 그대를 배웅하려고 기수를 건너 멀리 돈구의 땅까지 이르렀도다. 내가 기약을 넘겨버린 게 아니라 그대에게 좋은 중매가 없었도다. 모쪼록 그대는 성내지 말라 하고 가을 되어 만나자고 기약했노라.)" 주자의 집전에 의하면 "此, 淫婦爲人所棄, 而自敍其事, 以道其悔恨之意也. 夫旣與之謀而不遂往, 又責所無以難其事, 再爲之約以堅其志, 此其計亦狡矣, 以御蚩蚩之氓, 宜其有餘, 而不免於見棄. 蓋一失其身, 人所賤惡, 始雖以欲而迷, 後必以時而悟. 是以無往而不困耳, 士君子立身一敗, 而萬事瓦裂者, 何以異此. 可不戒哉.(이것은 음탕한 부인이 사람에게 버림받는 일을 당하고 스스로 그 일을 서술하여 뉘우치고 한탄하는 뜻을 말한 것이다. 대저 이미 더불어 꾀하고서 마침내 가지 않았고, 또 없는 것을 요구하여 그 일을 어렵게 하였으며, 다시 기약을 하여 그 뜻을 굳게 하였으니, 이는 그 계교가 또한 교활하여 어리숙한 백성들을 섬기기에 마땅히 넉넉함이 있거늘 버림받음을 벗어나지 못하였다. 이는 여자가 그 몸을 한번 잃으면 사람들이 천하게 여기고 미워하는 것이니, 처음에는 비록 욕심 때문에 혼미하였더라도 나중에 반드시 때에 맞게 깨달아야 하는 것이다. 이 때문에 가는 곳마다 곤란하지 않음이 없을 뿐이니, 사군자가 몸을 세움에 한번 실패하면 모든 일이 무너지는 것이 어찌 이와 다르겠는가. 경계하지 않을 수 있겠는가.)"라고 하였다.

'선공미유고(宣公未有考)'의 경우, 문장이 끊어지는 곳이다.

> 「竹竿」, 衛女思歸也. 適異國而不見答, 思而能以禮者也.

「죽간(竹竿)」은 위(衛)나라 여인이 친정으로 돌아갈 것을 생각한 것이다. 다른 나라로 시집 갔으나 보답을 받지 못하여 돌아갈 것을 생각하다가 예(禮)에 맞게 처신한 것이다.

辨說

未見'不見答'之意.743)

'보답을 받지 못하였다.'는 뜻을 아직 보지 못하였다.

> 「芄蘭」, 刺惠公也. 驕而無禮, 大夫刺之.

「환란(芄蘭)」은 혜공(惠公)을 풍자한 것이다. 교만하고 예의가 없어서 대부가 그를 풍자한 것이다.

詳說

○ 鄭氏曰 : "但習威儀."744)

'교이무례(驕而無禮)'에 대해, 정씨(鄭氏: 鄭玄)가 말하였다. "단지 위의(威儀)만 익힌 것이다."

辨說

此詩不可考, 當闕.745)

이 시는 상고할 수 없으니, 마땅히 빼야 한다.

---

743) 호광(胡廣) 등 찬, 『시전대전(詩傳大全)』 권3, 「국풍(國風)·위(衛)·죽간(竹竿)」. "籊籊竹竿, 以釣于淇, 豈不爾思, 遠莫致之.(들쭉날쭉한 낚싯대를 가지고 기수에서 낚시질 하려 했더니 어찌 이것을 생각지 않으리오. 멀리 있어 이를 수가 없도다.)" 주자의 집전 내용은 다음과 같다. "衛女嫁於諸侯, 思歸寧而不可得, 故作此詩, 言: '思以竹竿釣于淇水, 而遠不可至也.'(위나라 여자가 제후에게 시집가고 나서 친정으로 돌아가 부모님을 뵐 것을 생각하였으나 그럴 수 없었기 때문에 이 시를 지었으니 말하기를, '낚싯대를 가지고 기수에서 낚시질하는 것을 생각하였으나 멀리 있어 이를 수 없었다.'고 한 것이다.)"

744) 『모시주소(毛詩注疏)』 권5, 「국풍(國風)·위(衛)·환란(芄蘭)」. "『箋』, '惠公, 以幼童卽位, 自謂有才能, 而驕慢於大臣. 但習威儀, 不知爲政以禮.'(『정전』에서, '혜공이 어려서 즉위하여 스스로 재능이 있다고 여겨 대신에게 교만하였다. 다만 위의만 익혔지 예로써 정치를 할 줄 몰랐던 것이다.'라고 하였다.)"

745) 호광(胡廣) 등 찬, 『시전대전(詩傳大全)』 권3, 「국풍(國風)·위(衛)·환란(芄蘭)」의 말미에서 주자는 역시 "此詩, 不知所謂, 不敢强解.(이 시가 말하는 것을 알 수 없으니, 감히 억지로 해석하지 않는다.)"라고 하였다.

「河廣」, 宋襄公母歸于衛, 思而不止, 故作是詩也.

「하광(河廣)」은 송나라 양공(襄公)의 어머니가 위(衛)나라로 돌려보내져서 아들을 그리워하는데 그치지 않기 때문에 이 시를 지은 것이다.

詳說

○ 被出於桓公.

'귀우위(歸于衛)'의 경우, 환공(桓公)에게서 쫓겨남을 당한 것이다.

「伯兮」, 刺時也. 言君子行役, 爲王前驅, 過時而不反焉.

「백혜(伯兮)」는 시정(時政)을 풍자한 것이다. 남편이 정역(征役)을 가서 왕의 선봉이 되어 때가 지나도록 돌아오지 못함을 말한 것이다.

辨說

舊說, 以詩有'爲王前驅'之文746), 遂以此爲『春秋』所書從王伐鄭之事. 然詩又言'自伯之東'747), 則鄭在衛西, 不得爲此行矣. 序言'爲王前驅', 蓋用詩文, 然似未識其文意也.

구설(舊說)에는 시(詩)에 '위왕전구(爲王前驅)'라는 글이 있다고 하여 마침내 이 시를 『춘추(春秋)』에 쓰인 주나라 왕을 좇아서 정(鄭)나라를 정벌한 일로 여겼다. 그러나 시에 또 '자백지동(自伯之東)'을 말하였다면 정(鄭)나라가 위(衛)나라의 서쪽에 있어야 하니 이런 행차는 할 수 없는 것이다. 서문에서 '위왕전구(爲王前驅)'를 말한 것은 대개 시의 글로 사용해서이나 그 글의 뜻을 알지 못한 듯하다.

詳說

○ 桓五年.

'『춘추』(『春秋』)'는 환공(桓公) 5년이다.

---

746) 호광(胡廣) 등 찬, 『시전대전(詩傳大全)』 권3, 「국풍(國風)·위(衛)·백혜(伯兮)」. 1장에서 "伯兮朅兮, 邦之桀兮. 伯也執殳, 爲王前驅.(낭군님이 늠름하고 헌걸차니 나라에서 뛰어난 인물이로다. 낭군님이 긴 창을 손에 잡고 임금님을 도와서 앞장서도다.)"라고 하였다.
747) 호광(胡廣) 등 찬, 『시전대전(詩傳大全)』 권3, 「국풍(國風)·위(衛)·백혜(伯兮)」. 2장에서 "自伯之東, 首如飛蓬. 豈無膏沐, 誰適爲容.(낭군님이 동쪽으로 가고부터 머리가 날리는 쑥대와 같도다. 기름칠 머리감음 않을까마는 누구를 위하여 맵시를 내리오.)"라고 하였다.

> 「有狐」, 刺時也. 衛之男女失時, 喪其妃耦焉. 古者國有凶荒, 則殺禮而多昏, 會男女之無夫家者, 所以育人民也.

「유호(有狐)」는 시정(時政)을 풍자한 것이다. 위(衛)나라의 남자와 여자들이 혼인할 때를 놓쳐 그 짝을 잃었다. 옛날에는 나라에 흉년이 들면 혼례(婚禮)의 절차를 줄여 많이 혼인하여 남편과 아내가 없는 남자와 여자들이 만날 수 있게 하였으니, 백성을 길러내는 까닭이다.

詳說

○ '配'同.
'비(妃)'는 '배(配)'와 같다.

○ 去聲.
'쇄(殺)'는 거성(去聲: 줄이다)이다.

○ 男無家, 女無夫.
'회남녀지무부가자(會男女之無夫家者)'의 경우, 남자는 아내가 없고, 여자는 남편이 없는 것이다.

辨說

'男女失時'之句, 未安. 其曰'殺禮多昏'者, 『周禮』「大司徒」, '以荒政十有二聚萬民, 十曰多昏'者, 是也. 序者之意, 蓋曰: '衛於此時, 不能擧此之政耳.' 然亦非詩之正意也. 長樂劉氏曰: "夫婦之禮, 雖不可不謹於其始, 然民有細微貧弱者, 或困於凶荒, 必待禮而後昏, 則男女之失時者, 多無室家之養. 聖人傷之, 寧邦典之或違, 而不忍失其昏嫁之時也. 故有荒政多昏之禮, 所以使之相依以爲生, 而又以育人民也. 『詩』不云乎'愷悌君子, 民之父母.' 苟無子育兆庶之心, 其能若此哉. 此則『周禮』之意也."

'남녀실시(男女失時)'라는 구절은 좋지 않다. 그 '쇄예다혼(殺禮多昏)'이라고 말한 것은 『주례(周禮)』「대사도(大司徒)」의 '흉년의 구제책 12조목으로써 많은 백성들을 모으는데, 열 번째가 다혼(多昏)이다.'라는 것이 이것이다. 서문을 쓴 이의 생각은 대개 '위(衛)나라가 이때에 이러한 정책을 거행할 수 없을 뿐이다.'라는 것이다. 그러나 역시 시(詩)의 정확한 뜻이 아니다. 장락 유씨(長樂劉氏: 劉彝)[748]가 말하였다. "부부의 예는 비록 그 처음을 삼가지 않아서는 안 되지만, 그러나 백성 가운데 미천하고 빈약한 이가 혹시 흉년에 곤궁하게 되었는데도 반드시 예를 갖춘 뒤에 혼인해야 한다면 남자와 여자가 혼기를 놓쳐 대부분 가정의 봉양이 없게 될 것이다. 성인이 이를 안타깝게 여겨 차라리 나라의 법을 간혹 어길지라도 차마 그 혼인의 시기를 놓치게 하지 못한 것이다. 그러므로 흉년의 정치에 혼인의 예를 많이 둔 것은 백성들로 하여금 서로 의지하여 살아가게 한 것이고, 또 백성들을 많이 기른 것이다. 『시경』에서 '온화하고 즐거우신 군자여! 많은 백성의 부모님이로 다.'라고 이르지 않았는가. 만일 많은 백성들을 사랑하고 기르는 마음이 없다면 어찌 이와 같을 수 있겠는가. 이는 곧 『주례(周禮)』의 뜻이다."

詳說

○ 音洛.
'장락(長樂)'에서 '락(樂)'은 음이 락(洛)이다.

○ 賤貧.
'유세미빈약자(有細微貧弱者)'의 경우, 미천하고 가난한 것이다.

○ 「洞酌」.749)
'『시』(『詩』)'는 「형작(洞酌)」이다.

|「木瓜」, 美齊桓公也. 衛國有狄人之敗, 出處于漕, 齊桓公救而封之, 遺之車馬・器服焉, 衛人思之, 欲厚報之, 而作是詩也.|

---

748) 장락 유씨(長樂劉氏: 劉彛): 유이(1017-1086)는 북송의 학자로, 자가 집중(執中)이고, 복주(福州) 사람이다. 저서로는 『칠경중의(七經中義)』 170권이 있는데 그 가운데 『예기(禮記)』가 40권이나 된다. 그밖에도 『명선집(明善集)』・『거양집(居陽集)』・『주례중의(周禮中義)』・『고례경전속해(古禮經傳續通解)』・『홍범해(洪範解)』・『수경주(水經注)』・『예기대전(禮記大全)』 등이 있다.
749) 호광(胡廣) 등 찬, 『시전대전(詩傳大全)』 권17, 「대아(大雅)・생민지십(生民之什)・형작(洞酌)」. "洞酌彼行潦, 挹彼注茲, 可以餴饎. 豈弟君子, 民之父母.(멀리 저 길에 빗물을 퍼서 저것을 떠서 여기에 부어도 선밥 술밥 지을 수 있도다. 온화하고 즐거우신 군자여! 많은 백성의 부모님이로다.)" 주자의 집전에 의하면 "舊說, 以爲召康公戒成王. …『傳』曰: '豈以強敎之, 弟以悅安之, 民皆有父之尊, 有母之親.' 又曰: '民之所好, 好之; 民之所惡, 惡之, 此之謂民之父母.'(옛날 언설에 소강공이 성왕을 경계한 것이라고 하였다. …『전』[『예기』「표기」]에 말하였다. '개제함으로써 억지로 가르치고, 공경함으로써 기쁘고 편안하게 한다면 백성들이 모두 아버지의 존경함이 있고, 어머니의 친애함이 있을 것이다.' 또[대학] 말하였다. '백성들이 좋아하는 것을 좋아하되, 백성들이 싫어하는 것을 싫어하나니, 이것을 일러 백성의 부모님이라고 이르는 것이다.')"라고 하였다.

「목과(木瓜)」는 제나라 환공(桓公)을 찬미한 것이다. 위(衛)나라가 오랑캐에게 패하여 조읍(漕邑) 밖에 나가서 살자 제나라 환공이 구원하여 나라를 봉해주고 수레와 말, 기물과 옷을 보내주었는데, 위나라 사람들이 그를 생각하여 후하게 보답하고자 하면서 이 시를 지은 것이다.

詳說

○ 上聲.

'처(處)'는 상성(上聲: 거주하다, 머물다)이다.

○ 去聲.

'유(遺)'는 거성(去聲: 주다, 보내주다)이다.

辨說

說見本篇.750)

해설이 본 시편에 보인다.

詳說

○ 音現.

'현(見)'은 음이 현(現)이다.

왕(王)

「黍離」, 閔宗周也. 周大夫行役, 至于宗周, 過故宗廟宮室, 盡爲禾黍, 閔周室之顚覆, 彷徨不忍去而作是詩也.

「서리(黍離)」는 종주(宗周)를 애처롭게 여긴 것이다. 주(周)나라 대부가 부역을 가서 종주의 땅에 이르러 옛날의 종묘와 궁실을 지나갔는데 모두 벼와 기장으로 바뀌었다. 주나라 왕

---

750) 호광(胡廣) 등 찬, 『시전대전(詩傳大全)』 권3, 「국풍(國風)·위(衛)·목과(木瓜)」. "投我以木瓜, 報之以瓊琚, 匪報也, 永以爲好也.(나에게 모과를 보내주기라 아름다운 옥으로 보답하나니 보답을 하노라 하지 않는 건 길이 좋아하려 하는 것이니라.)" 주자의 집전에 의하면 "言: '人有贈我以微物, 我當報之以重寶, 而猶未足以爲報也, 但欲其長以爲好而不忘耳.' 疑亦男女相贈答之辭, 如「靜女」之類.(말하기를, '남이 나에게 변변치 않은 물건을 보내옴에 내가 마땅히 귀중한 보물로써 보답을 하였는데, 오히려 충분히 보답을 했다고 하지 않나니, 다만 길이 좋아하면서 잊지 않으려고 하는 것뿐이다.'라고 하였다. 의심하건대 또한 남정네와 여인네가 서로 선물을 주고받은 말인 듯하니, 「정녀」의 유형과 같다.)"라고 하였다.

실이 멸망한 것을 애처롭게 여기면서 어정거리며 차마 떠나갈 수 없어 이 시를 지은 것이다.

詳說

○ 音福.

'복(覆)'은 음이 복(福)이다.

「君子于役」, 刺平王也. 君子行役, 無期度, 大夫思其危難以風焉.

'군자우역(君子于役)'은 평왕(平王)을 풍자한 것이다. 군자가 부역을 가서 예상하는 기한이 없으므로 대부(大夫)가 그 위험과 재난을 생각하면서 풍자한 것이다.

詳說

○ 亦期也.

'도(度)'도 또한 기한(期限)이다.

○ 去聲.

'난(難)'은 거성(去聲: 위난, 재난)이다.

○ 去聲.

'풍(風)'은 거성(去聲: 풍자, 풍교)이다.

辨說

此國人行役, 而室家念之之辭, 序誤矣. 其曰'刺平王', 亦未有考.[751]

---

751) 호광(胡廣) 등 찬, 『시전대전(詩傳大全)』, 권4, 「국풍(國風)·왕(王)·군자우역(君子于役)」. 1장에서는 "君子于役, 不知其期, 曷至哉. 雞棲于塒, 日之夕矣, 羊·牛下來. 君子于役, 如之何勿思.(낭군님이 부역 가서 돌아올 날 모르나니 어느 곳에 계시는지. 닭은 둥지에 안기고 해가 져서 어둑하니 양과 소가 내려오네. 낭군님이 부역 감에 어찌 그립지 않으랴.)"라 하고, 주자의 집전에 의하면 "'君子', 婦人目其夫之辭. … 大夫久役于外, 其室家思而賦之曰: '君子于役, 不知其反還之期, 且今亦何所至哉. 雞則棲于塒矣, 日則夕矣, 牛·羊則下來矣, 是則畜産出入, 尚有旦暮之節, 而行役之君子, 乃無休息之時, 使我如何而不勿思也哉.'('군자'는 부인이 그 지아비를 일컬는 말이다. … 대부가 오랫동안 나라 밖에 부역을 가있으니 그 아내가 사모하면서 읊어 말하기를, '낭군님이 부역 가서 돌아올 시기를 모르나니, 또 지금은 또한 어디에 계시는지. 닭은 둥지에 안기고 해가 져서 어둑하니 소와 양이 내려오네. 이처럼 기르는 가축의 나가고 들어옴도 오히려 아침저녁의 절도가 있는데, 부역 가신 낭군님은 이에 잠깐 쉬는 때도 없으니, 나로 하여금 어찌 그리 워하지 않게 하겠는가.'라고 하였다.)"라고 하였다. 또 2장에서는 "君子于役, 不日不月, 曷其有佸. 雞棲于桀, 日之夕矣, 羊·牛下括. 君子于役, 苟無飢渴.(낭군님이 부역 간지 몇 날인지 몇 달인지 언제쯤이나 만

이것은 나라 사람이 부역을 가서 그 가족들이 그를 생각하는 말이니, 서문이 잘못되었다. 거기서 말하기를 '자평왕(刺平王)'이라는 것도 또한 아직 상고한 적이 있지 않다.

「君子陽陽」, 閔周也. 君子遭亂, 相招爲祿仕, 全身遠害而已.

「군자양양(君子陽陽)」은 주(周)나라를 애처롭게 여긴 것이다. 군자가 혼란한 세상을 만나 서로 구하여 녹봉을 위해 벼슬살이하는데 몸을 보전하고 해로움을 멀리할 따름이다.

詳說
○ 去聲.
'란(亂)'은 거성(去聲: 혼란)이다.

辨說
說同上篇.
설명이 위의 편과 같다.

詳說
○ 未有考.
아직 상고한 적이 있지 않다.

「揚之水」, 刺平王也. 不撫其民, 而遠屯戍于母家, 周人怨思焉.

「양지수(揚之水)」는 평왕(平王)을 풍자한 것이다. 그 백성들을 보살피지 않고 멀리 어미니 친정에 군대를 주둔하여 지키게 하니, 주나라 사람들이 원망하면서 자기

날는지. 닭은 햇대에 오르고 해가 져서 어둑하니 소와 양이 내려오네. 낭군님이 부역 가서 부디 굶지 말았으면.)"이라 하고, 주자의 집전에서는 "君子行役之久, 不可計以日月, 而又不知其時可以來會也, 亦庶幾其免於飢渴而已矣. 此憂之深而思之切也.(낭군님이 부역 간지 오래되어 날과 달을 헤아릴 수 없고, 또 그 어느 때에나 돌아와서 마주할 수 있을지 알 수 없으니, 또한 부디 배고픔과 목마름을 면하길 바랄 따름이라는 것이다. 이는 근심함이 깊고 사모함이 간절한 것이다.)"라고 하였다.

고향을 그리워한 것이다.

|詳說|

○ 怨上而思家.

　　윗사람을 원망하면서 고향을 그리워한 것이다.

|「中谷有蓷」, 閔周也. 夫婦日以衰薄, 凶年饑饉, 室家相棄爾.「兔爰」, 閔周也. 桓王失信, 諸侯背叛, 構怨連禍, 王師傷敗, 君子不樂其生焉.|

「중곡유퇴(中谷有蓷)」는 주(周)나라를 애처롭게 여긴 것이다. 부부(夫婦)의 정이 날로 줄어들고 흉년에 굶주리자 부부가 서로를 버렸을 뿐이다. 「토원(兔爰)」은 주(周)나라를 애처롭게 여긴 것이다. 환왕(桓王)이 신의를 잃자 제후들이 배반하여 원한을 품고 화란(禍亂)이 연발함에 왕의 군대가 패하고 무너지니, 군자들이 그 삶을 즐겁게 여기지 않은 것이다.

|詳說|

○ 音佩.

　　'패(背)'는 음이 패(佩)이다.

○ 音洛.

　　'락(樂)'은 음이 락(洛)이다.

|辨說|

'君子不樂其生', 一句得之, 餘皆衍說. 其指桓王. 蓋據春秋傳, 鄭伯不朝, 王以諸侯伐鄭, 鄭伯禦之, 王卒大敗, 祝聃射王中肩之事. 然未有以見此詩之爲是而作也.

'군자불락기생(君子不樂其生)'의 한 구절만 맞고, 나머지는 모두 쓸데없는 말이다. 환왕(桓王)을 지적한 것은 대개 『춘추전(春秋傳)』에 근거하였는데, 정백(鄭伯)이 조회하지 않자 왕이 제후들로써 정(鄭)나라를 치니 정백(鄭伯)이 막아내어 왕이 마침내 크게 패하고, 축빙(祝聃)이 왕에게 활을 쏘아 어깨를 맞춘 일을 근거로 한 것이다. 그러나 이 시가 이것 때문에 지어진 것으로 본 적이 있지 않다.

詳說

○ 『左』「桓‧五年」.

'『춘추전』(『春秋傳』)'은 『좌전(左傳)』「환공(桓公) 5년」이다.

○ 音潮.

'조(朝)'는 음이 조(潮)이다.

○ 音石.

'석(射)'은 음이 석(石)이다.

○ 去聲.

'중(中)'은 거성(去聲: 맞히다, 부합하다)이다.

「葛藟」, 王族刺平王也. 周室道衰, 棄其九族焉.

「갈류(葛藟)」는 왕족이 평왕(平王)을 풍자한 것이다. 주(周)나라 왕실의 도가 없어져서 자기 친족을 버린 것이다.

辨說

序說, 未有據. 詩意亦不類. 說已見本篇.752)

서문의 말은 아직 근거가 있지 않다. 시의 뜻도 역시 유사하지 않다. 설명이 이미 본 시편에 보였다.

詳說

○ 音現.

---

752) 호광(胡廣) 등 찬, 『시전대전(詩傳大全)』 권4, 「국풍(國風)‧왕(王)‧군자우역(君子于役)」. "緜緜葛藟, 在河之滸. 終遠兄弟, 謂他人父. 謂他人父, 亦莫我顧.(쭉쭉 넝쿨진 칡덩굴이여, 하수의 언덕 가에 있도다. 마침내 형제들을 멀리하고 남을 아버지라고 이르도다. 남을 아버지라고 이르거늘 또한 나를 살피지 않도다.)" 주자의 집전에 의하면 "世衰民散, 有去其鄕里‧家族而流離失所者, 作此詩, 以自歎, 言: '緜緜葛藟, 則在河之滸矣, 今乃終遠兄弟, 而謂他人爲父. 己雖謂彼爲父, 而彼亦不我顧', 則其窮也甚矣.(세상이 쇠퇴하여 백성들이 이산함에 그 마을과 가족을 버리고 떠나가서 살 곳을 잃은 이가 있어 이 시를 지어서 스스로 탄식하였으니, 말하기를 '쭉쭉 넝쿨진 칡덩굴이 하수의 언덕 가에 있거늘. 이제 이에 끝내 형제들을 멀리하고 남을 일러 자기 아버지라고 이르니, 자기가 비록 저 사람을 일러 아버지라고 하나 저 사람은 또한 나를 살피지 않는다.'고 하였으니, 곧 그 곤궁함이 심한 것이다.)"라고 하였다.

'현(見)'은 음이 현(現)이다.

「采葛」, 懼讒也.

「채갈(采葛)」은 참소를 두려워한 것이다.

辨說

此淫奔之詩. 其篇, 與「大車」相屬753); 其事, 與'采唐'·'采葑'·'采麥'相似; 其詞, 與「鄭·子衿」正同754). 序說, 誤矣.755)

이것은 음탕하게 바람난 이의 시이다. 그 시편은 「대거(大車)」와 서로 같고, 그 일은 '채당(采唐)'이나 '채봉(采葑)'이나 '채맥(采麥)'과 서로 유사하고, 그 말은 「정풍(鄭風)·자긍(子衿)」과 아주 꼭 같다. 서문의 말은 잘못되었다.

詳說

○ 音燭.

'촉(屬)'은 음이 촉(燭)이다.

○「桑中」.756)

'채맥(采麥)'의 경우, 「상중(桑中)」이다.

---

753) 바로 아래의 시편을 말한다.
754) 호광(胡廣) 등 찬, 『시전대전(詩傳大全)』권4, 「국풍(國風)·정(鄭)·자긍(子衿)」. "靑靑子衿, 悠悠我心. 縱我不往, 子寧不嗣音.(푸릇푸릇한 그대의 옷깃이여 까마아득한 나의 마음이로다. 비록 내가 가지 못할지라도 그대 어찌 소식 주지 않는가.)"
755) 호광(胡廣) 등 찬, 『시전대전(詩傳大全)』권4, 「국풍(國風)·왕(王)·채갈(采葛)」. "彼采葛兮! 一日不見, 如三月兮.(저기 칡을 캐러간 이여! 하루 동안 보지 못함이 석 달이 지남과 같도다.)" 주자의 집전에 의하면 "'采葛, 所以爲絺綌, 蓋淫奔者託以行也. 故因以指其人, 而言'思念之深, 未久而似久也'.('칡을 캠'은 칡베옷을 만들려는 것이니, 바람난 이가 그것을 핑계대고서 간 것이다. 그러므로 이로 인해 그 사람을 가리켜서 말하기를, '근심하고 염려함이 깊다보니 오래되지 않았는데도 오래된 것 같다'고 한 것이다.)"라고 하였다.
756) 호광(胡廣) 등 찬, 『시전대전(詩傳大全)』권3, 「국풍(國風)·용(鄘)·상중(桑中)」. "爰采唐矣, 沫之鄕矣. 云誰之思. 美孟姜矣. 期我乎桑中, 要我乎上宮, 送我乎淇之上矣.(이때에 새삼을 캐려고 매읍의 시골로 갔도다. 그 누구를 사모했는가. 아름다운 맹강이로다. 뽕밭에서 만날 기약을, 상궁에서 나를 맞았고 기수를 사모했는가. 아름다운 맹익이로다. 뽕밭에서 만날 기약을, 상궁에서 나를 맞았고 기수의 물가에서 나를 배웅하였도다.)""爰采麥矣, 沫之北矣. 云誰之思. 美孟弋矣. 期我乎桑中, 要我乎上宮, 送我乎淇之上矣.(이때에 보리를 따려고 매읍의 북쪽에 갔도다. 그 누구를 사모했는가. 아름다운 맹익이로다. 뽕밭에서 만날 기약을, 상궁에서 나를 맞았고 기수의 물가에서 나를 배웅하였도다.)""爰采葑矣, 沫之東矣. 云誰之思. 美孟庸矣. 期我乎桑中, 要我乎上宮, 送我乎淇之上矣.(이때에 순무를 캐려고 매읍의 동쪽에 갔도다. 그 누구를 사모했는가. 아름다운 맹용이로다. 뽕밭에서 만날 기약을, 상궁에서 나를 맞았고 기수의 물가에서 나를 배웅하였도다.)"

「大車」, 刺周大夫也. 禮義陵遲, 男女淫奔, 故陳古以刺今大夫不能聽男女之訟焉.

「대거(大車)」는 주(周)나라 대부를 풍자한 것이다. 예의가 무너져 남자와 여자가 음탕하게 바람을 피웠다. 그러므로 옛날 문왕(文王)과 무왕(武王)의 시대를 말하면서 지금 대부가 남자와 여자의 호소를 잘 들어주지 못함을 풍자한 것이다.

辨說

非刺大夫之詩, 乃畏大夫之詩.757)
대부(大夫)를 풍자한 시가 아니라, 바로 대부를 두려워한 시이다.

「丘中有麻」, 思賢也. 莊王不明, 賢人放逐, 國人思之而作是詩也.

「구중유마(丘中有麻)」는 현명한 이를 사모(思慕)한 것이다. 장왕(莊王)이 현명하지 못하여 현명한 사람이 쫓겨나니, 나라 사람들이 그를 사모하면서 이 시를 지은 것이다.

辨說

此亦淫奔者之詞. 其篇上屬大車, 而語意不莊, 非望賢之意. 序亦誤矣.758)
이것은 역시 음탕하게 바람난 이의 글이다. 그 시편은 위의 「대거(大車)」를 이었지만 말뜻이 장엄하지 못하니, 현명한 이를 바라는 뜻이 아니다. 서문이 역시 잘못되었다.

---

757) 호광(胡廣) 등 찬,『시전대전(詩傳大全)』권4,「국풍(國風)・왕(王)・대거(大車)」. "大車檻檻, 毳衣如菼. 豈不爾思, 畏子不敢.(대부의 수레가 덜컹덜컹 굴러가니 입은 털옷이 푸른 갈대와 같도다. 어찌 그대를 사모하지 않으랴마는 저 임이 두려워 감히 못함이니라.)" 주자의 집전에 의하면 "周衰, 大夫猶有能以刑政治其私邑者, 故淫奔者畏而歌之如此. 然其去二南之化則遠矣, 此可以觀世變也.(주나라 쇠퇴했는데도 대부 가운데 여전히 능히 형법과 정령으로써 그 채읍을 다스리는 이가 있었기 때문에 바람난 이가 두려워하면서 노래함이 이와 같은 것이다. 그러나 그 「주남」과 「소남」의 교화와 거리가 머니, 이는 세상이 변하였음을 볼 수 있는 것이다.)"라고 하였다.
758) 호광(胡廣) 등 찬,『시전대전(詩傳大全)』권4,「국풍(國風)・왕(王)・구중유마(丘中有麻)」. "丘中有麻, 彼留子嗟. 彼留子嗟, 將其來施施.(언덕 가운데 대마밭이 있으니 저기에 자차를 머물게 하리라. 저기에 자차를 머물게 하리니 부디 그대 옴에 싱글벙글할까.)" 주자의 집전에 의하면 "婦人望其所與私者而不來, 故疑丘中有麻之處, 復有與之私而留之者, 今安得其施施然而來乎.(부인이 더불어 사통하고픈 이를 바랐으나 오지 않았기 때문에 의심컨대 언덕 가운데 대마밭이 있는 곳에서 다시 더불어 사통하면서 머무는 이를 둔 듯한데, 지금 어찌 싱글벙글하면서 올 수 있겠는가.)"라고 하였다.

> 詳說

○ 音燭.
    '촉(䎡)'은 음이 촉(燭)이다.

정(鄭)

> 「緇衣」, 美武公也. 父子竝爲周司徒, 善於其職, 國人宜之. 故美其德, 以明有國善善之功焉.

「치의(緇衣)」는 무공(武公)을 찬미한 것이다. 아버지와 아들이 모두 주(周)나라의 사도(司徒)가 되어 그 직무를 잘하니 나라 사람들이 그를 마땅하게 여겼다. 그러므로 그 덕을 찬미하면서 나라를 두고 선(善)을 권장한 공을 밝힌 것이다.

> 詳說

○ 桓公子.
    '무공(武公)'은 환공(桓公)의 아들이다.

○ 周人.
    '국인(國人)'의 경우, 주나라 사람이다.

> 辨說

此未有據, 今姑從之.759)
이 시는 근거할 것이 있지 않으므로 지금 잠시 그것을 좇는다.

> 「將仲子」, 刺莊公也. 不勝其母, 以害其弟. 弟叔失道, 而公

---

759) 호광(胡廣) 등 찬,『시전대전(詩傳大全)』권4,「국풍(國風)·정(鄭)·치의(緇衣)」. "緇衣之宜兮, 敝予又改爲兮. 適子之館兮, 還予授子之粲兮.(검정옷이 아주 잘 어울리고 맞으니 해지면 내가 또 고쳐서 지어 주리라. 그대의 관사로 향하여 가는 길이니 돌아오면 그대 밥을 지어 주리라.)" 주자의 집전에 의하면 "舊說, 鄭桓公·武公, 相繼爲周司徒, 善於其職, 周人愛之, 故作是詩. 言: '子之服緇衣也甚宜, 敝則我將爲子更爲之, 且將適子之舘, 旣還而又授子以粲', 言好之無已也.(옛날 언설에, 정나라 환공과 무공이 서로 뒤를 이어서 주나라의 사도가 되어 그 직무를 잘하여 주나라 사람들이 그들을 사랑하였기 때문에 이 시를 지었다고 하였다. 말하기를, '그대가 검정옷을 입음에 아주 알맞으니, 해어지면 내가 장차 그대를 위해서 다시 만들어 주겠으며, 또 장차 그대의 관사로 향해서 가리니, 이미 돌아오면 또 그대에게 밥을 지어 주리라.'라고 하였으니, 그를 좋아함이 그침 없음을 말한 것이다.)"라고 하였다.

弗制, 祭仲諫, 而公弗聽, 小不忍, 以致大亂焉.

「장중자(將仲子)」는 장공(莊公)을 풍자한 것이다. 그 어머니를 이기지 못하여 그 아우를 해쳤다. 아우 공숙(共叔)이 마땅한 도리를 잃었는데 장공이 제지하지 않았고, 채중(祭仲)이 간언하였는데 장공이 듣지 않아서 작은 일이라도 참아내지 못하여 큰 난리가 이르게 한 것이다.

詳說

○ 有害於義.
'불승기모(不勝其母)'에서, '승(勝)'자는 뜻을 해침이 있다.

○ 共叔段.
'제숙(弟叔)'에서, 공숙단(共叔段)이다.

○ 音債, 下同.
'채(祭)'는 음이 채(債)이니, 아래도 같다.

○ 此句, 見『論語』「衛靈公」.760)
'이치대란언(以致大亂焉)'의 경우, 이 구절은 『논어(論語)』「위영공(衛靈公)」에 보인다.

辨說

事見『春秋傳』. 然莆田鄭氏謂: "此實淫奔之詩, 無與於莊公·叔段之事. 序蓋失之, 而說者又從而巧爲之說, 以實其事, 誤亦甚矣. 今從其說."761)
일이 『춘추전(春秋傳)』에 보인다. 그러나 포전 정씨(莆田鄭氏: 鄭厚)762)가 이르기

---

760) 『논어집주대전(論語集註大全)』권15, 「위영공(衛靈公)」제15. "子曰: '巧言亂德, 小不忍, 則亂大謀.'(공자가 말하였다. '교묘하게 하는 말은 덕을 어지럽히고, 작은 것을 참지 못하면 크게 도모하는 일을 어지럽힌다.')"
761) 유근(劉瑾) 찬, 『시전통석(詩傳通釋)』권4, 「시(詩)·주자집전(朱子集傳)·왕(王)·장중자(將仲子)」. "莆田鄭氏謂: '此實淫奔之詩, 無與於莊公·叔段之事. 序蓋失之, 而說者又從而巧爲之說, 以實其事, 誤益甚矣. 今從其說.'": 호광(胡廣) 등 찬, 『시전대전(詩傳大全)』권4, 「국풍(國風)·정(鄭)·장중자(將仲子)」.
762) 보전 정씨(莆田鄭氏: 鄭厚): 정후(1100-1160)는 북송의 학자로, 자가 경위(景韋) 또는 숙우(叔友)이고, 보전(莆田) 광업리(廣業里) 하계(霞溪) 사람이다. 어려서부터 총명하였으며, 1135년에 진사과에 급제하여 벼슬길에 들어섰다. 학자들이 계동선생(溪東先生) 또는 상향선생(湘鄉先生)이라 일컬었고, 맹자를 비판하였다고 하여 '저맹(詆孟)'이라 하였으며, 사촌동생인 정초(鄭樵)와 함께 '보양이정(莆陽二鄭)'이라고 불렀다. 저서로는 『시잡설(詩雜說)』·『존고역(存古易)』 등이 있다. 박문호는 『시집전상설(詩傳集傳詳說)』에서 "'莆田鄭氏', 名樵, 字漁仲.(보전정씨(莆田 鄭氏)'는 이름이 초(樵)이고, 자가 어중(漁仲)이다.)"라고 하였다.

를, "이는 실로 음탕한 짓을 하는 시이니, 장공(莊公)과 숙단(叔段)의 일과는 관계가 없다. 서문이 대개 잘못되었는데 말하는 이가 또 그대로 좇아서 교묘하게 말하여 그 일을 사실처럼 만들었으니 그릇됨이 또한 심한 것이다. 이제 그 말을 좇는다."라고 하였다.

詳說

○ 音現.
 '현(見)'은 음이 현(現)이다.

○ 『左』「隱・元年」.
 '『춘추전』(『春秋傳』)'은 『좌전(左傳)』「은공(隱公) 원년」이다.

○ 去聲.
 '여(與)'는 거성(去聲: 참여하다, 간여하다)이다.

「叔于田」, 刺莊公也. 叔處于京, 繕甲治兵, 以出于田, 國人說而歸之.

「숙우전(叔于田)」은 장공(莊公)을 풍자한 것이다. 공숙(共叔)이 서울에 머물러있을 때 갑옷을 손보고 무기를 수리하여 사냥을 나가니, 나라 사람들이 기뻐하고 마음에 끌려 따른 것이다.

詳說

○ 上聲.
 '처(處)'는 상성(上聲: 거주하다, 머무르다)이다.

○ '悅'同.
 '열(說)'은 '열(悅)'과 같다.

辨說
國人之心, 貳於叔, 而歌其田狩適野之事, 初非以刺莊公, 亦非說其出于田而後歸之也. 或曰 : "段以國君貴弟, 受封大邑, 有人民·兵甲之衆, 不得出居閭巷, 下雜民伍. 此詩恐亦民間男女相說之詞耳."763)

나라 사람들의 마음이 공숙(共叔)에게 두 가지였는데 그가 사냥하러 들판에 나간 일을 노래한 것은 처음부터 장공(莊公)을 풍자한 것이 아니고, 또한 사냥을 나간 것을 기뻐한 뒤에 마음에 끌려 따른 것이 아니다. 어떤 이가 말하기를, "숙단(叔段)은 임금의 귀한 아우로써 큰 읍을 봉지(封地)로 받아 많은 백성과 갑병(甲兵)이 있었으나, 백성들의 마을에 나가 지내며 몸을 낮추어 백성들 속에 섞일 수 없었다. 이 시는 아마도 역시 민간의 남자와 여자가 서로 좋아하는 말일 뿐이다."라고 하였다.

詳說

○ 以叔而貳於公.

'이어숙(貳於叔)'의 경우, 공숙(共叔)으로써 장공(莊公)에게 두 가지 마음을 품은 것이다.

○ 悅同.

'열(說)'은 '열(悅)'과 같다.

○ 「大叔于田」, 刺莊公也. 叔多才而好勇, 不義而得衆也.

「대숙우전(大叔于田)」은 장공(莊公)을 풍자한 것이다. 공숙(共叔)이 재주가 많고 용맹함을 좋아하는데 의롭지 못함으로써 무리를 얻은 것이다.

辨說

此詩, 與上篇意同, 非刺莊公也. 下兩句, 得之.764)

---

763) 호광(胡廣) 등 찬, 『시전대전(詩傳大全)』 권4, 「국풍(國風)·정(鄭)·숙우전(叔于田)」. "叔于田, 巷無居人. 豈無居人, 不如叔也, 洵美且仁.(공숙단이 사냥을 가고 나니 거리에 사는 사람이 없도다. 어찌 사는 사람 없으랴마는 공숙단 같은 이 없어서이니 진실로 훌륭하고 인자하니라.) 주자의 집전에 의하면 "'叔', 莊公弟共叔段也, 事見『春秋』. … 段不義而得衆, 國人愛之, 故作此詩, 言: '叔出而田, 則所居之巷, 若無居人矣. 非實無居人也, 雖有而不如叔之美且仁, 是比若無人耳.' 或疑此亦民間男女相悅之辭也.('숙'은 장공의 아우 공숙단이니, 일이 『춘추』에 보인다. … 공숙단이 의롭지 못한데도 많은 사람의 신임을 얻어서 나라 사람들이 그를 사랑하였기 때문에 이 시를 지은 것이니 말하기를, '공숙단이 나가서 사냥하면 사람들이 거주하는 거리에 사는 사람이 없는 것 같으니, 이는 실제로 사는 사람이 없는 것이 아니고, 비록 있더라도 공숙단의 훌륭하고도 인자함과 같지 않은지라 이 때문에 사람이 없는 것과 같을 뿐이다.'라고 한 것이다. 어떤 이는 이 또한 백성들 사이에 남자와 여자가 서로 기뻐하며 따르는 말일 것이라고 의심하였다.)"라고 하였다.

이 시는 위의 시편의 뜻이 같으니, 장공(莊公)을 풍자한 것이 아니다. 아래의 두 구절은 뜻이 맞게 된 것이다.

「清人」, 刺文公也. 高克好利而不顧其君, 文公惡而欲遠之, 不能. 使高克將兵而禦狄于竟, 陳其師旅, 翱翔河上, 久而不召, 衆散而歸, 高克奔陳. 公子素惡高克進之不以禮, 文公退之不以道, 危國亡師之本. 故作是詩也.

「청인(清人)」은 문공(文公)을 풍자한 것이다. 고극(高克)이 이익을 좋아하고 그 임금을 보살피지 않으니, 문공이 미워하여 멀리하려고 하였으나 그렇게 할 수 없었다. 고극으로 하여금 군사를 거느리고 국경에서 오랑캐를 막게 하여 그 군대를 진열하고 하수가를 돌아다녔는데 오래되어도 부르지 않자 많은 군사들이 흩어져서 돌아가고 고극은 진(陳)나라로 달아났다. 공자(公子) 소(素)는 고극이 임금에게 나아가기를 예로써 하지 않고, 문공(文公)이 물리치기를 도로써 하지 않음이 나라를 위태롭게 하고 군대를 잃는 근본이라고 미워하였다. 그러므로 이 시를 지은 것이다.

詳說

○ 去聲, 下同.
 '오(惡)'는 거성(거성: 미워하다)이니, 아래도 같다.

○ 去聲.
 '원(遠)'은 거성(去聲: 멀리하다, 멀어지다)이다.

○ 句.
 '불능(不能)'에서 문장을 끊어야 한다.

---

764) 호광(胡廣) 등 찬, 『시전대전(詩傳大全)』 권4, 「국풍(國風)·정(鄭)·대숙우전(大叔于田)」. "叔于田, 乘乘馬, 執轡如組, 兩驂如舞. 叔在藪, 火烈具擧. 襢裼暴虎, 獻于公所. 將叔無狃. 戒其傷女.(공숙단이 사냥 하러 가는데 네 마리 말의 수레를 탔도다. 고삐 잡음이 끈 잡듯이 하니 두 참마가 춤추듯이 하도다. 공숙단이 수풀땅에 들어가고 불길 세자 모두 활을 들도다. 웃통 벗고 범을 때려잡아서 임금님의 처소에 바치도다. 청컨대 자주 사냥을 마소서. 그대가 다칠까 경계하노라.)" 주자의 집전에 의하면 "'叔', 亦段也. … '公', 莊公也. … 國人戒之曰: '請叔無習此事. 恐其或傷汝也.' 蓋叔多材好勇, 而鄭人愛之如此.('숙'은 또한 공숙단이다. … '공'은 장공이다. … 나라 사람들이 경계하기를, '청컨대 공숙단은 이 일을 익숙하게 하지 마소서. 그 혹시라도 그대가 다칠까 두렵도다.'라고 하였으니, 공숙단이 재주가 많고 용맹함을 좋아하여 정나라 사람들이 그를 사랑함이 이와 같았던 것이다.)"라고 하였다.

○ '境'通.

'경(竟)'은 '경(境)'과 통한다.

辨說

按, 此序, 蓋本『春秋傳』, 而以他說廣之, 未詳所據. 孔氏『正義』, 又据序文而以是詩爲公子素之作. 然則'進之', 當作'之進', 今文, 誤也.[765]

살펴보건대, 이 서문은 대개 『춘추전(春秋傳)』에 근거하였으나 그 말로써 확대한 것은 근거한 것이 상세하지 않다. 공씨(孔氏: 孔穎達)의 『정의(正義)』에서도 또 서문(序文)에 근거하여 이 시로써 공자(公子) 소(素)의 작품으로 여겼다. 그렇다면 '진지(進之)'는 마땅히 '지진(之進)'으로 써야 하니, 지금의 글이 잘못되었다.

詳說

○ 『左』「閔二年」.

'『춘추전』(『春秋傳』)'은 『좌전(左傳)』「민공(閔公) 2년」이다.

○ 此文.

'금문(今文)'은 이 글이다.

○「羔裘」, 刺朝也. 言古之君子, 以風其朝焉.

---

765) 호광(胡廣) 등 찬, 『시전대전(詩傳大全)』 권4, 「국풍(國風)·정(鄭)·청인(淸人)」. "淸人在彭, 駟介旁旁. 二矛重英, 河上乎翶翔.(청읍 사람이 팽 땅에 있으니 갑옷 씌우는 네 말이 힘차도다. 두 창은 붉은 깃털로 꾸며서 하수가를 다니며 놀고 있도다.) 주자의 집전에 의하면 "鄭文公惡高克, 使將淸邑之兵, 禦狄于河上, 久而不召, 師散而歸, 鄭人爲之賦此詩, 言其師出之久, 無事而不得歸, 但相與遊戱如此, 其勢必至於潰散而後已爾.(정나라 문공이 고극을 미워하여 청읍의 군사를 거느리고 가서 적을 하수가에서 방어하게 하고 오래도록 부르지 않아 군사가 흩어져서 돌아오자 정나라 사람들이 이들을 위해 이 시를 지었으니, 그 군사가 출정한 지 오래되었는데도 하는 일 없이 돌아가지 못하고 다만 서로 더불어 거닐면서 놀기를 이와 같이 하여 그 형세가 반드시 무너지고 흩어짐에 이른 뒤에야 그칠 뿐임을 말한 것이다.)"라고 하였다. 또 말미에 "事見『春秋』. ○胡氏曰: '人君擅一國之名寵, 生殺予奪, 惟我所制耳. 使高克不臣之罪已著, 按而誅之可也; 情狀未明, 黜而退之可也; 愛惜其才, 以禮馭之亦可也, 烏可假以兵權, 委諸竟上, 坐視其離散而莫之卹乎. 『春秋』書曰: 鄭棄其師, 其責之深矣.'(일이 『춘추』에 보인다. ○호씨[胡安國]가 말하였다. '임금은 한 나라의 명예와 지위 및 영총과 관록을 마음대로 하여 살리고 죽이며 주고 빼앗음을 오직 자기가 제정할 뿐이니, 가령 고극이 신하 노릇을 하지 않은 죄가 이미 드러났으면 살펴서 주살함이 옳으며, 정상이 아직 분명하지 않다면 내쫓아서 물러나게 함이 옳으며, 그 재주를 아낀다면 예를 갖춰서 다스림이 또한 옳은 것이다. 어찌하여 병권을 빌려주어 국경 가를 맡겨두고서 군사들이 떠나가고 흩어짐을 가만히 앉아서 보기만 하고 가엾게 여기지 않은 것인가. 『춘추』에서 덧보태어 써서 말하기를, 정나라가 그 군사를 버렸다고 하였으니, 그 책망함이 심각한 것이다.')"라고 하였다.

「고구(羔裘)」는 조정의 신하들을 풍자한 것이다. 옛날의 군자를 말하여 그 조정의 신하들을 풍자한 것이다.

詳說

○ 音潮, 下同. ○朝臣.
'조(朝)'는 음이 조(潮)이니, 아래도 같다. ○조정의 신하이다.

○ 去聲.
'풍(風)'은 거성(去聲: 풍자하다, 풍교하다)이다.

辨說

序, 以變風不應有美, 故以此爲言古以刺今之詩. 今詳詩意, 恐未必然. 且當時鄭之大夫如子皮·子産之徒, 豈無可以當此詩者. 但今不可考耳.766)
서문에서 변풍(變風)에는 응당 찬미함이 있지 않을 것이라고 여겼기 때문에 이 시로써 옛 일을 말하여 지금을 풍자한 시라고 여긴 것이다. 이제 시의 뜻을 자세히 살펴보면 아마도 반드시 그렇지 않은 것 같다. 또 당시에 정(鄭)나라 대부 가운데 자피(子皮)와 자산(子産) 같은 무리가 어찌 이 시에 해당될 수 있는 것이 없겠는가. 다만 지금은 살펴볼 수 없을 뿐이다.

詳說

○ 平聲.
'응(應)'은 평성(平聲: 응당)이다.

○ 罕虎.
'자피(子皮)'는 한호(罕虎)이다.

---

766) 호광(胡廣) 등 찬, 『시전대전(詩傳大全)』 권4, 「국풍(國風)·정(鄭)·고구(羔裘)」. "羔裘如濡, 洵直且侯. 彼其之子, 舍命不渝.(염소갖옷이 부드럽고 반들거리니 진실로 유순하고 또 아름답도다. 저기 이 염소갖옷을 입은 그대여, 큰 명에 사는지라 변하지 않도다.) 주자의 집전에 의하면 "言: '此羔裘潤澤, 毛順而美, 彼服此者, 當生死之際, 又能以身居其所受之理, 而不可奪.' 蓋美其大夫之辭, 然不知其所指矣.(말하기를, '이 염소갖옷이 윤택하니 모피가 유순하고 아름다우며, 저 이 염소갖옷을 입은 이가 살고 죽는 사이에 닥쳐서도 또 능히 자신을 그 받은 바의 천리에 거처하여 빼앗을 수 없다.'고 하였다. 대개 그 대부를 아름답게 여긴 말이나, 그 누구를 가리킨 것인지 알 수 없다.)"라고 하였다.

「遵大路」, 思君子也. 莊公失道, 君子去之, 國人思望焉.

「준대로(遵大路)」는 군자를 사모한 것이다. 장공(莊公)이 도리를 잃어버려 군자가 떠나가니, 나라 사람들이 군자를 사모하고 기대한 것이다.

辨說

此亦淫亂之詩, 序說, 誤矣.767)

이것 또한 음란한 시이니, 서문의 말이 잘못되었다.

「女曰雞鳴」, 刺不說德也. 陳古義, 以刺今不說德而好色也.

「여왈계명(女曰雞鳴)」은 덕(德) 있는 이를 기뻐하며 따르지 않음을 풍자한 것이다. 옛사람의 도의(道義)를 말하여 지금 사람들이 덕 있는 이를 기뻐하며 따르지 않고 여색(女色)을 좋아함을 풍자한 것이다.

詳說

○ '悅'同, 下同.

'열(說)'은 '열(悅)'과 같으니, 아래도 같다.

辨說

此亦未有以見其陳古刺今之意.768)

---

767) 호광(胡廣) 등 찬, 『시전대전(詩傳大全)』 권4, 「국풍(國風)·정(鄭)·준대로(遵大路)」. "遵大路兮, 摻執子之祛兮. 無我惡兮. 不寁故也.(큰 길을 좇아서 가다 말고 그대 소매를 움켜잡았노라. 나를 밉게 여기지 말지니라. 친분을 빨리 끊지 못하리라.") 주자의 집전에 의하면 "淫婦爲人所棄, 故於其去也, 攬其袪而留之曰: '子無惡我而不留. 故舊不可以遽絶也.' 宋玉賦, 有'遵大路兮攬子袪'之句, 亦男女相說之辭也.(음탕한 여자가 어떤 사람에게 버림을 받았기 때문에 그가 떠나감에 그 소매를 붙잡고 만류하면서 말하기를, '그대는 내가 밉다고 머물지 않으려 하지 마소서. 오랜 친구를 갑자기 끊어서는 안 됩니다.'라고 하였다. 송옥의 부에 '큰 길을 좇아가면서 그대의 옷소매를 잡았도다.'라는 구절이 있는데, 또한 남정네와 여인네가 서로 기뻐하며 따르는 말이다.)"라고 하였다.
768) 호광(胡廣) 등 찬, 『시전대전(詩傳大全)』 권4, 「국풍(國風)·정(鄭)·여왈계명(女曰雞鳴)」. 1장에서 "女曰雞鳴, 士曰昧旦. 子興視夜, 明星有爛, 將翱將翔, 弋鳧與鴈.(여자가 새벽닭이 울었다고 하니 남자는 동틀 무렵이라고 하니라. 그대는 일어나서 밤하늘을 보라. 샛별이 반짝이며 빛나고 있으니 장차 뛰어다니고 장차 돌아다녀 오리와 기러기를 주살질할지어다.)"라 하고, 주자의 집전에서 "此, 詩人述賢夫婦相警戒之辭, 言'女曰雞鳴', 以警其夫, 而'士曰昧旦', 則不止於雞鳴矣. 婦人又語其夫曰: '若是則子可以起而視夜之如何. 意者, 明星已出而爛然, 則當翱翔而往, 弋取鳧鴈而歸矣.' 其相與警戒之言如此, 則不留於宴昵之私, 可知矣.(이는 시인이 현량한 부부가 서로 알려주는 말을 서술한 것인데 말하기를, 여인네가 '닭이 울었다.'고 하여 그 남편을 경계하자, 남정네는 '동틀 무렵이다.'라고 말하였으니, 곧 닭이 우는 것에 그치지 않은 것이다. 부인이 또 그 남편에게 알리면서 말하기를, '이와 같거든 그대는 일어나서 밤하늘이 어떠한지 보세요. 생각하건대, 샛별이 이미 나와서 반짝이며 빛날 것이니, 그렇다면 마땅히 뛰어다니고 돌아다니다가 가서 주살질하여 오리와 기러기를 잡아서 돌아오세요.'라고 한 것이다. 그 서로 더불어 알려준 말이 이와 같으니,

이것 또한 그 옛 일을 말하여 지금을 풍자한 뜻을 볼 수가 없다.

「有女同車」, 刺忽也. 鄭人刺忽之不昏于齊, 太子忽嘗有功于齊, 齊侯請妻之, 齊女賢而不取, 卒以無大國之助, 至于見逐. 故國人刺之.

「유여동거(有女同車)」는 태자 홀(忽)을 풍자한 것이다. 정(鄭)나라 사람들이 태자 홀이 제(齊)나라와 혼인하지 않음을 풍자한 것이니, 태자 홀이 일찍이 제나라에서 공을 세워 제나라 임금이 딸을 아내 삼으라고 할 적에 제나라 임금의 딸이 현량(賢良)한데도 장가들지 않다가 마침내 대국의 원조가 없게 되자 쫓겨남에 이른 것이다. 그러므로 나라 사람들이 그를 풍자한 것이다.

詳說

○ 謂文姜爲賢甚無謂.

'제녀현(齊女賢)'의 경우, 문강(文姜)이 매우 현량하여 말할 필요가 없음을 이른 것이다.

○ 魯桓果得大國之助耶.

'국인자지(國人刺之)'에서 볼 때, 노(魯)나라 환공(桓公)은 과연 대국(大國)의 원조를 얻었는가.

辨說

按, 『春秋傳』, 齊侯欲以文姜妻鄭太子忽, 忽辭, 人問其故, 忽曰:"人各有耦, 齊大, 非吾耦也. 『詩』曰:'自求多福', 在我而已. 大國何爲." 其後北戎

곧 편안하고 친숙한 사사로운 정에 머물지 않았음을 알 수 있다.)"라고 하였다. 또 2장에서 "弋言加之, 與子宜之, 宜言飮酒, 與子偕老. 琴瑟在御, 莫不靜好.(주살질하여 맞추어 잡게 되거든 그대와 마땅한 것에 알맞게 하여 알맞게 되거든 같이 술을 마시며 그대와 인생백년 함께 늙으리라. 거문고와 비파가 옆자리에 있어 아늑하고 아름답지 않음이 없도다.)"라 하고, 주자의 집전에서 "射者, 男子之事, 而中饋婦人之職, 故婦謂其夫, '旣得是鴈以歸, 則我當爲子, 和其滋味之所宜, 以之飮酒相樂, 期於偕老, 而琴瑟之在御者, 亦莫不安靜而和好', 其和樂而不淫, 可見矣.(활쏘기 하는 것은 남자의 일이고, 집안에서 음식을 만드는 것은 부인의 직분이기 때문에 부인이 그 남편에게 이르기를, '이미 오리와 기러기를 잡아서 돌아오면 내가 마땅히 그대와 함께 맛있는 고기를 마땅한 것에 알맞게 요리하여 그것으로써 술을 마시면서 서로 즐거워하며 인생백년 함께 늙을 것을 기약하는데, 거문고와 비파가 옆자리에 있는 것이 또한 몸을 편안하고 아늑하게 하며, 악기의 소리가 조화롭고 아름답지 않음이 없도다.'라고 하였으니, 화목하고 즐거워하며 음탕하지 않음을 볼 수 있다.)"라고 하였다.

侵齊, 鄭伯使忽帥師救之, 敗戎師. 齊侯又請妻之, 忽曰: "無事於齊, 吾猶不敢. 今以君命奔齊之急, 而受室以歸, 是以師昏也, 民其謂我何", 遂辭諸鄭伯, 祭仲謂忽曰: "君多內寵, 子無大援, 將不立." 忽又不聽, 及卽位, 遂爲祭仲所逐. 此, 序文所據以爲說者也. 然以今考之, 此詩未必爲忽而作, 序者但見'孟姜'二字, 遂指以爲齊女, 而附之於忽耳. 假如其說, 則勿之辭昏, 未爲不正而可刺, 至其失國, 則又特以勢孤援寡, 不能自定, 亦未有可刺之罪也. 序乃以爲國人作詩以刺之, 其亦誤矣. 後之讀者, 又襲其誤, 必欲鍛鍊羅織, 文致其罪而不肯赦, 徒欲以循說詩者之繆, 而不知其失是非之正, 害義理之公, 以亂聖經之本旨, 而壞學者之心術, 故予不可以不辨.769)

살펴보건대, 『춘추전(春秋傳)』에 제(齊)나라 임금이 문강(文姜)으로써 정(鄭)나라 태자 홀(忽)에게 시집보내려고 하자 홀이 사양했는데, 사람들이 그 까닭을 물으니 홀이 말하기를, "사람에게는 각각 짝이 있다. 제(齊)나라는 큰 나라여서 나의 짝이 아니다. 『시경』에서 '스스로 많은 복을 구한다.'라고 하였으니, 나에게 달렸을 따름이다. 큰 나라가 어찌 하겠는가."라고 하였다. 그 뒤에 북쪽 오랑캐가 제나라를 침범하자 정백(鄭伯)이 홀로 하여금 군사를 거느리고 가서 제나라를 구원하도록 하여 오랑캐 군사를 패퇴시켰다. 제나라 임금이 또 자기 딸을 아내로 삼기를 요청하자 홀이 말하기를, "제나라에 한 일이 없어서 제가 오히려 감히 할 수 없습니다. 이제 임금의 명으로써 제나라의 위급함에 달려와서는 아내를 얻어가지고 돌아가면 이는 군대의 일로써 혼인을 한 것이니, 백성들이 저에게 무어라고 하겠습니까."라고 하였다. 마침내 정백에게 사양하니 채중(祭仲)이 홀에게 일러 말하기를, "임금은 궁궐 안에 총애하는 이가 많은데 그대는 크게 지원하는 이가 없으니 장차 왕위에 오르지 못할 것이다."라고 하였다. 홀은 또 듣지 않았으며, 즉위함에 이르러 마침내 채중(祭仲)에게 쫓겨나게 되었다. 이것은 서문에서 근거하여 말한 것이다. 그러나 이제 살펴보면 이 시는 반드시 홀(忽)을 위해서 지은 것이 아니다. 서문을 쓴 이가 단지 '맹강(孟姜)'이라는 두 글자만 보고 마침내 제나라 여자라고 지적하여 홀에게 붙였을 뿐이다. 가령 그 말과 같다면 홀이 혼인을 사양한 것이 바르지 않음이 되지 않는데 풍자한 것이고, 그 나라를 잃음에 이르러서도 또 세력

---

769) 박문호의 『시집전상설(詩集傳詳說)』에 의하면 "慶源輔氏曰: 「鄭」詩, 惟此篇, 爲男悅女之詞.' ○按, 下諸篇, 皆女悅男之詩, 故尤輕佻浮蕩, 極其情狀, 以彼而不謂之淫詩者, 不足與言詩戾.(경원 보씨[輔廣]가 말하였다. 「정」시에서 오직 이 시편만 남자가 여자를 기뻐하며 따르는 말이 된다.' ○살피건대, 아래의 여러 시편은 모두 여자가 남자를 기뻐하며 따르는 시이기 때문에 더욱 경망하고 방정맞으며 가볍고 방탕하여 그 정상을 극진히 하였는데, 저것으로써 음탕한 시라고 이르지 않은 것은 족히 더불어 시의 어긋남을 말하지 못해서이다.")라고 하였다.

이 홀로이고 지원함도 적어서 스스로 안정할 수 없었을 뿐이니, 역시 풍자할 만한 죄가 있지 않는 것이다. 서문에서 이에 나라 사람들이 시를 지어서 풍자했다고 여겼는데 그 또한 잘못된 것이다. 뒤에 읽는 이들도 또 그 오류를 답습하여 반드시 죄명을 씌우고 죄를 만들며 그 죄를 꾸며서 용서하려 하지 않아 다만 시를 설명한 이의 오류를 좇으려 하고 그 시비의 바름을 잃고 의리의 공정함을 해친 것은 알지 못하여 성인의 경서의 본뜻을 어지럽게 하여 배우는 이의 마음 쓰는 일을 무너뜨린 것이다. 그러므로 내가 변설하지 않을 수 없는 것이다.

詳說

○ 『左』「桓六年」.
'『춘추전』(『春秋傳』)'은 『좌전(左傳)』「환공(桓公) 6년」이다.

○ 「文王」.770)
'『시』(『詩』)'는 「문왕(文王)」이다.

○ 入聲.
'솔(帥)'은 입성(入聲: 통솔하다)이다.

○ 功也.
'무사(無事)'의 경우, 공(功)이다.

○ 去聲.
'문(文)'은 거성(去聲: 문식하다, 수식하다)이다.

○ 音怪.
'괴(壞)'는 음이 괴(怪)이다.

---

770) 호광(胡廣) 등 찬, 『시전대전(詩傳大全)』 권16, 「대아(大雅)·문왕지십(文王之什)·문왕(文王)」. "無念爾祖. 聿脩厥德. 永言配命, 自求多福. 殷之未喪師, 克配上帝. 宜鑒于殷. 駿命不易.(너의 조부님을 생각하지 않는가. 마침내 그 덕을 닦아야 하리라. 오래도록 천명에 배합하는 것이 스스로 많은 복을 구하는 길이다. 은나라가 무리를 잃지 않아서는 능히 상제의 뜻에 배합하였도다. 마땅히 은나라를 거울삼을지어다. 큰 명은 보전하기 쉽지 않느니라.)"

「山有扶蘇」, 刺忽也. 所美非美然.

「산유부소(山有扶蘇)」는 홀(忽)을 풍자한 것이다. 아름답게 여긴 것이 아름다운 것이 아니었다.

辨說

此下四詩及「揚之水」, 皆男女戲謔之詞. 序之者, 不得其說, 而例以爲刺忽, 殊無情理.[771]
이 아래 4편의 시 및 「양지수(揚之水)」는 모두 남자와 여자가 희학질하는 말이다. 서문을 쓴 이가 그 말을 해득하지 못하고 대충 홀(忽)을 풍자하는 것으로 여겼으니, 전혀 실정과 조리(條理)가 없다.

詳說

○ 事實及事理.
'정리(情理)'의 경우, 실제의 사정과 일의 이치이다.

「蘀兮」, 刺忽也. 君弱臣彊, 不倡而和也.

「탁혜(蘀兮)」는 홀(忽)을 풍자한 것이다. 임금이 약(弱)하고 신하가 강하여 임금이 불러도 신하가 화답하지 않은 것이다.

詳說

○ 去聲, 下同.
'화(和)'는 거성(去聲: 화응하다, 화답하다)이니, 아래도 같다.

○ 君倡而臣和.
'불창이화(不倡而和)'의 경우, 임금이 부르고 신하가 화답하는 것이다.

---

771) 호광(胡廣) 등 찬, 『시전대전(詩傳大全)』 권4, 「국풍(國風)·정(鄭)·산유부소(山有扶蘇)」. "山有扶蘇, 隰有荷華, 不見子都, 乃見狂且.(산에는 부소나무가 있고 진펄에는 연꽃이 있거늘 미남 자도를 보지 못하고 이에 미치광이를 보도다.)" 주자의 집전에 의하면 "淫女戲其所私者曰: '山則有扶蘇矣, 隰則有荷華矣, 今乃不見子都, 而見此狂人, 何哉?'(음탕한 여자가 그 사사로이 정을 통하는 이를 희롱하여 말하기를, '산에는 부소나무가 있고, 진펄에는 연꽃이 있거늘, 지금 이에 자도를 만나보지 못하고 이 미치광이를 만나봄은 어째서인가?'라고 한 것이다.)"라고 하였다.

○ 鄭氏曰 : "不相倡和."772)

'불창이화야(不倡而和也)'에 대해, 정씨(鄭氏: 鄭玄)가 말하였다. "서로 부르고 화답하지 않는 것이다."

辨說

見上.773)

위에서 보였다.

詳說

○ 音現.

'현(見)'은 음이 현(現)이다.

「狡童」, 刺忽也. 不能與賢人圖事, 權臣擅命也.

「교동(狡童)」은 공자(公子) 홀을 풍자한 것이다. 현명한 사람과 일을 도모할 수 없었고, 권신(權臣)들이 제멋대로 명령하였다.

辨說

昭公嘗爲鄭國之君, 而不幸失國, 非有大惡, 使其民疾之如寇讎也. 況方刺其不能與賢人圖事, 權臣擅命, 則是公猶在位也, 豈可忘其君臣之分, 而遽以'狡童'目之耶. 且昭公之爲人, 柔懦疏闊, 不可謂'狡'; 卽位之時, 年已壯大, 不可謂'童'. 以是名之, 殊不相似, 而序於「山有扶蘇」所謂'狡童'者, 方指昭公之所美, 至於此篇, 則遂移以指公之身焉, 則其舛又甚而非詩之本旨, 明矣. 大抵序者之於「鄭」詩, 凡不得其說者, 則擧而歸之於忽, 文義一失而其害於義理, 有不可勝言者, 一則使昭公無辜而被謗, 二則使詩人脫其淫謔之實罪, 而麗於訕上悖理之虛惡, 三則厚誣聖人刪述之意, 以爲實賤昭公之守正,

---

772) 『모시주소(毛詩注疏)』 권7, 「국풍(國風)・정(鄭)・탁혜(蘀兮)」. "『箋』, '不倡而和, 君臣各失其禮, 不相倡和.'(『정전』에서, '불창이화는 임금과 신하가 그 예를 잃어서 서로 부르고 화답하지 않는 것이다.'라고 하였다.')"
773) 호광(胡廣) 등 찬, 『시전대전(詩傳大全)』 권4, 「국풍(國風)・정(鄭)・탁혜(蘀兮)」. "蘀兮蘀兮, 風其吹女. 叔兮伯兮, 倡予和女.(마른 잎이여! 마른 잎이여! 바람이 장차 너에게 불리라. 숙씨 남자여! 백씨 남자여! 나를 부르면 화답해주리라.) 주자의 집전에 의하면 '此, 淫女之辭, 言: '蘀兮蘀兮, 風其吹女矣. 叔兮伯兮, 則盍倡予, 而予將和女矣.'(이는 음탕한 여자의 말이니 말하기를, '마른 잎이여! 마른 잎이여! 곧 바람이 장차 너에게 불어올 것이다. 숙씨 남자여! 백씨 남자여! 대개 나를 부르면 내가 장차 너에게 화답해주리라.'라고 한 것이다.)"라고 하였다.

而深與詩人之無禮於其君. 凡此皆非小失, 而後之說者, 猶或主之, 其論愈
精, 其害愈甚, 學者不可以不察也.[774]

소공(昭公)이 일찍이 정(鄭)나라의 임금이 되었으나 불행히도 나라를 잃었고, 큰 악행이 있는 게 아니었는데 백성들로 하여금 원수처럼 미워하게 하였다. 게다가 바야흐로 현명한 사람과 일을 도모할 수 없었고 권신(權臣)들이 제멋대로 명령한 것을 풍자했다면, 이는 소공(昭公)이 여전히 지위에 있었던 것이니, 어찌 그 임금과 신하의 본분을 잊고 갑자기 '교동(狡童)'으로 지목할 수 있겠는가. 그리고 소공(昭公)의 사람됨이 유약하고 허술하니 '교(狡)'라고 해서는 안 되며, 즉위할 때 나이가 이미 장대하였으니 '동(童)'이라고 해서도 안 된다. 이렇게 이름 부르는 것은 전혀 서로 비슷하지도 않는데도, 서문에서 「산유부소(山有扶蘇)」에 이른바 '교동(狡童)'이라고 한 것은 바야흐로 소공(昭公)이 아름답게 여긴 것을 가리킨 것이고, 이 시편에 이르러서는 마침내 옮겨서 소공의 자신을 가리켰으니, 곧 어그러짐이 또 심하여 시의 본래 취지가 아닌 것이 분명하다. 대체로 서문을 쓴 이가 「정(鄭)」시에 대하여 무릇 그 말을 해득하지 못하면 모두 다 홀(忽)에게 귀속시켜 글의 뜻을 한 번 잃음에 그 의리를 해쳐서 이루 다 말할 수 없는 것이 있었으니, 첫째는 소공으로 하여금 아무 잘못이 없는데도 비방을 받게 한 것이고, 둘째는 시인으로 하여금 음탕하게 희학질한 실제 죄에서 벗어나되 윗사람을 헐뜯고 도리에 어긋나는 허망한 악행에 걸리게 한 것이고, 셋째는 성인이 깎아서 진술한 뜻을 두터이 속여 실제로 소공이 정도를 지킨 것을 천박하게 여기고 그 임금에게 예의 없는 시인을 깊이 허여한 것이다. 무릇 이것은 모두 작은 잘못이 아닌데 후세의 설명한 이들이 오히려 간혹 그를 위주로 하여 그 논의(論意)가 더욱 정밀할수록 그 해악이 더욱 심하니, 배우는 이들이 살피지 않으면 안 된다.

詳說

○ 去聲.

'군신지분(君臣之分)'에서 '분(分)'은 거성(去聲: 본분, 직분)이다.

---

774) 호광(胡廣) 등 찬, 『시전대전(詩傳大全)』 권4, 「국풍(國風)·정(鄭)·교동(狡童)」. "彼狡童兮, 不與我言兮. 維子之故, 使我不能餐兮.(저기 교활한 녀석이 나와 말하지 않도다. 오로지 그대 때문에 내가 밥 먹지 못하랴.)" 주자의 집전에 의하면 "此亦淫女見絶而戱其人之辭, 言: '悅己者衆, 子雖見絶, 未至於使我不能餐也.'(이것 또한 음탕한 여인네가 거절을 당하여 그 사람을 희롱한 말이니 말하기를, '나를 좋아하는 이가 많으니 그대에게 비록 거절을 당했으나 나로 하여금 능히 밥을 먹지 못하게 함에는 이르지 않으리라.'라고 한 것이다.)"라고 하였다.

○ 「褰裳」, 思見正也. 狂童恣行, 國人思大國之正己也.

「건상(褰裳)」은 바로잡아줄 것을 생각한 것이다. 광동(狂童)이 제멋대로 행동하자 나라 사람들이 큰 나라가 자기 나라를 바로잡아줄 것을 생각한 것이다.

詳說

○ 去聲.

'행(行)'은 거성(去聲: 행위)이다.

辨說

此序之失, 蓋本於子大叔·韓宣子之言, 而不察其斷章取義之意耳.775)

이 서문의 잘못은 대개 자대숙(子大叔)과 한선자(韓宣子)의 말에 근거하였으나, 문장 본뜻과 달리 자기 맘대로 뜻을 취용(取用)한 의도를 살피지 못하였을 뿐이다.

詳說

○ 見『左』「昭 十六年」.

'자대숙·한선자지언(子大叔·韓宣子之言)'의 내용은 『좌전(左傳)』「소공(昭公) 16년」이다.

○ 音短.

'단(斷)'은 음이 단(短)이다.

「丰」, 刺亂也. 婚姻之道缺, 陽倡而陰不和, 男行而女不隨.

「봉(丰)」은 음란함을 풍자한 것이다. 혼인의 도가 이지러져서 양(陽)이 부르는데 음(陰)이 화답하지 않으며, 남자가 가는데도 여자가 따르지 않는 것이다.

---

775) 호광(胡廣) 등 찬, 『시전대전(詩傳大全)』 권4, 「국풍(國風)·정(鄭)·건상(褰裳)」. "子惠思我, 褰裳涉溱, 子不我思, 豈無他人. 狂童之狂也且.(그대가 예쁘게 나를 사모한다면 치마를 걷고 진수를 건너겠지만 그대가 나를 사모하지 않는다면 어찌 다른 사람이 없겠는가마는 미친 녀석의 미친 짓일 뿐이로다.)" 주자의 집전에 의하면 "… '狂童', 猶'狂且'·'狡童'也. … 淫女語其所私者曰: '子惠然而思我, 則將褰裳而涉溱以從子, 子不我思, 則豈無他人之可從而必於子哉?' '狂童之狂也且', 亦譃之之辭.(… '광동'은 '광저'나 '교동'과 같다. … 음탕한 여인네가 그 사사로이 정을 통하는 이에게 말하기를, '그대가 사랑스레 나를 사모한다면 내가 장차 치마를 걷고 진수를 건너서 그대를 좇겠지만, 그대가 나를 사모하지 않는다면 어찌 좇을 만한 다른 사람이 없어서 그대에게 기필하겠는가.'라고 하였다. '광동지광야저'는 또한 희롱하는 말이다.)"라고 하였다. 박문호의 『시집전상설(詩集傳詳說)』에서는 "以上四詩, 「鄭」淫詩之尤無狀者也.(이상의 네 편의 시는 「정」의 음탕한 시 가운데 더욱 사실 근거가 없는 것이다.)"라고 하였다.

辨說

此, 淫奔之詩, 序說, 誤矣.776)
이것은 음탕한 짓을 하는 시이니, 서문의 말이 잘못되었다.

「東門之墠, 刺亂也. 男女有不待禮而相奔者也.

「동문지선(東門之墠)」은 음란함을 풍자한 것이다. 남자와 여자 가운데 혼례(婚禮)를 기다리지 않고 서로 정을 통한 이가 있었다.

辨說

此序, 得之.777)
이 서문은 맞게 되었다.

「風雨」, 思君子也. 亂世則思君子不改其度焉.

「풍우(風雨)」는 군자를 사모한 것이다. 어지러운 세상에서도 그 풍도(風度)가 바뀌지 않는 군자를 사모한 것이다.

辨說

序意, 甚美, 然考詩之詞, 輕佻狎暱, 非思賢之意也.778)

---

776) 호광(胡廣) 등 찬, 『시전대전(詩傳大全)』 권4, 「국풍(國風)・정(鄭)・봉(丰)」. 1장에서 "子之丰兮, 俟我乎巷兮, 悔予不送兮.(듬직하고 멋스러운 그대가 나를 문 밖에서 기다렸건만 내가 배웅하지 않음을 후회하노라.)"라 하고, 주자의 집전에서 "婦人所期之男子, 已俟乎巷, 而婦人以有異志, 不從, 旣則悔之, 而作是詩也.(부인이 기약한 남자가 이미 대문 밖의 골목에서 기다렸는데, 부인이 다른 의향이 있어서 좇지 않다가 이윽고 뉘우치면서 이 시를 지은 것이다.)"라고 하였다. 3장에서 "衣錦褧衣, 裳錦褧裳, 叔兮伯兮. 駕予與行.(비단저고리에 홑저고리 입고 비단치마에 홑치마를 두르고 숙씨 남자여! 백씨 남자여! 수레 타고 나와 함께 가리라.)"라 하고, 주자의 집전에서 "婦人旣悔其始之不送, 而失此人也, 則曰: '我之服飾, 旣盛備矣, 豈無駕車以迎我而偕行者乎.'(부인이 이미 그 처음에 배웅하지 않아 이 사람을 잃은 것을 후회하였으니, 곧 말하기를, '나의 옷의 꾸밈새를 이미 성대하게 갖추었으니, 어찌 수레를 몰고 와서 나를 맞이하여 함께 갈 사람이 없겠는가.'라고 한 것이다.)"라고 하였다.
777) 호광(胡廣) 등 찬, 『시전대전(詩傳大全)』 권4, 「국풍(國風)・정(鄭)・동문지선(東門之墠)」. "東門之墠, 茹藘在阪. 其室則邇, 其人甚遠.(동쪽 문밖에 빈자리가 있거늘 꼭두서니 기운 언덕에 있도다. 그 사는 집은 가까이 있건마는 그 사람은 너무나 멀기도 하도다.)" 주자의 집전에 의하면 "門之旁有墠, 墠之外有阪, 阪之上有草, 識其所與淫者之居也. 室邇人遠者, 思之而未得見之辭也.(문 옆에 평탄한 공터가 있고, 공터 밖에 언덕이 있고, 언덕가에 풀이 있으니, 그 함께 바람피운 이의 사는 곳을 표지(標識)한 것이다. 집은 가까운데 사람은 멀다는 것은 그리워하여도 만나볼 수 없다는 말이다.)"라고 하였다.
778) 호광(胡廣) 등 찬, 『시전대전(詩傳大全)』 권4, 「국풍(國風)・정(鄭)・풍우(風雨)」. "風雨淒淒, 雞鳴喈喈. 旣見君子, 云胡不夷.(비바람이 쌀쌀하거늘 닭이 꼬꼬하며 울도다. 이미 군자를 만났으니 어찌 평온하지 않으랴.)" 주자의 집전에 의하면 "… 風雨晦冥, 蓋淫奔之時. '君子', 指所期之男子也. … 淫奔之女, 言當此之時, 見其所期之人而心悅也.(… 비바람에 어둑어둑함은 대개 바람난 때인 것이다. '군자'는 기약한 남자를

서문의 뜻이 매우 아름다우나, 시의 말을 살펴보면 가볍고 방정맞으며 무람없으니, 현명한 이를 사모한 뜻이 아니다.

「子衿」, 刺學校廢也. 亂世則學校不修焉.

「자긍(子衿)」은 학교가 폐지됨을 풍자한 것이다. 세상이 어지러워져서 곧 학교가 다스려지지 않은 것이다.

詳說

○ 音效.779)
'교(校)'는 음이 효(效)이다.

辨說

疑同上篇. 蓋其詞意儇薄, 施之學校, 尤不相似也.780)
의심하건대, 위의 시편과 같은 듯하다. 대개 그 말뜻이 날래고 천박한데 학교를 진술하는 것은 더욱 서로 같지 않다.

詳說

○ 意美而詞則非.
'의동상편(疑同上篇)'의 경우, 뜻은 아름답지만 말은 그렇지 않다.

○ 許全反.
'현(儇)'은 허(許)와 전(全)의 반절이다.

「揚之水」, 閔無臣也. 君子閔忽之無忠臣·良士, 終以妃匹而作是詩也.

가리킨다. … 바람난 여인네가 이때를 맞아서 그 기약한 사람을 만나보고 마음속으로 기뻐함을 말한 것이다.")라고 하였다.
779) 『광운(廣韻)』에 의하면 "胡教切. 去.(호와 교의 반절음이니, 거성이다.)"라고 하였다.
780) 호광(胡廣) 등 찬, 『시전대전(詩傳大全)』 권4, 「국풍(國風)·정(鄭)·자금(子衿)」. "青青子衿, 悠悠我心. 縱我不往, 子寧不嗣音.(푸릇푸릇한 그대의 옷깃이여 까마아득한 나의 마음이로다. 비록 내가 가지 못할지라도 그대 어찌 소식 주지 않는가.)" 주자의 집전에는 "此亦淫奔之詩.(이것은 또한 음탕한 짓을 하는 시이다.)"라고 하였다.

「양지수(揚之水)」는 신하가 없음을 애처롭게 여긴 것이다. 군자가 태자 홀(忽)에게 충성스런 신하와 선량한 사대부가 없음을 애처롭게 여겼는데, 마침내 죽어서 이 시를 지은 것이다.

辨說

此, 男女要結之詞, 序說, 誤矣.781)
이것은 남자와 여자가 결합하기를 바라는 말이니, 서문의 말이 잘못되었다.

詳說

○ 平聲.
　'요(要)'는 평성(平聲: 구하다, 바라다, 약속하다)이다.

「出其東門」, 閔亂也. 公子五爭, 兵革不息, 男女相棄, 民人思保其室家焉.

「출기동문(出其東門)」은 혼란함을 애처롭게 여긴 것이다. 공자(公子)들이 다섯 번 다투면서 전투가 그치지 않자 남자와 여자가 서로 버리니 백성들이 그 가정을 보전할 것을 생각한 것이다.

詳說

○ '公子五爭', 鄭氏曰: "突, 再; 忽·亹·儀, 各一也."782)
　'공자오쟁(公子五爭)'에서, 정씨(鄭氏: 鄭玄)가 말하였다. "돌(突)이 두 번이고, 홀(忽)과 미(亹)와 의(儀)가 각각 한 번씩이다."

辨說

---

781) 호광(胡廣) 등 찬, 『시전대전(詩傳大全)』 권4, 「국풍(國風)·정(鄭)·양지수(揚之水)」. "揚之水, 不流束楚. 終鮮兄弟, 維予與女, 無信人之言. 人實迂女.(느릿느릿 흐르는 강물이라 나뭇단이 흐르지 못하도다. 마침내 형제들이 적은지라 오직 나와 너 있을 뿐이니 남이 하는 말을 믿지 말라 진실로 너를 속일 것이니라.)" 주자의 집전에 의하면 "淫者相謂言: '揚之水, 則不流束楚矣. 終鮮兄弟, 則維予與女矣, 豈可以他人離間之言而疑之哉. 彼人之言, 特誑女耳.'(음탕한 이들이 서로 일러 말하기를, '느릿느릿 흐르는 강물인지라 나뭇단이 흐르지 못한다. 마침내 형제가 적은지라 오직 나와 너만 있을 뿐인데, 어찌 남이 우리를 떼놓고 틈을 벌리는 말로써 의심할 수 있겠는가. 저 사람의 말은 진실로 너를 속일 뿐이다.'라고 한 것이다.)"라고 하였다.
782) 『모시주소(毛詩注疏)』 권7, 「국풍(國風)·정(鄭)·출기동문(出其東門)」. "『箋』, '公子五爭者, 謂突再也, 忽子·亹·儀, 各一也.'(『정전』에, '공자오쟁이라는 것은 돌이 두 번이고, 홀자와 미자와 의가 각각 한 번씩이다.'라고 하였다.)"

'五爭'事, 見『春秋傳』, 然非此之謂也. 此乃惡淫奔者之詞, 序, 誤.783)

'다섯 번 다투었다'는 일은 『춘추전(春秋傳)』에 보이나 이것을 이른 것은 아니다. 이것은 바로 음탕한 짓을 한 이를 미워한 글이니, 서문이 잘못되었다.

詳說

○ 音現.

'현(見)'은 음이 현(現)이다.

○ 『左』「桓十一·十五·十八年」·「莊十四年」.

'『춘추전』(『春秋傳』)'은 『좌전(左傳)』 「환공(桓公) 11년·15년·18년」과 「장공(莊公) 14년」이다.

○ 去聲.

'오(惡)'는 거성(去聲: 미워하다)이다.

「野有蔓草」, 思遇時也. 君之澤不下流, 民窮於兵革, 男女失時, 思不期而會焉.

「야유만초(野有蔓草)」는 만날 때를 생각한 것이다. 임금의 은택이 아래로 내려가지 못하고 백성들이 전쟁에 곤궁해져서 남자와 여자가 혼인할 때를 잃으니, 기약하지 않고서 만날 것을 생각한 것이다.

---

783) 호광(胡廣) 등 찬, 『시전대전(詩傳大全)』 권4, 「국풍(國風)·정(鄭)·출기동문(出其東門)」. "出其東門, 有女如雲. 雖則如雲, 匪我思存. 縞衣綦巾, 聊樂我員.(동쪽 문밖을 나가보니 여자가 구름과 같도다. 비록 구름처럼 많지만 마음에 둔 게 아니로다. 흰 옷에 푸른 두건이여 오직 나에게 즐겁도다.)" 주자의 집전에 의하면 "人見淫奔之女而作此詩, 以爲: '此女雖美且衆, 而非我思之所存, 不如己之室家, 雖貧且陋, 而聊可以自樂也.' 是時, 淫風大行, 而其間乃有如此之人, 亦可謂能自好, 而不爲習俗所移矣. 羞惡之心, 人皆有之, 豈不信哉.(한 사람이 바람난 여인네를 보고 이 시를 지어서 말하기를, '이 여인네가 아름답고 또 많지만 내 마음에 둔 이가 아니니, 자기 아내가 비록 빈천하고 누추하나 오직 스스로 즐거워할 수 있다.'고 한 것이다. 이때에 음란한 풍속이 크게 유행하였는데도 그 사이에 이에 이와 같은 사람이 있었으니, 또한 능히 스스로 순결을 지켜서 습속에 변하는 경우가 되지 않았다고 말할 수 있었다. 옳지 못한 것을 부끄러워하는 마음을 사람들이 모두 가지고 있음이니, 어찌 믿지 못하겠는가.)"라고 하였다. 박문호의 『시집전상설(詩集傳詳說)』에서는 주자와 보광의 말을 참고하였는데 그 내용은 아래와 같다. "朱子曰: '此詩, 是識道理人做, 却如此好.' ○慶源輔氏曰: '「鄭」詩, 惟「女曰雞鳴」與此詩, 爲得夫婦之道, 以見人性之本善, 而先王之澤, 未泯也.'(주자가 말하였다. '이 시는 도리를 아는 사람이 지어서 도리어 이와 같이 좋다.' ○경원 보씨[輔廣]가 말하였다. '「정」의 시 가운데 오직 「여왈계명」과 이 시만이 부부의 도를 얻어서 인성이 본래 선하다는 것을 보였는데, 선왕의 은택이 없어지지 않은 것이다.')"

詳說

○ 鄭氏曰 : "自合."784)

정씨(鄭氏: 鄭玄)가 말하였다. "저절로 만나는 것이다."

辨說

東萊呂氏曰 : "'君之澤不下流', 迺講師見'零露'之語, 從而附益之."785)

동래 여씨(東萊呂氏: 呂祖謙)가 말하였다. "'군지택불하류(君之澤不下流)'는 바로 해석하던 스승이 '영로(零露)'라는 말을 보고 좋아서 덧붙인 것이다."

「溱洧」, 刺亂也. 兵革不息, 男女相棄, 淫風大行, 莫之能救焉.

'진유(溱洧)'는 문란함을 풍자한 것이다. 전쟁이 그치지 않으니, 남녀가 서로를 버려 음란한 풍속이 크게 유행하였지만 그치게 하지 못하였다.

辨說

鄭俗淫亂, 乃其風聲氣習流傳已久, 不爲兵革不息, 男女相棄而後然也.786)

---

784) 『모시주소(毛詩注疏)』 권7, 「국풍(國風)·정(鄭)·야유만초(野有蔓草)」. "箋』, '不期而會, 謂不相與期而自俱會.'(『정전』에, '불기이회는 서로 함께 기약하지 않고 저절로 모두 만나는 것을 이른다.'라고 하였다.)"

785) 호광(胡廣) 등 찬, 『시전대전(詩傳大全)』 권4, 「국풍(國風)·정(鄭)·야유만초(野有蔓草)」. "野有蔓草, 零露漙兮. 有美一人, 清揚婉兮. 邂逅相遇, 適我願兮.(들판에 넝쿨풀이 자라 있으니 이슬 내려 방울방울 맺혔도다. 아름다운 한 사람 들에 있으니 맑은 눈과 고운 눈썹 예쁘도다. 우연히도 서로 만났나니 내가 원하는 대로 적합했도다.)" 주자의 집전에 의하면 "男女相遇於野田草露之間, 故賦其所在以起興, 言: '野有蔓草, 則零露漙矣. 有美一人, 則清揚婉矣. 邂逅相遇, 則得以適我願矣.'(남정네와 여인네가 서로 들밭의 풀잎 이슬 사이에서 만났기 때문에 그 있는 곳을 읊어서 흥을 일으켜 말하기를, '들판에 넝쿨풀이 자라 있으니 이슬이 내려 방울방울 맺혔도다. 아름다운 한 사람이 들에 있으니 맑은 눈과 치킨 눈썹이 예쁘도다. 우연히도 다시 서로 만났나니, 내가 원하는 대로 적합했다.')라고 하였다."

786) 호광(胡廣) 등 찬, 『시전대전(詩傳大全)』 권4, 「국풍(國風)·정(鄭)·출기동문(出其東門)」. "溱與洧, 方渙渙兮, 士與女, 方秉蕑兮. 女曰觀乎. 士曰旣且. 且往觀乎. 洧之外, 洵訏且樂. 維士與女, 伊其相謔, 贈之以勺藥.(진수와 유수가 흘러감에 바야흐로 넘실넘실하거늘 남정네와 여인네가 서로 바야흐로 난초를 잡도다. 여인네가 구경 가자 하니 남정네가 했다고 하도다. 또 가서 구경해보자구요. 유수가 흘러가는 밖에는 정말로 넓어서 즐거워요. 이에 남정네와 여인네가 곧바로 서로 즐거 노닐며 작약을 구해 선물하도다.)" 주자의 집전에 의하면 "鄭國之俗, 三月上巳之辰, 采蘭水上, 以祓除不祥, 故其女問於士曰: '盍往觀乎?' 士曰: '吾旣往矣.' 女復要之曰: '且往觀乎. 蓋洧水之外, 其地信寬大而可樂也.' 於是士女相與戱謔, 且以勺藥爲贈而結恩情之厚也. 此詩, 淫奔者, 自敍之辭.(정나라의 풍속에 3월 상사의 날이면 물가에서 택란을 채취하여 좋지 못한 것을 없앴기 때문에 그 여인네가 남정네에게 물어 말하기를, '어찌 가서 구경하지 않으시나요?'라고 하자 남정네가 말하기를, '저는 이미 가보았습니다.'라고 하였다. 여인네가 다시 바라며 말하기를, '또 가서 구경해보자구요. 대개 유수의 밖은 그 땅이 참으로 넓고 커서 즐거울 거예요.'라고 하였다. 이에 남정네와 여인네가 서로 함께 즐겁게 노닐며, 또 작약을 선물하여 사랑하는 정을 두텁게 맺었다. 이 시는 음탕한 짓을 하는 이가 스스로 서술한 말이다.)"라고 하였다.

정(鄭)나라의 풍속이 음란한 것은 바로 그 풍화(風化)와 기습(氣習)이 퍼져서 전한 지 이미 오래되었으니, 전쟁이 그치지 않아 남자와 여자가 서로 버린 뒤에 그렇게 되지 않은 것이다.

詳說

○ 去聲.

'불위(不爲)'에서 '위(爲)'는 거성(去聲: 되다, 때문)이다.

제(齊)

「雞鳴」, 思賢妃也. 哀公荒淫怠慢, 故陳賢妃·貞女夙夜警戒, 相成之道焉.

「계명(鷄鳴)」은 현량한 후비(后妃)를 사모한 것이다. 애공(哀公)이 함부로 음탕한 짓을 하고 정사에 게으르고 느렸기 때문에 현량한 후비인 정숙한 여인이 이른 아침부터 깊은 밤까지 경계하여 왕도(王道)를 이루도록 도왔던 것이다.

辨說

此序, 得之. 但哀公未有所考, 豈亦以諡惡而得之歟.[787]

이 서문은 맞게 되었다. 다만 애공(哀公)은 살펴볼 것이 있지 않으니, 어찌 또한 시호(諡號)가 나쁘기 때문에 그런 것이겠는가.

詳說

○ 照衛頃公, 而言'亦'字.

---

[787] 호광(胡廣) 등 찬, 『시전대전(詩傳大全)』 권5, 「국풍(國風)·제(齊)·계명(雞鳴)」. "雞旣鳴矣, 朝旣盈矣, 匪雞則鳴, 蒼蠅之聲.(새벽닭이 이미 울었으니 조정이 이미 가득하겠죠. 새벽닭이 운 것이 아니라 집안 파리의 소리였도다.)" 주자의 집전에 의하면 "言: '古之賢妃, 御於君所, 至於將旦之時, 必告君曰: 雞鳴矣, 會朝之臣, 旣已盈矣. 欲令君早起而視朝也. 然其實, 非雞之鳴也, 乃蒼蠅之聲也.' 蓋賢妃當夙興之時, 心常恐晩, 故聞其似者而以爲眞, 非其心存警畏而不留於逸欲, 何以能此. 故詩人敍其事而美之也.(말하기를, '옛날의 현량한 후비가 임금의 처소에서 모실 적에 장차 동트려고 할 때에 이르면 반드시 임금에게 아뢰기를, 새벽닭이 이미 울었으니, 조정에 모인 신하가 이미 가득할 것입니다. 라고 하였으니, 임금으로 하여금 일찍 일어나서 조회를 보게 한 것이다. 그러나 그 실제는 닭이 운 것이 아니라 바로 집안 파리의 소리였다.'고 하였다. 대개 현량한 후비가 일찍 일어남을 맞을 때마다 마음이 항상 늦을까봐 두려워하였기 때문에 그 비슷한 것을 듣고 진짜라고 여긴 것이니, 마음에 경계하고 두려워함이 있으며 편안하려는 욕심에 머물지 않음이 아니면 어찌 이에 능할 수 있겠는가. 그러므로 시인이 그 일을 서술하여 아름답게 여긴 것이다.)"라고 하였다.

위(衛)나라 경공(頃公)에 비추어서 '역(亦)'자를 말한 것이다.

「還」, 刺荒也. 哀公好田獵, 從禽獸而無厭, 國人化之, 遂成風俗, 習於田獵謂之賢, 閑於馳逐謂之好焉.

「선(還)」은 사냥질에 빠진 것을 풍자한 것이다. 애공(哀公)이 사냥을 좋아하여 짐승 쫓기를 싫어함이 없으니, 나라 사람들이 따라하면서 마침내 풍속이 되어 사냥에 익숙한 것을 훌륭하다고 이르며, 말 달리고 짐승 쫓음에 익숙한 것을 아름답다고 이른 것이다.

詳說

○ 音旋.

'선(還)'은 음이 선(旋)이다.

○ 去聲.

'애공호(哀公好)'에서 '호(好)'는 거성(去聲: 좋아하다)이다.

○ 此句, 見『孟子』「梁惠王」.[788]

'종금수이무염(從禽獸而無厭)'의 경우, 이 구절은『맹자(孟子)』「양혜왕(梁惠王)」에 보인다.

辨說

同上.[789]

---

[788] 『맹자집주대전(孟子集註大全)』 권2, 「양혜왕장구하(梁惠王章句下)」. "從流下而忘反謂之流, 從流上而忘反謂之連, 從獸無厭謂之荒, 樂酒無厭謂之亡.(배를 타고 흘러내려가서 돌아옴을 잊는 것을 '류'라 이르며, 배를 저어 물을 거슬러 올라가서 돌아옴을 잊는 것을 '련'라 이르며, 짐승을 쫓기를 싫어함이 없는 것을 '황'이라 이르며, 술을 좋아하여 싫어함이 없는 것을 '망'이라고 이른다.)" 이와 달리 정현(鄭玄)은 '황(荒)'을 정사를 없애고 어지럽히는 것으로 해석하였다. 『모시주소(毛詩注疏)』 권8, 「국풍(國風)·제(齊)·선(還)」. "『箋』, '荒, 謂政事廢亂.'(『정전』에, '황은 정사를 없애고 어지럽힘을 이른다.'라고 하였다.)"

[789] 위의 「국풍(國風)·정(鄭)·숙우전(叔于田)」에 사냥에 관한 내용이 있다. "「叔于田」, 刺莊公也. 叔處于京, 繕甲治兵, 以出于田, 國人說而歸之.(「숙우전」은 장공을 풍자한 것이다. 공숙이 서울에 머물러있을 때 갑옷을 손보고 무기를 수리하여 사냥을 나가니, 나라 사람들이 기뻐하고 마음에 끌려 따른 것이다.)" 그리고 호광(胡廣) 등 찬, 『시전대전(詩傳大全)』 권5, 「국풍(國風)·제(齊)·선(還)」의 1장에서 "子之還兮, 遭我乎峱之間兮. 竝驅從兩肩兮, 揖我謂我儇兮.(그대는 날쌔기도 하거늘 노산 사이에서 만났도다. 함께 두 마리를 쫓았는데 읍하면서 날쌔다 하도다.)"라 하고, 주자의 집전에서 "獵者, 交錯於道路, 且以便捷輕利, 相稱譽如此, 而不自知其非也, 則其俗之不美可見, 而其來亦必有所自矣.(사냥하는 사람들이 길에서 서로 만났거늘 장차 날쌔고 날렵함으로써 서로 이와 같이 칭찬하되 스스로 그 그름을 알지 못하여 곧 그 풍속의 아름답지 못함을 볼 수 있으니, 그 유래가 또한 반드시 비롯된 것이 있는 것이다.)"라고 하였다.

위와 같다.

「著」, 刺時也. 時不親迎也.

「저(著)」는 시속(時俗)을 풍자한 것이다. 당시에 나가서 친히 맞이하지 않은 것이다.

詳說

○ 去聲.

'영(迎)'은 거성(去聲: 맞이하다)이다.

○ 鄭氏曰 : "陳古禮以刺."790)

정씨(鄭氏: 鄭玄)가 말하였다. "옛날의 예법을 진술하면서 풍자한 것이다."

「東方之日」, 刺衰也. 君臣失道, 男女淫奔, 不能以禮化也.

「동방지일(東方之日)」은 풍속 교화가 쇠퇴하였음을 풍자한 것이다. 임금과 신하가 도리를 잃어 남자와 여자가 음탕한 짓을 하여도 능히 예(禮)로써 교화하지 못한 것이다.

辨說

此男女淫奔者所自作也, 非有刺也. 其曰'君臣失道'者, 尤無所謂.791)

이것은 남자와 여자 가운데 음탕한 짓을 한 이가 스스로 지은 것이니, 풍자함이

---

790) 『모시주소(毛詩注疏)』 권8, 「국풍(國風)·제(齊)·선(還)」. "『箋』, '時不親迎, 故陳親迎之禮以刺之.'(『정전』에서, '당시에 친영하지 않았기 때문에 친영의 예를 진술하면서 풍자한 것이다.'라고 하였다.)" 호광(胡廣) 등 찬, 『시전대전(詩傳大全)』 권5, 「국풍(國風)·제(齊)·저(著)」의 1장에서 "俟我於著乎而, 充耳以素乎而, 尚之以瓊華乎而.(병풍 앞에서 나를 기다리니 귀막이 끈을 하얗게 하였고 아름다운 돌을 더하였도다.)"라 하고, 주자의 집전에서는 혼례에 있어 친영(親迎)으로 보았다. "東萊呂氏曰: '「昏禮」, 壻往婦家親迎, 旣奠鴈, 御輪而先歸, 俟于門外, 婦至則揖以入, 時齊俗不親迎, 故女至壻門, 始見其俟己也.'(동래여씨[呂祖謙]가 말하였다. '「혼례」에, 신랑이 신부의 집에 가서 직접 신부 맞음을 하고 이윽고 기러기를 올린 다음 수레를 몰고 먼저 돌아와서 문 밖에서 기다리다가 신부가 이르면 읍하고서 같이 들어가는데, 이때 제나라 풍속에는 신부 맞음을 신랑이 직접 하지 않았기 때문에 여자가 신랑 집의 문에 이르러 비로소 자기를 기다리는 것을 보았다.')"

791) 호광(胡廣) 등 찬, 『시전대전(詩傳大全)』 권5, 「국풍(國風)·제(齊)·동방지일(東方之日)」의 1장에서 "東方之日兮. 彼姝者子, 在我室兮. 在我室兮, 履我卽兮.(동쪽의 눈부신 해여. 저 아름다운 그대가 내 방에 들어 있도다. 내 방에 들어있으니 나를 좇아서 왔도다.)"라 하고, 주자의 집전에서 "'履', 躡: '卽', 就也, 言此女躡我之迹而相就也.('이'는 밟음이고, '즉'은 나아감이니, 이것은 여인네가 내 발자취를 밟아서 서로 나아간 것을 말한다.)"라고 하였다. 2장에서도 "東方之月兮. 彼姝者子, 在我闥兮. 在我闥兮, 履我發兮.(동쪽의 예쁜 달이여. 저 아름다운 그대가 내 집에 들어있도다. 내 집에 들어있으니 나를 좇아서 갔도다.)"라 하고, 주자의 집전에서 "'闥', 門內也. '發', 行去也, 言躡我而行去也.('달'은 문 안이다. '발'은 떠나감이니, 나의 발자취를 따라서 떠나감을 말한다.)"라고 하였다.

있는 것이 아니다. 거기서 '임금과 신하가 도를 잃었다'고 한 것은 더욱 말한 바가 없다.

○ 「東方未明」, 刺無節也. 朝廷興居無節, 號令不時, 挈壺氏不能掌其職焉.

「동방미명(東方未明)」은 절도가 없음을 풍자한 것이다. 조정에서의 일상생활이 절도가 없고 호령이 때에 맞지 않으니, 설호씨(挈壺氏)가 그 직무를 관장할 수 없었다.

詳說

○ 音潮.

'조(朝)'는 음이 조(潮)이다.

○ 見『周禮』.[792]

'설호씨(挈壺氏)'의 내용이 『주례(周禮)』에 보인다.

辨說

百官, 挈壺氏, 下士六人, '挈', 縣挈之名. 壺盛水器, 蓋置壺浮箭, 以爲晝夜之節也. 漏刻不明, 固可以見其無政. 然所以興居無節, 號令不時, 則未必皆挈壺氏之罪也.[793]

『주례(周禮)』의 백관(百官)에 설호씨(挈壺氏)는 하사(下士) 6인이었으니, '설(挈)'은

---

[792] 정씨(鄭氏) 주・육덕명(陸德明) 음의・가공언(賈公彦) 소, 『주례주소(周禮注疏)』 권30, "挈壺氏, 掌挈壺, 以令軍井. 挈轡以令舍, 挈畚以令糧.(설호씨가 병을 다는 것을 관장하여 군대의 우물임을 알려주었다. ….)" 그리고 정현은 "「注」, '鄭司農云: 挈壺以令軍井, 謂爲軍穿井, 井成, 挈壺縣其上, 令軍中士衆, 皆望見, 知此下有井. 壺, 所以盛飮, 故以壺表井.(「주」에서, '정사농이 이르기를, 설호씨가 군대로 하여금 우물을 파게 하였다는 것은 군대를 위하여 우물을 만드는 것을 이르는데, 우물이 이루어지면 병을 가져다가 그 위에 매달아 군대의 많은 사병들이 모두 바라보고 그 아래에 우물이 있음을 알게 한 것이다. ….)"라고 하였다. 이는 「하관(夏官)・설호씨(挈壺氏)」에 해당한다.

[793] 호광(胡廣) 등 찬, 『시전대전(詩傳大全)』 권5, 「국풍(國風)・제(齊)・동방미명(東方未明)」의 1장에서 "東方未明, 顚倒衣裳. 顚之倒之, 自公召之.(동녘이 아직 밝지 않았거늘 위아래 옷을 거꾸로 입노라. 위아래 옷을 거꾸로 입음은 이미 공소에서 불러서로다.)"라 하고, 주자의 집전에서 "此, 詩人刺其君興居無節, 號令不時, 故其臣下之從事於外者, 以王事之叢脞, 不敢自安於寢處, 而亦顚倒其衣裳以起, 或告以見君焉. 蓋猶以爲晚也. 或曰: '所以致者, 以有自公所而召之者故也.'(이는 시인이 그 임금이 일어나고 잠자는 것에 절도가 없고 호령함이 시의가 아님을 풍자한 것이니, 말하기를 '동녘이 아직 밝지 않았거늘 위아래 옷을 거꾸로 입었다면 이미 이른 것인데, 또 이미 임금의 공소로부터 와서 부르는 이가 있었다.'고 하였으니, 대개 오히려 늦었다고 여긴 것이다. 어떤 이는 말하기를, '그러한 까닭은 공소로부터 부르는 이가 있었기 때문이다.'라고 하였다.)"라고 하였다.

달아맨다는 이름이다. '호(壺)'는 물을 담는 그릇이니, 대개 누호(漏壺) 위에 시각을 가리키는 화살대를 두어 밤낮의 분절로 삼았다. 누호의 시각이 분명하지 못하였으니, 본디 그 정사가 없었음을 알 수 있다. 그러나 일상생활이 절도가 없고 호령이 때에 맞지 않은 까닭은 반드시 모두 설호씨(挈壺氏)의 허물이 아니었다.

詳說

○ 音玄.
'현(縣)'은 음이 현(玄)이다.

○ 音成.
'성(盛)'은 음이 성(成)이다.

|「南山」, 刺襄公也. 鳥獸之行, 淫乎其妹, 大夫遇是惡, 作詩而去之.|

「남산(南山)」은 양공(襄公)을 풍자한 것이다. 짐승 같은 행실로 그 누이와 음탕한 짓을 하였는데 대부가 이 추악함을 만나자 시를 짓고 떠나간 것이다.

詳說

○ 去聲.
'행(行)'은 거성(去聲: 행위, 행실)이다.

○ 退去.
'거지(去之)'의 경우, 조정에서 물러나 떠나간 것이다.

辨說

此序, 據『春秋』經傳爲文. 說見本篇.794)

794) 호광(胡廣) 등 찬, 『시전대전(詩傳大全)』 권5, 「국풍(國風)·제(齊)·남산(南山)」의 1장에서 "南山崔崔, 雄狐綏綏. 魯道有蕩, 齊子由歸. 旣曰歸止, 曷又懷止.(남산의 봉우리 우뚝우뚝하거늘 숫여우가 짝 찾아 어슬렁대도다. 노나라로 가는 길이 평탄하거늘 제나라 여자가 시집온 길이로다. 이미 이 길 통해서 시집갔건마는 어찌 또 다시 서로 그리워하는가.)"라 하고, 주자의 집전에서 "… '齊子', 襄公之妹, 魯桓公夫人文姜, 襄公通焉者也. … 言南山有狐, 以比襄公居高位而行邪行. 且文姜旣從此道, 歸于魯矣, 襄公何爲而復思之乎.('제자'는 양공의 누이이며, 노나라 환공의 부인 문강이니, 양공과 사통한 사람이다. … 남산에 여우가

이 서문은 『춘추(春秋)』의 경전에 의거하여 글을 쓴 것이다. 설명이 본 시편에 보인다.

詳說

○ 見「南山」·「敝笱」章下註.795)

'『춘추』경전(『春秋』經傳)'을 볼 때, 「남산(南山)」과 「폐구(敝笱)」의 장 아래의 주(註)에 보인다.

○ 音現.

'설현(說見)'에서 '현(見)'은 음이 현(現)이다.

○「甫田」, 大夫刺襄公也. 無禮義而求大功, 不修德而求諸侯, 志大心勞, 所以求者, 非其道也.

「보전(甫田)」은 대부가 양공(襄公)을 풍자한 것이다. 예의 없이 큰 공을 바라며, 덕을 닦지 않고 제후에게 요구하여 뜻이 커서 마음이 힘들었으니 요구하는 것이 그 도리가 아니었던 것이다.

詳說

있는 것을 말하여 양공이 높은 지위에 있으면서 간사한 행실을 행한 것을 비유하였고, 또 문강이 이미 이 길을 따라서 노나라로 시집왔는데 양공은 어찌하여 다시 그를 사모하는가라고 한 것이다.)"라고 하였다.
795) 호광(胡廣) 등 찬, 『시전대전(詩傳大全)』 권5, 「국풍(國風)·제(齊)·남산(南山)」의 4장 아래 주자의 집전에서 "『春秋』「桓公十八年」, 公與夫人姜氏如齊, 公薨于齊. 『傳』曰: '公將有行, 遂與姜氏如齊, 申繻曰: 女有家, 男有室, 無相瀆也, 謂之有禮, 易此必敗. 公會齊侯于濼, 遂及文姜如齊, 齊侯通焉, 公謫之, 以告. 夏四月, 享公, 使公子彭生乘公, 公薨于車.' 此詩前二章, 刺襄, 後二章, 刺魯桓也.(『춘추』「환공 18년」에, 공이 부인 강씨와 함께 제나라에 갔는데 공이 제나라에서 죽었다고 하였다. 『좌전』에 말하기를, '공이 장차 행차하려고 함에 마침내 강씨와 함께 제나라에 가려고 하였는데 신수가 아뢰기를, 여자는 남편이 있고 남자는 아내가 있어서 서로 더럽힘이 없음을 일러서 예가 있다고 하거늘, 이것을 바꾸면 반드시 패망할 것입니다. 라고 하였다. 공이 제후들과 낙땅에서 만나는데, 마침내 문강과 제나라에 가서 제나라 임금과 사통을 하니, 공이 꾸지람을 하자 문강이 양공에게 일러바쳤다. 여름 4월에 공에게 연향을 베풀 적에 제나라 공자 팽생으로 하여금 공을 수레에 태우도록 하였는데, 공이 수레에서 죽었다.'라고 하였다. 이 시의 앞에 두 장은 제나라 양공을 풍자한 것이고, 뒤에 두 장은 노나라 환공을 풍자한 것이다.)"라고 하였다. 그리고 호광(胡廣) 등 찬, 『시전대전(詩傳大全)』 권5, 「국풍(國風)·제(齊)·폐구(敝笱)」의 3장 아래 주자의 집전에서 "按, 『春秋』, '魯莊公二年, 夫人姜氏, 會齊侯于禚; 四年, 夫人姜氏享齊侯于祝丘; 五年, 夫人姜氏如齊師; 七年, 夫人姜氏會齊侯于防, 又會齊侯于穀.'(살펴보건대, 『춘추』에 '노나라 장공 2년에 환공의 부인 강씨가 작땅에서 제나라 임금을 만났으며, 4년에 부인 강씨가 축구땅에서 제나라 임금에게 연향을 베풀어 주었으며, 5년에 부인 강씨가 제나라 군대가 있는 곳으로 갔으며, 7년에 부인 강씨가 방땅에서 제나라 임금을 만났으며, 또 곡땅에서 제나라 임금을 만났다.'고 하였다.)"라고 하였다.

○ 求霸.
'구제후(求諸侯)'의 경우, 패자(霸者)가 되기를 구한 것이다.

辨說

未見其爲襄公之詩.796)
양공(襄公)의 시가 됨을 볼 수가 없다.

○「盧令」, 刺荒也. 襄公好田獵, 畢弋而不修民事, 百姓苦之, 故陳古以風焉.
「노령(盧令)」은 사냥질에 빠진 것을 풍자한 것이다. 양공(襄公)이 사냥을 좋아해서 그물질하고 주살질하여 백성에 관한 일을 수행하지 않아 백성들이 고달팠기 때문에 옛날 문왕(文王)과 무왕(武王)의 왕도(王道)를 진술하여 풍자한 것이다.

詳說

○ 去聲.
'양공호(襄公好)'에서 '호(好)'는 거성(去聲: 좋아하다)이다.

○ 網也.
'필(畢)'은 그물질하는 것이다.

---

796) 호광(胡廣) 등 찬, 『시전대전(詩傳大全)』 권5, 「국풍(國風)·제(齊)·보전(甫田)」의 3장에서 "無田甫田. 維莠驕驕. 無思遠人. 勞心忉忉.(큰 밭을 경작하지 말지어다. 오직 강아지풀이 무성하리라. 먼 곳 사람 생각지 말지어다. 가슴앓이에 아리고 아리리라.)"라 하고, 주자의 집전에서 "言: '無田甫田也. 田甫田而力不給, 則草盛矣; 無思遠人也. 思遠人而人不至, 則心勞矣.' 以戒時人厭小而務大, 忽近而圖遠, 將徒勞而無功也.(말하기를, '큰 밭을 경작하지 말지어다. 큰 밭을 경작하다가 힘이 넉넉하지 못하면 해로운 풀이 무성할 것이고, 먼 곳 사람을 생각하지 말지어다. 먼 곳 사람을 생각하는데 그 사람이 이르지 않으면 마음만 수고로운 것이다.'라고 하였으니, 이로써 당시 사람들이 작은 것을 싫어하고 큰 것을 힘쓰며, 가까운 것을 소홀히 하고 먼 것을 도모하여 장차 한갓 수고롭기만 하고 보람이 없음을 경계한 것이다.)"라고 하였다. 또 3장에서 "婉兮變兮, 總角丱兮. 未幾見兮, 突而弁兮.(예쁘고 보기 좋은 모습이니 총각의 두 뿔 상투 머리로다. 얼마 안 되어 만나보게 되면 갑자기 갓을 쓰고 있으리라.)"라 하고, 주자의 집전에서 "言: '總角之童, 見之未久, 而忽然戴弁以出者, 非其躐等而强求之也, 蓋循其序而勢有必至耳. 此又以明小之可大·邇之可遠, 能循其序而修之, 則可以忽然而至其極, 若躐等而欲速, 則反有所不達矣.'(말하기를, '총각머리의 아이를 본 지 오래되지 않았는데 갑자기 갓을 쓰고 나왔다고 말한 것은 자기 등급을 뛰어넘어 억지로 구한 것이 아니라, 그 차례를 좇으면 운세가 반드시 이름이 있을 뿐이라는 것이다. 이는 또 작은 것이 클 수 있으며 가까운 것이 멀리 이를 수 있으니, 능히 그 차례를 좇아서 닦으면 홀연히 그 지극함에 이를 수 있지만, 만약 등급을 뛰어넘어 빨리 하고자 하면 도리어 도달하지 못하는 결과가 있음을 밝힌 것이다.'라고 하였다.)"라고 하였다.

○ 去聲.

'풍(風)'은 거성(去聲: 풍자, 풍교)이다.

辨說
義與「還」同.797) 序說, 非是.798)
뜻이 「선(還)」과 같다. 서문의 말이 옳은 것이 아니다.

「敝笱」, 刺文姜也. 齊人惡魯桓公微弱, 不能防閑文姜, 使至淫亂, 爲二國患焉.

「폐구(敝笱)」는 문강(文姜)을 풍자한 것이다. 제(齊)나라 사람들이 노(魯)나라 환공(桓公)이 미약하여 능히 문강(文姜)을 막지 못하고 음란함에 이르게 하여 두 나라의 근심거리가 되었음을 미워한 것이다.

詳說
○ 去聲.

'오(惡)'는 거성(去聲: 미워하다)이다.

辨說
'桓', 當作'莊'.799)
'환(桓)'은 마땅히 '장(莊)'으로 써야 한다.

---

797) 「선(還)」의 서문 내용은 다음과 같다. "「還」, 刺荒也. 哀公好田獵, 從禽獸而無厭, 國人化之, 遂成風俗, 習於田獵謂之賢, 閑於馳逐謂之好焉.(「선」은 사냥질에 빠진 것을 풍자한 것이다. 애공이 사냥을 좋아하여 짐승 쫓기를 싫어함이 없으니, 나라 사람들이 따라하면서 마침내 풍속이 되어 사냥에 익숙한 것을 훌륭하다고 이르며, 말 달리고 짐승 쫓음에 익숙한 것을 아름답다고 이른 것이다.)"
798) 호광(胡廣) 등 찬, 『시전대전(詩傳大全)』 권5, 「국풍(國風)·제(齊)·노령(盧令)」의 1장에서 "盧令令, 其人美且仁.(사냥개의 방울이 댕그랑댕그랑하니 그 주인 아름답고 또 인자한 이로다.)"라 하고, 주자의 집전에서 "此詩, 大意與『還』略同.(이 시는 대강의 뜻이 「선」과 대략 같다.)"라고 하였다.
799) 호광(胡廣) 등 찬, 『시전대전(詩傳大全)』 권5, 「국풍(國風)·제(齊)·폐구(敝笱)」의 1장에서 "敝笱在梁, 其魚魴·鰥. 齊子歸止, 其從如雲.(망가진 통발이 어량에 있거늘 그 물고기는 방어와 환어로다. 제나라의 여인네가 돌아가니 그 좇는 이가 구름떼 같도다.)"라 하고, 주자의 집전에서 "齊人, 以敝笱不能制大魚, 比魯莊公不能防閑文姜. 故歸齊而從之者衆也.(제나라 사람이 해진 통발로 큰 고기를 제어할 수 없음으로써 노나라 장공이 어머니 문강을 말리고 막을 수 없음을 비유한 것이다. 그러므로 문강이 제나라로 돌아감에 그를 좇는 이들이 많았던 것이다.)"라고 하였다.

○「載驅」, 齊人刺襄公也. 無禮義故, 盛其車服, 疾驅於通道
大都, 與文姜淫, 播其惡於萬民焉.

「재구(載驅)」는 제(齊)나라 사람들이 양공(襄公)을 풍자한 것이다. 예의가 없었기 때문에 그 수레와 의복을 성대하게 하여 큰 길과 큰 도성를 마구 달리고, 문강(文姜)과 음탕한 짓을 하여 그 악행을 모든 백성들에게 전파하였다.

辨說

此亦刺文姜之詩.800)
이것도 또한 문강(文姜)을 풍자한 시이다.

○「猗嗟」, 刺魯莊公也. 齊人傷魯莊公, 有威儀·技藝, 然而
不能以禮防閑其母, 失子之道, 人以爲齊侯之子焉.

「의차(猗嗟)」는 노(魯)나라 장공(莊公)을 풍자한 것이다. 제(齊)나라 사람들이 노나라 장공이 위의(威儀)와 기예(技藝)가 있었는데도 능히 예(禮)로써 그 어머니를 막지 못하여 자식의 도리를 잃어 사람들이 제후(齊侯)의 아들이라 말한 것을 애처롭게 여긴 것이다.

辨說

此序, 得之.801)

---

800) 호광(胡廣) 등 찬,『시전대전(詩傳大全)』권5,「국풍(國風)·제(齊)·재구(載驅)」의 1장에서 "載驅薄薄, 簟茀朱鞹. 魯道有蕩, 齊子發夕.(수레를 모는 것이 이랴이랴 급하니 대자리로 가리고 붉은 가죽이로다. 노나라에서 오가는 길이 평평하니 제나라 여인네 새벽녘에 떠났도다.)"라 하고, 주자의 집전에서 "齊人刺文姜乘此車而來會襄公也.(제나라 사람이 문강이 이 수레를 타고 와서 양공을 만나는 것을 풍자하였다.)"라고 하였다.
801) 호광(胡廣) 등 찬,『시전대전(詩傳大全)』권5,「국풍(國風)·제(齊)·의차(猗嗟)」의 1장에서 "猗嗟昌兮. 頎而長兮. 抑若揚兮, 美目揚兮. 巧趨蹌兮, 射則臧兮.(아아! 창성한 그 몸매여. 헌걸차게 장성하였도다. 억제하여도 아름다우니 아름다운 눈이 빛나도다. 예쁘게 총총 걸어가더니 활쏘기를 멋지게 하도다.)"라 하고, 주자의 집전에서 "齊人, 極道魯莊公威儀·技藝之美如此, 所以刺其不能以禮防閑其母, 若曰:'惜乎. 其獨少此耳.'(제나라 사람이 노나라 장공의 위의와 기예의 아름다움이 이와 같음을 지극하게 말하면서 능히 예를 갖춰서 그 어머니를 말리고 막지 못하였음을 풍자한 것이니, 마치 '애석하다. 그 오직 이것만 부족할 뿐이다.'라고 말하는 것과 같다.)"라고 하였다. 또 말미에서 "或曰:'子可以制母乎?' 趙子曰:'夫死從子, 通乎其下, 況國君乎. 君者, 人神之主, 風敎之本也, 不能正家, 如正國何? 若莊公者, 哀痛以思父, 誠敬以事母, 威刑以馭下, 車馬僕從, 莫不俟命, 夫人徒往乎. 夫人之往也, 則公哀敬之不至, 威命之不行耳.' 東萊呂氏曰: '此詩三章, 譏刺之意, 皆在言外, 嗟歎再三, 則莊公所大闕者, 不言可見矣.'(어떤 이가 말하기를, '아들이 어머니를 억제할 수 있습니까?'라고 하자, 조자[趙匡]가 말하였다. '남편이 죽으면 아들을 좇는 것은 그 아랫사람에게도 통하거늘, 하물며 나라의 임금에게 있어서이랴. 임금이라는 것은 인민을 다스리고 귀신을 섬기는 주인이고, 풍교의 근본이거늘, 능히 집안을 바르게 하지 못하면 어떻게 나라를 바르게 할 수 있겠는가? 장공과 같은 이는 애통함으로써 아버지를 생각하고, 정성과 공경으로써 어머니를 섬기며, 위엄과 형벌로써

이 서문은 맞게 되었다.

위(魏)

「葛屨」, 刺褊也. 魏地陿隘, 其民機巧趨利, 其君儉嗇褊急, 而無德以將之.802)

「갈구(葛屨)」는 조급함을 풍자한 것이다. 위(魏)나라는 땅이 좁아서 그 백성들이 교묘하게 속이고 이익을 쫓으며, 그 임금은 인색하고 좁으며 조급해서 덕으로써 거느림이 없었다.

詳說

○ 去聲.
 '추(趨)'는 거성(去聲: 쫓다)이다.

○ 率之.
 '장지(將之)'는 거느리는 것이다.

○ 「汾沮洳」, 刺儉也. 其君儉以能勤, 刺不得禮也.

「분저여(汾沮洳)」는 검약(儉約)함을 풍자한 것이다. 그 임금이 검약하여 부지런할 수 있었으나 예(禮)에 맞을 수 없음을 풍자한 것이다.

詳說

○ 去聲.

아랫사람을 다스려서 말과 수레의 사내종조차 명령을 따르지 않음이 없었거늘, 부인이 홀로 갈 수 있었겠는가. 부인이 제나라로 간 것은 장공의 애통함과 공경함이 지극하지 못하고, 위엄과 명령이 행해지지 못해서일 뿐이다.' 동래 여씨[呂祖謙]가 말하였다. '이 시의 세 장은 풍자하고 꾸짖는 뜻이 모두 말 밖에 있으니, 감탄을 여러 번 하였으니, 곧 장공의 큰 결함을 말하지 않아도 볼 수 있는 것이다.')"라고 하였다.

802) 호광(胡廣) 등 찬, 『시전대전(詩傳大全)』 권5, 「국풍(國風)·위(魏)·갈구(葛屨)」의 1장에서 "糾糾葛屨. 可以履霜. 摻摻女手, 可以縫裳. 要之襋之, 好人服之.(너덜너덜하는 칡 신이지만 서리를 밟을 수 있으리로다. 가냘픈 여인네의 손이지만 치마를 꿰맬 수 있으리라. 허리띠를 달고 옷깃을 달아 아름다운 내 임이 입으리라.)"라 하고, 주자의 집전에서 "魏地陿隘, 其俗儉嗇而褊急, 故以葛屨履霜起興, 而刺其使女縫裳, 又使治其要襋而遂服之也. 此詩, 疑卽縫裳之女所作.(위나라 땅이 좁고 험해서 그 풍속이 검소하고 아끼며 좁고 급하였기 때문에 칡 신 신고 서리를 밟는다는 것으로써 흥을 일으켜서 그 시잡은 여인네로 하여금 치마를 꿰매게 하고, 또 그 허리띠와 옷깃을 달아서 마침내 옷을 입게 하였음을 풍자한 것이다. 이 시는 의심컨대 곧 치마를 꿰맨 여인네가 지은 것인 듯하다.)"라고 하였다.

'저(沮)'는 거성(去聲: 축축하다, 눅눅하다)이다.

辨說

此未必爲其君而作. 崔靈恩『集注』, '其君', 作'君子', 義雖稍通, 然未必序者之本意也.803)

이것은 반드시 그 임금을 위해서 짓지 않았다. 최영은(崔靈恩)804)의 『모시집주(毛詩集注)』에서 '기군(其君)'을 '군자(君子)'라고 하였는데, 뜻이 비록 약간 통하나 반드시 서문을 쓴 이의 본뜻이 아닌 것이다.

詳說

○ 梁武成人.

'최영은(崔靈恩)'은 양(梁)나라 무성(武成) 사람이다.

○「園有桃」, 刺時也. 大夫憂其君國小而迫, 而儉以嗇, 不能用其民, 而無德敎, 日以侵削. 故作是詩也.

「원유도(園有桃)」는 시정(時政)을 풍자한 것이다. 대부가 그 임금이 나라가 작아서 핍박되는데 검약하고 인색하여 능히 그 백성을 다스리지 못하며 덕의 교화조차 없으니 날로 침노(侵擄)당하여 깎임을 걱정하였다. 그러므로 이 시를 지은 것이다.

辨說

'國小而迫'・'日以侵削'者, 得之, 餘非是.805)

---

803) 호광(胡廣) 등 찬, 『시전대전(詩傳大全)』 권5, 「국풍(國風)・위(魏)・분저여(汾沮洳)」의 1장에서 "彼汾沮洳, 言采其莫. 彼其之子, 美無度. 美無度, 殊異乎公路.(저기 분수의 진펄에서 들나물을 캐고 따도다. 저기 보이는 멋진 임은 아름답기가 한량없도다. 아름답기가 한량없으나 매우 공로와는 다르도다.)"라 하고, 주자의 집전에서 "此亦刺儉不中禮之詩, 言: '若此人者, 美則美矣, 然其儉嗇褊急之態, 殊不似貴人也.'(이 또한 검소함이 예에 맞지 않음을 풍자한 시이니 말하기를, '이와 같은 사람이 아름답기는 아름다우나, 그 검소하고 아끼며 좁고 급한 모양이 매우 고귀한 사람과는 같지 않다.'고 한 것이다.)"라고 하였다.
804) 최영은(崔靈恩): 양(梁)나라 학자로 산동성 동무성(東武城) 출신이다. 어려서부터 독실하게 배워 오경(五經)에 능하고, 삼례(三禮)와 삼전(三傳)에 정통하였으며, 태상박사(太常博士)・국자감박사(國子監博士)・계주자사(桂州刺史) 등을 역임하였다. 저서로는 『모시집주(毛詩集注)』・『주례집주(周禮集注)』・『삼례의종(三禮義宗)』・『좌씨경전의(左氏經傳義)』・『좌씨조례(左氏條例)』・『공양곡량문구의(公羊谷梁文句義)』 등이 있다.
805) 호광(胡廣) 등 찬, 『시전대전(詩傳大全)』 권5, 「국풍(國風)・위(魏)・원유도(園有桃)」의 1장에서 "園有桃, 其實之殽. 心之憂矣, 我歌且謠. 不知我者, 謂我士也驕. 彼人是哉, 子曰何其. 心之憂矣. 其誰知之. 其誰知之. 蓋亦勿思.(동산에 복사나무가 있으니 그 열매를 따서 먹으리로다. 내 마음에 근심이 있는지라 노래하고 또 흥얼거렸노라. 나를 알지 못하는 사람들은 나에게 교만하다고 하도다. 저 사람들이 옳기만 하거늘

'국소이박(國小而迫)'과 '일이침삭(日以侵削)'이라고 한 것은 맞지만, 나머지는 옳지 않다.

○ 「陟岵」, 孝子行役, 思念父母也. 國迫而數侵削, 役乎大國, 父母·兄弟離散, 而作是詩也.806)

「척호(陟岵)」는 효자가 부역 가서 부모님을 근심하고 염려한 것이다. 나라가 핍박한데도 자주 침노(侵擄)당하고 땅을 빼앗기며, 큰 나라에 부역 가서 부모와 형제가 헤어지고 흩어져서 이 시를 지은 것이다.

상설

○ 音朔.

'삭(數)'은 음이 삭(朔)이다.

○ 「十畝之間」, 刺時也. 言其國削小, 民無所居焉.

「십무지간(十畝之間)」은 시정(時政)을 풍자한 것이다. 그 나라가 땅을 빼앗기고 작아서 백

---

806) 호광(胡廣) 등 찬, 『시전대전(詩傳大全)』 권5, 「국풍(國風)·위(魏)·척호(陟岵)」의 1장에서 "陟彼岵兮, 瞻望父兮. 父曰嗟予子行役, 夙夜無已. 上愼旃哉. 猶來無止.(저 민둥민둥한 산에 올라가서 아버지 계신 곳을 바라보노라. 아버지께서 말씀하실 것이로다. 아아, 내 아들 멀리 부역가면 밤낮으로 쉴 새도 없을 거로다. 아무쪼록 조심하며 지낼지어다. 어서 돌아오고 머물지 말지니라.)"라 하고, 주자의 집전에서 "孝子行役, 不忘其親, 故登山以望其父之所在, 因想像其父念己之言, 曰: '嗟乎! 我之子行役, 夙夜勤勞, 不得止息.' 又祝之曰: '庶幾愼之哉. 猶可以來歸, 無止於彼而不來也.' 蓋生則必歸, 死則止而不來矣. 或曰: '止, 獲也, 言無爲人所獲也.'(효성스런 아들이 부역 가서 그 어버이를 잊지 못하였기 때문에 산에 올라가서 그 아버지가 계신 곳을 바라보면서 이에 그 아버지가 자기를 염려하는 말을 상상하여 말하기를, '아! 내 아들이 부역가서 밤낮으로 부지런히 일하여 쉴 수 없을 것이다.'라 하고, 또 바라기를, '아무쪼록 조심하며 지낼지어다. 어서 돌아올 수 있도록 하고, 저 곳에 머물러서 돌아오지 못함이 없어야 하느니라.'라고 하였다. 대개 살면 반드시 돌아오고, 죽으면 머물러서 돌아오지 못하는 것이다. 어떤 이가 말하기를, '지는 사로잡힘이니, 적국의 사람에게 잡히는 신세가 되지 말라고 말한 것이다.'라고 하였다.)"라고 하였다.

성들이 살 곳이 없음을 말한 것이다.

辨說

國削則其民隨之. 序文殊無理. 其說已見本篇矣.807)
나라가 땅을 빼앗겨서 그 백성들이 그 나라를 따른 것이다. 서문이 전혀 조리(條理)가 없다. 그 설명은 이미 본 시편에 보였다.

詳說

○ 民亦少.
'국삭즉기민수지(國削則其民隨之)'의 경우, 백성도 또한 적어진 것이다.

○ 音現.
'현(見)'은 음이 현(現)이다.

○ 政亂.
'기설이현본편의(其說已見本篇矣)'에서 볼 때, 정치가 어지러웠다.

○ 「伐檀」, 刺貪也. 在位貪鄙, 無功而受祿, 君子不得進仕爾.

「벌단(伐檀)」은 탐욕스러움을 풍자한 것이다. 지위에 있는 이가 탐욕스럽고 야비(野鄙)하여 공적이 없으면서도 녹봉을 받으니, 군자가 벼슬에 나아갈 수 없었다.

辨說

此詩, 專美君子之不素餐. 序言'刺貪', 失其指矣.808)

---

807) 호광(胡廣) 등 찬, 『시전대전(詩傳大全)』 권5, 「국풍(國風)·위(魏)·십무지간(十畝之間)」의 1장에서 "十畝之間兮, 桑者閑閑兮, 行與子還兮.(열 이랑의 뽕나무밭 사이에서 뽕잎 따는 사람 모습 잔잔하니 장차 그대와 함께 돌아가리라.)"라 하고, 주자의 집전에서 "政亂國危, 賢者不樂仕於其朝, 而思與其友歸於農圃, 故其辭如此.(정치가 혼란하고 나라가 위태로워 현명한 이들이 그 조정에서 벼슬살이하는 것을 즐거워하지 않고, 그 벗과 더불어 농사짓는 밭으로 돌아갈 것을 생각하였기 때문에 그 말이 이와 같은 것이다.)"라고 하였다.

808) 호광(胡廣) 등 찬, 『시전대전(詩傳大全)』 권5, 「국풍(國風)·위(魏)·벌단(伐檀)」의 1장에서 "坎坎伐檀兮, 寘之河之干兮, 河水淸且漣猗. 不稼不穡, 胡取禾三百廛兮; 不狩不獵, 胡瞻爾庭有縣貆兮. 彼君子兮, 不素餐兮.(영차영차 박달나무를 베어 하수 언덕에 옮겨두었는데 하수가 맑고도 잔잔하도다. 심지도 않고 거두지

이 시는 오로지 군자가 하는 일없이 녹봉을 타먹지 않음을 찬미한 것이다. 서문에서 '자탐(刺貪)'이라고 말하였으나, 그 뜻을 잃었다.

○ 「碩鼠」, 刺重斂809)也. 國人刺其君重斂, 蠶食於民, 不修其政, 貪而畏人, 若大鼠也.

「석서(碩鼠)」는 세금을 무겁게 거두는 것을 풍자한 것이다. 나라 사람들이 그 임금이 세금을 무겁게 거두어 백성의 재산을 점차 조금씩 차지하고 그 정사를 제대로 수행하지 않으니, 탐욕을 부려 사람들을 두렵게 함이 마치 큰 쥐와 같음을 풍자한 것이다.

詳說

○ 去聲.

'렴(斂)'은 거성(去聲: 賦稅, 거두다)이다.

辨說

此亦託於碩鼠, 以刺其有司之詞. 未必直以碩鼠比其君也.810)

이것도 또한 큰 쥐에 의탁하여 그 직무를 맡은 관리를 풍자한 글이다. 반드시 다만 큰 쥐로써 그 임금을 비유한 것만은 아니다.

않으면 어찌 벼 삼백 전을 취하며 때려잡지 사로잡지 않으면 어찌 집에서 담비를 보리오. 저 훌륭하고 성실한 군자는 일도 않고 밥 먹지 않도다.)"라 하고 주자의 집전에서 "詩人言: '有人於此, 用力伐檀, 將以爲車而行陸也, 今乃寘之河干, 則河水淸漣而無所用, 雖欲自食其力, 而不可得矣. 然其志則自以爲不耕則不可以得禾, 不獵則不可以得獸, 是以甘心窮餓而不悔也.' 詩人逃其事而歎之, 以爲是眞能不空食者. 後世若徐穉之流, 非其力不食, 其厲志蓋如此.(시인이 말하기를, '여기에 사람이 있는데 힘써서 박달나무를 벤 것은 장차 수레를 만들어 육지를 다니려는 것이거늘, 이제 이에 황하의 언덕에 옮겨두었는데 황하의 물이 맑고 잔잔하여 소용이 없으니, 비록 그 능력으로 스스로 먹고살고자 해도 할 수 없었다. 그러나 그 뜻이 스스로 '밭 갈지 않으면 벼를 얻을 수 없고, 사냥하지 않으면 짐승을 얻을 수 없다.'고 여겼다. 이 때문에 가난함과 굶주림을 마음에 달게 여기고 후회하지 않았다.'고 한 것이다. 시인이 그 사정을 서술하여 탄식하면서 진실로 능히 일하지 않고 밥을 먹지 않을 사람이라고 여겼으니, 후세에 서치 같은 무리는 그 능력이 아니면 먹지 않았으니, 그 뜻을 격려함이 이와 같았던 것이다.)"라고 하였다.

809) '감(斂)'은 '렴(斂)'의 이체자로 같이 쓰였다.
810) 호광(胡廣) 등 찬, 『시전대전(詩傳大全)』 권5, 「국풍(國風)·위(魏)·석서(碩鼠)」의 1장에서 "碩鼠碩鼠! 無食我黍. 三歲貫女, 莫我肯顧, 逝將去女, 適彼樂土, 樂土樂土! 爰得我所.(커다란 쥐야, 커다란 쥐야! 내 기장을 먹지 마를지어다. 3년이나 너에게 익숙했으니 나를 돌아보지 아니할진댄 떠나가서 장차 너를 버리고 저기 낙원의 땅으로 가리라. 낙원의 땅, 낙원의 땅이여! 이에 내 살 곳을 얻으리라.)"라 하고, 주자의 집전에서 "民困於貪殘之政, 故託言大鼠害己而去之也.(백성들이 탐하고 해로운 정사에 곤궁하였기 때문에 커다란 쥐가 자기를 해롭게 하여 떠나버린다고 가탁하여 말한 것이다.)"라고 하였다.

당(唐)

「蟋蟀」, 刺晉僖公也. 儉不中禮, 故作是詩以閔之, 欲其及時以禮自娛樂也. 此晉也而謂之 '唐', 本其風俗, 憂深思遠, 儉而用禮, 乃有堯之遺風焉.

「실솔(蟋蟀)」은 진(晉)나라 희공(僖公)을 풍자한 것이다. 검소함이 예(禮)에 맞지 않았기 때문에 이 시를 지어 안타깝게 여기면서 그 때에 이르러 예를 갖추어 스스로 즐거워하도록 한 것이다. 이것은 진(晉)나라인데 '당(唐)'이라고 이른 것은 그 풍속에 근거해서이니, 근심함이 깊고 사려함이 멀며 검소하게 예를 사용하여 바로 요(堯)임금의 유풍(遺風)이 있었던 것이다.

詳說

○ 去聲.

'중(中)'은 거성(去聲: 맞추다, 부합하다)이다.

○ 一作'虞'.811)

'오(娛)'는 어떤 판본에는 '우(虞)'로 썼다.

辨說

河東地瘠民貧, 風俗勤儉, 乃其風土・氣習有以使之. 至今猶然, 則在三代之時可知矣. 序所謂'儉不中禮', 固當有之, 但所謂'刺僖公'者, 蓋特以諡得之, 而所謂'欲其及時以禮自娛樂'者, 又與詩意正相反耳. 況古今風俗之變, 常必由儉以入奢, 而其變之漸, 又必由上以及下. 今謂君之儉, 反過於初, 而民之俗, 猶知用禮, 則尤恐其無是理也. 獨其'憂深思遠'・'有堯之遺風'者, 爲得之. 然其所以不謂之'晉', 而謂之'唐'者, 又初不爲此也.812)

---

811) 『모시주소(毛詩注疏)』 권10. ; 이저(李樗)・황춘(黃櫄) 찬, 『모시집해(毛詩集解)』 권12. ; 범처의(范處義) 찬, 『시보전(詩補傳)』 권10. ; 여조겸(呂祖謙) 찬, 『여씨가숙독시기(呂氏家塾讀詩記)』 권11. ; 보광(輔廣) 찬, 『동자문(童子問)』 권수(卷首). ; 유근(劉瑾) 찬, 『시전통석(詩傳通釋)』 권6 등에는 '虞'로 되어있다.
812) 호광(胡廣) 등 찬, 『시전대전(詩傳大全)』 권6, 「국풍(國風)・당(唐)・실솔(蟋蟀)」의 1장에서 "蟋蟀在堂, 歲聿其莫. 今我不樂, 日月其除. 無已大康. 職思其居, 好樂無荒, 良士瞿瞿.(귀뚜라미가 집에 들어 있으니 한 해가 드디어 저물어가도다. 지금 우리 즐거워하지 않으면 세월이 그냥 흘러가고 말리라. 너무 편안히 지내지는 않는가. 일하면서 그 임무를 생각하여 즐김이 좋으나 거칠지 않음이 어진 선비가 돌아보는 바니라.)"라 하고, 주자의 집전에서 "唐俗勤儉, 故其民間終歲勞苦, 不敢少休, 及其歲晩務閒之時, 乃敢相與燕飮爲

하동(河東)은 땅이 거칠고 메마르며 백성들이 가난하나 풍속이 근면하고 검소하였으니, 바로 그 기후와 토지 및 기질과 습속이 그렇게 함이 있었던 것이다. 지금까지 여전히 그러하니 삼대의 때에 있어서는 알 만하다. 서문에서 이른바 '검부중례(儉不中禮)'는 진실로 당연히 있었으며, 단지 이른바 '자희공(刺僖公)'이라고 한 것은 대개 다만 시호로써 맞춘 것이지만, 이른바 '욕기급시이예자오락(欲其及時以禮自娛樂)'이라고 한 것은 또 시의 뜻과 정반대일 뿐이다. 게다가 옛날과 지금의 풍속이 변화하여 항상 반드시 검소함에 말미암아 사치함으로 들어가고, 그 변화함이 점점하여 또 반드시 위에 말미암아 아래에 미쳤던 것이다. 지금 임금의 검소함이 도리어 처음보다 지나친데도 백성의 풍속은 오히려 예를 사용할 줄 아니, 더욱 아마도 이런 이치는 없을 것이다. 오직 '우심사원(憂深思遠)'과 '유요지유풍(有堯之遺風)'이라고 한 것은 맞지만, 그러나 '진(晉)'이라 이르지 않고 '당(唐)'이라 이른 것은 또 처음에 호칭을 하지 않아서이다.

詳說

○ 如衛頃·齊哀.
'개특이시득지(蓋特以諡得之)'에서 볼 때, 위(衛)나라 경공(頃公)과 제(齊)나라 애공(哀公)과 같은 것이다.

○ 仍其始號.
'우초불위차야(又初不爲此也)'의 경우, 그 처음의 호칭을 따른 것이다.

「山有樞」, 刺晉昭公也. 不能修道以正其國, 有財不能用, 有

樂, 而言: '今蟋蟀在堂, 而歲忽已晚矣, 當此之時而不爲樂, 則日月將舍我而去矣.' 然其憂深而思遠也, 故方燕樂而又邊相戒曰: '今雖不可以不爲樂, 然不已過於樂乎. 蓋亦顧念其職之所居者, 使其雖好樂而無荒, 若彼良士之長慮而却顧焉, 則可以不至於危亾也.' 蓋其民俗之厚, 而前聖遺風之遠如此.(당나라의 풍속이 부지런하고 검소하였기 때문에 그 백성들이 한 해를 마치도록 고생하고 애쓰면서 감히 조금도 쉬지 못하다가, 한 해가 저물어 일이 한가할 때에 이르러서야 이에 감히 서로 더불어 잔치하며 술 마심을 즐거움으로 삼았으니, 말하기를 '이제 귀뚜라미가 집에 들어와 있으니, 한 해가 갑작스레 벌써 저물었는데, 이때를 맞아서 즐거워함을 하지 않는다면 세월이 장차 우리를 버리고 흘러갈 것이다.'라고 하였다. 그러나 그 근심이 깊을수록 생각이 원대하였기 때문에 바야흐로 잔치를 벌여 즐거워하면서도 또 갑자기 서로 경계하여 말하기를, '지금 비록 즐거워함을 하지 않을 수 없으나 너무 즐거워함에 지나치지 아니한가. 대개 또한 그 주로 하는 일에 맡은 것을 돌아보고 생각하여 비록 즐거워함을 좋아하더라도 거칠지 말아서 마치 저 어진 선비가 길이 염려하고 물러나서 돌아보는 것처럼 한다면 위태함이나 멸망함에 이르지 않을 수 있는 것이다.'라고 한 것이다. 대개 그 백성들의 풍속이 돈후함이니, 예전에 성인이 전한 풍화의 원대함이 이와 같았다.')"라고 하였다.

鐘鼓不能以自樂, 有朝廷不能灑掃, 政荒民散, 將以危亡, 四鄰
謀取其國家而不知, 國人作詩以刺之也.

「산유추(山有樞)」는 진(晉)나라 소공(昭公)을 풍자한 것이다. 능히 도(道)를 수행하여 그 나라를 바르게 하지 못하니, 재물이 있어도 제대로 쓰지 못하고 종고(鐘鼓)가 있어도 스스로 잘 즐기지 못하며, 조정이 있어도 능히 쇄소 깨끗하게 청소하지 못하여 정치가 황폐하고 백성이 흩어져서 장차 위태하여 망하게 되었으며, 사방의 이웃나라들이 그 나라를 취할 것을 도모하여도 알지 못하므로 나라 사람들이 시를 지어서 풍자한 것이다.

詳說

○ 音洛.
'자락(自樂)'에서 '락(樂)'은 음이 락(洛)이다.

○ 音潮.
'조(朝)'는 음이 조(潮)이다.

○ 並去聲.
'쇄소(灑掃)'는 아울러 거성(去聲: 청소하다, 물 뿌리다, 쓸다)이다.

○ 鄰國.
'린(鄰)'은 이웃나라이다.

辨說

此詩, 蓋以答「蟋蟀」之意而寬其憂, 非臣子所得施於君父者. 序說, 大誤.813)

---

813) 호광(胡廣) 등 찬, 『시전대전(詩傳大全)』 권6, 「국풍(國風)·당(唐)·산유추(山有樞)」의 1장에서 "山有樞, 隰有楡. 子有衣裳, 弗曳弗婁; 子有車馬, 弗馳弗驅, 宛其死矣, 他人是愉.(산중에는 시무나무가 있으며 진펄에는 느릅나무가 있어라. 그대가 고운 의상이 있는데 입지 않고 걸치지도 않으며 그대가 수레와 말이 있는데 달리지 않고 몰지도 않으니 지질하게 시들다 죽는다면 딴 사람이 이것을 즐기리라.)"라고 하고, 주자의 집전에서 "此詩, 蓋亦答前篇之意而解其憂. 故言: '山則有樞矣, 隰則有楡矣, 子有衣裳·車馬, 而不服不乘, 則一旦宛然以死, 而他人取之, 以爲己樂矣.' 蓋言不可不及時爲樂, 然其憂愈深而意愈蹙矣.(이 시는 대개 또한 앞 편의 뜻에 답하여 그 근심을 풀어준 것이다. 그러므로 말하기를, '산에는 시무나무가 있고 진펄에는 흰 느릅나무가 있거늘, 그대가 의상과 수레와 말이 있어도 입지도 않고 타지도 않으니, 하루아침에 시들시들하다가 장차 죽으면 다른 사람이 취하여 자기의 즐거움으로 삼을 것이다.'라고 하였다. 대개 때에 미쳐서 즐거워하지 않을 수 없음을 말하였으나, 그 근심이 더욱 깊을수록 뜻이 더욱 쪼그라들었던 것이다.)"라고 하였다.

이 시는 대개 「실솔(蟋蟀)」의 뜻에 답하여 그 근심을 풀어준 것인데, 신하가 임금에게 베풀 수 있는 것이 아니다. 서문의 말이 크게 잘못되었다.

「揚之水」, 刺晉昭公也. 昭公分國以封沃, 沃盛彊, 昭公微弱, 國人將叛而歸沃焉.

「양지수(揚之水)」는 진(晉)나라 소공(昭公)을 풍자한 것이다. 소공이 나라를 나누어 곡옥(曲沃)에게 봉해주자 곡옥은 강성해지고 소공은 미약해지니, 나라 사람들이 장차 배반하고 곡옥으로 돌아가려고 하였다.

詳說

○ 曲沃.814)
'옥(沃)은 곡옥(曲沃)이다.

○ 恐'侯'之誤,「椒聊」·「鴇羽」同.
'공(公)'은 아마도 '후(侯)'가 잘못된 듯하니,「초료(椒聊)」와「보우(鴇羽)」도 같다.

辨說

詩文明白, 序說, 不誤.815)
시의 글이 명백하니, 서문의 말이 잘못되지 않았다.

「椒聊」, 刺晉昭公也. 君子見沃之盛彊, 能修其政, 知其蕃衍

---

814) 산서성(山西省) 고옥현(曲沃縣)의 지명으로,『모시주소(毛詩注疏)』권10,「국풍(國風)·당(唐)·양지수(揚之水)」에서 "『전(箋)』, '沃, 曲沃, 晉之邑也.'(『정전(鄭箋)』에서, '옥은 곡옥이니 진나라의 도읍이다.'라고 하였다.)"라고 하였다.
815) 호광(胡廣) 등 찬,『시전대전(詩傳大全)』권6,「국풍(國風)·당(唐)·양지수(揚之水)」의 1장에서 "揚之水. 白石鑿鑿. 素衣朱襮, 從子于沃. 旣見君子, 云何不樂.(느릿하게 흐르는 물이여. 흰 돌이 우뚝우뚝하도다. 흰 옷에 붉은 옷깃 달아 그대 좇아 옥으로 가리라. 이윽고 군자를 만났으니 어찌 즐겁지가 않으리오.)"라 하고, 주자의 집전에서 "晉昭侯封其叔父成師于曲沃, 是爲桓叔, 其後沃盛强而晉微弱, 國人將叛而歸之, 故作此詩, 言水縡弱而石巉巖, 以比晉衰而沃盛. 故欲以諸侯之服, 從桓叔于曲沃, 且自喜其見君子而無不樂也.(진소후가 그 숙부인 성사를 곡옥에 봉하니, 이가 환숙이다. 그 뒤에 옥은 강성하고 진나라는 미약하니, 국인들이 장차 진나라를 배반하고 곡옥으로 돌아가려 하였다. 그러므로 이 시를 지은 것이다. 물살은 느리고 약한데 돌은 뾰족함을 말하여 진나라는 쇠약하고 옥은 강성함을 비유하였다. 그러므로 제후의 의복을 가지고 환숙을 따라 곡옥으로 가고자 하고, 또 군자를 만나보고 즐겁지 않음이 없음을 스스로 기뻐한 것이다.)"라고 하였다.

盛大, 子孫將有晉國焉.

「초료(椒聊)」는 진(晉)나라 소공(昭公)을 풍자한 것이다. 군자가 곡옥(曲沃)이 강성하여 능히 그 정치를 수행하는 것을 보고, 그 번연(蕃衍)하고 성대하여 자손들이 장차 진(晉)나라를 소유하리라는 것을 알았다.

辨說

此詩, 未見其必爲沃而作也.816)

이 시는 반드시 곡옥(曲沃)을 위해서 지었다고 볼 수 없다.

「綢繆」, 刺晉亂也. 國亂, 則昏姻不得其時焉.

「주무(綢繆)」는 진(晉)나라의 어지러움을 풍자한 것이다. 나라가 어지러우면 혼인이 그 때를 얻지 못하는 것이다.

詳說

○ 鄭氏曰: "不及仲春."817)

'혼인부득기시언(昏姻不得其時焉)'에 대해, 정씨(鄭氏: 鄭玄)가 말하였다. "중춘(仲春)에 미치지 않은 것이다."

辨說

此但爲婚姻者相得而喜之詞, 未必爲刺晉國之亂也.818)

---

816) 호광(胡廣) 등 찬, 『시전대전(詩傳大全)』 권6, 「국풍(國風)·당(唐)·초료(椒聊)」의 1장에서 "椒聊之實, 蕃衍盈升. 彼其之子. 碩大無朋. 椒聊且. 遠條且.(산초나무에 맺힌 열매가 넘쳐서 되에 그득하도다. 저기 있는 그 분이야말로 훌륭하여 비할 데 없도다. 산초나무가 잠깐 사이에 가지를 길쭉이 뻗었도다.)"라 하고, 주자의 집전에서 "椒之蕃盛, 則采之盈升矣; 彼其之子, 則碩大而無朋矣. '椒聊且, 遠條且', 歎其枝遠而實益蕃也. 此不知其所指, 序, 亦以爲沃也.(산초나무가 번성하여 곧 열매를 따면 되에 그득하며, 저기 있는 그 분이야말로 곧 훌륭하여 비할 데 없도다. '산초나무가 잠깐 사이에 가지를 길쭉이 뻗었도다.'라고 하였으니, 그 가지가 길쭉하고 열매가 더욱 번성함을 감탄한 것이다. 이는 그 가리키는 것을 알지 못하겠는데, 서문에서는 또한 곡옥이 된다고 하였다.)"라고 하였다.
817) 『모시주소(毛詩注疏)』 권10, 「국풍(國風)·당(唐)·주무(綢繆)」에서 "『箋』, '不得其時, 謂不及仲春之月.'(『정전』에서, '부득기시는 중춘의 달에 미치지 않은 것이다.'라고 하였다.)"
818) 호광(胡廣) 등 찬, 『시전대전(詩傳大全)』 권6, 「국풍(國風)·당(唐)·주무(綢繆)」의 1장에서 "綢繆束薪, 三星在天. 今夕何夕. 見此良人. 子兮子兮, 如此良人何.(챙챙 땔나무를 묶을 때에 삼성이 하늘가에 보이도다. 오늘저녁은 어떤 저녁인가. 이 좋은 사람을 보았노라. 여봐요 당신, 여봐요 당신, 이 좋은 사람 어찌하리오.)"라 하고, 주자의 집전에서 "國亂民貧, 男女有失其時而後, 得遂其婚姻之禮者, 詩人敍其婦語夫之辭曰: '方綢繆以束薪也, 而仰見三星之在天, 今夕不知其何夕也, 而忽見良人之在此', 旣又自謂曰: '子兮子兮, 其將柰此良人何哉.' 喜之甚而自慶之辭也.(나라가 어지럽고 백성들이 가난하여 남정네와 여인네가 그 시기를 놓친 뒤에 그 혼인의 예를 이룰 수 있었던 일이 있었는데, 시인이 그 부인이 남편에게 말해주는 말을 서술

이것은 다만 혼인을 한 이가 서로 만나서 기뻐하는 말이니, 반드시 진(晉)나라의 어지러움을 풍자한 것이 되지 않는다.

「杕杜」, 刺時也. 君不能親其宗族, 骨肉離散, 獨居而無兄弟, 將爲沃所幷爾.

「체두(杕杜)」는 시정(時政)을 풍자한 것이다. 임금이 능히 그 종족(宗族)을 친애하지 못하여 골육(骨肉)이 헤어지고 흩어지니 혼자 살면서 형제가 없어 장차 곡옥(曲沃)과 병합함이 되었을 뿐이다.

辨說

此乃人無兄弟而自歎之詞, 未必如序之說也. 況曲沃實晉之同姓, 其服屬又未遠乎.819)

이것은 바로 사람이 형제 없어서 스스로 탄식하는 말이지만 반드시 서문의 말과 같지 않다. 하물며 곡옥(曲沃)은 실제로 진(晉)나라의 동성(同姓)이고, 그 상복(喪服)의 권속(眷屬)이 또 멀지 않음에 있어서랴.

詳說

○ 五服之屬.820)

하기를, '바야흐로 칭칭 땔나무를 묶을 때에 우러러 하늘가에 있는 삼성을 보고, 오늘저녁이 어떤 저녁인지 몰랐는데, 갑자기 양인이 여기에 있음을 보았다.'고 말하고, 또 스스로 일러 말하기를, '여봐요 당신, 여봐요 당신, 장차 이 양인을 어찌하리오.'라고 하였으니, 기쁨이 심하여 스스로 경축하는 말이다.")라고 하였다.

819) 호광(胡廣) 등 찬, 『시전대전(詩傳大全)』 권6, 「국풍(國風)·당(唐)·체두(杕杜)」의 1장에서 "有杕之杜! 其葉湑湑. 獨行踽踽, 豈無他人, 不如我同父. 嗟行之人, 胡不比焉. 人無兄弟, 胡不佽焉.(우뚝 선 아가위나무여! 그 잎이 더북더북 홀로 가기를 터벅터벅 어찌 남이 없으랴마는 내 형제만 못해서니라. 아아, 길가는 사람들은 어찌 도와주지 않는가. 사람이 형제가 없거늘 어찌 도와주지 않는가.)"라 하고, 주자의 집전에서 "此, 無兄弟者, 自傷其孤特而求助於人之辭, 言: '杕然之杜, 其葉猶湑湑然, 人無兄弟, 則獨行踽踽, 曾杜之不如矣. 然豈無他人之可與同行也哉. 特以其不如我兄弟, 是以不免於踽踽耳. 於是嗟歎行路之人, 何不閔我之獨行而見親, 憐我之無兄弟而見助乎.'(이것은 형제 없는 이가 스스로 그 외로움을 아파하며 남에게 도움을 구하는 말이니, 말하기를 '우뚝 선 아가위나무는 그 잎이 오히려 더북더북하거늘, 사람이 형제가 없으면 홀로 가기를 터벅터벅하여 일찍이 아가위나무만도 못한 것이다. 그러나 어찌 함께 동행할 수 있는 남이 없겠는가. 다만 나의 형제만 못하기 때문에 터벅터벅 걸어감을 면하지 못할 뿐이다. 이에 탄식하고 길가는 사람들은 어찌 내가 홀로 가는 것을 민망히 여겨 친하게 대해주지 않으며, 나에게 형제 없음을 불쌍히 여겨 도와주지 않는가.'라고 한 것이다.)"라고 하였다.

820) 『예기대전(禮記大全)』 권17, 「학기(學記)」제18, "師無當於五服, 五服弗得不親.(스승은 오복에 해당됨이 없으니, 오복은 친하지 않은 이는 입지 않는 것이다.)" 『예기주소(禮記注疏)』 권36, 「학기(學記)」의 공영달(孔穎達)의 「소(疏)」에서 "五服, 斬衰也, 齊衰也, 大功也, 小功也, 緦麻也.(오복은 참최이고, 자최이고, 대공이고, 소공이고, 시마이다.)"라고 하였다. 참최는 아버지의 상(喪) 또는 아버지를 여읜 맏아들이 할아버지의

'기복속(其服屬)'의 경우, 친하고 친하지 않음의 정도에 따라 상복(喪服)을 다섯 단계로 달리 입는 권속(眷屬)이다.

| 「羔裘」, 刺時也. 晉人刺其在位, 不恤其民也. |

「고구(羔裘)」는 시정(時政)을 풍자한 것이다. 진(晉)나라 사람이 그 지위에 있으면서 그 백성을 근심하지 않음을 풍자한 것이다.

詳說

○ 鄭氏曰 : "采邑之民."821)

'불휼기민야(不恤其民也)'에 대해, 정씨(鄭氏: 鄭玄)가 말하였다. "채읍(采邑)의 백성이다."

辨說

詩中未見此意.822)

시 속에서 이러한 뜻을 볼 수 없다.

| 「鴇羽」, 刺時也. 昭公之後, 大亂五世, 君子下從征役, 不得養其父母, 而作是詩也. |

「보우(鴇羽)」는 시정(時政)을 풍자한 것이다. 소공(昭公) 이후로 크게 어지러운 것이 5대이니, 군자가 아래로 정벌하는 군역(軍役)을 좇아 그 부모님을 봉양할 수 없어서 이 시를 지은 것이다.

詳說

○ 亂者五世.

상을 당하였을 때 입는 상복이며, 시마는 종증조(從曾祖)·삼종형제(三從兄弟)·중증손(眾曾孫)·중현손(眾玄孫) 등의 초상 때 석 달 동안 입는 상복이다.
821) 『모시주소(毛詩注疏)』 권10, 「국풍(國風)·당(唐)·고구(羔裘)」에서 "『箋』云 : '此民, 卿大夫·采邑之民.'("정전』에서 이르기를, '이 백성은 경대부와 채읍의 백성이다.'라고 하였다.)"
822) 호광(胡廣) 등 찬, 『시전대전(詩傳大全)』 권6, 「국풍(國風)·당(唐)·고구(羔裘)」의 1장에서 "羔裘豹袪, 自我人居居. 豈無他人, 維子之故.(염소 갖옷에 표범가죽의 소매이니 우리 사람 부림에 사납게 굴도다. 어찌 다른 사람이야 없겠는가마는 오로지 그대와의 연고 때문이니라.)"라 하고, 2장에서 "羔裘豹褎, 自我人究究. 豈無他人, 維子之好.(염소 갖옷에 표범가죽의 소매이니 우리 사람 부림에 모질게 굴도다. 어찌 다른 사람이야 없겠는가마는 오로지 그대를 좋아함 때문이니라.)"라고 하였는데, 말미에서 주자(朱子)는 "此詩, 不知所謂, 不敢強解.(이 시는 이른 바를 모르겠으니, 감히 억지로 해석하지 못하겠다.)"라고 하였다.

'대란오세(大亂五世)'의 경우, 어지러운 것이 5대 동안이다.

○ 去聲.
'양(養)'은 거성(去聲: 봉양하다)이다.

辨說
序意, 得之. 但其時世則未可知耳.823)
서문의 뜻은 맞게 되었다. 다만 그 시대는 알 수 없을 뿐이다.

○「無衣」, 美晉武公也. 武公始幷晉國, 其大夫爲之請命乎天子之使, 而作是詩也.

「무의(無衣)」는 진(晉)나라 무공(武公)을 찬미한 것이다. 무공이 비로소 진(晉)나라를 아우르니, 그 대부(大夫)가 무공을 위해 천자(天子)의 사신에게 명(命)을 청하면서 이 시를 지은 것이다.

詳說
○ 鄭氏曰 : "是時, 使來者."824)
'기대부위지청명호천자지사(其大夫爲之請命乎天子之使)'에 대해, 정씨(鄭氏: 鄭玄)가 말하였다. "이 때에 사신으로 온 사람이다."

辨說
序, 以『史記』爲文, 詳見本篇.825) 但此詩若非武公自作, 以述其賂王請命之

---

823) 호광(胡廣) 등 찬, 『시전대전(詩傳大全)』 권6, 「국풍(國風)·당(唐)·보우(鴇羽)」의 1장에서 "肅肅鴇羽! 集于苞栩. 王事靡盬, 不能蓺稷黍, 父母何怙. 悠悠蒼天. 曷其有所.(푸득푸득 너새의 날개깃이여! 떨기 도토리나무에 모이도다. 임금님 일을 쉬지 못하는지라 찰기장 메기장을 심지 못하니 부모님은 누구를 믿으실 건가. 까마아득한 저 푸른 하늘이여! 언제쯤에나 내 집에 가있을까.)"라 하고, 주자의 집전에서 "民從征役而不得養其父母, 故作此詩, 言鴇之性, 不樹止, 而今乃飛集于苞栩之上, 如民之性, 本不便於勞苦, 今乃久從征役, 而不得耕田以供子職也. '悠悠蒼天! 何時使我得其所乎.'(백성들이 정역을 좇아서 그 부모님을 봉양할 수 없기 때문에 이 시를 지어 너새의 본성이 나무에 앉지 못하는데 이제 날아서 떨기 도토리나무 위에 머무른다고 말하였으니, 마치 백성의 본성이 본래 고생하는 것을 편하게 여기지 않는데 이제 이에 오래도록 정역을 좇아서 밭을 경작하여 자식의 직분에 이바지하지 못함과 같다는 것이다. 그래서 '까마아득한 푸른 하늘이여! 어느 때에나 나로 하여금 내 집으로 돌아가게 할 것인가.'라고 하였다.)"라고 하였다.
824) 『모시주소(毛詩注疏)』, 권10, 「국풍(國風)·당(唐)·무의(無衣)」에서 "『箋』, '天子之使, 是時使來者.'(『정전』에서, '천자지사는 이때에 사신으로 온 사람이다.'라고 하였다.)"
825) 호광(胡廣) 등 찬, 『시전대전(詩傳大全)』 권6, 「국풍(國風)·당(唐)·무의(無衣)」의 1장에서 "豈曰無衣七

意, 則詩人所作, 以著其事, 而陰刺之耳. 序乃以爲美之, 失其旨矣. 且武公弑君簒國, 大逆不道, 乃王法之所必誅而不赦者. 雖曰: "尙知王命之重, 而能請之以自安", 是亦禦人於白晝大都之中, 而自知其罪之甚重, 則分薄贓餌貪吏, 以求私有其重寶而免於刑戮, 是乃猾賊之尤耳. 以是爲美, 吾恐其獎姦誨盜, 而非所以爲敎也. 小序之陋固多, 然其顚倒順逆, 亂倫悖理, 未有如此之甚者. 故予特深辨之, 以正人心, 以誅賊黨, 意庶幾乎大序所謂'正得失'者, 而因以自附於『春秋』之義云.

서문에서 『사기(史記)』로써 글을 썼는데 본 시편에 자세하게 보인다. 다만 이 시가 만약 무공(武公)이 스스로 지어서 왕에게 뇌물주고 명을 청한 뜻을 서술한 것이 아니라면 시인이 지어서 그 일을 드러내어 은밀하게 풍자한 것일 뿐이다. 서문에서 이에 찬미한 것으로 여겼으니 그 뜻을 잃은 것이다. 또 무공(武公)은 임금을 시해하고 나라를 찬탈하여 대역 죄인으로 도리가 없으니 이에 왕의 법령으로 반드시 주살하고 용서할 수 없는 자이다. 비록 "오히려 왕명의 엄중함을 알면서 능히 왕명을 청하는 것을 스스로 좋아하였다."고 하더라도 이 또한 대낮에 큰 도읍 안에서 강도짓을 하고서 스스로 그 죄가 매우 중대하다는 것을 알고 탐관오리에게 적은 장물을 나누어주고 그 귀중한 보물은 자기가 소유하면서 형륙(刑戮)을 면하기를 청하였으니, 이것은 바로 교활한 도적의 허물일 뿐이다. 이것으로써 아름다움으로 여겼으니, 나는 아마도 그 간악함을 장려하고 도적질을 가르침은 가르침으로 삼을 것이 아닐 듯하다. 소서(小序)는 고루함이 본래 많으나 그 순조로움과 거스름을 뒤바꾸어 거꾸로 하며 인륜을 어지럽히고 도리를 어그러뜨림은 이것처럼 심한 것이 있지 않았다. 그러므로 내가 특히 깊이 변설하여 사람의 마음을 바

兮. 不如子之衣, 安且吉兮.(어찌 일곱 문양의 옷이 없으리오. 임금님이 내려주신 훌륭한 옷처럼 편안하고 또 아름답지 않아서니라.)"라 하고, 주자의 집전에서 "『史記』: '曲沃桓叔之孫武公, 伐晉滅之, 盡以其寶器, 賂周釐王, 王以武公爲晉君, 列於諸侯.' 此詩, 蓋述其請命之意, 言: '我非無是七章之衣也, 而必請命者, 蓋以不如天子之命服之, 爲安且吉也.' 蓋當是時, 周室雖衰, 典刑猶在, 武公旣負弑君簒國之罪, 則人得討之, 而無以自立於天地之間, 故賂王請命而爲說如此. 然其倨慢無禮, 亦已甚矣. 釐王貪其賂玩, 而不思天理·民彛之不可廢. 是以誅討不加, 而爵命行焉, 則王綱於是乎不振, 而人紀或幾乎絶矣. 嗚呼痛哉.(『사기』에 '곡옥에 환숙의 손자 무공이 진나라를 정벌하여 멸망시키고 그 보배로운 기물을 다 가져다 주나라 희왕에게 뇌물로 주자 희왕이 무공을 진나라 임금으로 삼아서 제후의 반열에 들어가게 되었다.'고 하였다. 이 시는 대개 그 천자에게 명을 청한 뜻을 서술하였으니, 말하기를, '내가 이 일곱 문양의 옷이 없어서가 아니거늘, 반드시 명을 청하는 것은 대개 천자의 명으로 입는 것만큼 편안하고 또 아름다움이 되지 못해서이다.'라고 한 것이다. 대개 이때를 맞아서 주나라 왕실이 비록 쇠약하였으나 법도가 여전히 있었으니, 무공이 이미 임금을 시해하고 나라를 찬탈하는 죄를 지어서 곧 사람들이 그를 토죄함에 천지 사이에 스스로 설 수 없었기 때문에 희왕에게 뇌물을 주고 명을 청하면서 이와 같이 말을 한 것이다. 그러나 그가 거만하고 예의 없음이 또한 너무 심하였는데도, 희왕은 그 보물을 탐하여 하늘의 올바른 도리와 백성의 떳떳한 법도를 없애서는 안 됨을 생각하지 않았던 것이다. 이 때문에 토벌을 입히지 않고 작위를 내리는 명을 행하였으니, 곧 왕의 기강이 이에 천하에 떨치지 못하고, 인륜의 기강이 끊어짐에 미친 것이다. 아! 몹시 슬프도다.)"라고 하였다.

르게 하고 도둑의 무리를 꾸짖어 벌주니, 생각하건대 아무쪼록 대서(大序)에서 이른바 '잘잘못을 바르게 한다'는 것에 말미암아 자연스럽게 『춘추(春秋)』의 뜻에 부합하기를 바라는 것이다.

詳說

○ 晉世家.
 '『사기』(『史記』)'는 「진세가(晉世家)」이다.

○ 音現.
 '상현(詳見)'에서 '현(見)'은 음이 현(現)이다.

○ 「有杕之杜」, 刺晉武公也. 武公寡特, 兼其宗族, 而不求賢以自輔焉.

「유체지두(有杕之杜)」는 진(晉)나라 무공(武公)을 풍자한 것이다. 무공이 홀로 우뚝 서서 그 종족을 아울렀지만 현명한 이를 구하여 스스로 도움 받지 못하였다.

詳說

○ 孤特.826)
 '과특(寡特)'의 경우, 홀로 우뚝 서는 것이다.

○ 兼幷.
 '겸(兼)'은 한데 합쳐 하나로 하는 것이다.

辨說

此序, 全非詩意.827)

---

826) 『모시주소(毛詩注疏)』 권10, 「국풍(國風)·당(唐)·유체지두(有杕之杜)」의 공영달(孔穎達)의 소(疏)에서 "『正義』曰: '言寡特者, 言武公專在己身, 不與賢人圖事, 孤寡特立也.'(『정의』에서 말하였다. '과특이라 말한 것은 무공이 오르지 자기 몸에 두고 현명한 사람과 일을 도모하지 않아서 홀로 우뚝 선 것이다.')"라고 하였다.
827) 호광(胡廣) 등 찬, 『시전대전(詩傳大全)』 권6, 「국풍(國風)·당(唐)·유체지두(有杕之杜)」의 1장에서 "有杕之杜! 生于道左. 彼君子兮! 噬肯適我. 中心好之, 曷飮食之.(우뚝 선 아가위나무여! 길 왼쪽에 생겨났도다. 저기 훌륭하신 군자여! 즐겨 나에게 오시려나. 마음속으로 좋아하거늘 어찌 술과 밥 대접할까.)"라 하고,

이 서문은 전혀 시의 뜻이 아니다.

> 「葛生」, 刺晉獻公也. 好攻戰, 則國人多喪矣.

「갈생(葛生)」은 진(晉)나라 헌공(獻公)을 풍자한 것이다. 공격하여 싸우는 것을 좋아하면 나라 사람들이 많이 죽는 것이다.

詳說

○ 去聲, 下同.

'호(好)'는 거성(去聲: 좋아하다)이니, 아래도 같다.

○ 鄭氏曰 : "夫從征役不反."[828]

'국인다상의(國人多喪矣)'에 대해, 정씨(鄭氏: 鄭玄)가 말하였다. "남편이 정역(征役)을 좇다가 돌아오지 못하는 것이다."

> 「采苓」, 刺晉獻公也. 獻公好聽讒焉.

「채령(采苓)」은 진(晉)나라 헌공(獻公)을 풍자한 것이다. 헌공이 참소하는 말을 듣는 것을 좋아하였다.

辨說

주자의 집전에서 "此, 人好賢而恐不足以致之, 故言: '此枕然之杜, 生于道左, 其蔭不足以休息, 如己之寡弱, 不足恃賴, 則彼君子者, 亦安肯顧而適我哉? 然其中心好之, 則不已也, 但無自而得飮食之耳.' 夫以好賢之心如此, 則賢者安有不至, 而何寡弱之足憂哉?(이는 사람이 현인을 좋아하되 그를 초치하지 못할까 두려워하였다. 그러므로 말하기를 '이 우뚝 선 아가위나무가 길 동쪽에 자라서 그늘이 족히 휴식할 수가 없음이 마치 자기가 과약하여 족히 의뢰할 수 없음과 같으니, 그렇다면 저 군자가 또한 어찌 즐겨 돌아보고 나에게 오겠는가. 그러나 중심으로 좋아함이 그치지 않는데, 다만 그에게 음식을 마시고 먹게 할 길이 없을 뿐이다.' 한 것이다. 현명한 이를 좋아하는 마음이 이와 같다면 현명한 이가 어찌 이르지 않음이 있어 어찌 과약함을 족히 걱정하겠는가.)"라고 하였다.

828) 『모시주소(毛詩注疏)』 권10, 「국풍(國風)·당(唐)·갈생(葛生)」 "『箋』, '喪, 棄亡也, 夫從征役, 棄亡不反, 則其妻居家而怨思.'(『정전』에서, '상은 버려져 죽는 것이니, 남편이 정역을 좇다가 버려져 죽음에 돌아오지 못하면 그 아내가 집에 있으면서 원망하며 그리워하는 것이다.'라고 하였다.)" 호광(胡廣) 등 찬, 『시전대전(詩傳大全)』 권6, 「국풍(國風)·당(唐)·갈생(葛生)」의 1장에서 "葛生蒙楚, 蘞蔓于野. 予美亡此, 誰與獨處.(칡이 나서 가시나무를 덮었으며 덩굴풀이 뻗어 들판에 이르도다. 내 멋있는 낭군이 여기에 없으니 뉘 함께 하여 나 홀로 지내는가.)"라 하고, 주자의 집전에서 "婦人以其夫久從征役而不歸, 故言: '葛生而蒙于楚, 蘞生而蔓于野, 各有所託, 而予之所美者, 獨不在是, 則誰與而獨處於此乎.'(부인이 그 남편이 오래도록 정역을 좇아서 돌아오지 않기 때문에 말하기를, '칡이 나서 가시나무를 덮고, 덩굴풀이 나서 들판에 뻗어서 각각 의탁할 데가 있거늘. 내 멋있는 낭군이 오직 여기에 있지 않으니, 곧 누구와 함께 하여 나 홀로 여기서 지내는가.'라고 한 것이다.)"라고 하였다.

獻公固喜攻戰而好譖佞. 然未見此二詩之果作於其時也.[829]
헌공(獻公)은 본래 공격하여 싸우는 것을 좋아하였는데, 참소하고 아첨하는 것도 좋아하였다. 그러나 이 두 편의 시가 과연 그 때에 지어졌는지는 알 수 없다.

詳說
○ 一辨·二序.
하나의 변설과 두 개의 서문이다.

진(秦)

「車鄰」, 美秦仲也. 秦仲始大, 有車馬·禮樂·侍御之好焉.

「거린(車鄰)」은 진중(秦仲)을 찬미한 것이다. 진중이 비로소 장대해짐에 거마(車馬)와 예악(禮樂)과 시어(侍御)의 아름다움이 있었다.

辨說
未見其必爲秦仲之詩.[830] 大率「秦風」, 唯「黃鳥」·「渭陽」爲有据, 其他諸詩, 皆不可考.
그 반드시 진중(秦仲)의 시가 됨을 볼 수 없다. 대체로「진풍(秦風)」에는 오직「황조(黃鳥)」와「위양(渭陽)」만 근거가 있고, 그 다른 여러 시들은 모두 상고할 수 없다.

---

829) 호광(胡廣) 등 찬,『시전대전(詩傳大全)』권6,「국풍(國風)·당(唐)·채령(采苓)」의 1장에서 "采苓采苓, 首陽之巓. 人之爲言, 苟亦無信. 舍旃舍旃. 苟亦無然, 人之爲言, 胡得焉.(감초를 캐고 감초 캐기를 수산 남쪽 고개서 할까나. 사람들이 마구 하는 말을 진실로 또한 믿지를 말라. 내버려두고 내버려두어라. 진실로 또한 옳다 않으면 사람들이 마구 하는 말이 어떻게 받아들여지겠는가.)"라 하고, 주자의 집전에서 "此刺聽讒之詩, 言: '子欲采苓於首陽之巓乎. 然人之爲是言以告子者, 未可遽以爲信也. 姑舍置之, 而無遽以爲然, 徐察而審聽之, 則造言者無所得而讒止矣.'(이는 참소하는 말을 들어줌을 풍자한 시이니, 말하기를 '그대는 수산 남쪽의 산마루에서 감초를 캐고자 하는가. 그러나 사람들이 이런 말을 하여 그대에게 알려주는 것을 문득 믿음으로 삼아서는 안 된다. 짐짓 그 말을 내버려두어 문득 옳게 여기지 말고, 천천히 살피고 자세히 듣는다면 날조한 이의 말이 받아들임이 없어져서 참소가 그쳐질 것이다.'라고 하였다.)"라고 하였다.
830) 호광(胡廣) 등 찬,『시전대전(詩傳大全)』권6,「국풍(國風)·진(秦)·거린(車鄰)」의 1장에서 "有車鄰鄰, 有馬白顚. 未見君子, 寺人之令.(수레가 덜커덩덜커덩하며 끄는 말의 이마가 희도다. 군자를 만나보지 못한지라 벼슬아치에게 볶아치도다.)"라 하고, 주자의 집전에서 "是時, 秦君始有車馬及此寺人之官, 將見者必先使寺人通之, 故國人創見而誇美之也.(이때에 진나라 임금에게 비로소 수레와 말에 이 시인의 벼슬아치가 미치게 함이 있었으니, 장차 만나보려는 이는 반드시 먼저 시인으로 하여금 통고하게 하였기 때문에 나라 사람들이 그를 비로소 보고 자랑스럽고 아름답게 여긴 것이다.)"라고 하였다.

詳說
○ 音律.
'율(率)'은 음이 율(律)이다.

○ 「駟驖」, 美襄公也. 始命有田狩之事·園囿之樂焉.

「사철(駟驖)」은 양공(襄公)을 찬미한 것이다. 비로소 명을 받아 사냥하는 일과 꽃동산의 즐거움을 가진 것이다.

詳說
○ 鄭氏曰 : "始命爲侯."831)
'시명(始命)'에 대해, 정씨(鄭氏: 鄭玄)가 말하였다. "비로소 명을 받아 제후가 된 것이다."

○ 一作'娛'.
'전수지사(田狩之事)'에서 '사(事)'는 어떤 판본에는 '오(娛)'로 썼다.

○ 音洛.
'원유지락(園囿之樂)'에서 '락(樂)'은 음이 락(洛)이다.

○ 「小戎」, 美襄公也. 備其兵甲, 以討西戎, 西戎方彊, 而征伐不休, 國人則矜其車甲, 婦人能閔其君子焉.

「소융(小戎)」은 양공(襄公)을 찬미한 것이다. 그 무기와 갑옷을 갖추어 서융(西戎)을 토벌하였는데 서융이 바야흐로 강하여 정벌이 그치지 않으니, 나라 사람들은 수레와 갑옷을 자랑스럽게 여기고, 부인(婦人)들은 그 남편을 안쓰럽게 여긴 것이다.

辨說
此詩, 時世未必然, 而義則得之. 說見本篇.832)

---

831) 『모시주소(毛詩注疏)』 권11, 「국풍(國風)·진(秦)·사철(駟驖)」. "『전(箋)』, '始命, 命爲諸侯也, 秦始附庸也.'"(『정전』에서, '시명은 명을 받아 제후가 된 것이니, 진나라가 부용을 시작한 것이다.'라고 하였다.)
832) 호광(胡廣) 등 찬, 『시전대전(詩傳大全)』 권6, 「국풍(國風)·진(秦)·소융(小戎)」의 1장에서 "小戎俴收, 五楘梁輈. 遊環脅驅, 陰靷鋈續, 文茵暢轂, 駕我騏馵. 言念君子, 溫其如玉. 在其板屋, 亂我心曲.(군용수레 앞

이 시는 시대가 반드시 그렇지 않지만 뜻은 맞게 되었다. 설명이 본 시편에 보인다.

詳說

○ 音現.

'현(見)'은 음이 현(現)이다.

○「蒹葭」, 刺襄公也. 未能用周禮, 將無以固其國焉.

「겸가(蒹葭)」는 양공(襄公)을 풍자한 것이다. 능히 주(周)나라의 예(禮)를 사용하지 못하여 장차 그 나라를 견고하게 할 수 없었다.

辨說

此詩, 未詳所謂.833) 然序說之鑿, 則必不然矣.

이 시는 말한 것이 자세하지 않다. 그러나 서문의 말이 천착한 것은 반드시 그렇지 않을 것이다.

詳說

○ 必不如是之鑿.

'필불연의(必不然矣)'의 경우, 반드시 이와 같은 천착은 아닐 것이다.

뒤 가로목이 나직하고 다섯 번 감아 묶은 끌채 굽었도다. 노니는 쇠고리와 끈에 묶인 옆구리, 가슴걸이 이음새는 은빛 도금이며 범 무늬 방석에 큰 바퀴통 달아서 얼룩말과 발 흰 말에 멍에 했도다. 우리 군자를 떠올려 생각하노라면 온화한 모습이 마치 옥빛과 같도다. 오랑캐 판잣집에서 지내고 있기에 나의 애틋한 마음을 어지럽혔도다.)"라 하고, 주자의 집전에서 "'西戎'者, 秦之臣子所與不共戴天之讎也. 襄公上承天子之命, 率其國人, 往而征之, 故其從役者之家人, 先誇車甲之盛如此, 而後及其私情, 蓋以義興師, 則雖婦人, 亦知勇於赴敵而無所怨矣.('서융'이라는 것은 진나라의 신하들이 더불어 하늘 함께 받들 수 없는 원수이다. 양공이 위로 천자의 명령을 받들어 그 나라사람들을 거느리고 가서 정벌하였기 때문에 그 정역에 종사한 이의 집안사람이 먼저 수레와 갑옷의 성함을 자랑함이 이와 같았고, 그런 뒤에 그 사사로운 감정에 미쳤으니, 도의로써 군사를 일으키면 비록 부인이라도 또한 적에게 달려듦을 용맹하게 해야 함을 알아서 원망하는 일이 없었던 것이다.)"라고 하였다.

833) 호광(胡廣) 등 찬, 『시전대전(詩傳大全)』 권6, 「국풍(國風)·진(秦)·겸가(蒹葭)」의 1장에서 "蒹葭蒼蒼, 白露爲霜. 所謂伊人, 在水一方. 遡洄從之, 道阻且長; 遡游從之, 宛在水中央.(갈대들이 푸릇푸릇하거늘 흰 이슬이 서리가 되었도다. 세상에서 말하는 그 사람이 저 강물의 한쪽에 있도다. 물을 거슬러서 좇으려 하나 길이 막히고 또 멀찍하며 물을 따라서 좇으려 하나 우두커니 물 가운데 있도다.)"라 하고, 주자의 집전에서 "言: '秋水方盛之時, 所謂彼人者, 乃在水之一方. 上下求之而皆不可得.' 然不知其何所指也.(말하기를, '가을 물이 바야흐로 그득할 때 이른바 저 사람이라는 이가 이에 물의 한쪽에 있어서 올라가도 내려가도 모두 만날 수 없었다.'고 한 것이다. 그러나 그 무엇을 가리킨 것인지 모르겠다.)"라고 하였다.

○「終南」, 戒襄公也. 能取周地, 始爲諸侯, 受顯服, 大夫美之. 故作是詩以戒勸之.

「종남(終南)」은 양공(襄公)을 경계한 것이다. 능히 주(周)나라의 땅을 취하여 비로소 제후가 되고 관복(官服)을 받으니 대부가 찬미하였다. 그러므로 이 시를 지어 경계하고 권면한 것이다.

○「黃鳥」, 哀三良也. 國人刺穆公以人從妃, 而作是詩也.

「황조(黃鳥)」는 세 명의 현량(賢良)한 사람을 슬퍼한 것이다. 나라 사람이 목공(穆公)이 사람들을 뒤쫓아 죽게 한 것을 풍자하면서 이 시를 지은 것이다.

詳說

○ 去聲.

'종(從)'은 거성(去聲: 합종, 뒤쫓다)이다.

辨說

此序, 最爲有据.[834]

이 서문은 가장 근거가 있는 것이 된다.

詳說

○ 據『左』與『史』.

『좌전(左傳)』과 『사기(史記)』에 근거한 것이다.

---

834) 호광(胡廣) 등 찬, 『시전대전(詩傳大全)』 권6, 「국풍(國風)·진(秦)·황조(黃鳥)」의 1장에서 "交交黃鳥, 止于棘. 誰從穆公. 子車奄息. 維此奄息, 百夫之特. 臨其穴, 惴惴其慄. 彼蒼者天. 殲我良人. 如可贖兮, 人百其身.(왔다갔다 하는 꾀꼬리가 가시나무에 멈추었도다. 누가 목공을 따라갔는가. 자거 집안의 엄식이로다. 오로지 이 엄식이야말로 모든 사내의 으뜸이로다. 그 구덩이에 임하여서는 덜덜 떨며 두려워하도다. 저기 푸른빛의 하늘이여. 우리 착한 사람 죽였도다. 만일 속바칠 수만 있다면 숱하게 몸을 바치리로다.)"라 하고, 주자의 집전에서 "秦穆公卒, 以子車氏之三子爲殉, 皆秦之良也, 國人哀之, 爲之賦「黃鳥」, 事見『春秋傳』, 卽此詩也. 言: '交交黃鳥, 則止于棘矣, 誰從穆公, 則子車奄息也.' 蓋以所見起興也. 臨穴而惴慄, 蓋生納之壙中也. 三子皆國之良, 而一旦殺之, 若可買以他人, 則人皆願百其身以易之矣.(진나라 목공이 죽자 자거씨의 세 아들을 순장하니, 모두 진나라의 선량한 이들이어서 나라 사람들이 슬퍼하며 그들을 위하여 「황조」를 읊었는데 이 일이 『춘추전』에 보이니, 곧 이 시이다. 말하기를 '왔다갔다 하는 꾀꼬리가 가시나무에 멈추었으며, 누가 목공을 따라갔는가. 자거 집안의 엄식이로다.'라고 하였으니, 대개 본 것으로써 흥을 일으킨 것이다. 묘지 구덩이에 임하여 두려워 벌벌 떠는 것은 대개 그를 산 채로 묘지 구덩이 속에 넣어서이다. 세 사람은 모두 나라의 선량한 사람이었는데 하루아침에 죽였으니, 만약 다른 사람으로 바꿀 수 있다면 사람들이 모두 그 몸을 백번이라도 바꾸기를 원할 것이다.)"라고 하였다.

○ 「晨風」, 刺康公也. 忘穆公之業, 始棄其賢臣焉.

「신풍(晨風)」은 강공(康公)을 풍자한 것이다. 목공(穆公)의 업적을 잊어버리고 애당초 그 현명한 신하를 버린 것이다.

辨說

此, 婦人念其君子之詞. 序說, 誤矣.835)

이것은 부인(婦人)이 그 남편을 염려한 말이다. 서문의 말이 잘못되었다.

○ 「無衣」, 刺用兵也. 秦人刺其君好攻戰, 亟用兵, 而不與民同欲焉.

「무의(無衣)」는 군사를 부리는 것을 풍자한 것이다. 진(秦)나라 사람들이 그 임금이 공격하여 싸우는 것을 좋아하여 자주 군사를 부리되 백성들과 원하는 것을 함께하지 않음을 풍자한 것이다.

詳說

○ 去聲.

'호(好)'는 거성(去聲: 좋아하다)이다.

辨說

序意與詩情, 不協. 說已見本篇矣.836)

---

835) 호광(胡廣) 등 찬, 『시전대전(詩傳大全)』 권6, 「국풍(國風)·진(秦)·신풍(晨風)」의 1장에서 "鴥彼晨風, 鬱彼北林. 未見君子, 憂心欽欽. 如何如何, 忘我實多.(휙휙 날아가는 저 새매는 울창한 북쪽 숲에 앉도다. 군자를 만나보지 못한지라 근심걱정이 끊이지 않도다. 어찌 하기에 어찌 하기에 나를 잊음이 이토록 많은가.)"라 하고, 주자의 집전에서 "婦人, 以夫不在而言: 鴥彼晨風, 則歸于鬱然之北林矣, 故我未見君子, 而憂心欽欽也, 彼君子者, 如之何而忘我之多乎.' 此與扊扅之歌同意, 蓋秦俗也.(부인이 남편이 집에 있지 않음으로써 말하기를, '휙휙 날아가는 저 새매는 울창한 북쪽 숲으로 돌아가기 때문에 군자를 만나보지 못한지라 근심걱정이 끊이지 않거늘, 저 군자라는 이는 어찌 하기에 나를 잊기를 많이 하는가.'라고 하였다. 이는 염이의 노래와 뜻이 같으니, 진나라의 풍속이다.)"라고 하였다.
836) 호광(胡廣) 등 찬, 『시전대전(詩傳大全)』 권6, 「국풍(國風)·진(秦)·무의(無衣)」의 1장에서 "豈曰無衣, 與子同袍. 王于興師, 修我戈矛, 與子同仇.(어찌 입을 옷이 없다고 해서 그대와 핫옷을 같이 입으리오. 왕명으로 군사를 일으키거든 나에게 있는 창들을 손질해서 그대와 함께 원수를 치리로다.)"라 하고, 주자의 집전에서 "秦俗强悍, 樂於戰鬪, 故其人平居而相謂曰: '豈以子之無衣, 而與子同袍乎. 蓋以王于興師, 則將修我戈矛, 而與子同仇也.' 其懽愛之心, 足以相死如此. 蘇氏曰: '秦本周地, 故其民猶思周之盛時, 而稱先王焉.'(진나라의 풍속이 드세고 사나워서 전투를 즐겼기 때문에 그 사람들이 평상시에 서로 이르기를, '어찌 그대가 입을 옷이 없어서 그대와 핫옷을 같이 입겠는가. 대개 왕명으로 군사를 일으키시거든 장차 나의 창들을 손질하여 그대와 함께 원수를 치리로다.'라고 하였으니, 그 기뻐하고 사랑하는 마음에 충분히 서로

서문의 뜻과 시의 정서가 맞지 않는다. 설명이 이미 본 시편에 보였다.

詳說
○ 音現.
'현(見)'은 음이 현(現)이다.

○ 俗悍而樂戰.
'설이현본편의(說已見本篇矣)'에서 볼 때, 풍속이 사나워서 싸우는 것을 좋아하였다.

○「渭陽」, 康公念母也. 康公之母, 晉獻公之女, 文公遭麗姬之難, 未反而秦姬卒. 穆公納文公, 康公時爲太子, 贈送文公于渭之陽, 念母之不見也, '我見舅氏, 如母存焉.' 及其卽位, 思而作是詩也.

「위양(渭陽)」은 강공(康公)이 어머니를 그리워한 것이다. 강공의 어머니는 진(晉)나라 헌공(獻公)의 딸이니, 외숙 문공(文公)이 여희(麗姬)의 난을 당하여 돌아가지 못하였는데 강공의 어머니 진희(秦姬)가 죽었다. 진(秦)나라 목공(穆公)이 문공을 본국으로 들여보내니 강공이 이때 태자가 되어 문공을 위수(渭水) 북쪽에서 전송하며 보지 못하는 어머니를 그리워하면서 '내가 외숙을 보니 어머니가 살아계신 것 같구나.'라고 하였다. 강공이 즉위함에 이르러 사모하면서 이 시를 지은 것이다.

詳說
○ 去聲.
'여희지난(麗姬之難)'에서 '난(難)'은 거성(去聲: 危難, 禍患)이다.

辨說
此序, 得之. 但'我見舅氏, 如母存焉'兩句, 若爲康公之辭者, 其情哀矣. 然無

죽을 수 있음이 이와 같았던 것이다. 소씨[蘇轍]가 말하기를, '진나라는 본래 주나라 땅이었기 때문에 그 백성들이 오히려 주나라 흥성할 때를 생각하여 선왕을 일컬었다.'고 하였다.)"라고 하였다.

所繫屬, 不成文理. 蓋此以下, 又別一手所爲也. 及其卽位, 而作是詩, 蓋亦
但見首句云'康公', 而下云'時爲太子', 故生此說. 其淺暗拘滯, 大率如此.[837]
이 서문은 맞게 되었다. 다만 '아견구씨, 여모존언(我見舅氏, 如母存焉)'이라는 두 구절이 만약 강공(康公)의 말이 되는 것이라면 그 감정이 슬프다. 그러나 매여 딸린 것이 없으니 조리 있는 글이 되지 못한다. 대개 이 아래는 또 별도로 다른 사람이 쓴 것일 것이다. 그 즉위함에 이르러 이 시를 썼다는 것도 대개 또한 다만 머리구절에서만 '강공(康公)'이라 하고 아래에서 '시위태자(時爲太子)'라고 한 것을 보았기 때문에 이 말이 생긴 것이다. 그 얕고 분명하지 못하며 억매여 답답한 것이 대체로 이와 같은 것이다.

詳說

○ 音燭.
'무소계촉(無所繫屬)'에서 '촉(屬)'은 음이 촉(燭)이다.

○ 以爲卽位之辭.
'개역단견수구운강공(蓋亦但見首句云康公)'의 경우, 즉위하였을 때의 말로 여긴 것이다.

○ 音律.
'대율(大率)'에서 '율(率)'은 음이 율(律)이다.

---

[837] 호광(胡廣) 등 찬, 『시전대전(詩傳大全)』 권6, 「국풍(國風)·진(秦)·위양(渭陽)」의 말미에서 주자(朱子)는 "按, 『春秋傳』, 晉獻公, 烝於齊姜, 生秦穆夫人·太子申生, 娶犬戎胡姬, 生重耳, 小戎子生夷吾, 驪姬生奚齊, 其娣生卓子, 驪姬譖申生, 申生自殺, 又譖二公子, 二公子皆出奔. 獻公卒, 奚齊·卓子繼立, 皆爲大夫里克所弑, 秦穆公納夷吾, 是爲惠公, 卒予圍立, 是爲懷公. 立之明年, 秦穆公又召重耳而納之, 是爲文公. 王氏曰: '至渭陽者, 送之遠也; 悠悠我思者, 思之長也; 路車乘黃·瓊瑰玉佩者, 贈之厚也.' 廣漢張氏曰: '康公爲太子, 送舅氏而念母之不見, 是固良心也, 而卒不能自克於令狐之役, 怨欲害乎良心也. 使康公知循是心, 養其端而充之, 則怨欲可消矣.'(살펴보건대, 『춘추전』에, 진나라 헌공이 제강과 간통하여 진나라 목부인과 태자 신생을 낳았고, 견융의 호희를 아내로 맞아 중이를 낳았고, 소융자는 이오를 낳았고, 여희는 해제를 낳았고, 그 여동생은 탁자를 낳았는데, 여희가 신생을 참소하여 신생이 자살하였고, 또 두 공자를 참소하여 두 공자가 모두 나라 밖으로 달아났다. 헌공이 죽자 해제와 탁자가 이어서 즉위했는데 모두 대부 이극에게 시해되자 진나라 목공이 이오를 나라 안으로 들이니 이가 혜공이며, 그가 죽어 아들 어가 즉위하니 이가 회공이다. 즉위한 이듬해에 진나라 목공이 또 중이를 불러 나라 안으로 들이니 이가 문공이다. 왕씨[王安石]가 말하였다. '위양에 이른 것은 배웅을 멀리까지 한 것이고, 까마아득한 내 생각이라는 것은 사모함이 오래된 것이고, 노거와 승황 및 경괴와 옥패는 선물을 후하게 한 것이다.' 광한 장씨[張栻]가 말하였다. '강공이 태자가 되어 외삼촌을 배웅하면서 어머니를 보지 못하는 것을 염려하였으니, 이는 진실로 선량한 마음이었는데 마침내 스스로 영호에서의 전쟁을 이겨낼 수 없었으니, 원망과 욕심이 선량한 마음을 해친 것이다. 강공으로 하여금 이 선량한 마음을 좇아서 그 선량한 실마리를 함양하여 확충함을 알게 하였다면 원망과 욕심이 사라질 수 있었을 것이다.')"라고 하였다.

○ 「權輿」, 刺康公也. 忘先君之舊臣, 與賢者, 有始而無終也.838)

「권여(權輿)」는 강공(康公)을 풍자한 것이다. 선군(先君)의 옛 신하를 잊어버렸으니, 현명한 신하와는 시작만 있고 끝은 없었던 것이다.

진(陳)

「宛丘」, 刺幽公也. 淫荒昏亂, 遊蕩無度焉.

「완구(宛丘)」는 유공(幽公)을 풍자한 것이다. 행실이 음란하고 거칠며 정신이 흐리고 어지러워 노는 것이 방탕하고 절도가 없었다.

辨說

陳國小, 無事實, 幽公但以諡惡, 故得'游蕩無度'之詩, 未敢信也.839)
진(陳)나라가 작아서 사실이 없는데, 유공(幽公)이 다만 시호가 나빴기 때문에 '유

---

838) 호광(胡廣) 등 찬, 『시전대전(詩傳大全)』 권6, 「국풍(國風)·진(秦)·권여(權輿)」의 1장에서 "於我乎, 夏屋渠渠, 今也每食無餘. 于嗟乎! 不承權輿.(나에게 큰 집이 깊숙하고 널찍하더니 지금 매양 먹음에 여유로움이 없도다. 아아! 처음같이 이어가지 못힘이로다.)"라 하고, 주자의 집전에서 "此言: '其君始有渠渠之夏屋, 以待賢者, 而其後禮意寢衰, 供億寢薄, 至於賢者每食而無餘, 於是歎之, 言不能繼其始也.'(여기서 말하기를, '그 임금이 처음에는 깊숙하고 널찍한 큰 집을 가지고서 현명한 이들을 대접하였는데, 그 뒤에 예대하는 뜻이 점점 작아지고 제공하는 것이 점점 적어져서 현명한 이가 매양 먹음에 여유로움이 없음에 이르렀더니, 이에 탄식하며 그 처음을 이어갈 수 없다고 말하였다.'고 한 것이다.)"라고 하였다. 주자는 또 말미에서 "漢楚元王, 敬禮申公·白公·穆生, 穆生不嗜酒, 元王每置酒, 嘗爲穆生設醴. 及王戊即位, 常設, 後忘設焉. 穆生退曰: '可以逝矣. 醴酒不設, 王之意怠. 不去, 楚人將鉗我於市.' 遂稱疾. 申公·白公, 强起之曰: '獨不念先王之德歟. 今王一旦失小禮, 何足至此.' 穆生曰: '先王之所以禮吾三人者, 爲道之存故也, 今而忽之, 是忘道也. 忘道之人, 胡可與久處, 豈爲區區之禮哉?' 遂謝病去, 亦此詩之意也.(한나라 때 초나라 원왕이 신공·백공·목생을 공경하여 예우하였는데 목생이 술을 좋아하지 않자 원왕이 매양 술자리를 베풀에 일찍이 목생을 위하여 단술을 갖추어 놓았다. 왕무가 즉위함에 미쳐서도 항상 단술을 갖추어 놓다가 뒤에 가서는 갖추어 놓는 것을 잊어버렸더니, 목생이 물러가면서 말하기를, '떠날 만하도다. 단술을 갖추어 놓지 않으니, 임금의 뜻이 태만해진 것이다. 떠나가지 않으면 초나라 사람들이 장차 나의 목에 칼을 씌워 저자거리에 다닐 것이다.'라 하고는 마침내 병을 핑계하였다. 신공과 백공이 억지로 일으키며 말하기를, '홀로 선왕의 은덕을 생각하지 않는가. 지금 임금이 하루아침에 소소한 예를 잃었거늘 어찌 이에 이를 수 있는가.'라고 하자 목생이 말하기를, '선왕이 우리 세 사람을 예우한 까닭은 도의가 있었기 때문이다. 이제 소홀히 대하니 이는 도의를 잊은 것이다. 도의를 잊은 사람과 어찌 함께 오래도록 자리하면서 어찌 구차한 예를 하리오?'라 하고는 마침내 병을 핑계로 사양하고 떠나갔으니, 또한 이 시의 뜻이다.)"라고 하였다.
839) 호광(胡廣) 등 찬, 『시전대전(詩傳大全)』 권7, 「국풍(國風)·진(陳)·완구(宛丘)」의 1장에서 "子之湯兮, 宛丘之上兮. 洵有情兮, 而無望兮.(그대는 방탕한 놀음을 완구의 위에서 하도다. 진실로 정감이 있어도 우러러볼 것이 없도다.)"라 하고, 주자의 집전에서 "國人, 見此人常游蕩於宛丘之上, 故敍其事以刺之, 言: '雖信有情思而可樂矣, 然無威儀可瞻望也.'(나라 사람들이 이 사람이 항상 완구의 위에서 음탕하게 노는 것을 보았기 때문에 그 일을 서술하여 풍자한 것이니, 말하기를 '비록 진실로 사랑하는 마음과 사모함이 있어서 즐거워할 만하나, 우러러볼 만한 위의가 없다.'고 한 것이다.)"라고 하였다.

탕무도(遊蕩無度)'한 시가 되었으니, 감히 믿지 못하겠다.

詳說

○ 亦如衛頃・齊哀・晉僖.

'유공단이시악(幽公但以諡惡)'의 경우, 또한 위(衛)나라 경공(頃公)과 제(齊)나라 애공(哀公)과 진(晉)나라 희공(僖公)과 같다.

○「東門之枌」, 疾亂也. 幽公淫荒, 風化之所行, 男女棄其舊業, 亟會於道路, 歌舞於市井爾.

「동문지분(東門之枌)」은 음란함을 미워한 것이다. 유공(幽公)이 행실이 음란하고 거칠어 풍화(風化)가 행해지는 곳에서도 남자와 여자가 그 예전 일을 내버리고 자주 길거리에 모이고 저자와 우물가에서 노래하고 춤추었다.

辨說

同上.840)

위와 같다.

○「衡門」, 誘僖公也. 愿而無立志, 故作是詩, 以誘掖其君也.

「형문(衡門)」은 희공(僖公)을 이끌어 도와준 것이다. 착실하나 뜻을 세운 것이 없었기 때문에 이 시를 지어 그 임금을 이끌어 도와준 것이다.

辨說

'僖'者, 小心畏忌之名. 故以爲愿無立志而配以此詩, 不知其爲賢者自樂而無求之意也.841)

---

840) 호광(胡廣) 등 찬, 『시전대전(詩傳大全)』 권7, 「국풍(國風)・진(陳)・동문지분(東門之枌)」의 1장에서 "東門之枌, 宛丘之栩. 子仲之子, 婆娑其下.(동문에 흰 느릅나무이고 완구에 상수리나무이거늘 자중씨의 아름다운 딸이 그 아래에서 춤을 추도다.)"라 하고, 주자의 집전에서 "此, 男女聚會歌舞, 而賦其事以相樂也.(이는 남자와 여자가 모여서 노래하고 춤추며 그 일을 읊으면서 서로 즐거워한 것이다.)"라고 하였다.
841) 호광(胡廣) 등 찬, 『시전대전(詩傳大全)』 권7, 「국풍(國風)・진(陳)・형문(衡門)」의 1장에서 "衡門之下, 可以棲遲. 泌之洋洋, 可以樂飢.(나직한 문 아래에 살지라도 노닐고 쉬고 할 수 있으리라. 샘물이 철철 넘칠 듯 흐르니 배고픔을 즐길 수 있으리라.)"라 하고, 주자의 집전에서 "此, 隱居自樂而無求者之辭, 言: '衡門

'희(僖)'라는 것은 조심하고 두려워하면서 꺼리는 것의 이름이기 때문에 착실하나 뜻을 세움이 없음으로 여겨서 이 시에 짝지었으니, 현명한 이가 스스로 즐거워 구하는 것이 없는 뜻이 됨을 모른 것이다.

詳說

○ 亦見「諡法解」.842)

'소심외기지명(小心畏忌之名)'의 경우, 또한 『시법해(諡法解)』에 보인다.

○ 音洛.

'락(樂)'은 음이 락(洛)이다.

○「東門之池」, 刺時也. 疾其君之淫昏, 而思賢女以配君子也.

「동문지지(東門之池)」는 시정(時政)을 풍자한 것이다. 그 임금의 행실이 음란하고 거칠며 정신이 흐리고 어지러워 현량(賢良)한 여자가 군자의 배필이 되길 생각한 것이다.

詳說

○ 蓋指君也.

'군자(君子)'는 대개 임금을 가리키는 것이다.

辨說

此淫奔之詩, 序說, 蓋誤.843)

雖淺陋, 然亦可以遊息, 泌水雖不可飽, 然亦可以玩樂而忘飢也.'(이는 은거하면서 스스로 즐거워하여 구함이 없는 이의 말이니, 말하기를 '나직한 몸이 비록 얕고 엉성하나 또한 노닐고 쉬고 할 수 있으며, 흐르는 샘물이 비록 배부르게 할 수 없으나 또한 구경하며 즐기느라 배고픔을 잊을 수 있다.'고 한 것이다.)"라고 하였다.

842) 『일주서(逸周書)』「시법(諡法)」을 말한다. 이는 황간(黃幹) 찬, 『의례경전통해(儀禮經傳通解)』 속권6. 「시뢰諡諌」.; 『사기정의논례시법해열국분야(史記正義論例諡法解列國分野)」「당제왕시독율부장사장수절상(唐諸王侍讀率府長史張守節上)・시법해(諡法解)」 등에도 보인다.

843) 호광(胡廣) 등 찬, 『시전대전(詩傳大全)』 권7, 「국풍(國風)・진(陳)・동문지지(東門之池)」의 1장에서 "東門之池, 可以漚麻. 彼美淑姬, 可與晤歌.(동쪽 문의 연못에서는 삼베를 담글 수 있도다. 저 아름다운 숙희와는 함께 노래할 줄 알도다.)"라 하고, 주자의 집전에서 "此亦男女會遇之辭, 蓋因其會遇之地, 所見之物, 以起興也.(이 또한 남자와 여자가 모이고 만나서 나눈 말이니. 대개 그 모이고 만난 땅에 눈으로 본 사물에 말미암아 흥을 일으킨 것이다.)"라고 하였다.

이것은 음탕한 짓을 하는 시이니, 서문의 말이 대개 잘못되었다.

○ 「東門之楊」, 刺時也. 昏姻失時, 男女多違, 親迎, 女猶有不至者也.

「동문지양(東門之楊)」은 시정(時政)을 풍자한 것이다. 혼인함에 그때를 잃고 남자와 여자가 어기는 일이 많은데, 친영(親迎)에서 여자가 오히려 이르지 않는 것이 있었다.

詳說

○ 句.

'남녀다위(男女多違)'의 경우, 문장이 끊어지는 곳이다.

○ 去聲.

'영(迎)'은 거성(去聲: 가서 맞이하다, 마중하다)이다.

辨說

同上.844)

위와 같다.

○ 「墓門」, 刺陳佗也. 陳佗無良師傅, 以至於不義, 惡加於萬民焉.

「묘문(墓門)」은 진타(陳佗)를 풍자한 것이다. 진타가 좋은 스승이 없어 의롭지 못한 데 이르고, 잔악함이 모든 백성들에게 가해졌다.

詳說

○ 鄭氏曰: "弑君自立."845)

---

844) 호광(胡廣) 등 찬, 『시전대전(詩傳大全)』 권7, 「국풍(國風)・진(陳)・동문지양(東門之楊)」의 1장에서 "東門之楊, 其葉牂牂. 昏以爲期, 明星煌煌.(동쪽 문의 버드나무들이 그 잎이 더펄더펄하도다. 어두우면 만나자 했는데 새벽별이 번쩍번쩍하도다.)"라 하고, 주자의 집전에서 "此亦男女期會, 而有負約不至者, 故因其所見以起興也.(이 또한 남자와 여자가 만나기로 기약하였는데, 약속을 저버리고 이르지 않은 이가 있었기 때문에 그 본 것에 말미암아 흥을 일으킨 것이다.)"라고 하였다.
845) 『모시주소(毛詩注疏)』 권12, 「국풍(國風)・진(陳)・묘문(墓門)」. "『箋』, '不義者, 謂弑君而自立.'(『정전』에

'지어불의(至於不義)'에 대해, 정씨(鄭氏: 鄭玄)가 말하였다. "임금을 시해하고 스스로 즉위하였다."

辨說

陳國君臣事無可紀, 獨陳佗以亂賊被討, 見書於『春秋』, 故以無良之詩與之. 序之作, 大抵類此, 不知其信然否也.846)

진(陳)나라의 임금과 신하의 일은 기록할 만한 것이 없는데 오직 진타(陳佗)847)가 난적(亂賊)으로써 토죄(討罪)를 당한 것이 『춘추(春秋)』에 기록된 것을 볼 수 있기 때문에 선량함이 없는 시로써 말한 것이다. 서문의 지음이 대체로 이와 같은데 그것이 진실로 그런지 아닌지 모르겠다.

詳說

○「桓六年」.

'『춘추』(『春秋』)'의 경우, 「환공(桓公) 6년」이다.

○「防有鵲巢」, 憂讒賊也. 宣公多信讒, 君子憂懼焉.

「방유작소(防有鵲巢)」는 참소하여 해침을 우려한 것이다. 선공(宣公)이 참소한 말을 많이 믿어서 군자가 우려하고 두려워하였다.

辨說

此, 非刺其君之詩.848)

서. '불의라는 것은 임금을 시해하고 스스로 즉위하는 것이다.'라고 하였다.)

846) 호광(胡廣) 등 찬, 『시전대전(詩傳大全)』 권7, 「국풍(國風)·진(陳)·묘문(墓門)」의 1장에서 "墓門有棘, 斧以斯之. 夫也不良, 國人知之. 知而不已, 誰昔然矣.(묘지 입구에 가시나무 있거늘 도끼로써 이 나무를 자르도다. 그 사람이 선량하지 아니하니 나라 사람들이 그것을 알도다. 모두 아는데도 그치지 않나니 옛날부터 그토록 그러했도다.)"라 하고, 주자의 집전에서 "言: '墓門有棘, 則斧以斯之矣. 此人不良, 則國人知之矣. 國人知之, 猶而不自改, 則自疇昔而已然', 非一日之積矣. 所謂不良之人, 亦不知其何所指也.(말하기를, '묘지 입구에 가시나무가 있으니 도끼로 자르며, 이 사람이 선량하지 않으니 나라 사람들이 알고 있거늘, 나라 사람들이 알고 있어도 오히려 스스로 고치지 않나니 곧 옛날부터 이미 그러했다.'고 하였으니, 하루에 쌓인 것이 아니다. 이른바 선량하지 않은 사람은 또한 그 누구를 가리킨 것인지 알지 못하겠다.)"라고 하였다.
847) 진타(陳佗): 진타(B.C.754-706)는 춘추시대 진(陳)나라 인물로, 본명이 규타(嬀佗) 또는 규타(嬀他)이고, 또 오부(五父)라고도 칭하였다. 진(陳)나라 문공의 아들로 기원전 707년 정월에 형 환공(桓公)이 투병 중에 환공(桓公)의 태자 규면(嬀免)을 살해하고 임금 자리를 차지했다가 기원전 706년 8월에 채(蔡)나라 사람에게 살해당하였다.
848) 호광(胡廣) 등 찬, 『시전대전(詩傳大全)』 권7, 「국풍(國風)·진(陳)·방유작소(防有鵲巢)」의 1장에서 "防有鵲巢, 邛有旨苕. 誰侜予美, 心焉忉忉.(긴 방죽에는 까치집이 있으며 언덕에는 맛난 완두가 있도다. 누가

이것은 그 임금을 풍자한 시가 아니다.

○「月出」, 刺好色也. 在位, 不好德而說美色焉.

「월출(月出)」은 여색을 좋아함을 풍자한 것이다. 지위에 있는 이들이 덕을 좋아하지 않고 아름다운 여색을 좋아하며 좇은 것이다.

詳說

○ 去聲, 下同.

'자호(刺好)'에서 '호(好)'는 거성(去聲: 좋아하다)이니, 아래도 같다.

○ 悅同.

'열(說)'은 '열(悅)'과 같다.

○ 此句, 見『論語』「子罕」.849)

'불호덕이열미색언(不好德而說美色焉)'의 경우, 이 구절은 『논어(論語)』「자한(子罕)」에 보인다.

辨說

此, 不得爲刺詩.850)

이것은 풍자시가 될 수 없다.

나의 미인을 어루꾀어서 마음을 조마조마하게 하는가.)"라 하고, 주자의 집전에서 "此, 男女之有私而憂或間之辭, 故曰: '防則有鵲巢矣, 邛則有旨苕矣, 今此何人, 而儵張予之所美, 使我憂之而至於切切乎.'(이는 남자와 여자가 사통을 하면서 혹시나 이간을 당할까 근심한 말이기 때문에 말하기를, '방죽에는 까치집이 있으며 언덕에는 맛난 완두가 있거늘, 지금 여기에 어떤 사람이 내가 아름답게 여기는 이를 속여 주장하여 나로 하여금 근심하게 하여 조마조마함에 이르게 하는가.'라고 한 것이다.)"라고 하였다.

849) 『논어집주대전(論語集註大全)』권9, 「자한(子罕)제9」. "子曰 : '吾未見好德, 如好色者也.'(공자가 말하였다. '내가 덕을 좋게 여김이 여색을 좋게 여김과 같이 하는 사람을 보지 못하였노라.')"

850) 호광(胡廣) 등 찬, 『시전대전(詩傳大全)』권7, 「국풍(國風)·진(陳)·월출(月出)」의 1장에서 "月出皎兮, 佼人僚兮. 舒窈糾兮. 勞心悄兮.(달이 떠서 환하게 비추나니 예쁜 사람 예쁜 얼굴이로다. 깊숙이 맺힌 정을 펼치려나. 애 태우며 가슴앓이 하노라.)"라 하고, 주자의 집전에서 "此亦男女相悅而相念之辭. 言: '月出則皎然矣, 佼人則僚然矣, 安得見之而舒窈糾之情乎. 是以爲之勞心而悄然也.'(이 또한 남정네와 여인네가 서로 기뻐하며 따르면서 서로 생각하는 말이니, 말하기를 '달이 뜨면 환하게 비추나니, 예쁜 사람의 예쁜 얼굴이로다. 어찌하면 그를 만나서 깊숙이 맺힌 정을 펼치려나. 이 때문에 애 태우며 가슴앓이를 하노라.'라고 한 것이다.)"라고 하였다.

○ 「株林」, 刺靈公也. 淫乎夏姬, 驅馳而往, 朝夕不休息焉.

「주림(株林)」은 영공(靈公)을 풍자한 것이다. 하희(夏姬)와 음탕한 짓을 함에 수레를 몰고 달려서 가니, 이른 아침부터 저녁 늦게까지 쉬지 않았다.

辨說

「陳風」, 獨此篇, 爲有据.851)
「진풍(陳風)」 가운데 오직 이 시편만 근거 있는 것이다.

○ 「澤陂」, 刺時也, 言靈公. 君臣淫於其國, 男女相說, 憂思感傷焉.852)

「택피(澤陂)」는 시정(時政)을 풍자하였으니, 영공(靈公)을 말한 것이다. 임금과 신하가 나라 안에서 음탕한 짓을 하여 남자와 여자들이 서로 좋아하며 좇으니 근심스럽게 생각하고 안쓰럽게 느낀 것이다.

詳說

○ '悅'同.
'열(說)'은 '열(悅)'과 같다.

---

851) 호광(胡廣) 등 찬, 『시전대전(詩傳大全)』 권7, 「국풍(國風)·진(陳)·주림(株林)」의 1장에서 "胡爲乎株林. 從夏南. 匪適株林, 從夏南.(어찌 주림 고을에 갔는가. 하남을 좇아 간 것이니라. 주림 고을에 간 게 아니라 하남을 좇아 간 것이니라.)"라 하고, 주자의 집전에서 "靈公淫於夏徵舒之母, 朝夕而往夏氏之邑, 故其民相與語曰: '君胡爲乎株林乎? 曰從夏南耳. 然則非適株林也, 特以從夏南故耳.' 蓋淫乎夏姬, 不可言也, 故以從其子言之, 詩人之忠厚如此.(진나라 영공이 하징서의 어머니와 간음하여 아침저녁으로 하씨의 고을에 갔기 때문으로 그 백성들이 서로 더불어 말하기를, '임금이 어찌하여 주림에 갔는가. 하남을 좇았을 뿐이다. 그렇다면 주림에 간 것이 아니라, 다만 하남을 좇은 때문일 뿐이다.'라고 하였다. 대개 영공이 하희와 간음한 것을 말할 수 없기 때문에 그 아들을 좇은 것으로 말하였으니, 시인의 충성스럽고 도타운 마음이 이와 같았다.)"라고 하였다. 또 말미에서 주자(朱子)는 "『春秋傳』, 夏姬, 鄭穆公之女也, 嫁於陳大夫夏御叔, 靈公與其大夫孔寧·儀行父通焉. 洩冶諫, 不聽而殺之, 後卒爲其子徵舒所弑, 而徵舒復爲楚莊王所誅.(『춘추전』에서, 하희는 정나라 목공의 딸로 진나라 대부인 하어숙에게 시집갔는데, 영공이 그 대부 공녕·의행보와 더불어 하희와 간통하였다. 설야가 간언하였으나 듣지 않고 그를 죽이니, 그 뒤에 마침내 영공은 그의 아들 징서에게 시해당하고, 징서는 다시 초나라 장왕에게 죽임을 당하였다고 하였다.)"라고 하였다.
852) 호광(胡廣) 등 찬, 『시전대전(詩傳大全)』 권7, 「국풍(國風)·진(陳)·택피(澤陂)」의 1장에서 "彼澤之陂, 有蒲與荷. 有美一人, 傷如之何. 寤寐無爲, 涕泗滂沱.(저기 연못의 방죽에는 부들과 연꽃이 있도다. 아름다운 사람 있으니 아파한들 어찌 하리오. 잠깨나 자나 하릴없이 눈물 콧물 쏟아내노라.)"라 하고, 주자의 집전에서 "此詩之旨, 與「月出」相類, 言: '彼澤之陂, 則有蒲與荷矣, 有美一人, 而不可見, 則雖憂傷而如之何哉. 寤寐無爲, 涕泗滂沱而已矣.'(이 시의 뜻은 「월출」과 서로 비슷하니, 말하기를 '저기 연못의 방죽에는 부들과 연꽃이 있거늘, 아름다운 한 사람이 있어도 만나볼 수 없으니, 비록 근심하고 아파한들 어찌 하리오. 잠깨나 자나 하릴없이 눈물 콧물 쏟아낼 따름이노라.'라고 한 것이다.)"라고 하였다.

회(檜)

「羔裘」, 大夫以道去其君也. 國小而迫, 君不用道, 好潔其衣服, 逍遙遊燕, 而不能自強於政治. 故作是詩也.853)

「고구(羔裘)」는 대부(大夫)가 치도(治道) 때문에 그 임금을 떠나간 것이다. 나라가 작아서 핍박받는데도 임금이 올바른 치도(治道)를 쓰지 않고 그 의복(衣服)을 정결히 하여 이리저리 노닐고 만판 놀며 잔치하기를 좋아하여 스스로 정치에 힘쓸 수 없었다. 그러므로 이 시를 지은 것이다.

詳說

○ 去聲.

'호(好)'는 거성(去聲: 좋아하다)이다.

○ 上聲.

'강(強)'은 상성(上聲: 힘쓰다)이다.

○ 「素冠」, 刺不能三年也.854)

「소관(素冠)」은 삼년상(三年喪)을 잘하지 못함을 풍자한 것이다.

○ 「隰有萇楚」, 疾恣也. 國人疾其君之淫恣, 而思無情慾者也.

「습유장초(隰有萇楚)」는 방자함을 미워한 것이다. 나라 사람들이 그 임금의 음탕하고 방자

---

853) 호광(胡廣) 등 찬, 『시전대전(詩傳大全)』 권7, 「국풍(國風)·회(檜)·고구(羔裘)」의 1장에서 "羔裘逍遙, 狐裘以朝. 豈不爾思, 勞心忉忉.(염소 갖옷 입고서는 돌아다니며 여우 갖옷 입고서는 조회하도다. 어찌 그대 생각을 하지 않으랴 마음을 쓰느라 조마조마하도다.)"라 하고, 주자의 집전에서 "舊說, 檜君好潔其衣服, 逍遙遊宴, 而不能自強於政治. 故詩人憂之.(예전 변설에, 회나라 임금이 그 의복을 깨끗이 하여 쏘다니며 놀고 잔치벌이기를 좋아하여 스스로 정치에 힘쓸 수 없었기 때문에 시인이 근심한 것이라고 하였다.)"라고 하였다.

854) 호광(胡廣) 등 찬, 『시전대전(詩傳大全)』 권7, 「국풍(國風)·회(檜)·소관(素冠)」의 1장에서 "庶見素冠兮, 棘人欒欒兮. 勞心慱慱兮.(바라건대 흰 관 쓴 모습을 보았으면 마음 급한 사람이라 푸석푸석하구나. 몹시 마음을 쓰느라 조마조마하도다.)"라 하고, 주자의 집전에서 "祥冠, 祥則之, 禫則除之, 今人皆不能行三年之喪矣, 安得見此服乎. 當時賢者, 庶幾見之, 至於憂勞也.(상관은 대상[두 돌 제사]이면 쓰고, 담제[상복 벗는 제사]를 지내면 벗는데, 지금 사람들은 모두 능히 삼년상을 행하지 않으니 어떻게 이 상복을 볼 수 있으며. 당시에 현명한 이가 아무쪼록 보고 싶어서 근심하고 마음을 씀에 이른 것이다.)"라고 하였다.

함을 미워하여 정욕이 없는 이를 생각한 것이다.

辨說

此序之誤, 說見本篇.855)
이 서문의 잘못된 것은 설명이 본 시편에 보인다.

詳說

○ 音現.
'현(見)'은 음이 현(現)이다.

○ 政煩而歎苦.
'설현본편(說見本篇)'에서 볼 때, 정치가 번잡하여 괴로움을 탄식한 것이다.

○「匪風」, 思周道也. 國小政亂, 憂及禍難, 而思周道焉.

「비풍(匪風)」은 주(周)나라로 가는 길을 생각한 것이다. 나라가 작고 정치가 어지러워 화난(禍難)에 미칠 것을 근심하면서 주나라로 가는 길을 생각한 것이다.

詳說

○ 去聲.
'난(難)'은 거성(去聲: 危難, 禍患)이다.

辨說

詩言'周道', 但謂適周之路, 如「四牡」所謂'周道倭遲'856)耳. 序言'思周道'者, 蓋不達此意也.857)

---

855) 호광(胡廣) 등 찬,『시전대전(詩傳大全)』권7,「국풍(國風)·회(檜)·습유장초(隰有萇楚)」의 1장에서 "隰有萇楚, 猗儺其枝. 夭之沃沃, 樂子之無知.(진펄에 다래나무 있으니 매끈매끈한 그 가지로다. 생생해서 반드르르하니 무지한 네가 즐거울시고.)"라 하고, 주자의 집전에서 '政煩賦重, 人不堪其苦, 歎其不如草木之無知而無憂也.(정사가 번거롭고 부역이 무거우니, 사람들이 그 괴로움을 견디지 못하여 그 풀과 나무가 지각함이 없어 근심함이 없는 것만 못함을 탄식한 것이다.)"라고 하였다.
856) 호광(胡廣) 등 찬,『시전대전(詩傳大全)』권10,「소아(小雅)·녹명지십(鹿鳴之什)·사모(四牡)」의 1장에서 "四牡騑騑, 周道倭遲. 豈不懷歸, 王事靡盬, 我心傷悲.(네 마리 말이 쉬지 않고 가거늘 주나라의 길이 구불하고 멀도다. 어찌 돌아감을 생각지 않으리오 임금님의 일이 견고하지 않으니 나의 마음이 안쓰럽고 슬프도다.)"라고 하였다.
857) 호광(胡廣) 등 찬,『시전대전(詩傳大全)』권7,「국풍(國風)·회(檜)·주도(周道)」의 1장에서 "匪風發兮, 匪

시에서 말한 '주도(周道)'는 다만 주나라로 가는 길을 말한 것이니, 이를테면 「사모(四牡)」에서 '주나라의 길이 구불하고 멀도다.'라고 한 것과 같다. 서문에서 '사주도(思周道)'라고 말한 것은 대개 이 뜻에 통달하지 못한 것이다.

詳說

○ 德也.

'주도(周道)'의 경우, 덕(德)이다.

조(曹)

「蜉蝣」, 刺奢也. 昭公, 國小而迫, 無法以自守, 好奢而任小人, 將無所依焉.

「부유(蜉蝣)」는 사치함을 풍자한 것이다. 소공(昭公)은 나라가 작아서 핍박받는데도 법도로써 스스로를 지킴이 없고 사치함을 좋아하면서 소인(小人)을 임용하여 장차 의지할 곳이 없는 것이다.

詳說

○ 與檜同也.

'국소이박(國小而迫)'의 경우, 회(檜)나라와 같다.

辨說

言'昭公', 未有考.[858]

---

858) 호광(胡廣) 등 찬, 『시전대전(詩傳大全)』 권7, 「국풍(國風)·조(曹)·부유(蜉蝣)」의 1장에서 "蜉蝣之羽, 衣裳楚楚. 心之憂矣, 於我歸處(저 하루살이의 날개인가 의상이 또록또록하구나. 마음속의 근심거리이니 내게로 돌아와 살았으면)"라 하고, 주자의 집전에서 "此詩, 蓋以時人有玩細娛而忘遠慮者, 故以蜉蝣爲比而刺之, 言: '蜉蝣之羽翼, 猶衣裳之楚楚, 可愛也, 然其朝生暮死, 不能久存, 故我心憂之, 而欲其於我歸處耳.' 序以爲'刺其君', 或然而未有考也.(이 시는 대개 당시 사람 가운데 소소한 오락에 익숙하고 원대한 사려를 잊어버린 이가 있었기 때문에 하루살이로써 비유하여 풍자하였으니 말하기를, '하루살이의 날개는 의상이

'소공(昭公)'을 말했으나, 살펴볼 것이 있지 않다.

○ 「候人」, 刺近小人也. 共公遠君子, 而好近小人焉.

「후인(候人)」은 소인을 가까이함을 풍자한 것이다. 공공(共公)이 군자를 멀리하고 소인을 가까이하기를 좋아하였다.

詳說

○ 音恭, 下同.
'공(共)'은 음이 공(恭)이니, 아래도 같다.

○ 去聲.
'원(遠)'은 거성(去聲: 멀리하다)이다.

○ 並去聲.
'호근(好近)'은 아울러 거성(去聲: 좋아하다, 가까이하다)이다.

辨說

此詩, 但以'三百赤芾', 合於『左氏』所記晉侯入曹之事, 序遂以爲'共公', 未知然否.[859]

이 시는 다만 '삼백적불(三百赤芾)'이 『좌씨전(左氏傳)』에 기록된 진후(晉侯)가 조(曹)나라에 들어간 일에 부합하기 때문에 서문에서 마침내 '공공(共公)'으로 여겼는데 그런지 아닌지 알지 못하겠다.

또록또록한 것과 같아서 사랑할 만하나, 아침에 생겨났다가 저녁에 죽어 오래도록 생존할 수 없기 때문에 내 마음속으로 근심하여 그가 나에게 돌아와 있기를 바랄 뿐이다.'라고 하였다. 서문에서 "그 임금을 풍자한 것이다.'라고 하였는데, 혹시 그럴 것이나 살펴볼 것이 있지 않다.)"라고 하였다.
859) 호광(胡廣) 등 찬, 『시전대전(詩傳大全)』 권7, 「국풍(國風) · 조(曹) · 후인(候人)」의 1장에서 "彼候人兮, 何戈與祋, 彼其之子, 三百赤芾.(저기 손님 맞는 벼슬아치는 창과 창대를 둘러멨거니와 저기 간사스러운 소인배는 3백이나 대부의 차림새로다.)"라 하고, 주자의 집전에서 "此, 刺其君遠君子而近小人之詞, 言: '彼候人而何戈與祋者宜也, 彼其之子而三百赤芾何哉.' 晉文公入曹, 數其不用僖負羈, 而乘軒者三百人, 其謂是歟.(이는 그 임금이 군자를 멀리하고 소인을 가까이함을 풍자한 말이니, 말하기를 '저기 손님을 맞는 관리로서 창과 창대를 둘러메는 것은 당연하거니와, 저기 소인배로서 3백 명이나 주제넘게 붉은 무릎가리개를 함은 무엇인가.'라고 한 것이다. 진나라 문공이 조나라를 침입하여 그 대부 희부기를 등용하지 않고, 큰 수레를 타는 이가 3백 명이나 되는 것을 들어서 말하였으니, 이것을 이른 것이리라.)"라고 하였다.

詳說

○「僖二十八年」.

'좌씨(左氏)'의 경우,「희공(僖公) 28년」이다.

○「鳲鳩」, 刺不壹也. 在位無君子, 用心之不壹也.

「시구(鳲鳩)」는 한결같지 않음을 풍자한 것이다. 지위에 있는 이 가운데에 군자가 없어서 마음 씀이 한결같지 않았다.

詳說

○ 句.

'재위무군자(在位無君子)'의 경우, 문장이 끊어지는 곳이다.

辨說

此美詩, 非刺詩.860)

이것은 찬미한 시이고, 풍자한 시가 아니다.

○「下泉」, 思治也. 曹人疾共公侵刻下民, 不得其所, 憂而思明王賢伯也.

「하천(下泉)」은 나라가 다스려짐을 생각한 것이다. 조(曹)나라 사람들이 공공(共公)이 아래 백성들에게 해를 끼치고 강제로 빼앗아 살 곳을 얻지 못하게 함을 미워하였으니, 근심하면서 명철한 임금과 현명한 방백(方伯)을 생각한 것이다.

---

860) 호광(胡廣) 등 찬,『시전대전(詩傳大全)』권7.「국풍(國風)·조(曹)·시구(鳲鳩)」의 1장에서 "鳲鳩在桑, 其子七兮. 淑人君子, 其儀一兮. 其儀一兮, 心如結兮.(뻐꾸기가 뽕나무에 있으니 그 새끼가 일곱 마리로다. 곱고 어진 인품의 군자는 그 위엄스러움 한결같도다. 그 위엄스러움 한결같으니 마음이 동여맨 듯 굳도다.)"라 하고, 주자의 집전에서 "詩人, 美君子之用心均平專一, 故言: '鳲鳩在桑, 則其子七矣, 淑人君子, 則其儀一矣, 其儀一則心如結矣.' 然不知其何所指也. 陳氏曰: '君子動容貌, 斯遠暴慢; 正顏色, 斯近信; 出辭氣, 斯遠鄙倍, 其見於威儀動作之間者, 有常度矣, 豈固爲是拘拘者哉. 蓋和順積中, 而英華發外, 是以由其威儀一於外, 而心如結於內者, 從可知也.'(시인이 군자의 마음씀씀이가 균일하고 공평하며 오로지 한결같음을 아름답게 여겼기 때문에 말하기를, '뻐꾸기가 뽕나무에 있으니 그 새끼가 일곱 마리이고, 곱고 어진 인품의 군자는 곧 그 위엄스러움이 한결같으며, 그 위엄스러움이 한결같으니 마음이 안에 동여맨 것 같다.'고 하였다. 그러나 가리키는 것이 누구인지는 모르겠다. 진씨[陳鵬飛]가 말하였다. '군자가 용모를 움직임에 포악하고 태만함을 멀리하며, 얼굴빛을 바름에 신실함을 가까이 하며, 말씨를 드러냄에 비루하고 어그러짐을 멀리 하여 그 몸가짐과 몸동작 사이에 보이는 것에 떳떳한 법도가 있거늘, 어찌 진실로 이 구차스러운 것을 하겠는가. 대개 화순함이 마음속에 쌓여서 아름다운 빛깔이 밖에 나타나니, 이 때문에 그 몸가짐이 밖에 한결같음으로 말미암아 마음이 안에 동여맨 것과 같음을 좇아서 알 수 있는 것이다.')"라고 하였다.

詳說

○ 去聲.

'치(治)'는 거성(去聲: 다스리다)이다.

辨說

曹無他事可考, 序因「候人」, 而遂以爲'共公'. 然此乃天下之大勢, 非共公之罪也.[861]

조(曹)나라에는 살펴볼 만한 다른 일이 없는데, 서문에서 「후인(候人)」에 말미암아 마침내 '공공(共公)'으로 여겼다. 그러나 이것은 바로 온 세상의 대세였으니 공공(共公)의 죄가 아니다.

빈(豳)

「七月」, 陳王業也. 周公遭變, 故陳后稷・先公, 風化之所由, 致王業之艱難也.

---

861) 호광(胡廣) 등 찬, 『시전대전(詩傳大全)』 권7, 「국풍(國風)・조(曹)・하천(下泉)」의 1장에서 "冽彼下泉, 浸彼苞稂. 愾我寤嘆, 念彼周京.(차가운 저 아래로 흐르는 샘물이 우북한 저 강아지풀을 적시도다. 한숨 쉬며 잠에서 깨어 한탄하니 저 주나라의 서울을 생각하노라.)"라 하고, 주자의 집전에서 "王室陵夷, 而小國困弊, 故以寒泉下流而苞稂見傷. 爲比, 遂興其愾然以念周京也.(왕실이 점점 기울어 작은 나라가 곤란하여 넘어지기 때문에 차가운 샘물이 아래로 흘러 우북한 가라지가 이지러지는 것으로써 비를 삼고, 마침내 한숨 쉬며 주나라의 서울을 염려함을 흥한 것이다.)"라고 하였다. 또 4장에서 "芃芃黍苗, 陰雨膏之. 四國有王, 郇伯勞之.(우부룩이 자라난 기장의 싹들을 음산하게 내리는 비가 적시도다. 사방의 나라에는 임금이 있거늘 순백이 있어 그들을 위로하도다."라 하고, 주자의 집전에서 "言: '黍苗旣芃芃然矣, 又有陰雨以膏之, 四國旣有王矣, 而又有郇伯以勞之', 傷今之不然也.(말하기를, '기장의 싹들이 이미 다복다복 자라났는데 또 음산하게 내리는 비가 적셔줌이 있으며, 사방의 나라에 이미 임금이 있는데 순백이 그들을 위로함이 있도다.'라고 하였으니, 지금은 그렇지 못함을 안쓰럽게 여긴 것이다.)"라고 하였다. 그리고 말미에서 주자(朱子)는 정자(程子)와 진붕비(陳鵬飛)의 말을 인용하여 정리하였다. "程子曰: '『易』剝之爲卦也, 諸陽消剝已盡, 獨有上九一爻尚存, 如碩大之果不見食, 將有復生之理. 上九亦變, 則純陰矣. 然陽無可盡之理, 變於上則生於下, 無間可容息也. 陰道極盛之時, 其亂可知, 亂極則自當思治, 故衆心願戴於君子, 君子得興也. 『詩』「匪風」・「下泉」, 所以居變風之終也.' ○陳氏曰: '亂極而不治, 變極而不正, 則天理滅矣, 人道絶矣. 聖人於變風之極, 則係之以思治之詩, 以示循環之理, 以言亂之可治・變之可正也.'(정자[程頤]가 말하였다. '『주역』「박괘」의 괘가 됨은 모든 양이 쇠약하고 고달파서 이미 다하였는데, 홀로 상구 한 효가 여전히 남아 있으니, 이는 마치 커다란 과일이 먹힘을 당하지 않아서 장차 다시 생겨날 이치가 있는 것과 같다. 상구 또한 변하면 순음이 되나 양은 다하는 이치가 없으니, 위에서 변하면 아래에서 생겨서 틈틈이 쉼을 용납할 수 없는 것이다. 음의 도가 지극히 성한 때에는 그 혼란함을 알 수 있으므로 혼란함이 지극하면 스스로 마땅히 다스려지기를 생각하기 때문에 많은 사람들의 마음이 군자를 받들기를 원하니, 군자가 무리를 얻은 것이다. 『시경』의 「비풍」과 「하천」이 변풍(檜・曹)의 끝에 있는 까닭이다.' ○진씨[陳鵬飛]가 말하였다. '혼란함이 지극한데도 다스려지지 못하고, 변해감이 지극한데도 바로잡지 못하면 천리가 없어지고 인도가 끊어질 것이다. 성인이 변풍이 끝남에 다스려지기를 생각하는 시를 이어서 순환하는 이치를 보여주었으니, 혼란함을 다스릴 수 있고 변해감을 바로잡을 수 있음을 말한 것이다.')"

「칠월(七月)」은 왕업을 진술한 것이다. 주공(周公)이 변고를 당하였기 때문에 후직(后稷)과 선공(先公: 公劉)의 풍교(風敎)를 따르는 것과, 왕업을 이룩하는 힘들고 고생됨을 진술하였다.

詳說

○ 鄭氏曰 : "居東都."862)

'주공조변(周公遭變)'에 대해, 정씨(鄭氏: 鄭玄)가 말하였다. "동도(東都)에서 살았다."

辨說

董氏曰 : "先儒以「七月」爲周公居東而作." 考其詩, 則陳后稷·公劉所以治其國者, 方風諭以成其德, 故是未居東也. 至于「鴟鴞」, 則居東而作, 其在『書』, 可知矣.863)

동씨(董氏: 董夢程)864)가 말하기를, "선대의 유학자가 「칠월(七月)」은 주공(周公)이 동도(東都)에 살 때에 지은 것이다."라고 하였는데, 그 시를 살펴보면 후직(后稷)과 공류(公劉)가 그 나라를 다스린 것을 진술함에 바야흐로 풍유(風諭)로써 그 덕

---

862) 『모시주소(毛詩注疏)』 권15, 「국풍(國風)·빈(豳)·칠월(七月)」. "「箋」, '周公遭變者, 管·蔡流言, 辟居東都.'(『정전』에서, '주공조변이라는 것은 관숙과 채숙의 근거 없는 말이며, 동도에서 후미진 곳에 살았다.'라고 하였다.)"

863) 호광(胡廣) 등 찬, 『시전대전(詩傳大全)』 권8, 「국풍(國風)·빈(豳)·칠월(七月)」의 1장에서 "七月流火, 九月授衣. 一之日觱發, 二之日栗烈, 無衣無褐, 何以卒歲. 三之日于耜, 四之日擧趾, 同我婦子, 饁彼南畝, 田畯至喜.(칠월에 대화심성이 내려오면 구월에 옷을 만들어 주느니라. 동짓달에 찬바람이 불어오고, 섣달에는 강추위가 닥쳐오니 입을 옷도 없고 털옷도 없이 어찌 해를 마칠 수 있으리오. 정월달에는 쟁기를 손질하고, 이월에 발을 옮기며 밭 갈면 아내와 자식들이 함께 하며 저 남쪽 이랑에 들밥 차리니 권농관이 이르러 기뻐하니라.)"라 하고, 주자의 집전에서 "周公, 以成王未知稼穡之艱難, 故陳后稷·公劉風化之所由, 使瞽矇朝夕諷誦以教之. 此章, 首言: '七月暑退將寒, 故九月而授衣以禦之, 蓋十一月以後, 風氣日寒, 不如是, 則無以卒歲也. 正月則往修田器, 二月則擧趾而耕, 少者旣皆出而在田, 故老者率婦子而餉之, 治田早而用力齊. 是以田畯至而喜之也.' 此章, 前段言衣之始, 後段言食之始, 二章至五章, 終前段之意; 六章至八章, 終後段之意.(주공은 성왕이 농사의 어려움을 알지 못하기 때문에 후직과 공류의 풍화가 유래된 것을 진술함에 장님 악사로 하여금 아침저녁으로 읽고 읊어서 가르치게 하였다. 이 장은 머리에서 말하기를, '7월에는 더위가 물러가고 장차 추워지기 때문에 9월에는 옷을 지어주어 추위를 막아야 하며, 대개 11월 이후에는 바람과 기온이 날로 차가워서 이와 같이 하지 않으면 한 해를 마칠 수가 없다. 정월에는 가서 농기구를 수리하고, 이월에 발을 옮기면서 밭을 갈면 어린 자식들까지 이미 모두 나와서 밭에 있기 때문에 늙은이들도 아내와 자식들을 거느리고 들밥을 차리니 밭을 다스리기를 이른 아침부터 함께 힘쓰기를 똑같이 하니, 이 때문에 농사를 권장하는 관리가 이르러 기뻐한 것이다.'라고 하였다. 이 장의 앞의 단락에서는 옷의 시작을 말하였고, 뒤의 단락은 밥의 시작을 말하였으며, 2장부터 5장까지는 앞 단락의 뜻을 마쳤고, 6장부터 8장까지는 뒤 단락의 뜻을 마친 것이다.)"라고 하였다.

864) 동씨(董氏 : 董夢程): 동몽정은 남송의 학자로 자가 만리(萬里)이고, 호가 개헌(介軒)이며, 덕흥(德興) 해구촌(海口村) 사람이다. 이학가(理學家) 동수(董銖)의 아들로 남송 개희(開禧) 원년(1205)에 진사과에 급제하였다. 정주학(程朱學)을 근원으로 삼아서 육경(六經)이 천지(天地)이고 사서(四書)가 일월(日月)이라 하였으며, 주자(朱子)의 『사서집주(四書集註)』를 높이 받들었다. 저서로는 『시경통석(詩經通釋)』·『서경통석(書經通釋)』·『대이아통석(大爾雅通釋)』 등이 있다.

을 이룬 것이다. 그러므로 이는 동도(東都)에 살지 않은 때인 것이다.「시구(鳲鳩)」에 이르면 동도(東都)에 살 때 지은 것이니, 그것이『서경(書經)』에 있어서 알 수 있다.

詳說

○ 去聲.
'풍(風)'은 거성(去聲: 風教, 感化)이다.

○「金縢」.865)
'『서』(『書』)'는「금등(金縢)」이다.

「鴟鴞」, 周公救亂也. 成王未知周公之志, 公乃爲詩以遺王, 名之曰'「鴟鴞」'焉.

「치효(鴟鴞)」는 주공(周公)이 어지러움을 막은 것이다. 성왕(成王)이 주공의 뜻을 알지 못하자 주공 이에 시를 지어 왕에게 주었는데, 그 이름을 모르니 주공이 마침내 시를 지어 왕에게 주고 그 이름을 '「치효(鴟鴞)」'라고 하였다.

詳說

○ 去聲.
'유(遺)'는 거성(去聲: 주다)이다.

辨說

此序, 以「金縢」爲文, 最爲有据.866)

---

865) 호광(胡廣) 등 찬,『서경대전(書經大全)』권7,「주서(周書)·금등(金縢)」. "武王旣喪, 管叔及其羣弟, 乃流言于國曰: '公將不利於孺子.' 周公乃告二公曰: '我之弗辟, 我無以告我先王.' 周公居東二年, 則罪人斯得. 于後, 公乃爲詩以貽王, 名之曰「鴟鴞」, 王亦未敢誚公.(무왕이 이미 죽자 관숙과 그 여러 아우들이 바로 나라 안에 근거 없는 말을 퍼뜨려 말하기를, '주공이 장차 어린 아이를 이롭지 않게 할 것이다.'라고 하자 주공에 이에 두 공[관숙과 채숙]에게 알리면서 말하기를 '내가 피하지 않는다면 내가 선왕에게 아뢸 것이 없을 것이다.'라고 하였다. 주공이 동도에서 산지 2년이 되어 죄인들이 잡혔다. 그 뒤에 공이 바로 시를 지어 성왕에게 주었는데 이름을「치효」라고 하였으니, 왕이 또한 감히 주공을 꾸짖을 수 없었다.")
866) 호광(胡廣) 등 찬,『시전대전(詩傳大全)』권8,「국풍(國風)·빈(豳)·치효(鴟鴞)」의 1장에서 "鴟鴞鴟鴞, 旣取我子, 無毁我室. 恩斯勤斯, 鬻子之閔斯.(저 올빼미야, 저 올빼미야. 이미 내 새끼를 잡아갔으니 내 집만은 부수지 말지어다. 사랑을 쏟고 독실하게 하여 자식을 기름에 근심했노라.)"라 하고, 주자의 집전에서 "武王克商, 使弟管叔鮮·蔡叔度, 監于紂子武庚之國, 武王崩, 成王立, 周公相之, 而二叔以武庚叛, 且流言

이 서문은 『서경(書經)』「금등(金縢)」으로써 글을 써서 가장 근거 있는 것이 된다.

「東山」, 周公東征也. 周公東征, 三年而歸, 勞歸士, 大夫美之. 故作是詩也. 一章言其完也, 二章言其思也, 三章言其室家之望女也, 四章樂男女之得及時也. 君子之於人, 序其情而閔其勞, 所以說也, '說以使民, 民忘其死', 其爲「東山」乎.

「동산(東山)」은 주공(周公)이 동쪽 지방을 정벌한 것이다. 주공이 동쪽 지방을 정벌하고 3년 만에 돌아와서 나라로 돌아온 군사를 위로하니 대부가 찬미하였기 때문에 시를 지은 것이다. 1장은 온전히 돌아옴을 말하였고, 2장은 아내가 그리워함을 말하였고, 3장은 그 가족이 너에게 기대함을 말하였고, 4장은 남자와 여자가 때에 이르렀음을 즐거워한 것이다. 군자가 사람들에 대하여 그 심정을 서술하면서 그 수고로움을 안타까워하였기에 기뻐한 것이다. '기쁘게 함으로써 백성들을 부리면 백성들이 그 죽음을 잊는다.'는 것은 그 「동산(東山)」이 되도다.

詳說

○ 去聲.
'로(勞)'는 거성(去聲: 위로하다)이다.

○ 音汝.
'남녀(男女)'에서 '녀(女)'는 음이 녀(汝)이다.

○ 悅同, 下同.

於國曰: '周公將不利於孺子.' 故周公東征二年, 乃得管叔·武庚而誅之, 而成王猶未知公之意也, 公乃作此詩以貽王. 託爲鳥之愛巢者, 呼鴟鴞而謂之曰: '鴟鴞鴟鴞, 爾旣取我之子矣, 無更毀我之室也. 以我情愛之心·篤厚之意, 鬻養此子, 誠可憐憫, 今旣取之, 其毒甚矣, 況又毀我室乎.' 以比武庚旣敗管·蔡, 不可更毀我王室也.(무왕이 상나라를 이기고, 아우 관숙 선과 채숙 도로 하여금 주왕의 아들 무경의 나라를 감독하게 하였는데, 무왕이 죽고 성왕이 즉위함에 주공이 도왔는데, 관숙과 채숙이 무경을 데리고 배반하고, 또 나라 안에 근거 없는 말을 퍼뜨려 말하기를, '주공이 장차 어린 아이를 이롭지 않게 할 것이다.'라고 하였다. 그러므로 주공이 동쪽 지방을 정벌한 지 2년 만에 바로 관숙과 무경을 잡아다가 주살하였으나, 성왕이 여전히 주공의 뜻을 알지 못하니, 공이 이에 이 시를 지어 왕에게 주었다. 새가 둥지를 사랑하는 것을 가탁하여 치효를 부르면서 이르기를, '올빼미야, 올빼미야. 네가 이미 내 새끼를 잡아갔으니, 다시 내 집을 허물지 말라. 내가 사랑하는 마음과 도타운 뜻으로써 이 새끼를 기름에 진실로 불쌍하고 근심하였거늘 이제 이미 잡아가서 그 해악이 심하거늘 게다가 또 내 집을 허무는가.'라고 하였다. 이로써 무경이 이미 관숙과 채숙을 망하게 하였으니, 다시 우리 왕실을 훼손해서는 안 됨을 비유한 것이다.)"라고 하였다.

'소이열(所以說)'에서 '열(說)'은 '열(悅)'과 같으니, 아래도 같다.

○ 二句, 出『易』「兌·象傳」.867)
'열이사민, 민망기사(說以使民, 民忘其死)', 이 두 구절은 『주역(周易)』「태괘(兌卦)·단전(象傳)」에 나온다.

辨說

此, 周公勞歸士之詞, 非大夫美之而作也.868)
이것은 주공(周公)이 돌아온 군사를 위로한 말이고, 대부(大夫)가 찬미하여 지은 것이 아니다.

「破斧」, 美周公也. 周大夫以惡四國焉.

「파부(破斧)」는 주공(周公)을 찬미한 것이다. 주(周)나라 대부가 사방 이웃 나라를 미워한 것이다.

詳說
○ 去聲.

---

867) 호광(胡廣) 등 찬, 『주역전의대전(周易傳義大全)』 권20, 「태괘(兌卦)·단전(象傳)」 "『象』曰: '兌, 說也, 剛中而柔外, 說以利貞. 是以順乎天而應乎人, 說以先民, 民忘其勞; 說以犯難, 民忘其死, 說之大, 民勸矣哉.'"(「단전」에서 말하였다. '태는 기쁨함이니, 굳센 양이 가운데 있고 유약한 음이 밖에 있어 기뻐하되 곧음이 이로운 것이다. 이 때문에 하늘에 순응하고 사람에 호응하여 기뻐함으로써 백성들에게 솔선하면 백성들이 그 수고로움을 잊고, 기뻐함으로써 위난을 범하면 백성들이 죽음을 잊을 것이니, 기뻐함이 커서 백성들이 권면되는 것이다.')"

868) 호광(胡廣) 등 찬, 『시전대전(詩傳大全)』 권8, 「국풍(國風)·빈(豳)·동산(東山)」의 1장에서 "我徂東山, 慆慆不歸. 我來自東, 零雨其濛. 我東曰歸, 我心西悲. 制彼裳衣, 勿士行枚. 蜎蜎者蠋, 烝在桑野. 敦彼獨宿. 亦在車下.(내가 동산으로 가서는 오래 돌아오지 못했노라. 내가 동쪽에서 돌아올 제 비가 부슬부슬 내렸도다. 내가 동쪽에서 돌아옴에 내 마음 서쪽이 슬펐노라. 저 사람의 의상을 만들어 행장으로 삼지 말지어다. 꿈틀거리는 뽕나무벌레여. 저 뽕나무 들판에 있도다. 외로이 저 홀로 잠듦이여. 또한 수레 아래에 있도다.)"라 하고, 주자의 집전에서 "成王旣得「鴟鴞」之詩, 又感雷風之變, 始悟而迎周公, 於是周公東征, 已三年矣. 旣歸, 因作此詩以勞歸士. 蓋爲之述其意而言曰: '我之東征旣久, 而歸塗, 又有遇雨之勞.' 因追言: '其在東而言歸之時, 心已西嚮而悲. 於是, 制其平居之服, 而以爲自今可以勿爲行陳·銜枚之事矣.' 及其塗, 則又覩物起興而自嘆曰: '彼蜎蜎者, 則在彼桑野矣; 此敦然而獨宿者, 則亦在此車下矣.'(성왕이 이미 「치효」의 시를 얻고, 또 우레와 태풍의 변고에 감동되어 비로소 깨닫고 주공을 맞이하니, 이에 주공이 동쪽지방을 정벌한 지 이미 3년이었다. 이미 돌아와서 이에 이 시를 지어 돌아온 군사를 위로하였는데, 대개 군사들을 위하여 그 뜻을 서술하여 말하기를, '내가 동쪽 지방을 정벌한 지 이미 오래인데 돌아오는 길에 또 비를 만나는 노고가 있었다.'고 하였다. 이에 거슬러서 말하기를, '동쪽 지방에 있다가 돌아옴을 말할 때 마음이 이미 서쪽을 향하여 슬퍼하였다. 이에 그 평상복을 만들어 지금부터는 행장과 입마개의 일이 되지 말도록 해야겠다고 하였다.'고 하였다. 돌아오는 도중에 또 사물을 보고 흥을 일으켜 스스로 감탄하기를, '저 꾸물거리는 뽕나무벌레는 저 뽕나무 들판에 있고, 이 외로이 홀로 잠자는 이는 또한 이 수레 아래에 있도다.' 하였다.)"라고 하였다.

'오(惡)'는 거성(去聲: 미워하다)이다.

○ 『毛傳』曰 : "管・蔡・奄・商也."869)
'사국언(四國焉)'에 대해, 『모전(毛傳)』에서 말하였다. "관(管)과 채(蔡)와 엄(奄)과 상(商)이다."

辨說

此, 歸士美周公之詞, 非大夫惡四國之詩也. 且詩所謂'四國', 猶言'斬伐四國'耳. 序說, 以爲'管・蔡・商・奄', 尤無理也.870)
이것은 돌아온 군사가 주공(周公)을 찬미한 말이고, 대부(大夫)가 사방 이웃 나라를 미워한 시가 아니다. 또 시에서 이른바 '사국(四國)'은 오히려 '참벌사국(斬伐四國)'을 말하였을 뿐이다. 서문의 말에 '관(管)・채(蔡)・상(商)・엄(奄)'이라고 한 것은 더욱 조리(條理)가 없다.

詳說

○ 一作'其'.
'차(且)'는 어떤 판본에는 '기(其)'로 썼다.

---

869) 『모시주소(毛詩注疏)』 권15. 「국풍(國風)・빈(豳)・파부(破斧)」. "『傳』, '四國, 管・蔡・商・奄也. 皇匡也.'(『모전』에서, '사국은 관・채・상・엄이다. 황은 바로잡음이다.'라고 하였다.)

870) 호광(胡廣) 등 찬, 『시전대전(詩傳大全)』 권8. 「국풍(國風)・빈(豳)・파부(破斧)」의 1장에서 "旣破我斧, 又缺我斨. 周公東征, 四國是皇, 哀我人斯, 亦孔之將.(이미 내 도끼를 깨뜨리고 또 내 도끼를 망구었도다. 주공이 동쪽지방 정벌함은 사방 나라를 바로잡음이니 우리 백성 가엾게 여기심이 또한 무척 크신 것이로다.)"라 하고, 주자의 집전에서 "從軍之士, 以前篇周公勞己之勤, 故言此以答其意曰: '東征之役, 旣破我斧而缺我斨, 其勞甚矣. 然周公之爲此擧, 蓋將使四方莫敢不一於正而後已, 其哀我人也, 豈不大哉.' 然則雖有破斧・缺斨之勞, 而義有所不得辭矣. 夫管蔡流言, 以謗周公, 而公以六軍之衆, 往而征之, 使其心, 一有出於自私而不在於天下, 則撫之雖勤, 勞之雖至, 而從役之士, 豈能不怨也哉. 今觀此詩, 固足以見周公之心, 大公至正, 天下信其無一毫自營之私, 抑又以見當是之時, 雖被堅執銳之人, 亦皆能以周公之心爲心, 而不自爲一身一家之計, 蓋亦莫非聖人之徒也.(군역을 좇은 군사들이 전편에서 주공이 자기들의 수고로움을 위로하였기 때문에 이를 말하여 그 뜻에 답하기를, '동쪽으로 정벌 가는 군역에 이미 내 도끼를 깨뜨리고 또 내 도끼를 망구어 그 수고로움이 심하였다. 그러나 주공이 이 일을 함에 대개 장차 사방으로 하여금 감히 바르게 함을 한결같이 하지 않을 수 없게 한 뒤에 그만두려 함이니, 우리 백성들을 가엾게 여기심이 어찌 크지 않겠는가.'라고 하였다. 그렇다면 비록 도끼를 깨뜨리고 도끼를 망구는 수고로움이 있더라도 의리상 사양할 수 없는 것이다. 무릇 관숙과 채숙이 근거 없는 말을 퍼뜨려 주공을 비방하였는데도, 주공은 육군의 무리로써 가서 정벌하였으니, 그 마음으로 하여금 하나라도 스스로 사사로움에서 나와 온 세상에 있지 않았다면, 어루만지기를 비록 부지런히 하고 위로하기를 비록 지극히 하더라도 군역을 좇은 군사들이 어찌 원망하지 않을 수 있겠는가. 이제 이 시를 보면 진실로 주공의 마음이 크게 공변되고 지극히 정당하여 온 세상 사람들이 한 터럭이라도 스스로 아끼는 사사로움이 없는 것을 믿었음을 볼 수 있고, 또한 이때를 당하여 비록 견고한 갑옷을 입고 예리한 병기를 잡은 사람들이라도 또한 모두 주공의 마음을 자기의 마음으로 삼아서 스스로 한 몸과 한 집안을 위한 계책을 하지 않았음을 볼 수 있으니, 대개 성인의 무리가 아님이 없는 것이다.)"라고 하였다.

○ 見「雨無正」.871)

'유언참벌사국이(猶言斬伐四國耳)'의 내용이 「우무정(雨無正)」에 보인다.

○ 平聲.

'엄(奄)'은 평성(平聲: 환관, 오래다, 나라이름)이다.

○「伐柯」, 美周公也. 周大夫刺朝廷之不知也.

「벌가(伐柯)」는 주공(周公)을 찬미한 것이다. 주(周)나라 대부가 조정에서 주공의 뜻을 알지 못함을 풍자하였다.

詳說

○ 音潮, 下同.

'조(朝)'는 음이 조(潮)이니, 아래도 같다.

○ 鄭氏曰 : "不知公盛德."872)

'주대부자조정지부지야(周大夫刺朝廷之不知也)'에 대해, 정씨(鄭氏: 鄭玄)가 말하였다. "주공(周公)의 성대한 덕을 알지 못한 것이다."

○「九罭」, 美周公也. 周大夫刺朝廷之不知也.

「구역(九罭)」은 주공(周公)을 찬미한 것이다. 주(周)나라 대부가 조정에서 알지 못하는 것을 풍자하였다.

辨說

二詩, 東人喜周公之至, 而願其留之詞. 序說, 皆非.873)

---

871) 호광(胡廣) 등 찬, 『시전대전(詩傳大全)』 권11, 「소아(小雅)・기보지십(祈父之什)・우무정(「雨無正」)의 1장에 나온다. "浩浩昊天, 不駿其德, 降喪饑饉, 斬伐四國, 旻天疾威, 弗慮弗圖. 舍彼有罪, 旣伏其辜, 若此無罪, 淪胥以鋪.(드넓고도 커다란 하늘이여. 그 은덕을 크게 하지 않아 기근을 내려 망하게 하여 사방 나라를 베고 치시니 넓고 큰 하늘이 포학하여 사려 않고 꾀함도 없도다. 저 죄 있는 이를 놓아두고 이미 그 벌을 받은 것이니 이와 같이 죄 없는 이들은 빠져 서로 두루 미치는가.)"
872) 『모시주소(毛詩注疏)』 권15, 「국풍(國風)・빈(豳)・벌가(伐柯)」. "『箋』, '成王旣得雷雨大風之變, 欲迎周公, 而朝廷羣臣猶惑於管・蔡之言, 不知周公之聖德, 疑於王迎之禮, 是以刺之.'(『정전』에서, '성왕이 이미 우레와 태풍의 변고를 만나고 주공을 맞이하려고 하였는데 조정의 여러 신하들이 오히려 관숙과 채숙의 말에 현혹되어 주공의 성덕을 알지 못하고 왕이 마중하는 예를 의심하였으니, 이 때문에 풍자한 것이다.'라고 하였다.)"

두 편의 시는 동인(東人)이 주공(周公)이 이른 것을 기뻐하면서 그곳에 머무르기를 바라는 말이다. 서문의 말은 모두 그르다.

詳說

○ 一辨・二序.

'개비(皆非)'의 경우, 하나의 변설과 두 개의 서문이다.

○ 「狼跋」, 美周公也. 周公攝政, 遠則四國流言, 近則王不知, 周大夫美其不失其聖也.

「낭발(狼跋)」은 주공(周公)을 찬미한 것이다. 주공이 섭정함에 멀리는 사방 이웃 나라에서 근거 없는 말을 퍼뜨리고, 가까이는 성왕(成王)이 알아주지 못했지만, 주나라 대부가 그 성스러움을 잃지 않은 것을 찬미한 것이다.

---

873) 호광(胡廣) 등 찬, 『시전대전(詩傳大全)』 권8, 「국풍(國風)・빈(豳)・구역(九罭)」의 1장에서 "九罭之魚. 鱒魴. 我覯之子, 袞衣繡裳.(아홉 그물에 걸린 고기는 바로 송어와 방어로구나. 내가 그 사람을 만나보니 곤의와 수놓은 치마로다.)"라 하고, 주자의 집전에서 "此亦周公居東之時, 東人喜得見之, 而言: '九罭之網, 則有鱒魴之魚矣, 我覯之子, 則見其袞衣繡裳之服矣.'(이 또한 주공이 동쪽 지방에 있을 때 동도 사람들이 만나봄을 기뻐하여 말하기를 '아홉 주머니그물에 걸린 고기에는 바로 송어와 방어라는 물고기가 있도다. 내가 그 사람을 만나보니 곤의에 수놓은 치마의 복장을 보았다.'고 한 것이다.)"라고 하였다.

시서변설상설(하)
詩序辨說詳說 卷下

소아(小雅)

「鹿鳴」, 燕羣臣嘉賓也. 旣飮食之, 又實幣帛筐篚, 以將其厚意, 然後忠臣嘉賓, 得盡其心矣.

「녹명(鹿鳴)」은 많은 신하들과 아름다운 손님에게 잔치를 벌이는 것이다. 이미 술과 음식을 대접하고 또 폐백을 광주리에 담아서 그 도타운 뜻을 보내니, 그런 뒤라야 충성스런 신하와 아름다운 손님이 그 마음을 다할 수 있는 것이다.

詳說

○ 去聲.
'음(飮)'은 거성(去聲: 酒食을 대접하다)이다.

○ 音嗣.
'사(食)'는 음이 사(嗣)이다.

○ 鄭氏曰 : "飮有酬幣, 食有侑幣."874)
'이장기후의(以將其厚意)'에 대해, 정씨(鄭氏: 鄭玄)이 말하였다. "마시는 데에는 수폐(酬幣: 술을 권할 때 함께 주는 예물)가 있고, 먹는 데에는 유폐(侑幣: 연회에서 주는 예물)가 있다."

辨說

序得詩意. 但未盡其用耳. 其說, 已見本篇.875)

---

874) 『모시주소(毛詩注疏)』 권16, 「소아(小雅)・녹명(鹿鳴)」.
875) 호광(胡廣) 등 찬, 『시전대전(詩傳大全)』 권8, 「소아(小雅)・녹명지십(鹿鳴之什)・녹명(鹿鳴)」의 1장에서 "呦呦鹿鳴. 食野之苹. 我有嘉賓, 鼓瑟吹笙. 吹笙鼓簧, 承筐是將, 人之好我, 示我周行.(이따금 들리는 사슴의 울음소리 들판에서 대쑥 풀을 뜯어 먹도다. 나에게 오는 아름다운 손님 있어 비파를 연주하며 젓대를 부노라. 젓대를 불면서 생황을 연주하고 광주리를 받들어 폐백을 올리니 나를 좋아하는 저 사람이야말로 나에게 큰 도를 보여 줄 것이로다.)"라 하고, 주자의 집전에서 "此燕饗賓客之詩也. 蓋君臣之分, 以嚴爲主; 朝廷之禮, 以敬爲主. 然一於嚴・敬, 則情或不通, 而無以盡其忠告之益. 故先王因其飮食聚會, 而制爲燕饗之禮, 以通上下之情, 而其樂歌, 又以「鹿鳴」起興. 而言: '其禮意之厚如此, 庶乎人之好我而示我以大道也.' 『記』曰: '私惠不歸德, 君子不自留焉.' 蓋其所望於群臣・嘉賓者, 唯在於示我以大道, 則必不以私惠爲德而自留矣. 嗚呼! 此其所以和樂而不淫也與.(이것은 빈객을 맞아 잔치하는 시이다. 임금과 신하 사이의 분별은 엄함을 위주로 하고, 조정의 예의는 공경을 위주로 한다. 그러나 엄함과 공경에 일관하면 정이 간혹 통하지 못하여 충고하는 유익함을 다할 수 없다. 그러므로 선왕이 그 먹고 마시며 모이는 것에 말미암아 대접하는 잔치의 예의를 만들어 위와 아래의 정을 통하게 하고, 그 풍악과 가무를 하고 또 「녹명」으로 흥을 일으키면서 말하기를, '예의를 다하는 두터운 뜻이 이와 같으니, 부디 나를 좋아하는 사람이 나에게 큰 도

서문은 시의 뜻에 맞았다. 다만 그 음악의 용도를 다하지 못하였다. 그 설명은 이미 본 시편에 보였다.

詳說

○ 樂之用.
'단미진기용(但未盡其用)'의 경우, 악가(樂歌)로서의 쓰임이다.

○ 音現.
'현(見)'은 음이 현(現)이다.

「四牡」, 勞使臣之來也. 有功而見知, 則說矣.

「사모(四牡)」는 사신이 옴을 위로한 것이다. 공로가 있어 알아주면 기뻐하는 것이다.

詳說

○ 並去聲.
'노사(勞使)'는 아울러 거성(去聲: 위로하다, 사신)이다.

○ '悅'同.
'열(說)'은 '열(悅)'과 같다.

辨說

首句, 同上. 然其下云云者, 語疎而義鄙矣.876)

를 보여주길 바라노라.'라고 한 것이다. 『예기』에 말하기를, '사사로이 베푼 은혜가 덕으로 돌아오지 않으면 군자는 스스로 머물지 않는다.'라고 하였으니, 대개 많은 신하와 아름다운 손님에게 바라는 것이 오직 자신에게 큰 도를 보여주는 데 있으니, 반드시 사사로운 은혜를 덕으로 여겨 스스로 머물지 않는다는 것이다. 아! 이것이 화기애애하고 즐거우면서도 음탕하지 않은 까닭이리라.)"라고 하였다.
876) 호광(胡廣) 등 찬, 『시전대전(詩傳大全)』권9, 「소아(小雅)·녹명지십(鹿鳴之什)·사모(四牡)」의 1장에서 "四牡騑騑, 周道倭遲. 豈不懷歸, 王事靡盬, 我心傷悲.(네 마리 말이 쉬지 않고 가거늘 주나라의 길이 구불하고 멀도다. 어찌 돌아감을 생각지 않으리오 임금님의 일이 견고하지 않으니 나의 마음이 안쓰럽고 슬프도다.)"라 하고, 주자의 집전에서 "此勞使臣之詩也. 夫君之使臣, 臣之事君, 禮也. 故爲臣者奔走於王事, 特以盡其職分之所當爲而已, 何敢自以爲勞哉. 然君之心則不敢以是而自安也, 故燕饗之際, 敍其情而閔其勞, 言: '駕此四牡而出使於外, 其道路之回遠如此, 當是時, 豈不思歸乎. 特以王事不可以不堅固, 不敢徇私以廢公. 是以內顧而傷悲也.' 臣勞於事而不自言, 君探其情而代之言, 上下之間, 可謂各盡其道矣. 『傳』曰: '思歸者, 私恩也; 靡盬者, 公義也; 傷悲者, 情思也, 無私恩, 非孝子也; 無公義, 非忠臣也. 君子不以私害公, 不以家事辭王事.' 范氏曰: '臣之事上也, 必先公而後私; 君之勞臣也, 必先恩而後義.'(이것은 사신을 위로한 시

머리 구절은 위와 같다. 그러나 그 아래에서 이러쿵저러쿵한 것은 말이 허술하고 뜻이 다랍다.

詳說

○ 得詩意.

'동상(同上)'에서 볼 때, 시의 뜻과 맞는 것이다.

「皇皇者華」, 君遣使臣也. 送之以禮樂, 言遠而有光華也.

「황황자화(皇皇者華)」는 임금이 사신을 보내는 것이다. 예의(禮儀)와 악가(樂歌)를 갖추어 전송하였으니, 멀리 나가서 나라를 빛냄이 있을 것을 말한 것이다.

詳說

○ 音花.

'황황자화(皇皇者華)'에서 '화(華)'는 음이 화(花)이다.

○ 去聲.

'사(使)'는 거성(去聲: 사신가다)이다.

辨說

首句, 同上. 然詩所謂'華'者, 草木之華, 非'光華'也.877)

이다. 임금이 신하를 부림과 신하가 임금을 섬김은 예이다. 그러므로 신하된 이는 왕의 일에 분주하여 다만 그 직분의 당연히 해야 할 것을 다할 따름이니, 어찌 감히 스스로 수고롭다고 할 수 있겠는가. 그러나 임금의 마음은 감히 이 때문에 스스로 편안하지 못하기 때문에 잔치하여 대접하는 즈음에 그 마음을 진술하여 그 노고를 가엾게 여기는 것이니, 말하기를, '이 네 필의 말을 타고 밖으로 사신감에 그 길이 구불하고 많이 이와 같으니, 이때를 당하여 어찌 돌아감을 생각하지 않았겠는가마는 다만 왕의 일을 견고히 하지 않을 수 없으니 감히 사사로운 정을 좇아 공변된 의리를 그만둘 수 없었던 것이다. 이 때문에 마음속으로 고려하면서 애처롭게 여기고 슬퍼한 것이다.'고 한 것이다. 신하가 일에 수고롭되 스스로 말하지 않았으니, 임금이 그 마음을 더듬어 대신 말하였으니, 위아래의 사이에 각각 그 도리를 다했다고 이를 만하다. 『모전』에서 말하였다. '돌아감을 생각함은 사사로운 은정이고, 왕의 일을 견고히 하지 않을 수 없음은 공변된 의리이고, 마음 아파하고 슬퍼함은 마음의 그리움이니. 사사로운 은정이 없으면 효자가 아니며, 공변된 의리가 없으면 충신이 아니다. 군자는 사사로운 은정으로써 공변된 의리를 해치지 않으며, 집안일로써 왕의 일을 사양하지 않는다.' 범씨가 말하였다. '신하가 임금을 섬김에는 반드시 공사를 먼저 하고 사사를 뒤에 하며, 임금이 신하를 위로함에는 반드시 은정을 먼저 하고 의리를 뒤에 해야 한다.')"라고 하였다.

877) 호광(胡廣) 등 찬, 『시전대전(詩傳大全)』, 권9,「소아(小雅)·녹명지십(鹿鳴之什)·황황자화(皇皇者華)」의 1장에서 "皇皇者華! 于彼原隰. 駪駪征夫. 每懷靡及.(휘황찬란하게 빛나는 꽃이여! 저 언덕과 진펄에 피어있도다. 달리고 달려서 사신을 가노니 매양 품어도 미치지 못하도다.)"라 하고, 주자의 집전에서 "此遣使臣

머리 구절이 위와 같다. 그러나 시에서 이른바 '화(華)'라는 것은 초목의 꽃이고, '광화(光華)'가 아니다.

「常棣」, 燕兄弟也. 閔管・蔡之失道, 故作常棣焉.

「상체(常棣)」는 형제들에게 잔치를 베푸는 것이다. 관숙(管叔)과 채숙(蔡叔)이 도리를 잃은 것을 안쓰럽게 여겼기 때문에 「상체(常棣)」를 지었다.

辨說

序得之. 但與「魚麗」之序相矛盾, 以詩意考之, 蓋此得而彼失也. 『國語』富辰之言, 以爲周文公之詩, 亦其明驗. 但『春秋傳』爲富辰之言, 又以爲召穆公思周德之不類, 故糾合宗族于成周, 而作此詩. 二書之言, 皆出富辰, 且其時去召穆公又未遠, 不知其說何故如此. 杜預以作詩爲作樂而奏此詩, 恐亦非是.

서문이 맞게 되었다. 다만 「어리(魚麗)」의 서문과 서로 모순되니, 시의 뜻으로 살펴보면 대개 이것이 맞고 저것이 잘못되었다. 『국어(國語)』의 부진(富辰)의 말에는 주(周)나라 문공(文公)의 시라고 하였는데, 역시 명확한 증험이다. 다만 『춘추좌씨전(春秋左氏傳)』에서는 부진(富辰)의 말이라 여기고, 또 소목공(召穆公)이 주(周)나라의 덕이 착하지 않다고 생각하였기 때문에 성주(成周)에서 종족을 규합하고 이 시를 지은 것이라고 하였다. 두 책의 말이 모두 부진(富辰)에게서 나왔고, 또 그 시대가 소목공(召穆公)과의 거리가 다시 멀지 않은데, 그 말이 어떤 까닭으로 이와 같은지 모르겠다. 두예(杜預)는 시를 짓는 것이 음악을 지어 이 시를 연주하기 위한 것이라고 하였는데 아마도 또한 옳지 않은 듯하다.

詳說

○ 音離.

'리(麗)'는 음이 리(離)이다.

之詩也. 君之使臣, 固欲其宣上德而達下情, 而臣之受命, 亦惟恐其無以副君之意也. 故先王之遣使臣也, 美其行道之勤, 而述其心之所懷曰: '彼煌煌之華, 則于彼原隰矣, 此駪駪然之征夫, 則其所懷思, 常若有所不及矣.' 蓋亦因以爲戒. 然其辭之婉而不迫如此, 詩之忠厚, 亦可見矣.(이는 임금이 사신을 보내는 시이다. 임금이 신하를 사신 보냄에는 진실로 그 위의 덕을 아래의 마음에 이르고, 신하가 명을 받음에는 또한 오직 임금의 뜻을 보좌하지 못할까 두려워한다. 그러므로 선왕이 사신을 보냄에 그 길을 가는 수고로움을 찬미하면서 그 마음속의 품은 것을 진술하기를, '저 휘황찬란하게 빛나는 꽃이 저 언덕과 습지에 피어있고, 이 달리고 달리는 먼 길 가는 사신은 그 생각하는 것이 항상 미치지 못하는 것이 있는 것처럼 한다.'고 하였으니, 대개 또한 이에 말미암아 경계한 것이다. 그러나 그 말이 완곡하고 박절하지 않음이 이와 같으니, 시의 충후함을 또한 볼 수 있다.)"라고 하였다.

○ 以爲文・武時詩.
　'단여「어리」지서(但與「魚麗」之序)'의 경우, 문왕과 무왕 때의 시로 여긴 것이다.

○ 「周語」.
　'『국어』(『國語』)'는 「주어(周語)」이다.

○ 周大夫.
　'부진(富辰)'은 주(周)나라 대부이다.

○ 『左』「僖二十四年」.
　'『춘추전』(『春秋傳』)'은 『좌전(左傳)』「희공(僖公) 24년」이다.

○ 虎.
　'소목공(召穆公)'은 소호(召虎)이다.

○ 「伐木」, 燕朋友・故舊也. 自天子至於庶人, 未有不須友以成者, 親親以睦, 友賢不棄, 不遺故舊, 則民德歸厚矣.

「벌목(伐木)」은 지금의 친구들과 오랜 벗들에게 연회를 베푼 것이다. 천자로부터 서민에게 이르기까지 벗을 기다려서 이루지 않는 이가 있지 않으니, 친척을 친애하여 화목하고, 현명한 이를 벗하여 버리지 않고, 오랜 벗을 버리지 않는다면 백성의 덕이 후한 데로 돌아갈 것이다.

詳說

○ 此句, 出『論語』「學而」.878)
　'민적귀후의(民德歸厚矣)'의 경우, 이 구절은 『논어(論語)』「학이(學而)」에 나온다.

「天保」, 下報上也. 君能下下, 以成其政, 臣能歸美, 以報其

---

878) 『논어집주대전(論語集註大全)』 권1, 「학이(學而)제1」. "曾子曰: '愼終追遠, 民德歸厚矣.'(증자가 말하였다. '초상에 그 예를 다하고, 제사에 그 정성을 다하면 백성의 덕이 후한 데로 돌아갈 것이다.')"

上焉.

「천보(天保)」는 아랫사람이 윗사람에게 보답한 것이다. 임금이 아랫사람에게 몸을 낮추어 그 정사를 이루고, 신하가 능히 아름다움을 임금에게 돌려 그 윗사람에게 보답한 것이다.

詳說

○ 去聲.
'능하(能下)'에서 '하(下)'는 거성(去聲: 낮추다, 내려가다)이다.

○ 如字.
'하하(下下)'에서 뒤의 '하(下)'는 본래의 음 대로 읽는다.

辨說

序之得失, 與「鹿鳴」相似.
서문의 맞고 틀림이 「녹명(鹿鳴)」과 서로 비슷하다.

詳說

○ 得詩意, 而未盡其用.
시의 뜻과 맞지만, 그 악가(樂歌)로서의 쓰임을 다하지 못하였다.

○ 「采薇」, 遣戍役也. 文王之時, 西有昆夷之患, 北有玁狁之難, 以天子之命, 命將帥遣戍役, 以守衛中國. 故歌「采薇」以遣之, 「出車」以勞還, 「杕杜」以勤歸也.

「채미(采薇)」는 수자리에 보낸 것이다. 문왕 때에 서쪽에 곤이(昆夷)의 근심이 있고, 북쪽에 험윤(玁狁)의 위난이 있어서 천자의 명으로써 장수에게 명하여 수자리에 보내어 나라를 지키도록 하였다. 그러므로 「채미(采薇)」를 노래하여 보내고, 「출거(出車)」로써 돌아온 장수를 위로하고, 「체두(杕杜)」로써 돌아온 군사들을 위문한 것이다.

詳說

○ 去聲.

'험윤지난(獫狁之難)'에서 '난(難)'은 거성(去聲: 危難)이다.

○ 去聲.
'명장(命將)'에서 '장(將)'은 거성(去聲: 장수)이다.

○ 去聲, 下並同.
'「출거」이로(「出車」以勞)'에서 '로(勞)'는 거성(去聲: 위로하다)이니, 아래도 아울러 같다.

○ 音旋, 下並同.
'선(還)'은 음이 선(旋)이니, 아래도 아울러 같다.

○ 鄭氏曰: "以勤勞, 故於其歸, 歌以休息之."879)
'「체두」이근귀야「杕杜」以勤歸也)'에 대해, 정씨(鄭氏: 鄭玄)이 말하였다. "노고를 위문하려고 했기 때문에 그들이 돌아옴에 노래하여 쉬게 한 것이다."

辨說

此, 未必文王之詩. '以天子之命'者, 衍說也.
이것은 반드시 문왕 때의 시가 아니다. '이천자지명(以天子之命)'이라는 것은 군더더기 말이다.

詳說

○ 旣非文王之詩, 則此自當爲衍說耳.
이미 문왕 때의 시가 아니라면 이것은 저절로 당연히 군더더기 말이 될 뿐이다.

○「出車」, 勞還率也.

---

879) 『모시주소(毛詩注疏)』 권16, 「소아(小雅)·채미(采薇)」. "『箋』, '文王爲西伯, 服事殷之時也. 昆夷, 西戎也. 天子, 殷王也. 戍, 守也. 西伯, 以殷王之命, 命其屬, 爲將率將戍役, 禦西戎及北狄之難, 歌「采薇」以遣之, 「杕杜」勤歸者, 以其勤勞, 故於其歸, 歌「杕杜」以休息之.'(『정전』에서, '문왕이 서백이 되어 … 은나라 왕의 명령으로 그 무리들을 명함에 장수로 삼아 수자리에 나아가 서융 및 북적의 위난을 막았는데 「채미」를 노래하여 보내지고, 「체두」로써 돌아온 군사들을 위문한 것이니, 그 노고를 위문하였기 때문에 그들이 돌아옴에 「체두」를 노래하여 쉴 수 있게 하였다.'라고 하였다.)"

「출거(出車)」는 돌아온 장수를 위로한 것이다.

詳說

○ 音帥.

'수(率)'는 음이 수(帥)이다.

○ 鄭氏曰 : "異歌異日."880)

'노선수야(勞還率也)'에 대해, 정씨(鄭氏: 鄭玄)가 말하였다. "다른 노래이고, 다른 날이다."

辨說

同上詩. 所謂天子, 所謂王命, 皆周王耳.

위의 시와 같다. 이른바 '천자(天子)'와 이른바 '왕명(王命)'은 모두 주(周)나라의 왕일 뿐이다.

詳說

○ 未必文王之詩.

'동상(同上)'에서 볼 때, 반드시 문왕 때의 시가 아니다.

○「杕杜」, 勞還役也.

「체두(杕杜)」는 수자리 군역(軍役)에서 돌아온 것을 위로한 것이다.

詳說

○ 兵卒.

'노선역(勞還役)'의 경우, 병졸이다.

辨說

---

880) 『모시주소(毛詩注疏)』 권16, 「소아(小雅)·채미(采薇)」. "『箋』, '遣將率及戍役, 同歌同時, 欲其同心也. 反而勞之, 異歌異日, 殊尊卑也. 『禮記』曰: 賜君子·小人, 不同日, 此其義也.'(『정전』에서, '장수 및 수자리에 군사를 보낼 때에는 같은 노래와 같은 때에 하니 그 마음을 같게 하고자 함이다. 돌아옴에 위로할 때에는 다른 노래와 다른 날에 하니 높고 낮음을 달리해서이다. 『예기』에서 말하기를, 군자와 소인에게 하사함에 날을 같지 않게 한다고 하였으니 이것이 그 뜻이다.'라고 하였다.)"

同上.
위와 같다.

○「魚麗」, 美萬物盛多, 能備禮也. 文・武以「天保」以上治內, 采薇以下治外, 始於憂勤, 終於逸樂. 故美萬物盛多, 可以告於神明矣.

「어리(魚麗)」는 만물이 풍성하고 많아서 예(禮)를 갖출 수 있음을 찬미한 것이다. 문왕과 무왕이 「천보(天保)」 이상은 나라 안을 다스린 것이고, 「채미(采薇)」 이하는 나라 밖을 다스린 것이니, 근심함과 근면함으로 시작하여 안일함과 즐거움으로 끝마쳤다. 그러므로 만물이 풍성하고 많아서 신명(神明)에게 고할 수 있음을 찬미한 것이다.

詳說

○ 音離.
'리(麗)'는 음이 리(離)이다.

○ 鄭氏曰:"諸夏."881)
'치내(治內)'에 대해, 정씨(鄭氏: 鄭玄)가 말하였다. "제하(諸夏)이다."

○ 鄭氏曰:"夷狄."882)
'치외(治外)'에 대해, 정씨(鄭氏: 鄭玄)가 말하였다. "이적(夷狄)이다."

○ 鄭氏曰:"祭祀而歌."883)
'가이고어신명의(可以告於神明矣)'에 대해, 정씨(鄭氏: 鄭玄)가 말하였다. "제사지내고 노래하는 것이다."

辨說

---

881) 『모시주소(毛詩注疏)』 권16, 「소아(小雅)・어리(魚麗)」. "『箋』, '內, 謂諸夏也. 外, 謂夷狄也. 告於神明者, 於祭祀而歌之.'(『정전』에서, '내는 제하를 이른다. 외는 이적을 이른다. 고어신명이라는 것은 제사에서 노래하는 것이다.'라고 하였다.)"
882) 위와 같음.
883) 위와 같음.

此篇以下時世次第, 序說之失, 已見本篇.884) 其內外・始終之說, 蓋一節之可取云.
이 편 이하의 시대의 순서에 대하여 서문의 말이 잘못되었으니, 이미 본 시편에서 보였다. 그 내외(內外)와 시종(始終)의 설명은 대개 이 한 단락이 취할 만하다.

詳說

○ 音現, 下同.
'현(見)'은 음이 현(現)이니, 아래도 같다.

○「南陔」, 孝子相戒以養也.
「남해(南陔)」는 효자가 부모님 봉양을 서로 경계한 것이다.

辨說
此笙詩也. 譜・序・篇次・名義及其所用, 已見本篇.885)

---

884) 호광(胡廣) 등 찬, 『시전대전(詩傳大全)』 권9, 「소아(小雅)・녹명지십(鹿鳴之什)・어리(魚麗)」의 1장에서 "魚麗于罶, 魴鱧. 君子有酒, 旨且多.(물고기가 통발에 걸렸으니 방어와 가물치 등등이로다. 군자가 술을 가지고 있으니 맛이 있고 또 많이 있도다.)"라 하고, 주자의 집전에서 "此燕饗通用之樂歌, 卽燕饗所薦之羞, 而極道其美且多, 見主人禮意之勤以優賓也.(이는 연향에 통용하는 악가이니, 곧 연향에 올리는 음식에 대해서 그 맛이 있고 또 많이 있음을 극진하게 말하여, 주인의 예의가 부지런하여 손님을 우대함을 나타낸 것이다.)"라고 하였다. 또 말미에서 주자는 "按,『儀禮』「鄕飮酒」及「燕禮」, 前樂旣畢, 皆間歌「魚麗」, 笙「由庚」; 歌「南有嘉魚」, 笙「崇丘」; 歌「南山有臺」하고 笙「由儀」. '間', 代也, 言一歌一吹也. 然則此六者, 蓋一時之詩, 而皆爲燕饗賓客上下通用之樂. 毛公分「魚麗」, 以足前什, 而說者不察, 遂分「魚麗」以上爲文・武詩, 「嘉魚」以下爲成王詩, 其失甚矣.(살펴보건대, 『의례』의 「향음주」와 「연례」에서 앞의 음악이 이미 마치면 모두 교대하여 「어리」를 노래하고 「유경」을 생황으로 연주하며, 「남유가어」를 노래하고 「숭구」를 생황으로 연주하며, 「남산유대」를 노래하고 「유의」를 생황으로 연주한다. '간'은 교대함이니, 한 번 노래하고 한 번 악기를 부는 것을 말한다고 하였다. 그렇다면 이 여섯 가지는 대개 한 때의 시로 모두 빈객을 연향함에 위아래가 통용한 음악이 된다. 모공[毛亨]이 「어리」를 나누어 앞의 「녹명지십」을 채웠는데, 설명하는 이가 살피지 못하여 마침내 「어리」 이상을 문왕과 무왕의 시라 하고, 「가어」 이하를 성왕의 시가 된다고 하였으니, 그 잘못됨이 심하다.)"라고 하였다. 주자는 이에 대하여 「백화지십(白華之什)」의 서두에서 다시 변설하였다. "毛公以「南陔」以下三篇無辭, 故升「魚麗」以足「鹿鳴」之數, 而附笙詩三篇於其後, 因以「南有嘉魚」, 爲次什之首, 今悉依『儀禮』正之.(모공은 「남해」 이하의 세 편에 말이 없기 때문에 「어리」를 올려서 「녹명지십」의 수를 채우고, 생황으로 연주하는 시 세 편을 그 뒤에 붙이고서 이에 「남유가어」를 다음 십의 머리로 삼았는데, 지금 모두 『의례』에 의거하여 바로잡는다.)"

885) 호광(胡廣) 등 찬, 『시전대전(詩傳大全)』 권9, 「소아(小雅)・녹명지십(鹿鳴之什)・남해(南陔)」에서 주자는 "此笙詩也. 有聲無詞, 舊在「魚麗」之後, 以『儀禮』考之, 其篇次當在此, 今正之. 說見「華黍」.(이것은 생황으로 연주하는 시이다. 소리는 있고 가사가 없어서 옛날에는 「어리」 뒤에 있었는데, 『의례』로써 살펴보니 그 편차가 마땅히 여기에 있어야 하므로 이제 바로잡는다. 설명이 「화서」에 보인다.)"라 하고, 호광(胡廣) 등 찬, 『시전대전(詩傳大全)』 권9, 「소아(小雅)・백화지십(白華之什)・화서(華黍)」에서 주자는 다음과 같이 설명하였다. "亦笙詩也. 「鄕飮酒禮」, 鼓瑟而歌「鹿鳴」・「四牡」・「皇皇者華」然後, 笙入堂下, 磬南北面立, 樂「南陔」・「白華」・「華黍」・「燕禮」, 亦鼓瑟而歌「鹿鳴」・「四牡」・「皇華」後, 笙入立于縣中, 奏「南陔」・「白華」・「華黍」. 「南陔」以下, 今無以考其名義之義. 然曰'笙', 曰'樂', 曰'奏', 而不言'歌', 則有聲而無詞, 明矣. 所以知其篇第在此者, 意古經篇題之下, 必有譜焉, 如「投壺」'魯鼓'・'薛鼓'之節, 而亡之耳.(또한 생황으로 연

이것은 생황으로 연주하는 시이다. 시보(詩譜)와 소서(小序)와 편차와 명의(名義) 및 그 인용한 것은 이미 본 시편에서 보였다.

○「白華」, 孝子之潔白也.

「백화(白華)」는 효자의 결백함이다.

辨說

同上. 此序, 尤無理.

위와 같다. 이 서문은 더욱 조리(條理)가 없다.

○「華黍」, 時和歲豐, 宜黍稷也. 有其義而亾其辭.

「화서(華黍)」는 시절이 온화하여 해마다 풍년이니, 기장이 적합한 것이다. 그 뜻은 있는데 그 말이 없다.

詳說

○ 亾同, 下同.

'무(亾)'는 '무(無)'와 같으니, 아래도 같다.

辨說

同上. 然所謂'有其義'者, 非眞有; 所謂'無其辭'者, 乃本無也.

위와 같다. 그러나 이른바 '유기의(有其義)'라는 것은 진짜로 있는 것이 아니고, 이른바 '무기사(亾其辭)'라는 것도 바로 본래 없는 것이다.

○「南有嘉魚」, 樂與賢也. 太平之君子至誠, 樂與賢者共之也.

주하는 시이다. 『의례』「향음주례」에 비파를 연주하면서 「녹명」・「사모」・「황황자화」를 노래한 뒤에 생황을 부는 이가 당 아래에 들어가 편경 남쪽에서 북면하고 서서 「남해」・「백화」・「화서」를 음악으로 연주한다고 하였으며, 「연례」에서도 또한 비파를 연주하면서 「녹명」・「사모」・「황황자화」를 노래한 뒤에 생황을 부는 이가 들어가 악기가 매달린 가운데 서서 「남해」・「백화」・「화서」를 음악으로 연주한다고 하였다. 「남해」이하는 지금에 그 편명의 의의를 상고할 수 없다. 그러나 '생'이라 하고 '악'이라 하고 '주'라 하고 '가'라고 말하지 않았으니, 소리만 있고 가사가 없는 것이 분명하다. 그 편제가 여기에 있어야 하는 것을 아는 까닭은 생각하건대, 옛날 경서의 편제 아래에 반드시 악보가 있어서 「투호」의 '노고'나 '설고'의 곡조와 같은데, 없어졌을 뿐이다.)

「남유가어(南有嘉魚)」는 현명한 이와 함께함을 즐거워한 것이다. 태평시대의 군자가 지극히 정성스러워 현명한 이와 함께하는 것을 즐거워한 것이다.

詳說

○ 音洛, 下同.
'락(樂)'은 음이 락(洛)이니, 아래도 같다.

○ 鄭氏曰：“共立朝, 相燕樂."886)
'낙여현자공지야(樂與賢者共之也)'에 대해, 정씨(鄭氏: 鄭玄)가 말하였다. "함께 조정에 서서 서로 편안하고 즐거워하였다."

辨說

序得詩意, 而不明其用. 其曰'太平之君子'者, 本無謂, 而說者又以專指成王, 皆失之矣.
서문이 시의 뜻에 맞게 되었지만, 그 쓰임이 분명하지 않다. '태평지군자(太平之君子)'라고 한 것은 본래 말한 적이 없는데, 설명하는 이가 또 오로지 성왕(成王)을 가리켰으니, 모두 잘못된 것이다.

○「南山有臺」, 樂得賢也. 得賢則能爲邦家, 立太平之基矣.

「남산유대(南山有臺)」는 현명한 이를 얻은 것을 즐거워한 것이다. 현명한 이를 얻으면 나라를 잘 다스려 태평의 기초를 세울 수 있는 것이다.

辨說

序首句, 誤. 詳見本篇.887)

---

886) 『모시주소(毛詩注疏)』 권17, 「소아(小雅)·남유가어(南有嘉魚)」. "『箋』, '樂得賢者, 與共立於朝, 相燕樂也.'(현명한 이를 얻은 거을 즐거워하며 함께 조정에 서서 서로 편안하고 즐거워하였다.'라고 하였다.)"
887) 호광(胡廣) 등 찬, 『시전대전(詩傳大全)』 권9, 「소아(小雅)·백화지십(白華之什)·남산유대(南山有臺)」의 1장에서 "南山有臺, 北山有萊. 樂只君子. 邦家之基. 樂只君子. 萬壽無期.(남산에 잔디가 있고 북산에 쑥이 있도다. 화락한 우리 군자여. 이 나라의 기초로다. 화락한 우리 군자여. 기한 없이 장수하리라.)"라 하고, 주자의 집전에서 "此亦燕饗通用之樂. 故其辭曰：'南山則有臺矣, 北山則有萊矣, 樂只君子, 則邦家之基矣; 樂只君子, 則萬壽無期矣.' 所以道達主人尊賓之意, 美其德而祝其壽也.(이 또한 잔치에 통용되는 음악이다. 그러므로 그 말에 '남산에 잔디가 있고 북산에 쑥이 있으며, 화락한 군자는 나라의 기초이고, 화락한 군자는 기한 없이 장수할 것이다.'라고 하였으니, 주인이 손님을 높이는 뜻을 말하고 전달하여 그 덕을 찬미하고 그 장수를 축원한 것이다.)"라고 하였다.

서문의 머리 구절이 잘못되었다. 본 시편에 자세하게 보인다.

> 詳說

○ 音現, 下並同.
'현(見)'은 음이 현(現)이니, 아래도 아울러 같다.

○ 燕饗.
'상현본편(詳見本篇)'에서 볼 때, 임금이 신하들과 잔치하는 것이다.

○ 「由庚」, 萬物得由其道也.

「유경(由庚)」은 만물이 그 도(道)에 말미암은 것이다.

> 詳說

○ 訓'庚'爲'道'.
'경(庚)'을 새겨서 '도(道)'라고 한 것이다.

> 辨說

見「南陔」.888)
「남해(南陔)」에 보였다.

○ 「崇丘」, 萬物得極其高大也.

「숭구(崇丘)」는 만물이 그 높고 큰 것에 도달한 것이다.

> 辨說

見上.889)
위에서 보였다.

---

888) 「남해(南陔)」는 효자의 도리를 말한 것이라고 하였다. 그 내용은 다음과 같다. "「南陔」, 孝子相戒以養也. (「남해」는 효자가 부모님 봉양을 서로 경계한 것이다.)"
889) 호광(胡廣) 등 찬, 『시전대전(詩傳大全)』 권9, 「소아(小雅)·백화지십(白華之什)·숭구(崇丘)」에서 주자는 "說見「魚麗」.(설명이 「어리」에 보인다.)"라고 하였다.

○ 「由儀」, 萬物之生, 各得其宜也. 有其義而亡其辭.

「유의(由儀)」는 만물의 생장함이 각각 그 적합함을 얻는 것이다. 그 뜻만 있고, 그 말은 없다.

詳說

○ 訓'儀'爲'宜'.

'각득기의야(各得其宜也)'의 경우, '의(儀)'를 새겨서 '의(宜)'라고 한 것이다.

辨說

見上.890)

위에서 보였다.

○ 「蓼蕭」, 澤及四海也.

「육소(蓼蕭)」는 은택(恩澤)이 온 세상에 미치는 것이다.

辨說

序不知此爲燕諸侯之詩. 但見'零露'之云, 卽以爲'澤及四海', 其失與「野有蔓草」同. 臆說淺妄, 類如此云.891)

서문은 이것이 제후에게 잔치를 벌이는 시가 됨을 알지 못하였다. 다만 '영로(零露)'라고 이른 것만 보고 '택급사해(澤及四海)'라고 여겼으니, 그 잘못됨이 「야유만초(野有蔓草)」와 같다. 억측한 말이 천박하고 망령됨이 대개 이와 같은 것이다.

○ 「湛露」, 天子燕諸侯也.

「담로(湛露)」는 천자가 제후에게 잔치를 베푸는 것이다.

---

890) 호광(胡廣) 등 찬, 『시전대전(詩傳大全)』 권9, 「소아(小雅)·백화지십(白華之什)·유의(由儀)」에서 주자는 "說見「魚麗」.(설명이 「어리」에 보인다.)"라고 하였다.
891) 호광(胡廣) 등 찬, 『시전대전(詩傳大全)』 권9, 「소아(小雅)·백화지십(白華之什)·육소(蓼蕭)」의 1장에서 "蓼彼蕭斯, 零露湑兮. 旣見君子, 我心寫兮. 燕笑語兮, 是以有譽處兮.(커다랗게 자란 저 쑥대에 떨어진 이슬이 맺혔도다. 전에 이미 군자를 만나보고 내 마음이 온통 쏠렸다. 술잔치에 웃으며 말하니 명예와 안락함이 있도다.)"라 하고, 주자의 집전에서 "諸侯朝于天子, 天子與之燕, 以示慈惠, 故歌此詩. … 其曰'旣見', 蓋於其初燕而歌之也.(제후가 천자를 조회하니 천자가 그에게 잔치를 베풀어 자혜로움을 보였기 때문에 이 시를 노래한 것이다. … 거기서 말하기를, '이미 만나보았다'고 하였는데, 대개 그 처음에 잔치하면서 노래한 듯하다.)"라고 하였다.

詳說

○ 鄭氏曰:"朝覲會同."892)

정씨(鄭氏: 鄭玄)가 말하였다. "조정에서 뵙고 한곳에 모이는 것이다."

○「彤弓」, 天子錫有功諸侯也.

「동궁(彤弓)」은 천자가 공로(功勞) 있는 제후에게 하사한 것이다.

○「菁菁者莪」, 樂育材也. 君子能長育人材, 則天下喜樂之矣.

「청청자아(菁菁者莪)」는 인재를 육성하는 것을 즐거워한 것이다. 군자가 인재를 잘 기르면 천하가 기뻐하고 즐거워하는 것이다.

詳說

○ 上聲.

'장(長)'은 상성(上聲: 생장하다)이다.

辨說

此序, 全失詩意.893)

이 서문은 전부 시의 뜻을 잃었다.

○「六月」, 宣王北伐也.

「유월(六月)」은 선왕(宣王)이 북쪽을 정벌하게 한 것이다.

---

892) 『모시주소(毛詩注疏)』 권17, 「소아(小雅)·담로(湛露)」. "『箋』, '燕, 謂與之燕飲酒也. 諸侯朝覲, 會同天子, 與之燕, 所以示慈惠.'(『정전』에서, '연은 더불어 잔치하며 술을 마시는 것이다. 제후가 조정에서 뵙고 천자와 한곳에서 만나는 것이다. 잔치를 베풀어 줌의 자혜를 보이는 것이다.'라고 하였다.(『箋』, '燕, 謂與之燕飲酒也. 諸侯朝覲, 會同天子, 與之燕, 所以示慈惠.')"

893) 호광(胡廣) 등 찬, 『시전대전(詩傳大全)』 권10, 「소아(小雅)·동궁지십(彤弓之什)·청청자아(菁菁者莪)」의 1장에서 "菁菁者莪, 在彼中阿. 旣見君子, 樂且有儀.(무성하고 우거진 새발쑥이여. 저기 언덕 가운데 났도다. 전에 이미 군자를 만나보니 화락하고 또 예의가 있도다.)"라 하고, 주자의 집전에서 "此亦燕飲賓客之詩. 言: '菁菁者莪, 則在彼中阿矣, 旣見君子, 則我心喜樂而有禮儀矣.' 或曰: '以菁菁者莪, 比君子容貌威儀之盛也.'(이것 또한 빈객에 술잔치하는 시이다. 말하기를, '무성하고 우거진 새발쑥은 저기 언덕 가운데에 났으며, 이미 군자를 만나보면 내 마음이 기쁘고 즐거우며 예의가 있다'고 말한 것이다. 어떤 이는 '청청자아로써 군자의 용모와 위의의 성함을 비유한 것이다.')"라고 하였다.

辨說

此句, 得之.894)

이 구절은 맞게 되었다.

「鹿鳴」廢則和樂缺矣, 「四牡」廢則君臣缺矣, 「皇皇者華」廢則忠信缺矣, 「常棣」廢則兄弟缺矣, 「伐木」廢則朋友缺矣, 「天保」廢則福祿缺矣, 「采薇」廢則征伐缺矣, 「出車」廢則功力缺矣, 「杕杜」廢則師衆缺矣, 「魚麗」廢則法度缺矣, 「南陔」廢則孝友缺矣, 「白華」廢則廉恥缺矣, 「華黍」廢則蓄積缺矣, 「由庚」廢則陰陽失其道理矣, 「南有嘉魚」廢則賢者不安下不得其所矣, 「崇丘」廢則萬物不遂矣, 「南山有臺」廢則爲國之基隊矣, 「由儀」廢則萬物失其道理矣, 「蓼蕭」廢則恩澤乖矣, 「湛露」廢則萬國離矣, 「彤弓」廢則諸夏衰矣, 「菁菁者莪」廢則無禮儀矣, 「小雅」盡廢則四夷交侵中國微矣.

「녹명」이 없어지자 화락함이 깨지고, 「사모」가 없어지자 임금과 신하 사이가 깨지고, 「황황자화」가 없어지자 충성과 신의가 깨지고, 「상체」가 없어지자 형제 사이가 깨지고, 「벌목」이 없어지자 친구 사이가 깨지고, 「천보」가 없어지자 복록(福祿)이 깨지고, 「채

---

894) 호광(胡廣) 등 찬, 『시전대전(詩傳大全)』 권10, 「소아(小雅)·동궁지십(彤弓之什)·유월(六月)」의 1장에서 "六月棲棲, 戎車旣飭. 四牡騤騤, 載是常服, 玁狁孔熾, 我是用急, 王于出征, 以匡王國.(유월이 되어 부랴부랴 병거들을 정비하였도다. 말이 모두 씩씩하거늘 의복을 수레에 싣도다. 험윤이 매우 치솟아서 모두 급하게 여긴지라 왕께서 정벌을 나서서 바로잡으라고 하셨도다.)"라 하고, 주자의 집전에서 "成·康旣沒, 周室寖衰, 八世而厲王胡暴虐, 周人逐之, 出居于彘, 玁狁內侵, 逼近京邑. 王崩, 子宣王靖卽位, 命尹吉甫, 帥師伐之, 有功而歸, 詩人作歌, 以敍其事如此. 『司馬法』, 冬·夏不興師, 今乃六月而出師者, 以玁狁甚熾, 其事危故, 不得已而王命於是出征, 以正王國也.(성왕과 강왕이 이미 죽고 주나라 왕실이 점점 쇠약해지자 팔세에 여왕 호가 포학하여 주나라 사람들이 그를 내쫓아 체땅에 나가서 살았는데 험윤이 나라 안에 침략하여 경읍에 가까이 닥쳐왔다. 여왕이 죽고 아들 선왕 정이 즉위하자 윤길보에게 명하여 군사를 이끌고 정벌하게 하여 공을 세우고 돌아오니, 시인이 노래를 지어 그 일을 이와 같이 서술한 것이다. 『사마법』에는 겨울과 여름에 군사를 일으키지 않는다 하였는데, 지금 바로 유월인데도 군사를 출정한 것은 험윤이 매우 치솟아서 그 일이 위급하기 때문에 마지못해 어쩔 수 없이 왕이 명하자 이에 출정하여 나라를 바르게 한 것이다.)"라고 하였다.

미」가 없어지자 정벌이 깨지고, 「출거」가 없어지자 공력(功力)이 깨지고, 「체두」가 없어지자 군대가 깨지고, 「어리」가 없어지자 법도가 깨지고, 「남해」가 없어지자 효성과 우애가 깨지고, 「백화」가 없어지자 염치가 깨지고, 「화서」가 없어지자 측적함이 깨지고, 「유경」이 없어지자 음양(陰陽)이 그 도리를 잃어버리고, 「남유가어」가 없어지자 현명한 이가 불안하며 백성들은 살 곳을 얻지 못하고, 「숭구」가 없어지자 만물이 이루어지지 못하고, 「남산유대」가 없어지자 나라를 다스리는 기초가 추락하고, 「유의」가 없어지자 만물이 그 도리를 잃고, 「육소」가 없어지자 은택이 어그러지고, 「담로」가 없어지자 모든 나라가 헤어지고, 「동궁」이 없어지자 제후 나라가 쇠퇴하고, 「청청자아」가 없어지자 예의가 깨지고, 「소아」가 없어지자 사방의 오랑캐가 번갈아 침범하여 중국이 쇠약해졌다.

辨說

「魚麗」以下篇次, 爲毛公所移, 而此序自「南陔」以下八篇, 尚仍『儀禮』次第. 獨以鄭譜誤分, 「魚麗」爲文·武時詩. 故遂移此序「魚麗」一句, 自「華黍」之下, 而升於「南陔」之上. 此一節, 與小序同出一手, 其得失無足議者. 但欲證毛公所移篇次之失, 與鄭氏獨移「魚麗」一句之私, 故論於此云.

「어리」아래의 시편의 차례는 모공(毛公: 毛亨)이 옮겨놓은 것인데, 이 서문의 「남해」부터 아래의 8편은 오히려 『의례』의 차례에 따른 것이다. 다만 정현(鄭玄)의 시보(詩譜)가 잘못 나누어 「어리」가 문왕과 무왕의 때의 시가 되었기 때문에 마침내 이 서문의 「어리」한 구절을 「화서」의 아래로부터 옮겨서 「남해」위에다 올렸다. 이 한 구절은 소서와 함께 한 사람에게서 같이 나온 것이니, 그 잘잘못은 논의할 만한 것이 못된다. 다만 모공이 시편의 차례를 옮긴 잘못과 정씨(鄭氏)가 오직 「어리」의 한 구절을 개인적으로 옮긴 것을 증명하고자 하였기 때문에 여기에서 논한 것이다.

「采芑」, 宣王南征也.

「채기(采芑)」는 선왕(宣王)이 남쪽을 정벌하게 한 것이다.

「車攻」, 宣王復古也. 宣王能內修政事, 外攘夷狄, 復文·武之竟土, 修車馬, 備器械, 復會諸侯於東都, 因田獵而選車徒焉.

「거공(車攻)」은 선왕(宣王)이 옛날 제도를 회복한 것이다. 선왕(宣王)이 능히 안으로 정사를 닦고, 밖으로 오랑캐들을 물리쳐 문왕(文王)과 무왕(武王)의 국경 안에 땅을 수복(收復)하였으며, 거마(車馬)를 수리하고 기계(器械)를 구비하여 다시 제후들을 동도(東都)에 회합하여 이에 사냥하면서 수레와 수레꾼을 선발한 것이다.

詳說

○ '境'通.
'경(竟)'은 '경(境)'과 통한다.

○ 去聲.
'복(復)'은 거성(去聲: 수복하다, 회복하다)이다.

「吉日」, 美宣王田也. 能愼微接下, 無不自盡, 以奉其上焉.

「길일(吉日)」은 선왕(宣王)의 사냥을 찬미한 것이다. 능히 은미한 것을 삼가고 아랫사람을 접대하여 스스로 다하여 그 윗사람을 받들지 않음이 없었던 것이다.

辨說

序'愼微'以下, 非詩本意.895)
서문의 '신미(愼微)' 이하는 시의 본뜻이 아니다.

「鴻雁」, 美宣王也. 萬民離散, 不安其居, 而能勞來還·定安集之, 至于矜寡, 無不得其所焉.

「홍안(鴻雁)」은 선왕(宣王)을 찬미한 것이다. 모든 백성들이 떠나가고 흩어져 살 곳을 얻지 못하였는데, 돌아오는 이를 위로하고 살 곳을 정하여 편안하게 살 수 있게 해주어 홀아비와 홀어미에 이르기까지 살 곳을 얻지 못함이 없었다.

---

895) 호광(胡廣) 등 찬, 『시전대전(詩傳大全)』 권10, 「소아(小雅)·동궁지십(彤弓之什)·길일(吉日)」의 1장에서 "吉日維戊, 旣伯旣禱. 田車旣好, 四牡孔阜. 升彼大阜, 從其羣醜.(좋은 날인 무일이 되어 이미 말조상께 빌었도다. 사냥수레가 이미 좋으며 말들이 매우 튼튼하도다. 저 큰 언덕에 올라가서 그 짐승무리를 쫓으리라.)"라 하고, 주자의 집전에서 "此亦宣王之詩. 言: '田獵, 將用馬力, 故以吉日祭馬祖而禱之, 旣祭而車牢馬健, 於是, 可以歷險而從禽也.' 以下章推之, 是日也, 其戊辰歟.(이것 또한 선왕의 시이다. 말하기를, '사냥을 하려면 장차 말의 힘을 쓰기 때문에 좋은 날로써 말 조상께 제사하면서 빌고, 이미 제사하여 수레가 견고하고 말이 튼튼하니, 이에 험한 곳을 지나 짐승을 쫓을 수 있으리라.'라고 하였다. 아래 장으로써 미루어 보건대, 이 날은 무진일이었을 것이다.)"라고 하였다.

辨說

此以下, 時世多不可考.896)

이것 이하는 시대를 대부분 상고할 수 없다.

「庭燎」, 美宣王也. 因以箴之. 「沔水」, 規宣王也. 「鶴鳴」, 誨宣王也.

「정료(庭燎)」는 선왕(宣王)을 찬미한 것이다. 이에 그 일로써 경계한 것이다. 「면수(沔水)」는 선왕(宣王)에게 규권(規勸)한 것이다. 「학명(鶴鳴)」은 선왕(宣王)을 가르친 것이다.

詳說

○ 鄭氏曰 : "敎之求賢."897)

정씨(鄭氏: 鄭玄)가 말하였다. "현명한 이를 구해야 함을 가르친 것이다."

「祈父」, 刺宣王也.898)

「기보(祈父)」는 선왕(宣王)을 풍자한 것이다.

---

896) 호광(胡廣) 등 찬, 『시전대전(詩傳大全)』 권10, 「소아(小雅)·동궁지십(彤弓之什)·홍안(鴻雁)」의 1장에서 "鴻雁于飛, 肅肅其羽. 之子于征, 劬勞于野. 爰及矜人, 哀此鰥寡.(기러기들이 날아가니 날갯짓이 훨훨 하도다. 이 사람이 길을 가니 들길에서 고생하도다. 불쌍한 이에게 미치니 홀로 됨이 애달프도다.)"라 하고, 주자의 집전에서 "舊說, 周宣中衰, 萬民離散, 而宣王能勞來還·定安集之, 故流民喜之而作此詩. 追敍其始而言曰: '鴻雁于飛, 則肅肅其羽矣, 之子于征, 則劬勞于野矣. 且其劬勞者, 皆鰥寡可哀憐之人也.' 然今亦未有以見其爲宣王之詩, 後三篇, 放此.(옛날 언설에 주나라 왕실이 중도에 쇠퇴하여 모든 백성들이 떠나가고 흩어졌는데, 선왕이 돌아오는 이를 위로하고 사는 곳을 정하여 편안히 살 수 있게 해주었기 때문에 떠돌던 백성들이 기뻐하여 이 시를 지은 것이다. 그 처음을 더듬어서 서술하여 말하기를, '기러기들이 날아가니 그 날갯짓이 훨훨 하며, 이 사람이 길을 가니 들길에서 고생하도다. 장차 그 고생하는 이는 모두 홀아비와 홀어미처럼 애처롭고 불쌍한 사람이다.'라고 하였다. 그러나 지금 또한 선왕의 시가 됨을 볼 수 없으니, 뒤의 세 편도 이에 의거한다.)"라고 하였다.

897) 『모시주소(毛詩注疏)』 권18, 「소아(小雅)·학명(鶴鳴)」. "『箋』, '誨, 敎也, 敎宣王求賢人之未仕者.'(『정전』에서, '회는 가르침이니, 선왕에게 현명한 사람 가운데 벼슬하지 않는 이를 구해야 한다고 가르친 것이다.'라고 하였다.)"

898) 호광(胡廣) 등 찬, 『시전대전(詩傳大全)』 권11, 「소아(小雅)·기보지십(祈父之什)·기보(祈父)」의 말미에서 주자는 다음과 같이 정리하였다. "序, 以爲刺宣王之詩, 說者又以爲宣王三十九年, 戰于千畝, 王師敗績于姜氏之戎, 故軍士怨而作此詩. 東萊呂氏曰: '太子晉, 諫靈王之詞曰: 自我先王厲·宣·幽·平, 而貪天禍, 至于今, 未弭.'宣王中興之主也, 至與幽·厲竝數之, 其詞雖過, 觀是詩所刺, 則子晉之言, 豈無所自歟. 但今考之詩文, 未有以見其必爲宣王耳, 下篇, 放此.(서문에는 선왕을 풍자한 시라 하였고, 설명하는 이가 또 선왕 39년에 천묘에서 싸워 왕의 군대가 강씨의 오랑캐에게 계속 패하였기 때문에 군사들이 원망하면서 이 시를 지었다고 하였다. 동래 여씨[여조겸]가 말하였다. '태자 진이 영왕에게 규간하는 말에 말하기를, 우리 선왕인 여왕과 선왕과 유왕과 평왕부터 하늘의 재앙을 탐하여 지금까지 그치지 않았다.'고 하였다. 선왕은 나라를 중흥시킨 임금인데도 유왕이나 여왕과 함께 아울러서 헤아려버렸으니, 그 말이 비록 지나치나 이 시에 풍자한 것을 보면 태자 진의 말에서 어찌 비롯된 것이 없겠는가. 다만 이제 시문을 살펴보면 반드시 선왕이 됨을 볼 수 없으니, 아래 시편도 이에 준거한다.)"라고 하였다.

詳說

○ 音甫, 下同.

'보(父)'는 음이 보(甫)이니, 아래도 같다.

○ 鄭氏曰 : "用祈父, 不得其人"899)

정씨(鄭氏: 鄭玄)가 말하였다. "기보(祈父)를 등용함이 그 관직에 맞는 인물을 얻지 못한 것이다."

「白駒」, 大夫刺宣王也.

「백구(白駒)」는 대부가 선왕(宣王)을 풍자한 것이다.

詳說

○ 鄭氏曰 : "不能留賢."900)

정씨(鄭氏: 鄭玄)가 말하였다. "현명한 사람을 머무르게 할 수 없는 것이다."

「黃鳥」, 刺宣王也. 「我行其野」, 刺宣王也. 「斯干」, 宣王考室也.

「황조(黃鳥)」는 선왕(宣王)을 풍자한 것이다. 「아행기야(我行其野)」는 선왕(宣王)을 풍자한 것이다. 「사간(斯干)」은 선왕(宣王)이 궁실(宮室)을 이룬 것이다.

詳說

○ 鄭氏曰 : "成宮廟, 以落之."901)

정씨(鄭氏: 鄭玄)가 말하였다. "궁궐과 사당을 이루고서 낙성식을 한 것이다."

---

899) 『모시주소(毛詩注疏)』 권18, 「소아(小雅)·기보(祈父)」. "『箋』, '刺其用祈父, 不得其人也. 官非其人, 則職廢, 祈父之職, 掌六軍之事, 有九伐之法. 祈, 圻·畿同.'(『정전』에서, '기보를 등용함이 그 관직에 맞는 인물을 얻지 못한 것을 풍자한 것이다. 관직은 그 사람이 아니면 직무를 중지해야 하니, 기보의 직무가 천자 군대의 일을 맡았는데 아홉 가지 죄악을 토벌하는 법이 있었다. 기는 기나 기와 같다.'라고 하였다.)"
900) 『모시주소(毛詩注疏)』 권18, 「소아(小雅)·백구(白駒)」. "『箋』, '刺其不能留賢也'.(『정전』에서, '그 현명한 사람을 머무르게 할 수 없음을 풍자한 것이다.'라고 하였다.)"
901) 『모시주소(毛詩注疏)』 권18, 「소아(小雅)·사간(斯干)」. "『箋』, '考, 成也. 德行國富, 人民殷衆, 而皆佼好, 骨肉和親. 宣王於是築宮廟羣寢, 既成而釁之, 歌斯干之詩以落之. 此之謂成室. 宗廟成, 則又祭祀先祖.'(『정전』에서, '고는 이루는 것이다. ….')"

「無羊」, 宣王考牧也.

「무양(無羊)」은 선왕(宣王)이 목축(牧畜)을 이룬 것이다.

詳說

○ 鄭氏曰 : "復成先王牛羊之數."902)
  정씨(鄭氏: 鄭玄)가 말하였다. "다시 선왕의 소와 양의 수를 이룬 것이다."

「節南山」, 家父刺幽王也.

「절남산(節南山)」은 가보(家父)가 유왕(幽王)을 풍자한 것이다.

辨說

'家父', 見本篇.903)

'가보(家父)'는 본 시편에 보인다.

詳說

○ 音現.
  '현(見)'은 음이 현(現)이다.

「正月」, 大夫刺幽王也. 「十月之交」, 大夫刺幽王也. 「雨無正」, 大夫刺幽王也. 雨, 自上下者也, 衆多如雨, 而非所以爲政也.

「정월(正月)」은 대부가 유왕(幽王)을 풍자한 것이다. 「시월지교(十月之交)」는 대부가 유왕(幽王)을 풍자한 것이다. 「우무정(雨無正)」은 대부가 유왕(幽王)을 풍자한 것이다. 비는 위

---

902) 『모시주소(毛詩注疏)』 권18, 「소아(小雅)·무양(無羊)」. 『箋』, '厲王之時, 牧人之職廢, 宣王始興, 而復至此而成, 謂復先王牛羊之數.'(『정전』에서, '여왕 때에 목인의 관직을 없앴는데 선왕이 다시 일어나서 회복함이 이에 이르러 이루어진 것이, 선왕의 소와 양의 수를 회복하였음을 말한 것이다.'라고 하였다.)
903) 호광(胡廣) 등 찬, 『시전대전(詩傳大全)』 권11, 「소아(小雅)·기보지십(祈父之什)·절남산(節南山)」의 1장에서 "節彼南山, 維石巖巖. 赫赫師尹. 民具爾瞻. 憂心如惔, 不敢戱談, 國旣卒斬, 何用不監.(우뚝 높은 저 남산이여! 암석이 아찔아찔하도다. 빛나는 태사 윤씨시여! 백성들이 모두 보도다. 근심이 불타는 듯하며 감히 농담도 못하나니 나라가 이미 망했거늘 어찌 살펴보지 않는고.)"라 하고, 주자의 집전에서 "此詩, 家父所作, 刺王用尹氏以致亂.(이 시는 가보가 지은 것이니, 임금이 윤씨를 등용하여 어지러움을 이룸을 풍자한 것이다.)"라고 하였다.

로부터 내려오는 것이니, 많은 정령(政令)이 비처럼 내려왔으나 바른 정사가 되는 것이 아니었다.

詳說

○ 去聲.

'하(下)'는 거성(去聲: 내려가다, 떨어지다)이다.

辨說

此序, 尤無義理. 歐陽公·劉氏說, 已見本篇.904)

이 서문은 더욱 뜻과 조리(條理)가 없다. 구양공(歐陽公: 歐陽脩)905)과 유씨(劉氏: 劉安世)906)의 설명이 이미 본 시편에 보였다.

詳說

○ 音現.

'현(見)'은 음이 현(現)이다.

---

904) 호광(胡廣) 등 찬, 『시전대전(詩傳大全)』 권11, 「소아(小雅)·기보지십(祈父之什)·우무정(雨無正)」의 말미에서 주자가 정리한 내용에서 볼 수 있다. "歐陽公曰: '古之人, 於詩, 多不命題, 而篇名往往無義例, 其或有命名者, 則必述詩之意, 如「巷伯」·「常武」之類, 是也. 今「雨無正」之名, 據序所言, 與詩絶異, 當闕其所疑.' 元城劉氏曰: '嘗讀「韓詩」, 有「雨無極」篇, 序云: 雨無極, 正大夫刺幽王也, 至其詩絶文, 則比『毛詩』篇首, 多雨無其極傷我稼穡八字.' 愚按, 劉說似有理, 然第一·二章, 本皆十句, 今遽增之, 則長短不齊, 非詩之例, 又此詩, 實正大夫離居之後, 蟄御之臣所作, 其曰: '正大夫刺幽王'者, 亦非是. 且其爲幽王詩, 亦未有所考也.(구양공[歐陽脩]이 말하였다. '옛 사람들은 시에 대부분 제목을 붙이지 않아서 편명이 가끔 의의와 준례가 없으며, 간혹 이름을 붙인 것이 있으면 반드시 시의 뜻을 기술하였으니, 「항백」과 「상무」의 부류가 이것이다. 지금 「우무정」의 이름은 서문에서 말한 것에 의거하여 시와 절대로 다르니, 마땅히 그 의심스러운 것을 빼놓아야 한다.' 원성 유씨[劉安世]가 말하였다. '일찍이 『한시』를 읽는데 「우무극」편 있어 서문에 이르기를, 「우무극은 정대부가 유왕을 풍자한 것이라 하였고, 그 시의 글에 이르면 「모시」에 비해 편머리에 우무극상아가색의 여덟 자가 많았다.' 내가 살펴보건대, 유씨의 설명은 조리(條理)가 있는 듯하다. 그러나 제1장과 2장이 본래 모두 열 구인데 이제 갑자기 더하면 길고 짧음이 가지런하지 않아서 시의 준례가 아니며, 또 이 시는 실제로 정대부가 사는 것을 떠나간 뒤에 가까이 모시던 신하가 지은 것이어서 거기서 말하기를, '정대부가 유왕을 풍자한 것이다.'라는 것도 또한 옳지 않다. 또 유왕의 시가 된다는 것도 또한 상고할 것이 있지 않다.")라고 하였다.}

905) 구양공(歐陽公: 歐陽脩): 구양수(1007-1072)는 송대 학자로, 자가 영숙(永叔)이고, 호가 취옹(醉翁) 또는 육일거사(六一居士)이고, 시호가 문충(文忠)이며, 여릉(廬陵) 사람이다. 벼슬은 권지례부공거(權知禮部貢擧)·개봉 부윤(府尹)·한림학사(翰林學士) 겸 사관수찬(史館修撰)·추밀부사(樞密副使)·참지정사(參知政事) 등을 역임하였고, 시문이 뛰어나 당송팔대가의 한 사람으로 꼽혔다. 저서로는 『구양문충공전집(歐陽文忠公全集)』과 『집고록(集古錄)』 등이 있다.

906) 유씨(劉氏: 劉安世): 유안세(1048-1125)는 북송의 학자로, 자가 기지(器之)이고, 호가 원성(元城)이며, 위(魏)나라 사람이다. 일찍이 사마광(司馬光)에게 수학하였고, 벼슬은 추밀도승지(樞密都承旨) 등에 이르렀으며, 시호가 충정(忠定)이어서 유충정공(劉忠定公)이라고도 불렀다. 『한창려집(韓昌黎集)』을 교정하였으며, 저서로는 『원성어록(元城語錄)』·『진언집(盡言集)』 등이 있다.

「小旻」, 大夫刺幽王也.「小宛」, 大夫刺幽王也.

「소민(小旻)」은 대부가 유왕(幽王)을 풍자한 것이다.「소완(小宛)」은 대부가 유왕(幽王)을 풍자한 것이다.

辨說

此詩, 不爲刺王而作. 但兄弟遭亂畏禍, 而相戒之辭爾.907)

이 시는 임금을 풍자하여 지은 것이 되지 않는다. 다만 형제가 위난을 당하고 재앙을 두려워하여 서로 경계한 말일 뿐이다.

詳說

○ 去聲.
'난(難)'은 거성(去聲: 危難, 災難)이다.

「小弁」, 刺幽王也. 太子之傅作焉.

「소반(小弁)」은 유왕(幽王)을 풍자한 것이다. 태자(太子)의 스승이 지은 것이다.

辨說

此詩明白, 爲放子之作, 無疑. 但未有以見其必爲宜臼耳. 序又以爲宜臼之傳, 尤不知其所据也.908)

이 시는 명백하여 내쫓긴 주나라 태자를 위하여 지은 것임에 의심할 여지가 없다. 다만 그 반드시 의구(宜臼)를 위한 것인지 볼 수 없을 뿐이다. 서문에서 또 의구

---

907) 호광(胡廣) 등 찬,『시전대전(詩傳大全)』권12,「소아(小雅)·소민지십(小旻之什)·소완(小宛)」의 1장에서 "宛彼鳴鳩, 翰飛戾天. 我心憂傷, 念昔先人. 明發不寐, 有懷二人.(앙증맞은 저 산비둘기가 날아서 하늘에 이르도다. 내 마음이 안쓰러운지라 옛날 선친을 생각하노라. 날 밝도록 잠을 못자고 부모님을 그리워하노라.)"라 하고, 주자의 집전에서 "此, 大夫遭時之亂, 而兄弟相戒以免禍之詩. 故言: '彼宛然之小鳥, 亦翰飛而至于天矣, 則我心之憂傷, 豈能不念昔之先人哉. 是以明發不寐, 而有懷乎父母也.' 言此, 以爲相戒之端.(이것은 대부가 세상의 난리를 만나서 형제가 서로 화난을 면할 것을 경계한 시이다. 그러므로 '저 앙증맞은 작은 새도 또한 날아서 하늘에 이르니, 내 마음이 안쓰러운지라 어찌 옛 선친을 생각하지 않을 수 있겠는가. 이 때문에 날이 밝도록 잠을 자지 못하고 부모님을 그리워하노라.'라고 말한 것이다. 이것을 말하여 서로 경계하는 단서로 삼은 것이다.)"라고 하였다.
908) 호광(胡廣) 등 찬,『시전대전(詩傳大全)』권12,「소아(小雅)·소민지십(小旻之什)·소반(小弁)」의 1장에서 "弁彼鸒斯, 歸飛提提. 民莫不穀, 我獨于罹. 何辜于天. 我罪伊何. 心之憂矣. 云如之何.(날갯짓하는 저 까마귀여. 날아감에 파득파득하도다. 백성들이 모두 착하거늘 나만 홀로이 근심하도다. 하늘에 무슨 죄 있는가. 내 지은 죄는 무엇인가. 마음속에 가득한 근심을 내가 장차 어찌하리오.)"라 하고, 주자의 집전에서 "舊說, 幽王太子宜臼, 被廢而作此詩.(옛날 언설에 유왕의 태자 의구가 폐출 당하고 이 시를 지었다고 하였다.)"라고 하였다.

(宜臼)의 스승이라고 하였는데, 더욱 그 근거한 것을 알 수 없다.

詳說

○ 放逐之子.

'방자(放子)'는 쫓겨난 태자이다.

「巧言」, 刺幽王也. 大夫傷於讒, 故作是詩也. 「何人斯」, 蘇公刺暴公也. 暴公爲卿士, 而譖蘇公焉, 故蘇公作是詩, 以絶之.

「교언(巧言)」은 유왕(幽王)을 풍자한 것이다. 대부가 참소하는 것을 안쓰럽게 여긴 까닭에 이 시를 지은 것이다. 「하인사(何人斯)」는 소공(蘇公)이 포공(暴公)을 풍자한 것이다. 포공(暴公)이 경사(卿士)가 되어 소공(蘇公)을 참소하였기 때문에 소공(蘇公)이 이 시를 지어 그와 관계를 끊은 것이다.

辨說

鄭氏曰: "暴・蘇, 皆畿內國名."909) 『世本』云: "暴辛公作塤, 蘇成公作篪." 譙周『古史考』云: "古有塤・篪, 尙矣, 周幽王時, 二公特善其事耳." 今按, 『書』有'司寇蘇公', 『春秋傳』有'蘇忿生', 戰國及漢時有人姓'暴', 則固應有此二人矣. 但此詩中, 只有'暴'字, 而無'公'字及'蘇公'字, 不知序何所據而得此事也. 『世本』說尤紕繆, 譙周又從而傅會之, 不知適所以章其繆耳.

정씨(鄭氏: 鄭玄)가 말하였다. "포(暴)와 소(蘇)는 모두 왕기(王畿) 부근의 나라 이름이다." 『세본(世本)』에서 이르기를, "포신공(暴辛公)이 훈(塤)을 만들고, 소성공(蘇成公)이 지(篪)를 만들었다." 하고, 초주(譙周)의 『고사고(古史考)』에 이르기를, "옛날에 훈(塤)과 지(篪)가 있은 지 오래되었으니, 주나라 유왕(幽王) 때에 두 공이 특별히 그 일을 잘하였을 뿐이다."라고 하였다. 지금 살펴보건대, 『서경(書經)』에 '사구(司寇) 소공(蘇公)'이 있고, 『춘추좌전(春秋左傳)』에 '소분생(蘇忿生)'이 있고, 전국시대 및 한나라 때에 사람의 성씨 가운데 '포(暴)'가 있었으니, 진실로 응당 이 두 사람이 있었던 것이다. 다만 이 시 가운데 다만 '포(暴)'만 있고, '공(公)'자

---

909) 『모시주소(毛詩注疏)』 권18, 「소아(小雅)・하인사(何人斯)」. "『傳』, '暴也蘇也, 皆畿內國名.'(『모전』에서, '…'.라고 하였다.)" 정현(鄭玄) 또는 정전(鄭箋)이 아니라 모전(毛傳)이라고 해야 한다.

및 '소공(蘇公)'자가 없으니, 서문이 어디에 근거하하여 이 일을 얻었는지 알 수 없다. 『세본(世本)』의 말은 더욱 잘못되었는데, 초주(譙周)가 다시 좇아서 견강부회(牽強附會)하였으니, 다만 그 그릇됨을 부각시키는 것일 뿐임을 알지 못한 것이다.

詳說

○ 書名.910)
'세본(世本)'은 책이름이다.

○ 字允南, 蜀漢巴西人.911)
'초주(譙周)'는 자가 윤남(允南)이고, 촉한(蜀漢)의 파서(巴西) 사람이다.

○ 「立政」.912)
'『서』(『書』)'는 「입정(立政)」이다.

○ 『左』「隱十一年」.913)
'『춘추전』(『春秋傳』)'은 『춘추좌전(春秋左傳)』「은공(隱公) 11년」이다.

○ 平聲.
'응(應)'은 평성(平聲: 응당)이다.

○ 音附.

---

910) 중국 진나라 때 사관들이 편찬한 책으로, 황제(黃帝) 때부터 춘추시대까지 제왕(帝王)의 세계(世系)와 성씨, 행적 등을 기록하였으나 전하지 않는다.
911) 초주(譙周): 초주(201-270)는 삼국시대 촉한의 학자로, 자가 윤남(允南)이고, 파서군(巴西郡) 서충국현(西充國縣) 사람이다. 어려서부터 전적을 읽고 육경을 연구하여 천문을 깨달아 촉땅의 큰 유학자가 되었다. 문하에 진수(陳壽)·나헌(羅憲) 등이 있었으며, 제갈량(諸葛亮)이 익주목사로 있을 때 권학종사(勸學從事)에 제수되어 교류하였다. 벼슬은 태자부(太子傅)에 제수되고 태자가령(太子家令)·광록대부(光祿大夫)가 되었으며, 뒤에 유선(劉禪)에게 투항을 권하고 스스로 위(魏)나라에 투항하여 양성정후(陽城亭侯)에 봉해지고 기도위(騎都尉)가 되었다. 저서로는 『구국론(仇國論)』·『고사고(古史考)』 등이 있다.
912) 호광(胡廣) 등 찬. 『서경대전(書經大全)』 권9, 「주서(周書)·입정(立政)」. "周公若曰: '大史·司寇蘇公! 式敬爾由獄, 以長我王國. 茲式有愼, 以列用中罰.'(주공이 말하기를, '태사와 사구인 소공이여! 공경함으로써 그대가 옥사를 말미암아 우리 임금님의 나라를 장구토록 하시오. 이 법도로 삼간다면 벌여서 알맞은 형벌을 쓸 수 있을 것이오.')"
913) 『춘추좌전주소(春秋左傳注疏)』 권27, 「성공(成公) 11년」. "穌忿生, 以溫爲司寇."

'부(傅)'는 음이 부(附)이다.

「巷伯」, 刺幽王也. 寺人傷於讒, 故作是詩也.「谷風」, 刺幽王也. 天下俗薄, 朋友道絶焉.「蓼莪」, 刺幽王也. 民人勞苦, 孝子不得終養爾.

「항백(巷伯)」은 유왕(幽王)을 풍자한 것이다. 시인(寺人)이 참소함을 안쓰럽게 여겼기 때문에 이 시를 지은 것이다.「곡풍(谷風)」은 유왕(幽王)을 풍자한 것이다. 온 세상의 풍속이 각박하여 벗 사이에 도가 끊어졌다.「육아(蓼莪)」는 유왕(幽王)을 풍자한 것이다. 백성들이 고생하고 애를 써도 효자가 부모님이 돌아가실 때까지 봉양할 수 없었다.

詳說

○ 去聲, 下同.

'양(養)'은 거성(去聲: 봉양하다)이니, 아래도 같다.

「大東」, 刺亂也. 東國困於役, 而傷於財, 譚大夫作是詩, 以告病焉.

「대동(大東)」은 어지러움을 풍자한 것이다. 동쪽 나라들이 부역에 고달프고 재물을 잃으니 담(譚)나라 대부가 이 시를 지어서 병폐를 알린 것이다.

詳說

○ 國名.914)

'담(譚)'은 나라 이름이다.

辨說

'譚大夫', 未有考, 不知何据. 恐或有傳耳.

---

914) 담(譚)은 고대의 나라 이름이니, 산동성(山東省) 제남시(濟南市) 동룡산(東龍山) 진부(鎭附) 근처에 있었다. 기원전 684년에 제(齊)나라 환공(桓公)에게 멸망되었다. 호광(胡廣) 등 찬,『시전대전(詩傳大全)』권3,「국풍(國風)·위(衛)·석인(碩人)」에서 "碩人其頎, 衣錦褧衣. 齊侯之子, 衛侯之妻, 東宮之妹, 邢侯之姨, 譚公維私.(훌륭한 사람 풍채 헌걸차니 비단옷 입고 홑옷 걸쳤도다. 제나라 임금의 따님이시고 위나라 임금의 아내이시며 동궁마마의 누이동생이시고 형나라 임금의 처제이시며 담나라 임금의 처형이로다.)"라 하였고,『춘추좌전주소(春秋左傳注疏)』권7,「장공(莊公) 10년」에 "冬十月, 齊師滅譚."이라고 하였다.

'담대부(譚大夫)'는 상고할 수 없으니, 어디에 근거하였는지 알 수 없다. 아마도 혹시 전(傳)에 들어있을 뿐이다.

「四月」, 大夫刺幽王也. 在位貪殘, 下國構禍, 怨亂並興焉.
「北山」, 大夫刺幽王也. 役使不均, 已勞於從事, 而不得養其父母焉. 「無將大車」, 大夫悔將小人也.

「사월(四月)」은 대부가 유왕(幽王)을 풍자한 것이다. 높은 지위에 있는 사람이 탐욕스럽고 잔학하여 아래 나라에서 재앙이 일어나니 원망과 난리가 아울러 일어난 것이다. 「북산(北山)」은 대부가 유왕(幽王)을 풍자한 것이다. 부역과 부림이 고르지 못하여 이미 일하느라 고단하여 그 부모님을 봉양할 수 없었다. 「무장대거(無將大車)」는 대부가 소인과 함께한 것을 후회한 것이다.

詳說

○ 鄭氏曰 : "與小人並."915)
정씨(鄭氏: 鄭玄)가 말하였다. "소인과 함께한 것이다."

辨說

此序之誤, 由不識興體, 而誤以爲比也.916)
이 서문이 잘못된 것은 흥체(興體)를 알지 못한 데 말미암아 비(比)라고 잘못 여긴 것이다.

○ 「小明」, 大夫悔仕於亂世也.

「소명(小明)」은 대부가 어지러운 세상에서 벼슬살이한 것을 후회한 것이다.

---

915) 『모시주소(毛詩注疏)』 권20, 「소아(小雅)·무장대거(無將大車)」. "『箋』, '周大夫悔將小人. 幽王之時, 小人衆多, 賢者與之從事, 反見譖害, 自悔與小人並.'(『정전』에서, '주나라 대부가 소인과 함께한 것을 후회하였다. 유왕 때에 소인들이 많아서 현명한 이가 함께 종사하고 도리어 참소와 피해를 당하여 스스로 소인과 함께한 것을 후회한 것이다.'라고 하였다.)"

916) 호광(胡廣) 등 찬, 『시전대전(詩傳大全)』 권13, 「소아(小雅)·북산지십(北山之什)·무장대거(無將大車)」의 1장에서 "無將大車. 祇自塵兮. 無思百憂. 祇自疧兮.(큰 수레와 함께하지 말지어다. 다만 스스로 흙먼지를 쓰리라. 온갖 근심 생각하지 말지어다. 다만 스스로 아프기만 하리라.)"라 하고, 주자의 집전에서 "興也. … 此, 亦行役勞苦而憂思者之作.(흥이다. … 이것 또한 부역을 나가 고생하며 근심한 이가 지은 것이다.)"라고 하였다.

詳說

○ 亦與『集傳』不同.917)

또한 『집전(集傳)』과 같지 않다.

○「鼓鐘」, 刺幽王也.

「고종(鼓鐘)」은 유왕(幽王)을 풍자한 것이다.

辨說

此詩文不明.918) 故序不敢質其事, 但隨例爲刺幽王耳, 實皆未可知也.

이것은 시의 문사(文詞)가 분명하지 않다. 그러므로 서문에서 감히 그 일을 질정하지 못하고, 다만 전례(前例)에 따라 유왕(幽王)을 풍자한 것이라고 하였을 뿐이니, 실제로는 모두 알 수가 없다.

○「楚茨」, 刺幽王也. 政煩賦重, 田萊多荒, 饑饉降喪, 民卒流亡, 祭祀不饗, 故君子思古焉.

「초자(楚茨)」는 유왕(幽王)을 풍자한 것이다. 정치가 번잡하고 부세가 무거우며, 농지가 대부분 황폐하고 흉년이 들어 백성들이 마침내 떠돌다 죽어서 제사를 지내지 못하였기 때문에 군자가 옛날 문왕(文王)과 무왕(武王)의 왕도(王道)를 생각한 것이다.

詳說

---

917) 호광(胡廣) 등 찬, 『시전대전(詩傳大全)』 권13, 「소아(小雅)·북산지십(北山之什)·소명(小明)」의 1장에서 "明明上天, 照臨下土. 我征徂西, 至于艽野, 二月初吉, 載離寒暑. 心之憂矣. 其毒大苦. 念彼共人, 涕零如雨. 豈不懷歸, 畏此罪罟.(밝고 밝은 저 하늘이 이 땅을 굽어보도다. 서쪽으로 원정 가서 먼 변방에 이르러 2월 초하루 되었는데 추위 더위 다 겪도다. 마음속의 근심함이여. 해독이 너무 괴롭도다. 저 동료들을 생각하니 비 오듯 눈물 나노라. 어찌 돌아가지 않을까. 죄지을까봐 두렵도다.)"라 하고, 주자의 집전에서 "賦也. … 大夫以二月西征, 至于歲暮而未得歸. 故呼天而訴之, 復念其僚友之處者, 且自言其畏罪而不敢歸也.(부이다. … 대부가 2월에 서쪽으로 원정 가서 한 해가 저물도록 돌아올 수 없었다. 그러므로 하늘에 부르짖으며 하소연하고 다시 동료의 처지를 생각하였는데, 장차 스스로 그 죄를 두려워하여 감히 돌아가지 못한다고 말한 것이다.)"라고 하였다.

918) 호광(胡廣) 등 찬, 『시전대전(詩傳大全)』 권13, 「소아(小雅)·북산지십(北山之什)·고종(鼓鐘)」의 1장에서 "鼓鐘將將, 淮水湯湯, 憂心且傷. 淑人君子, 懷允不忘.(종을 침에 뎅그렁뎅그렁하고 회수는 넘실넘실 흘러가도다. 걱정하는 마음이 또 속상하니 옛날의 선량한 군자를 떠올려 그리워하며 진실로 못 잊었다.)"라 하고, 주자의 집전에서 "此詩之義, 未詳. 王氏曰: '幽王, 鼓鐘淮水之上, 爲流連之樂, 久而忘反, 聞者憂傷而思古之君子, 不能忘也.'(이 시의 뜻이 상세하지 않다. 왕씨가 말하였다. '유왕이 회수 가에서 종을 치며 물놀이의 즐거움에 빠져 오래 되어도 돌아감을 잊으니, 듣는 이가 근심하고 안쓰럽게 여기고 옛날의 군자를 사모하여 잊을 수 없었다.')"라고 하였다.

詩序辨說詳說 卷下　　425

○ 去聲.

　　'상(喪)'은 거성(去聲: 죽다)이다.

辨說

自此篇, 至「車舝」, 凡十篇, 似出一手. 詞氣和平, 稱述詳雅, 無風刺之意. 序以其在變雅中, 故皆以爲傷今思古之作, 詩固有如此者. 然不應十篇相屬, 而絶無一 言以見其爲衰世之意也. 竊恐正雅之篇, 有錯脫在此者耳. 序皆失之.919)

이 편부터 「거할(車舝)」까지 모두 10편인데 한 사람의 손에서 나온 것 같다. 말씨가 온화하고 평온하며 칭술함이 자상하고 아담(雅淡)하여 풍자하는 뜻이 없다. 서문에서는 변아(變雅)920) 가운데 있기 때문에 모두 지금을 안타깝게 여기고 옛날 문왕(文王)과 무왕(武王)의 왕도(王道)를 생각한 작품으로 여겼으니, 시가 진실로 이와 같은 것이 있다. 그러나 응답 10편과 서로 이어지지 않고, 한 마디라도 그 쇠퇴하는 시대가 된다는 뜻을 보인 것이 아예 없다. 살펴보건대 아마도 정아(正雅)921)의 시편에서 섞여 나와 여기에 있는 것일 뿐이리라. 서문은 모두 잘못되었다.

詳說

○ 平聲.

　　'응(應)'은 평성(平聲: 응당)이다.

○ 音燭.

---

919) 호광(胡廣) 등 찬, 『시전대전(詩傳大全)』 권13, 「소아(小雅)·북산지십(北山之什)·초자(楚茨)」의 1장에서 "楚楚者茨, 言抽其棘, 自昔何爲. 我蓺黍稷. 我黍與與, 我稷翼翼, 我倉旣盈, 我庾維億, 以爲酒食, 以饗以祀, 以妥以侑, 以介景福.(빽빽한 저 찔레나무 밭에 그 가시나무를 없애버림을 예로부터 어째서 하였는가. 우리가 기장을 심어서로다. 내 메기장 오밀조밀 나고 내 찰기장 무럭무럭 크니 내 창고가 이미 가득하며 내 노적가리 많고 많거늘 그것으로 술과 밥을 지어 상에 올려놓고 제사지내며 편안하게 모시고 보답하여 큰 복을 더욱 크게 하도다.)"라 하고, 주자의 집전에서 "此詩, 述公卿有田祿者, 力於農事, 以奉其宗廟之祭.(이 시는 공경으로서 전답과 봉록을 가지고 있는 이가 농사에 힘써서 그 종묘 제사를 받드는 것을 기술하였다."라고 하였다.

920) 변아(變雅): 『시경』 가운데 대체로 주나라의 정치가 쇠퇴하고 혼란한 때를 서술한 작품이 변풍(變風)과 변아(變雅)에 해당한다. 정현의 시보(詩譜)에 의하면, 「대아·민로(民勞)」와 「소아·유월(六月)」 이후는 모두 변아(變雅)라고 하였다.

921) 정아(正雅): 변아(變雅)에 반대되는 정아(正雅)는 역시 정현의 시보(詩譜)에 의하면, 「녹명(鹿鳴)」부터 「청청자아(菁菁者莪)」까지가 정소아(正小雅)가 되고, 「문왕(文王)」부터 「부예(鳧鷖)」까지가 정대아(正大雅)가 된다고 하였다. 「대아」 18편과 「소아」 16편이 정아(正雅)가 되는 것이다.

'촉(屬)'은 음이 촉(燭)이다.

○ 音現.
'현(見)'은 음이 현(現)이다.

○「信南山」, 刺幽王也. 不能修成王之業, 疆理天下, 以奉禹功, 故君子思古焉.

「신남산(信南山)」은 유왕(幽王)을 풍자한 것이다. 능히 성왕(成王)의 왕업을 수행하고 이루며 온 세상을 다스려서 우(禹)임금의 공을 받들지 못하였기 때문에 군자가 옛날 문왕(文王)과 무왕(武王)의 왕도(王道)를 생각한 것이다.

辨說

'曾孫', 古者事神之稱, 序專以爲'成王', 則陋矣.922)
'증손(曾孫)'은 옛날에 신을 섬기는 이의 호칭이었는데, 서문에서는 오로지 '성왕(成王)'으로 여겼으니, 고루하다.

「甫田」, 刺幽王也. 君子傷今而思古焉.

「보전(甫田)」은 유왕(幽王)을 풍자한 것이다. 군자가 지금을 안쓰럽게 여기고 옛날 문왕(文王)과 무왕(武王)의 왕도(王道)를 생각한 것이다.

辨說

此序, 專以'自古有年'一句, 生說, 而不察其下文'今適南畝'以下, 亦未嘗不有年也.923)

---

922) 호광(胡廣) 등 찬, 『시전대전(詩傳大全)』 권13. 「소아(小雅)·북산지십(北山之什)·신남산(信南山)」의 1장에서 "信彼南山, 維禹甸之. 畇畇原隰, 曾孫田之. 我疆我理, 南東其畝.(진실로 저 남쪽의 산을 우임금이 다스리셨도다. 개간한 언덕과 진펄에서 증손이 농사를 짓는지라 경계를 내고 길을 내니 남쪽 동쪽이 이랑이로다.)"라 하고, 주자의 집전에서 "賦也. 南山, 終南山也. 甸, 治也. 畇畇, 墾辟貌. 曾孫, 主祭者之稱. 曾' 重也, 自曾祖以至無窮, 皆得稱之也. … 此詩大指, 與「楚茨」略同, 此即其篇首四句之意也.(부이다. '남산'은 종남산이다. '전'은 다스림이다. '균균'은 개간한 모양이다. '증손'은 제사를 주관하는 이의 호칭이다. '증'은 거듭함이니, 증조부터 무궁함에 이르러 모두 호칭할 수 있는 것이다. … 이 시의 대의는 「초자」와 대략 같으니, 이것은 곧 그 시편 머리 네 구의 뜻이다.)"라고 하였다.
923) 호광(胡廣) 등 찬, 『시전대전(詩傳大全)』 권13. 「소아(小雅)·북산지십(北山之什)·보전(甫田)」의 1장에서 "倬彼甫田, 歲取十千. 我取其陳, 食我農人, 自古有年. 今適南畝, 或耘或耔, 黍稷薿薿, 攸介攸止, 烝我髦士.(햇빛 잘 드는 저 큰 밭에서 해마다 수확을 많이 하도다. 내가 묵은 곡식을 가져다가 우리 농부들을 먹

이 서문은 오로지 '자고유년(自古有年)'의 한 구절로써 말을 하여 아래 글의 '금적 남묘(今適南畝)' 아래에 또한 일찍이 풍년이 들지 않은 적이 없었다는 것을 살피지 못한 것이다.

「大田」, 刺幽王也. 言矜寡不能自存焉

「대전(大田)」은 유왕(幽王)을 풍자한 것이다. 홀아비와 홀어미가 능히 스스로 살아갈 수 없음을 말한 것이다.

詳說

○ '鰥'同.
'환(矜)'은 '환(鰥)'과 같다.

○ 鄭氏曰 : "思古."924)
정씨(鄭氏: 鄭玄)가 말하였다. "옛날 문왕(文王)과 무왕(武王)의 왕도(王道)를 생각한 것이다."

辨說

此序, 專以'寡婦之利'一句, 生說.925)

여 왔으니 예로부터 풍년이 들었도다. 이제 남쪽 밭이랑으로 가서 김을 매고 북돋아 주었으니 기장이 밭에 그득그득하여 크게 수확하고 일을 멈추며 훌륭한 백성을 위로하도다."라 하고, 주자의 집전에서 "此詩, 述公卿有田祿者力於農事, 以奉方社田祖之祭. 故言: '於此大田, 歲取萬畝之入, 以爲祿食, 及其積之久而有餘, 則又存其新而散其舊, 以食農人, 補不足·助不給也, 蓋以自古有年. 是以陳陳相因, 所積如此. 然其用之節, 又合宜而有序如此, 所以粟雖甚多, 而無紅腐不可食之患也.' 又言: '自古旣有年矣, 今適南畝, 農人方且或耘或耔, 而其黍稷又已茂盛, 則是又將復有年矣. 故於其所美大止息之處, 進我髦士而勞之也.'(이 시는 공경으로서 전답과 녹봉을 가진 이가 농사에 힘써서 방사와 전조의 제사를 받든 것을 서술하였다. 그러므로 말하기를, '이 큰 밭에서 해마다 만 이랑의 수입을 취하여 녹식으로 삼고, 그 곡식을 쌓아놓은 지가 오래되어 남음이 있는 데 미치면 또 새 것을 남겨두고 묵은 것을 나누어 농부들을 먹여서 부족한 이를 도와주고 넉넉하지 못한 이를 도와주었으니, 대개 예로부터 풍년이 들었기 때문이다. 묵고 묵은 것이 서로 이어져 노적가리가 이와 같았던 것이다. 그러나 그 쓰임의 절도가 또 마땅하고 차례 있음이 이와 같으니, 그래서 곡식이 비록 매우 많더라도 붉게 썩어 먹을 수 없는 우환이 없었던 것이다.'고 하였다. 또 말하기를, '예로부터 이미 풍년이 들었고, 이제 남쪽 밭이랑으로 감에 농부들이 바야흐로 김을 매거나 북돋아 주어서 그 기장이 또 이미 무성하니, 이는 또 장차 다시 풍년이 드는 것이다. 그러므로 그 맛있는 곡식이 성대함에 일을 멈추고 쉬는 곳에서 우리 훌륭한 농부들에게 나아가 위로한다.'고 한 것이다.)"라고 하였다.

924) 『모시주소(毛詩注疏)』 권21, 「소아(小雅)·대전(大田)」. "『箋』, '幽王之時, 政煩賦重, 而不務農事, 蟲災害穀, 風雨不時, 萬民饑饉, 矜寡無所取活, 故時臣思古以刺之.'(『정전』에서, '유왕의 때에 정사가 번거롭고 부세가 무거워 농사일에 힘쓰지 못하였는데, 해충과 재해가 곡식에 해를 끼치고 바람과 비가 때에 맞지 않아 모든 백성들이 굶주림에 홀아비와 홀어미가 삶을 취할 것이 없기 때문에 당시 신하들이 옛날을 생각하면서 풍자한 것이다.'라고 하였다.)"
925) 호광(胡廣) 등 찬, 『시전대전(詩傳大全)』 권13, 「소아(小雅)·북산지십(北山之什)·대전(大田)」의 3장에서

이 서문은 오로지 '과부지리(寡婦之利)'의 한 구절로써 말을 하였다.

「瞻彼洛矣」, 刺幽王也. 思古明王能爵命諸侯, 賞善罰惡焉.

「첨피낙의(瞻彼洛矣)」는 유왕(幽王)을 풍자한 것이다. 옛날 명철한 임금이 능히 제후에게 작위를 내리고 명령하여 선행을 한 이에게 상주고 악행을 한 이에게 벌준 것을 생각하였다.

辨說

此序, 以命服爲賞善, 六師爲罰惡. 然非詩之本意也.926)

이 서문은 작위(爵位)를 명하는 의복을 선행(善行)을 한 이에게 상주는 것으로 여기고, 천자의 군대를 일으킴을 악행(惡行)을 한 이에게 벌주는 것으로 여겼다. 그러나 시의 본뜻이 아니다.

「裳裳者華」, 刺幽王也. 古之仕者世祿, 小人在位, 則讒諂並進, 棄賢者之類, 絶功臣之世焉.

「상상자화(裳裳者華)」는 유왕(幽王)을 풍자한 것이다. 옛날에 벼슬하는 이는 대대로 녹봉을 받았는데, 소인이 높은 지위에 있으면 참소하고 아첨하는 이들이 아울러 승진하여 현명한 이의 부류는 버리고 공신의 세록(世祿)을 끊었다.

詳說

○ 音花.

'화(華)'는 음이 화(花)이다.

○ 四字, 出『孟子』「梁惠王」.927)

"有渰萋萋, 興雨祁祁, 雨我公田, 遂及我私. 彼有不穫稺, 此有不斂穧, 彼有遺秉, 此有滯穗, 伊寡婦之利.(비구름이 뭉실뭉실 엉기어 비를 몰아 주룩주룩 쏟아져 우리 공전에 비를 뿌리더니 마침내 내 전답에 내리도다. 베지 않은 어린 벼가 있고 거두지 않은 볏단이 있으며, 저기엔 버려진 볏단이 있고 여기엔 버려진 이삭이 있어 이것은 과부의 이익이로다.)"라고 하였다.

926) 호광(胡廣) 등 찬, 『시전대전(詩傳大全)』 권13, 「소아(小雅)·북산지십(北山之什)·첨피낙의(瞻彼洛矣)」의 1장에서 "瞻彼洛矣, 維水泱泱. 君子至止, 福祿如茨. 韎韐有奭, 以作六師.(저 동도의 낙수를 보니 물이 깊고도 너르도다. 군자가 이에 이르시니 내리는 복록이 많도다. 가죽 슬갑이 검붉으니 천자 군대 일으키도다.)"라 하고, 주자의 집전에서 "此天子會諸侯于東都, 以講武事, 而諸侯美天子之詩, 言: '天子至此洛水之上, 御戎服而起六師也.'(이는 천자가 제후들을 동도에 모아 군대의 일을 익힘에 제후들이 천자를 찬미한 시이니, 말하기를 '천자가 이 낙수 가에 이르러 융복을 살피고 육사를 일으킨다.'고 한 것이다.)"라고 하였다.

'사자세록(仕者世祿)', 이 네 글자는 『맹자(孟子)』「양혜왕(梁惠王)」에 나온다.

辨說
此序, 只用'似之'二字, 生說.928)
이 서문은 단지 '사지(似之)'의 두 글자만 사용하여 말을 한 것이다.

○「桑扈」, 刺幽王也. 君臣・上下, 動無禮文焉.

「상호(桑扈)」는 유왕(幽王)을 풍자한 것이다. 임금과 신하 및 윗사람과 아랫사람이 행동함에 예절(禮節)이 없었다.

辨說
此序, 只用'彼交匪敖'一句, 生說.929)
이 서문은 단지 '피교비오(彼交匪敖)'의 한 구절만 사용하여 말을 한 것이다.

詳說
○ 音傲.
'오(敖)'는 음이 오(傲)이다.

○「鴛鴦」, 刺幽王也. 思古明王交於萬物有道, 自奉養有節焉.

---

927) 『맹자집주대전(孟子集註大全)』 권2, 「양혜왕장구하(梁惠王章句下)」. "王曰: '王政, 可得聞與?' 對曰: '昔者, 文王之治岐也, 耕者九一, 仕者世祿, 關市譏而不征, 澤梁無禁, 罪人不孥.'(제나라 선왕이 말하였다. '왕도의 정치에 대해 들어볼 수 있겠습니까?' 맹자가 말하였다. '옛날에 문왕이 기땅을 다스림에 농부는 9분에 1의 세금을 걷었고, 벼슬하는 이는 대대로 녹봉을 주었으며, 관문과 저자는 살피되 세금을 걷지 않았고, 연못의 방죽에서 고기잡이를 금하지 않았으며, 죄인은 처자식까지 벌주지 않았습니다.')"
928) 호광(胡廣) 등 찬, 『시전대전(詩傳大全)』 권13, 「소아(小雅)・북산지십(北山之什)・첨피낙의(瞻彼洛矣)」의 4장에서 "左之左之, 君子宜之; 右之右之, 君子有之. 維其有之, 是以似之.(왼쪽으로 하고 왼쪽으로 함에 군자가 그것을 마땅하게 여기며 오른쪽으로 하고 오른쪽으로 함에 군자가 그것을 가지고 있도다. 그 모든 것을 가지고 있는지라 이 때문에 그와 같은 것이로다.)"라 하고, 주자의 집전에서 "賦也. 言其才全德備, 以左之, 則無所不宜; 以右之, 則無所不有. 維其有之於內, 是以形之於外者, 無似其所有也.(부이다. 그 재주가 온전하고 덕이 갖추어져서 왼쪽으로 함에 마땅하지 않은 것이 없고, 오른쪽으로 함에 가지고 있지 않은 것이 없는 것이다. 오직 그가 내면에 가지고 있어서 이 때문에 밖에 나타나는 것이 그 가지고 있는 것과 같지 않음이 없는 것이다.)"라고 하였다. 위의 1장의 집전에서 "此天子美諸侯之辭.(이는 천자가 제후를 찬미한 말이다.)"라고 하였다.
929) 호광(胡廣) 등 찬, 『시전대전(詩傳大全)』 권14, 「소아(小雅)・상호지십(桑扈之什)・상호(桑扈)」의 4장에서 "兕觵其觩, 旨酒思柔. 彼交匪敖, 萬福來求.(뿔로 만든 술잔이 굽어있으니 맛있는 술이 아주 부드럽도다. 저와 사귐에 오만하지 않으니 온갖 복이 와서 나를 구하도다.)"라 하고, 위의 1장의 집전에서 "此亦天子燕諸侯之詩.(이는 천자가 제후에게 잔치를 베풀어주는 시이다.)"라고 하였다.

「원앙(鴛鴦)」은 유왕(幽王)을 풍자한 것이다. 옛날의 명철한 임금이 만물과 사귐에 도가 있었고, 스스로 봉양함에 절도가 있었음을 생각한 것이다.

辨說

此序, 穿鑿, 尤爲無理.930)
이 서문은 천착(穿鑿)하여 더욱 조리(條理)가 없게 되었다.

○「頍弁」, 諸公刺幽王也. 暴戾無親, 不能宴樂同姓·親睦九族, 孤危將亡, 故作是詩也.

「기변(頍弁)」은 여러 공들이 유왕(幽王)을 풍자한 것이다. 포악하고 사나워 친한 이가 없으며, 같은 성씨(姓氏)에게 잔치 베풀어 즐겁게 하며 친족들과 친하고 화목하게 지내지 못하여 외로움에 두려워하다가 장차 죽을 것이기 때문에 이 시를 지은 것이다.

詳說

○ 音洛.
'락(樂)'은 음이 락(洛)이다.

辨說

序, 見詩言'死喪無日', 便謂'孤危將亡', 不知古人勸人燕樂, 多爲此言, 如'逝者其耋'·'他人是保'之類. 且漢·魏以來, 樂府猶多如此, 如'少壯幾時'·'人生幾何'之類, 是也.
서문을 쓴 이가 시에서 '사상무일(死喪無日)'이라고 말한 것을 보고 문득 '고위장망(孤危將亡)'이라고 하였는데, 옛사람들이 남에게 잔치 풍악을 권하면서 대부분 이러한 말을 한 것을 알지 못하였으니, 예를 들면 '서자기질(逝者其耋)'과 '타인시보(他人是保)'의 유형이다. 또 한(漢)나라와 위(魏)나라 이래로 악부(樂府)가 여전히 이처럼 많았으니, 예를 들면 '소장기시(少壯幾時)'와 '인생기하(人生幾何)'의 유형이 이것이다.

---

930) 호광(胡廣) 등 찬, 『시전대전(詩傳大全)』 권14, 「소아(小雅)·상호지십(桑扈之什)·원앙(鴛鴦)」의 1장에서 "鴛鴦于飛, 畢之羅之. 君子萬年, 福祿宜之.(암수 원앙이 날아가니 그물로 잡고 또 잡도다. 군자는 만년이 되도록 복록 받음이 마땅하도다.)"라 하고, 주자의 집전에서 "此諸侯所以答「桑扈」也. … 亦頌禱之詞也.(이는 제후가 「상호」에 화답한 것이다. … 또한 송축하는 말이다.)"라고 하였다.

詳說

○ 序者.
'서(序)'의 경우, 서문을 쓴 사람이다.

○ 多爲此等語.
'다위차언(多爲此言)'에서 볼 때, 대부분 이러한 말이 되는 것이다.

○ 「車鄰」.931)
'서자기질(逝者其耋)'의 경우, 「거린(車鄰)」이다.

○ 「山有樞」.932)
'타인시보(他人是保)'의 경우, 「산유추(山有樞)」이다.

○ 如字.
'악부(樂府)'에서 '악(樂)'은 본래의 음 대로 읽는다.

○ 去聲.
'소(少)'는 거성(去聲: 어리다)이다.

○ 去聲, 下同.
'기(幾)'는 거성(去聲: 바라다)이니, 아래도 같다.

○ 漢武帝「秋風辭」.933)
'소장기시(少壯幾時)'의 경우, 한(漢)나라 무제(武帝)의 「추풍사(秋風辭)」이다.

---

931) 호광(胡廣) 등 찬, 『시전대전(詩傳大全)』 권6, 「국풍(國風)·진(秦)·거린(車鄰)」의 2장에서 "阪有漆, 隰有栗. 旣見君子, 並坐鼓瑟. 今者不樂, 逝者其耋.(비탈에는 옻나무가 있으며 진펄에는 밤나무가 있도다. 이윽고 군자를 만나본지라 아울러 앉아 비파를 뜯노라. 지금 시간을 즐기지 않으면 가는 세월에 마냥 늙으리라.)"라고 하였다.
932) 호광(胡廣) 등 찬, 『시전대전(詩傳大全)』 권6, 「국풍(國風)·당(唐)·산유추(山有樞)」의 2장에서 "山有栲, 隰有杻. 子有廷內, 弗洒弗埽; 子有鐘鼓, 弗鼓弗考, 宛其死矣, 他人是保.(산중에는 가죽나무가 있으며 진펄에는 싸리나무가 있어라. 그대가 집안 뜰에 있으면서 물 뿌리지 않고 쓸지 않으며 그대가 쇠북과 종이 있는데 두드리지 않고 치지 않으니 지질하게 시들다 죽는다면 딴 사람이 이것을 가지리라.)"라고 하였다.
933) 축목(祝穆) 찬, 『고금사문유취(古今事文類聚)』 전집(前集) 권10, 「천시부(天時部)·추풍사(秋風辭)」. "發棹歌歡, 樂極兮. 哀情多. 少壯幾時兮, 奈老何."

○ '人生幾何', 曹操詩.934)

'인생기하(人生幾何)'는 조조(曹操)의 시이다.

「車舝」, 大夫刺幽王也. 褒姒嫉妒, 無道並進, 讒巧敗國, 德澤不加於民, 周人思得賢女以配君子, 故作是詩也.

「거할(車舝)」은 대부가 유왕(幽王)을 풍자한 것이다. 포사(褒姒)가 질투하고 무도한 이들이 아울러 승진하여 참소하는 교활한 소인이 나라의 정사를 망쳐 덕택이 백성에게 더해지지 못하자, 주나라 사람들이 현숙(賢淑)한 여자를 얻어 군자의 배필이 되기를 생각하였기 때문에 이 시를 지은 것이다.

詳說

○ 之人.

'무도(無道)'는 무도(無道)한 사람이다.

辨說

以上十篇, 並己見「楚茨」篇.

이상 10편은 아울러 이미「초자(楚茨)」편에서 보였다.

詳說

○ 音現.

'현(見)'은 음이 현(現)이다.

○ 指序.935)

'「초자」편(「楚茨」篇)'의 경우, 서(序)를 가리키는 것이다.

---

934) 구양순(歐陽詢) 찬,『예문유취(藝文類聚)』권42,「악부(樂部)2·악부(樂府)」. "魏武帝「短歌行」曰: '對酒當歌, 人生幾何? 譬如朝露, 去日苦多. 明明如月, 何時可掇."
935) 위[小雅]에 나온「초자(楚茨)」의 서문 내용은 다음과 같다. "「楚茨」, 刺幽王也. 政煩賦重, 田萊多荒, 饑饉降喪, 民卒流亡, 祭祀不饗, 故君子思古焉.(「초자」는 유왕을 풍자한 것이다. 정치가 번잡하고 부세가 무거우며, 농지가 대부분 황폐하고 흉년이 들어 백성들이 마침내 떠돌다 죽어서 제사를 지내지 못하였기 때문에 군자가 옛날 문왕과 무왕의 왕도를 생각한 것이다.)" 그리고 주자의 변설(辨說)에서 "自此篇, 至「車舝」, 凡十篇, 似出一手. 詞氣和平, 稱述詳雅, 無風刺之意.(이 편부터「거할」까지 모두 10편인데 한 사람의 손에서 나온 것 같다. 말씨가 온화하고 평온하며 칭술함이 자상하고 아담하여 풍자하는 뜻이 없다.)"라고 하였다.

○「青蠅」, 大夫刺幽王也.「賓之初筵」, 衛武公刺時也. 幽王荒廢, 媟近小人, 飮酒無度, 天下化之, 君臣・上下, 沈湎淫泆, 武公旣入, 而作是詩也.

「청승(靑蠅)」은 대부가 유왕(幽王)을 풍자한 것이다.「빈지초연(賓之初筵)」은 위(衛)나라 무공(武公)이 시정(時政)을 풍자한 것이다. 유왕(幽王)이 거칠고 메말라 소인을 무람없이 가까이하고 술을 마심에 절도가 없으니, 온 세상이 따라하여 임금과 신하 및 윗사람과 아랫사람이 술에 빠지고 음탕해지자 무공(武公)이 이윽고 조정에 들어가서 이 시를 지은 것이다.

詳說

○ 鄭氏曰 : "入爲卿士."936)

'무공기입(武公旣入)'에 대해, 정씨(鄭氏: 鄭玄)가 말하였다. "조정에 들어가서 경사(卿士)937)가 되었다."

辨說

『韓詩』說, 見本篇.938) 此序, 誤矣.

『한시(韓詩)』의 설명이 본 시편에 보인다. 이 서문은 잘못되었다.

詳說

○ 音現.

'현(見)'은 음이 현(現)이다.

○ 飮酒悔過.

'현본편(見本篇)'에서 볼 때, 술을 마시고 잘못한 것을 뉘우친 것이다.

---

936) 『모시주소(毛詩注疏)』 권21, 「소아(小雅)・빈지초연(賓之初筵)」 "箋, '淫泆者, 飮酒時情態也. 武公入者, 入爲王卿士.'(『정전』에, '음일이라는 것은 술을 마실 때의 정태이다. 무공입이라는 것은 조정에 들어가서 왕의 경사가 되는 것이다.'라고 하였다.)

937) 경사(卿士): 경(卿)과 대부(大夫)와 사(士)를 아울러 이르는 말로, 두루 관리를 가리키는 말이다.

938) 호광(胡廣) 등 찬, 『시전대전(詩傳大全)』 권14, 「소아(小雅)・상호지십(桑扈之什)・빈지초연(賓之初筵)」의 말미에서 주자가 정리한 내용이 보인다. "毛氏序曰: '衛武公刺幽王也.'; 韓詩序曰: '衛武公飮酒悔過也.' 今按, 此詩意, 與「大雅・抑戒」相類, 必武公自悔之作. 當從韓義.(모씨의 서에 '위나라 무공이 유왕을 풍자한 것이다.'라 하였고, 한시의 서에 '위나라 무공이 술을 마시고 잘못을 뉘우친 것이다.'라고 하였다. 이제 살펴보건대, 이 시의 뜻이 「대아・억계」와 서로 유사하니, 반드시 무공이 스스로 뉘우쳐 지은 것이다. 마땅히 한씨의 뜻을 따라야 한다.)"라고 하였다.

「魚藻」, 刺幽王也. 言萬物失其性, 王居鎬京, 將不能以自樂. 故君子思古之武王焉.

「어조(魚藻)」는 유왕(幽王)을 풍자한 것이다. 만물이 그 본성을 잃어 임금이 호경(鎬京)에 살지만 장차 스스로 즐거워할 수 없었다. 그러므로 군자가 옛날의 무왕(武王)을 생각한 것이다.

詳說

○ 音洛.
'락(樂)'은 음이 락(洛)이다.

辨說

此詩意, 與「楚茨」等篇, 相類.
이 시의 뜻이 「초자(楚茨)」등의 시편과 서로 유사하다.

詳說

○ 正雅之錯脫.
정아(正雅)가 섞여서 빠진 것이다.

「采菽」, 刺幽王也. 侮慢諸侯, 諸侯來朝, 不能錫命以禮, 數徵會之而無信義, 君子見微而思古焉.

「채숙(采菽)」은 유왕(幽王)을 풍자한 것이다. 제후들을 업신여기고 잘난 체하여 제후들이 와서 조회해도 능히 예로써 명령을 내리지 않고 자주 불러 모이게 하여 신의(信義)가 없어지니, 군자가 그 기미(機微)를 보고 옛날 문왕(文王)과 무왕(武王)의 왕도(王道)를 생각한 것이다.

詳說

○ 音潮.
'조(朝)'는 음이 조(潮)이다.

○ 音朔. 或曰 : "如字, 讀屬上句."
'삭(數)'은 음이 삭(朔)이다. 어떤 이가 말하였다. "본래의 음과 같으니, 읽을 때 위의 구절에 이어야 한다."

○ 幾也. 或曰 : "衰也."
'미(微)'는 기미(幾微)이다. 어떤 이가 말하였다. "왕도(王道)가 쇠미(衰微)함이다."

辨說
同上.
위와 같다.

「角弓」, 父兄刺幽王也. 不親九族, 而好讒佞, 骨肉相怨, 故作是詩也.

「각궁(角弓)」은 부형이 유왕(幽王)을 풍자한 것이다. 친족들과 친하지 않고 참소하고 아첨하는 이를 좋아하여 가까운 골육(骨肉)이 서로 원망하였기 때문에 이 시를 지은 것이다.

詳說
○ 去聲.
'호(好)'는 거성(去聲: 좋아하다)이다.

「菀柳」, 刺幽王也. 暴虐無親, 而刑罰不中, 諸侯皆不欲朝, 言王者之不可朝事也.

「울류(菀柳)」는 유왕(幽王)을 풍자한 것이다. 포악하고 잔학(殘虐)하여 친한 이가 없는데 형벌이 알맞지 않아 제후들이 모두 조회하려고 하지 않으며 왕을 조회하여 섬겨서는 안 된다고 말한 것이다.

詳說
○ 去聲. ○四字, 出『論語』「子路」.939)
'형벌부중(刑罰不中)'에서 '중(中)'은 거성(去聲: 부합하다)이다. ○이 네 글자는

『논어(論語)』「자로(子路)」에 나온다.

「都人士」, 周人刺衣服無常也. 古者長民, 衣服不貳, 從容有常, 以齊其民, 則民德歸壹, 傷今不復見古人也.

「도인사(都人士)」는 주나라 사람들이 의복이 일정한 법도가 없음을 풍자한 것이다. 옛날에 백성의 우두머리가 의복을 통일시키고 몸가짐에 일정한 법도를 두어 그 백성을 바르게 하여 백성의 덕이 일치하였는데, 지금 다시 옛사람을 보지 못함을 안타깝게 여긴 것이다.

詳說

○ 上聲.

'장(長)'은 상성(上聲: 어른, 노인, 선두)이다.

○ 鄭氏曰 : "民上."940)

'장민(長民)'에 대해, 정씨(鄭氏: 鄭玄)가 말하였다. "백성의 위에 있는 사람이다."

○ 七容反.

'종(從)'은 칠(七)과 용(容)의 반절이다.

○ 五句, 見『禮記』「緇衣」.941)

'즉민덕귀일(則民德歸壹)'에서 볼 때, 여기 다섯 구절은 『예기(禮記)』「치의(緇

---

939) 『논어집주대전(論語集註大全)』 권13, 「자로(子路)제13」. "事不成, 則禮樂不興; 禮樂不興, 則刑罰不中; 刑罰不中, 則民無所措手足.(일이 이루어지지 못하면 예악이 일어나지 못하고, 예악이 일어나지 못하면 형벌이 알맞지 못하고, 형벌이 알맞지 못하면 백성들이 손발을 둘 곳이 없는 것이다.)" 그리고 주자의 집주 내용을 참고하면 다음과 같다. "事不成, 則無序而不和. 故禮樂不興, 禮樂不興, 則施之政事, 皆失其道. 故刑罰不中.(일이 이루어지지 못하면 차례가 없고 조화롭지 못하다. 그러므로 예악이 일어나지 않으니, 예악이 일어나지 않으면 정사를 시행함에 모두 그 도를 잃는다. 그러므로 형벌이 알맞지 못하는 것이다.)"라고 하였다.

940) 『모시주소(毛詩注疏)』 권22, 「소아(小雅)·도인사(都人士)」 "『箋』, '服, 謂冠弁衣裳也. 古者, 明王時也. 長民, 謂凡在民上, 倡率者也. 變易無常, 謂之貳. 從容, 謂休燕也, 休燕猶有常, 則朝夕明矣. 壹者, 專也, 同也.'(『정전』에서, '복은 갓과 고깔과 의상이다. 구라는 것은 명철한 왕 때이다. 장민은 무릇 백성 위에 있으면서 인도하고 거느리는 사람이다. …'라고 하였다.)"

941) 호광(胡廣) 등 찬, 『예기대전(禮記大全)』 권27, 「치의(緇衣)제33」. "子曰: '長民者, 衣服不貳, 從容有常, 以齊其民, 則民德歸壹. 『詩』云: 彼都人士, 狐裘黃黃. 其容不改, 出言有章. 行歸于周, 萬民所望.'(공자가 말하였다. '….')"

詩序辨說詳說 卷下 437

衣)」에 보인다.

○ 去聲.
 '부(復)'는 거성(去聲: 다시)이다.

辨說
此序, 蓋用「緇衣」之誤.942)
이 서문은 대개 「치의(緇衣)」의 오류를 사용하였다.

詳說
○ 因「緇衣」所引用之誤也.
「치의(緇衣)」가 인용한 오류에 말미암은 것이다.

「采綠」, 刺怨曠也. 幽王之時, 多怨曠者也.
「채록(采綠)」은 홀어미와 홀아비가 있음을 풍자한 것이다. 유왕(幽王)의 때에 홀어미와 홀아비가 많았던 것이다.

辨說
此詩, 怨曠者, 所自作. 非人刺之, 亦非怨曠者, 有所刺於上也.
이 시는 홀어미와 홀아비 된 이가 스스로 지은 것이다. 남이 풍자한 것이 아니고, 또한 홀어미와 홀아비 된 이가 윗사람을 풍자한 내용이 있는 것도 아니다.

「黍苗」, 刺幽王也. 不能膏潤天下, 卿士不能行召伯之職焉.
「서묘(黍苗)」는 유왕(幽王)을 풍자한 것이다. 온 세상을 기름지고 윤택하게 할 수 없었고, 경사(卿士)가 소백(召伯)의 직무를 수행할 수 없었다.

辨說

---

942) 위[鄭]에 나온 「치의(緇衣)」의 서문 내용은 다음과 같다. "「緇衣」, 美武公也. 父子竝爲周司徒, 善於其職, 國人宜之. 故美其德. 以明有國善善之功焉.(「치의」는 무공을 찬미한 것이다. 아버지와 아들이 모두 주나라의 사도가 되어 그 직무를 잘하니 나라 사람들이 그를 마땅하게 여겼다. 그러므로 그 덕을 찬미하면서 나라를 두고 선을 권장한 공을 밝힌 것이다.)

此, 宣王時, 美召穆公之詩, 非刺幽王也.
이것은 선왕(宣王) 때에 소목공(召穆公)을 찬미한 시이고, 유왕(幽王)을 풍자한 것이 아니다.

「隰桑」, 刺幽王也. 小人在位, 君子在野, 思見君子, 盡心以事之.

「습상(隰桑)」은 유왕(幽王)을 풍자한 것이다. 소인이 높은 지위에 있고 군자가 야인(野人)으로 있을 때에, 군자를 만나 마음을 다하여 섬길 것을 생각한 것이다.

詳說

○ 二句, 出『書』「大禹謨」.943)
'군자재야(君子在野)'에서 볼 때, 여기 두 구절은 『서경(書經)』「대우모(大禹謨)」에 나온다.

○ 明王.
'사견군자(思見君子)'의 경우, 명철한 임금이다.

辨說

此, 亦非刺詩. 疑與上篇, 皆脫簡在此也.
이것은 또한 풍자한 시가 아니다. 의심컨대, 위의 시편과 모두 간책에서 탈락되어 여기에 있는가 싶다.

詳說

○ 與「楚茨」等, 相類.

---

943) 호광(胡廣) 등 찬, 『서경대전(書經大全)』 권2, 「우서(虞書)·대우모(大禹謨)」. "帝曰: '咨禹. 惟時有苗弗率, 汝徂征.' 禹乃會羣后, 誓于師曰: '濟濟有衆. 咸聽朕命. 蠢茲有苗, 昏迷不恭, 侮慢自賢, 反道敗德. 君子在野, 小人在位. 民棄不保, 天降之咎, 肆子以爾衆士, 奉辭伐罪. 爾尙一乃心力, 其克有勳.'(임금이 말하였다. '아아! 우야. 오직 묘만이 통솔하지 못하고 있으니, 그대는 가서 정벌하라.' 우는 이에 여러 제후들을 회합하고 군사에게 맹세하여 말하였다. '훌륭한 군사들이여. 모두 짐의 명령을 들으라. 어리석은 저 묘는 어둡고 혼미하여 공경하지 않고 업신여기고 스스로 잘난 체하며 도를 어기고 덕을 망가뜨렸도다. 군자는 야인으로 있고, 소인은 높은 지위에 있도다. 백성들은 그를 버리고 보호해주지 않으며 하늘이 재앙을 내리시니, 이에 내가 그대들 많은 군사들과 말씀을 받들어 죄인을 정벌하려는 것이오. 그대들은 부디 마음과 힘을 한데 모아서 능히 공훈을 세우길 바라오.')"

「초자(楚茨)」등과 서로 유사하다.

「白華」, 周人刺幽后也. 幽王取申女以爲后, 又得褒姒而黜申后. 故下國化之, 以妾爲妻, 以孼代宗, 而王弗能治, 周人爲之, 作是詩也.

「백화(白華)」는 주나라 사람들이 유후(幽后)를 풍자한 것이다. 유왕(幽王)이 신(申)나라 여자를 왕후로 삼았는데, 또 포사(褒姒)을 얻자 신후(申后)를 쫓아냈다. 그러므로 아래의 제후 나라가 좇아서 첩을 아내로 삼고 서자(庶子)로 종자(宗子)를 대신하는데도 왕이 능히 다스리지 못하니, 주나라 사람들이 그를 위하여 이 시를 지은 것이다.

詳說
○ 侯國.
'하국(下國)'의 경우, 제후의 나라이다.

辨說
此事有據, 序蓋得之. 但'幽后'字誤, 當爲'申后刺幽王也'. '下國化之'以下, 皆衍說耳. 又『漢書』注, 引此序, '幽'字下, 有'王廢申'三字, 雖非詩意, 然亦可補序文之缺.
이 일은 근거가 있으니, 서문도 대개 맞게 되었다. 다만 '유후(幽后)'자가 잘못되었으니, 마땅히 '신후자유왕야(申后刺幽王也)'가 되어야 한다. '하국화지(下國化之)' 아래는 모두 군더더기의 말일 뿐이다. 또 『한서(漢書)』의 주에 이 서문을 인용하여 '유(幽)'자 아래에 '왕폐신(王廢申)'의 세 글자를 두었는데, 비록 시의 뜻이 아니나 또한 서문의 모자란 부분을 보충할 수 있다.

詳說
○ 「外戚傳」.
'『한서』(『漢書』)'는 「외척전(外戚傳)」이다.

「緜蠻」, 微臣刺亂也. 大臣不用仁心, 遺忘微賤, 不肯飮食敎載

> 之, 故作是詩也.

「면만(綿蠻)」은 하찮은 신하가 난세(亂世)을 풍자한 것이다. 대신이 어진 마음을 쓰지 않아 미천한 사람을 잊어버리고, 마실 것과 밥으로써 제사지내는 것을 즐겨 가르쳐주지 않았다. 그러므로 이 시를 지은 것이다.

詳說

○ 去聲.

'음(飮)'은 거성(去聲: 물을 주다, 만족하다)이다.

○ 音嗣.

'사(食)'는 음이 사(嗣)이다.

辨說

> 此詩, 未有刺大臣之意, 蓋方道其心之所欲耳. 若如序者之言, 則褊狹之甚, 無復溫柔敦厚之意.

이 시는 대신을 풍자하는 뜻이 있지 않으니, 대개 바야흐로 그 마음이 하고자 하는 것을 말하였을 뿐이다. 만약 서문을 쓴 이의 말과 같다면 매우 편협하여 다시는 온유돈후(溫柔敦厚)한 뜻이 없는 것이다.

詳說

○ 去聲.

'부(復)'는 거성(去聲: 다시)이다.

> 「瓠葉」, 大夫刺幽王也. 上棄禮而不能行, 雖有牲牢・饔餼, 不肯用也. 故思古之人不以微薄廢禮焉.

「호엽(瓠葉)」은 대부가 유왕(幽王)을 풍자한 것이다. 윗사람은 예를 버리고 능히 행하지 못하여 비록 희생(犧牲)과 음식차림이 있어도 즐겨 쓰지 않았다. 그러므로 옛날 사람이 미천하고 천박하다 해서 예를 없애지 않은 일을 생각한 것이다.

詳說

○ 音互.
  '호(瓠)'는 음이 호(互)이다.

辨說
序說, 非是.944)
서문의 설명이 옳은 것이 아니다.

「漸漸之石」, 下國刺幽王也. 戎・狄叛之, 荊・舒不至, 乃命將率東征, 役久病於外, 故作是詩也.
「삼삼지석(漸漸之石)」은 아래의 제후 나라가 유왕(幽王)을 풍자한 것이다. 서융(西戎)과 북적(北狄)이 배반하고, 남쪽의 형(荊)나라와 서(舒)나라가 조회오지 않으니, 이에 장수에게 명하여 동쪽 지방을 정벌할 때에 군사들이 오래되자 나라 밖에서 병들었기 때문에 이 시를 지은 것이다.

詳說
○ 士銜反.
  '삼삼(漸漸)'은 사(士)와 함(銜)의 반절이다.

○ 去聲.
  '장(將)'은 거성(去聲: 장수)이다.

○ 音帥.
  '수(率)'는 음이 수(帥)이다.

○ 鄭氏曰:"士卒."945)

---

944) 호광(胡廣) 등 찬, 『시전대전(詩傳大全)』 권15, 「소아(小雅)・도인사지십(都人士之什)・호엽(瓠葉)」의 1장에서 "幡幡瓠葉, 采之亨之. 君子有酒, 酌言嘗之.(펄럭펄럭하는 표주박 잎을 따다가 삶아서 요리하도다. 우리 군자 술자리가 있거든 술을 따라서 맛보리라.)"라 하고, 주자의 집전에서 "此, 亦燕飲之詩, 言: '幡幡瓠葉, 采之亨之', 至薄也. 然'君子有酒, 則亦以是酌而嘗之', 蓋述主人之謙詞. 言物雖薄, 而必與賓客共之也.(이것 또한 잔치를 베풀어 술을 마시는 시이니, 말하기를 '펄럭펄럭하는 표주박 잎을 따다가 삶아서 요리하도다.' 하였으니, 지극히 소박한 것이다. 그러나 '군자에게 술자리가 있거든 또한 이것으로써 술을 따라서 맛보리라.' 하였으니, 대개 주인의 겸손한 말을 서술한 것이다. 음식물이 비록 소박해도 반드시 손님들과 함께 할 것이라고 말하였다.)"라고 하였다.

'역(役)'에 대해, 정씨(鄭氏: 鄭玄)가 말하였다. "군사(軍士)이다."

辨說

序, 得詩意. 但不知果爲何時耳.
서문이 시의 뜻에 맞았다. 다만 과연 어느 시대가 되는지 알지 못할 뿐이다.

「苕之華」, 大夫閔時也. 幽王之時, 西戎·東夷, 交侵中國, 師旅並起, 因之以饑饉, 君子閔周室之將亡, 傷己逢之, 故作是詩也.

「초지화(苕之華)」는 대부가 시정(時政)을 근심한 것이다. 유왕(幽王)의 때에 서융(西戎)과 동이(東夷)가 교대로 중국을 침범하여 군대가 아울러 일어나고 이로 말미암아 기근이 드니, 군자가 주나라의 왕실이 장차 망할 것을 근심하고 자기가 이를 만난 것을 안쓰럽게 여겼기 때문에 이 시를 지은 것이다.

詳說

○ 音花.
'화(華)'는 음이 화(花)이다.

○ 二句, 見『論語』「先進」.946)
'인지이기근(因之以饑饉)'에서 볼 때, 두 구절은 『논어(論語)』「선진(先進)」에 보인다.

○「何草不黃」, 下國刺幽王也. 四夷交侵, 中國背叛, 用兵不息, 視民如禽獸, 君子憂之, 故作是詩也.

---

945) 『모시주소(毛詩注疏)』 권22, 「소아(小雅)·삼삼지석(漸漸之石)」 "『箋』, '荊, 謂楚也. 舒, 舒鳩·舒鄝·舒庸之屬. 役, 謂士卒也.'(『정전』에서, '형은 초나라를 이른다. 서는 서구·서료·서용의 등속이다. 역은 사졸이다.'라고 하였다.)"
946) 『논어집주대전(論語集註大全)』 권11, 「선진(先進)제11」. "子路率爾而對曰: '千乘之國, 攝乎大國之間, 加之以師旅, 因之以饑饉, 由也爲之, 比及三年, 可使有勇, 且知方也.' 夫子哂之.(자로가 경솔하게 대답하여 말하였다. '천승의 나라가 큰 나라 사이에 끼여서 군사의 압박이 더해지고, 그로 인해 기근이 들었거든 유가 다스려서 3년에 미치면 백성들로 하여금 용맹함을 가지게 하고, 또 나아갈 방향을 알게 할 것입니다.' 부자가 웃었다.)"

「하초불황(何草不黃)」은 아래의 제후 나라가 유왕(幽王)을 풍자한 것이다. 사방의 오랑캐들이 교대로 침범하고 나라 안에서도 배반하여 군사 부리기를 쉬지 않아 백성들을 짐승처럼 대하니 군자가 근심하였기 때문에 이 시를 지은 것이다.

詳說

○ 音佩.

'패(背)'는 음이 패(佩)이다.

대아(大雅)

「文王」, 文王受命作周也.

「문왕(文王)」은 문왕이 천명을 받아 주(周)나라를 일으킨 것이다.

辨說

'受命', 受天命也. '作周', 造周室也. 文王之德, 上當天心, 下爲天下所歸往, 三分天下而有其二, 則已受命而作周矣. 武王繼之, 遂有天下, 亦率文王之功而已. 然漢儒惑於讖緯, 始有'赤雀丹書'之說, 又謂文王因此遂稱王而改元, 殊不知所謂'天之所以爲天者理而已矣'. 理之所在, 衆人之心而已矣, 衆人之心, 是非向背, 若出於一而無一毫私意雜於其間, 則是理之自然, 而天之所以爲天者, 不外是矣. 今天下之心, 旣以文王爲歸矣, 則天命將安往哉. 『書』所謂'天視自我民視, 天聽自我民聽', 所謂'天聰明自我民聰明, 天明畏自我民明威', 皆謂此耳. 豈必赤雀丹書而稱王改元哉. '稱王改元'之說, 歐陽公・蘇氏・游氏, 辨之已詳, 去此而論, 則此序本亦得詩之大旨, 而於其曲折之意, 有所未盡, 已論於本篇矣.

'수명(受命)'은 천명(天命)을 받는 것이다. '작주(作周)'는 주나라 왕실을 세우는 것이다. 문왕의 덕이 위로는 하늘의 뜻에 해당하고, 아래로는 온 세상이 돌아가는 곳이어서 온 세상을 셋으로 나눔에 그 둘을 가졌다면 이미 하늘의 명을 받아서 주나라를 세운 것이며, 무왕(武王)이 계승하여 마침내 온 세상을 가졌는데 또한 문왕의 공덕을 따랐을 따름이다. 그러나 한나라 유학자들이 참위(讖緯)에 미혹되어 비로소 '붉은 참새가 단서(丹書)를 물고 왔다'는 말이 있었고, 또 '문왕이 이에 말미암아 마침내 왕이라 칭하고 원년(元年)을 바꾸었다.'고 말하였으니, 이른바 '하늘이 하늘 되는 까닭이 리(理)일 따름이다'라는 것을 전혀 알지 못한 것이다. 리(理)가 있는 곳이 뭇사람의 마음일 따름이니, 뭇사람의 마음에 옳고 그름의 향배(向背)가 마치 한 사람에게서 나와 한 터럭만큼의 사사로운 뜻도 그 사이에 섞임이 없다면 이는 리(理)의 자연이니, 하늘이 하늘 되는 까닭이 이것에서 벗어나지 않는 것이다. 지금 온 세상의 마음이 이미 문왕을 귀의할 곳으로 삼았다면 하늘의 명은 장차 어디로 가겠는가.『서경』에서 이른바 '하늘이 보는 것이 우리 백성이 보는 것으로부터 하고, 하늘이 듣는 것이 우리 백성이 듣는 것으로부터 한다.'는 것과, 이른바 '하늘의 총명함이 우리 백성의 총명함으로부터 하며, 하늘의 밝은 위엄이 우리 백성의 밝은 위엄으로부터 한다.'고 한 것은 모두 이것을 말하였을 뿐이다. 어찌 반드시 붉은 참새가 단서(丹書)를 물고 와서 왕이라 칭하고 원년(元年)을 바꾸었겠는가. '왕이라 칭하고 원년(元年)을 바꾸었다'는 말은 구양공(歐陽公)과 소씨(蘇氏)와 유씨(游氏)가 변설한 것이 이미 상세하니, 이것을 떠나서 말하면 이 서문은 본래 또한 시의 대의(大意)에 맞지만, 그 곡절(曲折)한 뜻에 다하지 못하는 것이 있어 이미 본 시편에서 논한 것이다.

詳說

○ 見『論語』「泰伯」.947)

'삼분천하이유기이(三分天下而有其二)'의 내용이『논어(論語)』「태백(泰伯)」에 보인다.

○ 赤雀啣丹書. 見『尚書』「中侯」.948)

'시유적작단서지설(始有赤雀丹書之說)'는 적작(赤雀)이 단서(丹書)를 물었다는 것이다.『상서(尚書)』「중후(中侯)」에 보인다.

---

947)『논어집주대전(論語集註大全)』권8,「태백(泰伯)제8」의 집주에 "於是, 大王乃立季歷傳國, 至昌而三分天下有其二, 是爲文王. 文王崩, 子發立, 遂克商而有天下, 是爲武王."이라 하였다. 또『맹자집주대전(孟子集註大全)』권3,「공손추장구상(公孫丑章句上)」의 집주에서도 "文王三分天下, 才有其二, 武王克商, 乃有天下."라고 하였다.

948) 이방(李昉) 등 찬,『태평어람(太平御覽)』권24,「시서부(時序部)9·추상(秋上)」에 의하면, "『尚書』「中侯」曰: '周文王爲西伯, 季秋之月甲子, 赤雀銜丹書入豊鄗, 止于昌戶. 乃拜, 稽首受取, 曰: 姬昌, 蒼帝子; 亡殷者, 紂也.'(『상서』「중후」에서 말하였다. '주나라 문왕이 서백이 되어 가을의 달 갑자일에 붉은 참새가 단서를 물고 풍호로 들어와 창의 문 앞에서 멈추었다. 이에 절을 하고 머리를 조아려 받으니 말하기를, 희창은 하느님의 아들이고, 은나라를 멸망시키는 이는 주라고 하였다.')"라고 하였으며, 또한 '적작함단서(赤爵銜丹書)'라고도 쓴다.

○ 音佩.

'시비향패(是非向背)'에서 '패(背)'는 음이 패(佩)이다.

○ 一無'矣'字.

'기이문왕위귀의(旣以文王爲歸矣)'의 경우, 어떤 판본에는 '의(矣)'자가 없다.

○「泰誓」・「皐陶謨」.949)

'『서』(『書』)'는 「태서(泰誓)」와 「고요모(皐陶謨)」이다.

○ 一作'爾'.950)

'개위차이(皆謂此耳)'에서 '이(耳)'는 어떤 판본에는 '이(爾)'로 썼다.

○ 上聲.

'거(去)'는 상성(上聲: 제거하다, 없애다)이다.

○ 稱王改元.

'거차(去此)'에서 볼 때, 왕이라 칭하고 원년(元年)을 고쳐 새 연호(年號)를 쓰는 것이다.

「大明」, 文王有明德, 故天復命武王也.

「대명(大明)」은 문왕이 명철한 덕을 지녔기 때문에 하늘이 다시 무왕(武王)에게 명한 것이다.

詳說

○ 去聲, 下同.

'부(復)'는 거성(去聲: 다시)이니, 아래도 같다.

---

949) 호광(胡廣) 등 찬, 『서경대전(書經大全)』 권6, 「주서(周書)・태서중(泰誓中)」. "天視自我民視, 天聽自我民聽, 百姓有過, 在予一人, 今朕必往."; 호광(胡廣) 등 찬, 『서경대전(書經大全)』 권2, 「우서(虞書)・고요모(皐陶謨)」. "天聽明自我民聽明, 天明畏自我民明威, 達于上下, 敬哉有土."
950) 유근(劉瑾) 찬, 『시전통석(詩傳通釋)』 권16. ; 『흠정시경전설휘찬(欽定詩經傳說彙纂)』「시서하(詩序下)」 등에는 '爾'로 되어있다.

辨說

此詩, 言王季·大任·文王·大姒·武王, 皆有明德而天命之, 非必如序說也.951)

이 시는 왕계(王季)·태임(大任)·문왕(文王)·태사(大姒)·무왕(武王)이 모두 밝은 덕이 있어 하늘이 명하였음을 말하였으니, 반드시 서문의 말과 같은 것은 아니다.

詳說

○ 音泰, 下同.

'태(大)'는 음이 태(泰)이니, 아래도 같다.

「緜」, 文王之興, 本由大王也.

「면(緜)」은 문왕이 흥기(興起)함은 본래 태왕(大王)에 말미암은 것이다.

詳說

○ 音泰, 下同.

'태(大)'는 음이 태(泰)이니, 아래도 같다.

「棫樸」, 文王能官人也.

「역복(棫樸)」은 문왕은 관리가 일을 잘할 수 있게 하였다.

辨說

序, 誤.952)

---

951) 호광(胡廣) 등 찬, 『시전대전(詩傳大全)』 권16, 「대아(大雅)·문왕지십(文王之什)·대명(大明)」의 1장에서 "明明在下, 赫赫在上. 天難忱斯. 不易維王, 天位殷適, 使不挾四方.(밝고 밝은 덕이 아래에 있으면 빛나고 빛나는 천명이 있느니라. 하늘은 참 믿기 어려운 것이고 쉽지 않은 것은 왕 노릇이니라. 천자 지위의 은나라 적손이지만 사방을 가지지 못하게 하였도다.)"라 하고, 주자의 집전에서 "此亦周公戒成王之詩, 將陳文·武受命. 故先言: '在下者有明明之德, 則在上者有赫赫之命, 達于上下, 去就無常, 此天之所以難忱, 而爲君之所以不易也. 紂居天位, 爲殷嗣, 乃使之不得挾四方而有之', 蓋以此爾.(이것 또한 주공이 성왕을 경계한 시이니, 장차 문왕과 무왕이 천명 받은 것을 진술하였다. 그러므로 먼저 말하기를, '아래에 있는 이가 밝고 밝은 덕이 있으면 위에 있는 이가 빛나고 빛나는 천명이 있어 위아래에 통달하여 천명의 거취가 무상하니, 이는 하늘을 믿기 어렵기 때문이고, 임금 노릇하기 쉽지 않은 까닭인 것이다. 주왕이 천자의 지위에 있어 은나라의 적사가 되었어도 이에 사방을 가져 소유하지 못하게 하였다.'고 하였으니, 대개 이 때문일 뿐이다.)"라고 하였다.

952) 호광(胡廣) 등 찬, 『시전대전(詩傳大全)』 권16, 「대아(大雅)·문왕지십(文王之什)·역복(棫樸)」의 1장에서 "芃芃棫樸, 薪之槱之. 濟濟辟王. 左右趣之.(더북더북 떡갈나무를 나무해서 쌓아두도다. 아름다운 임금님이

서문이 잘못되었다.

「旱麓」, 受祖也. 周之先祖, 世修后稷·公劉之業, 大王·王季, 申以百福干祿焉.

「한록(旱麓)」은 조업(祖業)을 이어받은 것이다. 주나라의 선조가 대대로 후직(后稷)과 공류(公劉)의 대업을 닦아서 태왕(大王)과 왕계(王季)가 거듭하여 온갖 복으로써 복록(福祿)을 구한 것이다.

詳說

○ 受於祖.

'수조야(受祖也)'의 경우, 조업(祖業)을 이어받은 것이다.

辨說

序, 大誤, 其曰'百福干祿'者, 尤不成文理.

서문이 크게 잘못되었으니, 거기서 말하기를 '백복간록(百福干祿)'이라는 것은 더욱 조리 있는 글이 되지 못한다.

「思齊」, 文王所以聖也.

「사재(思齊)」는 문왕(文王)이 성인이기 때문이다.

詳說

○ '齊', 音齋.

'재(齊)'는 음이 재(齋)이다.

여, 여기저기 좇아오도다.)"라 하고, 주자의 집전에서 "此亦以詠歌文王之德. 言: '芃芃棫樸, 則薪之槱之矣. 濟濟辟王, 則左右趣之矣'. 蓋德盛而人心歸附趣向之也.(이것 또한 문왕의 덕을 노래한 것이니 말하기를, '더북더북 떡갈나무를 더북더북 떡갈나무를 나무해서 쌓아두며, 아름다운 임금님을 여기저기 좇아오도다.' 라고 하였으니, 대개 덕이 성대하여 사람 마음이 돌아와서 복종하고 좇아서 따랐던 것이다.)"라 하였다.
또 말미에서 "此詩前三章, 言文王之德, 爲人所歸; 後二章, 言文王之德, 有以振作綱紀天下之人而人歸之. 自此以下, 至「假樂」, 皆不知何人所作, 疑多出於周公也.(이 시의 앞의 세 장은 문왕의 덕이 사람들이 귀의하는 것이 됨을 말하였고, 뒤의 두 장은 문왕의 덕이 온 세상 사람들에게 기강을 진작시켜 사람들이 귀의하게 함이 있음을 말하였다. 이것으로부터 아래로 「가락」에 이르기까지는 모두 누가 지은 것인지 알 수 없으나, 의심컨대 대부분 주공에게서 나온 듯하다.)"라고 하였다.

「皇矣」, 美周也. 天監代殷, 莫若周; 周世世修德, 莫若文王.

「靈臺」, 民始附也. 文王受命, 而民樂其有靈德, 以及鳥獸昆蟲焉.

「황의(皇矣)」는 주(周)나라를 찬미한 것이다. 하늘이 은(殷)나라를 대신할 나라를 살피니 주나라만한 나라가 없었고, 주나라에서 대대로 덕을 닦은 이는 문왕(文王)만한 이가 없었던 것이다. 「영대(靈臺)」는 백성들이 비로소 문왕(文王)에게 귀부(歸附)한 것이다. 문왕이 천명을 받자 백성들이 그 영험한 덕이 있어 새와 짐승과 곤충에 미침을 즐거워한 것이다.

詳說

○ 音洛.

'락(樂)'은 음이 락(洛)이다.

辨說

文王作靈臺之時, 民之歸周也, 久矣, 非至此而始附也. 其曰'有靈德'者, 亦非命名之本意.953)

문왕이 영대(靈臺)를 지을 때에는 백성들이 주나라로 돌아온 지 오래되었으니, 이 때에 이르러 비로소 귀부(歸附)한 것이 아니다. 거기서 말하기를, '유영덕(有靈德)'이라는 것도 또한 영대(靈臺)의 이름을 지어 붙인 본래의 뜻이 아니다.

「下武」, 繼文也. 武王有聖德, 復受天命, 能昭先人之功焉.

---

953) 호광(胡廣) 등 찬, 『시전대전(詩傳大全)』 권16, 「대아(大雅)·문왕지십(文王之什)·영대(靈臺)」의 1장에서 "經始靈臺, 經之營之, 庶民攻之, 不日成之. 經始勿亟, 庶民子來.(영대를 비로소 지으려고 하는데 두루 헤아리고 모두 다스리시니 많은 백성들이 선뜻 일하는지라 하루도 못되어 영대를 이루도다. 짓기 시작함에 서둘지 말라 해도 많은 백성들이 자식처럼 오도다.)"라 하고, 주자의 집전에서 "賦也. '經', 度也. '靈臺', 文王所作, 謂之'靈'者, 言其倏然而成, 如神靈之所爲也. '營', 表; '攻', 作也. '不日', 不終日也. '亟', 急也. ○國之有臺, 所以望氣祲·察災祥·時觀游, 節勞佚也. 文王之臺, 方其經度營表之際, 而庶民已來作之, 所以不終日而成也. 雖文王心恐煩民, 戒令勿亟, 而民心樂之, 如子趣父事, 不召自來也. 孟子曰: '文王以民力爲臺爲沼, 而民歡樂之, 謂其臺曰靈臺, 謂其沼曰靈沼', 此之謂也.(부이다. '경'은 헤아림이다. '영대'는 문왕이 지은 것이니, '영'이라고 이른 것은 그것이 갑자기 이루어져서 마치 신령이 만든 것 같다고 말한 것이다. '영'은 나타냄이고, '공'은 일함이다. '불일'은 하루조차 마치지 못한 것이다. '극'은 급함이다. ○나라에 누대를 둠은 상서로운 기운과 나쁜 기운을 관망하고, 재앙과 상서로움을 살피고, 경물을 구경하고 노닐음을 제때에 하여 수고로움과 편안함을 조절하려는 때문이다. 문왕이 누대를 바야흐로 헤아리고 다스리는 즈음에 많은 백성들이 이미 와서 지으니, 하루도 못되어 이루어진 것이다. 비록 문왕이 백성들을 번거롭게 할까 마음으로 걱정해서 서둘지 말라고 명령하고 경계하셨으나, 백성들이 마음속으로 즐거워하면서 마치 자식이 아버지 일을 하듯이 하여 부르지 않아도 스스로 온 것이다. 맹자가 말하시기를, '문왕이 백성의 힘으로써 누대를 만들고 연못을 만들었는데 백성들이 기뻐하고 즐거워하면서 그 누대를 일러 영대라 하고, 그 연못을 일러 영소라 하였다.'라고 하였으니, 이것을 이른 것이다.)"라고 하였다.

「하무(下武)」는 문왕을 계승한 것이다. 무왕(武王)이 성인(聖人)의 덕이 있어서 다시 천명(天命)을 받아 능히 선친(先親)의 공덕을 밝힌 것이다.

辨說

'下'字, 恐誤, 說見本篇.954)
'하(下)'자가 아마도 잘못된 듯하니, 설명이 본 시편에 보인다.

詳說

○ 音現, 下同.
'현(見)'은 음이 현(現)이니, 아래도 같다.

「文王有聲」, 繼伐也. 武王能廣文王之聲, 卒其伐功也.

「문왕유성(文王有聲)」은 정벌을 계속하는 것이다. 무왕(武王)이 능히 문왕(文王)의 명성을 넓혀서 그 정벌의 공업(功業)을 마친 것이다.

詳說

○ 鄭氏曰 : "伐崇伐紂."955)
'계벌야(繼伐也)'에 대해, 정씨(鄭氏: 鄭玄)가 말하였다. "숭(崇)956)을 치고 주(紂)를 친 것이다."

辨說

---

954) 호광(胡廣) 등 찬, 『시전대전(詩傳大全)』 권16, 「대아(大雅)・문왕지십(文王之什)・하무(下武)」의 1장에서 "下武維周, 世有哲王. 三后在天, 王配于京.(문왕과 무왕이 주나라를 유지하여 대대로 명철한 임금들이 있었도다. 세 임금이 이미 천상에 가있거늘 무왕이 주나라의 서울을 맡았도다.)"라 하고, 주자의 집전에 의하면 "賦也. '下'義, 未詳. 或曰: '字當作文, 言文王・武王, 實造周也.' '哲王, 通言大王・王季也; '三后', 大王・王季・文王也. '在天', 旣沒而其精神, 上與天合也. '王', 武王也. '配', 對也, 謂繼其位, 以對三后也. '京', 鎬京也. ○此章, 美武王能纘大王・王季・文王之緖, 而有天下也.(부이다. '하'의 뜻은 자세하지 않다. 어떤 이가 말하기를, '글자가 마땅히 문으로 써야 하니, 문왕과 무왕이 실제로 주나라를 세웠음을 말하는 것이다.'라고 하였다. '철왕'은 태왕・왕계를 통틀어 말한 것이다. '삼후'는 태왕・왕계・문왕이다. '재천'은 이미 죽어서 그 정신이 위로 하늘과 합한 것이다. '왕'은 무왕이다. '배'는 대함이니, 그 지위를 계승하여 세 임금을 대하는 것을 이른다. '경'은 호경이다. ○이 장은 무왕이 태왕・왕계・문왕의 계통을 이어서 온 천하를 가진 것을 찬미한 것이다.)"라고 하였다.
955) 『모시주소(毛詩注疏)』 권23, 「대아(大雅)・문왕유성(文王有聲)」. "『箋』, '繼伐者, 文王伐崇, 而武王伐紂.'(『정전』에서, '계벌이라는 것은 문왕이 숭을 치고, 무왕이 주를 치는 것이다.'라고 하였다.)"
956) 숭(崇): 옛날 나라이름으로 상(商)나라와 동맹국이다. 주나라 문왕이 멸망시킨 나라로, 섬서성(陝西省) 서안시(西安市) 풍수(灃水) 서쪽에 있었다.

鄭譜之誤. 說見本篇.957)

정현(鄭玄)의 시보(詩譜)가 잘못이다. 설명이 본 시편에 보인다.

> 「生民」, 尊祖也. 后稷生於姜嫄, 文·武之功, 起於后稷. 故推以配天焉. 「行葦」, 忠厚也. 周家忠厚, 仁及草木. 故能內睦九族, 外尊事黃耇, 養老乞言, 以成其福祿焉.

「생민(生民)」은 선조(先祖)를 높인 것이다. 후직(后稷)은 강원(姜嫄)에게서 태어났고, 문왕과 무왕의 공덕은 후직(后稷)에게서 일어났기 때문에 미루어 하늘과 배향(配享)하여 제사한 것이다. 「행위(行葦)」는 충성스럽고 독실한 것이다. 주나라 왕실이 충성스럽고 독실하여 인정(仁政)이 풀과 나무에까지 미쳤다. 그러므로 능히 안으로 구족(九族)이 화목하고 밖으로 노인을 우러러 섬기며, 노인을 봉양함에 좋은 말을 구걸하여 그 복록을 이루었던 것이다.

詳說

○ 四字, 出『禮記』「文王世子」.958)

'양로걸언(養老乞言)', 이 네 글자는 『예기(禮記)』에 나오니, 문왕(文王)이 세자(世子)였을 때이다.

辨說

此詩, 章句本甚分明, 但以說者不知比興之體·音韻之節, 遂不復得全詩之本意, 而碎讀之, 逐句自生意義, 不暇尋繹血脈·照管前後. 但見'勿踐'·'行葦', 便謂'仁及草木'; 但見'戚戚兄弟', 便謂'親睦九族'; 但見'黃耇台背', 便謂'養老'; 但見'以祈黃耇', 便謂'乞言'; 但見'介爾景福', 便謂'成其福祿', 隨

---

957) 호광(胡廣) 등 찬, 『시전대전(詩傳大全)』 권16, 「대아(大雅)·문왕지십(文王之什)·문왕유성(文王有聲)」의 1장에서 "文王有聲. 遹駿有聲. 遹求厥寧, 遹觀厥成, 文王烝哉.(문왕이 명성을 남기시어 이에 크게 명성을 두도다. 좇아 그 편안함을 구하여 이에 그 성공함을 보시니 참으로 문왕은 훌륭하시도다.)"라 하고, 주자의 집전에서 "此詩, 言文王遷豊·武王遷鎬之事. ….(이 시는 문왕이 풍으로 천도한 것과 무왕이 호경으로 천도한 일을 말한 것이다. ….)"라고 하였다. 그리고 말미에서 "此詩, 以武功稱文王, 至于武王, 則言'皇王維辟'·'無思不服'而已, 蓋文王旣造其始, 則武王續而終之, 無難也. 又以見文王之文, 非不足於武, 而武王之有天下, 非以力取之也.(이 시는 무공으로써 문왕을 칭송하고, 무왕에 이르러서는 '황왕유벽'[5장]과 '무사불복'[6장]을 말할 따름이었으니, 문왕이 이미 그 시작을 세움에 무왕이 이를 계속하여 마치는 것이 무난했기 때문일 것이다. 또 문왕의 문은 무에 부족한 것이 아니고, 무왕이 온 세상을 가진 것은 무력으로써 취한 것이 아님을 나타낸 것이다.)"라고 하였다.

958) 호광(胡廣) 등 찬, 『예기대전(禮記大全)』 권8, 「문왕세자(文王世子)」. "凡祭與養老乞言·合語之禮, 皆小樂正, 詔之於東序.(무릇 종묘의 제례와 양로걸언의 의식과 합어의 예법은 모두 소악정이 동서에서 가르친다.)"

文生義, 無復倫理. 諸序之中, 此失尤甚, 覽者詳之.959)

이 시는 장구(章句)가 본래 매우 분명하였으나, 다만 설명하는 이가 비(比)와 흥(興)의 체식과 음운(音韻)의 단락을 알지 못하다보니, 마침내 다시 전체 시의 본뜻을 얻지 못하여 잘게 읽었는데 어구(語句)에 따라 저절로 속뜻이 생겼지만 혈맥을 찾고 앞뒤를 살펴볼 겨를은 없었다. 그래서 다만 '물천(勿踐)'·'행위(行葦)'를 보고서 바로 '인급초목(仁及草木)'이라 말하고, 다만 '척척형제(戚戚兄弟)'를 보고서 바로 '친목구족(親睦九族)'이라 말하고, 다만 '황구태패(黃耉台背)'를 보고서 바로 '양로(養老)'라 말하고, 다만 '이기황구(以祈黃耉)'를 보고서 바로 '걸언(乞言)'이라 말하고, 다만 '개이경복(介爾景福)'을 보고서 바로 '성기복록(成其福祿)'이라 말하여 글귀에 따라 뜻이 생겼으나 다시 조리(條理)를 가릴 수는 없었다. 여러 서문 가운데 이것의 잘못이 더욱 심하니, 보는 이들은 상고해야 한다.

詳說

○ 去聲, 下同.

'수불부(遂不復)'에서 '부(復)'는 거성(去聲: 다시)이니, 아래도 같다.

○ 一作'焉'.

'남자상지(覽者詳之)'에서 '지(之)'는 어떤 판본에는 '언(焉)'으로 썼다.

○ 「旣醉」, 太平也. 醉酒飽德, 人有士君子之行焉.

「기취(旣醉)」는 태평한 것이다. 술에 취하고 덕에 배불러서 사람들에게 사군자(士君子)의 행실이 있었던 것이다.

---

959) 호광(胡廣) 등 찬, 『시전대전(詩傳大全)』 권17, 「대아(大雅)·생민지십(生民之什)·행위(行葦)」의 1장에서 "敦彼行葦, 牛羊勿踐履, 方苞方體, 維葉泥泥. 戚戚兄弟, 莫遠具爾, 或肆之筵, 或授之几.(우부룩한 저 길가의 갈대를 소와 양이 밟지만 않는다면 바야흐로 움트며 생겨나서 잎이 부드럽고 윤택하리라. 가깝고 가까운 형제자매를 멀리 않고 모두 가까이하면 때로는 대자리를 펼 것이며 때로는 방석을 내어 주리라.)"라 하고, 주자의 집전에서 "疑此, 祭畢而燕父兄耆老之詩.(의심컨대 이것은 제사를 마치고 부형과 노인이 잔치를 벌이는 시인 듯하다.)"라고 하였다. 또 4장에서 "曾孫維主, 酒醴維醹. 酌以大斗, 以祈黃耉. 黃耉台背, 以引以翼. 壽考維祺, 以介景福.(증손이야말로 집안의 주인이니 술과 단술이 맛이 아주 좋도다. 큰 말통으로 술을 떠다 따르니 노인이 장수하기를 기원하도다. 누런 머릿결에 등 굽은 노인을 인도하고 도와드리며 보살펴서 오래 사시도록 바람이 길복이니 집안에 큰 복이 크기를 빌도다.)"라 하고, 주자의 집전에서 "此頌禱之詞, 欲其飮此酒而得老壽, 又相引導輔翼, 以享壽祺, 介景福也.(이것은 길고 비는 말이니, 이 술을 마시고 장수함을 얻으며, 또 서로 인도하고 도와드려서 오래 사는 길복을 누리고 집안의 큰 복이 크기를 바란 것이다.)"라고 하였다.

詳說

○ 去聲.
'행(行)'은 거성(去聲: 행위, 행실)이다.

辨說

序之失, 如上篇.960) **蓋亦爲『孟子』斷章所誤爾.**961)
서문의 잘못이 위의 시편과 같다. 대개 또한 『맹자(孟子)』의 단장취의(斷章取義)가 잘못한 것이 될 뿐이다.

○ 碎讀.
'여상편(如上篇)'의 경우, '쇄독(碎讀)'이다.

○ 「告子」.962)
'『맹자』(『孟子』)'는 「고자(告子)」이다.

○ 音短.

---

960) 위의 「행위(行葦)」에 주자의 변설에서 "但見'勿踐'·'行葦', 便謂'仁及草木'; 但見'戚戚兄弟', 便謂'親睦九族'; 但見'黃耉台背', 便謂'養老'; 但見'以祈黃耉', 便謂'乞言'; 但見'介爾景福', 便謂'成其福祿', 隨文生義, 無復倫理.(다만 '물천'·'행위'를 보고서 바로 '인급초목'이라 말하고, 다만 '척척형제'를 보고서 바로 '친목구족'이라 말하고, 다만 '황구태배'를 보고서 바로 '양로'라 말하고, 다만 '이기황구'를 보고서 바로 '걸언'이라 말하고, 다만 '개이경복'을 보고서 바로 '성기복록'이라 말하여 글귀에 따라 뜻이 생겼으나 다시 조리(條理)를 가릴 수는 없었다.)"라고 한 것을 말한다.

961) 호광(胡廣) 등 찬, 『시전대전(詩傳大全)』권17, 「대아(大雅)·생민지십(生民之什)·기취(旣醉)」의 1장에서 "旣醉以酒, 旣飽以德, 君子萬年, 介爾景福.(이미 술을 마셔 취하였고 이미 은덕으로써 배부르니 군자께서 장수하시는 것이 네 큰 복을 크게 함이로다.)"라 하고, 주자의 집전에서 "此, 父兄所以答'行葦'之詩, 言:'享其飮食恩意之厚, 而願其受福', 如此也.(이는 부형이 「행위」에 답한 시이니, 말하기를 '그 음식과 은의의 후함을 누리고, 그 복을 받기를 원한다.'고 한 것이 이와 같은 것이다.)"라고 하였다. 이것을 맹자가 본뜻과 달리 인의(仁義)에 배부르고 명성과 명예를 이루는 것으로 해석한 것을 지적한 것이다.

962) 『맹자집주대전(孟子集註大全)』권11, 「고자장구상(告子章句上)」. "『詩』云:'旣醉以酒, 旣飽以德', 言飽乎仁義也, 所以不願人之膏粱之味也. 令聞廣譽施於身, 所以不願人之文繡也.(『시경』에서 이르기를, '이미 술에 취하였고, 이미 덕에 배불렀네.'라고 하였으니, 인과 의에 배가 부르니 사람들의 고량진미를 원하지 않는 까닭이고, 좋은 소문과 너른 명예를 몸에 베푸니 사람들의 관복을 원하지 않는 까닭이다.)" 이밖에도 『맹자집주대전(孟子集註大全)』권5, 「등문공장구상(滕文公章句上)」에서 "'魯頌':曰'戎狄是膺, 荊舒是懲.'周公, 方且膺之, 子是之學, 亦爲不善變矣.(「노송」에 말하기를, '서쪽 오랑캐와 북쪽 오랑캐를 이에 치니, 형나라와 서나라가 이에 다스려지도다.'라고 하니, 주공이 바야흐로 장차 친 것이거늘, 그대가 오랑캐를 배웠으니 또한 잘 변화하지 못함이 되는 것이다.)"라고 하였는데, 주자의 집주에서 "'魯頌', 「閟宮」之篇也. '膺', 擊也. '荊', 楚本號也. '舒', 國名, 近楚者也. '懲', 艾也. 今按, 此詩, 爲僖公之頌, 而孟子以周公言之, 亦斷章取義也.(「노송」은 「비궁」의 시편이다. '응'은 침이다. '형'은 초나라의 본래 일컬음이다. '서'는 나라 이름이니, 초나라에 가까운 것이다. '징'은 다스림이다. 지금 살펴보건대, 이 시편은 희공을 위한 송인데, 맹자가 주공으로써 말하였으니, 또한 단장취의인 것이다.)"라고 하였다.

'단(斷)'은 음이 단(短)이다.

○ 如上「緇衣」之誤也.963)
'소오이(所誤爾)'의 경우, 위의 「치의(緇衣)」의 잘못과 같다.

○ 「鳧鷖」, 守成也. 太平之君子, 能持盈守成, 神祇祖考, 安樂之也.

「부예(鳧鷖)」는 이루어놓은 왕업(王業)을 지키고 이어나가는 것이다. 태평한 시대의 군자가 능히 이루어놓은 왕업을 유지하고 지켜서 천신(天神)과 지기(地祇)와 조고(祖考)가 안심(安心)하고 즐거워하는 것이다.

詳說
○ 音岐.
'기(祇)'는 음이 기(岐)이다.

○ 音洛.
'락(樂)'은 음이 락(洛)이다.

辨說
同上.
위와 같다.

詳說
○ 失.964)

---

963) 위[小雅]의 「도인사(都人士)」 주자의 변설(辨說)에서 "此序, 蓋用「緇衣」之誤.(이 서문은 대개 「치의」의 오류를 사용하였다.)"라고 하였는데, 박문호의 상설(詳說)에서 "因「緇衣」所引用之誤也.(「치의」가 인용한 것의 오류에 말미암은 것이다.)"라고 하였다.
964) 호광(胡廣) 등 찬, 『시전대전(詩傳大全)』 권17, 「대아(大雅)・생민지십(生民之什)・부예(鳧鷖)」의 1장에서 "鳧鷖在涇, 公尸來燕來寧. 爾酒旣淸, 爾殽旣馨. 公尸燕飮, 福祿來成.(오리와 갈매기가 경수에 있거늘 공시가 잔치에 와서 편안하도다. 네 잔치에 술이 맑을 뿐 아니라 네가 차린 안주가 모두 맛있도다. 공시가 잔치에 와서 술을 마시니 복록이 들어와서 이루어지리로다.)"라 하고, 주자의 집전에서 "此, 祭之明日, 繹而賓尸之樂.(이는 제사지낸 다음날에 역 제사를 지내고서 공시에게 손님의 예를 갖추어 잔치를 베푸는 음악이다.)"라고 하였다.

서문이 잘못되었다.

○ 「假樂」, 嘉成王也.

「가락(假樂)」은 성왕(成王)을 아름답게 여긴 것이다.

詳說

○ 音洛.

'락(樂)'은 음이 락(洛)이다.

辨說

'假', 本'嘉'字. 然非爲嘉成王也.[965]

'가(假)'는 본래 '가(嘉)'자이다. 그러나 성왕(成王)을 아름답게 여김이 되는 것이 아니다.

○ 「公劉」, 召康公戒成王也. 成王將涖政, 戒以民事, 美公劉之厚於民, 而獻是詩也.

「공류(公劉)」는 소강공(召康公)이 성왕(成王)을 경계한 것이다. 성왕이 장차 정사에 임하려 할 때 백성의 일로써 경계하였는데, 공류(公劉)가 백성들에게 두터이 대한 것을 아름답게 여기면서 이 시를 바친 것이다.

辨說

召康公, 名奭. 成王卽位, 年幼, 周公攝政, 七年而歸政焉. 於是, 成王始將涖政, 而召公爲太保, 周公爲太師, 以相之. 然此詩未有以見其爲康公之作, 意其傳授 或有自來耳. 後篇召穆公·凡伯·仍叔, 放此.

소강공(召康公)은 이름이 적(奭)이다. 성왕(成王)이 즉위함에 나이가 어려서 주공

---

[965] 호광(胡廣) 등 찬, 『시전대전(詩傳大全)』 권17, 「대아(大雅)·생민지십(生民之什)·부예(鳧鷖)」의 1장에서 "假樂君子. 顯顯令德. 宜民宜人, 受祿于天. 保右命之, 自天申之.(아름답고 즐거운 군자여, 드러난 훌륭한 덕이로다. 백성과 신하들의 법 되니 하늘에서 복록을 받도다. 보호하고 돕고 명하면서 하늘로부터 거듭 받도다.)"라 하고, 주자의 집전에서 "言:'王之德, 旣宜民人而受天祿矣, 而天之於王, 猶反覆眷顧之不厭, 旣保之右之命之, 而又申重之也.' 疑此, 卽公尸之所以答「鳧鷖」者也.(말하기를, '임금의 덕이 이미 백성과 신하에게 마땅하여 하늘의 복록을 받았는데 하늘이 임금에 대해서 여전히 반복하여 돌보아주기를 싫어하지 않아 이미 보호하고 도와주고 명하면서 또 거듭하고 거듭한다.'고 한 것이다. 의심컨대 이것은 공시가 「부예」에 화답한 것인 듯하다.)"라고 하였다.

(周公)이 섭정하여 7년이 되어서 정권을 돌려주었다. 이에 성왕이 비로소 장차 정사에 임하려 함에 소공(召公)을 태보(太保)로 삼고, 주공(周公)을 태사(太師)로 삼아서 돕게 하였다. 그러나 이 시는 강공(康公)의 작품이 됨을 볼 수 있는 것이 있지 않으니, 생각하건대 그 전수함에 혹시 유래가 있었는가 싶을 뿐이다. 뒤의 시편에 소목공(召穆公)·범백(凡伯)·잉숙(仍叔)도 이것에 준거한다.

詳說

○ 音適.
　'적(覐)'은 음이 적(適)이다.

○ 去聲.
　'상(相)'은 거성(去聲: 돕다)이다.

「洞酌」, 召康公戒成王也, 言: '皇天親有德, 饗有道也.'

「형작(洞酌)」은 소강공(召康公)이 성왕(成王)을 경계한 것이니, 말하기를 '황천은 덕 있는 이를 가까이하고, 도 있는 이를 대접한다.' 라고 하였다.

辨說

序無大失, 然語意亦疏.
서문은 큰 잘못이 없으나 말뜻이 또한 허술하다.

「卷阿」, 召康公戒成王也, 言: '求賢用吉士也.'

「권아(卷阿)」는 유왕(幽王)을 풍자한 것이다. 소강공(召康公)이 성왕(成王)을 경계한 것이니, 말하기를 '현명한 이를 구하고 착한 선비를 등용하라.' 라고 하였다.

辨說

'求賢用吉士', 本用詩文, 而言固爲不切. 然亦未必分爲兩事, 後之說者, 旣誤認'豈弟君子'爲賢人, 遂分賢人·吉士爲兩等, 彌失之矣. 夫「洞酌」之'豈弟君子', 方爲成王, 而此詩遽爲所求之賢人, 何哉.
'구현용길사(求賢用吉士)'는 본래 시의 글귀로 쓴 것이나 말이 진실로 간절하지 않다. 그러나 또한 반드시 두 가지 일로 나누어지지 않는데도 후세의 설명하는 이가 이미 '개제군자(豈弟君子)'를 잘못 인정하여 현명한 사람이라 하고, 마침내 현명한 사람과 학한 선비로 나누어 두 가지라고 하였으니, 더욱 잘 못한 것이다. 저 「형작(泂酌)」의 '개제군자(豈弟君子)'를 이제 금방 성왕(成王)이라 해놓고 이 시에서는 문득 현명한 사람을 구하는 것이라 함은 무엇인가.

詳說

○ 深抑序者.

'언고위부절(言固爲不切)'에서 볼 때, 심히 서문 쓴 이를 누른 것이다.

○ 微扶序者.

'연역미필분위양사(然亦未必分爲兩事)'에서 볼 때, 약간 서문 쓴 이를 떠받친 것이다.

○ 音愷.

'개(豈)'는 음이 개(愷)이다.

○ 去聲.966)

'제(弟)'는 거성(去聲: 차례, 아우)이다.

○ 與鄭之「狡童」, 相類.967)

'하재(何哉)'의 경우, 「정풍(鄭風)·교동(狡童)」과 서로 유사하다.

「民勞」, 召穆公刺厲王也.968)

---

966) 여기서 '弟'는 거성(去聲)이 아니라 상성(上聲)이라고 해야 한다. 거성(去聲)이면 그 뜻이 '아우'가 되고, 상성(上聲)이면 그 뜻이 '공경하다[悌]'가 되기 때문이다.
967) 위의 정(鄭)나라의 「교동(狡童)」의 서문은 다음과 같다. "狡童, 刺忽也. 不能與賢人圖事, 權臣擅命也.(「교동」은 공자 홀을 풍자한 것이다. 현명한 사람과 일을 도모할 수 없었고, 권신들이 제멋대로 명령하였다.)"
968) 호광(胡廣) 등 찬, 『시전대전(詩傳大全)』 권17, 「대아(大雅)·생민지십(生民之什)·부예(鳧鷖)」의 1장 아래 주자의 집전에서 "序說, 以此爲召穆公刺厲王之詩, 以今考之, 乃同列相戒之詞耳, 未必專爲刺王而發. 然其憂時感事之意, 亦可見矣. … 穆公, 名虎, 康公之後; 厲王, 名胡, 成王七世孫也.(서설에는 이것으로써 소목공이 여왕을 풍자한 시라고 하였는데, 지금 살펴보건대 바로 같은 항렬이 서로 경계한 말일 뿐이고, 반드시 오로지 임금을 풍자하기 위하여 말한 것은 아니다. 그러나 그 시정을 걱정하고 정사에 느끼는 뜻을 또한 볼 수 있다. … 목공은 이름이 호이니 강공의 후손이고, 여왕은 이름이 호이니, 성왕의 7세손이다.)"라고 하였다.

「민로(民勞)」는 소목공(召穆公)이 여왕(厲王)을 풍자한 것이다.

○ 「板」, 凡伯刺厲王也.

「판(板)」은 범백(凡伯)이 여왕(厲王)을 풍자한 것이다.

詳說

○ 鄭氏曰 : "周公之胤, 入爲卿士."969)

'범백(凡伯)'에 대해, 정씨(鄭氏: 鄭玄)가 말하였다. "주공(周公)의 맏이니, 조정에 들어가서 경사(卿士)가 되었다."

○ 「蕩」, 召穆公傷周室大壞也. 厲王無道, 天下蕩蕩, 無綱紀文章, 故作是詩也.

「탕(蕩)」은 소목공(召穆公)이 주나라 왕실이 크게 무너져감을 안쓰럽게 여긴 것이다. 여왕(厲王)이 무도(無道)하고 온 세상이 방탕하여 기강(紀綱)과 예악제도(禮樂制度)가 없었기 때문에 이 시를 지은 것이다.

辨說

蘇氏曰 : "「蕩」之名篇, 以首句有'蕩蕩上帝'耳. 序說云云, 非詩之本意也."970)

소씨(蘇氏: 蘇轍)971)가 말하였다. "「탕(蕩)」의 편명은 머리 구절에 '탕탕상제(蕩蕩上帝)'가 있기 때문일 뿐이다. 서문의 설명에 이러쿵저러쿵 말한 것은 시의 본뜻

---

969) 『모시주소(毛詩注疏)』 권24, 「대아(大雅)·판(板)」. "『箋』云, '凡伯, 周同姓, 周公之胤也, 入爲王卿士.'(『정전』에서, '범백은 주나라와 같은 성으로 주공의 맏이니, 조정에 들어가서 왕의 경사가 되었다.'라고 하였다.)"
970) 소철(蘇轍) 찬, 『시집전(詩集傳)』 권17, 「탕지십(蕩之什)·대아(大雅)·탕(蕩)」. "「蕩」之所以爲「蕩」, 由詩有'蕩蕩上帝'也. 『毛詩』之序, 以爲'天下蕩蕩, 無綱紀文章', 則其所以名篇, 非其詩之意矣.(「탕」이 「탕」이라고 한 것은 시에 '탕탕상제(蕩蕩上帝)'가 있음에 말미암은 것이다. 『모시』의 서문에서 '天下蕩蕩, 無綱紀文章(천하탕탕, 무강기문장)'이라고 하였다면 그 시편의 이름 붙인 까닭은 그 시의 뜻이 아니다.)"
971) 소씨(蘇氏: 蘇轍): 소철(1039-1112)는 북송의 학자로, 자가 자유(子由) 또는 동숙(同叔)이고, 호가 난성(欒城) 또는 영빈유로(潁濱遺老)이고, 시호가 문정(文定)이며, 미주(眉州) 미산(眉山) 사람이다. 1057년에 진사에 급제하여 벼슬이 비서성교서랑(秘書省校書郎)을 시작으로 우사간(右司諫)·어사중승(御史中丞)·상서우승(尙書右丞)·문하시랑(門下侍郎) 등을 거쳐 재상(宰相)에 이르렀다. 당송팔대가(唐宋八大家)의 한 사람으로 시문에 뛰어났으며, 아버지 소순(蘇洵) 및 형 소식(蘇軾)과 함께 삼소(三蘇)로 일컬었다. 저서로는 『난성집(欒城集)』 외에 『시집전(詩集傳)』·『소씨춘추집해(蘇氏春秋集解)』·『논어습유(論語拾遺)』·『맹자해(孟子解)』·『노자해(老子解)』·『고사(古史)』·『용천약지(龍川略志)』 등이 있다.

이 아니다."

○ 「抑」, 衛武公刺厲王, 亦以自警也.

「억(抑)」은 위(衛)나라 무공(武公)이 여왕(厲王)을 풍자하고, 또한 스스로 경계한 것이다.

辨說

此詩之序, 有得有失, 蓋其本例以爲非美非刺, 則詩無所爲而作. 又見此詩之次, 適出於宣王之前, 故直以爲刺厲王之詩; 又以『國語』有左史之言, 故又以爲亦以自警. 以詩考之, 則其曰'刺厲王'者, 失之. 而曰'自警'者, 得之也. 夫曰'刺厲王'之所以爲失者, 『史記』衛武公卽位于宣王之三十六年, 不與厲王同時, 一也; 詩以'小子'目其君, 而'爾'·'汝'之, 無人臣之禮, 與其所謂'敬威儀'972)·'愼出話'973)者, 自相背戾, 二也; 厲王無道, 貪虐爲甚, 詩不以此箴其膏肓, 而徒以威儀詞令, 爲諄切之戒, 緩急失宜, 三也; 詩詞倨慢, 雖仁厚之君, 有所不能容者, 厲王之暴, 何以堪之, 四也; 或以『史記』之年不合, 而以爲追刺者, 則詩所爲'聽用我謀, 庶無大悔', 非所以望于旣往之人, 五也. 曰'自警'之所以爲得者, 『國語』左史之言, 一也; 詩曰'謹爾侯度'974), 二也; 又曰'日喪厥國'975), 三也; 又曰'亦聿旣耄'976), 四也; 詩意所指, 與「淇奧」977)所美·「賓筵」978)所悔, 相表裏, 五也. 二說之得失, 其左驗明白如此, 必去其失而取其得然後, 此詩之義明. 今序者, 乃欲合而一之, 則其失者, 固已失之, 而其得者, 亦未足爲全得也. 然此猶自其詩之外而言之也, 若但卽其詩之本文, 而各以其一說反復讀之, 則其訓義之顯晦疏密, 意味之厚薄淺深, 可以不待考證而判然於胸中矣. 此又讀詩之簡要直訣, 學者不可以不知也.

이 시의 서문은 맞는 것도 있고 잘못된 것도 있다. 대개 그 본보기가 찬미함이 아니거나 풍자함이 아니면 시를 써서 짓는 일이 없었을 것이다. 또 이 시의 차례를 보면 다만 선왕(宣王) 이전에 나왔기 때문에 곧바로 여왕(厲王)을 풍자한 시라고

---

972) 호광(胡廣) 등 찬, 『시전대전(詩傳大全)』 권18, 「대아(大雅)·탕지십(蕩之什)·억(抑)」의 2장과 5장에 있다.
973) 호광(胡廣) 등 찬, 『시전대전(詩傳大全)』 권18, 「대아(大雅)·탕지십(蕩之什)·억(抑)」의 5장에 있다.
974) 호광(胡廣) 등 찬, 『시전대전(詩傳大全)』 권18, 「대아(大雅)·탕지십(蕩之什)·억(抑)」의 5장에 있다.
975) 호광(胡廣) 등 찬, 『시전대전(詩傳大全)』 권18, 「대아(大雅)·탕지십(蕩之什)·억(抑)」의 12장에 있다.
976) 호광(胡廣) 등 찬, 『시전대전(詩傳大全)』 권18, 「대아(大雅)·탕지십(蕩之什)·억(抑)」의 11장에 있다.
977) 호광(胡廣) 등 찬, 『시전대전(詩傳大全)』 권3, 「국풍(國風)·위(衛)·기욱(淇奧)」.
978) 호광(胡廣) 등 찬, 『시전대전(詩傳大全)』 권14, 「소아(小雅)·상호지십(桑扈之什)·빈지초연(賓之初筵)」.

하였으며, 또 『국어(國語)』에 좌사(左史)의 말이 있기 때문에 또 그것으로써 또한 스스로 경계한 것이라고 하였다. 시로써 살펴보면 그 시에서 '자여왕(刺厲王: 여왕을 풍자함)'이라고 한 것은 잘못되었고, '자경(自警: 스스로 경계함)'이라고 한 것은 맞았다. 저기서 '여왕을 풍자함'이라고 말한 것이 잘못인 까닭은, 『사기(史記)』에 위(衛)나라 무공(武公)이 선왕(宣王) 36년에 즉위하여 여왕(厲王)과 때가 같지 않음이 첫 번째이며, 시에서 '소자(小子)'로써 그 임금을 지목하고서 '이(爾)'와 '여(汝)'라고 하여 신하의 예의가 없으니 이른바 '경위의(敬威儀: 위의를 공경함)'와 '신출화(愼出話: 하는 말을 삼감)'와 저절로 서로 배반되고 어그러짐이 두 번째이며, 여왕(厲王)이 무도하고 탐학함이 심한데도 시는 이로써 그 중대 결점을 경계하지 않고 다만 예의 있는 몸가짐과 적절하게 응대하는 말로써 정성되고 간절한 경계라고 여겨 완급을 조절하는 데 마땅함을 잃은 것이 세 번째이며, 시의 말이 거만하여 비록 인자하고 후덕한 임금이라도 용납할 수 없는 것이 있는데 여왕(厲王)의 포학함을 어떻게 감당하겠는가 하는 것이 네 번째이며, 어떤 이는 글이 『사기(史記)』의 연표(年表)와 맞지 않는 것으로써 시대를 거슬러서 풍자한 것이라고 여긴다면 시에서 '청용아모, 서무대회(聽用我謀, 庶無大悔: 나의 계책을 들어 쓴다면 거의 큰 후회가 없으리라.)'라고 한 것은 이전의 사람에게 바라는 것이 아님이 됨이 다섯 번째이다. '스스로 경계함'이라고 한 것이 맞는 까닭은, 『국어(國語)』에 좌사(左史)의 말이 첫 번째이며, 시에서 '근이후도(謹爾侯度: 네가 제후의 풍도를 삼감)'라고 한 것이 두 번째이며; 또 '왈상궐국(曰喪厥國: 그 나라를 망하게 함)'이라고 한 것이 세 번째이며; 또 '역율기모(亦聿旣耄: 또한 마침내 늙어버림)'라고 한 것이 네 번째이며; 시의 뜻이 가리키는 것이 「기욱(淇奧)」에서 찬미한 것 및 「빈연(賓筵)」에서 뉘우친 것과 서로 안팎의 관계인 것이 다섯 번째이다. 두 말의 맞고 잘못됨을 증명한 것이 이와 같이 명백하니 반드시 그 잘못된 것을 버리고 그 맞는 것은 취한 뒤라야 이 시의 뜻이 분명해지는 것이다. 지금 서문을 쓴 이가 합쳐서 하나로 하고자 하였으니, 그 잘못된 것은 본디 이미 잘못되었지만 그 맞는 것은 또한 온전하게 맞는 것이 될 수가 없다. 그러나 이것은 오히려 그 시의 바깥으로부터 말한 것이지만, 만약 다만 그 시의 본문에 나아가서 각각 그 하나씩 말을 반복해서 읽는다면 그 뜻을 새김의 드러나고 어두우며 허술하고 세밀함과 의미의 많고 적으며 얕고 깊음이 고증을 하지 않고도 가슴속에 확실하게 드러날 것이다. 이는 또 시를 읽음에 간단하고 요령 있는 직접적인 방법이니, 배우는 이가 알지 않아서는 안 된다.

詳說

○ 次第.
  '우견차시지차(又見此詩之次)'의 경우, 차례이다.

○ 「楚語」.
  '『국어』(『國語』)'는 「초어(楚語)」이다.

○ 倚相.979)
  '좌사(左史)'는 의상(倚相)이다.

○ 音扶.
  '부(夫)'는 음이 부(扶)이다.

○ 三代年表.
  '『사기』(『史記』)'의 경우, 삼대(三代)의 연표(年表)이다.

○ 一作'謹'.
  '신(愼)'은 어떤 판본에는 '근(謹)'으로 썼다.

○ 音佩.
  '패(背)'는 음이 패(佩)이다.

○ 針同.
  '잠(箴)'은 침(針)과 같다.

○ 音荒.
  '황(肓)'은 음이 황(荒)이다.

---

979) 의상(倚相)은 초(楚)나라 인물로 의씨(倚氏)의 시조이다. 또는 구씨(丘氏)의 족보에는 강성(姜姓)이고 구씨(丘氏)이며 이름이 의상(倚相)이라 하고, 춘추시대 초나라 좌사(左史)로 좌구명(左丘明)의 할아버지이고, 구목공(丘穆公) 여인(呂印)의 후손이라고 하였다. 좌사(左史)의 벼슬로 초나라의 『훈전(訓典)』에 정통하고, 상고시대 제왕의 유서(遺書)인 『삼분(三墳)』·『오전(五典)』·『팔색(八索)』·『구구(九丘)』를 잘 읽었다고 한다.

○ 去聲.

'왈상(曰喪)'에서 '상(喪)'은 거성(去聲: 상실하다, 죽다)이다.

○ 上聲.

'필거(必去)'에서 '거(去)'는 상성(上聲: 버리다, 포기하다)이다.

○「桑柔」, 芮伯刺厲王也.

「상유(桑柔)」는 예백(芮伯)이 여왕(厲王)을 풍자한 것이다.

辨說

序, 與『春秋傳』合.980)
서문이 『춘추전(春秋傳)』과 서로 잘 맞는다.

詳說

○『左』「文 元年」.981)

'『춘추전』(『春秋傳』)'은 『좌전(左傳)』「문공(文公) 원년」.

○「雲漢」, 仍叔美宣王也. 宣王承厲王之烈, 內有撥亂之志, 遇災而懼, 側身修行, 欲銷去之, 天下喜於王化復行, 百姓見憂, 故作是詩也.

「운한(雲漢)」은 잉숙(仍叔)이 선왕(宣王)을 찬미한 것이다. 선왕(宣王)이 여왕(厲王)의 뒤를 이었으나 안으로 어지러움을 다스리려는 뜻이 있어 재앙을 만남에 두려워 불안해하면서도 행실을 닦아서 재앙이 없어지려고 하자 온 세상이 왕의 교화가 다시 행해짐을 기뻐하고 백성들이 임금을 걱정하는 모습을 보였기 때문에 이 시를 지은 것이다.

---

980) 호광(胡廣) 등 찬, 『시전대전(詩傳大全)』 권18. 「대아(大雅)·탕지십(蕩之什)·상유(桑柔)」의 1장 아래 주자의 집전에서 "舊說, '此爲芮伯刺厲王而作', 『春秋傳』亦曰: '芮良夫之詩', 則其說, 是也.(옛날 언설에 '이는 예백이 여왕을 풍자하기 위하여 지은 것이다.'라 하였고, 『춘추전』에도 또한 말하기를 '예량부의 시이다.'라고 하였으니, 그 말이 옳다.)"라고 하였다.
981) 『춘추좌전주소(春秋左傳注疏)』 권17. 「문공(文公) 원년」. "周大夫芮伯, 刺厲王, 言: '貪人之敗善類, 若大風之行毀壞衆物, 所在成蹊徑.(주나라 대부 예백이 여왕을 풍자하였으니, 말하기를 ….)"

詳說

○ 鄭氏曰 : "餘."982)

'선왕승여왕지렬(宣王承厲王之烈)'에 대해, 정씨(鄭氏: 鄭玄)가 말하였다. "뒤이다."

○ 去聲.

'측신수행(側身修行)'에서 '행(行)'은 거성(去聲: 행실)이다.

○ 上聲.

'욕소거(欲銷去)'에서 '거(去)'는 상성(上聲: 제거하다)이다.

○ 去聲.

'부(復)'는 거성(去聲: 다시)이다.

○ 見憂於王.

'백성견우(百姓見憂)'의 경우, 임금을 근심하는 모습을 보였다.

辨說

此序, 有理.983)

이 서문은 조리(條理)가 있다.

---

982) 『모시주소(毛詩注疏)』 권25, 「대아(大雅)·운한(雲漢)」. "『箋』云: '仍叔, 周大夫也. 『春秋』魯桓公五年夏, 天王使仍叔之子來聘. 烈, 餘也. 雲漢, 天河也. 自此至「常武」六篇, 宣王之變大雅.'(『정전』에 이르기를, '잉숙은 주나라 대부이다. … 열은 뒤이다. 운한은 하늘의 은하수이다. 이로부터 「상무」까지 여섯 편은 선왕의 변대아이다.'라고 하였다.)"

983) 호광(胡廣) 등 찬, 『시전대전(詩傳大全)』 권18, 「대아(大雅)·탕지십(蕩之什)·운한(雲漢)」의 1장에서 "倬彼雲漢, 昭回于天. 王曰於乎. 何辜今之人. 天降喪亂, 饑饉薦臻, 靡神不舉, 靡愛斯牲, 圭璧旣卒, 寧莫我聽.(밝은 빛나는 저 하늘의 은하수여. 밝게 빛나며 하늘을 돌고 있도다. 임금께서 탄식하여 말하기를, 아! 지금 사람에게 무슨 죄가 있는가. 하늘이 죽게 되는 재앙을 내려서 흉년의 굶주림이 거듭 닥쳤기에 신께 제사 올리지 않음이 없어서 희생을 받들어 아끼지 않았으며 규벽 그릇으로 차려서 마쳤거늘 어찌 내 말을 들어주지 아니한가.)"라 하고, 주자의 집전에서 "舊說, 以爲'宣王承厲王之烈, 內有撥亂之志, 遇災而懼, 側身修行, 欲消去之, 天下喜於王化復行, 百姓見憂. 故仍叔作此詩以美之.' 言'雲漢'者, 夜晴則天河明, 故遠王仰訴於天之詞, 如此也.(옛날 언설에, '선왕이 여왕의 뒤를 이어 안으로 어지러움을 다스리려는 뜻이 있었는데 재앙을 만남에 두려워 불안해하면서도 행실을 닦아서 재앙이 없어지려고 하자 온 세상이 왕의 교화가 다시 행해짐을 기뻐하고 백성들이 임금을 걱정하는 모습을 보였기 때문에 잉숙이 이 시를 지어서 찬미한 것이다.'라고 하였다. '운한'이라고 말한 것은 밤에 하늘이 맑으면 은하수가 밝기 때문에 임금이 하늘을 우러러 호소하는 말을 진술함이 이와 같았던 것이다.)"라고 하였다.

「崧高」, 尹吉甫美宣王也. 天下復平, 能建國親諸侯, 襃賞申伯焉.

「숭고(崧高)」는 윤길보(尹吉甫)가 선왕(宣王)을 찬미한 것이다. 온 세상이 다시 화평하여 능히 나라를 재건하고 제후들이 친하게 되자 신백(申伯)을 기리고 상을 준 것이다.

詳說

○ 去聲.
'부(復)'는 거성(去聲: 다시)이다.

辨說

此, 尹吉甫送申伯之詩. 因可以見宣王中興之業耳, 非專爲美宣王而作也. 下三篇, 放此.984)

이것은 윤길보(尹吉甫)가 신백(申伯)을 전송하는 시이다. 이에 선왕(宣王)이 중흥한 왕업을 볼 수 있을 뿐이니, 오로지 선왕(宣王)을 찬미하기 위하여 지은 것이 아니다. 아래의 세 편도 이에 준거한다.

「烝民」, 尹吉甫美宣王也. 任賢使能, 周室中興焉.

「증민(烝民)」은 윤길보(尹吉甫)가 선왕(宣王)을 찬미한 것이다. 현명한 사람에게 정사를 맡기고 유능한 사람을 부려서 주나라 왕실을 중흥시킨 것이다.

辨說

同上.985)
위와 같다.

詳說

---

984) 호광(胡廣) 등 찬, 『시전대전(詩傳大全)』 권18, 「대아(大雅)·탕지십(蕩之什)·숭고(崧高)」의 1장 아래 주자의 집전에서 "宣王之舅申伯, 出封于謝, 而尹吉甫作詩以送之.(선왕의 외숙인 신백이 나가서 사읍에 봉해지자 윤길보가 시를 지어 전송한 것이다.)"
985) 호광(胡廣) 등 찬, 『시전대전(詩傳大全)』 권18, 「대아(大雅)·탕지십(蕩之什)·숭고(崧高)」의 1장 아래 주자의 집전에서 "宣王命樊侯仲山甫, 築城于齊, 而尹吉甫作詩以送之.(선왕이 번후인 중산보에게 명하여 제나라에 성을 쌓게 하였는데 윤길보가 시를 지어 전송한 것이다.)"라고 하였다.

○ 尹吉甫送仲山甫也, 非專美王也.
　　윤길보(尹吉甫)가 중산보(仲山甫)를 전송한 것이고, 오로지 임금을 찬미한 것이 아니다.

「韓奕」, 尹吉甫美宣王也. 能錫命諸侯.
「한혁(韓奕)」은 윤길보(尹吉甫)가 선왕(宣王)을 찬미한 것이다. 능히 제후들에게 작명(爵命)을 내린 것이다.

辨說
同上. 其曰'尹吉甫'者, 未有據, 下二篇同. 其曰'能錫命諸侯', 則尤淺陋無理矣. 旣爲天子, 錫命諸侯, 乃其常事, 春秋戰國之時, 猶有能行之者, 亦何足爲美哉.
위와 같다. 거기서 '윤길보(尹吉甫)'라고 한 것은 증거가 없으니, 아래의 두 편도 같다. 그 '능히 제후들에게 작명(爵命)을 내린 것이다.'라고 한 것은 더욱 얕고 좁으며 조리(條理)가 없다. 이미 천자가 되었다면 제후들에게 작명(爵命)을 내리는 것은 이에 그 일상적인 일일 테고, 춘추전국의 시대에 오히려 능히 행한 것이 있었으니 어찌 아름다움이 될 수 있겠는가.

詳說
○ 送韓侯也, 非專美王也.
　　'동상(同上)'에서 볼 때, 한(韓)나라 제후를 보낸 것이고, 오로지 임금을 찬미한 것이 아니다.

○ 或四之訛.
　　'하이편동(下二篇同)'에서 이(二)는 혹시 사(四)가 그릇된 것인 듯싶다.

○ 一作'自'.
　　'내(乃)'는 어떤 판본에는 '자(自)'로 썼다.

○ 命三晉·田·齊之類.
　　'유유능행지자(猶有能行之者)'에서 볼 때, 세 나라인 진(晉)나라와 전(田)나라와 제(齊)나라에 작명(爵命)하였다는 유형이다.

「江漢」, 尹吉甫美宣王也. 能興衰撥亂, 命召公平淮夷.

「강한(江漢)」은 윤길보(尹吉甫)가 선왕(宣王)을 찬미한 것이다. 능히 쇠퇴한 나라를 일으키고 어지러움을 다스려 소공(召公)에게 명하여 준이(淮夷)를 평정하도록 한 것이다.

辨說

'吉甫', 見上.986) 他說, 得之.

'길보(吉甫)'는 위에서 보였다. 다른 말도 맞는다.

詳說

○ 音現, 下並同.

'현(見)'은 음이 현(現)이니, 아래도 아울러 같다.

「常武」, 召穆公美宣王也. 有常德, 以立武事, 因以爲戒然.

「상무(常武)」는 소목공(召穆公)이 선왕(宣王)을 찬미한 것이다. 한결 같은 덕이 있어 군대에 관한 일을 이루었는데, 이에 경계로 삼은 것이다.

辨說

'召穆公', 見上.987) 所解名篇之意, 未知其果然否. 然於理, 亦通.

'소목공(召穆公)'은 위에서 보였다. 시편을 이름 붙인 뜻을 해설한 것은 그것에 과연 그런지 아닌지 알지 못한다. 그러나 사리(事理)에는 또한 통한다.

詳說

○ 未有據.

'현상(見上)'의 경우, 근거가 있지 않다.

---

986) 위의 「대아(大雅)·탕지십(蕩之什)·숭고(崧高)」에서 윤길보(尹吉甫)를 언급하였다.
987) 위의 「소아(小雅)·녹명지십(鹿鳴之什)·상체(常棣)」에서 주자의 변설(辨說)에서 소목공(召穆公)을 언급하였는데, 이에 박문호(朴文鎬)는 상설(詳說)에서 '소목공(召穆公)'은 '소호(召虎)'라고 하였다.

○ 「瞻卬」, 凡伯刺幽王大壞也.

「첨앙(瞻卬)」는 범백(凡伯)이 유왕(幽王)이 크게 무너뜨림을 풍자한 것이다.

詳說

○ 音仰.

'앙(卬)'은 음이 앙(仰)이다.

辨說

'凡伯', 見上.988)

'범백(凡伯)'은 위에서 보였다.

詳說

○ 未有據.

'현상(見上)'의 경우, 근거가 있지 않다.

○ 「召旻」, 凡伯刺幽王大壞也. '旻', 閔也, 閔天下無如召公之臣也.

「소민(召旻)」은 범백(凡伯)이 유왕(幽王)이 크게 무너뜨림을 풍자한 것이다. '민(旻)'은 걱정함이니, 온 세상에 소공(召公) 같은 신하가 없음을 걱정한 것이다.

辨說

'凡伯', 見上. '旻', 閔以下, 不成文理.

'범백(凡伯)'은 위에서 보였다. '민(旻)'은 걱정함이라는 아래는 조리 있는 글이 되지 못한다.

詳說

○ 未有據.

---

988) 위의 「대아(大雅)·생민지십(生民之什)·판(板)」에서 "「板」, 凡伯刺厲王也.(「판」은 범백이 여왕을 풍자한 것이다.)"라 하였고, 이어서 박문호(朴文鎬)의 상설(詳說)에서 "鄭氏曰 : '周公之胤, 入爲卿士.'(정씨[鄭玄]가 말하였다. '주공의 맏이니, 조정에 들어가서 경사가 되었다.')"라고 하였다.

'현상(見上)'의 경우, 근거가 있지 않다.

주송(周頌)

「淸廟」, 祀文王也. 周公旣成洛邑, 朝諸侯, 率以祀文王焉.

「청묘(淸廟)」는 문왕(文王)에게 제사지내는 것이다. 주공(周公)이 이미 낙읍(洛邑)을 완성함에 제후들을 조회하고 거느리고서 문왕(文王)에게 제사한 것이다.

詳說

○ 音潮.
　'조(朝)'는 음이 조(潮)이다.

○「維天之命」, 太平告文王也.

「유천지명(維天之命)」은 태평(太平)함을 문왕(文王)에게 아뢴 것이다.

辨說

詩中, 未見告太平之意.989)
시 속에서는 태평(太平)함을 아뢰는 뜻을 볼 수 없다.

○「維淸」, 奏象舞也.

「유청(維淸)」은 상무(象舞)를 연주한 것이다.

---

989) 호광(胡廣) 등 찬, 『시전대전(詩傳大全)』 권18, 「송(頌)·주송(周頌)·청묘지십(淸廟之什)·유천지명(維天之命)」의 "維天之命, 於穆不已, 於乎不顯. 文王之德之純, 假以溢我. 我其收之, 駿惠我文王, 曾孫篤之.(오직 저 하늘의 명하심이 아, 깊어서 그치지 않으니 아, 훤히 드러나지 않으랴. 문왕의 순일하신 성덕이여! 어떻게 나를 보살펴주실까. 내가 그것을 거두어들여서 우리 문왕 크게 순응하고 증손은 도타이 힘쓸지어다.)"에서는 태평(太平)함을 아뢰는 뜻을 볼 수 없다. 그리고 주자의 집전에서도 "此亦祭文王之詩. 言: '天道無窮, 而文王之德, 純一不雜, 與天無間', 以贊文王之德之盛也. 子思子曰: '維天之命, 於穆不已, 蓋曰天之所以爲天也; 於乎不顯. 文王之德之純, 蓋曰文王之所以爲文也, 純亦不已.' 程子曰: '天道不已, 文王純於天道, 亦不已, 純則無二無雜, 不已則無間斷先後.'(이것 또한 문왕을 제사한 시이다. 말하기를, '천도는 끝이 없는데 문왕의 성덕이 순일하고 잡되지 않아서 하늘과 간격이 없다.'고 하여 문왕의 덕의 성대함을 찬미한 것이다. 자사자가 말하였다. '하늘의 명하심이 아, 깊어서 그치지 않는다는 것은 대개 하늘이 하늘된 까닭을 말한 것이고, 아, 훤히 드러나지 않으랴. 문왕의 순일하신 성덕이여! 라고 한 것은 문왕이 문이 된 까닭이니 순일함이 또한 그치지 않음을 말한 것이다.')"라고 하여 태평(太平)함을 아뢰는 뜻을 볼 수 없다.

詳說

○ 鄭氏曰 : "象用兵時刺伐之舞, 武王制焉."990)

정씨(鄭氏: 鄭玄)가 말하였다. "군사를 부릴 때 찌르고 치는 동작을 형상한 춤이니, 무왕(武王)이 만들었다."

辨說

詩中, 未見奏象舞之意.991)

시 속에서는 상무(象舞)를 연주하는 뜻을 볼 수 없다.

○ 「烈文」, 成王卽政, 諸侯助祭也.

「열문(烈文)」은 성왕(成王)이 정사(政事)의 자리에 나아감에 제후들이 제사를 도운 것이다.

詳說

○ 鄭氏曰 : "告嗣位."992)

정씨(鄭氏: 鄭玄)가 말하였다. "왕위를 이었음을 아뢴 것이다."

辨說

詩中, 未見卽政之意.993)

---

990) 『모시주소(毛詩注疏)』 권26, 「주송(周頌)·유청(維淸)」. "『箋』云: '象舞, 象用兵時刺伐之舞, 武王制焉.'(『정전』에서 이르기를, '상무는 군사를 부릴 때 찌르고 치는 동작을 형상한 춤이니, 무왕이 만들었다.'고 하였다.)"

991) 호광(胡廣) 등 찬, 『시전대전(詩傳大全)』 권18, 「송(頌)·주송(周頌)·청묘지십(淸廟之什)·유청(維淸)」의 "維淸緝熙, 文王之典. 肇禋, 迄用有成, 維周之禎.(청명하게 이어 밝힐 것은 우리 문왕의 법도이니라. 비로소 제사함으로부터 이룸이 있음에 미쳤으니 주나라의 상서로움이로다.)"에서는 상무(象舞)를 연주하는 뜻을 볼 수 없다. 그리고 주자의 집전에서도 "此亦祭文王之詩. 言: '所當淸明而緝熙者, 文王之典也. 故自始祀, 至今有成, 實維周之禎祥也.' 然此詩, 疑有闕文焉.(이것 또한 문왕을 제사한 시이다. 말하기를, '마땅히 청명하게 이어 밝힐 것은 문왕의 법도이다. 그러므로 비로소 제사함으로부터 지금 이룸이 있음에 이르렀으니, 실제로 오직 주나라의 상서로움이다.'라고 한 것이다. 그러나 이 시는 의심컨대 빠진 글이 있는 듯하다.)"라고 하여 상무(象舞)를 연주하는 뜻을 볼 수 없다.

992) 『모시주소(毛詩注疏)』 권26, 「주송(周頌)·열문(烈文)」. "『箋』云: '新王卽政, 必以朝享之禮, 祭於祖考, 告嗣位也.'(『정전』에서 이르기를, '새로운 왕이 정사의 자리에 나아감에 반드시 조회하고 잔치하는 예로써 조고에게 제사하면서 왕위를 이었음을 아뢰는 것이다.'라고 하였다.)"

993) 호광(胡廣) 등 찬, 『시전대전(詩傳大全)』 권18, 「송(頌)·주송(周頌)·청묘지십(淸廟之什)·열문(烈文)」의 1장에서 "烈文辟公, 錫玆祉福, 惠我無疆, 子孫保之.(빛나고 아름다운 제후들이 이곳에서 행복을 전해주니 나를 사랑하기를 끝이 없어 자손들이 보존하게 하도다.)"라고 하여 정사(政事)의 자리에 나아가는 뜻을 볼 수 없다. 주자의 집전에서도 "此, 祭于宗廟, 而獻助祭諸侯之樂歌. 言: '諸侯助祭, 使我獲福, 則是諸侯錫此祉福, 而惠我以無疆, 使我子孫保之也.'(이것은 종묘에서 제사하고 제사를 도운 제후들에게 올리는 악가이다. 말하기를, '제후들이 제사를 도와서 나로 하여금 행복을 얻게 하였으니, 이는 제후들이 이 복들을

시 속에서는 정사(政事)의 자리에 나아가는 뜻을 볼 수 없다.

○「天作」, 祀先王·先公也.

「천작(天作)」은 선왕(先王)과 선공(先公)에게 제사지내는 것이다.

○「昊天有成命」, 郊祀天地也.

「호천유성명(昊天有成命)」은 하늘과 땅에 교(郊)제사를 지내는 것이다.

辨說

此詩, 詳考經文, 而以『國語』證之, 其爲康王以後, 祀成王之詩無疑. 而毛·鄭舊說, 定以頌爲成王之時, 周公所作. 故凡頌中, 有'成王'及'成'·'康'字者, 例皆曲爲之說, 以附己意, 其迂滯僻澀, 不成文理, 甚不難見, 而古今諸儒, 無有覺其謬者, 獨歐陽公, 著「時世論」以斥之, 其辨明矣. 然讀者狃於舊聞, 亦未遽肯深信也.「小序」, 又以此詩篇首, 有'昊天'二字, 遂定以爲郊祀天地之詩, 諸儒往往亦襲其誤, 殊不知其首言'天命'者, 止於一句; 次言'文·武受之'者, 亦止一句. 至於成王以下然後, 詳說'不敢康寧'·'緝熙安靜'之意, 乃至五句而後已, 則其不爲祀天地而爲祀成王, 無可疑者. 又況古昔聖王, 制爲祭祀之禮, 必以象類. 故祀天於南, 祭地於北, 而其壇墠樂舞器幣之屬, 亦各不同. 若曰'合祭天地於圜丘', 則古者未嘗有此瀆亂庬雜之禮. 若曰'一詩而兩用', 如所謂'冬薦魚·春獻鮪'者, 則此詩專言天而不及地. 若於澤中方丘奏之, 則於義何所取乎. 序說之云, 反覆推之, 皆有不通, 其謬無可疑者. 故今特上據『國語』, 旁采歐陽, 以定其說, 庶幾有以不失此詩之本指耳. 或曰: "『國語』所謂'始於德讓, 中於信寬, 終於固龢. 故曰成'者, 其語'成'字, 不爲王誦之諡, 而韋昭之注, 大略亦如毛·鄭之說矣, 此又何耶." 曰: "叔向蓋言成王之所以爲'成', 以是三者, 正猶子思所謂'文王之所以爲文', 班固所謂'尊號曰昭, 不亦宜乎'者耳. 韋昭何以知其必謂文·武以是成其王道, 而不爲王誦之諡乎. 蓋其爲說, 本出毛·鄭而不悟其非者. 今欲一滌千古之謬, 而不免於以誤而證誤, 則亦將何時而已耶." 或者又曰: "蘇氏最爲不信「小序」,

전해주어 나를 사랑하기를 끝이 없어 나의 자손들로 하여금 보존하게 하였다.'고 한 것이다.)"라고 하여 역시 정사(政事)의 자리에 나아가는 뜻을 볼 수 없다.

而於此詩無異詞. 且又以爲'周公制作所定, 後王不容復有改易, 成王非創業之主, 不應得以基命稱之.' 此又何耶." 曰: "蘇氏之不信「小序」, 固未嘗見其不可信之實也. 愚於「漢廣」之篇, 已嘗論之, 不足援以爲據也. 夫周公制作, 亦及其當時之事而止耳, 若乃後王之廟所奏之樂, 自當隨時附益, 若商之「玄鳥」, 作於武丁孫子之世, 漢之廟樂, 亦隨時而更定焉, 豈有周之後王乃獨不得襃顯其先王之功德, 而必以改周公爲嫌耶. '基'者, 非必造之於始, 亦承之於下之謂也, 如曰'邦家之基', 豈必謂太王・王季之臣乎. 以是爲說, 亦不得而通矣. 況其所以爲此, 實未能忘北郊集議之餘忿, 今固不得而取也."

이 시는 경서(經書)의 글을 상세하게 살펴보고서 『국어(國語)』로써 입증하면 그것이 강왕(康王) 뒤에 성왕(成王)을 제사한 시가 됨에 의심이 없다. 그런데 모형(毛亨)과 정현(鄭玄)의 옛 언설(言說)에는 꼭 송(頌)을 성왕(成王) 때에 주공(周公)이 지은 것으로 여겼다. 그러므로 모든 송(頌) 가운데 '성왕(成王)' 및 '성(成)'과 '강(康)'자가 있는 것은 대개 모두 왜곡하여 말하면서 자기 뜻을 붙였으니, 뜬금없고 골똘하며 치우치고 껄끄러워 조리 있는 글이 되지 못하였으나 보기에 매우 어렵지 않았다. 그런데 옛날과 지금의 여러 유학자 가운데 그 오류를 깨달은 이가 없었으며, 오직 구양공(歐陽公: 歐陽脩)만이 「시세론(時世論)」을 지어 지적하였으니 그 변설이 분명하다. 그러나 읽는 이들이 예전에 들은 말에 익숙하여 역시 갑자기 선뜻 깊이 믿으려 하지 않았다. 「소서(小序)」에서도 또 이 시편의 머리에 '호천(昊天)'의 두 글자가 있는 것으로써 마침내 하늘과 땅에 교(郊)제사를 지내는 시라고 여겼다. 여러 유학자들이 이따금씩 또한 그 오류를 이어서 그 첫머리에서 '천명(天命)'이라 말한 것이 한 구절에 그치고, 다음으로 '문왕과 무왕이 그것을 받았다'고 말한 것도 또한 한 구절에 그침을 전혀 알지 못하였다. 성왕(成王) 아래에 이른 뒤에 '불감강녕(不敢康寧: 감히 편안하지 못함)'과 '집희안정(緝熙安靜: 편안하고 고요함을 이어서 밝힘)'의 뜻을 자세히 설명하고, 이에 다섯 구에 이른 뒤에 그쳤으니, 그것이 천지(天地)에 제사함이 되지 않고 성왕(成王)에게 제사함이 됨은 의심할 것이 없다. 또 게다가 옛날 성왕(聖王)이 제사의 예를 만듦에 반드시 유형을 체현하였다. 그러므로 남쪽에서 하늘에 제사하고 북쪽에서 땅에 제사함에 그 제단과 제장(祭場), 음악과 춤, 예기(禮器)와 옥백(玉帛)의 등속이 또한 각각 같지 않았다. 만약 '환구(圜丘)에서 하늘과 땅에 함께 제사를 지낸다.'고 한다면 옛날에 일찍이 이렇게 더럽고 어지러우며 뒤죽박죽으로 뒤섞인 예법이 있은 적이 없다. 만약 '하나의 시로 두 군데서 쓴다.'고 한다면 이른바 '동천어・춘헌유(冬薦魚・春

獻鮪: 겨울에는 물고기를 올림과 봄에는 다랑어를 바침)'라는 것과 같을 테니, 이 시는 오로지 하늘을 말한 것이고 땅을 언급하지 않은 것이다. 만약 연못 가운데 제단에서 연주한다면 땅 제사에 무슨 의미를 취할 수 있겠는가. 서문에서 설명하여 이른 것을 반복하여 추리해 보아도 모두 의미가 통하지 않으니, 그 그릇됨을 의심할 것이 없다. 그러므로 이제 다만 위 시대에서는 『국어(國語)』에 근거하고, 같은 시대에서는 구양공(歐陽公)을 채택하여 그 설명을 정하니, 모쪼록 이 시의 본뜻을 잃지 않기를 바랄 뿐이다. 어떤 이가 말하였다. "『국어(國語)』에서 이른바 '처음에는 후덕하고 겸양함으로 하고, 중간에는 신실하고 관대함으로 하며, 마지막에는 공고하고 화합함으로 하였다. 그러므로 그 왕명을 이루었다고 하였다.'994)라고 한 것에서 그 '성(成)'자를 말한 것은 성왕(成王) 송(誦)의 시호(諡號)가 되지 않는데 위소(韋昭)995)의 주(注)가 대략 또한 모형(毛亨)과 정현(鄭玄)의 말과 같으니, 이는 또 어째서인가?" 말하였다. "숙향(叔向)이 대개 성왕(成王)을 말하여 '성(成)'이라고 한 것은 이 세 가지 때문이니, 바로 자사(子思)가 이른바 '문왕(文王)이 문(文)이 된 까닭이다.'와 반고(班固)996)가 이른바 '존호(尊號)를 소(昭)라고 하는 것이 또한 마땅하지 아니한가.'라고 한 것과 같을 뿐이다. 위소(韋昭)가 그 반드시 문왕과 무왕은 그 왕도(王道)를 이룬 것으로써 말하였고, 성왕(成王) 송(誦)의 시호(諡號)가 되지 않는다는 것을 어떻게 알았는가. 대개 그 설명한 것이 본래 모형(毛亨)과 정현(鄭玄)에게서 나와 그 그릇됨을 깨닫지 못한 것이다. 이제 아주 먼 옛날의 오류를 한꺼번에 씻어버리고자 하는데 오류로써 오류를 증명함을 벗어날 수 없으니, 또한 장차 언제나 그칠 것인가." 어떤 이가 또 말하였다. "소씨(蘇氏: 蘇轍)가 가장「소서(小序)」를 믿지 않았는데, 이 시에 대해서는 다른 말이 없었다.

---

994) 위소(韋昭) 주, 『국어(國語)』 권3,「주어하(周語下)」. "진나라 양설힐이 주나라를 빙문하여 대부 및 선정공에게 예물 폐백을 내놓았다. … '처음에는 후덕하고 겸양함으로 하고, 중간에는 신실하고 관대함으로 하며, 마지막에는 공고하고 화합함으로 하였습니다. 그러므로 그 명을 이루었다고 하였습니다. 선자께서도 검소함과 공경함과 겸양함과 자문함으로써 응당 덕을 이루실 것입니다.'(晉羊舌肹, 聘于周, 發幣於大夫及單靖公. … '始於德讓, 中於信寬, 終於固龢. 故曰成. 單子儉敬讓咨, 以應成德.')" 오나라 위소의 주에 "'힐'은 진나라 대부 양설직의 아들 숙향의 이름이다. … '성'은 그 왕명을 이룬 것이다.('肹, 晉大夫 羊舌職之子 叔向之名. … '成', 成其王命也.)"라고 하였다.
995) 위소(韋昭): 위소(204-273)는 삼국시대 학자로 위요(韋曜)라고도 한다. 자가 홍사(弘嗣)이고, 오군운양(吳郡雲陽) 사람이다. 어려서부터 배우기를 좋아하고 글을 잘 지었으며, 어린 나이에 벼슬길에 들어서 상서랑(尙書郞)·태사령(太史令)·중서랑(中書郞) 등을 역임하였다. 오경박사(五經博士)에 올라 국학(國學)을 창설하고 태학박사(太學博士) 제도를 세웠으며, 국자학(國子學)을 관장하였다. 저서로는 『오서(吳書)』·『한서음의(漢書音義)』·『국어주(國語注)』·『관직훈(官職訓)』·『삼오군국지(三吳郡國志)』 등이 있다.
996) 반고(班固): 반고(32-92)는 동한(東漢)의 학자로, 자각 맹견(孟堅)이고, 부풍(扶風) 안릉(安陵) 사람이다. 아버지와 할아버지의 훈도(薰陶) 아래 9세 때에 글을 짓고 시부(詩賦)를 암송하였으며, 16세에 태학에 들어가 많은 서적을 보고 유가 경전 및 역사에 정통하게 되었다. 저서로는 『한서(漢書)』·『백호통의(白虎通義)』·『서도부(西都賦)』 등이 있다.

게다가 또 '주공(周公)이 제작하여 정한 것은 후세의 왕이 다시 고치는 것을 용납하지 않으니, 성왕(成王)은 창업한 임금이 아니므로 응당 기명(基命: 맨처음 천명을 받아 즉위함)으로써 칭할 수 없다.'라고 하였으니, 이는 또 무엇인가?" 말하였다. "소씨(蘇氏)가「소서(小序)」를 믿지 않았다는 것은 진실로 일찍이 그 믿을 수 없다는 사실을 본 적이 없다. 내가「한광(漢廣)」의 시편에서 이미 일찍이 논변하였으나 가져다가 증거로 삼기에 부족하였다. 무릇 주공(周公)이 제작하였다는 것은 또한 그 당시의 일을 언급하는 데 그쳤을 뿐이지만, 이에 후세 왕의 사당에서 연주한 음악 같으면 자연스럽게 마땅히 시기에 따라 덧붙였을 것이다. 상(商)나라의「현조(玄鳥)」같으면 무정(武丁)의 손자 시대에 지어졌는데 한(漢)나라의 묘악(廟樂)에서 또한 시기에 따라 고쳐서 정하였으니, 어찌 주나라의 후세 왕만이 이에 홀로 그 선왕의 공덕을 기리어 드러내지 못하는데, 반드시 주공이 제작한 것을 개정하기를 꺼리고 싫어하는 것인가. '기(基)'라는 것은 반드시 처음에 나라를 세운 것이 아니고 역시 아래에 이어주는 것을 이르니, '방가지기(邦家之基: 나라의 기초)'가 어찌 반드시 태왕(太王)과 왕계(王季)의 신하를 이르는 것이겠는가. 이로써 언설하면 또한 통할 수가 없다. 게다가 그가 이것을 말한 까닭은 실로 북교집의(北郊集議)의 나머지 분노(忿怒)를 잊을 수 없어서이니, 이제 참으로 취할 수 없다."

詳說

○「晉語」.

'『국어』(『國語』)'는「진어(晉語)」이다.

○ 見「潛」.997)

'소위동천어춘헌유자(所謂冬薦魚春獻鮪者)'의 경우,「잠(潛)」에 보인다.

○ 一有'之'字.998)

'택중(澤中)'의 경우, 어떤 판본에는 '지(之)'자가 있다.

---

997) 『모시주소(毛詩注疏)』 권27, 「주송(周頌)·잠(潛)」. "「序」, '「潛」, 季冬薦魚, 春獻鮪也'."
998) 『주례주소(周禮注疏)』 권22, 「춘관종백하(春官宗伯下)·대사악(大司樂)」. "夏日至, 於澤中之方丘奏之." 방구(方丘)는 옛날에 지기(地祇)에게 제사지내던 제단을 말한다.

○ 如徹之於三家之堂. 999)
'어의하소취호(於義何所取乎)'의 경우, 삼가(三家: 魯大夫 孟孫·叔孫·季孫)의 집에서 종묘 제사를 마치고 제기(祭器)를 거둘 때 「옹(雍)」을 연주한 것과 같다는 말이다.

○ 音福.
'반복(反覆)'에서 '복(覆)'은 음이 복(福)이다.

○ 音和.
'화(龢)'는 음이 화(和)이다.

○ 見『中庸』. 1000)
'문왕지소이위문(文王之所以爲文)'의 내용이 『중용(中庸)』에 보인다.

○ 見『漢書』「昭帝紀」. 1001)
'반고소위존호왈소불역의호자이(班固所謂尊號曰昭不亦宜乎者耳)'의 내용이 『한서(漢書)』「소제기(昭帝紀)」에 보인다.

○ 一作'已'.
'주공제작소(周公制作所)'에서 '소(所)'는 어떤 판본에는 '이(已)'로 썼다.

○ 去聲.
'후왕부용부(後王不容復)'에서 '부(復)'는 거성(去聲: 다시)이다.

○ 平聲.

---

999) 옛날 천자가 종묘 제사를 마치고 제기(祭器)를 거둘 때 연주하던 악장이 「옹(雍)」이었는데, 노(魯)나라 대부 맹손(孟孫)·숙손(叔孫)·계손(季孫)이 바로 이 「옹(雍)」을 참용(僭用)한 것이다. 『논어집주대전(論語集註大全)』, 권3, 「팔일(八佾)제3」. "三家者, 以「雍」徹."
1000) 『중용장구대전(中庸章句大全)』하(下). "『詩』云: '維天之命, 於穆不已', 蓋曰: '天之所以爲天也'; '於乎不顯. 文王之德之純!', 蓋曰: '文王之所以爲文也, 純亦不已.'(『시경』에 이르기를, '오직 하늘의 명이 아아, 깊고 멀어서 말지 아니하도다.' 하였으니, 대개 '하늘이 하늘 된 까닭이다.'라 하고, '아아, 밝게 들어나지 아니한가. 문왕의 덕의 순일함이여!' 하였으니, 대개 '문왕이 문왕 된 까닭이 순일함이 또한 말지 아니함이로다.'라고 하였다.)"
1001) 반고(班固) 찬, 『전한서(前漢書)』권7, 「소제기(昭帝紀)」제7.

'불응(不應)'에서 '응(應)'은 평성(平聲: 응당, 모름지기)이다.

○ 例取首句.
'이상논지(已嘗論之)'의 경우, 대개 머리구절을 취한 것이다.

○ 音扶.
'부(夫)'는 음이 부(扶)이다.

○ 一作'世'.
'역수시(亦隨時)'에서 '시(時)'는 어떤 판본에는 '세(世)'로 썼다.

○ 如武帝之廟樂.
'역수시이갱정언(亦隨時而叓定焉)'의 경우, 무제(武帝)의 묘악(廟樂)과 같은 것이다.

○ 見「南山有薹」.1002)
'방가지기(邦家之基)'의 내용이 「남산유대(南山有薹)」에 보인다.

○ 蓋蘇氏嘗有此事.1003)
'북교집의지여분(北郊集議之餘忿)'의 경우, 대개 소씨(蘇氏: 蘇軾)에게 일찍이 이 일이 있었다.

1002) 호광(胡廣) 등 찬,『시전대전(詩傳大全)』권9,「소아(小雅)・백화지십(白華之什)・남산유대(南山有薹)」의 1장에서 "南山有薹, 北山有萊. 樂只君子. 邦家之基. 樂只君子. 萬壽無期.(남산에 잔디가 있고 북산에 쑥이 있도다. 저기 즐거운 군자여. 이 나라의 기초로다. 저기 즐거운 군자여. 끝없이 오래 살리라.)"

1003) 양익(梁益) 찬,『시전방통(詩傳旁通)』권15,「서(叙)」. "「周頌・北郊集議」. 宋元祐八年, 禮部尙書蘇軾言: '古者合祭天地, 以爲祀上帝, 則幷祭地祇', 歷擧漢・魏及唐合祭之說, 其弟轍, 亦同其議. 諸家皆言:「南郊圓丘, 冬至祭天; 北郊方丘, 夏至祭地.' 此蘇氏北郊集議之說也.「詩序」未終, 姑綴于此者, 望來者云.(「주송・북교집의」. 송나라 원우 8년[1093]에 예부상서 소식이 말하기를, '옛날에 하늘과 땅을 함께 제사지내 상제에게 제사하면 아울러 땅귀신에게도 제사하는 것으로 여겼다.'고 하면서 한나라와 위나라 및 당나라의 합제의 언설을 두루 들었는데, 그 아우 소철도 또한 그 의론에 동조하였다. 이에 여러 사람들이 모두 말하기를, '남교 원구에서 동지에 하늘에 제사하고, 북교 방구에서 하지에 땅에 제사한다.'고 하였다. 이것이 소씨의 북교집의지설이다.「시서」를 마치지 않고 우선 이것을 엮은 것은 후세의 학자를 기다린 것이다.)" 이 내용은 소식(蘇軾) 찬,『동파전집(東坡全集)』권63,「주의(奏議)・상원구합제육의차자(上圓丘合祭六議劄子)」에 보인다. "… 合祭故事, 謹按,『後漢書』「郊祀志」, 建武二年[26]初, 制郊兆於洛陽, 爲圓壇八, 陛中又爲重壇, 天地位其上, 皆南鄉西上, 此則漢世合祭天地之明驗也. 又按,『水經注』, 伊水東北至洛陽縣圓丘, 東大魏郊天之所準, 漢故事爲圓壇八, 陛中又爲重壇, 天地位其上, 此則魏世合祭天地之明驗也. 唐睿宗, 將有事於南郊. …."

「我將」, 祀文王於明堂也.「時邁」, 巡守告祭, 柴望也.

「아장(我將)」은 명당(明堂: 正殿)에서 문왕(文王)을 제사한 것이다.「시매(時邁)」는 순수(巡守)할 때 종묘(宗廟)에 제사하고 선조에게 아뢰며, 섶을 불태워 하늘에 제사하고 나라 안의 산천(山川)에 제사한 것이다.

詳說

○ 音狩.

'수(守)'는 음이 수(狩)이다.

○ 見『書』「舜典」.1004)

'시망야(柴望也)'에서 '시망(柴望)'은『서경(書經)』「순전(舜典)」에 보인다.

「執競」, 祀武王也.

「집경(執競)」은 무왕(武王)을 제사한 것이다.

辨說

此詩, 並及成・康, 則序說誤矣. 其說已具於「昊天有成命」之篇. 蘇氏, 以「周」之'奄有四方'1005), 不自成・康之時,1006) 因從「小序」之說, 此亦以辭害意之失.「皇矣」之詩, 於王季章中, 蓋已有此語矣,1007) 又豈可以其太蚤而別

1004) 호광(胡廣) 등 찬,『서경대전(書經大全)』권1,「우서(虞書)・순전(舜典)」. "歲二月, 東巡守, 至于岱宗, 柴, 望秩于山川, 肆覲東后.(그해 2월에 동쪽으로 순수하여 대종[태산]에 이르러 시제사를 지내고, 망제사를 차례로 산천에 지내고 동쪽 제후들을 만나 …)" 이밖에 호광(胡廣) 등 찬,『서경대전(書經大全)』권6,「주서(周書)・무성(武成)」에도 보인다. "越三日, 庚戌, 柴望, 大告武成.(사흘이 지나 경술날에 시제사와 망제사를 지내면서 크게 무공을 이루었음을 아뢰었다.)"

1005) 호광(胡廣) 등 찬,『시전대전(詩傳大全)』권19,「주송(周頌)・청묘지십(淸廟之什)・집경(執競)」. "自彼成康, 奄有四方, 斤斤其明.(저 성왕과 강왕으로부터 사방을 전부 점유하시니 빛나는 그 명철함이로다.)"

1006) 소철(蘇轍) 찬,『시집전(詩集傳)』권18,「청묘지십(淸廟之什)・호천유성명(昊天有成命)」. "又曰: '自彼成・康, 奄有四方, 成王非基命之君, 而周之奄有四方, 非自成・康始也.'(또 말하였다. '저 성왕과 강왕 때부터 사방을 전부 점유하였으나 성왕은 기명의 임금이 아니며, 주나라가 사방을 전부 점유한 것도 성왕과 강왕부터 시작한 것이 아니다.')"

1007) 호광(胡廣) 등 찬,『시전대전(詩傳大全)』권16,「대아(大雅)・문왕지십(文王之什)・황의(皇矣)」의 3장에서 "帝省其山, 柞棫斯拔, 松柏斯兌, 帝作邦作對, 自大伯王季. 維此王季, 因心則友, 則友其兄, 則篤其慶, 載錫之光, 受祿無喪, 奄有四方.(상제께서 그 산을 살펴보니 갈참나무 떡갈나무 쑥 뻗고 소나무 잣나무 사이 통하여 나라를 만들고 왕을 세우니 태백과 왕계로부터 하였도다. 오로지 이와 같은 왕계께서 마음속으로부터 우애로우니 그 형제들과 모두 우애로워 그 기쁜 일을 돈독하게 하여 이에 영광을 형에게 드리니 복록을 받아 잃음이 없어서 온 세상을 전부 점유했도다.)"라 하고, 주자의 집전에서 "其德如是, 故能受天祿而不失, 至于文武, 而奄有四方也.(그 덕이 이와 같았기 때문에 능히 천록을 받아 잃지 않음이, 문왕과 무왕에 이르러 곧 사방을 전부 점유한 것이다.)"라고 하였다.

爲之說耶. 詩人之言, 或先或後, 要不失爲周有天下之意耳.
이 시는 성왕(成王)과 강왕(康王)을 아울러 언급한 것이니, 서문의 설명이 잘못되었다. 그 설명은 이미 「호천유성명(昊天有成命)」의 시편에서 갖추었다. 소씨(蘇氏: 蘇轍)는 「주송(周頌)」의 '엄유사방(奄有四方: 사방을 전부 점유함)'은 성왕(成王)과 강왕(康王) 때부터 한 것이 아니라 여기고 이에 「소서(小序)」의 말을 좇았으니, 이 또한 말로써 뜻을 해친 잘못이다. 「황의(皇矣)」의 시편에서 왕계장(王季章: 3장) 가운데 대개 이미 이 말이 있었으니, 또 어찌 너무 이르다고 해서 별도로 설명을 해도 괜찮은 것인가. 시인의 말이 간혹 앞서거니 뒤서거니 하지만, 요컨대 주나라가 천하를 점유한 뜻을 잃지 않아야 하는 것일 뿐이다.

詳說

○ 一無'於'字.
'기설이구어(其說已具於)'의 경우 어떤 판본에는 '어(於)'자가 없다.

○ 一作'句'.
'개이유차어(蓋已有此語)'에서 '어(語)'는 어떤 판본에는 '구(句)'로 썼다.

「思文」, 后稷配天1008)也. 「臣工」, 諸侯助祭, 遣於廟也.

「사문(思文)」은 후직(后稷)을 하늘과 배제(配祭)한 것이다. 「신공(臣工)」은 제후들이 제사를 도와서 사당에서 달래주는 것이다.

詳說

○ 孔氏曰 : "事畢將歸."1009)
공씨(孔氏: 孔穎達)가 말하였다. "일을 마치고 장차 돌아가려고 하는 것이다."

1008) 配天: 옛날 천자가 하늘에 제사할 때 선조를 배향하여 제사지내는 것이다. 위의 「대아(大雅)」「생민(生民)」에서 "生民, 尊祖也. 后稷生於姜嫄, 文·武之功, 起於后稷. 故推以配天焉.(「생민」은 선조를 높인 것이다. 후직은 강원에게서 태어났고, 문왕과 무왕의 공덕은 후직에게서 일어났기 때문에 미루어 하늘과 배향하여 제사한 것이다.)"라고 하였다.
1009) 『모시주소(毛詩注疏)』 권27, 「주송(周頌)·신공(臣工)」. "「疏」:『正義』曰: '「臣工」詩者, 諸侯助祭, 遣於廟之樂歌也, 謂周公·成王之時, 諸侯以禮春朝, 因助天子之祭, 事畢將歸, 天子戒勅而遣之於廟, 詩人述其事而作此歌焉.'(「소」: 『정의』에서 말하였다. '「신공」시라는 것은 제후가 제사를 돕고 사당을 떠나갈 때의 악가이니, 주공과 성왕의 때에 제후들이 예를 갖추어 봄에 조회하여 이에 천자의 제사를 돕고 일을 마치고 장차 돌아가려고 할 때에 천자가 경계하고 사당에서 떠나보내니, 시인이 그 일을 서술하면서 이 노래를 지은 것이다.')"라고 하였다.

辨說

序, 誤.1010)

서문이 잘못되었다.

「噫嘻」, 春夏, 祈穀於上帝也.

「희희(噫嘻)」는 봄과 여름에 곡식(穀食) 농사를 상제(上帝)에게 기원한 것이다.

辨說

序, 誤.1011)

서문이 잘못되었다.

「振鷺」, 二王之後, 來助祭也.1012) 「豐年」, 秋冬報也.

「진로(振鷺)」는 두 왕조(王朝)의 후손들이 와서 제사를 도운 것이다. 「풍년(豐年)」는 가을과 겨울에 보답하는 것이다.

詳說

○ 鄭氏曰 : "嘗·烝."1013)

정씨(鄭氏: 鄭玄)가 말하였다. "가을제사인 상(嘗)과 겨울제사인 증(烝)이다."

1010) 호광(胡廣) 등 찬, 『시전대전(詩傳大全)』 권19, 「주송(周頌)·신공지십(臣工之什)·신공(臣工)」의 1장에서 "嗟嗟臣工. 敬爾在公. 王釐爾成, 來咨來茹.(아아, 모든 신하들이여. 조정에서 공경할지어다. 왕이 법을 하사하시니 와서 묻고 헤아리어라.)"라 하고, 주자의 집전에서 "此, 戒農官之詩. 先言: '王有成法以賜女, 女當來咨度也.'(이는 농사를 담당한 관리에게 경계한 시이다. 먼저 말하기를 '왕이 이루어진 법령을 가지고 너에게 하사하실 것이니, 너는 마땅히 와서 묻고 헤아리도록 하라.'고 한 것이다.)"라고 하였다.
1011) 호광(胡廣) 등 찬, 『시전대전(詩傳大全)』 권19, 「주송(周頌)·신공지십(臣工之什)·희희(噫嘻)」의 1장에서 "噫嘻成王, 旣昭假爾. 率時農夫, 播厥百穀, 駿發爾私, 終三十里, 亦服爾耕, 十千維耦.(아아, 훌륭하신 성왕께서 이미 밝게 네게 이르시어 이곳의 농부들을 거느려 온갖 곡식을 파종하도다. 너의 전답을 크게 일구고 30리 전답을 다 마치도다. 또한 너의 농사를 하면서 많은 전답을 서로 돕도다.)"라 하고, 주자의 집전에서 "此, 連上篇, 亦戒農官之詞.(이는 위 시편을 이어서 또한 농사 담당 관리를 경계한 말이다.)"라고 하였다.
1012) 호광(胡廣) 등 찬, 『시전대전(詩傳大全)』 권19, 「주송(周頌)·신공지십(臣工之什)·진로(振鷺)」의 1장에서 "振鷺于飛, 于彼西雝. 我客戾止, 亦有斯容.(훨훨 백로가 날아가니 저 서쪽 못에 이르도다. 우리 손님들이 이르니 또한 바른 모습 있도다.)"라 하고, 주자의 집전에서 "'客', 謂二王之後, 夏之後杞, 商之後宋, 於周爲客, 天子有事膰焉, 有喪拜焉者也. 此, 二王之後, 來助祭之詩.('객'은 두 왕조의 후손을 이르니, 하나라의 후손인 기나라와 상나라의 후손인 송나라는 주나라에 손님이 되어 천자에게 제사가 있으면 제사 고기를 전하고, 초상이 있으면 절하는 이들이다. 이것은 두 왕조의 후손들이 와서 제사를 돕는 시이다.)"라고 하였다.
1013) 『모시주소(毛詩注疏)』 권27, 「주송(周頌)·풍년(豐年)」. "『箋』云: '報者, 謂嘗也·烝也.'(『정전』에서 이르기를, '보라는 것은 상이며 증을 이른다.'라고 하였다.)"

辨說

序, 誤.1014)

서문이 잘못되었다.

「有瞽」, 始作樂而合乎祖也.

「유고(有瞽)」는 비로소 음악을 만들어 조상의 사당에서 합주(合奏)한 것이다.

詳說

○ 合奏于廟.

사당에서 합주(合奏)한 것이다.

「潛」, 季冬薦魚, 春獻鮪也.

「잠(潛)」은 늦겨울에 물고기를 잡아서 올리고, 봄에 다랑어를 잡아서 바친 것이다.

詳說

○ 鄭氏曰 : "冬魚之性定, 春鮪始來."1015)

정씨(鄭氏: 鄭玄)가 말하였다. "겨울 물고기는 성질이 안정되고, 봄 다랑어는 비로소 오는 것이다."

「雝」, 禘大祖也.

「옹(雝)」은 태조(太祖)에게 체(禘)제사를 지낸 것이다.

詳說

1014) 호광(胡廣) 등 찬, 『시전대전(詩傳大全)』 권19, 「주송(周頌)・신공지십(臣工之什)・풍년(豊年)」의 1장에서 "豊年多黍多稌, 亦有高廩, 萬億及秭, 爲酒爲醴, 烝畀祖妣, 以洽百禮, 降福孔皆.(풍년이라 기장이 많고 벼가 많아 또한 높이 쌓아올린 곳집이 있어 만 섬과 억 섬 및 천억 섬이거늘 제사 술을 만들고 단 술을 만들어 조상님들 앞에 나아가 따라 올려 모든 예의를 흡족하게 다 갖추니 복을 내리심이 매우 두루 하리라.)"라 하고, 주자의 집전에서 "此, 秋冬報賽田事之樂歌, 蓋祀田祖・先農・方社之屬也.(이것은 가을과 겨울에 농사일에 보답하여 굿하는 악가이니, 대개 신농씨와 후직과 사방의 신 및 토지 신의 등속에 제사하는 것이다.)"라고 하였다.

1015) 『모시주소(毛詩注疏)』 권27, 「주송(周頌)・잠(潛)」. "『箋』云: '冬魚之性定, 春鮪新來. 薦獻之者, 謂於宗廟也.'(『정전』에서 이르기를, '겨울 물고기의 성질은 안정되고, 봄 다랑이는 새로 오는 것이다. 그것을 올리고 바치는 것은 종묘에 하는 곳을 이른다.'라고 하였다.)

○ 音太.

'태(大)'는 음이 태(太)이다.

○ 鄭氏曰 : "文王."1016)

정씨(鄭氏: 鄭玄)가 말하였다. "문왕(文王)이다."

辨說

「祭法」, "周人禘嚳." 又曰: "天子七廟, 三昭三穆, 及太祖之廟而七." 周之太祖, 卽后稷也. 禘嚳於后稷之廟, 而以后稷配之, 所謂'禘', 其祖之所自出, 以其祖配之者也. 「祭法」, 又曰: "周祖文王." 而『春秋』家說, "三年喪畢, 致新死者之主于廟, 亦謂之吉禘." 是祖一號而二廟, 禘一名而二祭也. 今此序云: "禘太祖", 則宜爲禘嚳於后稷之廟矣, 而其詩之詞, 無及於'嚳'·'稷'者, 若以爲吉禘于文王, 則與序已不協, 而詩文亦無此意, 恐序之誤也. 此詩, 但爲武王祭文王而徹俎之詩, 而後通用於他廟耳.

『예기(禮記)』「제법(祭法)」에 "주나라 사람은 곡(嚳)에게 체(禘)제사를 지낸다." 하였고, 또 말하기를, "천자는 일곱 사당이니, 세 개의 소(昭)와 세 개의 목(穆)에 태조의 사당까지 해서 일곱이다."라고 하였으니, 주나라의 태조는 곧 후직(后稷)이다. 후직의 사당에서 곡(嚳)에게 체(禘)제사를 지냄에 후직으로써 배향하니, 이른바 '체(禘)'는 그 조상이 그로부터 나온 것이어서 그 조상으로써 배향하는 것이다. 「제법(祭法)」에 또 말하기를, "주나라 문왕을 태조(太祖)로 한다."라 하고, 『춘추』의 학자들의 말에 "삼년상을 마치고 새로 죽은 이의 신주를 사당에 맡기니, 또한 길체(吉禘)라고 이른다."고 하였으니, 조(祖)는 하나의 호(號)에 두 묘(廟)이고, 체(禘)는 하나의 명(名)에 두 제(祭)인 것이다. 이제 이 서문에서 "태조에게 체(禘)제사를 지낸다."고 하였는데, 마땅히 후직(后稷)의 사당에서 곡(嚳)에게 체(禘)제사를 지낸다고 해야 하며, 그 시의 말에서 '곡(嚳)'과 '직(稷)'에 대한 언급이 없으니, 만약 문왕에게 길체(吉禘)를 지내는 것으로 여긴다면 서문과 너무 맞지 않으며, 시의 글에도 또한 이 뜻이 없으니 아마도 서문의 잘못인 듯하다. 이 시는 다만 무왕이 문왕에게 제사하고 제기(祭器)을 치우는 시가 된 뒤에야 다른 사당에서도 통용되었을 뿐이다.

1016) 『모시주소(毛詩注疏)』 권27, 「주송(周頌)·옹(雝)」. "『箋』云: '禘, 大祭也, 大於四時而小於祫. 大祖, 謂文王.'(『정전』에서 이르기를. '체는 큰 제사이니, 네 철에는 크게 하고 협제[合祀]에는 작게 한다. 태조는 문왕을 이른다.'라고 하였다.)"

詳說

○ 『禮記』.1017)

'「제법」(「祭法」)'은 『예기(禮記)』이다.

○ 「王制」.1018)

'우(又)'의 경우, 「왕제(王制)」이다.

○ 二句, 出『禮記』「喪服小記」及「大傳」.1019)

'이기조배지자야(以其祖配之者也)'에서 볼 때, 여기 두 구절은 『예기(禮記)』「상복소기(喪服小記)」 및 「태부(大傳)」에 나온다.

○ 見『左』「閔二年」.1020)

'역위지길체(亦謂之吉禘)'의 내용이 『좌전(左傳)』「민공(閔公) 2년」에 보인다.

○ 直列反.

'철(徹)'은 직(直)과 렬(列)의 반절이다.

「載見」, 諸侯始見乎武王廟也.

「재현(載見)」은 제후들이 비로소 무왕(武王)의 사당에서 뵙는 것이다.

詳說

○ 音現, 下並同.

'현(見)'은 음이 현(現)이니, 아래도 아울러 같다.

辨說

1017) 호광(胡廣) 등 찬, 『예기대전(禮記大全)』 권22, 「제법(祭法)제23」. "祭法, 有虞氏, 禘黃帝而郊嚳, 祖顓頊而宗堯; 夏后氏, 亦禘黃帝而郊鯀, 祖顓頊而宗禹; 殷人, 禘嚳而郊冥, 祖契而宗湯; 周人, 禘嚳而郊稷, 祖文王而宗武王."
1018) 호광(胡廣) 등 찬, 『예기대전(禮記大全)』 권5, 「왕제(王制)제5」. "天子七廟, 三昭三穆, 與大祖之廟而七; 諸侯五廟, 二昭二穆, 與大祖之廟而五; 大夫三廟, 一昭一穆, 與大祖之廟而三; 士一廟, 庶人祭於寢."
1019) 호광(胡廣) 등 찬, 『예기대전(禮記大全)』 권15, 「상복소기(喪服小記)제15」. "王者, 禘其祖之所自出, 以其祖配之, 而立四廟, 庶子王, 亦如之."; 호광(胡廣) 등 찬, 『예기대전(禮記大全)』 권16, 「대전(大傳)제16」. "禮, 不王, 不禘, 王者, 禘其祖之所自出, 以其祖配之."
1020) 『춘추좌전주소(春秋左傳注疏)』 권10, 「민공(閔公) 2년」. "夏五月乙酉, 吉禘于莊公."

序, 以'載'訓'始'. 故云始見, 恐未必然也.
서문에 '재(載)'를 '시(始)'로 새겼기 때문에 비로소 뵙는 것을 이른다고 하였으나, 아마도 반드시 그렇지는 않을 듯싶다.

○ 「有客」, 微子來見祖廟也.

「유객(有客)」은 미자(微子)가 선조의 사당에 와서 뵙는 것이다.

○ 「武」奏『大武』也.

「무(武)」는 『대무(大武)』[1021]를 연주한 것이다.

詳說

○ 鄭氏曰 : "周公所作之舞."[1022]

정씨(鄭氏: 鄭玄)가 말하였다. "주공(周公)이 지은 악무(樂舞)이다."

○ 「閔予小子」, 嗣王, 朝於廟也.

「민여소자(閔予小子)」는 대를 이은 왕이 사당에서 조회한 것이다.

詳說

○ 音潮.

'조(朝)'는 음이 조(潮)이다.

[1021] 『대무(大武)』: 주나라의 악무(樂舞) 가운데 하나로 무왕(武王)의 악무이다. 『주례(周禮)』 「춘관(春官)·대사악(大司樂)」에 "以樂舞敎國子, 舞『雲門』 … 『大武』." 그리고 호광(胡廣) 등 찬, 『시전대전(詩傳大全)』 권19, 「주송(周頌)·신공지십(臣工之什)·무(武)」의 1장에서 "於皇武王. 無競維烈. 允文文王, 克開厥後, 嗣武受之, 勝殷遏劉, 耆定爾功.(아, 훌륭하신 무왕이시여. 다툴 이 없는 공렬이로다. 진실로 문덕 있는 문왕이 그 뒤를 열어 놓으셨는데 뒤를 무왕이 이어 받아서 은을 이기고 살육을 막아 그 공업을 이룩하셨도다.)"라 하고, 주자의 집전에서는 "周公, 象武王之功, 爲『大武』之樂. …『春秋傳』, 以此爲『大武』之首章也, 『大武』, 周公象武王武功之舞, 歌此詩以奏之. 『禮』曰: '朱干玉戚, 冕而舞『大武』.' 然傳, 以此詩爲武王所作, 則篇內, 已有武王之諡, 而其說, 誤矣.(주공이 무왕의 공업을 형상하여 『대무』의 악가를 만들었다. …『춘추전』에서 이것을 『대무』의 머릿장이라고 하였는데, 『대무』는 주공이 무왕의 무공을 형상한 춤이니, 이 시를 노래하여 연주한 것이다. 『예기』에 말하기를 '붉은 방패와 옥도끼에다 면류관을 쓰고 『대무』를 춤춘다.'고 하였다. 그러나 전에서 이 시를 무왕이 지은 것이라고 하였는데, 시편 안에 이미 무왕의 시호가 있으니, 그 말이 잘못되었다.)"라고 하였다.

[1022] 『모시주소(毛詩注疏)』 권37, 「주송(周頌)·무(武)」. "'箋'云: '『大武』, 周公作樂, 所爲舞也.'(『정전』에 이르기를, '『대무』는 주공이 지은 악가이니, 춤을 위한 것이다.'라고 하였다.)"

○ 鄭氏曰 : "除喪, 將卽政."1023)
　　정씨(鄭氏: 鄭玄)가 말하였다. "상(喪)을 마치고 장차 정사(政事)에 나아간 것이다."

○ 「訪落」, 嗣王, 謀於廟也.
「방락(訪落)」은 대를 이은 왕이 사당에서 정사(政事)를 도모한 것이다.

○ 「敬之」, 羣臣, 進戒嗣王也.
「경지(敬之)」는 많은 신하들이 대를 이은 왕에게 나아가 경계한 것이다.

○ 「小毖」, 嗣王, 求助也.
「소비(小毖)」는 대를 이은 왕이 도움을 구한 것이다.

詳說

○ 鄭氏曰 : "小而不愼, 後爲禍大."1024) 懲管·蔡之事.
　　정씨(鄭氏: 鄭玄)가 말하기를, "작은 때라도 삼가지 않으면 뒤에 재앙이 크게 되는 것이다."라고 하였으니, 관숙(管叔)과 채숙(蔡叔)을 징계한 것이다.

辨說

此四篇, 一時之詩. 序但各以其意爲說, 不能究其本末也.
이 네 개의 시편은 같은 때의 시이다. 서문은 다만 각각 그 뜻으로써 설명하여 그 본말을 구명할 수 없다.

詳說

1023) 『모시주소(毛詩注疏)』권28,「주송(周頌)·민여소자(閔予小子)」. "『箋』云: '嗣王者, 謂成王也. 除武王之喪, 將始卽政, 朝於廟也.'(『정전』에 이르기를, '사왕이라는 것은 성왕을 이른다. 무왕의 상을 마치고 장차 비로소 정사에 나아감이 사당에서 조회한 것이다.'라고 하였다.)"
1024) 『모시주소(毛詩注疏)』권28,「주송(周頌)·소비(小毖)」. "『箋』云: '毖, 愼也, 天下之事, 當愼其小, 小時而不愼, 後爲禍大. 故成王求忠臣, 早輔助己, 爲政以救患難.'(『정전』에 이르기를, '비는 삼감이니, 온 세상의 일은 마땅히 그 작은 것을 삼가야 하니, 작은 때라도 삼가지 않으면 뒤에 재앙이 크게 될 것이다. 그러므로 성왕이 충신을 구하여 일찍이 자기를 돕게 하여 정사를 함에 근심과 재난을 구하였던 것이다.'라고 하였다.)"

○ 一辨・四序.
하나의 변설(辨說)과 네 개의 서문이다.

「載芟」, 春藉田, 而祈社稷也.

「재삼(載芟)」은 왕이 봄에 백성의 힘을 빌려서 밭을 갈고 씨를 뿌리고서 사직(社稷)에 풍년을 기원한 것이다.

詳說
○ 音籍.
'적(藉)'은 음이 적(籍)이다.

○ 鄭氏曰 : "天子千畝, 諸侯百畝."1025)
'춘적전(春藉田)'에 대해, 정씨(鄭氏: 鄭玄)가 말하였다. "천자는 천 무(畝)이고, 제후는 백 무(畝)이다."

「良耜」, 秋報社稷也.

「양사(良耜)」는 가을에 제사하여 사직(社稷)에게 보답한 것이다.

辨說
兩篇, 未見其有'祈'・'報'之異.
두 시편에서 그 '기(祈)'와 '보(報)'의 차이가 있는지 볼 수 없다.

詳說
○ 一辨・二序.
하나의 변설(辨說)과 두 개의 서문이다.

「絲衣」, 繹・賓尸也. 高子曰: "靈星之尸也."

1025) 『모시주소(毛詩注疏)』 권28, 「주송(周頌)・재삼(載芟)」. "『箋』云: '籍田, 甸師氏所掌, 王載耒耜, 所耕之田, 天子千畝, 諸侯百畝. 籍之言, 借也, 借民力治之, 故謂之籍田.'(『정전』에서 이르기를, '적전은 전사씨가 관장하니 왕이 쟁기와 보습을 싣고 와서 경작하는 밭은 천자가 천 무이고 제후가 백 무이다. 적이라는 말은 빌림이니 백성의 힘을 빌려서 일구기 때문에 적전이라고 이른다.'라고 하였다.)"

「사의(絲衣)」는 역제(繹祭)1026)와 빈시(賓尸)1027)를 한 것이다. 고자(高子)가 말하였다. "영성(靈星)1028)의 시동(尸童)이다."

詳說

○ 鄭氏曰 : "繹, 以祭之明日."1029)

'역(繹)'에 대해, 정씨(鄭氏: 鄭玄)가 말하였다. "역(繹)은 제사의 다음날로써 하는 것이다."

○ 豈孟子所稱'固哉'之高子歟.1030)

'고자(高子)'의 경우, 어찌 맹자(孟子)가 '고재(固哉: 고루하도다.)'라고 일컬은 고자(高子)이겠는가.

辨說

序, 誤. 高子, 尤誤.1031)

1026) 역제(繹祭): 제사를 그 다음날에 이어서 지내는 것을 말한다.
1027) 빈시(賓尸): 주나라 귀족이 조상에게 제사지낸 다음날에 고생한 시동에게 술과 음식을 차려 대접하며 사례하는 것을 말한다. 또는 제사 이름이라고 하는데 경대부가 제사지낸 다음날에 다시 제사하는 것을 가리키는 말이다. 정현(鄭玄)은 "역(繹)은 또 제사하는 것이다.
1028) 영성(靈星): 옛날에 농사를 주관하는 별. 또는 농업을 관장하는 신을 말한다. 또는 주나라의 조상으로 농경을 가르쳐준 후직(后稷)을 가리키는 별이라고도 한다.
1029) 『모시주소(毛詩注疏)』 권28, 「주송(周頌)·재삼(載芟)」. "『箋』云: '繹, 又祭也, 天子·諸侯也, 繹, 以祭之明日; 卿大夫曰: 賓尸, 與祭同日. 周曰: 繹, 商謂之彤.'(『정전』에 이르기를, '역은 또 제사함이니, 천자와 제후에게 역은 제사의 다음날에 하는 것이고, 경대부는 빈시라 하는데 제사와 같은 날에 하는 것이다. 주서에 말하기를, 역은 상나라에서 융이라고 하였다.'라고 하였다.)
1030) 『맹자집주대전(孟子集註大全)』 권12, 「고자장구하(告子章句下)」의 내용을 가리키는 것이다. "公孫丑問曰: '高子曰: 「小弁」, 小人之詩也.' 孟子曰: '何以言之.' 曰: '怨.' 曰: '固哉. 高叟之爲『詩』也! 有人於此, 越人關弓而射之, 則己談笑而道之, 無他. 疏之也. 其兄關弓而射之, 則己垂涕泣而道之, 無他. 戚之也.「小弁」之怨, 親親也, 親親, 仁也. 固矣. 夫高叟之爲『詩』也!'(공손추가 묻듯이 말하였다. '고자가 말하기를「소반」은 소인의 시라고 하였습니다.' 맹자가 말하였다. '어찌 그렇게 말했을까?' 공손추가 말하였다. '원망하였답니다.' 맹자가 말하였다. '고루하도다. 고씨 노인의 『시경』공부여! 어떤 사람이 여기 있는데. 월나라 사람이 활을 당겨 쏘아도 자기가 담소하면서 말하는 것은 다른 것이 아니다. 서먹해서이다. 그 형이 활을 당겨 쏘려고 한다면 눈물을 흘리면서 말하는 것은 다른 것이 아니다. 친척이어서이다. 「소반」의 원망함은 어버이를 친애함이니, 어버이를 친애함은 인이다. 고루하도다. 고씨 노인의 『시경』공부여!') 그리고 『맹자집주대전(孟子集註大全)』 권4, 「공손추장구하(公孫丑章句下)」의 집주에서는 "'高子', 亦齊人, 孟子弟子也."라 하였고, 『맹자집주대전(孟子集註大全)』 권14, 「진심장구하(盡心章句下)」에서는 "孟子謂高子曰: '山徑之蹊間, 介然用之而成路, 爲間不用, 則茅塞之矣, 今茅塞子之心矣.'(맹자가 고자에게 일러 말하기를, '산길의 지름길 사이도 꾸준히 이용하면 큰 길이 이루어지지만, 잠깐이라도 이용하지 않으면 띠풀이 길을 막을 것이니, 지금 띠풀이 그대의 마음을 막았구나.')"라고 하였다.
1031) 호광(胡廣) 등 찬, 『시전대전(詩傳大全)』 권19, 「주송(周頌)·민여소자지십(閔予小子之什)·사의(絲衣)」의 1장에서 "絲衣其紑, 載弁俅俅. 自堂徂基, 自羊徂牛, 鼐鼎及鼒. 兕觥其觩, 旨酒思柔, 不吳不敖, 胡考之休.(생사의 옷이 산뜻하니 고깔 쓴 것이 점잖구나. 당에서 집터를 가면서 양에서 소까지 살피며 가마솥 옹솥을 보도다. 외뿔소 술잔이 굽으니 맛있는 술이 부드럽고 떠들고 태만하지 않아 장수의 복을 누리리라.)"라 하고, 주자의 집전에서 "此亦祭而飮酒之詩.(이것은 또한 제사하고 술을 마시는 시이다.)"라고 하였다.

서문이 잘못되었다. 고자(高子)는 더 잘못되었다.

詳說

○ 但見詩中有'胡考'字, 遂以'靈星'當之耳.
다만 시 가운데 '호고(胡考)'자가 있는 것을 보고, 마침내 '영성(靈星)'으로써 짝 지은 것이다.

「酌」, 告成 『大武』也, 言能酌先祖之道, 以養天下也.
「작(酌)」은 『대무(大武)』가 완성되었음을 고한 것이니, 능히 선조(先祖)의 도를 취하여 온 세상을 기름을 말하였다.

辨說
詩中, 無'酌'字, 未見'酌先祖之道, 以養天下'之意.1032)
시 가운데에는 '작(酌)'자가 없어서 '작선조지도, 이양천하(酌先祖之道, 以養天下)'의 뜻을 아직 보지 못하였다.

「桓」, 講武, 類·禡也. '桓', 武志也.
「환(桓)」은 무예(武藝)를 익히고 유제(類祭)와 마제(禡祭)를 지낸 것이다. '환(桓)'은 무왕(武王)의 뜻이다.

詳說

○ 祭天.
'유(類)'는 하늘에 제사지내는 것이다.

○ 軍祭.
'마(禡)'는 군대의 제사이다.

1032) 호광(胡廣) 등 찬, 『시전대전(詩傳大全)』 권19, 「주송(周頌)·민여소자지십(閔予小子之什)·작(酌)」의 1장에서 "於鑠王師, 遵養時晦, 時純熙矣, 是用大介. 我龍受之, 蹻蹻王之造. 載用有嗣, 實維爾公允師.(아, 성대한 왕의 군대로 따라 기르고 잘 감추어 이에 깨끗이 밝아지고서 이에 큰 갑옷을 입도다. 내가 영광스럽게 받으니 야무진 왕께서 하셨도다. 곧이어 뒤를 이을 이가 실로 너를 스승 삼으리라.)"라 하고, 주자의 집전에서 "此, 亦頌武王之詩.(이것도 또한 무왕을 칭송한 시이다.)"라고 하였다.

○ 武王之志.

'무지야(武志也)'의 경우, 무왕(武王)의 뜻이다.

「賚」, 大封於廟也. '賚', 予也, 言所以錫予善人也.

「뢰(賚)」는 사당에서 크게 봉해준 것이다. '뢰(賚)'는 줌이니, 선량한 사람에게 녹봉을 준 것을 말하였다.

詳說
○ 音與.

'여(予)'는 음이 여(與)이다.

「般」, 巡守而祀四岳・河海也.

「반(般)」은 순수(巡守)하면서 사악(四岳)과 하해(河海)에 제사한 것이다.

詳說
○ 音盤.

'반(般)'은 음이 반(盤)이다.

○ 音狩.

'수(守)'는 음이 수(狩)이다.

○ 鄭氏曰 : "般樂也."1033)

정씨(鄭氏: 鄭玄)가 말하였다. "반악(般樂)이다."

辨說
此三篇1034), 說見本篇.1035)

1033) 『모시주소(毛詩注疏)』 권28, 「주송(周頌)・반(般)」. "『箋』云: '般樂也'."
1034) 「환(桓)」・「뢰(賚)」・「반(般)」이다.
1035) 호광(胡廣) 등 찬, 『시전대전(詩傳大全)』 권19, 「주송(周頌)・민여소자지십(閔予小子之什)・환(桓)」의 집전에서 "此亦頌武王之功.…『春秋傳』, 以此爲『大武』之六章, 則今之篇次, 蓋已失其舊矣. 又篇內, 已有武王之諡.니 則其謂武王時作者, 亦誤矣. 「序」, 以爲講武・類禡之詩, 豈後世取其義而用之於其事也歟.(이것은 또한 무공의 공적을 칭송한 것이다. …『춘추전』에는 이것을 『대무』의 6장이라고 하였는데, 지금의 편차는

이 세 편은 설명이 본 시편에 보인다.

詳說

○ 音現.
'현(見)'은 음이 현(現)이다.

○ 一辨·三序.
하나의 변설(辨說)과 세 개의 서문이다.

노송(魯頌)

「駉」, 頌僖公也. 僖公能遵伯禽之法, 儉以足用, 寬以愛民, 務農重穀, 牧于坰野, 魯人尊之. 於是, 季孫行父, 請命於周, 而史克作是頌.

「경(駉)」은 희공(僖公)을 칭송한 것이다. 희공이 능히 백금(伯禽)의 법도를 지켜서 검소함으로써 재용(財用)을 충족하게 하고, 너그러움으로써 백성을 사랑하고, 농사에 힘쓰고 곡식을 중요하게 여겨 먼 들판에서 말을 방목하니 노(魯)나라 사람들이 그를 존경하였다. 이에 계손항보(季孫行父)가 주(周)나라에 하명(下命)을 청원(請願)하니, 사관(史官) 극(克)이 이 송(頌)을 지었다.

詳說

○ '頌僖公也', 既有「閟宮」之可證, 不繫乎諡之惡耳.[1036]
'송희공야(頌僖公也)'에서, 이미 「비궁(閟宮)」에 증명할 만한 것이 있으니, 시호

대개 이미 그 구본을 잃어버린 것이다. 또 시편 안에 이미 무왕이라는 시호가 있으니, 무왕 때 지었다고 하는 것도 또한 잘못이다. 「서」에 무예를 익히고 유제와 마제를 지낸 시라고 하였으니, 어찌 후세에 그 뜻을 취하여 그 일에 사용하였는가?"라고 하였다. 또 『주송(周頌)·민여소자지십(閔予小子之什)·「뢰(賚)」』의 집전에서는 "此, 頌文·武之功, 而言其大封功臣之意云. … 『春秋傳』, 以此爲『大武』之三章, 而「序」以爲大封於廟之詩, 說同上篇.(이는 문왕과 무왕의 공을 칭송하여 공신을 크게 봉해준 뜻을 말한 것이다. … 『춘추전』에는 이것을 『대무』의 3장이라 하였고, 「서」에서는 사당에서 크게 봉해준 시라고 하였으니, 설명이 위의 시편과 같다.)"라고 하였다. 그리고 『주송(周頌)·민여소자지십(閔予小子之什)·「뢰(賚)」』의 집전에서는 "'般'義未詳.('반'의 뜻이 자세하지 않다.)"라고 하였다.

[1036] 아래의 「비궁(閟宮)」에서, "閟宮, 頌僖公能復周公之宇也.(「비궁」은 희공이 능히 주공의 토우를 복구하였음을 칭송한 것이다.)"라고 하였는데, 「유비(有駜)」와 「반수(泮水)」도 희공(僖公)의 치적을 칭송한 것이다.

(諡號)가 나쁜 것과는 연결되지 않을 뿐이다.

○ 音甫. ○文子.1037)
'계손항보(季孫行父)'에서 '보(父)'는 음이 보(甫)이다. ○문자(文子)이다.

○ 太史克, 見『左』「文十八年」.1038)
'사극작시송(史克作是頌)'의 경우, 태사(太史) 극(克)은 『좌전(左傳)』「문공(文公) 18년」에 보인다.

辨說
此序事實, 皆無可考. 詩中, 亦未見'務農重穀'之意, 序說, 鑿矣.1039)
이 서문의 사실은 모두 살펴볼 만한 것이 없다. 시 속에서도 또한 '무농중곡(務農重穀)'의 뜻을 보지 못하였으니, 서문의 설명이 천착한 것이다.

○ 「有駜」, 頌僖公君臣之有道也.
「유비(有駜)」는 희공(僖公)에게 임금과 신하 사이의 도가 있음을 칭송한 것이다.

辨說
此, 但燕飲之詩, 未見君臣有道之意.1040)
이것은 다만 잔치하면서 술을 마신 시이고, 임금과 산하 사이에 도가 있다는 뜻을 보지 못하였다.

1037) 『모시주소(毛詩注疏)』권29, 「노송(魯頌)·경(駉)」. "『箋』云: '季孫行父, 季文子也. 史克, 魯史也.'(『정전』에 이르기를, '계손행보는 계문자이다. 사극은 노나라 사관이다.'라고 하였다.)" 계문자(季文子) 계손행보(季孫行父)는 노(魯)나라 경(卿)으로, 문공(文公)과 선공(宣公) 때 활동한 인물이다.
1038) 『춘추좌전주소(春秋左傳注疏)』권20, 「문공(文公) 18년」. "公問其故, 季文子使大史克, 對曰: '先大夫臧文仲, 教行父事君之禮, 行父奉以周旋, 弗敢失隊.'曰: '見有禮於其君者, 事之如孝子之養父母也. ….'(문공이 그 까닭을 물으니 계문자가 태사 극으로 하여금 대답하게 하기를, ….)"
1039) 호광(胡廣) 등 찬, 『시전대전(詩傳大全)』권20, 「노송(魯頌)·경(駉)」의 1장에서 "駉駉牡馬, 在坰之野, 薄言駉者. 有驈有皇, 有驪有黃, 以車彭彭. 思無疆, 思馬斯臧.(살이 오른 수말이 먼 들판에 있으니 살쪘다고 하겠구나. 흰 빛 섞인 말이며 검고 누런 말 있어 수레마다 성하도다. 한없이 흐뭇하여라. 좋은 말 생각하니)"라 하고, 주자의 집전에서 "此詩, 言僖公牧馬之盛, 由其立心之遠.(이 시는 희공이 말을 기름이 성대하고 세운 심지가 원대함에 말미암았음을 말한 것이다.)"라고 하였다.
1040) 호광(胡廣) 등 찬, 『시전대전(詩傳大全)』권20, 「노송(魯頌)·유비(有駜)」의 주자 집전에서 "此, 燕飲而頌禱之詞也.(이것은 잔치하여 술을 마시면서 경사를 기리고 축하한 말이다.)"라고 하였다.

「泮水」, 頌僖公能修泮宮也.

「반수(泮水)」는 희공(僖公)이 능히 반궁(泮宮)을 능히 수리하였음을 칭송한 것이다.

辨說

此, 亦燕飮落成之詩, 不爲頌其能修也.[1041]
이것은 또한 낙성식(落成式)에 잔치하여 술을 마신 시이니, 그가 능히 수리하였음을 칭송한 것이 되지 않는다.

「閟宮」, 頌僖公能復周公之宇也.

「비궁(閟宮)」은 희공(僖公)이 능히 주공(周公)의 토우(土宇)를 복구하였음을 칭송한 것이다.

辨說

此詩言'莊公之子'[1042], 又言'新廟奕奕'[1043], 則爲僖公修廟之詩, 明矣. 但詩所謂'復周公之宇'[1044]者, 祝其能復周公之土宇耳, 非謂其能修周公之屋宇也. 序文首句之謬如此, 而蘇氏信之, 何哉.
이 시에서 '장공지자(莊公之子)'를 말하였고, 또 '신묘혁혁(新廟奕奕)'을 말하였으니, 희공(僖公)이 사당을 수리한 시가 되는 것이 분명하다. 다만 시에서 이른바 '복주공지우(復周公之宇)'라고 한 것은 그가 능히 주공(周公)의 토우(土宇)를 복구하였음을 축하한 것일 뿐이고, 그가 능히 주공(周公)의 여러 집채를 수리하였음을 말한 것이 아니다. 서문의 머리 구절의 오류가 이와 같은데도 소씨(蘇氏: 蘇轍)이 그것을 믿었으니 무슨 까닭인가.

詳說

1041) 호광(胡廣) 등 찬, 『시전대전(詩傳大全)』 권20, 「노송(魯頌)·반수(泮水)」의 주자 집전에서 "此, 飮於泮宮而頌禱之詞也.(이것은 반궁에서 술을 마시면서 경사를 기리고 축하한 말이다.)"라고 하였다.
1042) 호광(胡廣) 등 찬, 『시전대전(詩傳大全)』 권20, 「노송(魯頌)·비궁(閟宮)」의 3장에서 "周公之孫, 莊公之子, 龍旂承祀, 六轡耳耳.(주공의 손자이고 장공의 아들로서 용깃발로 제사를 이으니 여섯 고삐가 부드럽도다.)"라고 하였다.
1043) 호광(胡廣) 등 찬, 『시전대전(詩傳大全)』 권20, 「노송(魯頌)·비궁(閟宮)」의 8장에서 "天錫公純嘏, 眉壽保魯, 居常與許, 復周公之于.(하늘이 공에게 큰 복을 내려주셔 오래도록 살며 노나라 보전하고 상 땅과 허 땅에서 옮겨 살면서 주공의 옛 사당을 복구하셨도다.)"라고 하였다.
1044) 호광(胡廣) 등 찬, 『시전대전(詩傳大全)』 권20, 「노송(魯頌)·비궁(閟宮)」의 9장에서 "新廟奕奕, 奚斯所作.(새로 지은 사당이 번쩍하니 공자 해사가 지은 것이로다.)"라고 하였다.

○ 又申「漢廣」之說.1045)

또 「한광(漢廣)」의 설명을 거듭한 것이다.

상송(商頌)

「那」, 祀成湯也. 微子至于戴公, 其間禮樂廢壞, 有正考甫者, 得「商頌」十二篇於周之大師, 以那爲首.

「나(那)」는 성탕(成湯)을 제사한 것이다. 미자(微子)에서 대공(戴公)에 이르는 그 사이에 예악(禮樂)이 무너졌는데 정고보(正考甫)라는 이가 「상송(商頌)」 12편을 주나라 태사(太師)에게 얻어 「나(那)」로써 첫머리로 삼았다.

詳說

○ 孔子七世祖.

'유정고보자(有正考甫者)'의 경우, 공자(孔子)의 7세 조상이다.

○ 音泰.

'태(大)'는 음이 태(泰)이다.

辨說

序, 以『國語』爲文.1046)

서문은 『국어(國語)』로써 글을 삼았다.

詳說

○ 「魯語」.

'『국어』(『國語』)'는 「노어(魯語)」이다.

「烈祖」, 祀中宗也.

1045) 위[周頌]의 「호천유성명(昊天有成命)」의 변설(辨說)에서 서술한 소씨(蘇氏: 蘇轍)의 논변 태도를 말한 것이다.
1046) 호광(胡廣) 등 찬, 『시전대전(詩傳大全)』 권20, 「상송(商頌)·나(那)」의 주자 집전에서 "舊說, 以此爲祀成湯之樂也.(옛날 언설에 이것으로써 성탕을 제사하는 음악이라고 하였다.)"라고 하였다.

「열조(烈祖)」는 중종(中宗)을 제사하였다.

詳說

○ 鄭氏曰 : "太戊."1047)

정씨(鄭氏: 鄭玄)가 말하였다. "태무(太戊)이다."

辨說

詳此詩, 未見其爲'祀中宗', 而末言'湯孫'1048), 則亦祭成湯之詩耳.1049) 序, 但不欲連篇重出, 又以中宗商之賢君, 不欲遺之耳.

이 시를 상세히 살펴보아도 '중종(中宗)을 제사하였다.'고 한 것은 보이지 않는데, 말미에 '탕손(湯孫)'을 말하였으니, 또한 성탕(成湯)을 제사한 시일뿐이다. 서문에서는 다만 시편을 이어서 거듭 나오도록 하지 않았고, 또 중종(中宗)이 상(商)나라의 어질고 현명한 임금이기 때문에 빠뜨리도록 하지 않았을 뿐이다.

詳說

○ 平聲.

'중(重)'은 평성(平聲: 중복하다, 거듭하다)이다.

○ 祀蕩.

'연편중출(連篇重出)'의 경우, 탕왕(湯王)을 제사함이다.

「玄鳥」, 祀高宗也.

「현조(玄鳥)」는 고종(高宗)을 제사한 것이다.

辨說

詩有'武丁孫子'1050)之句. 故序得以爲据, 雖未必然, 然必是高宗以後之詩

1047) 『모시주소(毛詩注疏)』 권30, 「상송(商頌)·열조(烈祖)」. 『『箋』云: '中宗, 殷王太戊, 湯之玄孫也. 有桑穀之異, 懼而修德, 殷道復興, 故表顯之, 號爲中宗.'(『정전』에 이르기를, '중종은 은나라 왕 태무이니, 탕임금의 현손이다. ….')』

1048) 호광(胡廣) 등 찬, 『시전대전(詩傳大全)』 권20, 「상송(商頌)·열조(烈祖)」. "顧予烝嘗. 湯孫之將.(내 증제와 상제를 돌아보건대 탕임금의 손자가 받들었도다.)"

1049) 호광(胡廣) 등 찬, 『시전대전(詩傳大全)』 권20, 「상송(商頌)·열조(烈祖)」의 주자 집전에서 "此亦祀成湯之樂.(이것은 또한 성탕을 제사한 악가이다.)"라고 하였다.

矣.1051)
시에 '무정손자(武丁孫子)'의 구절이 있기 때문에 서문에서 증거로 삼을 수 있었던 것이다. 비록 반드시 그렇지는 않으나 반드시 고종(高宗) 이후의 시인 것이다.

○「長發」, 大禘也.

「장발(長發)」은 대체(大禘)인 것이다.

辨說

疑見本篇.1052)

의심스러운 것은 시 본편에 보인다.

詳說

○ 所疑.

'의(疑)'의 경우, 의심스러운 바이다.

○ 音現.

'현(見)'은 음이 현(現)이다.

○ 宜爲祫祭.

1050) 호광(胡廣) 등 찬, 『시전대전(詩傳大全)』 권20, 「상송(商頌)·현조(玄鳥)」. "武丁孫子, 武王靡不勝.(무정의 손자인 무왕이 이기지 못함이 없도다.)"
1051) 호광(胡廣) 등 찬, 『시전대전(詩傳大全)』 권20, 「상송(商頌)·현조(玄鳥)」의 주자 집전에서 ""此亦祭祀宗廟之樂, 而追敍商人之所由生, 以及其有天下之初也.(이것 또한 종묘에 제사하는 악가이니, 상나라 사람이 유래한 것을 거슬러 서술하여 그 온 천하를 점유한 처음에 미친 것이다.)"라고 하였다.
1052) 호광(胡廣) 등 찬, 『시전대전(詩傳大全)』 권20, 「상송(商頌)·장발(長發)」의 말미에서 주자는 다음과 같이 정리하였다.

"「序」, 以此爲'大禘'之詩, 蓋祭其祖之所出, 而以其祖配也. 蘇氏曰: '大禘之祭, 所及者遠, 故其詩歷言商之先后, 又及其卿士伊尹, 蓋與祭於禘者也.' 「商書」曰: '玆予大享于先王, 爾祖其從與享之', 是禮也, 豈其起於商之世歟. 今按, '大禘', 不及群廟之主, 此宜爲祫祭之詩. 然經無明文, 不可考也.(「서」에서 이것을 '대체'의 시라고 하였으니, 대개 그 선조가 나온 것을 제사하는데 그 선조로써 배향하는 것이다. 소씨가 말하였다. '대체의 제사는 미치는 범위가 멀기 때문에 그 시에 상나라 선왕들을 두루 말하였고, 또 그 경사 이윤까지 미쳤으니, 대개 체제사에 참여하여 제사한 이들이다.' 「상서」에서 말하기를, '내가 크게 선왕에게 제향함에 너의 선조도 좇아서 함께 흠향하라.'고 하였으니, 이 제례가 어찌 상나라 시대에 일어났는가. 이제 살펴보건대, '대체'는 여러 사당의 신주에는 미치지 않으니, 이는 마땅히 협제의 시가 되어야 한다. 그러나 경서에 분명한 글이 없으니, 상고할 수 없다.)"라고 하였다.

'의현본편(疑見本篇)'에서 볼 때, 마땅히 협제(祫祭)1053)가 되어야 한다.

○ 「殷武」, 祀高宗也.

「은무(殷武)」는 고종(高宗)을 제사한 것이다.

1053) 협제(祫祭): 옛날 천자나 제후가 거행하였던 거대한 합동 제사로, 태조(太祖)의 사당에서 멀고 가까운 조상의 신주를 모아놓고 제사하는 대합제(大合祭)이다.

연구번역자 소개

신창호(申昌鎬)
현) 고려대학교 교수, 고려대학교 박사(동양철학/교육사철학 전공), 고려대학교 교육문제연구소 소장, 한국교육철학회 회장, 한중철학회 회장 역임, 현) 한국학중앙연구원 이사
저서에는 「『중용』 교육사상의 현대적 조명」(박사학위논문), 『유교의 교육학 체계』 외 다수의 논문·번역·저서가 있음

김학목(金學睦)
전) 고려대학교 연구교수, 건국대학교 박사(한국철학 전공), 해송학당 원장(동양학·사주명리 강의)
저서에는 「박세당의 『신주도덕경』 연구」(박사학위논문), 『한국주역대전』 외 다수의 논문·번역·저서가 있음

빈동철(賓東哲)
현) 고려대학교 철학연구소 연구교수, 미국 인디애나대학 박사(동아시아 언어와 문화/고대 중국 전공)
저서에 「Calligraphy and Scribal Tradition in Early China」(박사학위논문), 「문헌 전통의 물줄기, 그 생성과 저장에 대한 비판적 접근: '논어'의 경우」 외 다수의 논문·번역·저서가 있음

조기영(趙麒永)
전) 고려대학교 연구교수, 연세대학교 박사(한문학 전공), 서정대 교수·연세대국학연구원 연구원
저서에 「하서 김인후 시 연구」(박사학위논문), 『한국시가의 정신세계』 외 다수의 논문·번역·저서가 있음

김언종(金彦鍾)
현) 고려대학교 명예교수, 國立臺灣師範大學(韓國經學 전공), 한국고전번역원 이사 및 고전번역학회 회장 역임, 현) 한국고전번역원장
저서에 「丁茶山論語古今注原義總括考徵」(박사학위논문), 『(역주)시경강의』 외 다수의 논문·번역·저서가 있음

임헌규(林憲圭)
현) 강남대학교 교수, 한국학중앙연구원 박사(동양철학 전공). 동양고전학회 회장 역임, 현) 강남대학교 참인재대학장
저서로 『유가의 심성론 연구-맹자와 주희를 중심으로』(박사학위논문), 『공자에서 다산 정약용까지 - 유교인 문학의 동서철학적 성찰』 외 다수의 논문·번역·저서가 있음

허동현(許東賢)
현) 경희대학교 교수. 고려대학교 박사(한국근대사 전공). 경희대학교 학부대학 학장·한국현대사연구원 원장 역임. 현) 국사편찬위원장
저서로 「1881년 조사시찰단 연구」(박사학위논문), 『한국의 국가 형성과 민주주의』 외 다수의 논문 번역 저서가 있음

시집전상설 9

초판 1쇄 | 2024년 8월 15일

책임역주(주저자) | 신창호
전임역주 | 김학목·빈동철·조기영
공동역주 | 김언종·임헌규·허동현
편   집 | 강완구
디자인 | S-design
브랜드 | 우물이있는집
펴낸곳 | 써네스트
펴낸이 | 강완구
출판등록 | 2005년 7월 13일 등록번호 제2017-000293호
주   소 | 서울시 마포구 망원로 94, 203호
전   화 | 02-332-9384   팩   스 | 0303-0006-9384
이메일 | sunestbooks@yahoo.co.kr
홈페이지 | www.sunest.co.kr
ISBN 979-11-94166-20-7 94140 값 30,000원
      979-11-94166-11-5 94140 (전 9권)
* <우물이 있는 집>은 써네스트의 인문브랜드입니다.

이 책은 신저작권법에 따라 보호받는 저작물이므로 무단 전재와 복제를 금하며, 내용의 전부 또는 일부를 재사용하려면 반드시 저작권자와 도서출판 써네스트 양측의 동의를 받아야 합니다.
정성을 다해 만들었습니다만, 간혹 잘못된 책이 있습니다. 연락주시면 바꾸어 드리겠습니다.